제11판

게임이론

전략과 정보의 경제학

김영세

GAME THEORY
ECONOMICS OF STRATEGY & INFORMATION

박영사

이 책을 부모님께 바칩니다.

제11판 머리말

이번 전면개정판의 가장 큰 변화는 이전 판본에서 기초 개념을 개괄적으로 설명하는 데 그쳤던 협조게임이론을 제6편의 세 장으로 독립시켜 심이 있게 나루었다는 것이다. 구체적으로 협조적 협상해, 연합형 게임에서의 대표적 해 개념인 코어와 섀플리값, 사회선호함수와 애로우의 불가능성 정리, 사회선택함수와 그 응용 사례인 투표 제도, 미비정보하에서 사회선택함수와 기버드·새터스웨이트 불가능성 정리, 메커니즘 설계를 통한 사회선택의 구현, 쌍방 매칭 등이다.

연습문제 해답, 부록, 참고문헌은 본책에서 분리하여 QR코드로 링크하여 다운로드 받도록 하였다. 또한 본판 인쇄 이후 찾아낸 오탈자의 정오표를 수시로 업데이트하여 QR코드로 스캔하도록 하였다.

본서를 두 학기에 나누어 강의할 경우 가이드라인은 다음과 같다. 가칭《게임이론Ⅰ》에서는 제1장~제11장, 제14장을 다루되 시간이 허락하면 제12장 경매이론과 제15장의 경제학적 응용도 다루기를 권한다. 또 다른 과목 가칭《게임이론Ⅱ》혹은《정보 및 게임이론》에서는 제1장, 제2장 2.1절~2.3절, 제3장, 제5장, 제11장~제19장을 학습한다. 후자를 학습하기 위해 전자를 선수할 필요는 없고 두 과목 따로 학습해도 무방하다. 본서를 한 학기 과목으로 강의할 경우 제1~3, 5~8, 10~15장은 필수적으로 다루되 나머지 내용은 독자의 선호와 필요에 따라 취사선택하면 된다.

저자가 1998년 졸저를 통해 게임이론을 국내에 소개한 이후 열 차례의 개정을 거쳐왔다. 개정판마다 선진 학문의 연구 결과와 추세를 반영함은 물론 국내 경제사회 현상의 설명에 적용하고자 미력이나마 최선을 다하였다. 나름의 의미를 간직하고자 모든 판본들의 머리말을 QR코드에 링크해 둔다.

연세대학교 《게임이론과 응용》, 《정보 및 게임이론》, 《정치 및 공공경제》 수업에서 예리한 지적과 질문으로 강의록의 수준을 높여준 제자들, 꼼꼼하게 교정 작업을 수행해 준 조교 김성래, 김명규, 선윤승, 최도현, 그리고 박영사의 조성호 기획이사와 편집부 탁종민 과장에게 감사한다. 강호제위의 지속적인 지도편달과 조언을 부탁드린다.

아름다운 연세의 교정에서
2025년 8월
김 영 세

연습문제 해답

본 QR코드를 스캔하시면
연습문제 해답을 확인할 수 있습니다.

부록

본 QR코드를 스캔하시면
부록을 확인할 수 있습니다.

참고문헌

본 QR코드를 스캔하시면
참고문헌을 확인할 수 있습니다.

제11판 정오표

본 QR코드를 스캔하시면
제11판 정오표를 확인할 수 있습니다.

1~10판 머리말

본 QR코드를 스캔하시면
1~10판 머리말을 확인할 수 있습니다.

차 례

들어가며

1 게임이론이란 무엇인가? ··· 001
2 게임이론의 역사와 발전 ··· 003

SECTION 01 전략과 경쟁

CHAPTER 01 게임의 형태와 해

1.1 게임의 구성요소 ··· 011
1.2 게임의 형태 ··· 018
1.2.1 전 개 형 / 018
1.2.2 전 략 형 / 020
1.3 게임의 해 ··· 022
1.4 우월전략과 열등전략 ··· 023
1.5 열등전략의 단계적 소거 ··· 028
1.6 순수전략 내쉬균형 ··· 032
1.7 여러 2×2 전략형게임 ··· 036

CHAPTER 02 전략형게임의 응용

2.1 생산량경쟁 과점시장 ······ 042

2.1.1 간단한 예시 / 042

2.1.2 쿠르노 복점모형 / 044

2.1.3 쿠르노 과점모형 / 049

2.2 가격경쟁 과점시장 ······ 051

2.2.1 동질적 재화 / 051

2.2.2 차별화된 과점 / 053

2.2.3 엡손(Epson)의 부메랑 / 055

2.3 제품 차별화 ······ 057

2.3.1 호텔링 모형 / 057

2.3.2 민주 선거 및 중위투표자정리 / 060

2.4 공유지의 비극 ······ 063

2.5 공조게임과 네트워크산업 ······ 071

2.5.1 네트워크효과 / 071

2.5.2 포지티브 피드백 / 073

2.5.3 공조게임 / 075

2.6 공조게임과 케인즈 경기변동론 ······ 080

2.7 손해배상법 ······ 083

CHAPTER 03 혼합전략의 개념과 응용

3.1 강단계소거와 합리화전략 ······ 087

3.2 혼합전략 내쉬균형 ······ 090

3.2.1 순수전략 내쉬균형의 부존재 가능성 / 090

3.2.2 혼합전략 내쉬균형의 계산 / 091

3.2.3 혼합전략 내쉬균형의 성질 / 093

3.3 백화점의 바겐세일 ······ 096

3.4 가위바위보 ······ 099

3.5 정치경제적 소모전 ······ 102
3.6 투표의 역설과 중추투표가설 ······ 107
3.6.1 양 후보 지지자들의 수가 같은 $k=m$의 경우 / 108
3.6.2 후보 B 지지자들이 후보 A 지지자들보다 많은 $k<m$의 경우 / 109

CHAPTER 04 내쉬균형의 성질과 대안

4.1 내쉬균형과 강단계소거의 관계 ······ 116
4.2 최소극대와 최대극소 ······ 120
4.2.1 안전성과 최소극대 / 120
4.2.2 최대극소 / 122
4.2.3 혼합전략 최소극대 및 최대극소 / 123
4.3 최소극대, 최대극소, 내쉬균형의 관계 ······ 125
4.4 여행자의 딜레마 ······ 128
4.5 초점과 위험우위 ······ 131
4.5.1 초 점 / 132
4.5.2 위험우위와 보수우위 / 134
4.6 진화게임(evolutionary game) ······ 137
4.6.1 학습, 진화, 경로의존성 / 137
4.6.2 진화안정적 균형 / 139
4.6.3 동태적 진화안정성 / 142
4.7 혼합전략 내쉬균형의 직관성 ······ 145
4.8 상관균형 ······ 146

SECTION 02 공약과 신빙성

CHAPTER 05 전개형게임

5.1 전개형게임 ······ 155
5.1.1 전개형의 개념과 특징 / 155
5.1.2 전개형과 전략형의 관계 / 157
5.1.3 행태전략 / 159
5.2 위협과 약속의 신빙성 ······ 161
5.3 부분게임완전균형과 역진귀납법 ······ 164
5.4 역진귀납법과 완전균형의 현실성 ······ 167
5.5 전략적 공약 ······ 171
5.5.1 내구재 독점판매 / 171
5.5.2 듀폰의 생산용량 확장 / 173
5.6 공약의 신빙성을 높이는 방안 ······ 178
5.6.1 자신의 손을 묶음으로써 신빙성을 높이는 방안 / 178
5.6.2 보수의 구조를 바꿈으로써 공약의 신빙성을 높이는 방안 / 181

CHAPTER 06 전개형게임의 응용

6.1 선점효과가 있는 과점시장 ······ 185
6.1.1 스타켈버그 과점 모형 / 186
6.1.2 선도-추종 관계 / 189
6.2 뱅크런 금융공황 ······ 191
6.2.1 뱅크런의 자기실현적 성질 / 191
6.2.2 예금보험제도를 통한 신뢰성 회복 / 194
6.3 소비자 예속 ······ 196
6.3.1 전환비용과 소비자 예속 / 196
6.3.2 벨아틀랜틱의 AT&T 교환기 설치 / 197
6.3.3 기타 사례들 / 199

6.4 전략적 무역정책 ······ 201
6.5 지리적 입지선정 및 가격결정 ······ 210

CHAPTER 07 협상과 중재

7.1 유한수명 협상 ······ 218
7.2 최후통첩협상, 독재자게임 및 공평정의 ······ 226
7.3 무한수명 협상 ······ 231
7.4 협상지연, 파업, 결렬과 미비정보의 역할 ······ 237
7.5 중 재 ······ 239
7.5.1 일반중재 / 239
7.5.2 최종제안중재 / 240

SECTION 03 반복과 협조

CHAPTER 08 반복게임

8.1 보복, 보상 및 협조 ······ 249
8.2 반복게임의 요소와 균형 ······ 250
8.2.1 역사와 전략 / 250
8.2.2 반복게임에서 보수 개념 / 253
8.2.3 반복게임 균형 / 255
8.3 유한반복게임 ······ 256
8.3.1 유한반복 죄수의 딜레마 게임 / 256
8.3.2 다수의 내쉬균형을 갖는 게임의 유한반복 / 260
8.4 재협상방지 ······ 265
8.5 무한반복 죄수의 딜레마 ······ 269
8.5.1 반복게임 전략 / 269
8.5.2 내쉬균형 / 272
8.5.3 부분게임완전균형 / 275

8.6 팃포탯의 이론과 실례 ········ 278
8.6.1 균형 분석 / 278
8.6.2 팃포탯의 실례 / 281

CHAPTER 09 전래정리

9.1 사회적 실현가능성 및 개인적 합리성 ········ 285
9.2 무한반복게임의 내쉬균형 ········ 290
9.3 무한반복게임의 부분게임완전균형 ········ 291
9.4 유한반복게임의 내쉬균형 ········ 294
9.5 다양한 예시 ········ 296

CHAPTER 10 반복게임의 응용

10.1 카 르 텔 ········ 301
10.1.1 생산량카르텔 / 301
10.1.2 가격카르텔 / 305
10.2 불완전정보하의 담합 ········ 308
10.3 담합과 카르텔의 실례 ········ 312
10.3.1 OPEC의 담합과 국제유가 / 312
10.3.2 다이아몬드는 영원히 / 315
10.3.3 가격선도 / 318
10.3.4 유통전략을 통한 경쟁제한 / 321
10.3.5 자진신고자 감면 제도 / 323
10.4 실효임금과 생산성 향상 ········ 325
10.4.1 실효임금이론 / 325
10.4.2 실효임금이론의 응용 / 331
10.5 정책의 비일관성과 정부 신뢰 ········ 335

SECTION 04 정보와 제도

CHAPTER 11 정태적 미비정보 게임

11.1 서 론 ······ 345
11.2 베이즈게임 및 균형의 개념 ······ 348
11.2.1 정태적 미비정보 게임 / 348
11.2.2 베이즈내쉬균형 / 350
11.3 변형된 투자–진입게임 ······ 351
11.4 생산비에 대한 미비정보하의 쿠르노 복점모형 ······ 357
11.5 공공재 건설게임 ······ 361
11.6 정보우위는 반드시 유익한가? ······ 366
11.7 근사주지사실과 미비정보게임 ······ 368
11.7.1 협공(coordinated attack) / 368
11.7.2 동전 테두리의 톱니문양 / 369
11.7.3 흙투성이 꼬마들 / 370
11.7.4 봉투교환게임(envelope exchange) / 373
11.7.5 투기거래의 불가능성 / 376

CHAPTER 12 경 매

12.1 개 요 ······ 381
12.2 사적가치 경매 ······ 387
12.2.1 영국식 경매 / 388
12.2.2 차가 경매 / 390
12.2.3 최고가 경매 / 392
12.2.4 네덜란드식 경매 / 398
12.3 수익동등정리와 효율성 ······ 399
12.4 공통가치 경매와 승자의 저주 ······ 403

12.5 위험회피 성향이 미치는 영향 ······ 409
12.6 입찰담합 ······ 411
12.7 부록 A: 최고가 입찰 균형 전략의 성질 ······ 415

CHAPTER 13 메커니즘의 설계

13.1 개 요 ······ 419
13.2 고객차별화의 단순모형 ······ 424
13.2.1 여객기의 좌석등급 / 424
13.2.2 기업의 최적전략 / 426
13.3 고객차별화의 일반모형 ······ 430
13.3.1 개요 / 430
13.3.2 고객차별화의 실례 / 432
13.3.3 일반 모형 / 434
13.4 공공재 건설을 위한 그로브스-레드야드 메커니즘 ······ 440
13.4.1 단순 예시 / 440
13.4.2 일반모형 / 442
13.4.3 메커니즘 이행의 신빙성 / 444
13.5 배타적 유통 계약 ······ 446
13.6 메커니즘 설계와 현시원리 ······ 449
13.6.1 메커니즘 설계 / 449
13.6.2 현시원리 / 452

SECTION 05 신호, 선별, 계약

CHAPTER 14 동태적 미비정보 게임

14.1 문제의 제기 ········· 459
14.2 완전베이즈균형 ········· 461
14.3 완전베이즈균형의 계산 예 ········· 466
14.4 동태적 미비정보 게임 ········· 469
14.5 신호게임 ········· 473
14.5.1 신호게임의 정의 / 473
14.5.2 신호게임에서 완전베이즈균형 / 476
14.6 민사소송에서 상호 합의 ········· 479
14.7 평 판 ········· 485
14.8 직관적 신념과 전진귀납법 ········· 490
14.8.1 독점기업의 진입제한가격 부과게임 / 490
14.8.2 외부대안이 있는 성대결게임 / 494

CHAPTER 15 역선택, 신호와 선별

15.1 자동차 품질보증과 비싼 광고 ········· 498
15.1.1 미비정보가 시장실패에 미치는 영향 / 498
15.1.2 품질보증, 광고, 브랜드가치 / 500
15.2 학력 인플레이션의 순기능 ········· 506
15.3 금융시장의 역선택, 신용할당 및 재무구조 ········· 519
15.3.1 역선택과 신용할당 / 520
15.3.2 신호발송으로서의 지분 제안 / 526
15.4 다양한 보험상품과 소비자 선택 ········· 534
15.4.1 보험을 통한 위험분산 / 534
15.4.2 모 형 / 535
15.4.3 역선택과 시장실패 / 538
15.4.4 보험상품의 다양화 / 541

CHAPTER 16 대리인 문제와 유인계약

16.1 감춰진 행동과 도덕적 해이 ······ 547

16.2 단순 모형 ······ 551

16.2.1 불완전정보와 도덕적 해이 / 551

16.2.2 유인계약 / 553

16.2.3 고정급이 성과급보다 우월한 경우 / 557

16.3 최적 계약: 위험분담과 유인제공 ······ 560

16.4 일반화된 대리인 모형 ······ 563

16.4.1 완전정보하의 자원배분 / 564

16.4.2 불완전정보하의 유인설계 / 565

16.5 토너먼트 경쟁 ······ 572

16.5.1 완전정보하의 자원배분 / 572

16.5.2 불완전정보하의 유인계약 / 574

16.6 공동생산 체제와 주인의 역할 ······ 578

16.7 유인설계와 경제제도 ······ 584

16.7.1 경영자 보수와 기업 소유지배구조 / 584

16.7.2 징세청부제와 세무공무원제 / 589

SECTION 06 협조게임과 사회선택

CHAPTER 17 협조적 게임이론

17.1 협조적 협상 ······ 595

17.2 협조적 협상해 ······ 598

17.3 연합형 게임 ······ 600

17.4 코어 ······ 602

17.5 섀플리값 ···················· 604
17.5.1 개념과 공식 / 605
17.5.2 섀플리값의 성질 / 608
17.6 권력지수 ···················· 609
17.6.1 섀플리-슈빅 권력지수 / 609
17.6.2 반자프-콜먼 권력지수 / 611

CHAPTER 18 사회선호와 사회선택

18.1 사회적 선호 ···················· 613
18.2 애로우의 불가능성 정리 ···················· 614
18.2.1 애로우의 공리 / 614
18.2.2 불가능성 정리 / 616
18.3 사회적 선택 ···················· 619
18.3.1 사회선택함수 / 619
18.3.2 콩도르세의 역설 / 621
18.4 투표 제도 ···················· 624
18.4.1 최다득표제 / 624
18.4.2 점수투표제 / 626
18.4.3 승인투표제 / 629
18.4.4 결선투표제 / 630
18.5 형사재판 제도와 피의자의 운명 ···················· 632

CHAPTER 19 미비정보하의 사회선택

19.1 기버드-새터스웨이트 불가능성 정리 ···················· 635
19.2 메커니즘 설계를 통한 사회선택의 구현 ···················· 641
19.3 안정적 매칭 ···················· 646
19.3.1 매칭에 의한 자원배분 / 646
19.3.2 안정적 매칭 / 648

19.4 게일-섀플리 알고리즘 ······ 650

19.5 매칭간의 비교 및 전략적 조작 ······ 654

19.5.1 매칭간의 비교 / 654

19.5.2 전략적 조작 / 654

찾아보기 ······ 657

Game Theory

들어가며

1 게임이론이란 무엇인가?

게임의 사전적 정의는 '규칙을 정해놓고 승부를 가리는 놀이, 운동경기, 시합'이다. 주변에서 흔히 보는 게임으로 놀이판 위에서 하는 바둑이나 장기, 카드를 갖고 노는 포커나 고스톱, 온라인 *e*스포츠, 경기장에서 이루어지는 골프, 축구, 육상 등이 있다. 이들은 언뜻 보기에 매우 다름에도 불구하고 모두 게임이라는 동일 범주 안에 들어가는데 이는 그들 상호 간에 공통점이 있기 때문이다.

그러한 공통점으로 첫째, 모든 게임에는 나름의 규칙(rule of the game)이 있다. 규칙은 게임의 주체가 되는 경기자(player)와 팀의 구성을 규정하며, 경기자들이 어떠한 순서로 플레이를 할 것인가도 정한다. 둘째, 전략(strategy)이 중요하며 무엇보다도 상대방의 전략에 관한 예측이 중요하다. 셋째, 최종 결과와 그에 따른 보수(payoff)가 있다. 예컨대 바둑에서는 백이 이기든가 아니면 흑이 이기든가 둘 중 하나가 실현된다. 승자에게는 우승상금과 광고 출연료, 고액 레슨비 수입, 자부심 등이 따라온다. 이들을 경제적 가치로 환산한 값이 승자가 얻게 되는 보수이다. 반면 패자에게 주어지는 약간의 상금, 신통치 않은 레슨비 수입, 자괴감을 경제적 가치로 환산하면 패자가 얻는 보수가 된다. 게임 참가자인 경기사들은 각자의 보수를 극대화하는 데 목표를 둔다. 넷째, 게임의 결과는 경기자들 간의 전략적 상호작용에 의하여 결정된다. 월드컵 축구경기에서 한국팀이 아무리 뛰어나더라도 상대팀의 전략이 더 뛰어나다면 한국팀은 패배하기 마련이다. 반대로 한국팀이 아무리 형편없더라도 상대방이 더 죽을 쑨다면 한국팀은 이길 수 있다.

일반인들이 게임이라고 부르지는 않으나 위의 특징을 모두 갖는 현상들이 많다. 이동통신서비스 시장이 좋은 예이다. 이동통신업체는 법과 규제의 테두리 안에서 전략을 선택한다. 휴대폰 보조금을 불법으로 지불한다든지 약관을 위반할 경우 치르게 될 불이익과 처벌도 명시된다. 사업자들은 요금 조정, 다양한 서비스상품 개발, 보조금 지불, 유명 연예인을 등장시킨 광고 등 각종 전략을 적절히 사용하거나 혹은 사용하겠다고 위협하여 자신의 이익을 최대한 관철시키고자 한다. 반면 과학기술통신부, 공정거래위원회, 소비자단체 등은 벌금 부과, 약관 인가, 불매 운동 등 적절한 전략을 구사하여 각자의 목적을 이루고자 할 것이다. 이들 서로 간의 전략이 상호 작용하여 시장점유율, 순이익, 기업퇴출 여부 등 최종 결과가 실현된다.

북핵을 둘러싼 외교도 게임의 대표적 사례이다. 한국, 북한, 미국, 중국, 일본, 러시아 등 한반도 주변국들과 유엔 안전보장이사회, 국제원자력기구(IAEA) 등 관련 국제기구가 경기자이다. 이들은 여타 경기자들의 전략에 대한 예측을 기반으로 자신의 전략을 적절히 선택하여 각자의 이익을 극대화하려 한다. 또한 이들이 선택한 전략이 상호 작용하여 최종 결과가 실현된다.

이외에도 우리 주변의 게임 사례는 헤아릴 수 없이 많다. 시중은행들의 예금유치 경쟁, 독점기업의 신규진입 저지, 대기업집단과 공정거래위원회 간의 줄다리기, 항공사와 조종사노조 간의 임금협상 및 정부의 직권중재, 법안 통과를 놓고 벌이는 여야의 대결과 협상과정, 관세와 비(非)관세장벽을 둘러싼 국가 간 통상마찰, 동아시아 자유무역협정(FTA) 추진을 위한 한·중·일 간의 기(氣)싸움 등 헤아릴 수 없다. 뿐만 아니라, 전문경영인이 주주의 이익에 반하여 개인이득을 취하는 도덕적 해이, 보험회사가 의료보험 가입자의 건강상태나 과거병력을 알기 어렵기 때문에 발생하는 역선택 등 비대칭정보로 인하여 발생하는 주인-대리인 문제도 모두 게임의 범주 안에 있다.

우리는 이처럼 경제, 정치외교, 기업경영, 이웃과의 관계 심지어 가족관계에 이르기까지 의식적이든 무의식적이든 늘 게임의 상황에 직면하고 있다. 따라서 인간 행태와 경제사회 현상을 파악하는데 있어서 게임에 대한 이해는 그만큼 중요하다. 게임을 이해하기 위해서 게임의 특징을 체계화한 것이 게임이론(game theory)이다. 게임이론은 먼저 전략적 상호작용(strategic interactions)이 존재하는 상황에서 개인의 전략 또는 행동이 초래하게 될 결과에 대한 모형을 세운다. 그렇게 모형화된 게임에서 경제인이 상대편의 대응전략을 고려하면서 자기의 이익을 효과적으로 달성하기 위해 어떠한 전략을 선택할 것인가를 분석한다. 그러한 분석결과를 바탕으로 갖가지 경제사회 현상을 설명하고자 한다. 더 나아가 게임이론은 개인의 전략이 초래하게 될 결과 중 가장 바람직한 결과를 얻기 위하여 어떠한 전략을 선택해야 할 것인가를 제시하는 실용적인 기여도 한다.

게임은 크게 협조게임(cooperative game)과 비협조게임(noncooperative game)으로 나누어진다. 협조게임이론은 경제주체들 간에 구속력이 있는 협정을 사전적으로 맺을 수 있다는 전제하에 다자간의 전략적 상호관계를 연구대상으로 한다. 협조게임은 1950년대와 1960년대에 일반균형이론과 함께 전성기를 누렸으나 1970년도 중반 이후에는 비협조게임이 게임이론의 주류로 정착되었다. 경제, 경영, 정치 등 가종 사회현상을 설명하고 경제주체들의 행태를 예측하는 데 있어서 비협조게임이론이 경제학자들의 주된 분석도구가 되어 왔다. 본서도 비협조게임을 주로 다룬다. 하지만 최근 들어 협조게임이론이 재조명 받고 응용분야가 대폭 늘어나면서 중요성이 다시 커졌으므로, 그 기본개념과 핵심이론을 제6편 전체를 할애하여 다룬다.

2 게임이론의 역사와 발전

게임이론의 역사는 대략 제2차 세계대전 시기로 거슬러 올라간다. 헝가리 출신의 유태인 천재 물리학자 폰 노이만(John von Neumann)과 오스트리아 경제학자 모르겐슈테른(Oskar Morgenstern)이 1944년 출간한 『게임이론과 경제행태』(*Theory of Games and Economic Behavior*)가 시초로 알려져 있다.[1] 히틀러가 득세하

1 프랑스 수학자 보렐(Émile Borel)은 1920년대 초에 2인(two-player) 제로섬 게임(zero-sum game)의 해(solution)에 대한 논문을 서너 편 발표했다. 제로섬 게임에서의 최대극소 개념과 그 존재성에 대하여 폰 노이만이 1928년에 쓴 논문을 두고 보렐과 폰 노이만 간에 논쟁도 있었다.

던 1930~1940년대 유럽에 살던 수많은 유태인들과 지식인들이 박해를 피해 미국으로 망명했다. 폰 노이만과 아인슈타인(Albert Einstein)을 포함한 많은 학자들은 프린스턴대학에서 연구를 계속하였는데, 그 덕분에 당시 프린스턴에서는 수학, 물리학, 경제학이 비약적으로 발전할 수 있는 학문적 분위기가 무르익었다.

게임이론의 발전에 가장 큰 공헌을 한 내쉬(John F. Nash, Jr.) 역시 이 시기 프린스턴대학의 산물이었다. 약관 22세의 내쉬가 1950년도에 제출한 박사학위논문과 그 즈음 출간한 서너 편의 학술논문은 오늘에 이르기까지 게임이론의 초석이 되었다. 오랜 세월이 흐른 1994년에 내쉬는 하사아니(John C. Harsanyi) 및 젤텐(Reinhard Selten)과 함께 노벨경제학상을 공동 수상하였다.[2]

게임이론 분야의 두 번째 노벨경제학상은 2005년 아우만(Robert Aumann)과 셸링(Thomas Schelling)에게 주어졌다. 아우만은 동일한 게임이 되풀이해서 발생하는 상황(반복게임이라고 불림)에서 경기자들 간의 경쟁과 협력에 관한 이론을 정립하였으며, 셸링은 그러한 개념을 정치·경제·사회 현상에 적용하여 설명력을 높이는 데 기여하였다. 불과 2년 후인 2007년 후르비츠(Leonid Hurwicz), 매스킨(Eric Maskin), 마이어슨(Roger Myerson)이 게임이론의 한 분야인 메커니즘 설계(Mechanism Design)이론을 개척한 업적으로 노벨상을 수상하였다.[3] 또다시 2년 후인 2009년 오스트롬(Elinor Ostrom)은 게임이론을 활용하여 공동자원 관리법을 개선하고 세계 각지를 다니며 실행에 옮긴 업적으로 노벨상을 수상한 최초의 여성

그러나 대다수 학자들은 폰 노이만과 모르겐슈테른의 1944년 저서가 엄밀한 의미에서—비협조적 게임 및 협조적 게임을 포괄하는—게임이론의 효시라고 본다. 초창기 게임이론 학자들의 일화, 그리고 제2차 세계대전 종전 즈음부터 미국의 군사, 경제, 외교 전략전술 수립에 게임이론이 기여한 역사에 대해서는 Bhattacharya(2021) 제6~7장을 참고하시오.

2 천재들에게는 재미있는 일화가 있기 마련인데, 내쉬도 예외는 아니다. 내쉬는 스무살에 카네기공과대학을 졸업하고 프린스턴대학 수학과에 진학하였다. 당시 카네기공대의 더핀(Duffin) 교수가 써 준 추천서는 역사상 가장 짧은 것으로 알려져 있다. '그는 수학 천재입니다.'(He is a mathematical genius.) 또 다른 일화는 노벨상 수상에 관한 것이다. 내쉬는 1959년부터 정신질환을 앓게 되었고 그 후 평생 폐인으로 지냈다. 노벨경제학상이 제정된 후 수상위원회에서는 경제학의 발전에 큰 기여를 한 게임이론 분야에 노벨상을 주고 싶었다. 노벨상을 수여한다면 당연히 내쉬를 빼놓을 수가 없었지만, 그렇다고 제정신이 아닌 사람에게 상을 수여하기도 곤란하였다. 그래서 스웨덴 왕립학회는 내쉬가 사망하기를 기다렸으나 계속 장수하자, 마침내 1994년 내쉬를 포함한 세 명의 게임이론가에게 노벨상을 주기로 결정하였다고 전해진다. 네이자(Nasar)는 전기소설 *A Beautiful Mind*(2001)에서 내쉬의 일생과 게임이론 선구자들에 대한 재미있는 일화를 많이 소개하고 있다. 이 작품은 같은 해 하워드(Ron Howard) 감독에 의해 할리우드 영화로 만들어졌고 이듬해 아카데미 작품상, 감독상, 여우조연상을 받는 등 큰 인기를 누렸다.

3 반복게임은 본서의 제3편에서, 메커니즘 설계 이론은 제13장에서 다루어진다.

경제학자가 되었다.[4]

그간 비협조게임에만 수여되었던 노벨상은 2012년 처음으로 협조게임 연구자인 로스(Alvin E. Roth)와 섀플리(Lloyd Shapley)에게 수여되었다. 섀플리는 1950년대에 훗날 '섀플리값'(Shapley value)이라 불리게 된 협조게임의 핵심 개념을 정립하였으며, 로스는 1980년대 후반부터 인체장기의 기증 및 교환, 공립교육 학군 획정, 상하수도와 같은 공공재의 비용 분담구조 등 시장 설계에 섀플리 이론을 응용하여 공공자원의 안정적 배분을 분석하였다.

사실 1990년대 이후 게임이론은 경제학의 표준 분석 도구로 자리잡았기 때문에 게임이론을 다양한 경제현상에 적용하여 분석한 공헌으로 노벨상을 받은 학자도 적지 않다. 예컨대 경매(auction)에서 입찰 전략을 분석하기 위해서는 게임이론적 기법이 필수인데 경매이론의 개척자였던 비크리(William Vickrey)는 1996년에, 경매이론을 더욱 발전시키고 방송통신 주파수 매각 등 현실 문제와 정책에 기여한 밀그롬(Paul Milgrom)과 윌슨(Robert Wilson)은 2020년에 노벨상을 받았다. 쉬들란(Finn E. Kydland)과 프레스콧(Edward Prescott)은 정부 거시정책의 동태적 일관성과 신뢰 문제를 게임이론으로 풀어낸 공적으로 2004년도에 노벨상을 수상한 바 있다.[5] 다이아몬드(Douglas W. Diamond)와 딥비그(Philip H. Dybvig)는 게임이론 기법을 적용하여 뱅크런과 금융공황을 설명한 업적으로—훗날 연방준비이사회 의장을 역임한 버냉키(Ben Bernanke)와 공동으로—2022년에 노벨상을 수상하였다.[6]

게임이론은 경제학, 경영학, 정치학, 국제관계론, 심리학 등 사회과학뿐만 아니라 생물학이나 전자공학과 같은 자연과학에서도 활발히 연구되어 응용되고 있다. 초창기 게임이론은 경제학을 중심으로 발전하였는데, 이는 경제적으로 상호관계에 있는 주체들에게 게임의 결과로 초래되는 이해득실이 명확하기 때문이다. 예컨대, 소비자의 효용수준이나 기업의 시장점유율은 숫자로 표시되며, 가격, 매출, 이윤, 무역수지, 정부부채 등은 화폐 단위로 측정된다. 권력이나 계급

4 공유지의 비극과 그 해결방안에 대해서는 본서의 제2장 2.4절에서 다룬다.

5 경매이론은 본서의 제12장에서, 정책의 비일관성과 효과 문제는 제10장 10.5절에서 다루어진다.

6 다이아몬드와 딥비그의 뱅크런 모형은 본서의 제6장 6.2절에서 다룬다.

과 같은 추상적 가치의 변동이 게임의 결과로 초래된다고 보는 정치학이나 사회학에서의 게임보다 경제학에서의 게임이 모형화가 쉽고 설득력이 있는 것이다.

경제학에서 가장 먼저 게임이론의 분석틀이 적용된 분야는 산업조직(Industrial Organization) 이론이다. 산업조직론이란 시장의 구조와 성과를 연구하는 분야인데, 게임이론은 특히 독점 및 과점시장을 분석하는 데 유용하다. 과점시장에서의 개별 기업은 자신의 전략뿐 아니라 경쟁기업의 전략에 의해서도 그 성과와 이윤이 영향을 받는다. 때문에 과점기업은 여타 기업들의 반응을 미리 고려하여 최선의 전략을 선택해야 한다. 독점기업은 잠재적 진입기업들을 사전에 차단하기 위하여 투자여부, 가격설정, 고객관리 등을 적절히 조합하여 진입저지 전략을 구사하기도 한다. 이처럼 개별 기업은 현재 직면한 경쟁 상황에서 어떠한 전략을 사용하는 것이 장기적 수익성과 성장 가능성을 극대화해 주는지에 대한 구체적 답을 얻기 원할 것이다. 경영전략(Business Strategy)은 이 같은 문제에 대하여 실용적인 관점에서 답을 제시해 주는 분야이다. 한편 공정거래위원회처럼 사회전체 후생에 관심이 있는 정책당국은 독과점 기업들의 행태분석을 불공정거래행위의 근절이나 대기업집단 규제정책의 수립에 활용한다. 티롤(Jean Tirole)은 게임이론을 적용하여 독과점시장을 분석하고 공정경쟁정책을 제시한 업적으로 2014년 노벨상을 받았다.

게임이론의 기본원리와 분석방법은 국제무역과 관련된 쟁점을 분석하고 바람직한 대안을 모색하는 데 널리 쓰이고 있다. 한국의 현대기아자동차와 일본의 토요타자동차가 유럽시장에서 경쟁하는 상황은 전형적인 게임이다. 또한 자유무역과 보호무역 기조의 선택, 수입관세와 수출보조금의 결정, 통상협상 전략 수립 등에 게임이론적 분석 방법이 널리 쓰인다. 게임이론은 거시경제학 및 화폐금융과 관련된 분야에도 응용되어 정부와 중앙은행, 금융당국과 민간부문, 기획재정부와 일반국민 간의 관계를 과학적으로 분석하고 기존 접근법으로는 해결하기 어려웠던 경제 문제들에 대한 해답과 정책대안을 제시하고 있다. 여러 나라들이 환율을 자국의 경제사정에 따라 조정하려는 역학관계와 그로 인해 달라지는 무역수지 및 자본 흐름 역시 게임이론의 틀 안에서 명쾌하게 설명될 수 있다.

게임이론은 경영학의 발전에도 커다란 영향을 미쳐왔다. 재무관리 분야에서는 주주 간, 주주와 경영자 간, 회사와 채권금융기관 간의 전략적 관계를 게임이론으로 설명한다. 회계학에서는 주인–대리인문제라는 게임이론적 분석틀을 적용하여 경영진이 회계정보를 어느 정도까지 공개할 것인가 하는 문제와 그렇게 공시된 회계정보를 주주, 노조, 고객 등 이해관계자들이 어떻게 해석하는지의 행태를 설명한다. 현재 다수 학문 영역의 국내외 유수 대학 및 대학원들은 게임이론을 필수과목으로 가르치고 있다. 일례로 정치학이나 국제관계론 분야의 주요 학술논문 서너 편 가운데 적어도 한두 편은 게임이론에 대한 배경지식과 훈련 없이는 이해가 불가능하다.[7]

다른 한편으로 게임이론은 거센 도전도 받아 왔다. 전통적 게임이론은 완벽하게 이성적인 인간을 상정하고 그들 간의 전략적 상호관계를 분석한다. 때문에 게임이론의 분석 결과는 '불완전하고 감정적이며 간혹 비이성적이기도 한' 실제 사람들의 행태와 괴리가 있는 경우가 많다. 이러한 사실은 꽤 오래 전부터 알려져 왔으나 1990년대 이후 실험경제학, 뇌신경경제론(Neuro-economics), 경제심리학, 복잡계이론 등이 급속히 발전하면서 게임이론—보다 넓게는 경제이론 전반—의 전통 패러다임은 변혁을 요구받고 있다. 경제학계에서도 이러한 주세를 반영하듯 행동경제학(Behavioral Economics) 및 행동게임이론(Behavioral Game Theory) 발전에 지대한 공헌을 한 쎄일러(Richard Thaler)가 2017년 노벨상을 수상했다. 본서에서는 이러한 변화들을 일부 수용하여 전통적 패러다임에서 벗어난 이타성(altruism), 공평성(fairness), 제한적 합리성(bounded rationality) 등을 편린으로나마 다루고 있다.

7 졸저 『공공경제론』(2019)은 정치, 공공경제, 정부재정 분야에 게임이론 분석기법을 적용한 정치경제론을 국내 학계에 소개한 저서이다.

Game Theory

SECTION 01

전략과 경쟁

Chapter 1 게임의 형태와 해

Chapter 2 전략형게임의 응용

Chapter 3 혼합전략의 개념과 응용

Chapter 4 내쉬균형의 성질과 대안

야곱이 거기서 밤을 지내고 그 소유 중에서 형 에서를 위하여 예물을 택하니 암염소가 이백이요 숫염소가 이십이요 암양이 이백이요 숫양이 이십이요. 젖 나는 낙타 삼십과 그 새끼요 암소가 사십이요 황소가 열이요 암나귀가 이십이요 그 새끼 나귀가 열이라. 그것을 각각 떼로 나누어 종들의 손에 맡기고 그의 종에게 이르되 나보다 앞서 건너가서 각 떼로 거리를 두게 하라 하고 그가 또 앞선 자에게 명령하여 이르되 내 형 에서가 너를 만나 묻기를 네가 누구의 사람이며 어디로 가느냐 네 앞의 것은 누구의 것이냐 하거든 대답하기를 주의 종 야곱의 것이요 자기 주 에서에게로 보내는 예물이오며 야곱도 우리 뒤에 있나이다 하라 하고 그 둘째와 셋째와 각 떼를 따라가는 자에게 명령하여 이르되 너희도 에서를 만나거든 곧 이같이 그에게 말하고 또 너희는 말하기를 주의 종 야곱이 우리 뒤에 있다 하라 하니 이는 야곱이 말하기를 내가 내 앞에 보내는 예물로 형의 감정을 푼 후에 대면하면 형이 혹시 나를 받아 주리라 함이었더라 …중략… 에서가 달려와서 그를 맞이하여 안고 목을 어긋맞추어 그와 입맞추고 서로 우니라 (창세기 32:13-20, 33:4)

Game Theory

Game Theory

Chapter 01 게임의 형태와 해

1.1 게임의 구성요소

게임의 구성요소는 다음의 여섯 가지이다.

① 경기자
② 경기의 순서
③ 경기자가 알고 있는 지식과 정보
④ 경기자가 취할 수 있는 행동 혹은 전략
⑤ 경기자들의 선택에 따라 생길 수 있는 결과
⑥ 결과의 실현으로 개별 경기자가 얻게 되는 이익이나 손해

이 가운데 게임의 규칙에 관한 구성요소는 ①, ②, ③이며, 전략에 관한 요소는 ④, 그리고 결과에 관한 요소는 ⑤와 ⑥이다. 게임이란 이들 여섯 구성요소를 모두 갖춘 전략적 상호작용의 상황으로 정의된다.

이제 각각의 구성요소에 대하여 상세히 알아보자.

경기자

게임에 있어서 경기자(player)란 의사결정의 주체이다. 과점시장에서는 경쟁기업들 모두가 경기자이며, 임금 단체협상에 있어서는 노동조합과 사용자가 경기자이다. 경기자의 이름은 대개 자연수로 표현하며 영어 소문자 i로 나타낸다.

예컨대, 두 명이 참여하는 2인게임에서는 경기자1과 경기자2라고 이름을 붙이며, 각각 $i=1$과 $i=2$로 표시한다.

경제학의 패러다임은 경제주체의 합리성(合理性, rationality)에 서있다. 첫째, 개인은 각자 안정적이고 일관성 있는 선호(stable and consistent preference)를 타고난다.[1] 공리주의(utilitarianism) 철학에 기초하여 개인 선호란 그에 대하여 선악을 판단할 수 없고 단지 외생적으로 주어진 조건이라고 가정한다. 예컨대, "나는 (치킨 반 마리, 콜라 두 캔)이 (치킨 한 마리, 콜라 한 캔)보다 더 좋아"라고 말한다고 해서 그걸 옳다든지 틀렸다든지 말할 수는 없다.[2] 둘째, 다른 사람이야 어떻게 되든 상관없이 개인은 자신의 선호에 비추어 철저히 사익(私益, self-interestedness)을 추구한다.

게임이론에서는 개별 경기자의 합리성보다 더 강한 가정을 요구한다. 그것은 모든 경기자의 합리성이 주지사실(周知事實, common knowledge)이라는 규정인데, 다음의 무한명제가 모두 참임을 뜻한다.

> '당신은 합리적이다.
> 당신이 합리적이라는 사실을 나는 알고 있다.
> 당신이 합리적이라는 사실을 내가 안다는 사실을 당신이 알고 있다.
> 당신이 합리적이라는 사실을 내가 안다는 사실을 당신이 안다는 사실을 나는 알고 있다.……'
> '나는 합리적이다.
> 내가 합리적이라는 사실을 당신은 알고 있다.
> 내가 합리적이라는 사실을 당신이 안다는 사실을 나는 알고 있다.

---

1 일관성은 다시 완비성(completeness)과 이행성(transitivity)으로 정의된다. 완비성이란 A를 B보다 선호한다든지 아니면 B를 A보다 선호한다든지 하는 우열을 선택대안 간에 가릴 수 있음을 의미한다. 이행성이란 A를 B보다 더 선호하고 동시에 B를 C보다 더 선호하는 경제인은 반드시 A를 C보다 선호한다는 요건이다.

2 노벨상 수상자 베커(Gary Becker)와 스티글러(George Stigler)가 일찍이 쓴 라틴어 논문 제목 "De Gustibus Non Est Disputandum." (There is no accounting for tastes.)는 이를 단적으로 표현한다. (Stigler and Becker 1977) 하지만 최근 들어서는 주류 경제학에서조차 정통 패러다임을 수정하여 행동주의적(behavioral) 접근법을 자주 채택한다. 이에 따르면 개인 선호는 절대적이거나 불변이 아니다. 사회적 환경이나 맥락(context-sensitive), 선택지가 제시되는 틀이나 언어 표현(framing), 해당 사안에 대하여 우연히 형성된 최초 견해 등에 따라 왔다 갔다 한다. 관심 있는 독자는 Banerjee and Duflo (2019) Chapter 4를 참조하라.

내가 합리적이라는 사실을 당신이 안다는 사실을 내가 안다는 사실을 당신은 알고 있다.……'

게임이론에서는 전략적으로 행동하는 경기자들 이외에도 '자연법칙'(Nature) 혹은 '하나님'(God)이라 불리는 비(非)전략적 경기자가 종종 등장한다. 경제학에서 경제주체가 불완전한 정보를 갖고 있는 상황은 확률변수로 모형화된다. 예컨대, 주식투자자가 내일의 주가가 상승할지 혹은 하락할지 모른다고 하자. 이 경우 내일 주가는 주어진 확률분포에 따라 실현된다고 본다. 사후적으로 어떤 값이 실현되는지는 자연법칙에 의하여 무작위 추출되며 경제인들이 통제할 수 없다. 예컨대 비가 내릴 확률이 60%라는 것은 이 사실 자체를 경기자들이 정확히 알고 있을 뿐 아니라 실제로 자연법칙이 60%의 확률로 비를 내린다는 것을 의미한다. 비전략적이라는 것은 자연법칙이 사람들의 예상을 뒤집기 위해 60%의 확률로 비를 내리겠다고 해놓고 슬그머니 20%나 90%의 확률로 비를 내리게 하는 식의 전략적 행동을 취하지 않음을 뜻한다.

의사결정의 순서

의사결정이 시간적 순서에 따라 이루어지는 게임을 순차게임(順次게임, sequential move game)이라고 부르며, 모든 경기자의 의사결정이 동시에 이루어지는 게임을 동시게임(同時게임, simultaneous move game)이라고 부른다. 예컨대 바둑이나 체스는 순차게임이며, 밀봉입찰 경매(sealed-bid auction)나 특허 취득경쟁은 동시게임이다. 동시게임의 핵심은 경기자가 자신의 전략을 선택하는 순간에 상대방이 어떤 전략을 선택했는지 알 수 없다는 데 있다. 따라서 동시게임에서 '동시'는 물리학적 시간의 의미라기보다는 상대방이 어떤 전략을 선택할지 모르는 상태에서 자신의 전략을 선택해야 한다는 의미에 가깝다.

순차게임에서는 한 경기자가 먼저 행동을 취하고 다른 경기자가 뒤이어 선택을 한다. 나중에 행동하는 경기자는 앞서 행동한 경기자의 선택 혹은 적어도 선택했다는 사실은 알고 있는 상태에서 자신의 전략을 택한다. 따라서 순차게임에서 '순차'도 시간적 개념이라기보다는 정보의 상태에 관한 개념에 가깝다. 순차적 의사결정과 동시적 의사결정이 혼재되어 있는 게임도 많이 있다.

정보의 묘사

이 책에서 다루는 게임은 모두 완전회상(完全回想, perfect recall)하의 게임이다. 완전회상이란 모든 경기자들이 자신이 이전에 습득한 정보를 잊어버리지 않고 기억하는 성질이다. 화투놀이의 예를 들면, 어떤 판에서 자신이 원래 가지고 있었던 패와 이전에 냈던 화투장들 및 그 순서 등을 모두 기억하고 있을 뿐 아니라, 여지껏 상대방들이 노출했던 모든 정보(예컨대, 상대방이 내려놓았던 화투장, 뒤집어서 가져 간 화투장 등)를 모두 기억하고 있다는 것을 뜻한다.[3]

게임이론에 있어서 지식(knowledge)의 역할과 모형화는 매우 중요하다. 예컨대, 특정 기업의 주가가 상승할 것이라는 정보를 갖고 있는 주식투자자 A가 주식을 매각하려는 주주 B를 만났다고 하자. 투자자 A는 주식을 매도하려는 B가 제정신이 아니라고 생각하고 그냥 주식을 매수할 수도 있다. 그러나 B의 합리성을 믿어 의심치 않는다면, 투자자 A는 B가 주가 하락에 관한 그 나름대로의 정보를 근거로 매도 결정을 내렸을 것임을 추론할 수 있다. 상대방으로 하여금 주식매각을 결정하도록 유도한 내용도 —무슨 내용인지는 몰라도— 주가 변동에 대한 유용한 정보일 것이다. 따라서 투자자 A는 주가 상승을 예측하도록 유도했던 자신의 원래 정보를 수정할 필요를 느낄 것이다. 즉, 주식 매도 희망자가 갖고 있으리라고 합리적으로 추론할 수 있는 정보까지 고려하여 여전히 매수가 바람직한가를 재고해야 한다.

합리적 경제인들은 '의견 불일치에 동의'(agree to disagree)할 수 있는가? 예컨대 합리적 경제인들이 주식시장에서 투기를 할 것인가? 주지사실이라는 개념은 이러한 문제를 분석하는 데 중요한 역할을 한다. 사건(event) E가 두 경제인 간에 주지사실이라는 것은 다음의 무한명제가 모두 참임을 의미한다.

'나는 사건 E가 발생했음을 안다.

사건 E가 발생했음을 내가 안다는 사실을 당신은 알고 있다.

사건 E의 발생을 내가 안다는 사실을 당신이 안다는 사실을 내가 알고 있다.

---

3 불완전회상(imperfect recall) 게임은 분석하기가 난해한데 매우 간단한 형태의 '음주운전자의 고민'(absent-minded driver's problem)조차도 완전회상 게임에서는 나타나지 않는 복잡한 쟁점들이 발생한다. 관심 있는 독자는 *Games and Economic Behavior*(1997) 제20권 특집호나 Rubinstein(1998) 저서를 참조.

사건 E의 발생을 내가 안다는 사실을 당신이 안다는 사실을 내가 안다는 사실을 당신은 알고 있다. …'

'당신은 사건 E가 발생했음을 안다.

사건 E가 발생했음을 당신이 안다는 사실을 나는 알고 있다.

사건 E의 발생을 당신이 안다는 사실을 내가 안다는 사실을 당신이 알고 있다.

사건 E의 발생을 당신이 안다는 사실을 내가 안다는 사실을 당신이 안다는 사실을 내가 알고 있다. …'

이처럼 주지사실은 지식에 대한 추론의 무한 사슬로 정의된다.

아우만(Aumann 1976)은 주지사실 개념을 게임의 틀안에서 정형화하였다. 게임이론에서 경기자가 보유한 지식과 정보의 일반 이론은 본서의 범위를 넘어선다. 그러나, 게임에서 어떠한 사실이 주지사실인 경우와 그렇지 않은 경우 분석결과가 얼마나 달라지는가를 보여 주기 위하여 제11장 11.7절에서 재미있는 수수께끼와 예시를 들어 설명한다.

게임이론에서는 경기자들이 갖고 있는 정보의 종류에 따라 완전정보와 불완전정보, 그리고 완비정보와 미비정보로 구분한다. 완전정보(完全情報, perfect information)나 불완전정보(不完全情報, imperfect information)란 경기자가 자신의 전략을 선택할 때 상대방이 어떠한 행동을 취했는지 알고 있느냐 모르고 있느냐에 따른 구분이다. 예컨대 바둑은 상대방이 전에 두었던 수가 무엇인지를 확실히 알고있는 상태에서 나의 다음 수를 두므로 완전정보하의 게임이다. 반면에 가위바위보는 상대방이 무엇을 낼지 모르는 상태에서 나의 행동을 선택해야 하므로 불완전정보하의 게임이다.

완비정보(完備情報, complete information)와 미비정보(未備情報, incomplete information)는 상대 경기자의 특성(characteristic) 혹은 유형(類型, type)을 알고 있느냐 모르고 있느냐에 따른 구분이다. 예컨대, 기업이 신입사원을 공개채용할 때 응시자 개개인의 생산성이 높은지 낮은지 알 수가 없다면 기업은 개별 응시자의 유형을 모르고 있는 것이므로 이 같은 상황은 미비정보하의 게임이다. 제5장 5.1절과 제11장 11.1절에서 자세히 설명하겠지만 게임이론에서 불완전정보와 미비정보는 정보집합(information set)이라는 동일 개념을 사용하여 묘사되므로 이러한 구분은 큰 의미가 없다.

행동과 전략

의사결정의 상황에서 경기자가 선택할 수 있는 대안들을 행동(行動, action)이라 부른다. 경기자가 '아무 행동도 취하지 않는 선택'을 할 수 있다면, 이것까지도 행동의 하나로 포함되어야 한다. 전략(戰略, strategy)이란 발생 가능성이 있는 모든 경우에 대해서 개별 경기자가 취할 행동의 완전한 계획(complete contingent plan)으로 정의된다.

전략의 개념을 이해하기 위하여 다음의 예를 생각해 보자. 남북문제에 있어서 남한의 선택은 ㉠ 평화회담을 제안하거나 ㉡ 긴장상태를 유지하는 것, 두 가지라고 가정하자. 이에 대한 북한의 선택은 ⓐ 남한의 요청에 호의적으로 응답 혹은 ⓑ 미사일 실험 강행이라고 하자. 북한이 어떠한 태도를 취하든 북한의 반응에 대하여 남한은 또다시 ⓘ 대북제재 강화, 혹은 ⓘⓘ 대북 원조 재개 중 하나를 선택할 수 있다고 하자. 남한의 전략이란 남한의 초기 제안뿐 아니라 북한의 수락 여부에 대응하는 행동을 포함하는 완전한 계획을 의미한다. 예를 들어 '평화회담을 요청한다. 북한이 평화회담 요청을 수락한다면 인도적 원조를 재개하고 미사일 실험을 강행한다면 대북 제재를 강화한다'는 계획은 남측의 전략 가운데 하나이다. 반면 '평화회담을 요청한다. 북한이 미사일 실험을 강행할 경우 대북 제재를 강화한다'는 전략이 될 수 없다. 북한이 대화에 응할 경우 어떤 액션을 취할지 계획이 없기 때문이다.

순수전략(純粹戰略, pure strategy)이란 경기자가 하나의 행동을 확실히 선택한다는 가정하에 구성된 전략이다. 혼합전략(混合戰略, mixed strategy)이란 경기자가 여러 행동 가운데 하나를 자신이 선택한 확률분포에 따라 무작위로 고르도록 구성된 전략이다. 위 남북문제의 예에서 북한이 70%의 확률로 행동 ⓐ를 택하고 나머지 30%의 확률로 행동 ⓑ를 택한다면 북한은 혼합전략 0.7ⓐ+0.3ⓑ를 채택한다고 표현한다.

결과와 보수

게임의 결과(outcome)란 모든 경기자들이 규칙에 따라 전략을 선택함으로써 실현되는 최종 상태를 뜻한다. 보수(報酬, payoff)란 주어진 게임에서 경기자가 궁극적으로 얻고자 하는 금액 혹은 효용으로 정의된다. 스포츠 경기의 승패에 따라 달라지는 대전료 및 승리감, 주식투자를 통해 얻는 매매차익, 시장점유율의 상승을 통해 얻는 추가 이윤 등이 게임에 참여한 경기자가 추구하는 보수의 예이다.

게임이론에서 경기자의 선호체계는 폰 노이만과 모르겐슈테른에 의해 정립된 기대효용가설(期待效用假說, expected utility hypothesis)에 의하여 계산된다. 특정 선택의 결과로 화폐금액 x원을 얻거나 혹은 y원을 얻는다고 하자. 여기서 x원을 얻을 확률이 p이고, y원을 얻을 확률이 나머지 $(1-p)$라 하자. 효용함수가 $u(\cdot)$인 의사결정자가 이러한 선택으로부터 얻는 효용수준은 $p\times u(x)+(1-p)\times u(y)$로 계산되며, 이를 기대효용(expected utility)이라 부른다.

이를 일반화하면, 여러 상황에서 실현될 보수가 주는 효용을 각 상황이 일어날 확률로 곱한 후 이를 발생할 가능성이 있는 모든 상황에 대하여 합하면 기대효용이 계산됨을 의미한다.[4] 특정 선택의 결과로 K개의 배타적 상황이 발생할 수 있다고 하자.($k=1, 2,\cdots, K$) 상황k가 발생할 확률은 p_k, 상황k가 발생할 경우 얻게 되는 화폐금액은 x_k단위라고 하자. 효용함수 $u(\cdot)$를 갖는 경기자가 얻는 기대효용은 식 1.1과 같다.

$$Eu=\sum_{k=1}^{K}p_k u(x_k) \tag{1. 1}$$

게임이론에서 보수는 전략이나 행동을 선택한 결과로 얻는 기대효용수준을 나타낸다. 게임에 참여하는 모든 경기자들의 보수를 벡터 형식으로 표시한 것을 보수벡터(payoff vector)라 부르는데, 보수벡터의 차원은 경기자들의 숫자와 일치한다.

---

4 기대효용함수인 식 1.1은 하늘에서 떨어진 것이 아니며, 합리적 의사결정이 갖추어야 할 공리들을 설정하고 그로부터 도출된 공식이다. 기대효용 가설 및 위험에 대한 태도에 관해서는 본서의 부록 A.1에 소개(QR코드로 스캔)되어 있다.

1.2 게임의 형태

1.2.1 전개형

전개형(展開型, extensive-form)[5] 게임이란 1.1절에서 열거한 게임의 여섯 구성요소를 모두 명시한 게임나무(game tree)로 정의된다. 게임나무는 마디(node)와 가지(branch)로 이루어진 그래프의 일종이다. 게임나무에서 마디는 크게 의사결정마디(decision node)와 종결마디(terminal node)로 분류된다. 의사결정마디란 경기자 중 누군가가 자신이 취할 행동을 결정해야 하는 상황이며, 종결마디는 게임의 최종결과가 실현되어 모든 경기자들에게 결과에 상응하는 보수가 지불되는 상태를 뜻한다. 게임이 최초로 시작되는 뿌리(root) 역시 의사결정마디 가운데 하나이다. 가지는 경기자들의 의사결정 흐름을 나타내는데 하나의 마디로부터 출발하여 다른 마디에 도착하는 실선으로 그려진다.

하나의 가지가 출발하는 마디는 도착하는 마디의 선도마디(先導마디, precedent)라고 불리며, 반대로 그 가지가 도착하는 마디는 출발하는 마디의 후계마디(後繼마디, successor)라고 불린다.

게임나무는 다음과 같은 성질을 만족하는 그래프이다.

- 성질 ①: 모든 마디는 한 개 이하의 선도마디를 갖는다. 또한 선도마디와 연결되는 가지는 단 하나이다.
- 성질 ②: 한 가지의 출발마디와 도착마디가 동일한 마디일 수 없다.
- 성질 ③: 임의의 마디에서 시작하여 거꾸로 거슬러 올라가면 궁극적으로 단 하나의 뿌리를 만난다.
- 성질 ④: 게임나무의 뿌리는 단 하나이다.

〈그림 1-1〉의 전개형게임은 경기자1과 경기자2가 참여하는 순차게임의 예를 보여 준다. 먼저 경기자1은 Across, Left, Right 중 하나의 행동을 취한다. 경기자1이 A를 선택하면 그 즉시 경기자1은 3단위, 경기자2는 −4단위를 얻고 게

5 국내 일부 저서나 논문에서는 '확장형'이라고 번역함.

그림 1-1 **게임나무의 단순 예시**

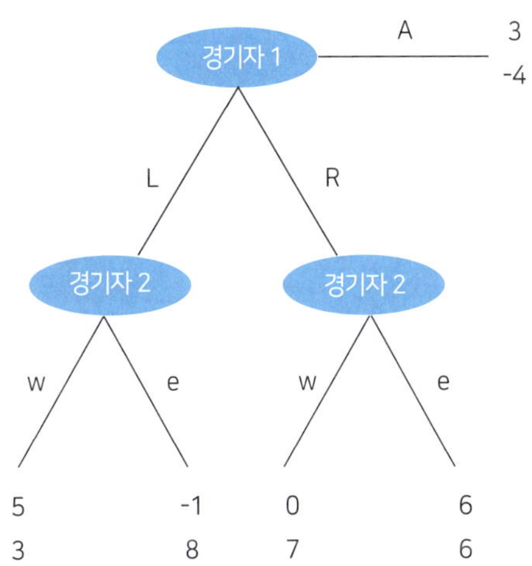

임이 종료된다. 경기자1이 L이나 R을 선택할 경우, 경기자2는 경기자1이 L와 R 가운데 어느 것을 선택했는지 알고 있는 상태에서 west 혹은 east 중 하나의 행동을 취한다. 게임나무의 마지막 가지 끝인 종결마디에는 각 경기자가 선택한 행동들의 조합에 따른 보수벡터를 적는다. 보수벡터에서 위의 숫자는 경기자1의 보수이고 아래 숫자는 경기자2의 보수이다. 예컨대, 경기자1이 L을 선택한 다음 경기자2가 e를 선택한다면, 경기자1은 −1단위의 보수를 얻고 경기자2는 8단위의 보수를 얻는다.

게임은 개인의 의사결정 문제를 포괄하는 훨씬 일반화된 분석틀이다. 위험 혹은 불확실성하에서 개인의 의사결정 문제는 자연법칙과 해당 개인 간의 게임으로 구성할 수 있다. 〈그림 1−2〉는 경기자1과 경기자2 간의 게임이지만 우연요인이 개입하는 전개형의 예시이다. 자연법칙은 마디 y에서 $\frac{1}{2}$의 확률로 보수벡터 (6, 8)을 실현하고 나머지 $\frac{1}{2}$의 확률로 보수벡터 (0, 2)를 실현한다. 따라서 마디 y 이하를 보수벡터 (3, 5)로 갈음해도 무방하다.

그림 1-2 자연법칙이 개입하는 전개형게임의 예시

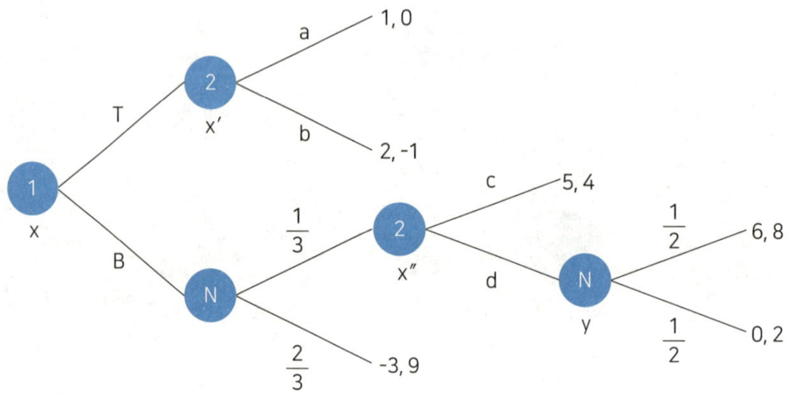

1.2.2 전략형

전략형(戰略型, strategic-form) 또는 정규형(正規型, normal-form) 게임은 1.1절에서 설명한 게임의 구성요소 가운데 경기자, 전략, 보수의 세 요소만을 갖춘 형태이다. 전략 선택의 순서나 정보의 성질은 무시된다. N은 경기자들의 집합, S_i는 경기자i가 선택할 수 있는 순수전략들의 집합, u_i는 경기자i의 보수함수라 할 때, 전략형 게임은 $G=\langle N, (S_i)_{i\in N}, (u_i)_{i\in N}\rangle$이다. 좀 더 상술해보자.[6]

경기자1은 U와 D 중 하나의 순수전략을 취할 수 있고, 경기자2가 w와 e 중에 하나를 선택할 수 있다고 하자. 경기자1과 경기자2가 각자의 순수전략을 선택한다면 그 결과로 순수전략조합(pure strategy profile)이 실현된다. 여기서 경기자1과 경기자2의 순수전략이 각각 두 개씩이므로 실현가능한 순수전략조합은 (U, w), (U, e), (D, w), (D, e)의 넷이다. 개별 경기자의 보수는 모든 경기자들이 선택한 전략의 조합에 의하여 결정된다. 경기자가 두 명일 경우 전략형게임은 〈그림 1-3〉과 같이 보수행렬(報酬行列, payoff matrix)의 형태로 나타낸다. 경기자1은 행(row)으로 나열되어 있는 전략 중에 하나를 선택하고 경기자2는 열(column)로 나열되어 있는 전략 중에 하나를 선택한다. 경기자1의 전략과 경기자2의 전략이

6 일회(one-shot) 전략형 게임에서는 행동과 순수전략이 일치하므로 상호 구분 없이 사용해도 된다.

그림 1-3 **단순한 전략형게임의 예**

		경기자 2	
		west	east
경기자 1	Up	20, 30	−8, 5
	Down	7, −11	50, 15

만나는 방(房, cell)에는 해당 전략조합이 실현될 경우 경기자들이 받게 될 보수벡터를 적는다. 이때 경기자1의 보수를 먼저 쓰고 쉼표 다음에 경기자2의 보수를 쓴다. 예컨대, 경기자1이 순수전략 D를 택하고 경기자2가 순수전략 e를 택할 경우, 경기자1은 50단위의 보수를 얻고 경기자2는 15단위의 보수를 얻는다.

일반적으로 n명의 경기자가 참여하는 전략형게임에서, 경기자 i가 선택할 수 있는 순수전략은 s_i로 표기한다. 경기자 i가 선택할 수 있는 순수전략을 전부 모아 놓은 집합을 순수전략집합이라 하는데, 대문자 S_i로 표기한다. 경기자1은 s_1를 택하고, 경기자2는 순수전략 s_2를 택하며, …, 경기자 n은 순수전략 s_n을 선택한다면, 그 결과 순수전략조합 $s=(s_1, s_2, \cdots, s_n)$이 실현될 것이다. 순수전략조합들의 집합은 $S=S_1 \times S_2 \times \cdots \times S_n$이다. 예컨대, 〈그림 1-3〉의 게임에서 $S_1=\{U, D\}$, $S_2=\{w, e\}$, 그리고 $S=\{\{U, w\}, \{U, e\}, \{D, w\}, \{D, e\}\}$이다.

개별 경기자의 보수는 자기자신을 포함하여 모든 경기자들이 선택한 전략의 조합에 의하여 결정된다. 경기자 i의 보수함수 u_i: $S \rightarrow R$는 특정한 순수전략조합이 실현되었을 때 경기자 i가 얻는 기대효용을 나타낸다. 경기자 i의 보수함수를 다시 쓰면 u_i: $S_i \times S_{-i} \rightarrow R$로서 자신의 선택뿐 아니라 남들(경기자1, …, 경기자$(i-1)$, 경기자$(i+1)$, …, 경기자n)의 선택에 의해서도 영향을 받는다. 여기서, 기호 '$-i$'는 경기자 i를 제외한 나머지 $(n-1)$명의 경기자들을 나타낸다. 보수벡터는 주어진 순수전략조합 s에 대하여 경기자들의 보수를 배열해 놓은 벡터 $(u_1(s), u_2(s), \cdots, u_n(s))$이다. 예컨대, 〈그림 1-3〉에서 경기자1은 U를 선택하고 경기자2는 e를

선택하는 경우, 보수벡터는 (−8, 5)이다.[7]

Practice 1-1

국가A는 핵무기를 개발하거나 혹은 포기한다. 국가B는 국가A의 핵시설들을 폭격하거나 자제한다. 국가B는 폭격 여부를 결정하기 전에 정찰위성으로 국가A의 핵개발 여부를 탐지한다. 국가A가 핵개발 중이라는 가정하에 국가B의 위성이 이를 제대로 잡아낼 확률이 β, 별 근거를 찾지 못할 확률이 $(1-\beta)$이다. 반면 핵개발을 하고 있지 않는데도 정찰위성이 핵개발이라고 오인할 확률은 $(1-\beta)$라고 하자. 양국의 행동 조합에 따른 보수구조는 다음과 같다고 하자.

		국가B	
		폭격	자제
국가A	개발	0, 3	4, 0
	포기	2, 2	3, 4

(1) 국가A와 국가B의 순수전략 집합을 각각 구하라.

(2) 전략형 게임으로 구성하라.

1.3 게임의 해

합리적인 경기자들이 주어진 전략형 게임을 플레이하려고 한다. 개별 경기자는 자신이 택할 수 있는 전략과 행동들은 물론 상대방이 택할 수 있는 전략의 종류에 대해서도 정확히 알고 있다고 가정하자. 더불어 나와 상대방의 전략조합에 따라 각자가 얻게 될 보수가 얼마인지 정확히 안다고 하자. 이러한 상황에서

7 의사결정 문제에서 개인i의 보수함수는 u_i: $S_i \to R$인데 이는 개인i의 보수가 자신의 선택이나 행동에 의해서만 영향을 받을 뿐 남들의 선택은 영향을 미치지 않음을 뜻한다. 그런데 함수 u_i: $S_i \to R$는 함수 u_i: $S_i \times S_{-i} \to R$에서 함수값이 $s_{-i} \in S_{-i}$의 영향을 받지 않는 특수한 형태에 불과하다. 이처럼 게임은 1인 의사결정 문제를 다자간 상호작용으로 일반화한 분석틀이라는 사실이 보수함수의 정의에서도 드러난다.

개별 경기자는 어떠한 전략을 택하는 것이 최선일 것인가? 말할 나위 없이, 내가 어떠한 전략을 취하는 것이 최선인지는 상대방이 어떠한 전략을 취할 것인가에 달려 있다. 그런데, 상대방이 어떠한 전략을 취하는 것이 그에게 최선인가는 역으로 내가 어떠한 전략을 취하는가에 달려 있다.

따라서 경기자들이 각자 어떠한 전략을 선택할 것인가 혹은 게임의 결과로 어떠한 상태가 실현될 것인가를 예상하는 것은 게임을 분석하는 데 있어서 핵심과제이다. 주어진 게임에 참여하는 합리적 경기자가 선택할 것으로 예상되는 전략조합 혹은 결과를 해(解, solution)라고 부른다.

경기자가 합리적이라면 반드시 선택하리라 예상되는 설득력 있는 전략으로 우월전략이 있다. 반면 합리적 경기자가 절대로 선택하지 않을 전략으로 열등전략이 있다. 1.4절과 1.5절에서는 먼저 우월전략 및 열등전략의 개념을 소개하고, 열등전략이 존재하는 게임을 분석하기에 유용한 해의 개념을 설명한다. 1.6절에서는 열등전략의 존재 여부와 상관없이 어떠한 게임에도 적용할 수 있는 보편적 해의 개념인 내쉬균형에 대하여 설명하고자 한다. 1.7절에서는 본서의 여기저기에서 자주 활용될 간단한 전략형 게임들을 소개한 다음 해를 구하는 방법과 해석을 보여준다.

1.4 우월전략과 열등전략

죄수의 딜레마

우월전략 및 열등전략의 개념을 이해하기 위하여 저 유명한 죄수의 딜레마(Prisoners' dilemma) 게임을 살펴보자. 공범으로 보이는 두 용의자가 분리되어 취조당하고 있다. 두 용의자가 모두 범행을 자백할 경우 이들은 각각 징역 4년씩의 실형을 선고받는다. 두 용의자가 끝까지 범행을 부인할 경우 증거 불충분으로 각각 2년씩의 징역을 선고받는다. 한 명은 범행을 부인하고 다른 한 명은 범행을 자백할 경우, 범행을 부인한 용의자는 위증죄가 추가되어 징역 5년을 선고받으나 범행을 자백한 용의자는 정상이 참작되어서 기소유예 된다.

그림 1-4 **죄수의 딜레마 게임**

		용의자 2	
		부인	자백
용의자 1	부인	3, 3	0, 5
	자백	5, 0	1, 1

〈그림 1-4〉는 이러한 상황을 전략형게임으로 나타낸 것이다. 징역연수에 음(−)의 부호를 붙인 것을 용의자의 원래 보수라 할 수 있다. 하지만 보수를 양(+)수로 나타내는 것이 보기에 편하기 때문에 징역연수에 5씩을 더하였다. 예컨대, 두 용의자가 모두 자백하는 경우 개별 용의자의 보수 −4에 5를 더하여 1단위가 되도록 만든 것이다.[8]

죄수의 딜레마 게임에서 용의자2가 자백한다고 가정할 때 용의자1이 자백하면 용의자1은 1단위의 보수를 얻게 되고 부인하면 0단위의 보수를 얻게 된다. 그러므로 용의자2가 자백한다면 용의자1도 자백하는 것이 최선이다. 용의자2가 범행을 부인한다고 가정하자. 이때 용의자1이 자백하면 5단위의 보수를 얻게 되고 부인하면 3단위의 보수를 얻게 된다. 그러므로 용의자2가 부인한다고 하더라도 용의자1은 자백하는 것이 최선이다. 이상의 논리를 종합하면, 용의자1은 공범인 용의자2가 자백할지 혹은 끝까지 범행을 부인하고 버틸지는 알 수 없지만 어느 경우건 상관없이 용의자1에게 있어서 '자백'은 '부인'보다 항상 높은 보수를 가져다 주는 전략이다.

---

8 동족변환(同族變換, affine transformation)이란 주어진 함수에 양수를 곱하고 임의의 실수를 더하거나 빼는 변환으로 정의된다. 수학적으로 함수 f와 함수 g 사이에 다음의 관계가 성립하면 이 둘을 동족변환이라 한다.
$g(x)=af(x)+b$(여기서 $a>0$이며 b는 임의의 실수)
기대효용이론에 의하면, 한 기대효용함수와 이를 동족변환하여 만든 새로운 기대효용함수는 정확히 똑같은 성질을 갖는다. 따라서 게임이론에서 주어진 보수행렬과 이를 동족변환하여 만든 새로운 보수행렬은 본질적으로 동일하다.

상대방이 어떠한 전략을 선택하든지 상관없이 내 자신의 전략 중에서 가장 높은 보수를 가져다 주는 전략을 강우월전략(强優越戰略, strictly dominant strategy)이라고 부른다. 반면, 전략 D가 강열등전략(强劣等戰略, strictly dominated strategy)이라는 것은 상대방이 어떠한 전략을 택하든지 상관없이 전략 D보다 더 높은 보수를 가져다 주는 대안 전략이 존재함을 뜻한다. 죄수의 딜레마 게임에서 '자백'은 강우월전략이며 '부인'은 강열등전략이다.

죄수의 딜레마 게임에서 합리적인 경기자라면 절대로 강열등전략인 '부인'을 선택하지 않는다. 즉, 용의자1은 용의자2의 전략에 상관없이 자백할 것이다. 동일한 논리로, 용의자2도 역시 용의자1의 전략에 상관없이 자백할 것이다. 결국 두 용의자는 범행 일체를 자백하고 각각 4년씩의 징역형을 살게 된다. 요약하면, 죄수의 딜레마 게임에 있어서 유일한 해는 (자백, 자백)이라 보는 것이 타당하다.

두 용의자 모두가 더 행복해지는 길이 있다. 둘 다 끝까지 범행을 부인하고 증거불충분으로 2년씩만 징역을 받아 각각 3단위씩의 보수를 얻는 것이다. 다시 말해서 (부인, 부인)이 (자백, 자백)보다 두 용의자 모두에게 더 높은 보수를 가져다준다. 하지만 상대방이 합리적이라는 전제가 있는 한 상대방을 믿을 수 없고 따라서 (부인, 부인)은 결코 달성될 수 없다. 죄수의 딜레마는 경제주체가 각자 자신의 개인이익을 극대화함으로써 달성되는 균형상태의 자원배분이 사회적으로는 비효율적일 수 있다는 평범한 진리를 잘 표현한다. 한마디로 죄수의 딜레마는 사적(私的) 이익을 극대화하는 경쟁균형과 공동체 전체에게 가장 바람직한 사회적 최적 간의 괴리로 요약된다.

Practice 1-2

두 맥주회사 A와 B가 있다. 개별 회사는 TV광고를 자제하느냐 혹은 대대적 공세를 취하느냐 중 하나를 선택한다. 두 기업이 모두 광고를 하지 않을 경우 각 기업은 50억원의 순이익을 올린다. 한 기업이 맥주광고를 하는데 다른 기업은 하지 않을 경우, 광고 기업의 매출은 70억원으로 증가하지만 이 가운데 광고비로 10억원을 지출하면 결국 60억원의 순이익을 올린다. 반면 광고를 하지 않은 기업의 매출은 대폭 감소하여 20억원의 순이익만을 올릴 수 있다. 두 기업이 모두 경쟁적으로 TV광고를 할 경우, 시장점유율은 변함없는 반면 막대한 광고비를 지출해야 하므로 각자의 순이익은 30억원에 머문다. 이와 같은 맥주광고전쟁의 상황을 전략형게임으로 나타내고 죄수의 딜레마임을 보여라.

죄수의 딜레마는 과점 기업들의 경쟁과 협력은 물론 대학입시를 준비하는 수험생들 간의 학원·과외 열풍, 동네 상권이 활성화되기 시작하면 건물주들이 임대료를 경쟁적으로 인상하여 종래는 건물주와 상인 모두 어려움에 처하는 젠트리피케이션(gentrification) 등 수많은 사회경제 현상을 설명하는 데 요긴하다. 군비경쟁에 참여하는 국가들의 국방예산 편성 과정과 군비 확장(Richardson 1960), 집단복지를 위한 집단행동 양식(Hardin 1982), 국회의원들 간의 투표거래(vote trading)(Riker and Brams 1973) 등 정치의 영역, 중앙아시아에서 나타난 서구화의 영향(Bethlehem 1975), 성공지향적 여성에게 드러나는 적극성(Baefsky and Berger 1974), 추상적 사고방식과 구체적 사고방식이 만들어내는 결과의 차이(Nydegger 1978) 등 사회심리학 연구 역시 죄수의 딜레마를 분석도구로 쓰고 있다.

우월전략과 열등전략

죄수의 딜레마 게임에서 자백이나 맥주광고게임에서 광고공세 전략은 모두 강우월전략이다. 반면 부인이나 광고자제는 상대방의 전략이 무엇이든 상관없이 항상 더 높은 보수를 보장하는 대안(자백과 광고공세)이 존재하므로 강열등전략이다. 강우월전략과 강열등전략의 정의는 다음과 같다.

정의 1-1

① 경기자1의 어떠한 전략 $s_1(\neq s_1^*)$과 경기자2의 어떠한 전략 s_2에 대해서도 $u_1(s_1^*, s_2) > u_1(s_1, s_2)$을 만족하는 전략 s_1^*가 존재한다면, 그러한 s_1^*를 경기자 1의 강우월전략이라 정의한다.

② 경기자 2의 어떠한 전략 s_2에 대해서도 $u_1(\hat{s}_1, s_2) < u_1(s_1', s_2)$을 만족하는 s_1'가 존재한다면, 전략 $\hat{s}_1$을 경기자 1의 강열등전략이라 정의한다.

그림 1-5 **단순한 3×2전략형게임**

		경기자 2	
		Left	Right
경기자 1	Top	3, 5	4, 4
	Middle	1, 8	5, 7
	Bottom	2, −1	0, 9

경기자2에 대해서도 대칭적으로 정의할 수 있다.

특정 전략이 강우월전략이기 위해서는 그 전략을 선택할 경우의 보수가 다른 어떠한 대안을 선택할 경우의 보수보다 더 커야 한다. 〈그림 1−5〉에 나타난 3×2게임을 보자. 경기자1이 Top을 선택할 경우 얻는 보수가 Bottom을 선택할 경우 얻는 보수보다 경기자2의 전략에 상관없이 항상 그다(왜냐하면 3>2이고 4>0). 그러나 T는 경기자1의 강우월전략이 될 수 없다. 왜냐하면 T는 B보다는 우월하지만 M보다 우월하지는 않기(3>1이지만 4<5) 때문이다. 한편 B의 경우 그보다 우월한 대안 T가 존재하므로 B는 강열등전략이다. 요약하면, 〈그림 1−5〉의 게임에서 강우월전략은 존재하지 않으며 강열등전략은 경기자1의 B 하나뿐이다.

전략의 우열을 판단하는 데 있어서 강우월 혹은 강열등전략보다 약한 개념도 정의할 수 있다. 상대방의 전략이 무엇이든 상관없이 자신의 전략 중 어느 특정 전략 W를 선택할 경우의 보수가 다른 어떠한 전략을 선택할 경우의 보수보다 더 크거나 혹은 동일하다면 전략 W를 약우월전략(弱優越戰略, weakly dominant strategy)이라고 부른다. 반대로 상대방이 어떠한 전략을 택하든 상관없이 내 자신이 특정한 전략 D를 택함으로써 얻는 보수보다 더 크거나 혹은 동일한 보수를 가져다주는 대안 전략이 존재할 경우 그러한 전략 D를 약열등전략(弱劣等戰略, weakly dominated strategy)이라고 부른다. 정의 1.1에서 부등호 >와 <를 ≥와 ≤로 대체하면 각각 약우월전략과 약열등전략의 정의가 된다.

그림 1-6 약우월전략과 약열등전략이 존재하는 게임

		경기자 2	
		Left	Right
경기자 1	Up	4, 7	3, 6
	Down	1, 5	3, 2

강우월전략과 약우월전략의 차이를 이해하기 위하여 〈그림 1-6〉에 그려진 전략형게임을 고려하자. 이 게임에서 경기자2에게 Left는 강우월전략이며 Right는 강열등전략이다(왜냐하면 7>6이고 5>2이기 때문). 그러나, 경기자1에게 전략 Up은 약우월전략일뿐 강우월전략은 될 수 없다(왜냐하면 4>1이고 3=3이므로).

1.5 열등전략의 단계적 소거

경기자가 합리적이라면 강열등전략을 결코 택하지 않는다. 죄수의 딜레마 게임에서 경기자1은 강열등전략인 '부인'을 선택하지 않을 것이다. 또한 용의자1이 합리적이라는 사실을 용의자2가 아는 한, 용의자2는 용의자1이 부인하지 않을 것임을 예측할 수 있다. 따라서 용의자2는 용의자1의 부인 가능성을 소거할 수 있으며, 이는 〈그림 1-7〉에서 색선 ①로 나타난다. 대칭적 논리에 의하여 용의자2가 합리적 경기자라는 사실을 용의자1이 아는 한 용의자1은 용의자2가 부인하지 않을 것임을 예상한다. 이는 〈그림 1-7〉에서 색선 ②로 나타난다. 이처럼 강열등전략을 경기자1에게 있어서 한 번 그리고 경기자2에게 있어서 한 번씩 제거하고 나면, 두 경기자가 공히 자백하는 가능성만이 남게 되며, 이 경우 보수는 각각 1단위씩이다.

이처럼 강열등전략을 하나씩 제거해 나가는 과정을 강열등전략의 단계적 소거(强劣等戰略의 段階的 消去, Iterated deletion of strictly dominated strategies) 혹은 줄

그림 1-7 죄수의 딜레마에서 강열등전략의 소거

		용의자 2		
		부인	자백	
용의자 1	부인	3, 3	0, 5	①
	자백	5, 0	1, 1	
		②		

여서 강단계소거(Strict iterative dominance)라 부른다. 열등전략을 단계적으로 소거한 후 최후까지 남는 전략과 소위 '합리화전략'(rationalizable strategies)이라는 개념은 밀접한 관련이 있으며, 특히 경기자가 두 명인 2인게임에서는 강단계소거 결과와 합리화전략이 일치하므로 등치시켜 부르기도 한다.[9] 강열등전략을 단계적으로 소거한 후 최후까지 남는 순수전략소합이 유일하다면 그러한 게임을 '우월전략해'(優越戰略解, dominance solvable) 게임이라 부른다. 죄수의 딜레마는 대표적 우월전략해 게임이다.

강열등전략의 단계적 소거를 적용하기 위해서는 모든 경기자가 합리적이어야 하며 또 그 사실이 주지사실로 전제되어야 한다. 예컨대 강열등전략의 단계적 소거를 3단계 적용하기 위해서는, 경기자1이 합리적이라는 사실을 경기자2가 알고 있으며, 이 사실을 다시 경기자1이 알고 있다는 가정이 필요하다. 1.1절에서 설명한 바와 같이 본서에서는 경기자의 합리성을 주지사실이라고 가정하므로, 몇 단계에 걸쳐서 강열등전략을 소거하든 아무 문제가 없다.

이해를 돕기 위하여, 〈그림 1-5〉의 3×2전략형게임을 상정하자. 경기자1에게 있어서 B는 T보다 강열등전략이므로, 경기자1이 합리적이라면 결코 B를 선택하지 않을 것이다. 따라서 제1단계에서 경기자2는 경기자1이 B를 택할 가능성을 〈그림 1-8〉의 색선 ①처럼 제거할 수 있다. 또한 경기자1이 합리적이라는

9 합리화전략을 엄밀하게 정의하기 위해서는 혼합전략에 대한 이해가 필요하므로 제3장 3.1절로 미룬다.

그림 1-8 **간단한 3×2게임에서 강열등전략의 단계적 소거**

		경기자 2	
		Left	Right ②
경기자 1	Top	3, 5	4, 4
	Middle ③	1, 8	5, 7
	Bottom ①	2, −1	0, 9

사실을 경기자2가 안다면, 경기자2는 경기자1이 결코 B를 택하지 않을 것을 안다. 경기자1의 B를 제거한 후 남는 2×2게임에서, 경기자2는 Left보다 강열등한 Right를 결코 택하지 않을 것이다. 즉, 제2단계에서 경기자2가 R을 택할 가능성을 색선 ②처럼 제거할 수 있다. 강열등전략의 순차적 제거를 두 단계에 걸쳐 실시한 후 남은 2×1 게임에서, 경기자1은 T보다 강열등한 M을 택하지 않을 것이다. 제3단계에서 색선 ③처럼 M을 제거한 후에는 단 하나의 전략조합 (Top, Left)만이 남는다. 다시 말해서, 경기자1의 합리화전략은 Top밖에 없으며 경기자2의 합리화전략은 Left밖에 없다. 결국 경기자1은 Top을 택하고 경기자2는 Left를 택한다고 보는 것이 이 게임의 해에 대한 합리적인 예측이 된다. 또한 이 우월전략해 (T, L)에서 경기자1의 보수는 3단위, 경기자2의 보수는 5단위가 된다.[10]

약열등전략의 단계적 소거

강단계소거를 확장한 약열등전략의 단계적 소거(줄임말로 약단계소거, Weak iterative dominance)도 이론상 잘 정의되지만 결점이 있다. 첫째, 경기자들이 보수구조에 대하여 100% 확신을 갖고 있다면 모를까 약간의 불확실성이라도 갖고 있

10 죄수의 딜레마에서 소거 순서 ①과 ②, 그리고 〈그림 1–8〉 게임에서 소거 순서 ①, ②, ③은 경기자들이 각자 머릿속에서 수행하는 사고과정(thought process)일 뿐이며 전략 선택은 딱 한 번 한다.

그림 1-9 보수구조에 대하여 미세한 불확실성이 있는 게임

		경기자2	
		L	R
경기자1	T	3, 3	1, 4
	B	4, 2	1, 1

(a)

		경기자2	
		L	R
경기자1	T	3, 3	1.001, 4
	B	4, 2	1, 1

(b)

다면 약단계소거를 적용할 수 없다. 예컨대, 〈그림 1−9〉(a)에 약단계소거를 적용하면 (B, L)이 유일한 해로 구해진다. 그런데 경기자2가 경기자1의 보수구조에 대하여 불확실성이 있어 거의 확실히 〈그림 1−9〉(a)지만 미세한 확률로 (b)일 수도 있다고 하자. 그러면 경기자1에게 T는 더 이상 약열등전략이 아니다. 약열등전략과는 달리 강열등전략의 경우 보수구조가 다소 불확실하더라도 여전히 강열등전략이며 따라서 강단계소거를 적용하기에 문제가 없다.

Practice 1-3

다음 전략형게임에 약단계소거를 적용하여 구할 수 있는 해를 모두 구하라.

		경기자2		
		L	M	R
경기자1	T	1, 1	1, 1	0, 0
	B	0, 0	1, 2	1, 2

둘째, 약단계소거는 소거 순서에 따라 최종 결과가 달라질 수 있어 일관성 있는 예측이 어렵다. 연습문제 1-3은 그러한 예를 보여준다. 약단계소거와는 달리 강단계소거는 어느 경기자의 어느 강열등전략을 먼저 소거하느냐에 따라 최종 결과가 달라지지 않는다. 예컨대, 죄수의 딜레마에서 경기자1의 강열등전략을 먼저 소거하건 경기자2의 강열등전략을 먼저 소거하건 최종 결과는 똑같다.

1.6 순수전략 내쉬균형

죄수의 딜레마처럼 열등전략이 존재하는 게임에 있어서는 우선적으로 열등전략을 제거함으로써 경기자들이 취할 전략을 가려낼 수 있다. 그러나, 우월전략이나 열등전략이 존재하지 않는 게임에 있어서는 난관에 부딪친다. 따라서 어떠한 게임이 주어지든 보편적으로 적용가능한 해의 개념이 필요한데 그것이 바로 내쉬균형(내쉬均衡, Nash equilibrium)이다.

루소(Jean-Jacque Rousseau)의 『사회계약론』(*The Social Contract* 1762)에 나오는 사슴사냥게임(Stag-hunt game)을 고려해 보자. 두 사냥꾼 1과 2가 토끼를 쫓을 것인가 사슴을 쫓을 것인가를 각자 독립적으로 정한다. 토끼를 쫓을 경우 상대방의 전략에 상관없이 토끼포획에 성공하여 1단위의 보수를 얻는다. 한 사냥꾼만이 사슴을 쫓을 경우 그는 사슴을 놓치게 되고 이윤 0을 얻는다. 두 사냥꾼이 모

그림 1-10 **사슴사냥게임**

		사냥꾼2	
		사슴	토끼
사냥꾼1	사슴	v, v	0, 1
	토끼	1, 0	1, 1

(여기서, $v>1$는 외생변수)

두 사슴을 공격할 경우 사슴 포획에 성공하게 되고 사냥물을 반씩 나누어 각자 v단위만큼의 보수를 얻는다(여기서 $v>1$인 외생변수). 사슴사냥게임의 전략형은 〈그림 1-10〉으로서 공조게임(共助게임, coordination game)의 특수한 예이다.

사슴사냥게임에는 열등전략이 존재하지 않으므로 열등전략의 단계적 소거법으로는 해를 구할 수 없다. 그 대신 다음과 같은 질문을 던져보자. 주어진 전략조합하에서 다른 경기자들은 현재 전략을 고수한다는 가정하에 적어도 한 명이 다른 전략으로 이탈할 유인(誘引, incentive)이 있느냐 하는 질문이다. 만일 누군가가 현재의 전략을 버리고 다른 전략을 취함으로써 자신의 보수를 높일 수 있다면, 현재 상태는 불안정적일 수밖에 없다. 반면 어느 누구에게도 현재 전략으로부터 이탈할 유인이 없다면, 이들 전략들로 구성된 상태는 흔들리지 않는 안정성을 가질 것이다. 이와 같이, 어떠한 경기자도 이탈할 유인이 없는 안정적 전략조합을 내쉬균형이라 부른다.

정의 1-2

[2인게임] 다음 조건을 만족하는 순수전략조합 (s_1^*, s_2^*)을 순수전략 내쉬균형이라고 한다.
어떠한 $s_1 \in S_1$에 대하여도 $u_1(s_1^*, s_2^*) \geq u_1(s_1, s_2^*)$이면서, 동시에
어떠한 $s_2 \in S_2$에 대하여도 $u_2(s_1^*, s_2^*) \geq u_2(s_1^*, s_2)$임.

경기자1의 전략 s_1^*가 경기자2의 전략 s_2^*에 대한 최선응수(best response)이고, 동시에 경기자2의 s_2^*가 경기자1의 전략 s_1^*에 대한 최선응수이면 전략조합 (s_1^*, s_2^*)를 내쉬균형이라 부른다. 경기자1의 전략 s_1에 대한 경기자2의 최선응수를 $BR_2(s_1)$으로 표기하고 경기자2의 전략 s_2에 대한 경기자1의 최선응수를 $BR_1(s_2)$로 표기하자. 여기서, 경기자j의 전략 s_j에 대한 경기자i의 최선응수가 하나일 수도 있으나 여럿일 수도 있으므로 $BR_i(s_j)$는 집합임에 유의하라. 정의 1-2를 달리 표현하면, 내쉬균형 (s_1^*, s_2^*)이란 두 조건 $s_1^* \in BR_1(s_2^*)$와 $s_2^* \subset BR(s_1^*)$을 동시에 충족하는 전략조합, 즉 상호최선응수(mutual best response)라는 것이다.[11] 내쉬균형은 일반적

11 이를 벡터 형식으로 쓰면 $(s_1^*, s_2^*) \in (BR_1(s_2^*), BR_2(s_1^*)) \equiv BR(s_1^*, s_2^*)$이 된다. 이는 내쉬균형이 최선응수 상응(相應, correspondence) BR의 정점(定點, fixed point)임을 의미하는데, 수학적 정의와 개념은 부록 A.5에 설명되어 있다.

인 n인게임에서도 다음과 같이 잘 정의된다.

정의 1-3

[n인게임] 다음 조건을 만족하는 순수전략조합 $s^* = (s_1^*, s_2^*, \cdots, s_n^*)$을 순수전략 내쉬균형이라고 한다.
모든 $i = 1, 2, \cdots, n$과 어떠한 $s_i \in S_i$에 대해서도 $u_i(s_i^*, s_{-i}^*) \geq u_i(s_i, s_{-i}^*)$
(여기서 $s_{-i} = (s_1, \cdots, s_{i-1}, s_{i+1}, \cdots, s_n)$는 경기자 i를 제외한 나머지 경기자들이 선택하는 전략.)

주어진 게임에서 내쉬균형이 하나만 존재할 이유는 없다. 예컨대, 사슴사냥게임에는 두 개의 내쉬균형이 존재한다. 첫번째 내쉬균형은 두 사냥꾼이 모두 사슴을 쫓는 (사슴, 사슴)의 전략조합이며 이 균형에서 사냥꾼들은 각자 v단위씩의 보수를 얻는다. 사냥꾼 1이 사슴을 쫓는 전략을 고수한다는 가정하에서 사냥꾼 2는 '사슴'이라는 현재 전략으로부터 v단위의 보수를 얻고 '토끼'라는 대안 전략으로부터 1단위의 보수를 얻는다. 그런데 $v>1$이므로, 사냥꾼 1이 '사슴'을 택할 때 사냥꾼 2는 사슴에서 토끼로 전략을 바꿀 이유가 없다. 대칭적 논리에 의하여, 사냥꾼 2가 사슴을 쫓는다는 가정하에, 사냥꾼 1은 사슴을 쫓는다는 현재 전략을 토끼로 바꿀 이유가 없다. 이상의 논리를 정의 1.2에 맞추어 써 보면 u_1(사슴, 사슴)$= v > 1 = u_1$(토끼, 사슴) 및 u_2(사슴, 사슴)$= v > 1 = u_2$(사슴, 토끼)이다. 따라서 (사슴, 사슴)은 내쉬균형이며, 이 균형에서의 보수벡터는 (v, v)이다.

두 번째 내쉬균형은 두 사냥꾼 모두 토끼를 쫓는 전략조합 (토끼, 토끼)다. 이 균형에서 사냥꾼 각자가 얻는 효용은 1단위이다. 어느 사냥꾼이든 상대방이 토끼를 잡으러 간다면 자신도 토끼를 잡는 것이 최선이다. 상대방이 토끼를 잡으러 가는데 나는 사슴을 쫓는다면 사슴 사냥은 실패하게 되고 나의 보수는 1단위에서 0단위로 떨어지기 때문이다.

결론적으로, 사슴사냥게임에는 두 개의 내쉬균형, (사슴, 사슴)과 (토끼, 토끼)가 존재한다. 사슴균형하에서 사냥꾼 각자는 v단위씩의 보수를 얻고, 토끼균형에서 사냥꾼 각자는 1단위씩의 보수를 얻게 된다.[12]

12 흔히 다음 질문을 한다. 사슴사냥게임처럼 균형이 두 개일 경우 사냥꾼들은 둘 중 어느 균형이 실현될지 모르므로, 사냥꾼 갑이 (사슴, 사슴)균형을 염두에 두고 사슴을 쫓을 때 사냥꾼 을은

〈그림 1-4〉의 죄수의 딜레마 게임에서 유일한 내쉬균형은 두 용의자 모두 범행을 털어놓는 (자백, 자백)이다. 개별 용의자는 상대방이 자백한다는 가정하에 자신도 자백하는 것이 최선이다. 다른 세 전략조합 (자백, 부인), (부인, 자백), (부인, 부인)에서 최소한 한 용의자는 다른 전략으로 이탈할 유인이 존재하므로 균형이 될 수 없다.

강열등전략의 단계적 소거로 얻은 해와 내쉬균형 간에는 밀접한 관계가 있다. 첫째, 전략조합 $s^* = (s_1^*, s_2^*, \cdots, s_n^*)$이 내쉬균형이라면, 어떠한 s_i^*도 강단계소거 과정에서 중도에 소거되지 않고 끝까지 살아남는다. 다시 말해서, 경기자i의 내쉬균형 전략 s_i^*는 반드시 그의 합리화 전략이다. 이는 제4장 4.1절 정리 4-1 및 정리 4-2에서 엄밀하게 다루어진다. 둘째, 강단계소거 과정을 통하여 얻은 해가 유일하다면, 즉 우월전략해가 존재한다면, 그 우월전략해는 유일한 내쉬균형이다. 이는 제4장 정리 4-3에서 증명된다. 예컨대, 죄수의 딜레마 게임에는 우월전략해 (자백, 자백)이 존재하는데 이는 유일한 내쉬균형이다. 또 다른 예시로 〈그림 1-5〉의 유일한 내쉬균형 역시 우월전략해 (Top, Left)이다.

Practice 1-4

[이타적 죄수의 딜레마] 죄수의 딜레마 게임 <그림 1-4>를 변형하여, 경기자는 자기자신의 보수뿐 아니라 상대방의 보수에도 영향을 받는 이타적(altruistic) 선호를 갖는다고 하자. 구체적으로 경기자 i의 보수함수를 $u_i(s_1, s_2) + \alpha u_j(s_1, s_2)$라고 가정하자. (여기서, 경기자 j는 i의 상대방을 나타내며, $\alpha \geq 0$는 매개변수)

(1) 이 게임의 전략형을 나타내라.

(2) 이 게임이 우월전략해를 가지려면 매개변수 α가 어떠한 범위에 있어야 하는가?

(3) 매개변수 α가 위의 (2)에서 구한 범위 밖에 있을 경우 순수전략 내쉬균형을 구하라.

(토끼, 토끼)균형을 염두에 두고 토끼를 좇는다면, 균형이 아닌 (사슴, 토끼) 전략조합도 실현 가능하지 않겠는가 하는 것이다. 이는 애당초 어떻게 (사슴, 사슴) 또는 (토끼, 토끼)균형에 도달하게 되었는가라는 질문에 다름 아니다. 그러나 균형—내쉬균형뿐 아니라 어떠한 균형 개념이건—이란 현재 그 상태에 있다면 어느 누구도 다른 전략이나 행동으로 바꿀 유인이 없다는 정태적 개념일 뿐이다. 균형 도달 과정에 대해서는 동학(dynamics), 진화(evolution), 또는 안정성(stability) 등의 기법을 적용하여 별도로 모형화하고 분석해야 한다.

1.7 여러 2×2 전략형게임

치킨게임(Chicken game)

두 청년이 각자의 차를 몰고 직선 거리의 양쪽 끝에서부터 전속력으로 마주 보고 달려온다. 충돌을 피하기 위하여 먼저 자동차 핸들을 트는 사람은 겁쟁이(chicken)로 낙인 찍히는 반면 계속 직진한 상대방은 영웅 대접을 받게 된다. 이 경우 겁쟁이로 낙인 찍힌 청년은 −2단위의 보수를 얻고 영웅이 된 청년은 1단위의 보수를 얻는다고 하자. 둘 다 핸들을 틀어 두 그룹 간에 무승부가 되면 각각 0씩의 보수를 얻는다. 둘 다 돌진하면 대형사고가 일어나 중상을 입고 각자 −3단위의 보수를 얻는다.

치킨게임의 두 경기자를 막가파와 서방파에서 나온 행동대원이라 하고 전략형게임으로 나타내면 〈그림 1−11〉과 같다. 이 게임은 매−비둘기 게임(Hawk-Dove game)이라고도 불리는데, '매'와 '비둘기'는 각각 강경전략인 '돌진'과 온건전략인 '회피'를 뜻한다.

치킨게임에는 우월전략이나 열등전략이 존재하지 않으므로 열등전략의 단계적 소거는 무력하다. 이 게임에는 두 개의 순수전략 내쉬균형이 존재하는데, 전략조합 (돌진, 회피)와 (회피, 돌진)이 그것이다.

막가파는 두 균형 가운데 (돌진, 회피)를 더 선호한다. 즉, 상대방이 피해 주기를 바라며 돌진하고 실제로 상대방이 핸들을 틂으로써 1단위의 높은 보수를

그림 1-11 **치킨게임**

		서방파	
		회피	돌진
막가파	회피	0, 0	-2, 1
	돌진	1, -2	-3, -3

얻어 승리하는 상태를 바랄 것이다. 정확히 반대의 논리로 서방파는 (회피, 돌진) 균형을 더 선호한다. 그렇다면 이 두 균형 가운데 어느 것이 실현될 것인가? 현재로서는 둘 다 가능하다는 대답을 할 수 있을 뿐이다. 그런데 제5장의 공약과 신빙성의 문제를 설명할 때 재론되겠지만 어느 한 편이 상대방에게 자기편의 자동차가 돌진할 것이라는 신빙성 있는 확신을 줄 수만 있다면 자기에게 유리한 균형이 실현되도록 만들 수 있다. 예컨대, 막가파의 두목은 자동차 핸들을 떼버리고 브레이크가 작동하지 않도록 작업한 다음 자기편 부하를 태운다고 하자. 상대방 운전자가 이 광경을 보았으나 시간 관계상 게임을 시작할 수밖에 없었다면 우리는 (돌진, 회피) 균형이 실현될 것이라고 예상할 수 있다. 서방파 운전자의 입장에서 판단할 때 상대방의 차는 직진 이외에 다른 선택이 없으니 자신이 핸들을 트는 전략이 최선이다. 막가파는 이러한 사실을 사전에 합리적으로 추론해 낼 수 있으므로 처음부터 핸들·가속페달 고정 전략을 선택하려 할 것이다.

성대결게임

성대결게임(性對決게임, Battle-of-the-sexes game)은 남편(경기자1)과 아내(경기자2) 간의 2×2전략형게임이다. 남편과 아내는 데이트를 하려고 한다. 두 사람은 약속시간은 정했지만 깜빡 잊고 약속장소를 정하지 않은 채 각자 직장과 집을 나섰다. 선택지는 미술관과 야구장이라 하자. 두 사람이 서로 다른 장소를 선택하는 경우 각자는 0단위의 보수를 얻는다. 반면 남편과 아내가 모두 같은 장

그림 1-12 성대결게임

		아내	
		미술관	야구장
남편	미술관	3, 5	0, 0
	야구장	0, 0	5, 3

소를 선택한다면 양(+)의 보수를 얻는다. 그러나 만난 장소가 어디냐에 따라 두 경기자의 보수는 달라진다. 그들이 미술관에서 만났다면 남편은 3단위의 보수를 얻고 아내는 5단위의 보수를 얻는다. 반면 야구장에서 만났다면 남편은 5단위의 보수를 얻고 아내는 3단위의 보수를 얻는다. 이상에 묘사된 성대결게임은 〈그림 1–12〉에 나타나 있다.

성대결게임에서 강단계소거가 무력하므로 남편의 합리화전략은 미술관과 야구장 둘 다이며 아내의 합리화전략도 마찬가지이다. 다른 한편 이 게임에는 두 개의 순수전략 내쉬균형 (미술관, 미술관)과 (야구장, 야구장)이 존재한다. 성대결게임에서 두 당사자는 상대방을 같은 장소에서 만나는 것이 서로 다른 장소에 가는 것보다 모두에게 나으므로 공조를 통한 이해공유관계(common interest)가 존재한다. 그러나, 남편은 (야구장, 야구장) 균형을 선호하고 아내는 (미술관, 미술관) 균형을 선호한다는 점에서 치킨게임과 유사한 특징이 있다. 다른 한편, 치킨게임에서 서방파는 (돌진, 회피) 균형보다 비균형 상태인 (회피, 회피)를 더 선호하지만 성대결게임에서 남편과 아내는 모두 균형 상태를 비균형 상태보다 더 선호한다.

성대결게임에서 두 균형 가운데 어느 것이 실현될 것인가는 주어진 전략형게임에는 명시되어 있지 않은 요인들에 의하여 결정된다. 남편과 아내 가운데 평소에 누가 주도권을 잡고 있는가가 대표적 요인 중 하나이다. 두 장소를 한번씩 번갈아 가는 것이 부부 간의 관례라면 지난번 데이트때 어떤 곳에 갔었는가 하는 정보가 중요한 역할을 할 것이다.

• 순수공조게임

차선이 없는 시골 도로에 두 대의 자동차가 서로 마주 보고 달려오고 있다고 하자. 두 자동차 모두 자신의 우측이든 좌측이든 동일한 방향을 택하면, 충돌 없이 무사히 지나게 되며 이때 운전자는 각자 1단위의 보수를 얻는다. 그러나, 한 운전자는 우측으로 주행하는데 상대방이 좌측으로 주행하면 충돌하고 운전자 각자는 0단위의 보수를 얻는다. 이러한 상황을 순수공조게임(純粹共助게임, Pure coordination game)이라 부르며, 그 전략형게임은 〈그림 1–13〉에 그려져 있다. 순

그림 1-13 순수공조게임

		운전자 2	
		좌측주행	우측주행
운전자 1	좌측주행	1, 1	0, 0
	우측주행	0, 0	1, 1

수공조게임에는 두 개의 내쉬균형이 있는데, (좌측주행, 좌측주행)과 (우측주행, 우측주행)이 그것이다.

차선선택게임의 두 내쉬균형 가운데 어느 것이 실제로 실현되는가는 역사적 진화과정과 사회적 전통에 따라 결정된다. 로마제국 이래 유럽의 마차는 대개 좌측으로 통행하였다. 1756년 영국은 런던교(London Bridge)를 건설하면서 좌측통행을 실시하였고 이후 영국 표준으로 자리 잡았다. 18세기 말 나폴레옹은 프랑스 국내에서는 물론 유럽 전역을 정복하면서도 가는 곳마다 우측통행 정착에 노력하였다. 나폴레옹이 우측통행에 집착한 이유는 알려지지 않았으나 아무튼 그 덕택에 다수의 유럽대륙 국가들에서는 우측통행이 자리 잡았다. 유럽 대륙에서 유일하게 좌측통행을 시행했던 오스트리아-헝가리 제국은 제1차 세계대전 패전으로 해체되면서 속속 우측통행으로 전환하였다. 우측통행은 마침내 1920년 파리회의에서 유럽 대륙의 표준으로 정해졌다. 영국도 1960년대에 우측통행을 검토했으나 결국 좌측통행을 고수하기로 결정하였다.[13]

대서양 건너 미국에서는 굳이 우측통행을 채택할 필요가 없었다. 그런데 19세기 후반 짝수의 말이 2열종대로 끌고 가는 마차가 북미 지역에 보급되면서 우측통행 관행이 자리 잡았다. 마부는 마차와 가장 가까운 왼쪽 열의 밀 위에 앉아서 채찍을 휘두르며 운전했는데 우측통행을 해야 맞은편에서 오는 마차의 마부 채찍과 부딪치지 않기 때문이었다.

13 송병건(2016) 제22장 및 Krugman and Wells(2017) 제1장의 사례를 참고함.

우리나라는 일제 강점기에 좌측통행이었지만 해방 후 남한은 미군정에 의해 그리고 북한은 소련과 중국의 영향으로 우측통행으로 바꾸었다. 역사적으로 영국의 영향을 많이 받은 아일랜드, 일본, 인도, 파키스탄, 오세아니아, 남부 아프리카 등은 좌측통행을 고수하고 있다. 현재 유엔 회원국 194개 중 140개국이 우측통행, 나머지 54개국이 좌측통행을 실시하고 있다.[14]

Practice 1-5

[공공재 건설] 한 지역에서 복개천을 복구하고 주변 자연경관을 되살리는데 n명의 주민들이 각자 C원씩의 기부금을 낼지 말지를 결정한다. 이들 n명 가운데 k명 이상이 후원금을 낼 경우에만 사업이 시행된다. 그러나 후원금이 모자라 사업이 무산되더라도 이미 낸 기부금을 돌려받을 수는 없다. 공공사업이 성공하면 모든 지역주민에게 각각 B백만원(단, $B > C$)의 편익이 발생한다.

(1) 전략형게임을 구성하라.

(2) $k \geq 2$일 경우 순수전략 내쉬균형을 구하고 경제적 의미를 해석하라.

(3) $k = 1$일 경우 내쉬균형을 구하시오.

14 스웨덴은 좌측통행 국가였으나 1967년 9월 3일 일요일 새벽 5시를 기해 일제히 우측통행으로 변경하였다. 당시 유럽 대륙은 물론 스칸디나비아의 이웃 국가들도 우측통행이었다. 스웨덴은 좌측통행 국가였으나 차량은 좌핸들이어서 교통사고의 위험이 컸다. 1960년대 이후 마이카 붐이 불고 차량 통행 및 여행이 빈번해지면서 혼란이 커지자, 1955년 우측통행 전환을 골자로 하는 국민투표를 실시하였으나 83%의 반대로 부결되었다. 하지만 정부의 끈질긴 노력과 설득 끝에 1967년 우측통행을 전격 시행하였다. 우측통행 전환 다음날인 월요일의 사고 건수는 125건으로, 시행 전 월요일의 130~198건보다 오히려 적었다. 스웨덴과는 정반대로 사모아(Samoa)는 우측통행 국가였으나 남태평양의 이웃 섬들에 맞추어 2009년 좌측통행으로 변경하였다.

Chapter 02 | 전략형게임의 응용

과점(寡占, oligopoly)이란 소수의 기업들이 서로 대체성이 매우 큰 제품들을 공급하는 시장구조를 뜻한다. 과점은 순수과점과 차별화된 과점으로 구분된다. 순수과점은 모든 기업들이 동질적 제품을 생산하는 시장구조이고, 차별화된 과점은 독점적 경쟁시장처럼 기업들이 차별화된 제품을 공급하는 시장구조이다. 순수 과점시장에서는 기업 간의 경쟁이 주로 제품가격 및 물품의 무료운송과 신용판매 등 가격에 직·간접적으로 영향을 미치는 방식으로 이루어지나, 차별적 과점시장에서는 주로 모양과 품질의 차별화, 비가격 마케팅, 광고 등의 형태로 이루어진다.

과점시장에서는 개별 기업의 가격 및 생산에 관한 결정이 여타 기업들의 가격과 생산에 직접적인 영향을 미치게 된다. 따라서 개별 기업이 이윤 극대화를 위한 적정 생산수준을 결정함에 있어서 일차적으로 고려하여야 할 전략적 요소는 타기업들의 반응 내용과 그 정도이다. 이는 과점이 소수 기업들 간의 게임임을 뜻하며, 따라서 전략형게임과 내쉬균형의 개념이 유용한 분석도구로 쓰인다. 완전경쟁시장이나 완전독점과는 달리 일반화된 과점이론은 존재할 수 없으며 전략변수와 의사결정 순서에 대한 서로 다른 가정을 택하는 다수의 과점모형들이 있을 뿐이다.

본장에서는 먼저 2.1~2.3의 세 절에 걸쳐 대표적인 과점 모형을 고찰한다. 2.4절에서 공동체에서의 협동체제와 공동자원의 고갈 문제 등에 광범위하게 적용되는 소위 '공유지의 비극' 모형을 소개한다. 2.5절에서는 네트워크산업에서 자주 나타나는 네트워크효과, 포지티브피드백, 경로의존성의 개념과 역사적 사례들을 공조게임의 관점에서 설명하고자 한다. 2.6절에서도 역시 공조게임을 분석도구로 적용하여 케인즈의 경기변동 이론을 설명한다. 마지막 2.7절에서는 게임이론의 법경제학(Law and Economics) 적용 사례의 하나로 손해배상에 관한 법규에 따라 경제적 효율성이 어떻게 달라지는지를 보인다.

2.1 생산량경쟁 과점시장

2.1.1 간단한 예시

본 항에서는 쿠르노(Cournot 1838)의 복점모형을 간단한 전략형게임으로 설명하고자 한다. 생수시장은 주식회사 석수와 샘물이 조업하는 복점시장이라고 하자. 두 기업이 생산판매하는 물은 완전히 동질적이며, 두 회사는 깨끗한 물이 무한정 나오는 샘을 소유하고 있기 때문에 생산비가 전혀 들지 않는다고 가정하자. 석수가 q_1리터의 물을 생산하고 샘물이 q_2리터의 물을 생산하여 시장에 내놓으면, 생수의 시장가격은 $p=12-(q_1+q_2)$로 결정된다고 하자. 예컨대, 석수가 4리터, 샘물이 3리터의 물을 생산하면, 생수 가격은 5원으로 결정된다.

두 회사는 생수를 딱 한 번 생산판매하고 시장에서 퇴출한다고 가정하자. 이는 양사가 일회성 상황에 직면하고 있거나 또는 눈앞의 이익에만 급급한 근시안적 경영진이 생산량을 결정함을 뜻한다. 〈그림 2-1〉은 두 회사의 생산량에 따라 개별 기업의 보수를 계산한 전략형게임을 나타낸다. 예컨대, 석수가 4리터, 샘물이 3리터의 물을 생산하는 경우 시장가격은 5원이므로, 석수의 이윤은 20원(=5원×4리터)이고 샘물의 이윤은 15원이 된다.

〈그림 2-1〉의 전략형게임에는 단 하나의 대칭적인 순수전략 내쉬균형이 존재한다. 두 기업이 각각 4리터씩의 물을 생산하는 상태가 그것이다.[1] 내쉬균형에서 시장가격은 4원으로 결정되고, 개별 기업은 16원씩의 이윤을 얻는다.

1 한 회사가 5단위를 생산하고 다른 회사가 3단위를 생산하는 상태도 내쉬균형이지만 대칭적 내쉬균형을 중심으로 설명한다.

그림 2-1 복점적 생수시장에서의 전략형게임

		샘물						
		0	1	2	3	4	5	6
석수	0	0, 0	0, 11	0, 20	0, 18	0, 32	0, 35	0, 36
	1	11, 0	10, 10	9, 18	8, 24	7, 28	6, 30	5, 30
	2	20, 0	18, 9	16, 16	14, 21	12, 24	10, 25	8, 24
	3	27, 0	24, 8	21, 14	**18, 18**	15, 20	12, 20	9, 18
	4	32, 0	28, 7	24, 12	20, 15	16, 16	12, 15	8, 12
	5	35, 0	30, 6	25, 10	*20, 12*	15, 12	10, 10	5, 6
	6	36, 0	30, 5	24, 8	18, 9	12, 8	6, 5	0, 0

(단, 생산량의 단위는 리터이며, 보수의 단위는 원)

두 기업이 모두 내쉬균형 상태보다 선호하는 소위 담합이 존재할 수 있다. 석수 사장과 샘물 사장이 만나서 생산량을 3리터씩으로 제한하기로 합의를 보고 그 약속을 지키면, 시장가격은 6원이 되고 기업 이윤은 18원으로 증대된다. 〈그림 2-1〉에서 굵은 숫자로 표시된 칸은 그러한 담합하에서 두 기업의 이윤을 나타낸다.

하지만 담합은 다음과 같은 이유로 유지될 수 없다. 두 기업이 생산량을 3리터씩으로 제한하자는 약속을 했다고 하자. 샘물은 이 약속을 지켰는데 석수가 약속을 깨고 5리터의 물을 생산한 경우 석수는 담합상태에서보다 더 많은 20원의 이윤을 얻게 되고 샘물의 이윤은 12원에 불과하게 된다(〈그림 2-1〉에서 이탤릭으로 표시된 칸). 편의상 석수가 배신하는 시나리오로 설명했으나 샘물에게도 동일한 유혹이 존재한다. 다시 말해서, 생산량을 제한하자는 약속을 깰 유인이 어느 회사에게나 있고 그 때문에 두 회사 간의 담합은 달성되지 못한다.

이제 2.1.2항에서 일반적인 쿠르노 복점모형과 내쉬균형을 설명하고, 뒤이어 담합의 불안정성에 대하여 논의한다. 끝으로 2.1.3항에서는 n개의 과점기업이 존재하는 시장으로 일반화하고자 한다.

2.1.2 쿠르노 복점모형

개별 기업은 각자 독립적으로 동질적 제품의 생산량을 결정한다. 기업들이 결정한 생산량의 합계와 시장수요함수에 의하여 시장가격이 결정된다. 기업1과 기업2의 생산량을 각각 q_1과 q_2로 놓으면 시장수요함수는 식 2.1과 같다고 가정하자.

$$\text{시장수요함수}: \; P=a-Q \qquad (2.1)$$
$$Q=q_1+q_2$$

(여기서, $a>0$는 시장규모를 나타내는 외생변수)

개별 기업의 한계비용 및 평균비용은 c원으로서 생산량에 상관없이 항상 일정하다고 가정하자. 2.1.1항에서 설명한 생수산업은 매개변수 값이 $a=12$이고 $c=0$원인 특별한 경우에 해당한다.

내쉬균형

먼저 기업2의 입장에서 이윤 극대화 생산량을 어떻게 결정하는지 살펴보자. 기업2는 기업1의 생산량이 q_1이라고 예상할 경우, 그것에 대응하는 최선응수인 q_2를 선택하게 된다. 기업2는 q_1에 의해 충족되지 못한 나머지 시장수요에 대해 마치 독점자처럼 행동하는 셈이다. 기업1의 생산량 q_1이라 간주하는 기업2의 이윤함수는 식 2.2와 같다.

$$u_2 = Pq_2-cq_2$$
$$= (a-c-q_1-q_2)q_2 \qquad (2.2)$$

기업2의 이윤 극대화 생산수준은 식 2.3에 나타난 일계조건(the first-order condition)을 충족해야 한다.[2] 식 2.3을 정리하면, 기업1의 q_1에 대한 기업2의 최선응수 q_2가 식 2.4와 같이 도출된다.

---

2 이윤 극대화를 위해서 이계조건(the second-order condition)도 충족해야 한다. 그런데 $\frac{d^2u_2}{dq_2^2}=-2<0$ 이어서 이계조건은 생산량에 관계없이 항상 성립한다.

$$\frac{du_2}{dq_2} = a - c - q_1 - 2q_2 = 0 \qquad (2.3)$$

$$q_2 = \frac{1}{2}(a - c - q_1) \qquad (2.4)$$

예컨대, 기업1이 $q_1 = \frac{1}{2}(a-c)$단위를 생산하리라 예상한다면 기업2는 $q_2 = \frac{1}{4}(a-c)$만큼을 생산하는 것이 자신의 이윤 극대화 전략이다.

이상과 동일한 방법에 의해, 기업1이 기업2의 생산량을 q_2라고 예상할 때, 기업1의 이윤 극대화 생산량은 식 2.5와 같다.

$$q_1 = \frac{1}{2}(a - c - q_2) \qquad (2.5)$$

식 2.4는 기업1의 생산량이 q_1이라는 가정하에 기업2의 이윤을 극대화하는 생산량을 나타내는 기업2의 최선응수 $q_2 = BR_2(q_1)$이다. 식 2.5는 기업2의 생산량이 q_2이라는 가정하에 기업1의 이윤극대화 생산량을 나타내는 기업1의 최선응수 $q_1 = BR_1(q_2)$이다. 〈그림 2-2〉는 두 기업 각각의 반응곡선을 나타내고 있다.

〈그림 2-2〉에서 상대방에 대한 각 기업의 반응이 상호 일관성 있는 상태, 즉 상호최선응수는 두 반응곡선이 서로 만나는 점 NE이며 개념상 바로 이 점이 내쉬균형이다. 내쉬균형에서 개별 기업의 생산량은 식 2.4와 2.5를 동시에 충족하는 q_1 및 q_2이므로, 연립방정식을 풀면 균형생산량 $q_1^* = q_2^* = \frac{1}{3}(a-c)$이 구해진다. 기업이 각자의 균형생산량을 생산하면, 균형가격은 시장수요함수에 의하여 $P^* = \frac{a+2c}{3}$가 된다. 개별 기업의 극대화된 이윤을 계산하면 $u^{NE} = \frac{1}{9}(a-c)^2$이다.

담합의 가능성과 안정성

쿠르노-내쉬균형은 기업들이 각각 독립적으로 자기의 생산량을 결정할 경우 달성되는 상태로 해석할 수 있다. 그러나 기업1과 기업2가 카르텔을 형성하여 집단적 독점자로 행동한다면 각자의 이윤은 얼마나 될 것인가? 독점기업의 이윤극대화 조건에 의한 생산량은 $\frac{1}{2}(a-c)$단위이다.[3] 이를 두 기업이 균등하게

3 한계수입(marginal revenue)이란 생산량을 한 단위 추가적으로 늘릴 때 증가하는 총수입의 증

그림 2-2 쿠르노 복점모형에서 반응곡선과 내쉬균형

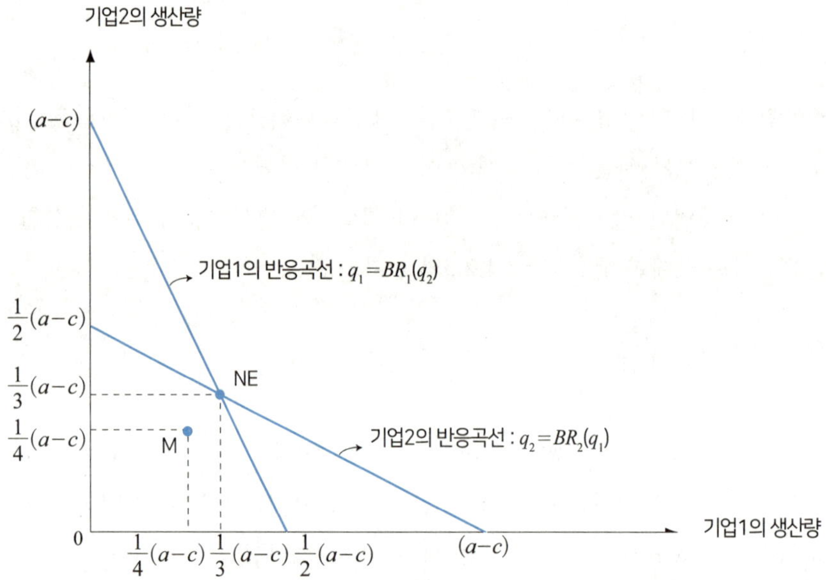

나누어 생산한다면, 개별 기업은 〈그림 2-2〉의 점 M에서처럼 $\frac{1}{4}(a-c)$단위씩 생산하게 될 것이다. 이 경우 시장가격은 $\frac{a+c}{2}$이므로, 기업 이윤은 $u^{M}=\frac{1}{8}(a-c)^2$이 된다. 카르텔 형성시 개별 기업의 이윤 $\frac{1}{8}(a-c)^2$은 내쉬균형 이윤 $\frac{1}{9}(a-c)^2$보다 더 크다. 결국 두 기업이 협력하여 카르텔을 형성하거나 집단적 독점자로 행동한다면, 개별 기업은 내쉬균형에서보다 더 높은 이윤을 얻을 수 있게 된다.

그러나 〈그림 2-2〉의 점 M은 균형이 아니다. 그 이유는 점 M에서 각 기업이 카르텔 할당 생산량을 준수하지 않고 생산량을 증가시킴으로써 자신의 이윤을 높이려는 이탈 유인이 있기 때문이다. 이러한 유인을 분석하기 위하여, 복점시장에서 카르텔이 형성되어 두 기업이 각각 $\frac{1}{4}(a-c)$단위의 생산량을 할당받은 상황을 상정하자. 기업1이 $q_1=\frac{1}{4}(a-c)$를 생산한다는 약속을 준수할 경우, 기업

가분으로 정의된다. 수요함수를 $P=a-Q$라고 가정했으므로, 총수입은 $TR=PQ=(a-Q)Q$가 되며 총수입의 미분값인 한계수입은 $MR=a-2Q$이 된다. 독점기업이 이윤을 극대화하기 위해서는 한계수입과 한계비용이 일치하도록 생산량을 결정해야 하므로, $MR=a-2Q=c=MC$ 즉 $Q=\frac{1}{2}(a-c)$임을 알 수 있다.

2의 이윤함수는 다음과 같다.

$$u_2=\left(a-c-\frac{1}{4}(a-c)-q_2\right)q_2=\left(\frac{3}{4}(a-c)-q_2\right)q_2 \tag{2. 6}$$

기업2의 이윤 식 2.6을 극대화해 주는 생산량을 구하면 $q_2=\frac{3}{8}(a-c)$이다. 이처럼 기업1은 약속을 준수하지만 기업2가 약속을 깨고 $\frac{3}{8}(a-c)$를 생산하는 경우, 시장가격은 $\frac{3a+5c}{8}$로 형성되고 기업2는 $\frac{9}{64}(a-c)^2$만큼의 이윤을 얻게 된다. 이는 기업2가 생산량 할당을 준수할 경우 얻게 되는 이윤 $\frac{1}{8}(a-c)^2$보다 크므로, 기업2에게는 카르텔 할당량을 어길 유인이 있다. 대칭적인 논리에 의하여 기업1에게도 할당량을 어길 유인이 존재한다.

이상에서 본 바와 같이 기업들의 배신 가능성으로 인하여 일회성 카르텔은 불안정적일 수밖에 없다. 그러나, 장기간 동일한 시장에서 조업하는 소수 기업들 간에 카르텔이 형성될 경우에는 배신자에 대한 보복이 가능하기 때문에 할당량 준수가 장기적 균형으로 유지될 수 있다. 이에 대한 내용은 제10장 10.1~10.3절에서 반복게임의 개념을 적용하여 자세히 설명할 것이다.

Practice 2-1

쿠르노 복점 게임에서 기업 i의 평균생산비와 한계생산비는 c_i로 일정하되 $c_1<c_2<a$라 하자. 즉, 기업1이 기업2에 비해 비용효율성이 높다. 시장수요함수는 $P=a-(q_1+q_2)$이다.

(1) 개별 기업의 최선응수를 도출하라.

(2) 내쉬균형 생산량과 이윤을 구하라.

(3) 두 기업이 완전카르텔을 맺어 독점기업처럼 행동한다고 할 때 생산량, 가격 및 이윤을 구하라.

(4) 위 (2)와 (3)에서 구한 결과를 비교하라.

Practice 2-2

쿠르노 복점 게임에서 기업1의 비용함수는 $\frac{1}{2}(q_1)^2$이고 기업2의 비용함수는 $2q_2$라 하자. 시장수요함수는 $P=a-(q_1+q_2)$이다. (여기서, 시장규모 $a>3$임)

(1) 내쉬균형 생산량, 시장가격, 이윤을 구하라.

(2) 두 기업이 카르텔을 맺어 독점기업처럼 행동할 경우 생산량, 가격, 결합이윤을 구하라.

(3) 위 (1)과 (2)를 비교 설명하시오.

Practice 2-3

쿠르노 복점 게임에서 시장수요함수는 $P=a-(q_1+q_2)$이며 기업 i의 비용함수는 다음과 같다. 즉, 일단 생산설비를 가동하면 생산량과 상관없이 F단위의 고정비용이 든다.

$$C_i(q_i)=\begin{cases} 0 & \text{for } q_i=0 \\ F+cq_i & \text{for } q_i>0 \end{cases} \quad (\text{단}, a>c\geq 0, F>0)$$

이 게임의 내쉬균형을 구하라.

Practice 2-4

시장수요함수는 $P=a-(q_1+q_2)$, 한계생산비는 c로 항상 일정한 쿠르노 복점을 생각하자. 기업2는 이윤극대화를 추구하는데 반해 기업1은 손실을 보지 않는 범위 내에서 시장점유율 극대화를 추구한다. 내쉬균형을 구하라.

2.1.3 쿠르노 과점모형

과점시장에 n개의 동질적 기업이 있다. 개별 기업은 경쟁사들의 반응을 합리적으로 예측하여 각자의 생산량을 결정한다. 가격은 기업들이 생산한 총공급량과 시장수요에 의하여 결정된다. 기업 $i(=1, 2, \cdots, n)$의 생산량을 q_i라 놓고, 시장수요함수를 식 2.7이라 가정하자(여기서, a는 시장규모를 나타내는 외생변수).

$$\text{시장수요함수}: \quad P = a - Q \qquad (2.7)$$
$$Q = q_1 + q_2 + \cdots + q_n$$

기업 i의 입장에서 자신을 제외한 나머지 $(n-1)$개 기업들의 생산수준이 $q_{-i} = (q_1, \cdots, q_{i-1}, q_{i+1}, \cdots, q_n)$이라고 예상하고 그에 대응하는 최선응수 생산량 q_i를 찾아보도록 하자. 기업 i의 이윤함수는 식 2.8과 같다.

$$\begin{aligned} u_i &= (P-c)q_i \\ &= [a-c-(q_1+\cdots+q_{i-1}+q_i+q_{i+1}+\cdots+q_n)]q_i \end{aligned} \qquad (2.8)$$

기업 i의 이윤 극대화 일계조건을 구하고 정리하면, 기업 i의 반응곡선인 식 2.9가 도출된다.

$$\frac{du_i}{dq_i} = a - c - q_1 - \cdots - q_{i-1} - 2q_i - q_{i+1} - \cdots - q_n = 0$$
$$q_i = \frac{1}{2}[a - c - \sum_{j \neq i} q_j] \qquad (2.9)$$

개별 기업이 모두 동일한 비용조건을 가지고 동일한 행동을 하므로 균형상태에서 기업 생산량은 동일하다. 따라서 모든 기업 j에 대하여 $q_j = q^*$로 놓고 식 2.9를 풀면 다음 결과를 얻는다.

$$\text{개별 기업의 생산량} \quad q^* = \frac{1}{n+1}(a-c) \qquad (2.10a)$$

$$\text{균형 시장가격} \quad P^* = \frac{a+nc}{n+1} \qquad (2.10b)$$

$$\text{개별 기업의 이윤} \quad u^* = \frac{1}{(n+1)^2}(a-c)^2 \tag{2. 10c}$$

식 2.10에 $n=2$를 대입하면, 2.1.2항에서 구한 복점 균형과 정확히 일치한다. 또한 기업의 수가 점점 많아질 경우 과점시장의 내쉬균형은 완전경쟁 균형에 근사해 간다. 즉, 기업의 수 n이 무한히 증가하면, 개별 기업의 균형생산량 q^* 및 이윤 u^*는 0으로 수렴하고 균형시장가격 P^*는 한계비용인 c로 수렴한다. 반대로 기업의 수가 하나일 경우($n=1$), 식 2.10에 나타난 내쉬균형은 독점 자원배분과 정확히 일치한다.

Practice 2-5

동일한 n개의 기업이 쿠르노식 경쟁을 하는 과점시장이 있다. 시장수요함수는 $P=1-Q$이며 생산비는 전혀 들지 않는다.

(1) 내쉬균형을 구하라.

(2) 복점($n=2$)인 경우 강열등전략의 단계적 소거로 해를 구하라.

(3) 삼두체제($n=3$)인 경우 개별 기업의 합리화전략을 구한 다음 우월전략해가 존재하지 않음을 설명하라.

Practice 2-6

시장수요함수가 $P=\frac{1}{Q}$인 쿠르노 과점시장을 고려하자. 기업i의 한계비용 c_i는 일정하며 $c_1 \le c_2 \le \cdots \le c_n$이다. 기업 i의 시장점유율을 s_i라 놓자.

(1) 내쉬균형 시장점유율 s_i는 러너지수(Lerner index) $\frac{P-c_i}{P}$와 일치함을 보여라.

(2) 기업 i의 균형 이윤은 $(s_i)^2$임을 보여라.

(3) 허쉬만–허핀달 지수(Hirschman-Herfindahl index) $H=\sum_i (s_i)^2$는 독과점 산업의 집중도를 측정하는 대표적 지수이다. 이 과점산업에서의 총이윤은 허쉬만–허핀달 지수와 일치함을 보이시오.

2.2 가격경쟁 과점시장

2.2.1 동질적 재화

베르트랑(Joseph L. F. Bertrand, 1822~1900)은 과점기업들이 생산량이 아니라 가격을 전략변수로 경쟁하는 상황을 분석하였다. 상품이 동질적인 경우 개별 기업은 타기업보다 낮은 가격을 매겨 판매량을 대폭 늘리려는 가격인하(price undercutting) 유인을 가지며, 궁극적으로 가격은 가장 경쟁적인 수준까지 인하된다.

디스플레이 시장은 삼성(기업1)과 LG(기업2)가 참여하는 복점시장이라고 가정하자. 개별 기업은 각자 가격을 결정하며 판매량은 두 기업이 부과하는 가격에 의하여 시장에서 결정된다. 쿠르노 모형과의 일관성 있는 비교를 위하여, 두 기업의 한계비용과 평균비용은 c로 생산량에 상관없이 항상 일정하며 시장수요함수는 $P=a-Q$, 즉 $Q=a-P$라고 가정하자(여기서, $a>0$는 시장규모를 나타내는 외생변수).

양사의 디스플레이가 동질적이므로 소비자들은 조금이라도 싼 제품을 구입할 것이다. 예를 들면, 기업1의 가격 P_1이 기업2의 가격 P_2보다 낮을 경우, 기업1은 $(a-P_1)$단위를 판매하고 기업2는 하나도 팔지 못한다. 한편 두 기업이 동일한 가격을 부과할 경우에는 각각 절반씩의 시장을 점유한다고 하자. 이러한 상황은 식 2.11로 나타난다.

$$\begin{aligned} &\text{만일 } P_i<P_j\text{이면 } Q_i=a-P_i \\ &\text{만일 } P_i=P_j\text{이면 } Q_i=\frac{1}{2}(a-P_i) \qquad (2.11) \\ &\text{만일 } P_i>P_j\text{이면 } Q_i=0 \\ &(\text{여기서, } i, j=1,\ 2\text{이고 } i\neq j) \end{aligned}$$

이 게임의 유일한 내쉬균형은 두 기업이 모두 완전경쟁 가격 $P_1=P_2=c$를 부과하는 것이다. 개별 기업의 보수는 $u_1=u_2=0$단위$(=(c-c)\times\frac{1}{2}(a-c))$이다. 이유는 다음과 같다.

첫째, 두 기업이 모두 c의 가격을 부과하는 상태에서는 어느 기업도 가격을 올리거나 내릴 유인이 없다. 기업2가 가격 $P_2=c$를 부과한다고 하자. 이 경우 기업 1은 c의 가격을 부과함으로써 0의 이윤을 얻게 되는데, c보다 더 높은 가격을 부과하더라도—하나라도 팔지 못하여—이윤은 여전히 0에 머물게 되므로 그럴 유인이 없다. 반면에, c보다 낮은 가격을 부과하면 손실이 발생하여 차라리 팔지 않는 편이 나으므로 기업 1은 c보다 낮은 가격을 절대로 부과하지 않을 것이다. 이상과 동일한 논리는 기업2에 대해서도 성립한다. 결국 $P_1=P_2=c$는 내쉬균형이다.

둘째, $P_1=P_2=c$ 이외의 다른 내쉬균형은 존재할 수 없다. 기업2가 한계생산비인 c보다 높은 가격 P를 부과한다고 가정하자. 기업1이 기업2와 동일한 P원을 부과한다면 기업1의 이윤은 $\frac{1}{2}(P-c)(a-P)$가 될 텐데 이는 기업1이 $(P-\varepsilon)$원(여기서, ε은 매우 작은 수)을 부과할 경우의 이윤 $(P-c-\varepsilon)(a-P+\varepsilon)$원에 비해 절반 정도에 불과하다. 상대방이 한계생산비보다 높은 가격을 부과할 때 나는 상대방의 가격보다 약간 낮은 가격을 매긴다면, 단가는 별 차이 없으면서 판매량은 거의 두 배가 되므로 이윤은 대폭 증가한다. 대칭적 논리에 의해 복점시장에서 가격인하 경쟁이 촉발되고 결국 두 기업 모두 완전경쟁가격 $P_1=P_2=c$를 부과할 수밖에 없다.

Practice 2-7

[비용효율성이 서로 다른 두 기업 간의 베르트랑 가격경쟁] 시장수요함수가 $Q=a-P$인 복점산업이 있다. 두 기업은 베르트랑식 가격경쟁을 하므로 소비자들은 조금이라도 더 저렴한 가격을 부과하는 기업으로부터 재화를 구입한다. 모든 기업의 평균생산비와 한계생산비는 항상 일정하지만 기업2의 평균생산비 c_2는 기업1의 평균생산비 c_1보다는 높고 기업1이 독점할 경우의 가격 $P_1^M=\frac{1}{2}(a+c_1)$보다는 낮다. 즉, $c_1<c_2<P_1^M$이다. 다음 각 경우에 대해서 내쉬균형을 구하라.

(1) 두 기업이 부과하는 가격이 똑같다면 모든 소비자들은 기업1로부터만 재화를 구입한다.

(2) 두 기업이 똑같은 가격을 부과할 경우 절반의 소비자들은 기업1로부터 재화를 구입하고 나머지 절반의 소비자들은 기업2로부터 구입한다.

Practice 2-8

베르트랑 복점시장에서 개별 기업은 {0, 1, 2, 3, 4, 5} 중에 한 숫자를 가격으로 선택할 수 있다. 기업 1의 한계생산비 및 평균생산비는 1단위로 일정하며, 기업 2의 한계생산비와 평균생산비는 3단위로 일정하다. 이 시장에는 10(만)명의 소비자가 있는데 두 기업이 똑같은 가격을 부과할 경우 시장점유율은 반반이라 하자. 다음 각 경우에 있어서 내쉬균형을 구하시오.

(1) 소비자들은 조금이라도 낮은 가격을 부과하는 기업의 제품을 구입한다.

(2) 낮은 가격을 부과하는 기업은 시장점유율 80%, 높은 가격을 부과하는 기업도 시장점유율 20%를 차지한다.

2.2.2 차별화된 과점

제품이 동질적이라면 소비자들은 오직 가격에만 관심을 갖는다. 따라서 기업1의 제품이 경쟁기업의 제품보다 조금이라도 저렴하면 모든 소비자들은 기업1에게서 제품을 구입하고 경쟁기업은 하나도 팔지 못하게 되는 불연속성이 존재하게 된다. 이러한 수요의 불연속성은 과점기업들 간에 가격인하 경쟁을 초래하고 결국 완전경쟁 수준까지 내려가도록 만든다. 그러나 현실세계에서 완전히 동질적인 제품은 찾아보기 어렵다. 게다가 과점시장에서 경쟁하는 기업들은 제품차별화에 주력하므로 동질성 가정은 더욱 비현실적이다. 본 항에서는 두 기업이 차별화된 제품을 판매하는 경우에 있어서 가격경쟁 모형을 고찰하고자 한다.

경차 시장은 기업1이 생산하는 마티즈와 기업2가 생산하는 모닝이 경쟁하는 복점시장이라 하자. 두 제품의 한계생산비와 평균생산비는 c로서 항상 일정하다고 가정하자. 또한 기업1이 직면하는 개별수요함수는 $Q_1 = a - P_1 + \beta P_2$라고 가정하자. 여기서 매개변수 β가 양(+)의 값을 갖는다면, 기업2의 모닝 가격(P_2) 상승이 기업1의 마티즈에 대한 수요량(Q_1)의 증가를 초래하므로 두 기업의 제품은 대체재로 볼 수 있다. 만약 $\beta < 0$이라면 두 기업의 제품 간에는 보완관계가 성립한다.

기업2의 가격에 반응하는 기업1의 최선응수를 구하자. 기업1의 이윤을 전략변수인 가격의 함수로 나타내면 식 2.12와 같다.

$$\begin{aligned} u_1 &= (P_1-c)Q_1 \\ &= (P_1-c)(a-P_1+\beta P_2) \end{aligned} \qquad (2.\ 12)$$

식 2.12를 기업1의 선택변수인 P_1에 대하여 미분하여 영으로 놓음으로써 이윤극대화를 위한 일계조건을 구하고 정리하면, 기업1의 최선응수 P_1은 식 2.13과 같다.

$$\frac{du_1}{dP_1} = a+c-2P_1+\beta P_2 = 0$$

$$P_1 = \frac{a+c+\beta P_2}{2} \qquad (2.\ 13)$$

기업2가 직면하는 개별수요함수가 $Q_2 = a-P_2+\beta P_1$이라 가정하자. 위와 동일한 이치와 방법으로 P_1에 대응하는 기업2의 적정가격을 구하면 식 2.14와 같다.

$$P_2 = \frac{a+c+\beta P_1}{2} \qquad (2.\ 14)$$

식 2.13은 기업2의 모닝 가격 P_2에 대한 기업1의 반응곡선을, 식 2.14는 기업1의 마티즈 가격 P_1에 대한 기업2의 반응곡선을 각기 나타낸다. 〈그림 2-3〉에는 매개변수 $0<\beta<2$인 경우(두 제품 간에 대체성이 다소 있는 경우)에 있어서 두 기업의 반응곡선이 묘사되어 있다. 두 반응곡선이 만나는 점 B는 내쉬균형을 나타낸다.

$$균형가격 : P_1^* = P_2^* = \frac{a+c}{2-\beta} \qquad (2.\ 15a)$$

$$판매량 : Q_1^* = Q_2^* = \frac{a+(\beta-1)c}{2-\beta} \qquad (2.\ 15b)$$

매개변수 β가 음수인 경우(두 기업의 제품 간에 보완적인 관계가 성립하는 경우)에 있어서도 위와 동일한 결과를 얻는다. 다만, 개별 기업의 반응곡선이 우하

그림 2-3 **차별화된 제품을 판매하는 경우 베르트랑 복점모형**(0 < β < 2)

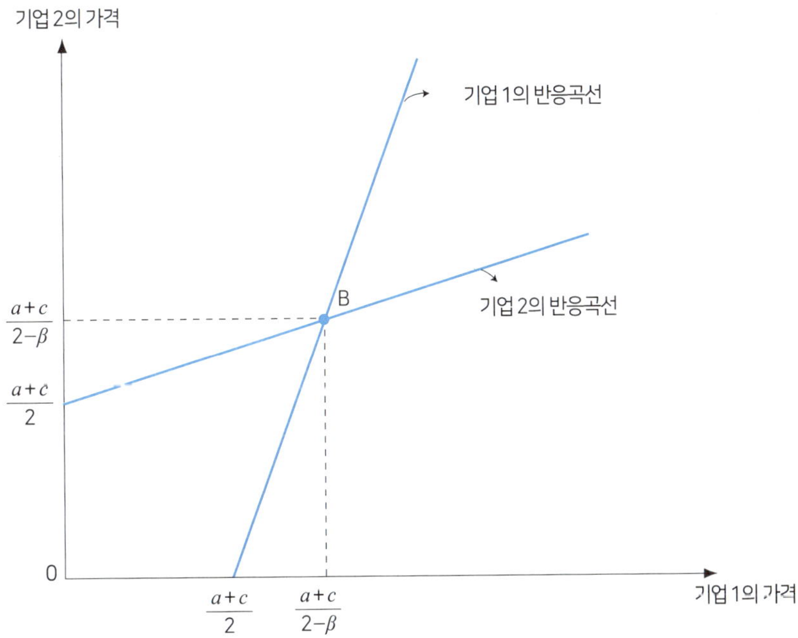

향한다는 것만 달라진다. 마지막으로, $\beta>2$인 경우 균형가격이 음(−)수가 될 수는 없으므로 $P_1^*=P_2^*=c$이다. 매개변수 β가 크다는 것은 두 기업의 제품 간에 대체성이 매우 크다는 것을 의미하므로, 마치 동질적 제품을 판매하는 경우와 유사해지고 완전경쟁가격을 부과하는 것이 개별 기업의 균형 전략이 된다.

2.2.3 엡손(Epson)의 부메랑[4]

베르트랑 모형의 중요한 시사점은 가격인하를 통하여 시장점유율을 높이려는 시도가 경쟁사는 물론 자사에게도 손해를 끼칠 수 있다는 것이다. 1990년 즈

4 Shapiro and Varian(1999)에 수록되어 있던 사례를 업데이트하여 김영세(2002) 『전략과 정보』 3.2절에 수록하였던 내용이다.

표 2-1 미국의 1980년도 후반 프린터시장 구조

	도트매트릭스 (dot-matrix)	잉크젯 (inkjet)	레이저젯 (laserget)
시장점유율	80%	5%	15%
평균가격	550달러	650달러	2,200달러
선도업체	엡손	휴렛패커드	휴렛패커드

음 미국의 프린터시장에서 일본업체 세이코 엡손(Seiko Epson)의 가격 인하 전략과 관련된 사례를 살펴보자. 1980년대 중반 이후 미국 컴퓨터용 프린터시장에서는 휴렛패커드(Hewlett-Packard)의 기술개발에 힘입어 잉크젯프린터와 레이저젯 프린터의 판매가 상승세를 타고 있었다. 그러나 잉크젯은 전통적인 도트매트릭스(dot-matrix) 프린터에 비하여 품질 차별화가 미약하여 전체 미국시장의 5%만을 점유하고 있었다. 레이저젯은 인쇄 품질에 있어서는 월등하게 우수하였으나 가격이 워낙 비싸 일반인들보다 주로 기업과 기관고객을 대상으로 시장을 형성하고 있었다. 〈표 2-1〉은 1980년도 후반 미국 프린터시장의 점유율 현황을 보여주고 있다.

잉크젯이나 레이저젯이 도트매트릭스 프린터를 대체할 추세라는 예측에는 이의가 없었다. 이에 도트매트릭스 프린터의 선도업체였던 엡손은 휴렛패커드가 장악하고 있었던 잉크젯이나 레이저젯 시장을 공략할 필요를 느꼈다. 엡손은 1989년 8월 레이젯 모델 EPL-6000을 개발하여 당시 레이저젯의 시장 가격인 2,200달러보다 훨씬 저렴한 가격에 판매하였다. 엡손의 공세에 위기를 느낀 휴렛패커드는 1주일 후 주력 모델인 LaserJet 2P의 가격을 대폭 인하하였다. 엡손은 또다시 EPL-6000 가격을 추가로 인하하였으나 1989년 12월 무렵 엡손은 레이저젯 시장에서 가까스로 시장점유율 5%에 도달했을 뿐이었다. 두 회사의 경쟁에 맞서 도시바(Toshiba)를 포함한 군소 레이저젯 생산업체들도 가격을 인하할 수밖에 없었다.

프린터 업체들 간의 가격인하 경쟁의 결과로 레이저젯의 값이 대폭 낮아지자 레이저젯의 대체재인 잉크젯 시장이 타격을 입었다. 소비자들은 약간의 추가

비용을 지불함으로써 인쇄품질이 월등한 레이저젯을 살 수 있었기 때문에 잉크젯 판매가 격감하였던 것이다. 이에 대응하여 휴렛패커드를 비롯한 잉크젯 생산업체들은 잉크젯 가격을 인하하였다. 잉크젯 프린터가 싸지자 이번에는 잉크젯의 대체재인 도트매트릭스 시장이 타격을 입었다. 잉크젯과 도트매트릭스 간의 가격 차이는 별로 없는 반면 인쇄품질은 잉크젯이 우수했던 탓이다. 판매량 감소에 대응하여 엡손은 도트매트릭스 프린터의 가격을 인하할 수밖에 없었으며 이는 결국 이윤 감소로 이어졌다.

결과적으로 엡손은 레이저젯 판매에서 별 재미를 못 본 반면 주력 제품인 도트매트릭스 시장에서 큰 타격을 입었다. 또한 질적으로 우월한 대체재들의 가격이 낮아짐에 따라 도트매트릭스 시장에서 소비자들의 조기 이탈을 가속화하는 결과를 초래했다. 엡손은 자신이 던진 가격인하 부메랑에 자신이 맞는 꼴이 된 것이다. 물론 휴렛패커드, 도시바 등 경쟁사들의 이윤도 상당히 감소하였다. 다른 한편, 프린터 생산업체들 간의 가격경쟁의 결과 소비자들은 우수한 제품을 저렴한 가격에 사용하게 되어 소비자후생은 크게 증대되었다.

2.3 제품 차별화

쿠르노 생산량 경쟁 모형과 베르트랑 가격 경쟁 모형에서는 경쟁사의 제품 간 동질성이나 차별화 정도가 외생적으로 주어진다고 전제하였다. 그러나, 현실세계에서는 과점산업에서 조업하는 기업들이 자사 제품을 타사 제품과 차별화하려는 시도가 자주 관찰된다. 본절에서는 호텔링(Hotelling 1929)이 개발한 상점 위치 선정게임(Location game)을 설명하고 이를 제품 차별화 문제에 적용하고자 한다.

2.3.1 호텔링 모형

길이 1킬로미터인 선형도시(線型都市, linear city)를 상정하자. 이 도시의 왼쪽 경계는 0이고 오른쪽 경계는 1이며, 소비자들은 두 경계 사이에 균등분포로 골고루 거주하고 있다. 개별 소비자는 한 단위씩의 재화를 구입한다. 이 도시에는 두 개의 상점이 있는데 똑같은 재화를 동일한 가격으로 판매한다. 소비자는 상점까지 가는 데 드는 거래비용을 지불해야 하므로 자신의 집에서 조금이라도 가까운 상점으로부터 재화를 구입한다. 이러한 상황에서 개별 상점의 보수는 시장점유율로 측정된다.

두 상점이 장사를 시작하기 전에 각자의 점포 위치를 동시에 결정한다고 하자. 〈그림 2-4〉는 상점1이 a지점에, 상점2는 $(1-b)$지점에 위치하는 상황을 묘사하고 있다. 이 경우 상점1의 왼편에 거주하는 소비자와 두 상점 사이에 거주하는 소비자 가운데 절반은 상점 1에서 재화를 구입할 것이므로, 상점1의 시장점유율은 $\frac{1+a-b}{2}$이다. 유사한 논리에 의하여, 상점2의 시장점유율은 나머지 $\frac{1-a+b}{2}$가 될 것이다.

호텔링게임에는 유일한 내쉬균형이 존재하는데, 그것은 상점1과 상점2 둘 다 도시의 한가운데인 $a=0.5=(1-b)$에 개점을 하는 것이다. 내쉬균형에서 구간 [0, 0.5]에 위치한 소비자는 상점1에서 구입하고 구간 [0.5, 1]에 위치한 소비자들은 상점2에서 구입한다고 봐도 좋고, 모든 소비자들이 각자 반반의 확률로 상점1 혹은 상점2를 선택한다고 봐도 좋다. 어쨌건 균형 시장점유율은 50%이다.

두 상점이 도시의 한가운데 나란히 점포를 여는 것은 내쉬균형이다. 상점1이 $a=0.5$지점에 위치한다고 가정할 때, 상점 2는 0.5지점에 위치를 결정하는 것이 자신의 시장점유율을 극대화하는 유일한 전략이다. 상점2가 만일 0.5 우편에

그림 2-4 **두 상점이 존재하는 선형도시**

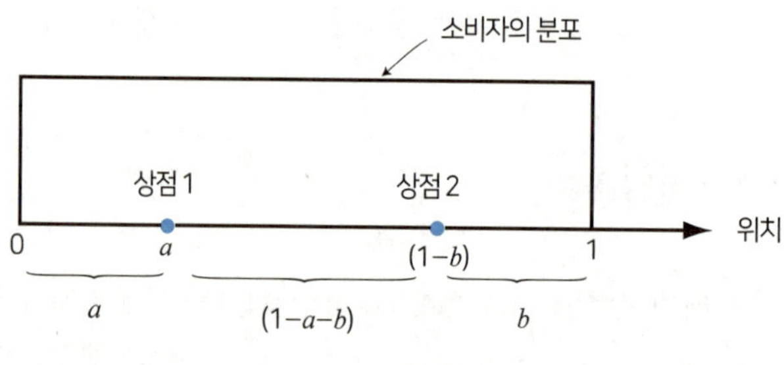

나 좌편에 위치를 정한다면 상점2의 시장점유율은 50% 미만이 될 것이므로, 상점2는 0.5 이외의 다른 곳에 위치를 정할 이유가 없다. 동일한 논리가 상점1에도 적용된다.

또한 (0.5, 0.5) 이외의 다른 어떠한 위치조합도 균형이 될 수 없다. 예컨대, 전략조합 (0.3, 0.4)는 균형이 아니다. 상점2가 상점1의 바로 오른편으로 옮길 경우 상점2가 차지하게 될 시장점유율 70%는 상점2가 0.4지점에 그대로 있음으로써 차지하는 시장점유율 65%보다 크기 때문이다. 이러한 논리는 (a=0.5, (1−b)=0.5) 이외의 어떠한 위치조합에도 다 적용된다.

요약하면, 위치선정게임에서 유일한 내쉬균형은 두 상점이 모두 도시의 한가운데에 나란히 개점하여 50%씩의 시장을 점유하는 상태이다. 이를 기업의 제품차별화 문제에 적용하면, 복점기업은 제품의 디자인, 형태와 품질 등을 선택할 때 중간적인 소비자를 공략하는 전략을 쓰며 이는 곧 두 기업 간의 제품차별화 정도가 미미하다는 것을 의미한다.

경기자가 세 명 이상인 경우에는 분석 결과가 많이 달라진다. 구체적으로 3개의 기업이 동시에 위치를 정하는 호텔링게임에는 순수전략 내쉬균형이 존재하지 않는다. 세 기업 1, 2, 3이 어떠한 지점에 있든지 최소한 한 기업은 다른 지점으로 옮김으로써 시장점유율을 높일 수 있으므로 이탈 유인이 반드시 존재한다. 이는 독자들에게 연습문제로 남겨두기로 한다.

Practice 2-9

[3인 호텔링 게임] 세 기업 1, 2, 3이 동시에 위치를 정하는 호텔링게임에는 순수전략 내쉬균형이 존재하지 않음을 논증하라.

경기자의 목적함수가 달라지면 균형의 존재 여부나 형태도 달라질 수 있다. 기업들이 이윤 극대화를 추구하는 과점시장이나 정당들이 득표율을 높여 의석수를 극대화하려는 비례대표제 선거에서는 연습문제 2-9의 논리가 그대로 적용된다. 그러나 후보들이 당선 확률 극대화를 목표로 하는 최다득표제(plurality voting)

선거에서는 얘기가 달라진다. 구체적으로, 유권자들의 지복점(bliss point)이 [0, 1] 구간에서 균등분포하고 3명의 후보가 정권 쟁취를 목표로 하는 최다득표제 선거를 고려하자. 여기서, 특정 유권자의 지복점이 z라는 것은 그가 다른 어떠한 선택지보다 z를 더 선호함을 뜻한다. 이 최다득표제 선거게임에는 내쉬균형이 존재하는데, 한 후보가 $\frac{1}{3}$지점의 공약을 선택하고 나머지 두 후보들은 $\frac{2}{3}$지점의 동일한 공약을 선택하는 전략조합이 그것이다. 내쉬균형에서 전자의 당선확률은 100%, 후자 두 명의 당선확률은 0인데, 어떠한 후보도 자신의 공약을 바꿈으로써 당선확률을 높일 수 없다.[5]

2.3.2 민주 선거 및 중위투표자정리

많은 민주국가들, 특히 미국과 같이 양당제도(兩黨制度)를 갖고 있는 국가에서는 두 당의 선거공약이나 정책강령이 분간이 되지 않을 정도로 비슷하다. 미국의 공화당과 민주당은 이상적이거나 극단적인 선거공약 대신 절충주의적이고 애매한 선거공약을 내건다. 만일 민주당이 좌파적인 선거공약을 내건다면 공화당은 중도성향의 선거공약을 공포함으로써 선거에 이길 수 있다. 민주당은 좌파성향의 유권자를 확실히 잡을 수 있겠지만 그 대가로 우익 성향의 유권자는 물론 심지어 중도 성향을 가진 유권자도 빼앗길 것이기 때문이다.

이 같은 논리는 실질적으로 양당제에 가까운 우리나라에도 적용된다. 대통령선거나 국회의원선거에서 유권자들은 흔히 주요 정당의 선거공약이 차별화되지 않는다고 불만을 토로한다. 그러나 막상 특정 정당에서 좌파적 정책 청사진을 제시하면 소수의 좌파성향 유권자를 제외하고는 그 당 후보를 선택하지 않는다. 때문에 객관적 사실 여부에 상관없이 지나치게 좌나 우로 치우쳐 있다는 인식이 있는 정당은 선거에 승리하기 위해서 그러한 인식을 불식시킬 필요가 있다. 대선, 총선, 지자체 선거마다 각 정당의 선거공약을 보면 복지정책, 농가부채 탕감, 개발제한구역 해제, 공기업 민영화, 관치금융 근절 등 주요 정책에 있어서 대동소이하다. 사실 정당의 이름을 가려놓고 공약만 보면 어느 당의 공약인지 알 수 없을 정도이다.

5 상세한 내용은 졸저 『공공경제론』(2019) 제8장, 특히 8.4절을 참조하시오.

선거에 이기기 위하여 절충주의적 행태를 보이는 현상은 비단 선거공약이나 정책입안에서 뿐만 아니라 정당이나 후보간 이합집산에서도 잘 나타난다. 여러 정당이 난립하는 유럽의 대륙국가들은 물론 우리나라에서도 대통령선거마다 주요 정당이나 후보들이 자신의 편향적 색채를 보완하기 위해 성격이 전혀 다른 군소 정당이나 후보와의 연합이 빈번하게 이루어져 왔다.

정치학자 다운즈(Anthony Downs)는 호텔링 모형을 적용하여 민주주의 사회에서의 선거제도를 분석하였다. 중위투표자정리(中位投票者定理, Median voter theorem)라고도 불리는 다운즈 이론의 핵심은 다음과 같다.

정리

[중위투표자 정리] 모든 투표자의 선호체계는 단봉조건(單峰條件, single-peaked preference condition)을 충족한다고 가정하자. 다수결에 의해 민주적으로 의사결정이 이루어지는 양당제도에서 단일 사안에 대한 투표가 이루어지는 상황을 상정하자. 이 선거게임에서 유일한 내쉬균형은 중위투표자가 가장 선호하는 정책을 각 정당이 선거공약으로 제시하는 것이다.

다운즈 정리를 이해하기 위해서는 중위투표자와 단봉선호조건이 무엇인가를 알아야 한다. 중위투표자란 전체 유권자 중에 성향으로 볼 때 한가운데에 위치한 유권자로 정의된다. 예컨대, 좌파성향 30만, 중도성향 50만, 우파성향 40만 명으로 구성된 선거구가 있다 하자. 이 선거구의 중위투표자(60만번째 유권자)는 중도성향을 가지고 있다. 따라서 선거에서 이기기 원하는 정치인이나 정당은 중도성향에 꼭 맞는 공약을 내걸거나 중도 색채의 노선을 지향해야 한다. 반면 좌파성향 20만, 중도성향 35만, 우익성향 65만 명으로 구성된 선거구에서 선거에 이기려면 중위투표자에 맞는 우파적 선거공약을 제시하거나 보수 색채를 띠어야 할 것이다. 일본 국민의 우익성향과 제2차 세계대전 이후 대부분의 기간이 유지되었던 자민당의 장기집권이 이에 해당한다.

개별 투표자가 단봉선호를 갖는다는 것은 그 투표자가 가장 선호하는 정책대안, 즉 지복점으로부터 어느 방향으로든지 멀어질수록 그의 선호도는 낮아짐을 의미한다. 예를 들어 보자. 저소득층에 대한 재분배정책을 투표로 결정하는데 극좌, 좌, 중도, 우, 극우의 다섯 가지 정책대안이 있다고 하자. 이러한 정책 스펙트럼 중에서 '우'를 가장 선호하는 투표자를 생각해 보자. 이 투표자의 선호체계가 단봉조건을 충족하려면 그의 선호는 '극좌<좌<중도<우>극우' 관계를 충족해야 한다.[6] 만약 그가 모든 정책대안 가운데 우를 가장 선호하기는 하되 좌를 중도보다 더 선호한다면 그의 선호체계는 단봉조건을 위배한다.

일부 투표자의 선호가 단봉조건을 충족하지 않는 경우 중위투표자정리가 불성립할 수 있다는 사실은 간단한 예로 쉽게 알 수 있다. 선거구에 3명의 후보(L, M, R)와 3명의 투표자(1, 2, 3)가 있다고 하자. 세 후보에 대한 투표자들의 선호체계는 다음과 같다고 하자.

투표자 1: 후보 L > 후보 M > 후보 R
투표자 2: 후보 M > 후보 R > 후보 L
투표자 3: 후보 R > 후보 L > 후보 M

후보 L과 후보 M이 출마하는 선거에서 후보 L은 2표(투표자 1과 투표자 3)를 얻고 후보 M은 1표(투표자 2)를 얻어 후보 L이 우월하다. 같은 논리로, 후보 M과 후보 R이 출마하는 선거에서는 후보 M이 우월하고, 후보 R과 L이 경쟁하는 선거에서는 후보 R이 앞선다. 즉, 사회적 관점에서 볼 때, 후보 L>후보 M> 후보 R>후보 L이라는 순환논리가 형성되어 가장 선호되는 후보가 존재하지 않게 된다. '콩도르세의 역설'(Condorcet's paradox)로도 불리는 이러한 현상은 투표자 3의 선호가 단봉조건을 충족하지 않기 때문에 발생한다.[7]

중위투표자정리가 성립하기 위해서는 단봉조건을 충족하는 선호체계 못지않

6 이 투표자가 중도와 극우 가운데 어느 정책대안을 더 선호하느냐는 단봉조건의 충족 여부와 상관없다.

7 정책 대안을 L, M, R 순서로 배치한다는 가정하에 투표자 3의 선호가 단봉조건을 위배한다는 의미이다. 만약 정책 대안을 M, L, R 순으로 배치한다면 투표자 3의 선호는 단봉조건을 충족하지만 투표자 2의 선호가 단봉조건을 위배하게 된다. 이처럼 정책 대안을 어떠한 순서로 나열하느냐에 따라 단봉선호조건이 미충족되는 투표자가 다를 수 있지만 반드시 누군가의 선호는 단봉조건을 위배한다. 다른 한편, 단봉선호조건 대신 '단일교차조건'(Single-crossing condition)을 가정해도 중위투표자정리를 도출할 수 있다. 단봉선호조건과 단일교차조건이 논리적으로 관련이 없음에도 동일한 정리가 도출됨은 신기하다. 졸저(2019) 제7장 참조.

게 정책 스펙트럼이 '단일 정책사안'(one-dimensional policy space)이어야 한다는 조건도 중요하다. 만일 투표자들이 하나의 정책변수가 아니라 둘 이상의 정책변수(multi-dimensional policy space)에 대하여 선호체계를 갖는 경우, 그들의 선호가 단봉조건을 충족하더라도 중위투표자정리는 성립하지 않을 수 있다. 예컨대, 대북정책과 경제성장정책을 동시에 결정하는 선거에서 개별 정당의 내쉬균형 전략은 중위투표자의 선호와 꼭 일치하지는 않는다. 이에 대한 구체적인 논의와 증명은 이 책의 범주를 벗어나므로 생략하며, 졸저 『공공경제론』(2019) 제7장을 참조하기 바란다. 호텔링 모형에서 '한가운데 위치'가 다운즈 모형에서는 '중위투표자'로 용어만 바뀌었을 뿐, 개념이나 논리는 앞에서 살펴본 호텔링 모형의 그것과 유사하다. 다운즈 모형은 현대 정치학에 가장 큰 영향을 미친 업적의 하나로 평가되고 있다.

2.4 공유지의 비극

공동체의 구성원들이 이기적 동기에 의해서 행동할 경우 공공재는 과소하게 공급되는 반면 공공자원은 과도하게 남용된다. 공동해역에서 어민들의 과다한 어획, 공단 내 공장들의 폐기물 과다배출, 멸종위기 동물의 남획 등은 수많은 사례 가운데 일부에 불과하다.

노벨경제학상 수상자 코우즈(Coase 1960)가 일찍이 밝힌 바와 같이, 공동자원의 남용은 개별 경제주체에게 재산권(財産權, property right)이 분명히 주어지지 않음으로써 발생하는 문제이다. 한 마을에 한 개의 저수지와 여러 명의 낚시꾼이 있다고 하자. 저수지의 재산권이 불분명하거나 공동 소유로 되어 있다면, 여러 명의 낚시꾼들은 각자의 이익을 극대화할 만큼 많은 물고기를 낚을 것이다. 만일 수자원을 보호하겠다는 취지로 물고기를 조금만 낚는 낚시꾼이 있다면 그의 정성은 갸륵하지만 나머지 낚시꾼들은 계속 남획할 것이므로 자기 혼자만 손해를 볼 뿐이다. 이러한 현상을 '공유지의 비극'(Tragedy of commons)이라 부른다.

저수지의 재산권이 특정 낚시꾼 혹은 특정 단체에 속해 있다면 사정은 달라진다. 여기서 재산권이란 가치 있는 경제적 자원을 배타적으로 사용할 수 있는 권리로 정의된다. 재산권을 가진 낚시꾼은 지속적인 수입을 올리기 위하여 물고기를 보호할 필요가 있고 따라서 적정한 수의 물고기만을 낚을 것이다. 따라서 재산권이 분명할 경우, 자원의 낭비나 남용은 억제되며 효율적 배분을 달성할 수 있다. 결국 효율적 자원배분을 이루기 위해서 정부나 제삼자가 개입할 수도 있으나 재산권을 명확하게 정의하고 안전하게 보호해 주는 법과 제도를 갖추는 것이 더 바람직하다는 주장이다. 본절에서는 하딘(Hardin 1968)이 개발한 모형을 통하여 공유지의 비극을 분석하고자 한다.

공동체에 n명의 구성원들이 있으며, 이들은 공동자원을 사용하여 각자의 생산활동을 한다. 이해의 편의를 위하여, 남태평양에서 고래를 포획하는 세계 각국의 어선들을 상정하자. 국가 $i(=1, 2, \cdots, n)$는 q_i마리의 고래를 포획하며, 한 마리의 고래를 포획하는 데 드는 생산비는 c로서 모든 어선에 있어서 동일하다. 즉, 한계생산비와 평균생산비는 항상 c라고 가정하자. 총포획량 Q는 각국의 포획량을 모두 합친 것이므로, $Q=q_1+q_2+\cdots+q_n$이다. 총포획량이 증가하면 고래 한 마리당 시장가치가 하락하는데, 구체적으로 식 2.16과 같다고 하자.

$$v(Q)=a-Q \tag{2. 16}$$

(여기서, a는 시장규모를 나타내는 외생변수이며, $a>c\geq 0$)

내쉬균형

국가들이 고래포획으로부터 얻는 이윤의 극대화를 독자적으로 추구한다고 가정하고 각국의 균형 포획량 및 총포획량을 계산하자. 국가 i의 보수는 식 2.17과 같다.

$$\begin{aligned} u_i &= (v(Q)-c)q_i \\ &= (a-c-q_1-\cdots-q_{i-1}-q_i-q_{i+1}-\cdots-q_n)q_i \end{aligned} \tag{2. 17}$$

식 2.17을 국가 i의 선택변수인 q_i로 미분한 다음 0으로 놓음으로써, 보수극대화의 일계조건을 구하고 정리하면 식 2.18과 같다.

$$q_i=\frac{1}{2}[a-c-\sum_{j\neq i} q_j] \tag{2. 18}$$

이윤극대화의 이계조건은 $\frac{d^2u_i}{dq_i^2}=-2<0$ 이므로 항상 충족된다.

개별 국가가 직면하는 상황이 모두 동일하므로 균형은 대칭성을 갖는다. 어떠한 i와 j에 대해서 대칭조건 $q_i=q_j=q^*$를 식 2.18에 대입 정리하면 각국의 포획량 q^* 및 총포획량 Q^*를 계산할 수 있다.

$$\text{각국의 균형 포획량 : } q^*=\frac{1}{n+1}(a-c) \tag{2. 19a}$$

$$\text{균형 총포획량 : } Q^*=\frac{n}{n+1}(a-c) \tag{2. 19b}$$

$$\text{각국의 균형 이윤 : } u^*=\frac{1}{(n+1)^2}(a-c)^2 \tag{2. 19c}$$

개별 국가의 균형 이윤은 식 2.19a에 나타난 균형 포획량을 이윤함수인 식 2.17에 대입 정리한 것이다.

내쉬균형과 사회최적의 비교

이제 각국의 대표들이 모여 세계 전체의 이윤을 극대화하는 사회최적 포획량을 계산하고 이를 각국에 할당할 경우 개별 국가가 얻는 보수와 총포획량을 구해 보자. 전체 조업국들의 결합이윤은 식 2.20과 같다.

$$\begin{aligned} W(Q) &= v(Q)Q-cQ \\ &= (a-c-Q)Q \end{aligned} \tag{2. 20}$$

식 2.20을 포획량 Q에 대하여 미분한 다음 이를 0으로 놓으면, 사회후생을 극대화하는 총포획량이 계산된다. 또한 총포획량을 개별 국가에게 균등하게 할당하면, 개별 어업국의 포획량과 각국의 이윤이 구해진다.

$$\text{개별 국가의 포획량 : } \hat{q}=\frac{1}{2n}(a-c) \tag{2. 21a}$$

$$\text{총포획량 : } \hat{Q}=\frac{1}{2}(a-c) \tag{2. 21b}$$

$$\text{각국의 이윤 : } \hat{u}=\frac{1}{4n}(a-c)^2 \tag{2. 21c}$$

균형 자원배분과 사회최적 자원배분을 비교하자. 첫째, $n \geq 2$이라면 개별어업국의 균형 포획량 $q^* = \frac{1}{n+1}(a-c)$는 모든 국가들의 공동이익을 극대화해 주는 최적 포획량 $\hat{q} = \frac{1}{2n}(a-c)$보다 크다. 당연히 균형 총포획량도 최적 총포획량보다 많다. 공동자원의 이용을 자율적인 시장기능에 맡길 경우 개별 구성원이 공동자원을 과다하게 이용할 유인을 갖게 되며 결국 공동자원의 남용 및 고갈이 가속화된다.

둘째, 개별 국가의 균형 이윤 $u^* = \frac{1}{(n+1)^2}(a-c)^2$은 공동이익을 극대화하는 최적상태에서 각국이 얻게 되는 이윤 $\hat{u} = \frac{1}{4n}(a-c)^2$보다 작다. 이는 공동자원의 이용을 각국의 자율에 맡기지 않고 조정기구의 할당에 따름으로써, 즉 각국이 모두 포획량을 조금씩 감축함으로써 모든 국가의 이익이 증대됨을 뜻한다.

셋째, $n=1$이면 사회최적 자원배분과 균형 자원배분이 일치한다. 이는 주어진 자원에 사유재산권이 부여되어 특정 개인이나 집단이 생산량을 독점적으로 결정한다면 효율적 자원배분이 달성됨을 의미한다. 내쉬균형에서 자원의 남용 현상은 경기자 간의 전략적 외부효과(strategic externalities)로 인한 것이다. 소유권이 분명하게 부여될 경우 더 이상 '외부'란 존재하지 않게 되므로 자원의 낭비나 남용 없이 사회최적을 달성하게 된다.

아프리카의 코끼리 보존정책[8]

역사적으로 많은 동식물들이 멸종 위기에 처해 왔다. 유럽인들이 북미대륙에 처음 도착했을 당시 약 6천만 마리의 버팔로(buffalo)가 살고 있었다. 이후 북미에서는 버팔로가 남획되어 1990년경에는 400마리 밖에 남지 않았고 급기야 미국 정부는 버팔로 보호정책을 공포하기에 이르렀다.

오늘날 아프리카에서는 코끼리가 비슷한 상황에 처해 있다. 코끼리의 상아와 가죽은 귀중한 사치품이다. 고가의 상아와 가죽을 얻기 위해 밀렵꾼들은 무자비하게 아프리카 코끼리들을 포획했으며 그 결과 중동부 아프리카에서 서식하고 있는 코끼리의 수가 급감하였다. 이러한 대량 살육을 막기 위해 전 세계적으로 상아거래를 금지시켜야 한다는 주장도 제기되었다. 대양에 서식하는 긴수염

8 이 사례는 강태진, 유정식, 홍종학(2005)의 11장을 참조.

고래, 우리나라의 반달곰과 올빼미 등도 비슷한 위기에 처해 있다.

세상의 모든 동물들이 멸종 위기에 처해 있는 것은 아니다. 북미의 버팔로나 아프리카의 코끼리와 달리 소, 양, 말, 닭 등의 멸종에 대해서는 어느 누구도 걱정하지 않는다. 그렇다고 해서 소, 양, 닭의 가치가 버팔로, 코끼리, 반달곰의 가치보다 못하다는 말인가? 생각해 보면 우유, 양모, 닭고기 등도 상아나 웅담 못지않게 귀중한 재화들이다. 그럼에도 불구하고 어떤 동물들은 멸종을 염려해야 하는 반면 다른 동물들은 개체수가 넘쳐나는 근본 원인은 어디에 있을까? 이에 대한 해답은 '버팔로, 반달곰, 코끼리는 주인 없는 공동자원이고 소, 양, 닭은 주인 있는 사적 재화'라는 사실에서 찾을 수 있다.

아프리카의 각국이 취한 코끼리 보존정책은 이를 잘 말해 준다. 케냐(Kenya) 정부는 상아거래를 막는 데 매우 적극적이어서 코끼리의 사냥을 금지해 왔다. 그럼에도 불구하고 케냐에 서식하는 코끼리의 수는 1979년 6만 5천마리에서 1989년 1만 9천마리로 급격히 줄어들었다. 밀렵이 도처에서 성행하였으며, 사냥금지 정책이 코끼리들에게는 오히려 큰 재난이었다.

반면 짐바브웨(Zimbabwe)에서 상아거래는 합법이다. 일부 규제가 있기는 하지만 상점에서 쉽게 구할 수 있다. 그런데도 짐바브웨의 코끼리 수는 1979년의 3만마리에서 1989년에는 4만 3천마리로 오히려 늘었다. 어떻게 이런 현상이 나타나게 되었을까? 짐바브웨에서 주민들은 허가 없이 사냥을 하지 않을 뿐 아니라 밀렵꾼들이 보이면 즉시 경고사격을 한다. 정부가 코끼리에 대한 재산권을 주민에게 부여함으로써 이제 코끼리는 주민들의 귀중한 재산이 되었기 때문이다. 일반 촌락의 경우 주민들은 연간 일정 수의 코끼리를 사냥할 권리를 갖게 되며 종종 그 권리를 전문사냥꾼들에게 팔아 수익에 보태고 있다. 주민들이 사냥권을 획득하기 위하여 자신들 소유의 토지를 포기하는 경우까지 발생하였다. 각 촌락은 수익금으로 촌락에 필요한 위락시설을 짓거나 주민들이 수익금을 골고루 나눠 갖기도 한다. 짐바브웨 정부는 코끼리를 보존하기 위한 최선의 방법이 원주민들에게 코끼리에 대한 재산권을 부여하는 것임을 발견한 것이다.

재산권이 없었을 때 코끼리 수는 줄어들었다. 아무도 귀중한 자원을 보호하거나 밀렵을 적극적으로 막을 유인을 갖지 못하였다. 케냐와 비슷한 정책을 취하고 있는 탄자니아, 우간다에서는 코끼리가 계속 수난을 겪었던 반면, 짐바브웨와 유사한 정책을 취하고 있는 보츠와나, 말라위, 나미비아 등에서는 해마다 코끼리 수가 늘었다. 이들 국가에서는 정부가 코끼리를 보존할 자금을 마련해 주는 동시에 주민들로 하여금 코끼리를 보존할 동기가 생기도록 재산권을 부여하였으며 결국 성공을 거두었다.

중국의 대약진운동과 대기근[9]

중화인민공화국 주석 마오쩌둥(毛澤東, 1893~1976)은 공산주의 낙원을 단기간에 건설한다는 목표로 《대약진운동》(1958~1962)을 벌였으나 결국 무수한 인명 희생과 국가경제 초토화라는 처참한 실패만 초래했다. 인민공사 모델을 도입하여 개인소유를 최소화하고 논밭, 연장, 가축을 대부분 공사로 넘겼다. 쓰촨(四川) 성주 리징취안의 표현을 빌자면 "똥도 집산화되어야 한다"는 것이었다.

주민들은 이에 맞서 가축을 도살하고 곡물을 감추고 자산을 팔았다. 농민들은 닭과 오리를 먼저 먹어 치우고 그 다음 돼지와 암소를 잡았다. 인민공사의 도래와 더불어 돼지와 채소 소비가 60% 늘었다는 통계도 있는데 이는 집산화에 대한 불안감에 사유지에서 나온 것을 먹어 치웠기 때문이었다. 당시 광둥(廣東)에는 "내가 먹는 것은 내 것이고, 내가 먹지 않는 것은 누구의 것이라도 될 수 있다."는 말이 널리 퍼졌다.

온갖 농기구도 생산대, 생산대대, 인민공사가 경쟁적으로 집산화하면서 주도권 다툼이 있었지만 결국에는 아무도 신경 쓰지 않게 되었다. 자재, 도구, 기계는 남용되고 방치되며 심지어 고의로 훼손되기도 하였다. 모두의 것이며 딱히 누구의 것도 아닌 농기구를 수리할 동기가 거의 없었기 때문이다.

인민공사는 사유물의 집산화와 병행하여 공동식당 제도를 운영하였는데 여기서도 공유지의 비극은 어김없이 나타났다. 공동식당은 주민들에게서 빼앗은 식량, 가구, 자금으로 세워졌는데, 일단 공동식당이 자리 잡자 주민들은 진탕 먹고 더 열심히 물자를 써댔다. 노동자들은 배터지도록 먹고 남는 밥은 그대로 변기에 버려졌다. 1958년 말 난징(南京)의 한 작업장에서는 단 하루 동안 50킬로그

9 디쾨터(2017)의 제II편과 제III편을 참조하였으며 별도의 인용 없이 서술함.

램의 쌀이 하수구에 버려졌다. 버려진 찐빵이 재래식 변기를 막았다.

이런 잔치가 오래 갈 수는 없다. 단지 마오쩌둥의 지시라는 이유로 강요된 '배게 심기'(농작물이 제대로 생장할 수 없을 정도로 촘촘히 심기)와 '깊이 갈기'는 농업생산성을 대폭 떨어트렸다. 비효율적이며 과시적 거대 관개 사업에 상당수의 농업노동력이 동원되었고, 자본재와 공산품의 해외수입 대금은 농업생산물을 착취하여 지불하였다. 중국 경제의 근간이었던 농촌은 초토화되고 대기근이 덮쳤다. 그렇다고 도시 노동자의 삶이 개선된 것도 아니며 대부분은 비참한 삶과 죽음을 영위했다. 위계질서의 최상위에 있는 공산당 지도부, 지역 고위관리, 의용군 장교 등의 부패와 착취는 날로 심해졌고—이들 역시 불확실한 미래로 인하여—뭐든지 생기는 대로 흥청망청 써댔다. 대약진운동 기간 최대 4,500만명이 강제노역, 폭력, 굶주림에 시달리다 목숨을 잃었는데 이는 제2차 세계대전의 전체 사망자 수에 맞먹는다.[10]

코우즈 해법에 대한 반론

이론적으로는 사적 소유권 혹은 재산권을 명확히 설정해줌으로써 자원배분의 효율성을 높일 수 있다. 하지만 현실적으로 재산권을 분명히 설정하기 어려운 경우가 많다. 예컨대, 공해 문제에 있어서 우리가 모두 숨 쉬는 공기의 재산권을 누구에게 주어야 할지 애매하다. 배타적 보유와 이용에 따라 불로소득이 발생하게 된다면 형평성을 해치게 된다. 애당초 재산권을 얻기 위해 경제인들의 지대추구행위가 발생하기 마련인데, 그 과정에서 발생하는 사회적 갈등과 자원 낭비가 재산권 설정에 따른 효율성 증대를 능가하기 일쑤이다.

공유지 비극에 대한 설득력 있는 반대 논리로 헬러(Heller 1998, 2008)는 '반(反)공유지의 비극'(Tragedy of anti-commons)을 주창하였다. 희소한 자원이나 권리가 너무 잘게 나누어 사유화되고 있을 때 그 자원이 사회적 적정 수준보다 지나치게 과소하게 이용되거나 혹은 너무 많은 구성원들이 배제된다는 것이다. 여기

10 중국 대약진 운동과 유사한 비극은 스탈린 시대 소비에트연방공화국이 농민들의 재산과 가축을 콜호즈(kolkhoz)라 불리는 집단농장에 귀속시키는 과정에서도 발생했다. 농업 생산은 급감했고 정책 실패와 기근으로 1929년~1936년 기간에 최소 450만, 최대 850만명이 굶어죽거나 살해당했다(Harari(2024), pp.166~167).

필지로 잘게 나누어져 있는 토지는 만일 하나의 큰 필지로 통합되어 있었다면 가능했을 개발이나 이용이 어려워 방치되곤 한다. 또 발명과 발견을 촉진하기 위해 부여한 특허권을 과보호할 경우 경제적 효율성이 오히려 낮아질 수 있다. 예컨대, 획기적 신기술이나 신약에 대한 아이디어가 있더라도 그와 관련된 수많은 특허권자와 일일이 교섭하기 어려워 개발되지 못하고 사장되기도 한다.

재산권적 해법에 대한 보다 근본적인 비판은 효율성을 최고 가치로 여기는 공리주의적 경제철학을 겨냥한다. 칸트(Immanuel Kant 1724~1804)를 위시한 의무론적 철학자의 관점에서 보면 코우즈 방식은 비윤리적이며 불의하다. 아프리카 국가들의 코끼리 정책을 예로 들면, 코끼리에 대한 재산권 부여와 사냥 권리를 매매하는 행위 자체가 야생동물의 가치와 생명의 존엄성을 훼손할 수 있다. 정책 목표는 멸종위기 동물의 개체수 유지 못지않게 야생동물의 가치를 올바르게 평가하고 높이는데 맞춰야 한다. 부자들에게 야생동물 사냥권을 팔고 그들의 동물 사살 오락과 쾌감으로 변하도록 한 것은 기부금입학제, 성매매, 장기밀매와 마찬가지로 사회정의를 심각하게 훼손한다.[11]

교통 체증의 전략적 요인

도시에 도로나 교량을 새로 지으면 교통 체증이 줄어들 것인가? 언뜻 생각하면 그럴 것 같지만 이는 운전자들이 주행경로를 '전략적으로' 선택한다는 사실을 무시한 데서 생긴 오해이다. 다음 연습문제는 우회로를 추가 건설할 경우 내쉬균형 상태에서 평균 주행시간이 이전보다 오히려 늘어날 수도 있음을 보여준다.[12]

---

11 비교 설명과 여러 사례에 관하여 관심 있는 독자는 졸저 『공공경제론』(2019) 제12장 12.2절을 읽어보기 권한다.

12 Maschler, Solan and Zamir(2013) 140쪽 연습문제 4-47를 변형한 내용이다.

Practice 2-10

[브래스 역설(Braess Paradox)][8] 지점 A에서 D로 이동하는 차량은 분당 60대이다. 도로 체계는 아래 그림과 같으며 분당 k대의 차량이 주행할 경우 한 대당 소요되는 평균 주행시간 (단위: 분)은 각 방정식과 같이 나타낸다.

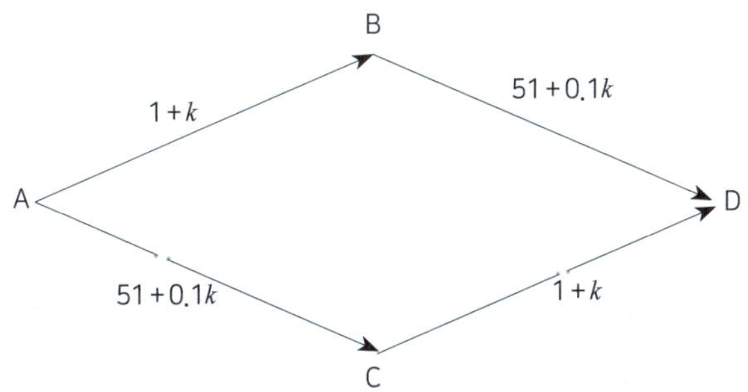

(1) 내쉬균형에서 차량 한 대당 평균 주행시간을 구하라.

(2) 지점 B에서 C로의 일방통행 도로를 건설하였다. 또한 이 도로를 주행하는 차량이 k대일 때 평균 주행시간은 $(10 + 0.1k)$분이라고 하자. 새로운 도로 체계에서 내쉬균형을 구하라.

2.5 공조게임과 네트워크산업[13]

2.5.1 네트워크효과

전통적인 산업에서는 소수의 기업들이 동질적이거나 유사한 상품을 생산하면서 오랜 세월 동안 경쟁하는 과점시장이 대종을 이루어왔다. 대표 산업으로 자동차, 철강, 석유, 화학 등이 있으며, 독과점적 시장구조와 고용의 안정성을 특징으로 한다. 개별 기업의 전략과 경쟁기업들의 반응 정도에 따라 시장점유율이 다

13 네트워크산업에서의 전략 및 산업조직에 대하여 더 알기 원하는 독자는 졸저 『전략과 정보』(2000, 박영사) 4~5장을 참조.

소 변동할 수는 있으나 폭발적으로 상승하거나 하락하는 일은 거의 없다. 예컨대, 작년도에 30%의 시장점유율을 기록했던 자동차 생산업체가 — 부도나 파업을 제외한 정상 상태에서 — 올해 2%의 시장점유율을 차지하는 상황은 상상하기 힘들다. 전통산업에서 자주 나타나는 '한 번 취직한 직장에서 정년퇴직까지 근무하는' 평생고용 개념은 이러한 시장구조의 안정성을 반영한다.

반영구적 과점을 특징으로 하는 전통산업과는 대조적으로 지식정보산업은 일인자에 의한 독점과 시장구조의 불안정성을 특징으로 한다. 컴퓨터 소프트웨어, 제약, 첨단 소재, 문화예술 등 지식정보 분야에서는 1등이 시장을 지배하며 2등도 별 볼일 없는 경우가 많다. 한편 시장지배적 기업이라 하더라도 부단한 연구개발과 대규모 투자, 그리고 최선의 경영전략을 구사하지 못하면 단시간 내에 경쟁기업에게 시장을 내어줄 수밖에 없다.

지식정보산업을 전통산업과 구분짓는 중요한 요인으로는 네트워크효과(network externality), 규모의 경제(economies of scale), 그리고 포지티브 피드백(positive feedback)이 있다. 경제학에서 외부효과란 한 경제주체의 행위가 시장기구를 통하지 않고 다른 경제주체에게 의도하지 않게 미치는 혜택이나 손해를 의미한다. 이러한 외부효과가 네트워크의 규모가 증가함에 따라 네트워크 내부에 소속되어 있는 경제주체에게만 한정해서 나타나는 현상을 가리켜 네트워크 외부효과 또는 네트워크효과라 한다.

네트워크효과는 소비 측면 및 생산 측면에서 정의될 수 있다. 소비 측면의 네트워크효과란 특정 재화나 서비스의 사용으로부터 개별 소비자가 얻는 효용이 동일 재화나 용역을 사용하는 소비자들의 숫자가 많을수록 높아지는 성질로 정의된다. 예컨대, 컴퓨터를 새로 구입하고자 할 때 마이크로소프트 윈도우즈(Windows)와 애플 Mac 중 하나를 선택해야 할 것이다. 이 경우 하드웨어 안정성, 학습 용이도, 구입 가격 등 각 기종의 내재가치도 중요하지만, 그 이상으로 주위 동료나 학생들이 어느 기종을 더 많이 사용하고 있는가도 매우 중요하다. 비록 Mac이 윈도우즈에 비하여 내재가치가 월등히 우수하다고 하더라도 절대다수가 윈도우즈를 사용하고 있다면 나도 윈도우즈를 구입하는 것이 유리하다. 다른 사용자들과 파일을 공유하기에 편할 뿐 아니라 소프트웨어 학습시 문의할 수 있는 전문가나 문제 발생시 사후수리센터의 숫자도 많을 것이기 때문이다.

생산 측면의 네트워크효과는 특정 재화나 서비스의 생산이 증가할수록 평균생산비가 하락하는 성질(규모의 경제)로 정의된다. 제약회사가 수백억 원의 연구비를 들여 신약 개발에 성공하고 국제특허를 받은 경우 약품 한 개를 추가적으로 생산하는 데 소요되는 비용은 미미하므로 평균생산비는 생산량의 증가에 따라 급격하게 하락할 것이다. 통신사업의 경우 유선전화망의 가설이나 무선통신 기지국 설치 등에 천문학적 고정비용이 들지만, 일단 통신망이 구축된 상태에서는 1명이 전화통화를 하든 1만 명이 전화통화를 하든 추가 변동비용 차이가 거의 없다. 규모의 경제성은 대부분의 문화오락 상품에도 적용된다. 흥행 성공 영화나 온라인게임 하나를 만드는 데에는 수십억에서 수백억 원의 돈이 들어가지만 일단 제작한 후 필름이나 CD 제작 혹은 파일 다운로드에 들어가는 한계비용은 미미하다.

2.5.2 포지티브 피드백

네트워크효과를 강하게 갖고 있는 기술은 오랜 시간의 잠복기를 거친 다음 갑자기 폭발적인 성장세를 보이는 경우가 많다. 이러한 폭발적 성장을 가져오는 포지티브 피드백은 네트워크효과의 작용으로 인하여 '부익부 빈익빈' 상승효과로 정의된다.

컴퓨터 운영체계의 예를 들어 설명해 보자. 다수의 컴퓨터 이용자가 마이크로소프트 윈도우즈를 사용하고 있다면 소비 측면의 네트워크효과로 인하여 현재 윈도우즈를 사용하고 있는 사용자는 계속해서 윈도우즈를 사용하기 원하고 현재 다른 운영체계를 사용하고 있는 사용자는 윈도우즈로 바꾸고자 한다. 이렇게 해서 윈도우즈 사용자의 수가 증가할수록 나머지 사용자들이 윈도우즈로 바꿀 유인은 점점 더 커지게 된다. 한편 윈도우즈 사용자의 수가 증가하면 생산 측면의 규모의 경제성으로 인하여 평균생산비가 하락하고 마이크로소프트의 이윤은 증가한다. 마이크로소프트는 이윤의 일부를 제품 개발 및 보완, 그리고 기술 혁신에 투자하여 품질을 개선할 수 있다. 반면 판매량이 적어 순이익을 얻기 힘든 경쟁사들은 연구개발에 투자할 여력이 많지 않다. 소비자들의 입장에서 볼 때, 그렇지 않아도 다수의 사용자들이 윈도우즈를 사용한다는 이유 때문에 윈도우즈를 사용할 유인이 큰데 품질도 날로 향상되기 때문에 더군다나 다른 운영체제로 바꿀 유인은 없다. 장기적으로 결국 윈도우즈는 운영체제 시장을 독점하게 되고 나머지 제품들은 거의 사장된다.

포지티브 피드백이 강하게 나타나는 산업을 특정 시점에서 바라보면 독점력을 가진 시장지배적 기업이 존재하거나 혹은 그러한 독점화 과정 중에 있다. 포지티브 피드백이 강하게 작용하는 산업에 2등이란 무의미하며 오직 1등만이 대부분의 이득을 가져간다. 이러한 이유로 네트워크시장을 '승자독식시장'(winner-take-all market)이라 부르기도 한다. 포지티브 피드백이 존재하는 시장에서는 초기의 사소한 차이나 전략적 우위가 장기적으로 독점이냐 멸종이냐를 결정하는 사례가 비일비재하다.

포지티브 피드백이 강하게 나타나는 기술이나 제품이 폭발적인 성장세를 타기 위해서는 일정 수 이상의 사용자가 확보되어야 한다. 폭발적인 성장세를 촉발하기 위하여 요구되는 최소한의 사용자 수를 '임계규모'(critical mass)라 부른다. 팩스와 인터넷은 이러한 성장 경로를 따른 전형이었다. 스코틀랜드 발명가 베인(Alexander Bain)이 팩스의 기초기술을 발명하여 특허를 받은 것은 1843년이었으며, 미국의 AT&T가 팩스의 원리를 이용하여 유선 사진서비스를 제공하기 시작한 것이 1925년도의 일이었다. 그러다가 1980년대 중반 불과 5년간의 기간동안 팩스에 대한 수요와 팩스기계의 공급은 폭발적인 성장을 보였다. 실제 1982년도에 미국에서조차 팩스전화를 갖고 있는 기관이 거의 없었으나 1987년도 이후에는 일반가정도 팩스전화를 갖게 되었다.

인터넷도 비슷한 성장경로를 보여 주고 있다. 최초의 이메일(email)이 전송된 것은 1969년도였으나, 1980년대 중반까지는 극소수의 정보통신 기술자들만이 이메일의 존재를 알고 사용하였다. 인터넷 기술도 1970년대 초에 개발되었으나 역시 1980년대 중반까지는 거의 사장되어 있었다. 극히 느린 성장 속도를 보이던 인터넷시장은 1989년부터 폭발적으로 성장하여 오늘날 수십억이 사용하고 있다. 이는 수요 측면에 있어서 인터넷 이용자 수의 증가가 공급 측면에 있어서 인터넷 및 정보통신기술의 비약적 발전과 상호작용하면서 포지티브 피드백 과정에 들어간 결과이다.

2.5.3 공조게임

경제학계의 두 연구자 1과 2를 상정하자. 개별 연구자는 Mac 또는 Windows를 선택할 수 있다. 두 연구자가 모두 Mac을 선택할 경우 각 연구자는 2단위씩의 보수를 얻는 반면 두 연구자가 모두 Windows를 선택할 경우에는 각자 1단위씩의 보수를 얻는다고 가정하자. 이는 Mac이 Windows보다 기술적으로 우위에 있음을 가정한 보수체계이다. 단순화를 위하여 두 연구자가 서로 다른 운영체제를 선택할 경우 파일교환이 불가능하여 0씩의 보수를 얻는다고 가정하자. 이러한 상황은 〈그림 2-5〉의 공조게임으로 도식화된다.

공조게임에는 두 개의 내쉬균형이 존재한다. 두 연구자가 모두 Mac을 선택하는 상태와 두 경기자 모두 Windows를 선택하는 상태가 그것이다. 어느 균형이 실제로 실현되느냐는 것은 연관 기업들의 전략과 소비자들의 선택에 따른 진화과정에 따라 결정된다. 현재까지의 판도를 보면 절대 다수의 사용자들이 Windows를 선택하는 패턴을 보이고 있어 두 번째 내쉬균형으로 귀착되고 있는 듯하다. 독자에 따라서는 모든 사람들이 Mac의 우수성을 알고 있다면 왜 사회적으로 더 우월한 상태로 진화하지 못하는지 의문을 던질 수 있다. 그러나 절대다

그림 2-5 **운영체제 선택**

		연구자2	
		Mac	Windows
연구자1	Mac	2, 2	0, 0
	Windows	0, 0	1, 1

수(<그림 2-5>의 상황에서는 3분의 2가 넘는 사용자)가 Windows를 선택하리라 예상되면 나도 Windows를 선택하는 것이 합리적이다. 중요한 요인은 특정 제품의 내재적 우수성이나 과거의 시장점유율이 아니라 다른 소비자들이 앞으로 어떠한 선택을 할지에 대한 합리적 예측이다.

공조게임의 사례로 비디오 시스템, 철도 선로, 영문 키보드의 진화 과정을 차례로 설명하자. 컬러TV와 전기 시스템을 포함한 기타 다양한 표준화와 기술 확산 사례에 대해서는 졸저『전략과 정보』(2003) 제4장 및『게임의 기술』(2007) 제3장을 읽어보길 권한다.

비디오 시스템

비디오 시스템과 관련하여 빅터(Victor)의 VHS형과 소니(Sony)의 베타맥스(Betamax)형이 1970년대 중반부터 10여 년간 각축을 벌였다. 두 시스템은 호환이 불가능하여 각각의 전용 플레이어에서만 볼 수 있었다. VHS 플레이어는 도시 중산층들이 임차하여 사용했고, 베타맥스 플레이어는 고화질을 선호하는 고소득층이 주로 구매했다. 당시 플레이어가 고가였기도 했지만 둘 중 어느 방식이 퇴출당할지 알 수 없는 불확실한 상황에서 소비자들은 렌탈 서비스를 점점 더 많이 이용하게 되었다. 초창기 시장점유율은 VHS와 베타맥스가 엇비슷했으나, 소비자들이 VHS 쪽으로 기울어지면서 이른바 동승효과(bandwagon effect)로 더욱 많은 사용자들이 VHS를 구입하게 되었다. 빅터는 영화 제작자들과 라이선스 계약을 통해서 VHS 방식 확산에 적극적이었던 반면 소니는 이에 소극적이었던 것도 한몫했다. 와중에 VHS 기반 협력업체들이 고속 영상검색, 하이파이(Hi-Fi) 스테레오 등을 개발하면서 VHS는 기술적으로도 베타맥스를 앞서게 되었다. 1988년 소니마저도 VHS 생산에 돌입함으로써 표준화 경쟁은 막을 내렸다.

철도선로: 광궤, 표준궤, 협궤

철도의 궤간 너비는 표준궤, 협궤, 광궤로 나뉜다. 표준궤는 1435mm로서 전 세계에 가장 널리 보급된 궤도이며 그보다 넓으면 광궤(1520mm), 좁으면 협궤(1067mm)라 불린다. 오늘날 러시아, 카자흐스탄, 몽골, 벨라루스, 핀란드 등은 광궤를 사용하고, 우리나라, 중국, 대다수 유럽국가들은 표준궤를 사용한다. 일본(재래선), 인도네시아, 뉴질랜드 등은 협궤를 채택하고 있다.

19세기 초 미국에서 철도가 본격적으로 가설되기 시작하면서 지역별 혹은 건설회사별로 서로 다른 너비의 궤도가 채택되었다. 사우스캐롤라이나를 비롯하여 남부에는 초창기 우연히 5피트짜리 광궤 선로가 가설되기 시작했고 시간이 흐르면서 남부의 대부분 지역에서는 광궤가 주종을 이루게 되었다. 반면 북부에서는 영국의 탄광지역에서 전통적으로 사용해 오던 표준궤가 퍼졌다. 사실 로마시대부터 사용되어 오던 마차의 바퀴 너비가 1435mm였는데, 이는—기차가 아닌—말이 짐차를 효율적으로 끌기에 가장 안성맞춤인 바퀴 사이의 너비였다. 아래에서 설명하겠지만 훗날 미국의 선로는 표준궤로 정착되었는데, 이는 내재적 효율성에 비하여 초기의 우연한 선택과 역사적 진화과정이 얼마나 중요한가를 단적으로 보여 주는 사례이다.

1860년경 미국에서는 일곱 종류의 서로 다른 선로가 사용되고 있었다. 그중 표준궤는 총거리 대비 절반을 약간 넘는 수준을 차지하고 있었으며, 광궤는 주로 남부를 중심으로 그 다음을 차지하고 있었다. 남북전쟁 기간에 북군은 선로의 차이 때문에 군대와 물자를 남부로 보내는 데 애를 먹었다. 이 사실에 착안하여 핀란드는 일부러 러시아와 다른 광궤를 사용하였다.[14] 핀란드를 제외한 유럽의 모든 국가들은 표준궤를 채택하였는데 이것이 제2차 세계대전 중에 독일군의 침공을 쉽게 하였다.

전시에 도움이 되기도 하지만 대개 한 사회에서 동일한 선로를 사용하는 것이 효율적임은 말할 나위가 없다. 한 지역에서 다른 지역으로 화물이나 사람을 수송할 때 번번히 기차를 옮겨 탐으로써 발생하는 거래비용이 매우 높기 때문이다. 그러나 표준 통일로 사회 전체의 효율성을 높일 수 있다는 사실과 개별 경기자에게 표준화를 추구할 동기가 있는가는 다른 문제이다. 미국의 선로표준화는 세 가지 장애요인으로 인하여 지체되었다. 첫째, 교체 비용이 만만찮았다. 둘째, 상대방이 내 궤도에 맞추어주기를 서로가 바라고 줄다리기를 계속하였다. 셋째,

14 당시 러시아에서는 표준궤가 주종이었으나 이후 점점 광궤에 밀려났다. 핀란드 입장에서는 역사의 아이러니라 하겠다.

지역마다 사용하는 선로가 서로 다름으로 인하여 짐을 옮겨 싣거나 기차바퀴를 교체하는 직업에 종사하던 노동자들이 강력하게 반발하였다. 실제로 1853년 세 종류의 선로가 사용되던 펜실베이니아 이리(Erie)에서 철도사업자들의 선로 표준화 움직임이 있자 철도노동자들이 폭동을 일으킨 사례가 있었다.

여러 장애요인에도 불구하고 1860년부터 1890년까지의 기간에 미국의 선로는 점진적으로 표준화되었다. 이 과정에서 가장 중요한 역할을 한 사건은 서부개척과 남북전쟁이었다. 동부의 주요 철도사업자들은 서부의 곡물을 동북부로 실어 나르기 위하여 자신들이 사용하고 있던 표준궤를 채택하여 서부철도 건설에 적극 참여하였다. 반면 남부는 곡물이 충분하였기 때문에 구태여 서부에서 곡물을 들여올 필요가 없었으며 따라서 남부의 철도사업자들은 서부철도 개척에 소극적이었다. 남북전쟁 당시 북부는 전쟁수행의 일환으로 동서간 수송의 효율화를 위하여 서부철도 건설에 박차를 가하였는데, 이는 북부의 표준이었던 표준궤가 서부로 퍼져나가는 데 더욱 일조하였다. 남북전쟁 중인 1862년 미국 하원은 표준궤를 대륙횡단 철도의 표준선로로 채택하였다. 전후 미국은 남부를 제외하고 나머지 전 지역에서 표준궤 사용이 대세가 되어 광궤의 입지는 더욱 약해졌다. 1886년 1만 8천 킬로미터에 이르는 남부의 광궤를 이틀 만에 표준궤로 교체함으로써 선로표준화 경쟁은 막을 내렸다.

일본은 메이지유신 이후 근대화 과정에서 협궤를 채택하였다. 당시 중국은 표준궤, 러시아는 광궤를 채택하고 있었지만 일본은 섬나라였기 때문에 개의치 않고 협궤를 채택하였다. 한반도에는 왜 표준궤를 건설하였을까? 일제는 구한말 이미 대륙 진출을 염두에 두고 한반도를 관통하는 철도 계획을 세우고 자체 답사까지 마친 상태였다. 이러한 상황에서 청일전쟁과 러일전쟁이 일어나자 철도 부설이 시급해졌고 대한제국을 압박하여 경부선의 부설권, 영업권, 용지를 무상으로 일본에 제공하는 조약을 체결하였다. 이후 경의선 부설권까지 빼앗아 낸 일제는 한국인 노동자를 동원해 경부선(1905년)과 경의선(1906년)을 완성했다. 표준궤를 채택하고 있었던 중국과 만주로 연결하기 위하여 한반도에도 표준궤를 놓았다. 더불어 러시아가 놓은 시베리아 횡단열차는 광궤였는데 러시아를 위협으로 여겼던 일제는 역시 표준궤가 낫다고 판단하였다.

궤간이 다른 국가들의 국경을 넘기 위해서 가장 원시적인 방법은 화물과 승객들이 내려서 차량을 갈아타는 환적 및 환승이 있지만 불편하기 그지없다. 이러한 까닭에 20세기 들어 상이한 궤간들 간의 호환성(compatibility)을 높이는 기술들이 개발되었다. 열차 바퀴 폭이 궤간에 맞춰 좁아지거나 넓어지도록 하는 가변방식, 차량을 잠시 들어 올리고 대차를 교환하는 방식, 레일을 겹쳐서 설치하는 이중궤간(dual gauge) 등이 있다.

QWERTY 대 드보락 자판

현재 우리가 사용하고 있는 영문 타자기나 컴퓨터 자판은 QWERTY 자판으로 알려져 있는데, 이는 자판의 맨 위 줄의 글자가 Q-W-E-R-T-Y-U-I-O-P의 순서로 되어 있기 때문이다. 많은 사람들은 왜 자판이 알파벳 순서가 아닌 매우 이상한 배열로 되어 있는지 의아할 것이다. 자판의 발전과 진화는 공조게임에서 사회적으로 열등한 내쉬균형이 실현된 실제 사례이다.

타자기는 1870년대에 미국에서 Type Writer라는 상표명으로 출시되었다. 당시 Type Writer 제조업자는 타자기 이용자들이 천천히 글자를 치도록 고의로 타자를 치기 어렵도록 만들었다. 당시 타자기는 조악하여 너무 빨리 칠 경우 타자손이 서로 엉겨버리기 때문이었다. 또한 타자기 판매원들이 상품명 Type Writer를 타자기의 맨 위 줄에 있는 문자만으로 빨리 쳐보이는 시험을 보여서 고객들에게 좋은 인상을 주기 위한 마케팅 전략도 한 몫을 했다.

Type Writer의 QWERTY 자판이 도입된 지 오래지 않아 타자기 제조기술의 비약적 발전으로 엉김 현상은 현저히 줄어들었다. 따라서 타자를 아무리 빨리 치더라도 엉김으로 인하여 발생하는 문제가 사라지자 좀더 효율적인 자판 개발의 요구가 있었다. 그 결과 AOEUIDHTNS 순서로 배열된 드보락(Dvorak)의 DSK(Dvorak's Simplified Keyboard) 자판이 특허를 받아 1936년부터 판매되기 시작하였다. 드보락은 빈도수가 높은 글자를 힘이 상한 손가락이 치도록 설계되었기에 QWERTY에 비하여 훨씬 효율적이었으며 직업적인 타자수나 숙련된 이용자들 사이에서는 이미 널리 사용되고 있었다.

하지만 이미 QWERTY 자판에 익숙해 있는 대부분의 이용자들은 새로운 자판을 익히려 하지 않았다. 드보락 자판으로 전환함으로써 얻게 될 이득보다 학습과 전환에 드는 비용이 더 컸기 때문이다. 시간이 흐르면서 드보락 자판은 점차 사라졌으며, 현재 모든 이용자들은 QWERTY 방식의 자판을 사용하고 있다.[15]

2.6 공조게임과 케인즈 경기변동론

케인즈(John Maynard Keynes, 1883~1946)는 거시경제적 경기변동을 경제인들 간의 공조의 개념으로 설명하였다. 다른 사람들이 더 열심히 일하고 더 투자하며 더 많이 소비하리라 기대하면 개별 경제인 입장에서도 노동시간, 투자, 소비를 그만큼 더 늘릴 유인이 있는데 이를 호황(boom)이라 부른다. 반대로 다른 사람들이 덜 일하고 덜 투자하며 덜 소비하리라 기대하면 개별 경제인 입장에서도 노동시간, 투자, 소비를 줄일 유인이 있는데 이를 불황(recession)이라 부른다. 즉, 호황과 불황은 경제 기초체력(fundamental)에 못지않게 경제인들 간의 암묵적 공조에 따른 합리적 기대의 자기실현적 성격이 강하다. 브라이언트(Bryant 1983)가 사슴사냥게임을 다수 경기자 모형으로 확장하여 모형화한 케인즈식 경기변동을 살펴보자.

N명의 경기자들로 구성된 경제가 있다. 경기자i는 노력수준 a_i를 0, 1, 2,⋯, K 중에서 선택한다. 경기자i가 $a_i=0$을 선택하면 다른 경기자들의 노력수준과 무관하게 $u_i=1$단위의 보수를 얻는다고 하자. 이는 사슴사냥게임에서 토끼에 해당하는 전략이다. 노력수준 $a_i=1, 2, \cdots, K$는 사슴 사냥을 나타내되 숫자가 클수록 더 큰 노력 투입을 의미한다. 이때 경기자i의 보수함수는 식 2.22와 같다고 가정하자.

$$u_i(a_1, a_2, \cdots, a_N)=2\times\min\{a_1, a_2, \cdots, a_N\}-a_i \qquad (2.22)$$

즉, 사슴 사냥에 참여한 경기자의 보수는 N명 가운데 가장 낮은 노력을 투입한 사람에 의하여 결정된다. 단순화를 위해 경기자i가 노력 a_i를 투입할 때 드는

15 David(1985) 논문이나 Dixit and Nalebuff(2008) 제9장에 잘 설명되어 있다.

개인적인 노력비용은 a_i라고 가정하였다.[16]

케인즈적 경기변동 게임에서 내쉬균형은 모든 경제인들이 똑같은 노력수준을 투입하는 상태인 $(a, a, \cdots, a)$(여기서, $a=0\sim K$)이다. 다시 말해서 이 게임에는 $(K+1)$개의 내쉬균형이 존재한다. 더구나 이들 균형 간에는 사회적 우열이 있다. 모든 경제인이 토끼를 쫓는 $\mathbf{0}\equiv(0, 0, \cdots, 0)$ 균형에서는 개별 경제인이 1단위의 보수를 얻는 최악의 경기침체를 경험한다. 반면 모든 경제인이 최고의 노력을 투입하는 $\boldsymbol{K}\equiv(K, K, \cdots, K)$ 균형에서 경제인들은 각자 K단위의 보수를 얻는 초호황을 누린다. 그 중간의 모든 $(a, a, \cdots, a)$도 역시 내쉬균형이며 a가 클수록 호황임을 의미한다. 이처럼 케인즈적 의미에서 경기변동이란 경기가 침체할 것이라고 경제인들이 믿으면 실제로 경기 침체가 실현되고 경기가 좋을 것이라고 믿으면 실제로 호황이 실현되는 자기실현적 특성을 갖는다.

이제 경기변동 게임에서 $\boldsymbol{a}\equiv(a, a, \cdots, a)$(여기서, $a=0\sim$K)이 내쉬균형임을 설명하자. 먼저 모든 경기자가 똑같은 노력수준을 투입하지 않는 전략조합은 내쉬균형이 될 수 없음을 보이자, 경기자 i가 최저 노력수준 $\min\{a_1, a_2, \cdots, a_N\}$보다 높은 노력수준 a_i를 투입하는 경우 그의 보수는 $2\min\{a_1, a_2, \cdots, a_N\}-a_i$이다. 반면 경기자 i가 노력수준을 (a_i-1)로 낮춘다면 그의 보수는 $[2\min\{a_1, a_2, \cdots, a_N\}-(a_i-1)]$단위가 되므로 보수가 1단위만큼 더 늘어난다(경기자 i가 노력수준을 한 단위 낮추더라도 최저 노력수준은 영향을 받지 않음에 유의하라). 즉, 다른 경기자들의 노력수준이 주어져 있다는 가정하에 경제내의 최저 노력수준보다 높은 노력수준을 투입하고 있는 경기자는 누구든 이탈할 유인을 가진다. 결론적으로 내쉬균형에서 누군가가 나머지 사람들과 다른 노력수준을 투입하는 상황은 있을 수 없다.

모든 경기자들이 토끼를 쫓는 상태 $\mathbf{0}\equiv(0, 0, \cdots, 0)$은 내쉬균형이다. 토끼균형에서 개별 경기자의 보수는 1단위인 반면 노력수준을 $a(\geq 1)$단위로 올릴 경우 그의 보수는 $-a$단위$(=2\times 0-a)$가 될 것이기 때문에 노력수준 0에서 이탈할 유인

16 사슴을 공공재라고 간주할 때 최하 노력수준에 의하여 공공재 건설이 좌우된다는 의미로 '최하에 의해 결정되는'(weakest link) 공공재 문제라 부른다. 이와는 반대로 n명 가운데 최고의 노력수준에 의해 전체의 성과가 결정되는 상황을 '최선에 의해 결정되는'(best shot) 문제라 부른다.

이 없다.

모든 경기자들이 1단위의 노력으로 사슴을 쫓는 **1**≡(1, 1 ⋯, 1)도 내쉬균형이다. 다른 (N−1)명이 1단위씩의 노력을 투입하고 있다고 가정할 때 특정 경기자만 노력수준을 0으로 낮춘다면 그의 보수가 1단위로 변함없고 노력수준을 2로 올린다면 보수가 0단위(=2×1−2)로 낮아진다. 즉, 다른 (N−1)명의 경기자들이 1단위씩의 노력을 투입한다는 가정하에 특정인은 1단위의 노력 투입에서 이탈할 유인이 없다. 따라서 **1**≡(1, 1, ⋯, 1)은 내쉬균형이다.

이상과 동일한 논리로 우리는 모든 경기자들이 똑같이 a단위($a \geq 1$)씩의 노력을 투입하는 $\mathbf{a}$≡(a, a, ⋯, a) 상태가 내쉬균형임을 알 수 있다. 이 균형에서 개별 경기자의 보수는 a단위($=2a-a$)인데 자신의 노력수준만을 $a'(>a)$로 높이면 보수가 $(2a-a')$로 줄고 자신의 노력수준을 $a''(<a)$으로 낮추면 보수가 a''단위($=2a''-a''$)로 줄어든다. 따라서 다른 경제인들이 노력수준을 a로 유지한다는 가정하에 자신의 노력수준만 a보다 높이거나 낮출 이탈 유인이 없다.

케인즈식 경기변동을 이해하기 위하여 케인즈가『고용, 이자, 화폐에 대한 일반이론』(*The General Theory of Employment, Interest and Money*)에 주식시장을 신문사 주최 미인선발대회에 빗대어 설명한 내용이 시사하는 바가 크다. 케인즈는 미인선발대회를 신문에 실린 여러 사진 중에서 독자들로 하여금 대다수 독자들이 아름답다고 판단할 만한 여인을 추측하게 하는 게임으로 파악했다. 독자들은 '진정한 미인'을 뽑는 것이 아니라 '다른 사람들이 미인이라고 여길 법한 여인'을 뽑는 것이다. 주식시장이나 거시경제에서도 투자자들은 '가격이 오를 만한' 자산을 사는 것이 아니라 '가격이 오를 거라고 다른 투자자들이 생각하는' 자산에 투자하는 것이 최선이다. 물론 다른 투자자들의 가격상승 기대는 그 자산의 가격이 오르리라는 나의 기대에 달려 있다. 이처럼 공조게임에서 여러 균형 가운데 어느 균형이 실현될 것인가는 상호 간의 기대에 의해 결정된다.

Practice 2-11

경제인i가 $a_i=0$을 선택하면 $u_i=1$단위를 얻고, $a_i=1, 2, \cdots, K$를 선택하면 보수 $u_i=A\min\{a_1, a_2, \cdots, a_n\}-a_i$를 얻는다고 가정하자. (여기서, $A>1$은 거시경제 생산성을 나타내는 외생변수) 순수전략 내쉬균형을 모두 구하시오.

2.7 손해배상법

손해배상책임법(liability law)은 외부효과를 발생시킨 가해자가 피해자들이 입은 피해나 손실을 물어주도록 법적으로 강제하는 제도이다. 자동차 사고로 손해를 끼쳤거나 과실에 의해 사람을 다치게 한 상황을 생각하면 쉽다. 오염물질 배출 기업이 그로 인하여 고통 받는 주민들에게 피해보상을 하도록 법으로 강제하는 상황도 생각할 수 있다.

배상책임 규칙에 따라 내쉬균형이 사회최적과 어떻게 달라질 수 있는지를 가해자(경기자1)와 피해자(경기자2) 간의 게임 모형으로 다루어 보자. 사고를 방지하기 위하여 가해자가 기울인 노력수준을 a_1, 피해자가 기울인 노력수준을 a_2라 할 때, 피해자가 입는 기대손해액 $L(a_1, a_2)$은 양자가 기울인 노력수준에 의해 결정된다.[17] 가해자와 피해자가 아무런 노력을 기울이지 않을 경우 기대피해액 $L(0, 0)$은 엄청 크다고 가정하자. 만약 $L(0, 0)$이 작다면 사회최적이 $a_1=a_2=0$일 것이므로 관심의 대상이 되지 않기 때문이다(본절의 각주19 참조).

피해자의 기대손해액을 다음과 같이 가정하자.

$$L(a_1, a_2)=30-(a_1+1)(a_2+4) \tag{2. 23}$$

경기자 i가 사고방지 노력을 a_i만큼 투입하면 $(a_i)^2$단위의 비용이 든다고 하자.

17 사고발생확률 $p(a_1, a_2)$, 사고발생시 손해액 $M(a_1, a_2)$이라 놓으면, 기대손해액은 $L(a_1, a_2)=p(a_1, a_2)M(a_1, a_2)$

먼저 사회최적 자원재분을 구해보자. 가해자와 피해자의 손실을 합친 사회손실함수는 다음과 같다.

$$D(a_1, a_2)=(a_1)^2+(a_2)^2+[30-(a_1+1)(a_2+4)] \quad (2.\ 24)$$

사회손실 극소화를 위한 일계조건을 구하면 다음과 같다.[18]

$$\frac{\partial D}{\partial a_1}=2a_1-(a_2+4)=0 \quad (2.\ 25a)$$

$$\frac{\partial D}{\partial a_2}=2a_2-(a_1+1)=0 \quad (2.\ 25b)$$

식 2.25a와 2.25b를 연립해서 풀면 $a_1^*=3$, $a_2^*=2$이고, 극소화된 사회손실은 19단위($=3^2+2^2+[30-(3+1)(2+4)]$)이다.

사회최적과 달리 내쉬균형은 개인들의 이익 추구에 따라 결정되므로 손해배상 규칙에 따라 달라진다. 즉, 사고발생시 가해자와 피해자가 각자 얼마만큼을 부담하도록 법률에서 정하고 있느냐에 따라 내쉬균형 노력투입량은 달라진다. 엄격책임, 과실책임, 기여과실책임을 차례로 다루어 보자.

• 엄격책임

엄격책임(strict liability)이란 손해배상책임을 무조건 가해자에게 지우는 규정이다. 엄격책임하에서 가해자와 피해자의 손실함수는 각각 다음과 같다.

$$\Gamma_1(a_1, a_2)=(a_1)^2+[30-(a_1+1)(a_2+4)] \quad (2.\ 26a)$$

$$\Gamma_2(a_1, a_2)=(a_2)^2 \quad (2.\ 26b)$$

가해자의 손실 극소화를 위한 일계조건으로부터 최선응수 $a_1=\frac{1}{2}(a_2+4)$가 구해지며, 피해자의 손실 극소화를 위한 최선응수는 $a_2=0$이다. 내쉬균형 $\hat{a}_1=2$,

18 최적화가 성립하려면 일계조건뿐 아니라 이계조건도 충족해야 한다. 변수가 2개인 경우 극소화의 이계조건은 헤시안행렬(Hessian matrix)이 양반정부호(positive semi-definite)를 가져야 한다는 것이다. 본문의 사회적 최적점 $a_1^*=3$, $a2^*=2$에서 헤시안행렬은 $H=\begin{bmatrix} 2 & -1 \\ -1 & 2 \end{bmatrix}$인데 $\det(H_{11})=2>0$이고 $\det(H)=3>0$이므로 이계조건이 충족됨을 알 수 있다.

$\hat{a}_2=0$은 사회적 최적에 비해 낮다. 사회손실 수준은 22단위($=2^2+0^2+[30-(2+1)(0+4)]$)로서 사회최적 손실 19단위보다 크다.

피해자 입장에서는 이유 여하를 막론하고 어차피 가해자가 책임질 텐데 자신이 노력할 동기가 없다. 가해자 입장에서도 피해자가 다소간 협력해줘야 자신의 노력이 사고발생확률과 손해액을 낮추는 데 더 도움이 된다. 그런데 피해자가 막무가내면 가해자의 노력이 가져다주는 효과도 작으므로 사회최적보다 낮은 노력 수준을 선택한다.

과실책임

과실책임(negligence rule)이란 가해자가 법정 최소 노력수준 $\underline{a}_1$을 투입하지 않은 경우 손해를 전적으로 부담하지만 $\underline{a}_1$ 이상의 주의를 기울였다면 피해자가 모두 책임진다는 규정이다. 입법기관이 사회적 최적 $a_1^*=3$단위임을 알고 있다는 가정하에 $\underline{a}_1=a_1^*=3$으로 정한다고 하자. 즉, $a_1<3$이면 기대손해 $L(a_1, a_2)$ 전액을 가해자가 부담하고 $a_1\geq3$이면 피해자가 전액 부담한다.

가해자가 피해자에게 모든 부담을 떠맡기는 최선의 선택은 $\hat{a}_1=3$이다. 선택 $a_1<3$은 가해자의 비용 $(a_1)^2$을 줄여주기는 하지만 기대손해 $L(a_1, a_2)$ 전액을 본인이 떠안게 되므로 $\hat{a}_1=3$보다 열등하다. 가해자의 이러한 선택을 피해자는 합리적으로 예측할 수 있으므로 $\hat{a}_1=3$에 대한 최선응수 $\hat{a}_2=2$를 선택한다. 결국 과실책임하에서 내쉬균형은 $\hat{a}_1=3$, $\hat{a}_2=2$인데, 이는 사회최적과 일치한다.[19]

기여과실책임

기여과실책임(liability with the defense of contributory negligence)이란 가해자가 법정 $\underline{a}_1$ 미만의 주의를 기울임과 동시에 피해자는 법정 $\underline{a}_2$ 이상의 주의를 기울였다면 가해자가 모든 책임을 지고 그 외의 경우에는 피해자가 모든 책임을 지는

19 가해자 입장에서 $a_1=0$를 선택하고 (피해자는 당연히 $a_2=0$를 선택) 기대피해액 $L(0, 0)$을 모두 책임지는 편이 $a_1=a_1^*$를 선택하고 기대피해액 $L(a_1^*, a_2^*)$를 책임지는 것보다 더 높은 보수를 가져다 줄 수도 있다. 즉, $L(0, 0)<(a_1^*)^2+L(a_1^*, a_2^*)$이라면 차라리 전자가 낫다. 하지만 이 경우 $0^2+0^2+L(0, 0)<(a_1^*)^2+(a_1^*)^2+L(a_1^*, a_2^*)$이 성립하므로 가해자와 피해자 둘 다 아무 노력을 기울이지 않는 (0, 0)이 곧 사회최적이고 따라서 우리 관심의 대상이 아니다. 이러한 이유로 $L(0, 0)$이 상당히 크고 사회최적이 $a_1^*>0$, $a_2^*>0$이라고 가정하는 것이다.

규정을 말한다. 19세기 중반 미국에서 만들어져 1970년대 중반까지 적용되었던 손해배상법이다.

결론부터 말하자면, 입법기관이 사회최적에 대한 정확한 정보를 갖고 있어 $\underline{a}_1 = a_1^* = 3$ 및 $\underline{a}_2 = a_2^* = 2$를 법률로 정해주면 기여과실책임하에서의 내쉬균형은 사회최적과 일치한다.

가해자의 최선응수 $BR_1(a_2)$를 구해보자([그림 2-6]의 BR_1 참조). 영역 $a_2 < 2$에서는 피해자가 무조건 책임지므로 가해자는 아무런 노력을 기울일 이유가 없다. 즉, $BR_1 = \{0\}$이다. 만약 $a_2 \geq 2$일 경우, 가해자가 $a_1 < 3$를 선택하면 자신이 기대손해 모두를 부담하는 반면 $a_1 = 3$를 선택하면 완전히 면책된다. $a_1 > 3$은 $a_1 = 3$보다 열등전략이므로 배제된다. 결국 $a_2 \geq 2$ 영역에서 $BR_1 = \{3\}$이다.

피해자의 최선응수 $BR_2(a_1)$을 구해보자. 영역 $a_1 \geq 3$에서는 피해자가 모두 책임지므로 기대손실함수 $\Gamma_2(a_1,\ a_2) = (a_2)^2 + [30 - (a_1 + 1)(a_2 + 4)]$를 극소화하는 a_2를 선택할 것이다. 즉, BR_2는 식 2.25b이다. 영역 $a_1 < 3$에서는 피해자가 $a_2 = 2$를 선택함으로써 모든 책임을 가해자에게 지울 수 있으므로 이것이 최선응수이다.

[그림 2-6]은 가해자와 피해자의 최선응수를 함께 나타낸다. 내쉬균형은 상호최선응수이므로 두 경기자의 최선응수가 만나는 $\hat{a}_1 = 3$, $\hat{a}_2 = 2$인데, 이는 사회최적과 일치한다.

그림 2-6 기여과실책임법하에서 최선응수와 내쉬균형

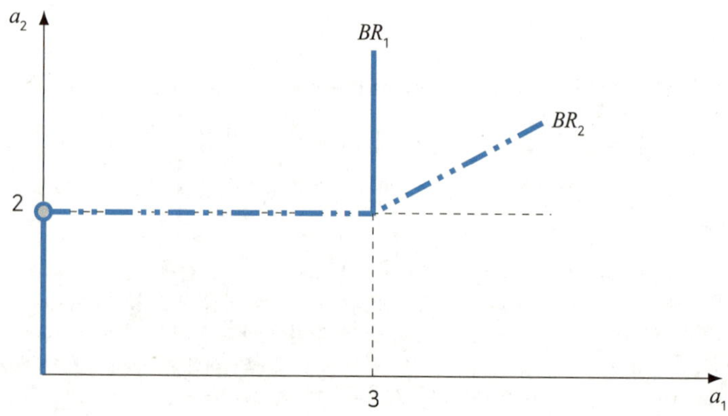

Game Theory

Chapter 03 | 혼합전략의 개념과 응용

3.1 강단계소거와 합리화전략

지금까지 우리는 경기자가 순수전략만을 선택한다고 가정하고 열등전략의 단계적 소거나 내쉬균형의 개념을 다루었다. 순수전략은 우연을 허락하지 않으므로 자신의 전략이 상대방에 의해 예상될 수 있다. 혼합전략 혹은 무작위전략(無作爲戰略, randomized strategy)이란 여러 순수전략들 중 하나를 무작위로 추출·선택하는 것을 의미한다. 혼합전략을 적용하는 경우 상대방은 물론 자기 자신도 어떤 행동을 선택하게 될지 사전적으로는 알 수 없다. 예컨대, 제1장의 〈그림 1-10〉 사슴사냥게임에서 경기자1이 항아리에 흰 공 2개와 검정 공 3개를 넣은 다음 무작위로 추출하여 흰 공이 나오면 사슴을 선택하고 검정 공이 나오면 토끼를 선택하는 식이다. 순수전략은 개념상 혼합전략의 극단점(extremal point)으로 볼 수 있으므로 혼합전략의 특별한 형태이다.

열등전략의 단계적 소거를 〈그림 3-1〉의 3×2 전략형 게임으로 설명하자. 〈그림 3-1〉의 게임에서 순수전략만으로 한정할 경우 우열 관계가 없으므로 아무 전략도 소거할 수 없다. 하지만 전략의 범위를 혼합전략으로 확장한다면 얘기는 달라진다. 먼저 경기자1에게 T는 $\frac{1}{2}M+\frac{1}{2}B$(반반의 확률로 M과 B를 무작위 선택하는 혼합전략)보다 강열등하므로 소거된다. (왜냐하면, $1<\frac{1}{2}\times0+\frac{1}{2}\times3$이며 $2<\frac{1}{2}\times4+\frac{1}{2}\times1$이므로) 두 번째 단계에서 경기자2의 e가 소거되고 셋째 단계에서 경기자1의 M이 소거되어 최종적으로 (B, w)만 남게 된다. 요약하면, 혼합전략까

그림 3-1 강열등 혼합전략이 존재하는 전략형 게임

		경기자 2	
		west	east
경기자 1	T	1, 1	2, 5
	M	0, 2	4, 1
	B	3, −1	1, −2

지 허용하고 〈그림 3−1〉 게임에 강열등전략의 단계적 소거법을 적용하면 우월전략해 (B, w)를 가짐을 알 수 있다.

제1장 1.5절에서 열등전략의 단계적 소거와 연계하여 언급했던 합리화(rationalizability) 개념을 설명하자. 나의 순수전략 s_{me}를 나의 최선응수가 되도록 해주는 상대방의 혼합전략 σ_{you}가 존재한다면 s_{me}를 나의 합리화전략이라 부른다. 이 때 상대방의 전략 σ_{you} 역시 그녀의 합리화전략이거나 혹은 합리화전략들의 혼합이라야 한다.

이해를 돕기 위해, 죄수의 딜레마 〈그림 1−4〉에서 합리화전략을 구해보자. 경기자2가 부인과 자백을 각각 q와 $(1-q)$의 확률로 선택, 즉 혼합전략 q[부인]+$(1-q)$[자백]을 선택한다고 하자. 경기자1 입장에서 부인할 경우 기대보수는 $3q$단위($=q\times3+(1-q)\times0$)이고 자백할 경우 기대보수는 $(4q+1)$단위($=q\times5+(1-q)\times1$)이다. 그런데 $q\in[0, 1]$가 어떠한 값을 갖더라도 전자는 후자보다 작다. 다시 말해서, 경기자1에게 부인이 최선응수가 되도록 정당화해주는 경기자2의 혼합전략 q는 존재하지 않는다. 마찬가지 논리가 경기자2에게도 적용된다. 요약하면, 죄수의 딜레마에서 부인은 합리화전략일 수 없고 자백만이 합리화전략이다.

성대결게임 〈그림 1−12〉에서 합리화전략을 구해보자. 아내가 미술관을 q, 야구장을 $(1-q)$의 확률로 선택한다고 가정하자. 남편 입장에서 미술관을 선택할 경우 기대보수는 $3q$단위이고 야구장을 선택할 경우 기대보수는 $5(1-q)$이다. 만약

$q \leq \frac{5}{8}$라면 야구장이, $q \geq \frac{5}{8}$이라면 미술관이 남편의 최선응수이다. 다시 말해서, 남편에게 야구장이 최선응수가 되도록 정당화해주는 아내의 혼합전략 $q \in \left[0, \frac{5}{8}\right]$가 존재한다. 다른 한편, 야구장이 아내에게 최선응수가 되도록 해주는 남편의 혼합전략 p[미술관]$+(1-p)$[야구장] (여기서, $p \in \left[0, \frac{3}{8}\right]$)이 존재하며 이는 남편의 야구장($p=0$)을 포함한다. 따라서 야구장은 남편에게나 아내에게 합리화전략이다. 마찬가지 논리가 미술관에도 적용된다. 종합하면, 남편과 아내의 합리화전략은 공히 미술관과 야구장 둘 다이다.

이제 합리화전략을 엄밀하게 정의하자. 경기자 i의 순수전략집합 S_i의 부분집합 R_i를 고려하자. 경기자 i의 순수전략은 s_i, 혼합전략은 σ_i라 표기하자. 또한 경기자 i를 제외한 나머지 경기자들을 $-i$라 표기함을 기억하라.

정의 3-1

집합 R_i^*가 다음 조건을 충족하면 경기자 i의 합리화전략 집합이라 부른다.

모든 $s_i \in R_i^*$에 대하여 $\{\sigma_{-i} \in \Delta(R^*_{-i}) | s_i \in BR_i(\sigma_{-i})\} \neq \emptyset$임과 동시에

모든 $s_i \in S_i \setminus R_i^*$에 대하여 $\{\sigma_{-i} \in \Delta(R^*_{-i}) | s_i \in BR_i(\sigma_{-i})\} = \emptyset$

경기자 i의 합리화전략 집합을 R_i^*, 강열등전략의 단계적 소거 과정에서 최후까지 살아남은 경기자 i의 행동집합을 D_i^∞라 표기하자. 일반적으로 $R_i^* \subseteq D_i^\infty$의 관계가 성립함이 증명되어 있다. 특히 경기자가 두 명인 2인전략형게임에서는 $R_i^* = D_i^\infty$임이 증명되어 있다. 강단계소거로 얻은 결과와 합리화전략이 일치하는 것이다(Bernheim 1984, Pearce 1984).

Practice 3-1

제1장에서 소개한 다음 게임에서 합리화전략을 구하시오.

(1) 사슴사냥게임 〈그림 1-10〉

(2) 치킨게임 〈그림 1-11〉

개별 경기자가 선택가능한 행동이 여러 개이거나 경기자의 수가 셋 이상인 경우 합리화전략을 구하기가 다소 복잡하다. 여기서는 제1장에서 다룬 3×2 전략형게임을 예시로 강단계소거 결과와 합리화전략이 일치한다는 사실만 보여주고자 한다.

Practice 3-2

제1장 1.4절 〈그림 1—5〉의 3×2 게임에서 합리화전략을 구하시오.

3.2 혼합전략 내쉬균형

3.2.1 순수전략 내쉬균형의 부존재 가능성

많은 게임에서 있어서 합리화전략 개념이나 강단계소거는 여러 개의 해를 제시하므로 예측력 부족이라는 단점이 있다. 좀 더 정제된 개념으로 내쉬균형이 있으나 순수전략으로 한정할 경우 균형이 부존재할 수 있다. 홀짝게임(Matching pennies game)이 대표적이다. 경기자1은 여러 개의 동전을 자기 손 안에 감추고, 경기자2는 감추어진 동전의 숫자가 홀수인지 짝수인지 추측한다. 경기자2가 말한 후 경기자1은 손을 펴서 경기자2의 추측이 맞았는지 혹은 틀렸는지를 보여준다. 만일 경기자2의 추측이 맞았으면 경기자1은 경기자2에게 1만원을 지불하며, 경기자2의 추측이 틀렸으면 경기자2가 경기자1에게 1만원을 지불한다. 홀짝게임의 전략형은 〈그림 3—2〉에 그려져 있다. 홀짝게임은 어떠한 결과가 발생하건 두 경기자의 보수의 합이 항상 0인 제로섬 게임(zero-sum game)이다.

홀짝게임에서 개별 경기자의 합리화전략 집합은 {홀, 짝}이므로 예측력이 없다. 심지어 순수전략 내쉬균형도 존재하지 않는다. 경기자2가 홀이라고 추측할 것이 확실하다면, 경기자1은 짝을 선택함으로써 상대방을 이기고 1만원을 얻을

그림 3-2 **홀짝게임**

		경기자 2	
		홀	짝
경기자 1	홀	−1, 1	1, −1
	짝	1, −1	−1, 1

수 있다. 즉, 경기자2의 순수전략 홀에 대하여 경기자1은 짝을 잡는 것이 최선응수이므로, 진략조합 (홀, 홀)은 균형이 될 수가 없다. 그렇다면, 진략조합 (짝, 홀)은 균형인가? 경기자1이 짝을 선택할 것이 확실하다면 경기자2에게는 짝이 최선응수이므로, 전략조합 (짝, 홀) 역시 균형일 수 없다. 마찬가지 논리로, 나머지 두 개의 전략조합 (짝, 짝)과 (홀, 짝)도 두 경기자 중 누군가가 이탈할 유인이 있으므로 균형이 될 수 없다.

3.2.2 혼합전략 내쉬균형의 계산

전략의 범위를 혼합전략으로까지 확장할 경우, 순수전략의 수가 유한한 게임에서 내쉬균형은 반드시 존재한다는 사실은 증명되어 있다. 따라서 순수전략의 수가 2개(홀과 짝)뿐인 홀짝게임에서 순수균형은 존재하지 않지만 혼합균형은 존재한다. 그렇다면 혼합균형은 어떻게 계산하는가?

경기자1이 홀을 선택할 확률을 p, 짝을 선택할 확률은 $(1-p)$라 하자. 이처럼 경기자1이 혼합전략을 사용한다면 경기자2가 홀을 선택함으로써 얻는 기대보수는 $(2p-1)$단위$(=p\times 1+(1-p)\times(-1))$이다. 동일한 전제하에서 경기자2가 짝을 선택할 경우 얻는 기대보수는 $(1-2p)$단위$(=p\times(-1)+(1-p)\times 1)$이다.

경기자2가 홀이라고 말해야 할지 혹은 짝이라고 말해야 할지는 경기자1이 홀을 선택할 확률 p에 달려 있다. 만일 경기자1이 홀을 선택할 확률이 50%보다 크면($p>0.5$), 홀이 경기자2의 최선응수이다. 반면 $p<0.5$이면, 짝이 경기자2의 최선응수이다. 경기자1이 홀과 짝을 선택할 확률이 정확히 반반이라면, 경기자2에게 홀과 짝은 무차별하다. 경기자2가 홀이라고 말할 확률을 q라고 놓을 때, 이상의 논의는 식 3.1이 성립함을 의미한다.

$$\begin{aligned} &p>0.5\text{이면, } q=1 \\ &p=0.5\text{이면, } q\in[0,\ 1] \\ &p<0.5\text{이면, } q=0 \end{aligned} \tag{3. 1}$$

식 3.1은 경기자2의 최선응수가 경기자1의 혼합전략에 따라 달라지는 것을 보여 주는 상응관계로서, 반응곡선(反應曲線, reaction curve)이라고도 부른다. 〈그림 3-3〉에서 BR_2는 경기자2의 최선응수를 p와 q의 공간에 나타낸 것이다.

대칭적인 논리로 경기자1의 최선응수를 구하면 식 3.2와 같다. 〈그림 3-3〉에서 BR_1은 경기자1의 반응곡선을 나타낸다.

그림 3-3 **홀짝게임에서 반응곡선 및 혼합전략 내쉬균형**

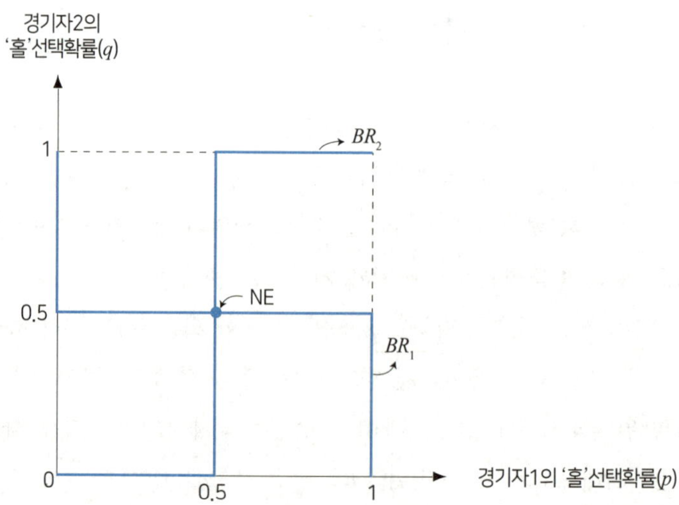

$$
\begin{aligned}
&q>0.5\text{이면, } p=0 \\
&q=0.5\text{이면, } p\in[0,\ 1] \\
&q<0.5\text{이면, } p=1
\end{aligned}
\tag{3. 2}
$$

혼합전략 내쉬균형은 두 경기자의 최선응수를 동시에 만족하는 p와 q값을 구함으로써 얻는데, 이를 p^*와 q^*라고 놓자. 경기자1이 p^*의 확률로 홀을 선택한다고 가정할 때, 경기자2는 q^*의 확률로 홀이라고 말하는 것이 최선응수이다. 대칭적으로, 경기자2가 q^*의 확률로 홀이라고 말한다고 가정할 때, 경기자1은 p^*의 확률로 홀을 택하는 것이 최선응수이다. 이 혼합균형에서 경기자1은 실제 p^*의 확률로 홀을 선택하므로 경기자2는 상대방의 전략에 대한 올바른 신념(correct belief)하에서 자신의 확률 q^*를 택하고 있는 것이다. 홀짝게임의 유일한 혼합전략 내쉬균형은 (0.5[홀]+0.5[짝], 0.5[홀]+0.5[짝])이며, 〈그림 3-3〉에서 점 NE로 표시되어 있다.

3.2.3 혼합전략 내쉬균형의 성질

반응곡선이라는 분석도구를 사용하여 계산한 혼합전략 내쉬균형의 대수적 성질을 살펴보자. 경기자2가 홀 및 짝으로부터 동일한 기대보수를 얻도록 해 주는 확률 p값은 $p^*=0.5$이다. 만일 경기자1이 홀을 50% 미만의 확률로 택한다면 ($p<0.5$), 경기자2가 홀을 선택함으로써 얻는 기대보수가 짝을 선택함으로써 얻는 기대보수보다 작다. 따라서, 경기자2는 100%의 확률로 짝을 선택하는 것($q=0$)이 최선이다. 만일 경기자2가 100%의 확률로 짝을 택한다면, 경기자1은 100%의 확률로 홀을 택하는 것이 최선응수이며 이는 $p=1$임을 뜻한다. 그런데, 이는 $p<0.5$라는 출발점과 모순되므로, 결국 조건 $p<0.5$가 성립하는 내쉬균형은 존재하지 않는다. 대칭적인 논리에 의하여, 균형상태에서는 결코 $p>0.5$가 성립할 수 없음을 보일 수 있다. 오직 $p=0.5$만이 균형으로서 성립할 수 있다. 경기자2가 혼합전략 q[홀]$+(1-q)$[짝]을 채택한다면 위와 동일한 논리에 의하여 경기자1이 홀과 짝으로부터 얻는 기대효용을 같도록 해 주는 확률 $q=0.5$에서만 균형조건이 성립한다.

홀짝게임의 혼합균형에서 네 개의 순수전략조합 (홀, 홀), (홀, 짝), (짝, 홀), (짝, 짝)은 각각 25%의 확률로 실현될 것이라는 사실만 알 뿐 어느 순수전략조합이 실현될지는 사전에 알 수 없다. 이 혼합균형에서 개별 경기자가 얻는 기대보수는 혼합균형의 도출과정에서 보았듯이 당연히 0단위이다.

혼합균형에 관하여 매우 중요한 사실이 있다. 혼합균형에서 양(+)의 확률로 선택될 가능성이 있는 행동들은 모두 동일한 기대보수를 가져다 주며 따라서 사전적으로는 무차별하다는 것이다.

정리 3-1

혼합전략 내쉬균형에서 특정 경기자가 양(+)의 확률로 선택할 가능성이 있는 행동들은 해당 경기자에게 동일한 기대보수를 가져다 준다.

정리 3-1의 논증은 어렵지 않다. 만일 행동 A가 행동 B보다 조금이라도 더 높은 기대보수를 가져다준다면, 경기자는 B를 절대로 선택하지 않을 것이며 따라서 행동 B가 선택될 확률은 0이어야 한다. 반대의 경우도 마찬가지이므로 결국 양의 확률로 선택되는 행동 각각은 동일한 기대보수를 가져다 줌이 당연하다.

홀짝게임의 혼합균형에서 경기자1은 홀과 짝에 양수 0.5의 확률을 부여하고 있다. 따라서 이때 경기자2가 얻는 기대효용은 경기자2가 결과적으로 홀을 택하게 되든지 짝을 택하게 되든지 상관없이 동일하게 0단위인 것이다. 이러한 사실은 혼합균형의 개념을 이해하고 균형을 계산하는 데 매우 유용하다.

Practice 3-3

치킨게임 <그림 1-11>을 고려하자.

(1) 치킨게임에서 혼합전략 내쉬균형을 구하라.

(2) 막가파와 서방파 둘 다 돌진할 경우 각자의 보수가 −3단위가 아니라 −2.1단위라면 혼합

전략 내쉬균형 보수가 얼마인가? 나머지 세 방의 보수벡터((회피, 회피), (회피, 돌진), (돌진, 회피))는 <그림 1−11>과 동일하다고 가정한다.

(3) 막가파와 서방파 둘 다 돌진할 경우 각자의 보수가 −3단위가 아니라 −1,000단위라면 균형보수는 얼마인가? 이 결과를 위 (1), (2)와 비교하고 '상호확증공멸'(相互確證共滅, mutually assured destruction)의 관점에서 해석하라.

혼합전략 내쉬균형은 게임의 형태에 따라 일반인의 직관과는 맞지 않는 경우가 빈번하다. 이는 혼합전략균형의 계산 과정이 보여주듯 '상대방이 선택할 수 있는 순수전략들 간에 무차별하도록 만들어주는' 예측불허 메커니즘을 내가 구성하는 방식이기 때문이다. 혼합전략 내쉬균형의 직관성에 대해서는 제4장 4.7절에서 다룬다.

제로섬 게임 혹은 그보다 일반화된 정합(定合, constant-sum) 게임에서는 상대의 예측을 깨는 혼합전략이 내쉬균형을 이룬다. 불법주차 단속이나 탈세 적발 등은 〈연습문제 3−4〉의 근무태도조사 게임의 분석 방법을 곧바로 응용할 수 있는 현상이다. 아군의 미사일에 불발탄을 여러 개 섞어 발사하는 것은 적국의 미사일 요격 시스템에 대비하는 훌륭한 혼합전략이다. 실증연구에 따르면 축구 경기의 승부차기나 야구경기 투수의 구질 선택에 있어서 실제 경기장에서 관찰된 수치는 혼합전략 내쉬균형의 이론적 확률과 유의적으로 같다.[1]

Practice 3-4

[근무태도조사 게임] 근로자가 근면하게 일할 경우 근로자 자신에게는 C단위의 노동수고비용이 들고 고용주는 총수입 R단위를 얻게 된다. 근로자가 태업을 할 경우, 근로자 자신은 노동수고비용이 전혀 들지 않으며 이 경우 고용주가 얻는 총수입은 0이다. 근로자가 태업을 한 사실이 밝혀지면 급여를 받지 못하고 회사를 쫓겨나지만, 그 이외에는 어떠한 경우에도 고용주로부터 W단위의 급여를 받는다. 고용주는 근로자가 태업을 하는지를 조사할 수도 있고 조사

1 Chiappori, Levitt and Groseclose(2002) 및 Palacios-Huerta(2003) 참조.

하지 않을 수도 있다. 고용주가 근로자의 근무태도에 대한 조사를 실시할 경우 Z단위의 조사 비용을 지불해야 하지만, 일단 조사가 실시되면 근무태도를 확실히 알 수 있다. (여기서, $R > W > C$이며 $W > Z$임)

(1) 전략형게임을 구성하라.

(2) 순수전략 내쉬균형이 존재하지 않음을 설명하라.

(3) 혼합전략 내쉬균형을 구하고 경제학적 함의를 설명하라.

혼합전략 내쉬균형을 계산할 때 경기자들이 서로 독립적인 확률분포에 따라 무작위로 행동을 선택한다고 전제하였다. 이 가정을 완화하여 경기자들의 전략 선택 확률분포 간에 상관관계를 허용할 경우 혼합전략 내쉬균형보다 넓은 개념을 정의할 수 있다. 이를 상관균형(correlated equilibrium)이라 부르는데, 제4장의 4.8절에서 다루기로 한다.

3.3 백화점의 바겐세일

백화점이나 마트들은 동일한 제품을 평상시에 비해 저렴한 값에 판매하는 소위 바겐세일을 자주 실시한다. 이에 대해서 많은 사람들은 평상시에 높은 가격을 받다가 세일때에 절반의 가격도 불사하는 전략보다 평상시 가격보다는 낮고 세일가격보다는 높은 수준에서 항상 일정한 가격을 받는 전략이 더 낫지 않은가라는 의구심을 갖는다. 본절에서는 배리언(Varian 1980)의 모델을 활용하여 두 백화점 간의 합리적 전략 선택으로서의 바겐세일 현상을 분석한다.

한 도시에 두 백화점 개나리와 진달래가 있다. 백화점은 특정 재화의 판매가격으로 정상가격 4만원을 매길 수도 있고 세일가격 2만원을 매길 수도 있다. 이 재화의 조달 비용은 1만원으로 재화의 수량에 상관없이 항상 일정하다.

시장의 수요 측면은 다음과 같다. 이 도시에는 바겐세일 정보에 깜깜한 쇼핑객 100명과 정보에 빠삭한 쇼핑객 n명이 있다. 깜깜이 100명 중 50명은 항상 개나리백화점만 찾고 나머지 50명은 진달래백화점에서만 물건을 구입한다. 빠삭이 n명은 어느 백화점이든 세일을 실시하는 곳에서만 재화를 구입한다. 만일 두 백화점이 모두 세일을 실시한다면 절반인 $\frac{n}{2}$명은 개나리에서 구입하고 나머지 절반은 진달래에서 구입한다.

두 백화점들의 전략에 따른 보수를 계산하자. 두 백화점이 모두 정상가격을 받을 경우, 깜깜이 50명의 고객만이 재화를 구입하므로 백화점들은 각각 150만원(=50×(4−1))의 이윤을 얻는다. 한 백화점만 바겐세일을 실시할 경우, 정상가격을 받는 백화점은 150만원의 이윤을 벌며 세일가격을 받는 백화점은 $(50+n)$만원($=(50+n)\times(2-1)$)의 이윤을 얻는다. 두 백화점이 모두 세일을 실시할 경우, 개별 백화점은 깜깜이 50명과 빠삭이 $\frac{n}{2}$명의 고객에게 판매하여 $(50+\frac{n}{2})$만원의 이윤을 얻는다. 〈그림 3−4〉는 각각 $n=240$, $n=160$, $n=80$일 경우에 대하여 백화점세일 게임의 전략형을 나타내고 있다.

빠삭이의 숫자(n명)가 깜깜이의 숫자(100명)보다 월등히 많을 경우에 백화점은 항상 세일가격을 부과함으로써 빠삭이들을 고객으로 끌어들이려 할 것이다. 이는 $n=240$명인 경우의 전략형인 〈그림 3−4〉(a)에서 바겐세일이 우월전략이라는 사실로 설명된다. 이와는 반대로, 〈그림 3−4〉(c)에서처럼 깜깜이의 숫자가 월등히 많을 경우에는 항상 정상가격을 부과하는 것이 우월전략이다.

〈그림 3−4〉(b)의 전략형은 빠삭이의 숫자가 어중간한 값을 취하는 상황(예컨대 $n=160$)을 묘사하고 있다. 이 게임에는 두 개의 순수전략 내쉬균형과 한 개의 혼합전략 내쉬균형이 존재한다. 먼저 순수전략 내쉬균형은 (정상가격, 바겐세일) 및 (바겐세일, 정상가격)이다. 한 백화점은 항상 바겐세일을 실시하고 다른 백화점은 항상 정상가격으로 판매하는 것이다. 그러나, 두 백화점이 동질적임을 고려하면 비대칭적 순수균형보다는 혼합전략 내쉬균형이 대칭적 성격을 지니므로 설득력이 있다.

〈그림 3−4〉(b)의 게임에서 혼합균형을 계산하면 다음과 같다. 경쟁 백화점이 p의 확률로 정상가격을 부과하고 나머지 $(1-p)$의 확률로 세일가격을 부과한다고 가정하자. 상대방의 이 같은 전략하에, 자신이 정상가격을 택함으로써 얻는 기대보수는 150만원이며 바겐세일을 선택함으로써 얻는 기대보수는 $(130+80p)$만원($=p\times 210+(1-p)\times 130$)이다. 정상가격을 택하든 세일가격을 택하든 상관없이 기대보수를 같도록 해 주는 p값은 $p^*=0.25$이다. 따라서, 혼합균형에서 개별

그림 3-4 **백화점 바겐세일 게임**

		진달래백화점	
		정상가격	바겐세일
개나리백화점	정상가격	150, 150	150, 290
	바겐세일	290, 150	170, 170

(a) $n=240$

		진달래백화점	
		정상가격	바겐세일
개나리백화점	정상가격	150, 150	150, 210
	바겐세일	210, 150	130, 130

(b) $n=160$

		진달래백화점	
		정상가격	바겐세일
개나리백화점	정상가격	150, 150	150, 130
	바겐세일	130, 150	90, 90

(c) $n=80$

백화점은 25%의 확률로 정상가격을 부과하고 75%의 확률로 세일가격을 부과하며, 기대이윤은 150만원이 된다.

혼합균형에서 개별 백화점이 얻는 기대이윤 150만원은 두 백화점 모두 정상가격을 부과할 때 얻을 수 있는 이윤과 정확히 같다. 따라서, 정상가격보다는 낮고 세일가격보다는 높은 가격(단위당 3만원)을 항상 부과하는 전략을 사용할 경우 얻을 수 있는 이윤은 150만원보다 확실히 작으므로 그러한 전략은 혼합전략보다 못하다.

Practice 3-5

[일반모형] 두 백화점1과 2는 각각 정상가격 P 혹은 세일가격 S를 부과할 수 있다. 단위당 조달비용은 C로 일정하다. (여기서 $P>S>C\geq 0$임.) 정상가격 부과에 따른 마진(margin)은 $\pi\equiv P-C$, 세일 마진을 $s\equiv S-C$라 표기하자.

정보에 빠삭한 고객 비율은 θ인데 이들은 세일을 실시하는 백화점에서만 구매한다. 만일 두 백화점이 모두 세일을 한다면 이들 중 절반은 백화점1에서 구입하고 나머지 절반은 백화점2에서 구입한다. 정보에 깜깜한 고객의 비율은 $(1-\theta)$인데, 이들 중 절반은 무조건 백화점1에서 구매하고 나머지 절반은 무조건 백화점2에서 구매한다고 하자.

(1) 전략형게임을 나타내라.

(2) 정보에 밝은 고객 비율 θ에 따라 내쉬균형이 어떻게 되는지 모두 구하라.

(3) 위 (2)에서 구한 답 중 혼합균형의 경제적 의미를 해석하라.

3.4 가위바위보

가위바위보게임에서 철수와 영희는 세 가지 선택(가위, 바위, 보) 중에 하나를 동시에 낸다. 가위는 보를 이기고, 보는 바위를 이기며, 바위는 가위를 이긴다. 두 사람이 같은 선택을 하면 비긴다. 가위바위보에서 이길 경우 1단위의 보수를 얻고 질 경우에는 −1단위의 보수를 얻으며 비길 경우에는 0의 보수를 얻는다고 가정하자. 〈그림 3−5〉는 가위바위보의 전략형게임을 나타내고 있다.

가위바위보게임에서 합리화전략 집합은 {가위, 바위, 보}이며 순수전략 내쉬균형은 부존재한다. 가위바위보게임은 두 명의 경기자가 각자 세 개의 순수전략 가운데 하나를 선택하는 유한 게임이므로 내쉬균형이 반드시 존재한다. 그런데 순수전략 내쉬균형이 존재하지 않으므로 혼합전략 내쉬균형은 존재할 수밖에 없다.

이제 가위바위보게임에서 혼합균형을 계산해 보자. 영희가 가위를 p, 바위를 q, 그리고 보를 $(1-p-q)$의 확률로 선택한다고 가정하자. 철수가 가위를 냄으로써 얻으리라 기대되는 보수를 계산하면 식 3.3a와 같다. 비슷한 방법으로 철수가 바위와 보를 냄으로써 얻으리라 기대되는 보수는 각각 식 3.3b 및 식 3.3c와 같다.

그림 3-5 가위바위보게임

		영희		
		가위	바위	보
철수	가위	0, 0	−1, 1	1, −1
	바위	1, −1	0, 0	−1, 1
	보	−1, 1	1, −1	0, 0

$$p\times 0+q\times(-1)+(1-p-q)\times 1=1-p-2q \quad (3.\ 3a)$$

$$p\times 1+q\times 0+(1-p-q)\times(-1)=-1+2p+q \quad (3.\ 3b)$$

$$p\times(-1)+q\times 1+(1-p-q)\times 0=-p+q \quad (3.\ 3c)$$

혼합전략 내쉬균형에서 양(+)의 확률로 선택되는 전략은 똑같은 기대보수를 가져다 준다는 정리 3−1을 기억하라. 따라서 가위바위보에서 혼합전략 내쉬균형은 식 3.3a, 식 3.3b, 그리고 식 3.3c를 같게 해 주는 p와 q값, 즉 $p^*=q^*=\frac{1}{3}$이다. 철수로 하여금 세 전략 간에 무차별하도록 해 주는 영희의 혼합전략은 가위, 바위, 보를 각각 정확히 $\frac{1}{3}$의 확률로 무작위 선택하는 전략이다. 대칭적인 논리에 의하여, 철수의 혼합전략은 가위, 바위, 보를 각각 $\frac{1}{3}$의 확률로 무작위 선택하는 전략이다.

Practice 3-6

제1장 연습문제 1−1에서 구한 전략형 게임을 고려하자. 또한 정찰위성의 정확도를 나타내는 매개변수는 $\beta>\frac{1}{2}$이라고 가정하자.

(1) 내쉬균형을 구하라.

(2) 내쉬균형 전략 및 보수가 β에 따라 어떻게 달라지는지 설명하라.

Practice 3-7

[공수게임] A국군은 B국군의 공격에 대비하여 영토를 지키려고 한다. A국군은 3개 사단을, B국군은 2개 사단을 가지고 있다. 공격 루트(route)는 두 개가 있다. 각 루트에서 방어하는 사단의 수가 공격하는 사단의 수와 같거나 많을 경우에만 성공적으로 방어할 수 있다. 두 루트 중 하나라도 뚫리게 되면 A군은 패전한다. 승전하면 1단위의 보수를 얻고 패전하면 -1단위의 보수를 얻는다.

(1) 전략형게임으로 구성하라.

(2) 혼합전략 내쉬균형을 구하라. 이 균형에서, B국군은 전력을 분산하여 투입하는가?

제1차 세계대전 개전 당시 독일군은 벨기에를 통해 프랑스를 공격하였으나 파리 교외 50킬로미터 지점에서 저지되었다. 전쟁은 지루한 참호전의 양상을 띠면서 수천만명의 인명 손실만 내는 교착상태에 빠졌고 미국의 참전으로 결국 독일이 패전하였다. 군사전문가들은 개전 당시 독일군 총사령관 폰 몰트케(von Moltke)가 전력을 분산하여 파리로 진군하도록 한 전략이 문제였다고 지적한다. 제2차 세계대전 개전 초기인 1939년 히틀러는 예전 폰 몰트케의 실패를 교훈 삼아 벨기에의 아르덴 숲을 통해 파리로 총력 진군하는 전격전(Blitzkrieg)을 펼쳐 단시간에 프랑스 전역을 점령하였다. 프랑스군이 사전에 낌새라도 챌 경우 독일군은 좁고 우거진 아르덴 숲에 갇혀 전멸할 우려가 크다는 장군들의 반대가 있었음에도 불구하고 히틀러는 육해공 총력을 투입하여 단숨에 돌파했다.

1944년 연합군 장성들은 대규모 상륙작전의 지점으로 칼레(Calais)와 노르망디(Normandy)를 놓고 고민하였다. 칼레는 영국으로부터 가장 가까운 데다 대군이 상륙하기 좋은 지리적 조건을 갖춘 반면 노르망디는 해안절벽과 악천후가 많아 상륙지로 부적절하다는 반대가 심했다. 연합군 총사령관 아이젠하워(Dwight Eisenhower)는 기만작전으로 길레를 계속 집직거렸고 독일 역시 자연스러운 상륙 후보지인 칼레에 주력 수비부대를 배치하였다. 연합군의 육해공 총력은 6월6일 노르망디로 밀고 들어갔고 단숨에 파리까지 진격하였다. 기습공격에 있어서 적이 예측하지 못하는 지점을 단숨에 찌르는 혼합전략이 중요하며 지리, 기후, 전력배치 등 조건은 상대적으로 덜 중요하다는 교훈을 준다.

3.5 정치경제적 소모전

지대와 지대추구

지대(rent)라는 용어는 본래 토지 사용료를 의미했으나 지금은 토지뿐만 아니라 공급량이 고정된 생산요소의 가격을 의미한다. 공급량이 고정되어 있는 생산요소에게는 보수를 지불하지 않더라도 공급량에 변동이 없다. 일반적으로 생산요소의 공급량은 가격의 변동에 반응하게 마련이다. 일정량의 생산요소를 고용하기 위해서는 그 생산요소에게 지불해야 할 최소 보수가 있다. 이 최소 보수는 그 생산요소가 차선의 용도로 전용되었을 때 받을 수 있는 최대금액과 같다. 생산요소에 실제로 지불되는 금액은 그 생산요소를 고용하기 위하여 필요한 최소 보수보다 크기 마련인데, 이 초과분을 '경제지대'(economic rent)라고 부른다.

토지처럼 공급량이 고정되어 있는 극단적인 경우에는 경제지대와 그 생산요소가 실제 지불받는 금액이 같다. 왜냐하면 생산요소의 공급량이 고정되어 있다는 것은 그만큼의 생산요소를 공급하기 위하여 지불되어야 하는 최소 금액이 0임을 뜻하기 때문이다. 그러나 대개 경제지대는 실제로 지불받는 금액보다는 작다. 단순노무직에 근무하는 노동자가 현직장에서 월 300만원을 받고 있다고 하자. 이 노동자가 현직장을 떠나 차선의 직장에 취직하면 월 280만원을 받을 수 있다고 가정하면, 이 노동자가 누리는 경제지대는 20만원이다. 또 다른 예를 들어 보자. 춤과 노래에 천부적인 재능을 가진 유명가수가 현재 월 1억원을 벌고 있다고 하자. 그 가수가 노래와 춤 다음으로 높은 보수를 벌 수 있는 차선의 직장을 미용사라고 가정하고 미용사는 월 3백만원을 번다고 하자. 이 가수가 누리는 경제지대는 9천 7백만원이 된다.

단순노무직과 유명가수의 비교에서 알 수 있듯이 공급이 비탄력적인 생산요소일수록 요소가격 중에서 경제지대가 차지하는 비중은 높아진다. 생산요소의 공급이 비탄력적이면 요소가격이 상승하여도 요소공급량이 상대적으로 적게 증가하기 때문이다. 요소공급이 비탄력적으로 되는 요인으로는 특성상 쉽게 공급이 늘어날 수 없는 경우(예컨대 토지)와 인위적으로 공급을 제한하는 경우가 있다. 생산요소의 공급을 인위적으로 제한함으로써 경제지대를 크게 하려는 노력을 '지대추구행위'(rent-seeking behavior)라 부른다.

일찍이 튤럭(Tullock 1967)과 크루거(Krueger 1974)가 설명했듯이 지대추구행위는 필연적으로 자원배분의 비효율을 초래한다. 독점기업이 생산량을 줄임으로써 가격을 높이고 그 결과 많은 이윤을 추구하는 행위는 대표적 지대추구행위이다. 의과대학 정원 증원에 반대하는 의사들의 집단 진료 거부, 변호사시험 합격률을 둘러싼 시민단체와 변호사협회 간의 갈등, 민영화 대상으로 거론되는 공기업 노동조합의 파업, 개인택시 기사들의 우버(Uber) 도입 극렬 반대 투쟁 등도 지대추구행위의 사례이다. 미국의 미식축구팀들이 걸핏하면 이 도시 저 도시로 옮겨 다니는 현상의 이면에는 전미미식축구협회(NFL: National Football League)의 지대추구행위가 있다.[2]

사업권 획득을 위한 로비(lobby) 게임

소모전(消耗戰, war of attrition)은 지대추구행위를 가장 잘 설명해주는 게임이다. 소모전이란 여러 경기자들이 하나의 목표를 향하여 각자 비용이 드는 노력이나 자금을 투입하여 경쟁하지만 승자는 단 한 명뿐이며 그 승자가 모든 것을 다 가져가는 게임으로 정의된다. 차세대 기술에 대한 특허취득경쟁이 대표적 예이다. 여러 기업이 특허권을 따기 위해 인력과 재원을 총동원하여 연구기술개발 경쟁을 한다. 그러나 기술을 1초라도 먼저 개발하여 특허권을 획득한 기업은 엄청난 이권을 챙기는 반면 한 발 늦은 경쟁사들은 그간 쏟아 부었던 연구개발비만 낭비한 채 사업을 포기하거나 특허권을 가진 기업에게 엄청난 기술사용료를 지불할 수밖에 없게 된다.

소모전의 또 다른 예로 대통령선거를 들 수 있다. 대선전에 참여하는 정당이나 후보는 죽을 힘을 다해 노력과 자원을 쏟아 붓지만 한 표라도 더 얻은 쪽이 대통령으로 선출된다. 한 표 차로 이기건 백만 표 차로 이기건 당선자는 그야말로 '모든 것'을 다 갖게 되고 낙선자는 빈털터리에 정치보복까지 당하기 일쑤이다. 비단 선거뿐 아니라 각종 사업권 획득이나 대규모 건설공사 수주과정에서

2 졸저 『게임의 기술』(2007) 8장은 지대추구행위와 합리적 무시(rational ignorance)의 다양한 사례들을 소개하고 있다.

빚어지는 로비 및 뇌물공여 등 '정치적 경합'(political contests)은 대부분 소모전의 성질을 갖는다. 본절에서는 두 기업이 정보통신부문의 독점사업권을 획득하기 위하여 정치인이나 공무원에게 로비하는 상황을 설정하고 소모전에서의 균형을 분석한 다음 그 시사점을 찾고자 한다.

A통신과 B텔레콤은 가치가 6조원인 독점사업권을 따려고 한다. 개별 기업은 경쟁사가 얼마의 뇌물을 제공하는지 모르는 상태에서 자신이 공여할 뇌물액수를 결정한다. 뇌물을 제공하였으나 사업자로 선정되지 못하였다고 하더라도 기업은 뇌물을 되돌려 받을 수 없다. 이 게임은 경매의 일종이지만 통상적인 경우와는 달리 낙찰되든지 떨어지든지 상관 없이 자신이 제시한 금액을 무조건 지불해야 한다는 의미에서 전원지불경매(全員支拂競賣, all-pay auction)라고도 부른다.

기업A가 제공하는 뇌물액을 a조원, B가 제공하는 뇌물액을 b조원이라 하자. 뇌물액은 독점사업권의 총가치인 6조원을 초과하지 않을 것이므로, 개별 기업의 전략은 범위 0과 6조원 사이에서 뇌물액을 결정하는 것이다. 기업A가 a조원의 뇌물을 제공하고 B가 b조원의 뇌물을 제공할 때 각 기업이 얻는 보수는 다음과 같다.

만일 $a>b$이면, A는 $(6-a)$를 얻고 B는 $-b$를 얻는다.
만일 $a=b$이면, A는 $(3-a)$를 얻고 B는 $(3-a)$를 얻는다.
만일 $a<b$이면, A는 $-a$를 얻고 B는 $(6-b)$를 얻는다.

이는 두 기업 중에 조금이라도 더 많은 뇌물을 제공한 기업이 독점사업자로 선정됨을 뜻한다. 두 기업이 똑같은 액수의 뇌물을 제공한 경우에는 반반의 확률로 독점사업권을 획득한다.

이 게임에는 순수전략 내쉬균형이 존재하지 않는다. 만일 A가 2조원의 뇌물을 제공할 것이 확실하다면 B는 2조원에 1원을 더하여 뇌물로 공여함으로써 사업권을 확실히 딸 수 있다. 이때 B의 보수는 (4조−1)원이 되어 A와 동일하거나 적은 뇌물을 공여할 경우의 보수 0단위보다 높다. 즉, 한 기업이 주어진 액수의 뇌물을 확실히 제공한다면 경쟁기업은 그보다 조금 더 높은 액수의 뇌물을 제공함으로써 보수를 높일 수가 있다. 그렇다면 두 기업이 모두 6조원의 뇌물을 제공하는 것이 내쉬균형인가? 아니다. 왜냐하면 상대방이 6조원의 뇌물을 제공할 것이 확실하다면 나는 뇌물을 전혀 주지 않는 전략이 최선응수이기 때문이다.

이제 혼합전략 내쉬균형을 계산해 보자. 이 게임에서 혼합전략이란 개별 기업이 뇌물액수를 확률적으로 결정하는 것을 말한다. 또 혼합전략 내쉬균형이란 상대기업이 주어진 확률분포에 의하여 뇌물액수를 정한다고 할 때 자신의 뇌물액수를 정하는 확률분포를 바꿀 유인이 없는 상태를 말한다.

기업A가 a단위의 뇌물을 제공함으로써 얻을 수 있는 기대보수는 식 3.4와 같다.

$$6 \times \Pr(b<a) + 3 \times \Pr(b=a) + 0 \times \Pr(b>a) - a \tag{3. 4}$$

두 기업이 직면한 상황이 같으므로 개별 기업이 똑같은 혼합전략 F를 선택하는 대칭적 내쉬균형을 구해보자.[3] 즉, A와 B 각자가 뇌물액을 임의로 추출하는 누적확률분포를 F라고 가정하자. 그러면 A 입장에서 볼 때 b는 $F(b)$로부터 무작위 추출된 B의 뇌물액수이므로, $\Pr(b<a)=F(a)$이고 $\Pr(b>a)=1-F(a)$이다. 또한 $F(b)$는 연속함수이므로 $\Pr(b=a)=0$이다. 이를 식 3.4에 대입하여 정리하면 A의 기대보수가 식 3.5와 같다.

$$6F(a) - a \tag{3. 5}$$

결국 B의 혼합전략 $F(b)$에 대응하는 A의 최선응수는 자신의 기대보수(식 3.5)를 극대화해 주는 a 값이다.

혼합전략 내쉬균형에서 양(+)의 확률로 선택될 가능성이 있는 모든 선택지는 동일한 기대보수를 가져다준다는 3.2절 정리 3-1을 기억하기 바란다.[4] 우리는 각 기업이 0과 6 사이의 구간에서 확률분포에 의해 뇌물액을 선택한다는 것과 이 구간의 끝점인 0이나 6을 뇌물액으로 선택하면 그 기업의 보수가 확실히 0이

3 경합게임에서 비대칭적 균형도 존재한다. 관심 있는 독자는 Hillman and Samet(1987)과 Hillman and Riley(1989)를 참조하라. 그 이후의 경합게임 혹은 전원지불경매의 이론적 발전에 관해서는 Siegel(2009)의 참고문헌을 참조.

4 연속적 확률분포 F하에서는 어떠한 특정 뇌물액도 양(+)의 확률로 선택될 가능성은 없다. 여기서 양(+)의 확률이란 해당 뇌물액을 중심으로 아무리 작은 개구간(open neighborhood)을 잡더라도 그 면적이 양(+)수임을 의미한다. 이는 확률밀도함수(probability density function) $F' \equiv f$가 전구간 [0, 6]에서 양(+)수라는 것과 같은 의미이다.

된다는 것을 알고 있다. 따라서 대칭적 내쉬균형에서는 [0, 6]구간에 속한 어떠한 a 혹은 b에 대해서도 $6F(b)-b=0$ 성립해야 한다. 결론적으로 균형 혼합전략 $F^*(b)$는 다음과 같다.

$$F^*(b)=\frac{b}{6} \tag{3. 6}$$

(여기서, $0\le b\le 6$)

식 3.6에 나타난 누적확률분포 $F^*(b)$의 b는 [0, 6]구간에서 균등분포하는 확률변수이다. 똑같은 논리에 의하여 기업A도 동일한 확률분포로부터 자신의 뇌물액 a를 임의로 골라서 공무원에게 제공하는 것이 최선이다. 요약하면, 각 기업은 [0, 6] 사이에서 균등분포에 의해 임의로 뇌물액을 추출한 다음 이를 담당공무원에게 제공하는 것이 유일한 대칭적 혼합균형이다.

이상에서 구한 내쉬균형에서 한 기업이 공무원에게 제공하는 평균뇌물액은 3조원이므로, 두 기업이 제공하는 평균뇌물액의 합계는 독점사업권의 총가치인 6조원과 일치한다. 주의할 점은 이 뇌물액은 사전적 기댓값이지 실제로 제공되는 뇌물의 액수가 아니라는 것이다. 어쨌든 독점사업권을 따내기 위하여 서로 경쟁하는 과정에서 사업의 총기대가치만큼이 고스란히 정치권이나 담당공무원들에게 넘어간다. 또 사업 선정여부에 상관없이 개별 사업자의 기대보수가 0이 되어버린다. 이와 같이 독점적 이권을 따기 위하여 뇌물제공이나 로비와 같은 수단을 동원하여 경제적 가치가 낭비되어 버리는 '지대의 완전소실'(complete dissipation of rent)이 초래된다.

Practice 3-8

[n명 경합게임] 모두 n명이 V단위의 이권을 놓고 벌이는 경합게임을 고려하자. 경기자 i는 x_i의 로비비용을 지불하며 n명 가운데 가장 많은 로비금액을 지불한 경기자가 이권을 차지하게 된다고 하자.

(1) 이 게임에서 대칭적인 혼합전략 내쉬균형은 로비금액을 누적확률분포 $F(x)=\left(\frac{x}{V}\right)^{\frac{1}{n-1}}$(여기서, $0\le x\le V$)에서 무작위 추출하여 제시하는 것임을 보여라.

(2) 로비스트들이 제공하는 금액의 기대치의 합이 이권의 가치 V와 일치함을 보여라.

이상에서 살펴본 모형은 경쟁자들보다 털끝만큼이라도 앞선 경기자가 상금 전체를 가져가는 승자독식의 특징을 갖는다. 이러한 보수함수의 불연속성으로 인하여 경기자들은 전력투구하며 그 과정에서 지대 전체가 소실된다. 그러나 현실에서는 경기자가 노력수준이나 투자금을 늘릴수록 이권이나 권력을 차지할 확률이 높아질 뿐 '털끝만큼이라도 앞서면 전부를 가져가는' 경우는 흔치 않다. 연습문제 3-9에서처럼 보수함수의 연속성을 가정하면 지대의 완전소실이 아니라 부분소실(partial dissipation of rent)이 초래된다.

Practice 3-9

n명의 경기자들이 V단위의 이권을 위하여 경쟁하는 소모전을 고려하자. 경기자i가 x_i단위의 노력을 투입하면 그의 노력투입비용은 x_i단위이고 그가 이권을 가져갈 확률은 $\rho(x_1, x_2, \cdots, x_n) = \dfrac{x_i}{x_1 + x_2 + \cdots + x_n}$이라 하자. ($i = 1, 2, \cdots, n$) 내쉬균형을 구하고, 소실되는 지대의 총액을 구하시오.

3.6 투표의 역설과 중추투표가설

민주 선거에서 유권자는 왜 투표하는가? 유권자가 수백 명 이상인 선거에서 개인의 투표 여부가 결과에 영향을 미칠 가능성은 매우 낮다. 유권자의 수가 수십만 명인 국회의원 선거나 수천만 혹은 수억을 헤아리는 대통령 선거에서 개인의 투표 여부가 선거 결과를 바꿀 가능성은 사실상 제로(0)이다. 반면 개인이 투표장까지 가거나 줄서서 기다리는 불편 그리고 가족·친구와 놀러가는 즐거움의 희생에는 기회비용이 따른다. 따라서 유권자가 투표에 참여하는 행위는 비합리적이다. 그럼에도 불구하고 현실에서는 수많은 유권자들이 투표한다.[5] 합리적 선

5 오스트레일리아나 아르헨티나처럼 투표를 강제하는 국가나 이탈리아의 일부 소도시처럼 투표 불참자의 명단을 공개하여 망신을 주는 경우는 투표율이 매우 높으나, 한국, 미국, 유럽, 일본처럼 유권자 자율에 맡기는 국가에서도 주요 선거 투표율은 대개 절반 이상은 된다.

택으로는 설명하기 어려울 정도로 많은 사람들이 투표에 참여하는 현상을 '투표의 역설'(Paradox of voting)이라 부른다.

2.3절 2.3.2항에서 살펴본 다운즈 모형에서, 정당들은 정책공약(platform)을 제시하고 개별 유권자는 그들 중 더 선호하는 공약을 제시하는 정당에 표를 찍어준다. 다운즈 모형에서 유일한 내쉬균형은 양당 모두 중위투표자가 가장 선호하는 정책공약을 제시하는 것이다. 정당들의 공약경쟁(platform competition) 모형이라고도 불리는 다운즈 모형은 현실과 괴리가 크다는 이유로 자주 비판받는다. 실증 데이터에 따르면, 유권자들은 이미 마음속으로 지지하는 후보가 있으며 투표장에 간다면 반드시 그 후보를 찍는다. 유권자는 다만 투표하러 갈지 혹은 기권할지를 결정할 뿐이다. 이때 개별 유권자는 자신의 한 표가 선거 결과에 영향을 미침으로써 얻게 될 한계혜택과 그가 투표에 참여함으로써 개인적으로 잃게 될 한계비용을 비교하여 투표 혹은 기권 여부를 결정한다. 중추투표가설(pivotal voting hypothesis)이라 불리는 이 모형은, 유권자가 후보들의 공약을 비교하고 그것을 기반으로 지지 후보를 선택한다고 보는 다운즈 모형과 사뭇 다르다.

민주 선거에 두 후보 A와 B가 출마하였다. 전체 유권자 n명 가운데 k명은 후보 A를 지지하고 나머지 $m(=n-k)$명은 후보 B를 지지한다. 개별 유권자는 기권하든지 또는 투표에 참가하여 자신이 지지하는 후보를 찍는다. 투표에 참가할 유권자에게는 기회비용 c단위$(0<c<1)$가 든다. 자신의 지지 후보가 당선될 경우에는 2단위의 보수를, 낙선할 경우에는 0단위의 보수를, 그리고 비길 경우에는 1단위의 보수를 얻는다고 하자. 이 투표게임에서 내쉬균형을 구해보자.

3.6.1 양 후보 지지자들의 수가 같은 $k=m$의 경우

유일한 내쉬균형은 (k, k)이다. 즉, 두 후보 지지자들은 모두 예외 없이 투표에 참여한다. 이는 다음과 같은 논리로 증명한다.

첫째, (k, k)는 균형이다. 두 후보는 비기게 되므로, 투표참여자는 각자 $(1-c)$단위의 보수를 얻는다. 특정 참여자가 기권하면 자신의 지지후보가 지게 되어 보수가 0단위로 낮아진다. 다른 사람들이 모두 투표한다는 가정하에 어떠한 투표 참여자도 기권으로 전략을 바꿀 유인이 없다.

둘째, 일부 유권자들만이 투표에 참여하되 두 후보가 정확히 똑같이 득표하여 비기는 상태 (a, a)(여기서 $1 \le a \le (k-1)$)는 균형이 아니다. 이 상태에서 두 후보는 비기게 되며, 투표참여자는 각자 $(1-c)$씩의 보수를 얻고 기권자는 1단위씩의 보수를 얻게 될 것이다. 그런데 기권하려던 유권자는 참여로 전략을 바꿀 유인이 있다. 왜냐하면 그가 투표에 참여하면 자신이 지지하는 후보가 한 표 차이로 이기게 되고 그 결과 $(2-c)$의 보수를 얻게 될 터인데, 이는 기권을 할 경우 얻게 될 보수 1단위보다 크기 때문이다.

셋째, 한 후보가 경쟁후보를 한 표 차로 이기는 상태 $(b+1, b)$(여기서 $1 \le b \le (k-1)$)도 균형이 아니다. 이 경우 후보 B를 지지하지만 기권하려고 했던 유권자가 투표에 참여하면 0단위에서 $(1-c)$단위로 보수를 높일 수 있기 때문이다.

넷째, 한 후보가 경쟁후보를 2표 차 이상으로 이기는 상태 (a, b)(여기서, $b+2 \le a \le k$)도 균형이 아니다. 이 경우 후보 A가 이기게 되어, A후보 지지자 가운데 투표참여자는 $(2-c)$의 보수를 얻을 터인데 그는 참여에서 기권으로 전략을 바꿀 유인이 있다. 왜냐하면 자신이 기권하더라도 여전히 A후보가 한 표 이상의 차로 승리하는 반면 자신은 투표참여의 기회비용 c를 아끼게 되어 보수가 $(2-c)$에서 2단위로 높아지게 될 것이기 때문이다. 똑같은 논리로 상태 (a, b)(여기서, $a+2 \le b \le k$) 역시 균형일 수 없다.

3.6.2 후보 B 지지자들이 후보 A 지지자들보다 많은 $k<m$의 경우

순수전략 내쉬균형은 존재하지 않는다. 위에서 살펴본 둘째~넷째의 논리는 $k<m$인 경우에도 여전히 성립한다. 따라서 일부 유권자만 투표에 참여하되 두 후보가 비기는 상태 또는 한 후보가 경쟁후보를 이기는 상태는 결코 균형일 수 없다. 그렇다면 순수전략으로서 단 하나 남은 가능성인 (k, k)가 내쉬균형일 수 있는가? 이 경우 후보 B를 지지하지만 기권하려던 유권자가 참여로 전략을 바꾼

다면 자신의 보수가 1단위에서 $(2-c)$단위로 높아지므로 전략을 바꿀 유인을 갖게 된다. 따라서 상태 (k, k)는 순수전략 내쉬균형일 수가 없다.

이 게임은 경기자의 수 및 개별 경기자가 선택할 수 있는 전략의 수가 모두 유한한 게임이므로 내쉬균형은 반드시 존재한다. 그런데 순수전략 균형이 존재하지 않는다면 균형은 필연적으로 혼합전략일 수밖에 없다. 팔프리와 로젠탈(Palfrey and Rosenthal 1983)은 두 진영의 유권자들이 서로 다른 투표행태를 나타내는 일부혼합전략 균형과 두 진영의 유권자들이 각자 혼합전략을 사용하는 전원혼합전략 균형을 계산하였다.

일부혼합전략 균형

두 진영의 유권자들은 각자 다음과 같은 투표행태를 보인다고 하자.

- 후보 A를 지지하는 유권자는 각자 p의 확률로 투표에 참여하며 $(1-p)$의 확률로 기권하는 혼합전략을 선택한다.
- 후보 B를 지지하는 유권자들 가운데 k명은 확실히 투표를 하고 나머지 $(m-k)$명은 확실히 기권한다.

후보 A 지지자들의 투표참여 확률 p^*를 구해보자. 후보 A의 지지자 k명 가운데 '나 자신'을 제외한 나머지 $(k-1)$명이 모두 투표에 참여할 경우에만 나의 선택이 의미가 있다. 만약 나를 제외한 나머지 $(k-1)$명의 후보 A 지지자들 가운데 $(k-2)$명 이하가 투표에 참여한다면 내가 투표에 참여하든 기권하든 어차피 후보 A는 낙선할 것이다. 따라서 내가 투표참여로부터 얻는 기대보수는 다음과 같다.

$$\begin{aligned}&\binom{k-1}{k-1}p^{k-1}(1-p)^0\times 1-c\\&=p^{k-1}-c\end{aligned}\qquad (3.\ 7)$$

혼합전략 내쉬균형에서 식 3.7은 내가 기권할 경우 얻는 기대보수 0과 같아야 하므로, 결국 소수그룹의 투표확률은 $p^*=c^{\frac{1}{k-1}}$임을 알 수 있다.

이제 다수그룹에 속한 유권자가 이탈할 유인이 있는지를 따져 보자. 먼저 후보 B를 지지하지만 기권하기로 되어 있는 유권자 '갑돌이'가 투표참여로 바꿈으로써 추가로 얻을 보수는 식 3.8과 같다. 후보 A 지지자 중에 $(k-1)$명 이하가 투표하는 경우 갑돌이가 기권하건 투표하건 어차피 무관함에 유의하라.

$$
\begin{aligned}
&\Pr(\text{후보 A 지지자 } k\text{명 모두 투표})\times(2-1)-c\\
&=\binom{k}{k}(p^*)^k(1-p^*)^0-c\\
&=(p^*)^k-c
\end{aligned}
\tag{3. 8}
$$

그런데 $(p^*)^{k-1}=c$라는 사실을 이용하면, 식 3.8은 음(−)수임을 알 수 있다. 따라서 후보 B를 지지하지만 기권하기로 되어 있는 $(m-k)$명 누구도 기권에서 참여로 바꾸지 않는다.

투표하기로 되어 있는 후보 B 지지자가 기권으로 바꿀 경우 추가로 얻는 보수는 식 3.9와 같다.

$$
\begin{aligned}
&c-\Pr(\text{후보 A 지지자 } k\text{명 모두 투표})\times(1-0)\\
&-\Pr(\text{후보 A 지지자 가운데 } (k-1)\text{명이 투표})\times(2-1)\\
&=c-\binom{k}{k}(p^*)^k(1-p^*)^0-\binom{k}{k-1}(p^*)^{k-1}(1-p^*)^1\\
&=c-(p^*)^k-k(p^*)^{k-1}(1-p^*)
\end{aligned}
\tag{3. 9}
$$

그런데 $(p^*)^{k-1}=c$이므로 식 3.9는 음(−)수이다. 따라서 후보 B를 지지하면서 투표하기로 되어 있는 k명 누구도 기권할 유인이 없다.

소수그룹의 투표참여확률 $p^*=c^{\frac{1}{k-1}}$은 투표참여비용 c가 커질수록 높아지고, 유권자의 수 k가 커질수록 높아진다. 극단적으로, 소수그룹에 속해 있는 후보 A의 지지자들의 수 k가 커지면 이들 개개인이 투표장에 나타날 확률은 높아진다. 또한 다수그룹 중 $(m-k)$명은 항상 기권하므로 소수그룹에 속해 있는 유권자들은 상대적으로 다수그룹에 속해 있는 유권자들에 비해 공격적이라 할 수 있다.

전원혼합전략 균형

투표게임에는 이상에서 분석한 일부혼합 내쉬균형 외에 다음과 같은 전원혼합 균형도 존재한다. 후보 A 지지 유권자는 각자 p의 확률로 투표에 참여하고 후보 B 지지 유권자는 각자 q의 확률로 참여하는 혼합전략 내쉬균형이 그것이다. 후보 A를 지지하는 특정 유권자 김영세의 전략은 다음—나머지 $(m+k-1)$명이 각자의 혼합전략을 채택한다는 가정하에—식 3.10을 충족해야 한다.

$$(2-1)\times\sum_{i=0}^{k-1}\binom{k-1}{i}p^i(1-p)^{k-1-i}\binom{m}{i}q^i(1-q)^{m-i}$$
$$+(1-0)\times\sum_{i=0}^{k-1}\binom{k-1}{i}p^i(1-p)^{k-1-i}\binom{m}{i+1}q^{i+1}(1-q)^{m-i-1}=c \qquad (3.\ 10)$$

좌변은 영세가 기권 대신 참여를 선택함으로써 얻는 기대보수의 증가분이다. 좌변의 첫 항은 양 후보가 비길 상황에서 영세의 투표 참여로 후보 A가 승리하게 되고 그로 인해 영세가 얻는 기대보수의 증가분이다. 좌변의 두 번째 항은 A가 한 표 차이로 패배할 상황에서 영세의 참여로 양 후보가 비기게 되고 그로 인해 영세가 얻는 기대보수의 증가분이다. 우변인 c단위는 기권 대신 투표 참여를 선택함으로써 영세가 부담해야 하는 비용의 증가분 즉 한계비용이다. 균형의 개념상 영세는 한계수익과 한계비용이 일치하도록 혼합전략을 선택해야 한다.

대칭적인 논리를 후보 B 지지 개별 유권자에게 적용하면 식 3.11이 성립한다.

$$(2-1)\times\sum_{i=0}^{k}\binom{k}{i}p^i(1-p)^{k-i}\binom{m-1}{i}q^i(1-q)^{m-1-i}$$
$$+(1-0)\times\sum_{i=0}^{k-1}\binom{k}{i+1}p^{i+1}(1-p)^{k-1-i}\binom{m-1}{i}q^i(1-q)^{m-i-1}=c \qquad (3.\ 11)$$

식 3.10 및 식 3.11의 연립방정식을 풀어서 나온 p^*와 q^*가 전원혼합전략 내쉬균형 전략이다.

수치 예시로 $k=50$, $m=70$, $c=0.1$인 경우를 매틀랩(Matlab)이나 엑셀(Excel)을 이용하여 계산해보자. 일부혼합 균형에서 후보 A 지지 유권자는 각자 95.4%의 확률로 투표에 참여하고 나머지 4.6%의 확률로 기권한다. 후보 B 지지 유권자 가운데 70명은 투표하고 나머지 30명은 기권한다. 후보 A의 승리 확률은 0,

비길 확률은 9.5%, 그리고 패배 확률은 90.5%이다. 전원혼합 균형에서 후보 A 지지자는 각자 54.4%의 확률로 투표하며 후보 B 지지자는 각자 45.6%의 확률로 투표한다. 후보 A가 승리할 확률은 16.8%, 비길 확률은 5.0%, 패배할 확률이 78.1%이다.

팔프리와 로젠탈은 후속 논문(Palfrey and Rosenthal 1985)에서 투표비용 c가 유권자별로 다를 경우 투표게임에서 내쉬균형을 분석하였다. 르빈과 팔프리(Levine and Palfrey 2007)의 실험경제학적 연구와 파버(Farber 2010)의 실증 자료 분석에 나타난 실제 사람들의 행태가 팔프리·로젠탈 가설에 의해 유의적으로 설명됨을 보였다.[6]

Practice 3-10

제1장 1.7절 연습문제 1-5(2)에 묘사된 공공재 건설 게임에서 혼합전략 내쉬균형을 구하라.

Practice 3-11

파산위기에 있는 회사가 있다. 자산 가치는 V억원이며, 그 회사에 각각 D억원씩을 빌려준 3명의 채권자가 있다. 회사는 채무지불불능(insolvent) 상태에 있다. 즉, $3D>V$임. 개별 채권자는 채권을 청구(grab)할 수도 있고 자제(refrain)할 수도 있다. 개별 채권자의 채권추심비용은 c억원이다. 만일 한 채권자라도 채권을 청구한다면, 회사가치는 V억원에서 v억원으로 줄어든다. 따라서 한 명만이 청구할 경우 청구자는 (D-c)억원을 얻고 비청구자는 $\frac{v-D}{2}$ 억원을 얻게 된다. 두 명 이상이 채권을 청구할 경우, 개별 채권자는 청구 여부에 상관없이 $\frac{v}{3}$억원씩을 나누게 된다. 매개변수에 대하여 (i) $\frac{v-D}{2}>\frac{v}{3}-c$와 (ii) $D-c>\frac{V}{3}$라고 가정하자.

(1) 가정 (i)과 (ii)의 경제적 의미를 해석하라.

(2) 순수전략 내쉬균형을 구하라.

(3) 기업청산(dismemberment)에 따른 채권자당 손실 규모를 $\varDelta\equiv\frac{V-v}{3}$, 채무불능의 규모

6 상세한 논의에 대해서는 졸저 『공공경제론』(2019) 제9장 9.4절과 9.5절을 참조하시오.

(the size of insolvency)를 $\gamma \equiv D - \frac{v}{3}$라 하자. 청구자제 확률을 p^*라 놓고, 혼합전략 내쉬균형을 구하라.

(4) 위 (3)에서 구한 혼합전략 내쉬균형 채권청구확률 $(1-p^*)$가 Δ, γ, c에 어떻게 의존하는지 수학적으로 보이고 경제적 의미를 설명하라.

Game Theory

Chapter 04 | 내쉬균형의 성질과 대안[1]

게임의 해란 합리적 경기자들이 주어진 게임을 경기한다고 할 때 어떠한 결과가 관찰될 것인가를 개념화한 것이다. 강단계소거(강열등전략의 단계적 소거)나 내쉬균형은 전략형 게임의 분석에 적용되는 해의 대표적 개념들이다. 본장의 4.1절에서는 먼저 내쉬균형과 강단계소거의 상호 관계를 규명한다.

강단계소거나 내쉬균형으로 분석한 이론적 예측은 경기자들의 행태나 경제사회 현상을 잘 설명할 수 있는가? 이들 해가 상당한 현실 설명력을 갖는 게임이 많지만 유감스럽게 그렇지 못한 게임도 만만찮게 많다.

이론과 실제 간의 괴리가 있는 이러한 경우는 크게 두 부류로 나뉜다. 첫째, 주어진 게임에 단 하나의 해가 존재하여 이론적으로는 명쾌하지만 실제 경기자들의 선택이 이론적 예측과는 판이하게 다른 경우이다. 둘째, 해가 여러 개 존재하여 이론상의 예측력이 현저히 낮은데 비해 실제 사람들의 행태는 훨씬 더 예측 가능하고 일관성이 있는 경우이다.

본장의 4.2절에서는 안전성을 모형화한 최소극대(maxmin)의 개념을 소개한 다음 그와 대칭적 개념인 최대극소(minmax) 개념을 설명한다. 4.3절에서는 최소극대 혹은 최대극소와 내쉬균형이 어떠한 관계를 갖는지 살펴보고 현실 설명력을 비교한다. 4.4절에서는 강단계소거를 통하여 구한 우월전략해가 실제 경기자들의 행태와 상이한 경우에 대하여 여행자의 딜레마(Travelers' dilemma)라 불리는 게임을 중심으로 알아본다. 4.5절에서는 다중(multiple) 균형 중의 선택 문제를 초

1 이론적 논의보다는 경제·경영에의 응용에 관심이 많은 독자들은 본장을 건너뛰어도 좋다.

점, 위험우위, 보수우위 등의 개념을 적용하여 알아본다. 4.6절은 정태적 성격의 전략형게임에 시간 개념과 동태적 선택과정을 모형화하여 경제사회의 중장기적 진화과정을 연구하는 진화게임이론을 소개한다. 4.7절에서는 혼합전략 내쉬균형의 직관성을 살펴보고, 4.8절에서는 혼합전략 내쉬균형을 확장한 상관균형에 대하여 설명한다.

4.1 내쉬균형과 강단계소거의 관계

경기자의 수 n이 유한하며 각자가 선택할 수 있는 행동의 수도 유한한 전략형게임 G를 상정하자. 제3장에서 살펴본 바와 같이, 경기자들이 혼합전략을 선택할 수 있다고 가정하면 내쉬균형은 반드시 존재한다. 이때 내쉬균형은 유일할 수도 있고 여러 개 존재할 수도 있다. 정리 4−1에 따르면, 내쉬균형 전략은 강단계소거 과정에서 중도에 제거되지 않고 필히 마지막까지 살아남는다.

정리 4-1

유한 전략형게임 G의 전략조합 $(s_1^*, s_2^*, \cdots, s_n^*)$을 내쉬균형이라 하자. 어떠한 s_i^* $(i=1, 2, \cdots, n)$도 강단계소거 과정에서 제거되지 않는다.

증명

전략조합 $(s_1^*, s_2^*, \cdots, s_n^*)$이 내쉬균형인데 $s_1^*, s_2^*, \cdots, s_n^*$ 가운데 하나 혹은 그 이상이 강단계소거 과정에서 제거되어 버린다고 가정하자. 이 가정이 모순이라는 사실을 보이면 된다.

전략 $s_1^*, s_2^*, \cdots, s_n^*$ 가운데 강단계소거 과정에서 가장 먼저 제거되는 전략을 경기자 k의 전략 s_k^*라고 하자. 그렇다면 정의상 S_{-k} 원소 가운데 그때까지 소거되지 않은 경쟁자들의 어떠한 전략조합 $s_{-k}=(s_1, \cdots, s_{k-1}, s_{k+1}, \cdots, s_n)$에 대해서도 식 4.1이 성립되도록 하는 $s_k''(\neq s_k^*)$이 존재한다.

$$u_k(s_1, \cdots, s_{k-1}, s_k^*, s_{k+1}, \cdots, s_n) < u_k(s_1, \cdots, s_{k-1}, s_k'', s_{k+1}, \cdots, s_n) \qquad (4.1)$$

우리는 앞에서 s_k^*가 $s_1^*, s_2^*, \cdots, s_n^*$ 가운데 가장 먼저 소거되는 전략이라고 가정했으므로 s_1^*,

$\cdots, s_{k-1}^*, s_{k+1}^*, \cdots, s_n^*$는 그때까지 소거되지 않고 있었을 것이다. 따라서 식 4.1의 $(s_1, \cdots, s_{k-1}, s_{k+1}, \cdots, s_n)$ 자리에 $(s_1^*, \cdots, s_{k-1}^*, s_{k+1}^*, \cdots, s_n^*)$를 대입해도 성립해야 마땅하다. 즉,

$$u_k(s_1^*, \cdots, s_{k-1}^*, s_k^*, s_{k+1}^*, \cdots, s_n^*) < u_k(s_1^*, \cdots, s_{k-1}^*, s_k'', s_{k+1}^*, \cdots, s_n) \quad (4.2)$$

그러나 식 4.2는 전략조합 $(s_1^*, s_2^*, \cdots, s_n^*)$이 내쉬균형이라는 애초의 출발점과 모순된다.

강단계소거 과정에서 제거되지 않고 끝까지 살아남는 전략을 합리화전략이라고 부르므로 정리 4-1은 정리 4-2와 같이 바꿔쓸 수 있다.

정리 4-2

유한 전략형게임 G의 전략조합 $(s_1^*, s_2^*, \cdots, s_n^*)$이 내쉬균형이라면, s_i^* $(i=1, 2, \cdots, n)$는 경기자i의 합리화전략이다.

정리 4-2 및 제3장 3.2절의 정리 3-1을 결합하면 다음 사실이 도출된다. 혼합전략조합 $(\sigma_1^*, \sigma_2^*, \cdots, \sigma_n^*)$이 내쉬균형인 경우, 혼합전략 σ_i^*에서 양(+)의 확률로 선택될 가능성이 있는 모든 순수전략 s_i들은 경기자i의 합리화전략이다. 그러한 s_i들은 여타 경기자들의 균형 전략 $\sigma_{-i}^* \equiv (\sigma_1^*, \cdots, \sigma_{i-1}^*, \sigma_{i+1}^*, \cdots, \sigma_n^*)$에 대한 최선응수이기에 σ_i^*하에서 양(+)의 확률로 선택될 것이기 때문이다.

강열등전략의 단계적 소거를 적용한 결과 단 하나의 전략조합만이 살아남는 경우 그 전략조합을 우월전략해라고 부른다. 정리 4-3은 우월전략해를 갖는 게임에서 바로 그 우월전략해가 유일한 내쉬균형임을 보여준다. 예컨대, 〈그림 1-4〉의 죄수의 딜레마에서 우월전략해 (자백, 자백)은 유일한 내쉬균형이며, 〈그림 1-5〉의 3×2전략형게임에서 (Top, Left)는 유일한 내쉬균형이다.

정리 4-3

유한 전략형게임 G에 우월전략해 $(s_1^*, s_2^*, \cdots, s_n^*)$가 존재한다고 하자. 게임 G에는 유일한 내쉬균형이 존재하며, 그것은 우월전략해와 반드시 일치한다.

증명

전략조합 $(s_1^*, s_2^*, \cdots, s_n^*)$은 우월전략해지만 내쉬균형은 아니라고 가정하자. 이제부터 우리는 이 가정이 모순임을 보이고자 한다.

전략조합 $(s_1^*, s_2^*, \cdots, s_n^*)$이 내쉬균형이 아니라고 했으므로 식 4.3을 충족하는 경기자 j 및 그의 전략 s_j' $(\neq s_j^*)$이 반드시 존재한다.

$$u_j(s_j^*, s_{-j}^*) < u_j(s_j', s_{-j}^*) \tag{4.3}$$

다른 한편, $(s_1^*, s_2^*, \cdots, s_n^*)$이 우월전략해라는 전제에 의하여 강단계소거 과정에서 s_j^*만 살아남을 것이므로 s_j'는 중도에 소거되었을 것이다. 그 과정에서 s_j' 보다 강우월하여 s_j'를 소거시킨 전략이 있을진대 그것을 s_j''이라고 놓자. 그러면 그때까지 소거되지 않은 어떠한 전략조합 $s_{-j} = (s_1, \cdots, s_{j-1}, s_{j+1}, \cdots, s_n)$에 대해서도 다음 식이 성립한다.

$$u_j(s_j', s_{-j}) < u_j(s_j'', s_{-j}^*) \tag{4.4}$$

전략조합 $(s_1^*, s_2^*, \cdots, s_n^*)$이 우월전략해라는 전제에 의하여 $(s_1^*, \cdots, s_{j-1}^*, s_{j+1}^*, \cdots, s_n^*)$는 마지막까지 결코 소거되지 않고 살아남으므로 이를 식 4.4에 대입하면 다음을 얻는다.

$$u_j(s_j', s_{-j}^*) < u_j(s_j^*, s_{-j}^*) \tag{4.5}$$

만약 $s_j'' = s_j^*$이라면, 식 4.5는 식 4.3과 모순된다. 따라서 우월전략해 $(s_1^*, s_2^*, \cdots, s_n^*)$이 내쉬균형이 아니라는 출발점과 모순되므로 증명이 완료된다.

만약 $s_j'' \neq s_j^*$이라고 하자. 강단계소거 과정에서 s_j''보다 강우월하여 s_j''를 소거시킨 전략이 존재할진대 그것을 s_j'''라고 하자. 이제 식 4.3과 식 4.5에서 s_j', s_j'' 자리에 s_j'', s_j'''가 대신 들어간 식들을 도출할 수 있다.

> 만약 $s_j''' = s_j^*$ 이라면, 그 두 식이 모순된다.
> 만약 $s_j''' \neq s_j^*$이라면, 동일한 과정을 또 다시 적용한다.
> ……

게임 G는 경기자의 수와 전략의 개수가 유한한 게임이므로 이러한 과정은 언젠가는 모순으로 끝날 수밖에 없다. 결국 우월전략해 $(s_1^*, s_2^*, \cdots, s_n^*)$이 내쉬균형이 아니라는 애초의 출발점은 모순이다.

다른 한편, 약열등전략의 단계적 소거 과정에서 살아남지 못한 전략들로 구성된 내쉬균형은 존재할 수 있다. 〈그림 4-1〉의 전략형 게임에는 두 개의 내쉬

그림 4-1 약단계소거 과정에서 소거된 전략으로 구성된 내쉬균형의 예시

		경기자 2	
		L	R
경기자 1	T	1, 2	2, 3
	B	2, 2	2, 0

균형 (B, L) 및 (T, R)이 존재하지만, 약단계소거를 적용하여 구한 해는 (B, L)뿐이다.

노벨상 수상자 젤텐(Reinhard Selten)은 내쉬균형의 정제 개념인 '손떨림완전균형'(trembling−hand perfect equilibrium)을 제시하였다. 경기자가 원래 의도하지 않았던 전략들도 '손이 떨리는 바람에' 착오로 선택할 가능성이 조금은 있다고 하자. 그러한 상황에서 어떠한 경기자도 이탈하려는 유인이 없다면 이를 손떨림완전균형이라 한다.

내쉬균형 (T, R)은 손떨림완전균형이 아니다. 경기자2가 원래 의도했던 R을 $(1-\varepsilon)$의 확률로 선택하고, 의도하지 않았던 L을 ε의 확률로 선택한다고 하자.(여기서, ε은 매우 작은 양수) 경기자1에게 T와 B는 각각 $(2-\varepsilon)$과 2단위의 기대보수를 가져다주므로 B가 최선응수이다. 다시 말해서, 전략조합 (T, R)은 내쉬균형이기는 하지만 경기자2의 미세한 실수 가능성에도 취약하므로 손떨림완전균형이 아니다.

전략조합 (B, L)은 손떨림완전균형이다. 경기자1이 B를 $(1-\varepsilon)$의 확률, T를 ε의 확률로 선택한다고 가정할 때, 경기자2에게 L은 2단위, R은 3ε단위의 기대보수를 가져다주므로 L이 최선응수이다. 이와 동시에, 경기자2가 L을 $(1-\varepsilon)$의 확률, R을 ε의 확률로 선택한다고 가정할 때, 경기자1에게 T와 B는 각각 $(1+\varepsilon)$ 및 2단위의 기대보수를 가져다주므로 B가 최선응수이다.[2]

2 손떨림완전균형과 유사한 개념으로 진화안정균형(evolutionarily stable equilibrium)이 있다. 둘은 일반적으로는 다른 개념이지만 단순한 2×2 게임에서는 동일한 결과를 가져온다.

4.2 최소극대와 최대극소

4.2.1 안전성과 최소극대

〈그림 4-2〉에 나타난 두 경기자 간의 3×2전략형게임을 살펴보자. 이 게임의 유일한 내쉬균형은 전략조합 (B, *r*)이며 균형 보수벡터는 (5, 9)이다. 그러나 현실에서 과연 경기자1이 B를 선택할지, 즉 내쉬균형 전략을 선택할지 의문이다. 경기자1이 B를 선택한다는 가정하에 경기자2에게 *l*과 *r*은 그다지 큰 차이가 없다. 이때 경기자2가 행여라도—게임을 잘못 이해하거나 계산착오에 의해서—전략 *l*을 선택하면 경기자1은 −500단위라는 재앙을 맞게 된다. 다른 한편, 경기자1이 T를 선택할 경우 상대방(경기자2)의 선택이 무엇이건 상관없이 최소 3단위를 얻을 수 있다. 다시 말해서, 경기자1에게 T는 최소 3단위(운이 좋으면 4단위)를 가져다주는 비교적 안전한 전략인 반면 B는 기껏해야 5단위의 보수를 가져다주면서 지나치게 위험하다. 이러한 안전성의 개념은 최소극대의 원리로 설명할 수 있다.

경기자i의 최소극대보수란 그가 선택할 수 있는 전략이 각각 최악의 결과를 가져온다고 가정하고 그중에 가장 큰 값으로 정의된다. 다시 말해서, 경기자i 입장에서 나머지 $(n-1)$명의 경기자들(경기자 $-i$)이 어떠한 전략을 선택하더라도

그림 4-2 **내쉬균형 전략의 위험성이 큰 게임**

		경기자2	
		left	*right*
경기자1	Top	4, 2	3, −20
	Middle	6, 0	−10, 1
	Bottom	−500, 8	5, 9

보장받을 수 있는 최소한의 보수를 경기자i의 최소극대보수라 한다. 내쉬균형이 전략적 안정성(stability)를 개념화한 반면 최소극대는 안전성(security)을 개념화한 것이다.

정의 4-1

경기자i의 최소극대(maxmin) 보수는 다음과 같이 정의된다.

$$\underline{v}_i = \underset{s_i \in S_i}{\text{Max}} \left[\underset{s_{-i} \in S_{-i}}{\text{Min}} u_i(s_i, s_{-i}) \right] \quad (4.6)$$

〈그림 4-2〉의 전략형게임에서 경기자1의 최소극대보수를 〈표 4-1〉을 참조하면서 구해보자. 경기자1이 T를 선택함으로써 얻게 될 최악의 보수는 (경기자2가 r을 선택함으로써 경기자1이 얻게 되는) 3단위이다. 마찬가지 논리로 경기자1이 M을 선택할 경우 최악은 −10단위이고 B를 선택할 경우 최악은 −500단위이다. 경기자1 입장에서 T를 선택하면 3단위는 아무튼 보장받을 수 있는 반면 M이나 B를 선택하면 상대방의 전략에 따라서는 −10단위나 −500단위라는 매우 나쁜 사태가 벌어질 수 있다. 따라서 경기자1의 최소극대전략은 T이고 최소극대보수는 3단위이다. 대칭적인 논리에 의하여, 경기자2의 최소극대전략은 l이고 최소극대보수는 0단위이다. 요약하면, 경기자들이 각자 최소극대 전략을 선택할 경우 전략조합 (T, l)이 실현되며 이 때 보수벡터는 (4, 2)이다. 개별 경기자의 보수가 각자의 최소극대보수보다 크거나 같음은 당연하다.

표 4-1 경기자1의 최소극대보수 계산방법

경기자1의 전략	최소보수		
T		3	이 중 극대값은 3단위
M		- 10	
B	- 500		

4.2.2 최대극소

최소극대와 대비되는 개념으로 최대극소(minmax)가 있다.

정의 4-2

경기자i의 최대극소(minmax) 보수는 다음으로 정의된다.

$$\overline{v}_i = \underset{s_{-i}\in S_{-i}}{\text{Min}}\left[\underset{s_i\in S_i}{\text{Max}}\, u_i(s_i, s_{-i})\right] \tag{4.7}$$

경기자i가 상대 경기자들이 선택할 각각의 전략에 대하여 최선의 응수를 한다고 가정하고 그중 경기자i에게 가장 불리한 시나리오를 상대방(들)이 채택할 경우 경기자i가 얻게 되는 보수, 그것이 최대극소보수이다.

〈그림 4-2〉 게임에서 경기자1의 최대극소보수를 〈표 4-2〉를 참조하면서 구해보자. 경기자2가 l을 선택할 때 경기자1에게 최선의 결과는 M을 선택함으로써 얻게 될 6단위이다. 경기자2가 r을 선택할 때 경기자1에게 최선의 결과는 B를 선택함으로써 얻게 될 5단위이다. 경기자2가 이 둘 중 경기자1에게 더 불리한 시나리오를 선택할 때 경기자1이 얻는 5단위가 그의 최대극소보수이다. 이 때 경기자1의 보수를 최대극소로 묶는 경기자2의 전략은 r이다. 대칭적인 논리로, 경기자2의 최대극소보수를 구하면 1단위이다.

표 4-2 경기자1의 최대극소보수 계산방법

	경기자2의 전략	
	left	*right*
T		
M	6	
B		5
	이 중 극소 값은 5단위	

Practice 4-1[3]

다음 제로섬 게임에서 최소극대보수 및 최대극소보수를 구하시오.

		경기자2		
		left	center	right
경기자1	Top	3	−5	−2
	Middle	2	4	1
	Bottom	6	−3	−5

4.2.3 혼합전략 최소극대 및 최대극소

4.2.1항과 4.2.2항에서는 독자의 이해를 돕고자 순수전략으로 한정하여 최소극대 및 최대극소의 개념을 설명하였다. 이제 혼합전략까지 포괄한 일반 개념을 설명하자.

제로섬 게임인 홀짝게임(제3장 〈그림 3−2〉)을 예시로 들어 최소극대 및 최대극소보수를 구한 다음 내쉬균형과 비교해보자. 먼저 〈그림 4−3〉(a)를 참조하면서 경기자1의 최소극대보수를 구하자. 경기자1이 혼합전략 $p[홀]+(1-p)[짝]$을 채택할(p의 확률로 홀을 선택하고 $(1-p)$의 확률로 짝을 선택) 경우, 경기자2가 홀을 선택하면 경기자1은 $(1-2p)$단위의 기대보수를 얻고 경기자2가 짝을 선택하면 경기자1은 $(2p-1)$단위의 기대보수를 얻는다. 경기자1에게 최악의 사태가 발생한다는 가정, 즉 경기자2가 경기자1의 보수를 최소로 묶으려 한다는 가정(〈그림 4−3〉(a)에서 굵은 선 VED) 하에, 경기자1이 자신의 보수를 극대화하는 전략은 $p^*=\frac{1}{2}$이다. 이 때 경기자1의 최소극대보수는 $\underline{v}_1=0$단위이다.

3 제로섬 게임의 경우 경기자1의 보수만을 행렬 형태로 쓰기도 한다. 각 방에서 두 경기자의 보수의 합이 항상 0이므로 경기자2의 보수는 당연히 경기자1의 보수에 음(−)의 부호를 붙인 값이기 때문이다.

그림 4-3 (a), (b) 홀짝게임에서의 최소극대 및 최대극소

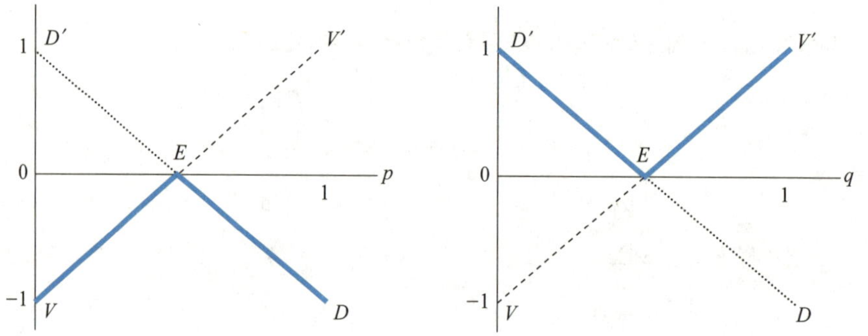

(a) 최소극대 (b) 최대극소

다음으로 〈그림 4-3〉(b)를 참조하면서 경기자1의 최대극소보수를 계산해보자. 경기자2가 혼합전략 q[홀]$+(1-q)$[짝]을 채택한다고 가정할 때, 경기자1이 홀을 선택하면 $(1-2q)$단위의 기대보수를 얻고 짝을 선택하면 $(2q-1)$단위의 기대보수를 얻는다. 경기자1이 경기자2의 전략에 대응하여 자신의 보수를 최대로 만들려고 한다는 가정하에, 경기자2가 그것을 최소화하려는 전략은 $q^*=\frac{1}{2}$이다. 이때 경기자1의 최대극소보수는 $\bar{v}_1=0$단위이다. 이상과 대칭적 논리와 방법에 의하여 경기자2의 최소극대보수 및 최대극소보수를 구하면 $\underline{v}_2=\bar{v}_2=0$단위이다.

Practice 4-2

성대결게임(〈그림 1−12〉)과 순수공조게임(〈그림 1−13〉)에서 경기자1의 최대극소와 최소극대를 구하되 순수전략으로 한정할 경우 및 혼합전략까지 허용할 경우로 나누어 구하시오.

Practice 4-3

4.2.1항의 〈그림 4−2〉 전략형 게임에서 혼합전략 최소극대보수 및 최대극소보수를 모두 구하시오.

최소극대나 최대극소는 보수 구조만 보고 계산하는 기술적 개념이며 경기자들의 합리성이나 최선응수는 고려하지 않는다. 특정 경기자가 최소극대전략을 선택하면서 전략별로 최악의 시나리오를 상정할 때 상대방의 합리성이나 전략적 상호의존성은 고려하지 않는다. 또한 경기자2가 경기자1을 최대극소화함으로써 정작 경기자2 자신은 매우 낮은 보수를 얻게 될 수도 있는데 그렇다면 경기자2가 왜 굳이 그런 전략을 선택하는지는 설명하지 않는다. 최소극대나 최대극소 개념은 경기자들 간의 이해관계가 첨예하게 대립하는 제로섬게임이나 정합게임을 분석하는 데는 일리가 있다. 상대방 보수를 극소화하는 것이 나의 보수를 극대화하는 것과 마찬가지이고 그 역도 성립하기 때문이다. 하지만 일반적인 게임에 적용하기에는 한계가 있기 때문에 합리성에 근거한 강단계소거, 합리화전략, 내쉬균형 등을 분석도구로 쓴다.

4.3 최소극대, 최대극소, 내쉬균형의 관계

• 최소극대와 최대극소의 대소 관계

최소극대와 최대극소를 말로 풀어쓰면 다음과 같다. 경기자 i의 상대방(들)인 경기자 $-i$들이 어떠한 선택을 하건 경기자i는 최소극대보수 $\underline{v}_i$ 이상을 확보할 수 있다.('the payoff that player i can guarantee himself to get') 다른 한편, 경기자 $-i$는 경기자i의 보수가 최대극소보수 $\bar{v}_i$ 아래로 떨어지도록 만들기는 불가능하다.('the lowest possible payoff that other players can force on player i') 그러므로 개념상 최대극소는 최소극대보다 크거나 적어도 동일하다.

정리 4-4

어떠한 경기자i에 대해서도, $\bar{v}_i \geq \underline{v}_i$ 가 성립한다.

증명

최대극소의 정의인 식 4.7에서 경기자 i의 보수를 극소화하는 $-i$의 전략을 $\hat{s}_{-i}$이라 하자. 즉, $\bar{v}_i = \max_{s_i \in S_i} u_i(s_i, \hat{s}_{-i})$.

다른 한편, 정의상 $u_i(s_i, \hat{s}_{-i}) \geq \min_{s_{-i} \in S_{-i}} u_i(s_i, s_{-i})$, $\forall s_i \in S_i$는 당연하다. 모든 $s_i \in S_i$에 대하여 양변에 극대(max)를 취하면 다음을 얻는다.

$$\max_{s_i \in S_i} u_i(s_i, \hat{s}_{-i}) \geq \max_{s_i \in S_i} [\min_{s_{-i} \in S_{-i}} u_i(s_i, s_{-i})]$$

위 식의 좌변은 $\bar{v}_i$와 일치하고 우변은 $\underline{v}_i$의 정의에 다름 아니다.

경기자 $-i$들이 상호 독립적인 혼합전략 조합을 선택하여 경기자i의 보수를 최소화한다는 가정하에 경기자i가 얻는 보수가 $\bar{v}_i$이다. 반면 경기자 $-i$들이 상호 조율을 해서라도 즉 상관관계를 갖는 전략을 선택해서라도 경기자i의 보수를 최소화한다고 가정하고 경기자i가 담보할 수 있는 보수가 $\underline{v}_i$이다. 그러므로 경기자가 두 명인 게임에서는 최대극소와 최소극대가 항상 일치하지만(von Neumann and Morgenstern 1944), 경기자가 3명 이상인 게임에서는 최대극소가 최소극대보다 더 크거나 적어도 같다.[4]

최소극대와 최대극소가 일치할 경우 이를 게임의 값(value)이라고 부르며, 기하학적으로는 안장점(saddle point)에 해당한다. 게임값을 달성하도록 해주는 전략조합을 최적전략(optimal strategy)이라고 부른다. 4.2.3항에서 분석한 바와 같이 홀짝게임에서 개별 경기자의 최소극대와 최대극소는 일치하므로 홀짝게임의 값은 0단위이며, 이를 달성해주는 최적 전략조합은 $p^* = \frac{1}{2}$ 및 $q^* = \frac{1}{2}$이다. 이는 제3장 3.2절에서 구한 홀짝게임의 유일한 혼합전략 내쉬균형 $\left(\frac{1}{2}[\text{홀}] + \frac{1}{2}[\text{짝}], \frac{1}{2}[\text{홀}] + \frac{1}{2}[\text{짝}]\right)$과 일치한다.

4 Maschler, Solan and Zamir (2020) Ch.5 pp.176~177 Example 5.41에서는 경기자가 3명인 제로섬 게임에서 최대극소가 최소극대보다 더 큰 예시를 보여준다.

Practice 4-4

(1) practice 4−1의 3×3 제로섬 게임에서 게임값과 최적전략 및 내쉬균형을 구하고 비교하시오.
(2) practice 4−2의 성대결게임과 순수공조게임에서 정리 4−4, 4−5, 4−6의 대소 관계를 확인하시오.
(2) practice 4−3의 3×2 게임에서 게임값을 구하시오.

내쉬균형 보수와 최소극대, 최대극소의 대소 관계

내쉬균형 보수는 최소극대보수보다 크거나 적어도 동일하다.

정리 4-5

전략조합 $(s_1^*, s_2^*, \cdots, s_n^*)$이 내쉬균형이라면, 어떠한 경기자$i$에 대해서도 반드시 $u_i(s_1^*, s_2^*, \cdots, s_n^*) \geq \underline{v}_i$ 이다.

증명

내쉬균형의 정의상, 어떠한 $s_i \neq s_i^*$에 대해서도 $u_i(s_i^*, s_{-i}^*) \geq u_i(s_i, s_{-i}^*)$여야 한다. 다른 한편 $u_i(s_i, s_{-i}^*) \geq \min\limits_{s_{-i} \in S_{-i}} u_i(s_i, s_{-i})$는 자명하다. 두 사실을 연결하면, 어떠한 $s_i \neq s_i^*$에 대해서도 $u_i(s_i^*, s_{-i}^*) \geq \min\limits_{s_{-i} \in S_{-i}} u_i(s_i, s_{-i})$이다. 부등호의 양변에 s_i에 대하여 극대를 취하면, 좌변은 변함없이 그대로이며 우변은 최소극대보수의 정의와 일치한다. 즉,

$$u_i(s_i^*, s_{-i}^*) = \max_{s_i \in S_i} u_i(s_i, s_{-i}^*) \geq \max_{s_i \in S_i} \min_{s_{-i} \in S_{-i}} u_i(s_i, s_{-i}) \equiv \underline{v}_i$$

일례로, 〈그림 4−2〉의 게임에는 세 개의 내쉬균형이 존재한다. 순수전략 내쉬균형 (B, r)에서 보수벡터는 (5, 9), 혼합전략 내쉬균형 $\left(\frac{1}{23}[\mathrm{T}]+0[\mathrm{M}]+\frac{22}{23}[\mathrm{B}], \frac{1}{253}[l]+\frac{252}{253}[r]\right)$에서 보수벡터는 $\left(3\frac{1}{253}, 7\frac{17}{23}\right)$, 또 다른 혼합전략 내쉬균형 $\left(\frac{1}{23}[\mathrm{T}]+\frac{22}{23}[\mathrm{M}]+0[\mathrm{B}], \frac{13}{15}[l]+\frac{2}{15}[r]\right)$에서 보수벡터는 $\left(3\frac{13}{15}, \frac{2}{23}\right)$이다. 다른 한편, 경기자1과 경기자2의 혼합전략 최소극대보수를 계산하면(연습문제 4−3 참조) 각각

$v_1 = 3\frac{1}{253}$, $v_2 = \frac{2}{23}$이다. 정리 4-5에서 일반적으로 증명하였듯이, 어떠한 내쉬균형에서 어떠한 경기자의 보수도 그의 최소극대보수보다 크거나 같음을 확인할 수 있다.

정리 4-5와는 달리 내쉬균형 보수와 최대극소보수의 대소 관계는 일반적으로 확정할 수 없다. 다만, 순수전략 내쉬균형이 존재하는 게임에 있어서는 전자가 후자보다 크거나 같다.

정리 4-6

전략형게임 G가 순수전략 내쉬균형 $s^* = (s_1^*, s_2^*, \cdots, s_n^*)$를 갖는다면, 모든 경기자 i에 대하여 $u_i(s^*) \geq \bar{v}_i$이다.

증명

$$u_i(s_1^*, s_{-i}^*) = \max_{s_i \in S_i} u_i(s_i, s_{-i}^*) \geq \min_{s_{-i} \in S_{-i}} \max_{s_i \in S_i} u_i(s_i, s_{-i}) = \bar{v}_i$$

위 식의 첫 등호와 마지막 등호는 각각 내쉬균형 및 최대극소의 정의이다. 가운데 부등호는 극소의 개념상 당연히 성립한다.

4.4 여행자의 딜레마[5]

두 여행자 A와 B가 고대 유적지를 여행하면서 구입한 똑같은 골동품을 비행기 수하물로 부쳤는데 항공사의 실수로 중간에 분실되어 버렸다. 항공사는 골동품 분실의 책임을 지고 두 여행자에게 배상금을 청구하라고 요청하면서 다음과 같은 배상규칙을 정하였다.

- 두 여행자의 신청금액이 똑같으면, 신청금액을 그대로 지불한다.

5 여행자의 딜레마 게임에 대한 이론과 실험결과는 Basu(1994), Capra, Goeree, Gomez and Holt(1999), Goeree and Holt(2001) 등에 잘 정리되어 있다.

- 한 여행자의 신청금액이 다른 여행자의 신청금액보다 클 경우, 둘 중 낮은 청구액을 기준으로 한다. 단, 적게 청구한 사람에게는 기준금액에 2만원을 더해 주고, 많이 신청한 사람에게는 기준금액에서 2만원을 뺀 금액을 지급한다.

여행자 A의 청구금액을 a, 여행자 B의 청구금액을 b라 놓으면, 개별 여행자의 보수함수는 다음과 같다. 만일 $a=b$이면, 여행자 A와 B의 보수는 각각 a단위이다. 만일 $a>b$이면, 여행자 A의 보수는 $(b-2)$이고 여행자 B의 보수는 $(b+2)$이다. 만일 $a<b$이면, 여행자 A의 보수는 $(a+2)$이고 여행자 B의 보수는 $(a-2)$이다.

골동품 가치의 최저치는 10만원이고 최고치는 14만원이어서 여행자들은 10~14만원 사이의 청구금액을 써내야 한다고 가정하자. 〈그림 4-4〉는 여행자의 딜레마 전략형게임이다. 혼란을 피하기 위하여 전략 앞에는 해당 경기자의 이름을 붙였다. 예컨대 'A11'은 여행자 A가 11만원을 청구한다는 뜻이고 'B13'이란 여행자 B가 13만원을 청구함을 의미한다.

여행자 A는 얼마를 청구하겠는가? 여행자 A에게 혼합선략 0.3[A10]+0.7[A13] (행동 A10을 0.3의 확률로 선택하고 A13을 0.7의 확률로 선택)은 여행자 B의 순수전략 B10~B14에 대응하여 각각 8.6, 9.9, 10.6, 12.7, 14.1의 기대보수를 여행자 A

그림 4-4 여행자의 딜레마

		여행자 B 청구금액				
		B10	B11	B12	B13	B14
여행자 A 청구금액	A10	10, 10	12, 8	12, 8	12, 8	12, 8
	A11	8, 12	11, 11	13, 9	13, 9	13, 9
	A12	8, 12	9, 13	12, 12	14, 10	14, 10
	A13	8, 12	9, 13	10, 14	13, 13	15, 11
	A14	8, 12	9, 13	10, 14	11, 15	14, 14

에게 가져다 준다. 그런데 이는 전략 A14의 보수행렬 8, 9, 10, 11, 14보다 크므로 전략 A14는 혼합전략 0.3[A10]+0.7[A13]보다 강열등하다. 첫 단계에서 여행자 A는 전략 A14를 소거할 수 있고 대칭 논리에 의하여 여행자 B도 전략 B14를 소거할 수 있다. 전략 A14와 B14가 소거된 4×4게임에서 A13과 B13은 각각 0.3[A10]+0.7[A12]와 0.3[B10]+0.7[B12]보다 강열등하므로 두 번째 단계에서 이들이 소거된다. 세 번째와 네 번째 단계에서 A12와 B12 그리고 A11과 B11이 소거되고 나면 여행자의 딜레마에서 여행자 A에게 유일한 합리화 전략은 A10이며 여행자 B에게 유일한 합리화 전략은 B10임을 알 수 있다. 다시 말해서 여행자의 딜레마는 우월전략해 (A10, B10)을 가지며 이는 유일한 내쉬균형이기도 하다(4.1절의 정리 4−1 참조).

이제 모형을 조금 변형하여 두 여행자의 청구금액이 다를 경우 항공사의 조정금액이 2만원이 아니라 8만원이라고 하자. 전략형 게임을 구성한 다음 강단계 소거법을 적용하면 청구금액 14, 13, 12, 11만원 순서로 소거되며 10만원이 유일한 합리화전략으로 남는다. 그러므로 전략조합 (A10, B10)은 우월전략해이자 유일한 내쉬균형이다.

이상의 논리는 임의로 확장될 수 있다. 골동품의 가치가 100만원과 300만원 구간에 있고 조정금액이 2만원이건 80만원이건 전략조합 (A100, B100)이 우월전략해임을 보일 수 있다.[6] 그런데 실제 경제인들을 대상으로 여행자의 딜레마 게임을 시켜본 실험 결과는 우월전략해와는 판이하게 다르고 우리의 상식이나 직관과는 상당히 일치했다. 우선 조정금액이 2만원인 경우에는 대부분의 피실험자들이 최고값인 300만원이나 그에 가까운 청구액을 써내는 행태를 보였다. 반면 조정금액이 80만원인 경우에는 대부분의 피실험자들이 최저값인 100만원 근처의 청구액을 써내는 행태를 보였다.

이론과 실제의 이러한 괴리는 게임 해의 개념이 경기자들의 완전합리성과 정보의 완전성을 전제로 하기 때문에 발생한다. 즉, 강열등전략의 단계적 소거나 내쉬균형의 개념은 경기자들의 합리성이 주지사실이라고 가정할 경우에만 적용되는데, 실제 사람들은 제한적 합리성이나 불완전한 계산능력만 갖고 있기 때

6 조정금액이 80만원인 경우 강단계소거의 첫 단계에서 순수전략 A300이 A100, A260, A299를 적절히 혼합한 전략보다 강열등함을 독자가 체크해보라.

문에 실제가 이론과 다르게 나타난다. 따라서 실제 경제인들의 행태를 잘 설명할 수 있는 이론을 재구성하기 위해서는 경기자의 제한적 합리성, 불완전한 계산능력, 인지능력의 한계, 정보의 불완전성 등을 어떻게 모형화할 것인지가 관건이다. 예컨대, 캐머러(Camerer 2003)에 따르면 대다수 피실험자들이 강열등전략의 단계적 소거를 한 단계나 두 단계까지만 적용하였으며 기껏해야 세 단계 적용한 소수가 있었을 뿐 네 단계 이상 적용하는 사람은 전혀 없었다. 이처럼 강열등전략의 순차적 소거를 두세 단계 정도만 적용하는 경기자를 상정하고 게임의 해를 구하면 현실에 훨씬 근접한 설명력을 갖게 된다.[7]

Practice 4-5

세 경기자는 1에서 100 사이의 숫자를 각자 동시에 공표한다. 공표된 세 수의 평균값의 절반에 가장 가까운 숫자를 공표한 경기자가 승자가 되며 승자에게는 1만원이 지급된다. 승자가 두 명 이상일 경우에는 임의로 최종 승자를 정한다.

(1) 강열등전략의 단계적 소거를 적용하여 해를 구하라.

(2) 실제 사람들을 대상으로 이 게임을 실험할 경우 위 (1)에서 구한 해와 일치하리라 예상하는가?

4.5 초점과 위험우위

균형의 다중성(多重性, multiplicity)이란 주어진 게임에 여러 개의 균형이 존재하는 현상을 일컫는다. 이는 다양한 현상을 설명할 수 있다는 장점을 지닌 반면, 예측력의 결여라는 단점이 있다. 즉, 균형의 다중성은 합리적 경제주체에 의하여 실현가능한 현상들의 나열에 불과할 수 있다. 이러한 한계를 극복하려는 시도는 오래 전부터 있어 왔다. 본절에서는 대표적인 분석방법으로 초점, 보수우위와 위험우위, 그리고 진화의 개념을 차례로 살펴보고자 한다.

7 강열등전략의 소거를 k단계까지 진행하는 경기자를 k-수준(level k) 경기자라 부르는데, 이 모형을 실험게임 결과와 연계한 최초의 연구는 Stahl and Wilson(1994, 1995)에 의해 수행되었다. 이와 관련된 가장 최근의 연구 결과는 Fragiadakis, Knoepfle and Niederle(2013)을 참조.

4.5.1 초 점

노벨상 수상자 셸링(Schelling 1960)은 초점(焦點, focal point)이라는 개념을 제시했다. 이해를 위하여 〈그림 4-5〉에 그려진 4×4 순수공조게임을 고려해 보자. 경기자1과 경기자2는 독립적으로 A, B, C, D 가운데 하나의 행동을 선택한다. 두 경기자가 동일한 선택을 할 경우 각자는 1단위씩의 보수를 얻으며, 두 경기자가 상이한 선택을 할 경우에는 0의 보수를 얻는다. 이 게임의 순수전략 내쉬균형은 (A, A), (B, B), (C, C), (D, D) 네 개인데, 그중에서 어느 균형이 실현될지에 대한 이론적 해답은 제시할 수 없다. 그러나 실제 경제주체들의 행동은 훨씬 더 조직적이고 직관적으로 예측가능하다. 임의의 두 피실험자로 하여금 이 공조게임에 참여하도록 한 실험결과에 의하면, 거의 예외 없이 (A, A)균형이 나타났다. 이처럼 이론적으로 실현가능한 여러 개의 균형 가운데 직관적으로나 현실적으로 가장 실현될 가능성이 높은 균형을 초점이라 부른다.

예를 하나 더 들어 보자. 〈그림 4-6〉에 나타난 공조게임에는 두 개의 순수전략 내쉬균형이 있는데, (H, H)와 (L, L)이 그것이다. 여기서 (L, L)균형은 (H, H)균형을 포함한 다른 어떠한 전략조합보다 두 경기자가 모두 더 선호하는 파레토최적 자원배분이다. 두 개의 내쉬균형 가운데 어느 균형이 실현될 것인지는 이론적으로 결정할 수 없다. 그러나, 당신이 낯선 사람과 이 게임을 단 한 번 플레

그림 4-5 **4×4 순수공조게임**

		경기자 2			
		A	B	C	D
경기자 1	A	1, 1	0, 0	0, 0	0, 0
	B	0, 0	1, 1	0, 0	0, 0
	C	0, 0	0, 0	1, 1	0, 0
	D	0, 0	0, 0	0, 0	1, 1

그림 4-6 공조게임

		경기자 2	
		H	L
경기자 1	H	1, 1	0, 0
	L	0, 0	5, 5

이 될 경우, 당신이라면 H와 L 중 어느 것을 선택할 것인가? 확신컨대 당신은 L을 택할 것이며, 상대 경기자도 역시 L을 선택하리라 거의 확신할 것이다. 즉, (L, L)가 초점인 것이다. 이론적으로는 두 균형 중에 어느 것이 실현될는지 가려낼 방법이 없으나, 직관적으로나 현실적으로나 (L, L)균형이 실현된다고 보는 것이 타당하다. 이러한 의미로 (L, L)균형이 초점이 된다.[8]

Practice 4-6

철수와 영희는 국내 도시를 나누는 게임을 한다. 일단 철수는 서울을, 영희는 제주를 할당 받았다. 그런 다음 각자에게 6개의 도시(광주, 대구, 대전, 부산, 인천, 춘천)를 제시하고 그중 일부를 선택하게 한다. 철수와 영희 둘 다 도시 여섯 개를 하나도 겹치지도 빠뜨리지도 않고 완벽하게 나누어 가지면 각자 1단위의 보수를 얻게 된다. 한 도시라도 겹치거나 빠뜨리면 각자 0단위의 보수를 얻는다. 철수와 영희는 서로 의사소통을 할 수 없다.

(1) 내쉬균형을 구하고 모두 몇 개인지 설명하라.

(2) 초점의 개념을 적용하면 어떠한 균형이 선택될 것인가?

(3) 복점시장에서 조업하는 두 기업이 암묵적으로 국내시장을 어떻게 분할할 것인가와 연결하여 생각해보라.

8 초점이 애당초 어떻게 형성되는지에 관한 게임이론적 연구로는 Bacharach and Bernasconi (1997), Casajus(2000), Janssen(2001), Binmore and Samuelson(2006) 등이 있다.

셸링의 초점은 직관적인 비정형 개념이다. 언어, 문화, 역사, 지리, 정치경제 상황, 심지어 태양흑점 등에 의해 사회적으로 느슨하게 동의된 선택을 의미한다. 연습문제 4-6의 해답에 제시된 지리적 분할은 초점의 일례일 뿐이다. 또 다른 예시로, 질문지에 나열된 순서로 3개 도시씩 나누는 것(철수는 광주, 대구, 대전을 선택하고 영희는 부산, 인천, 춘천을 선택)도 초점이 될 수 있다. 이름, 라벨(label), 순번(numbering) 같은 언어적 효과가 초점 형성에 작용한 역할을 한다는 실험결과도 있다.

다중균형이 존재하는 게임에서 실제 사람들의 선택은 훨씬 예측가능하고 일관성 있다는 현상을 설명하기 위해서 도입된 개념이 초점이다. 그런데 언어, 지리, 역사, 심지어 태양흑점 중 어떤 매개체에 따라 형성되는지에 따라 초점이 다를 수 있다면 다중균형 문제를 해결한 게 아니라 또 다른 차원으로 넘긴 것 뿐 아닐까? 그렇다. 이것이 다중균형을 해결하려는 목적으로 도입된 게임이론에서의 초점이나 거시경제학에서의 흑점가설(Sunspot hypothesis)을 향한 대표적인 비판이다.

4.5.2 위험우위와 보수우위

하사아니와 젤텐(Harsanyi and Selten 1988)은 초점의 개념을 이론화한 보수우위(報酬優位, payoff dominance) 및 위험우위(危險優位, risk dominance)의 개념을 개발하였다. 보수우위와 위험우위를 이해하는 데 가장 적절한 예는 제1장 〈그림 1-10〉의 사슴사냥게임이다. 두 사냥꾼이 동시에 사슴을 사냥하기로 결정하는 (사슴, 사슴) 균형에서는 각자가 $v>1$의 보수를 얻는다. 또 다른 하나의 균형인 (토끼, 토끼) 전략조합으로부터 각자는 1단위의 보수를 얻는다. 토끼균형과 비교할 때 사슴균형은 두 사냥꾼 모두에게 더 높은 보수를 가져다 주는데 이러한 의미에서 사슴균형을 토끼균형에 비하여 보수우위에 있다고 말한다.

사슴균형이 두 사람에게 더 높은 보수를 가져다 주므로 실제 상황에서도 사슴균형이 실현되리라는 주장은 성급한 판단이다. 그러한 주장은 $v=5$ 혹은 $v=$

100이라면 그럴 듯하지만, $v=1.001$이라면 불분명하다. 독자라면, 상대방의 선택에 상관없이 확실히 1단위의 보수를 보장하는 토끼를 사냥하지 않고, 상대방이 협조해 줄 경우에는 1.001단위를 얻고 협조해 주지 않을 경우에는 쪽박 차는 사슴을 좇을 것인가? 아마도 여러분은 토끼를 좇을 것이다. 이러한 점에서 만일 v값이 1에 가깝다면 사슴은 토끼에 비해서 위험성이 크다고 할 수 있다. 이 경우 토끼균형을 위험우위에 있다고 말한다. 반면에 만약 v값이 충분히 크다면 사슴균형이 토끼균형에 비하여 보수우위에 있음은 물론 위험우위에도 있다.

도대체 v값이 얼마 이상이면 사슴균형이 위험우위에 있는가? 나와 상대방이 모두 사슴을 선택할 경우 나는 v단위를 얻는다. 이는 내가 토끼를 선택함으로써 확실히 얻을 수 있는 1단위를 포기함으로써 얻는 보수이다. 따라서 사슴균형이 갖는 반(反)위험도는 $(v-1)$단위라 할 수 있다. 대칭 논리에 의하여 토끼균형이 갖는 반위험도는 1단위이다. 결국 $v-1>1-0$이 성립하면 사슴균형이 토끼균형에 비해 위험우위에 있다. 반대로 $v<2$이면 토끼균형이 위험우위에 있다고 한다.[9]

매개변수 $v>2$인 경우 보수우위와 위험우위는 동일한 내쉬균형 즉 (사슴, 사슴)이 선정된다. 반면 $v<2$인 경우에는 보수우위 균형은 (사슴, 사슴)이고 위험우위 균형은 (토끼, 토끼)여서 두 기준 간에는 갈등이 생긴다.

이상의 논의를 일반화하면 다음과 같다. 두 경기자가 〈그림 4-7〉에 나타난 일반적인 2경기자 공조게임을 경주한다고 하자. 공조게임의 정의상, 전략조합 (H, H) 및 (L, L)이 모두 내쉬균형이며, (H, H)균형이 (L, L)균형보다 사회적으로 더 우월하도록 여덟 개의 매개변수들간 크기의 상호관계가 성립한다고 가정하자. 즉, $a>c$, $d>b$, $a>d$ 및 $\alpha>\gamma$, $\delta>\beta$, $\alpha>\delta$이다. 균형 (H, H)에서 두 경기자의 보수가 균형 (L, L)에서의 보수보다 더 크므로, 균형 (H, H)는 균형 (L, L)에 비하여 보수우위에 있다. 다른 한편, 식 4.8이 성립하면 균형 (H, H)가 균형 (L, L)에 비

9 글로벌게임(global game) 분석에 기초한 다음 노출과징이 보다 확실한 근거를 갖는다. 사슴균형이 실현되리라 믿고 내가 사슴을 선택한다고 가정하자. 상대방도 동일한 선택을 한다면 나는 v단위의 보수를 얻겠지만 상대방은 토끼를 선택한다면 나는 0단위를 얻게 된다. 내 입장에서 전자와 후자가 발생할 확률을 반반(uniform)으로 평가한다면 나의 기대보수는 $\frac{1}{2}v$단위$(=\frac{1}{2}\times v+\frac{1}{2}\times 0)$이다. 대칭 논리에 의하여 토끼균형이 실현되리라 믿고 토끼를 선택할 경우 내 기대보수는 1단위$(=\frac{1}{2}\times 1+\frac{1}{2}\times 1)$이다. 두 기대보수를 비교하여, $v>2$이면 사슴균형이 위험우위이고 $v<2$이면 토끼균형이 위험우위이다. Kim(1996)이나 Morris and Shin(2003) 참조.

그림 4-7 **일반적인 2경기자 공조게임**

		경기자 2	
		H	L
경기자 1	H	a, α	b, γ
	L	c, β	d, δ

$(a>c, d>b, a>d; \alpha>\gamma, \delta>\beta, \alpha>\delta)$

하여 위험우위에 있고, 그 반대이면 균형 (L, L)이 위험우위에 있게 된다.

$$(a-c)(\alpha-\gamma)>(d-b)(\delta-\beta) \tag{4. 8}$$

식 4.8의 도출과정은 길고 어려우므로 관심 있는 독자는 젤텐과 하사아니(Selten and Harsanyi 1988)를 참고하기 바라며 여기서는 결과만 제시하였다. 다른 한편 식 4.8에 나타난 위험우위 기준은 협조적 협상게임에서의 내쉬협상해(Nash bargaining solution)와 정확히 일치한다. 이는 비협조게임의 균형 선택 개념인 위험우위와 협조게임의 해 개념이 완전히 상이한 분석틀임에도 불구하고 상호 정당화될 수 있다는 의의를 갖는다.[10]

사슴사냥게임은 〈그림 4-7〉의 공조게임에서 매개변수가 $a=\alpha=v$, $b=\beta=0$, $c=d=\gamma=\delta=1$의 값을 갖는 특별한 예에 해당한다. 이들 값을 식 4.8에 대입하면 (H, H) 균형이 위험우위가 되기 위한 조건은 $v>2$가 되어 앞에서 구한 결과와 같음을 알 수 있다.

10 내쉬의 협조적 협상게임에 관심있는 독자에게는 본서의 제18장 18.1절을 참조.

4.6 진화게임(evolutionary game)

4.6.1 학습, 진화, 경로의존성

정통 신고전학파 경제이론은 경제인의 신적 합리성과 미래 예측 능력을 가정한다. 경제인은 주변 경제 환경을 비교적 정확하게 파악하고 있으며, 주어진 환경 속에서 자신의 이익을 극대화해 주는 행동을 오차 없이 선택한다. 따라서 특정 경제 현상의 실현이나 제도의 형성은 경제인의 합리적 선택에 따른 필연적 결과로 해석된다.

이와는 반대로 진화경제학은 경제인의 제한적 합리성과 사회유기체론을 전제로 한다. 진화경제학에 따르면, 경제인의 인식 범위와 계산 능력의 한계 그리고 주변환경의 복잡성으로 인하여 경제인은 자주 근시안적으로 행동한다. 경제인은 동일하거나 유사한 상황을 여러 번 경험하면서 전략을 바꾸어 나가는 시행착오의 학습과정을 거친다. 진화경제학에서는 이 학습을 통한 적응과정과 그 결과 경기자들이 되풀이하여 선택하게 되는 전략을 분석한다. 사회는 유기적으로 결합되어 있기 때문에 개인의 행동이나 선택이 다른 사람에게 영향을 미치기도 하고 영향을 받기도 하면서 집단 전체의 구조가 형성된다. 극단적으로는 다른 사람들의 선택이나 행동을 그대로 흉내내는 군집행태(herd behavior)에 가담하기도 한다.

학습과 진화게임은 동물세계의 경쟁 분석에 사용된 개념을 경제사회 현상에 적용하면서 비약적으로 발전하였다. 동물세계에도 희소한 자원을 둘러싼 치열한 경쟁이 있으므로 이 경쟁 과정을 게임으로 모형화하는 것은 당연하다. 다만, 인간이 경기자가 되는 게임에서는 경기자의 보수가 효용으로 표시되는 데 비해 동물 간의 게임에서는 경기자의 보수가 유전적 적합도(genetic fitness) 혹은 자손의 수로 표시된다는 차이가 있다.

진화게임에서 상대적으로 우수한 전략을 선택한 개체는 보다 많은 후손을 낳고 집단 내에서의 비율이 증가하게 된다. 반면 상대적으로 열등한 전략을 선택하는 개체는 후손의 수나 집단 내에서의 비율이 감소하게 될 것이다. 이러한 진화과정을 통하여 동물사회가 장기적 균형상태에 도달한다면 오직 성공적인 전략을 선택하는 개체만 살아 남게 될 것이다. 다윈(Charles Darwin)의 표현을 빌리면 생존경쟁게임에서 자연선택(natural selection)의 과정을 밟아 장기균형 상태에서는 적자생존의 원리가 관철되는 것이다.[11]

진화경제학자들은 위에서 언급한 생물학적 개념을 원용하여 개별 경제인의 행위 분석이 아니라 공동체 전체의 동태적 진화과정 관찰을 통하여 경제현상을 더 정확하게 설명할 수 있다고 주장한다. 경제사회의 진화 방향은 초기 조건의 미세한 차이와 진화경로상의 우발적 사건에 따라 극단적으로 달라질 수 있으며, 궁극적으로 바람직한 방향으로 나아간다는 보장도 전혀 없다는 것이다. 경제인의 합리성에 기초하는 기존 패러다임이 경제현상의 필연성을 강조하는 데 반해서, 진화경제학에서는 역사적 우연과 경로의존성을 강조한다.

컴퓨터의 영문 자판은 알파벳순서가 아니라 거의 제멋대로 배열되어 있다. 자판 맨 위 줄의 배열에 따라 QWERTY라 불리는 현재의 자판은 역사적 우연과 경로의존성에 의하여 진화되어 온 대표적 사례이다.(제2장 2.5절 참조) 애플 맥킨토시는 품질의 우수성에도 불구하고 윈도우즈에 밀려 낮은 시장점유율을 유지하고 있다. 최빈 상태로부터 단기간의 성장과정을 통하여 선진국으로 발돋움한 나라가 있는 반면 경제개발 여건이 그보다 우월한 다른 나라들은 여전히 최빈국에 머물고 있다. 부정부패가 만연한 국가가 있는 반면 그와 비슷한 여건과 특성을 가진 다른 국가는 비교적 깨끗하다. 우리나라와 미국에서는 도로의 오른편으로 운전하고 다니는데 일본이나 영국에서는 왼편으로 운전하고 다닌다. 베스트셀러 독자 다수는 책의 내용이나 작품성 때문이 아니라 다른 많은 사람들이 읽는다는 이유 때문에 읽는다.[12]

진화경제학은 슘페터(Joseph Schumpeter) 이후 비주류 경제학자들에 의하여 명맥을 유지하였다. 그러다가 진화생물학, 비(非)선형동학, 확률미분방정식의 발전으로 풍부한 분석도구를 갖추게 된 1980년대 후반부터 경제학자들은 '학습과 진화'를 이론적으로 정립해 왔다. 진화경제학의 개념과 방법론은 게임이론, 산

11 생물학적 진화게임은 Maynard Smith(1982)와 Dawkins(1976) 등에 의하여 발전되어 왔다.

12 Krugman(1991)과 김영세(2007)에는 경로의존성에 관한 경제이론과 다른 풍부한 사례들도 소개되어 있다.

업조직론, 거시경제학 등 여러 분야에 적용되고 있으며, 경제지리론(Economic Geography) 분야의 탄생에도 지대한 기여를 하였다. 앞에서 제시한 사례들은 진화경제학적 개념을 적용할 때 보다 설득력 있는 설명이 가능한 현상들이다. 그러나 경제인의 완전 합리성에 기초한 기존 분석틀이 더 설명력을 갖는 경제현상—특히 미시경제적 현상이나 재무금융시장의 움직임—도 이에 못지않게 많다. 따라서 기계론적 방법론 및 개체주의에 입각한 기존의 분석방법과 진화론적 방법론 및 사회유기체주의를 근간으로 하는 진화경제학은 상호 보완적으로 발전하리라 전망된다.

4.6.2 진화안정적 균형

본 항에서는 정태적 개념의 진화안정성을 살펴보고, 뒤 이은 4.6.3항에서는 동태적 시각에서 이를 분석한다. 수많은 개체로 구성되어 있는 사회에서 임의로 짝지어진 두 경기자가 주어진 전략형 게임을 플레이한다고 하자. 대다수 개체들이 특정 전략 s^*을 선택하고 있는 상태에서 일부 개체들이 돌연변이(mutant) 전략 $m(\neq s^*)$을 선택한다고 하자. 만약 돌연변이 전략이 기존 전략보다 우월하여 더 높은 보수를 가져다준다면 기존 전략 s^*은 쇠퇴할 것이므로 진화적 관점에서 불안정하다. 반면 돌연변이 전략이 기존 전략보다 못하다면 돌연변이들은 경쟁력을 갖지 못하고 도태되어 사라져버릴 것이다.

진화안정균형(evolutionarily stable equilibrium)이란 이러한 직관을 정형화한 개념이다.

정의 4-3

두 경기자 간의 전략형 게임 G를 고려하자. 임의의 작은 양수 $\varepsilon>0$에 대하여 다음 조건을 충족하는 전략 s^*을 진화안정전략이라 부른다.

$$(1-\varepsilon)u_1(s^*,s^*)+\varepsilon u_1(s^*,m)>(1-\varepsilon)u_1(m,s^*)+\varepsilon u_1(m,m),\ \forall m\neq s^* \quad (4.9)$$

경기자 1과 2가 모두 진화안정전략을 선택하는 상태를 진화안정균형이라 부른다.

인구비율 $(1-\varepsilon)$에 해당하는 경기자들이 전략 s^*을 선택하며 나머지 ε만큼이 돌연변이 전략 m을 선택한다고 하자. 식 4.9의 좌변은 개인이 s^*을 선택할 경우 기대보수이며 우변은 전략 m을 선택할 경우 기대보수이다. 전략 s^*이 진화의 관점에서 안정적이려면 좌변이 우변보다 커야 한다. 만약 우변이 좌변보다 크다면 돌연변이가 득세하여 전략 s^*은 쇠퇴하므로 불안정하다.

제1장 〈그림 1-10〉의 사슴사냥게임에서 진화안정균형을 구해보자.(매개변수 $v=4$라고 가정) 전략 $s^*\equiv 1$[사슴]$+0$[토끼] (사슴을 1의 확률로 선택하고 토끼를 0의 확률로 선택)는 진화안정전략이다. 돌연변이 전략을 $m\equiv x$[사슴]$+(1-x)$[토끼]로 놓고, 식 4.9의 보수들을 계산하면 각각 $u_1(s^*,s^*)=4 > u_1(m,s^*)=(1+3x)$이고 $u_1(s^*,m)=4x \geqslant u_1(m,m)=(4x^2+1-x)$인데(여기서 $x\neq 1$) 돌연변이 인구비율 ε이 매우 작다면 식 4.9의 좌변은 우변보다 크기 때문이다. 따라서 경기자1과 2가 모두 사슴을 선택하는 전략조합 (s^*,s^*)는 진화안정균형이다. 대칭적 논리에 의하여 경기자1과 2가 모두 토끼를 선택하는 전략 $s^{**}\equiv 0$[사슴]$+1$[토끼]의 조합도 진화안정균형이다.

이제 혼합전략 내쉬균형 전략 $\hat{s}\equiv\frac{1}{4}$[사슴]$+\frac{3}{4}$[토끼]가 진화안정전략인지 살펴보자. 돌연변이 전략 $m\equiv x$[사슴]$+(1-x)$[토끼]이라 놓을 때, 제3장 정리 3-1에 의하여 $u_1(\hat{s},\hat{s})=1 =u_1(m,\hat{s}),\ \forall x$이다. 다른 한편, $u_1(\hat{s},m)=(x+\frac{3}{4}) < u_1(m,m)=(4x^2+1-x),\ \forall x\neq\frac{1}{4}$이므로 돌연변이의 인구비율 ε와 무관하게 식 4.9의 좌변은 우변보다 작다. 결국 전략 $\hat{s}\equiv\frac{1}{4}$[사슴]$+\frac{3}{4}$[토끼]는 진화안정전략이 아니며, 따라서 $(\hat{s},\hat{s})$는 진화안정균형이 아니다.

Practice 4-7

다음 치킨게임을 고려하자.

		경기자2	
		Dove	Hawk
경기자1	Dove	2, 2	1, 3
	Hawk	3, 1	0, 0

(1) 내쉬균형 전략조합 및 보수를 모두 구하시오.

(2) 전략 $s^* \equiv 1[\text{Dove}]+0[\text{Hawk}]$ 및 $s^{**} \equiv 0[\text{Dove}]+1[\text{Hawk}]$의 진화안정성을 판별하시오.

(3) 혼합전략 내쉬균형 $\hat{s}$의 진화안정성을 판별하시오.

진화안정균형은 내쉬균형을 정제한 개념이며, 정확히는 대칭적 내쉬균형의 부분집합이다. 사슴사냥게임에는 순수전략 내쉬균형 2개 및 혼합전략 내쉬균형 1개가 존재하는데, 순수균형 2개만 진화안정균형이다. 치킨게임의 내쉬균형 3개 가운데 혼합전략 내쉬균형만이 진화안정적이다. 다른 한편, 연습문제 4-8이 보여주듯이 진화안성균형이 부존재할 수 있음은 큰 결점이다.

Practice 4-8

가위바위보 게임의 다음 변형을 고려하자.

		경기자2		
		가위	바위	보
경기자1	가위	2, 2	0, 3	3, 0
	바위	3, 0	2, 2	0, 3
	보	0, 3	3, 0	2, 2

(1) 내쉬균형 전략조합 및 보수벡터를 구하시오.

(2) 위 (1)에서 구한 전략 s*의 진화안정성을 판별하시오.

(3) 진화안정균형이 존재하지 않음을 논증하시오.

4.6.3 동태적 진화안정성

〈그림 1-10〉의 사슴사냥게임에서 동태적 진화게임의 분석방법을 사용하여 균형 선택 문제를 설명하고자 한다(매개변수 $v=4$라고 가정).

무한히 많은 개체로 구성되어 있는 집단에서 매 시점마다 두 명씩 임의로 짝을 지어 사슴사냥게임을 경기한다. 현재 사슴전략을 선택하고 있는 개체들의 인구비율을 p, 토끼전략 선택 개체들의 인구비율을 $(1-p)$라 하자. 먼저 사슴전략을 택하고 있는 경기자가 평균적으로 얻으리라 기대되는 보수를 구해 보자. 사슴전략을 선택하고 있는 개체는 p의 확률로 사슴전략을 선택하고 있는 개체를 만날 것이고, $(1-p)$의 확률로는 토끼전략을 선택하고 있는 개체와 만날 것이다. 그런데 전자의 경우에는 4단위의 보수를 얻고 후자의 경우에는 0단위의 보수를 얻을 것이므로, 결국 사슴전략을 택하고 있는 개체가 얻으리라고 기대되는 보수는 $4p$이다.

다음으로, 집단 전체에서 임의의 개체가 평균적으로 얻으리라 예상되는 기대보수를 계산하자. 사슴전략을 선택하고 있는 개체끼리 만날 확률은 p^2, 사슴 선택 개체가 토끼 선택 개체와 만날 확률이 $p(1-p)$, 토끼 선택 개체가 사슴 선택 개체를 만날 확률이 $(1-p)p$, 그리고 토끼 선택 개체끼리 만날 확률이 $(1-p)^2$이다. 따라서 임의의 개체가 평균적으로 얻으리라 예상되는 기대보수는 $4p^2+p(1-p)+(1-p)^2$이다.

시간 변수를 t라고 놓으면, 현재와 내일 사이에 사슴전략을 선택하는 개체들의 인구증가율은 수학적으로 $\frac{d\ln p}{dt}=\frac{1}{p}\frac{dp}{dt}$이다. 진화게임의 개념에 의하면, 평균보다 뛰어난 전략을 선택하는 개체들은 융성하고 평균보다 못한 전략을 선택하는 개체들은 쇠퇴한다. 이를 사슴사냥게임에 적용하면, 사슴 선택 개체들의 인구증가율은 그들이 평균적으로 얻는 보수에서 전체 집단의 평균 보수를 뺀 값에 비례한다고 볼 수 있다. 이를 수식으로 나타내면 식 4.10과 같다(여기서 β는 진화속도를 나타내는 양(+)의 상수).

$$\frac{1}{p}\frac{dp}{dt}=\beta[4p-\{4p^2+p(1-p)+(1-p)^2\}] \qquad (4.\ 10)$$

그림 4-8 식 4.11의 균형과 안정성

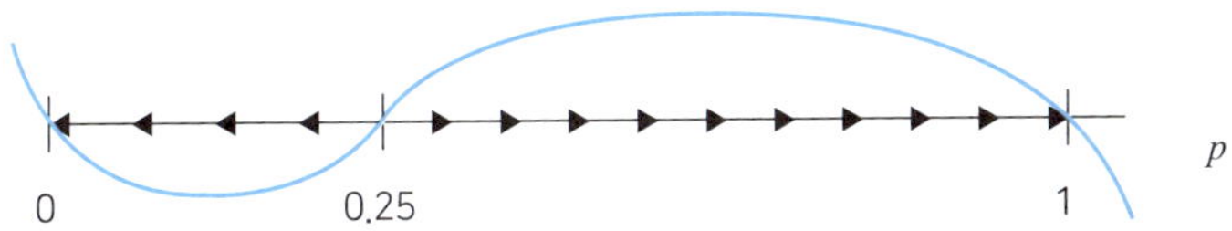

식 4.10은 확정적 복제동학(deterministic replicator dynamics) 혹은 테일러-용커방정식(Taylor-Jonker equation)으로 불리는 연속시간 미분방정식(continuous-time differential equation)이다. 식 4.10을 정리하면 식 4.11이 된다.

$$\frac{dp}{dt}=\beta p(1-p)(4p-1) \tag{4.11}$$

식 4.11에는 〈그림 4-8〉에 나타난 바와 같이 세 개의 평형(steady state)이 존재하는데, $p=0$, $p=1$, $p=0.25$가 그것이다. 이 셋 가운데 어느 것이 평형이 될지는 p의 초깃값(initial condition) p_0에 달려 있다. 즉, 최초에 사슴전략을 택하고 있던 개체의 인구비율 p_0가 25%보다 작았다면, 시간이 흐를수록 사슴전략은 점점 쇠퇴하고 토끼전략은 점점 융성해 궁극적으로는 $p=0$(집단 내 모든 개체들이 토끼를 선택하는 상태)으로 수렴한다. 반대로 p_0가 25%보다 컸다면, 시간이 흐르면서 $p=1$로 수렴한다. 만약 p_0가 정확히 25%이었다면, 사슴전략을 택하는 인구비율 25%(토끼전략을 택하는 인구비율 75%) 평형상태를 계속 유지할 것이다. 그러나, 초기치가 25%에서 털끝만치만 벗어나도 다른 두 평형 $p=0$이나 $p=1$로 가버린다는 점에서 평형 $p=0.25$는 매우 불안정하고 따라서 논의에서 제외한다.

그런데 초깃값 p_0가 25%보다 크냐 작으냐는 역사적 우연에 의하여 주어지는 것임에 유의하라. 요약하면, 장기적으로 사회적 진화과정의 결과 어떠한 평형상태로 수렴하느냐 하는 것은 역사적 우연인 초깃값 혹은 진화경로에 의존한다.

이제 이 집단에는 기존의 개체들과는 전혀 다른 선택을 하는 돌연변이가 언제든지 출현할 수 있다고 하자. 이러한 돌연변이는 예상치 못한 확률적 요인으로 볼 수 있는데, 확정적 복제동학(식 4.11)의 우변에 확률변수 $\tilde{\varepsilon}$을 추가함으로써 모형화할 수 있다. 그렇게 구성된 식을 확률적 복제동학(stochastic replicator dynamics)이라 부르며, 식 4.12와 같다.

$$\frac{dp}{dt} = \beta p(1-p)(4p-1) + \tilde{\varepsilon} \tag{4. 12}$$

(여기서, $\tilde{\varepsilon}$은 평균이 0이고 분산이 σ^2인 확률분포를 따름)

확률적 복제동학의 풀이 과정은 이 책의 범위를 벗어나므로 생략하기로 한다. 다만, $\tilde{\varepsilon}$의 분산 σ^2이 매우 작다면 식 4.12에서 대부분의 개체는 대부분의 기간 동안 사슴을 선택한다는 결과만 밝혀두고자 한다. 즉, $p=1$(모든 개체가 사슴전략을 선택하는 상태)가 실현되는 것이다.[13]

이상은 $v=4$라고 가정하고 구한 결과임에 유의하라. 일반적으로 $v>2$이면 $p=1$이 안정적 상태이며 $v<2$이면 $p=0$ (토끼균형)이 안정적 상태임이 증명되어 있다. 여기서 $v \leqq 2$라는 임계치는 4.5절에서 살펴본 위험우위의 기준과 일치한다. 이는 우연이 아니며 위험우위 균형이 위험열위 균형에 비해 끌림영역(basin of attraction)이 더 넓다는 사실과 일맥상통한다. 일례로 $v=4$라고 놓고 풀이한 〈그림 4-8〉에서 $p=1$의 끌림영역 [0.25, 1]이 $p=0$의 끌림영역 [0, 0.25]보다 넓으므로 $p=1$이 장기적 평형상태이다.[14]

Practice 4-9

다음 각 전략형 게임을 대상으로 확정적 복제동학과 동태균형을 구하고 해석하시오.

(1) 죄수의 딜레마〈그림 1-4〉

(2) 치킨게임〈그림 1-11〉

(3) 성대결게임〈그림 1-12〉

---

13 Samuelson(1997)이나 Fudenberg and Levine(1998)을 참조.

14 Kim(1996)은 정태적 균형선택 개념인 위험우위와 동태적 안정성 개념인 복제동학의 장기균형 간에 밀접한 관계가 있음을 밝혔다.

4.7 혼합전략 내쉬균형의 직관성

혼합전략 내쉬균형은 전략형 게임의 형태에 따라 직관적일 수도 있고 비직관적일 수도 있다. 혼합균형이란 '상대방이 선택할 수 있는 순수전략들 간에 무차별하도록 만들어주는' 예측불허 메커니즘을 내가 구성하는 방식으로 구하기 때문이다.

고어리와 홀트(Goeree and Holt 2001)는 홀짝게임 실험에서 경기자들이 홀을 선택한 비율이 48%, 짝을 선택한 비율이 52%라는 결과를 보고하였는데, 이는 내쉬균형인 50−50과 유의적으로 동일한 분포이다. 다른 한편 그들은 홀짝게임의 보수 구조를 약간만 바꾸어도 피실험자들의 행태는 내쉬균형과의 괴리가 매우 커진다는 실험결과를 제시하면서 내쉬균형의 예측력에 의문을 제기했다. 〈그림 3−2〉를 조금 변형하여 경기자1이 홀을 선택하고 경기자2가 짝을 선택할 경우 경기자1의 보수가 1단위가 아니라 5단위이며 그 외의 보수는 변함없다고 가정하자(〈그림 4−9〉 참조). 이 게임의 내쉬균형에서 경기자1의 균형 전략은 〈그림 3−2〉의 홀짝게임에서의 그것과 정확히 똑같으며, 경기자2의 균형 전략은 0.75의 확률로 홀(0.25의 확률로 짝)을 선택하는 것이다. 그런데 고어리와 홀트가 일반인들을 대상으로 실시한 실험결과에 따르면 경기자1은 50%보다 훨씬 높은 비율로 홀을 선택하는 경향이 있다. 이는 직관적으로는 설득력이 있으나 내쉬균형과는 거리가 멀다.[15]

그림 4-9 **홀짝게임의 변형**

		경기자 2	
		홀	짝
경기자 1	홀	−1, 1	5, −1
	짝	1, −1	−1, 1

15 이러한 이론과 실제의 간격을 메우기 위한 다양한 시도가 있어 왔는데 Crawford, Costa-Gomes and Iriberri(2013)에 잘 정리되어 있다.

사슴사냥게임에서 혼합전략 내쉬균형을 구하면 $p^*(\text{사슴})=\frac{1}{v}$인데, 매개변수 v가 클수록 사슴 선택 균형확률이 작아진다는 점에서 직관적이지 않다. 이런 이유로—사슴사냥게임, 차선선택게임, 경기변동게임과 같은—공조게임을 다룰 때 순수전략 내쉬균형에만 관심을 두고 혼합균형에는 관심을 두지 않는다. 반면 연습문제 4-10에서 알 수 있듯 치킨게임에서 혼합전략 내쉬균형을 구해보면 직관적이다.

Practice 4-10

다음 치킨게임에서 혼합전략 내쉬균형을 구하고 설명하라. (여기서 $V>1$)

		경기자2	
		Hawk	Dove
경기자1	Hawk	-1, -1	V, 0
	Dove	0, V	1, 1

혼합균형이 공조게임에서는 비직관적인데 치킨게임에서는 직관적인 이유는 4.6절에서 다룬 진화게임이론과 밀접한 관련이 있다. 테일러–용커 방정식을 구성했을 때 공조게임에서는 혼합전략이 불안정적(unstable)인 반면 치킨게임에서는 점근안정적(asymptotically stable)인 유일한 평형 상태라는 사실과 논리적으로 통한다.

4.8 상관균형

혼합전략 내쉬균형에서는 경기자들이 각자 독립적 확률분포에 따라 행동을 선택한다고 전제한다. 본절에서는 경기자들이 전략을 선택하는 확률분포 간에 상관관계를 가져도 좋다고 가정하여 균형의 범위를 확장한 상관균형(相關均衡,

correlated equilibrium)에 대하여 알아보자.

성대결 게임(제1장 1.7절 〈그림 1−12〉)에는 두 개의 순수전략 내쉬균형 (미술관, 미술관)과 (야구장, 야구장), 그리고 한 개의 혼합전략 내쉬균형 ($\frac{3}{8}$[미]+$\frac{5}{8}$[야], $\frac{5}{8}$[미]+$\frac{3}{8}$[야])가 존재한다. 균형보수벡터는 각각 (3, 5), (5, 3), ($\frac{15}{8}$, $\frac{15}{8}$)이다. 상관균형이란 내쉬균형보다 광의의 개념으로서 다음과 같이 구성된다. 가상의 설계자(신, 예언가, 안무가 등)가 관찰가능한 현상(예컨대, 동전이나 주사위 던지기, 태양흑점, 축구선수 박지성의 내일 경기 득점 등)을 조건부로 하는 선택을 경기자들에게 각각 제안한다고 하자. 개별 경기자는 설계자의 제안을 따르지 않아도 그뿐이다. 그런데 어느 경기자도 설계자의 제안으로부터 이탈할 유인이 없다면 이를 상관균형이라 부른다.

예시를 들어보자. 설계자가 개별 경기자에게 "동전 앞면이 출현하면 미술관, 뒷면이 출현하면 야구장을 선택하라"는 묵시적 제안을 한다고 하자. 경기자2가 설계자의 제안을 따른다는 가정하에 경기자1도 설계자의 제안으로부터 이탈할 유인이 없다. 앞면 출현의 경우 경기자1이 미술관을 선택하면 3단위의 기대보수를 얻으나 야구장으로 이탈하면 0단위로 낮아지기 때문이다. 대칭 논리로, 경기자1이 설계자의 제안에 따른다는 가정하에 경기자2도 제안을 따르는 것이 최선응수이다. 설계자의 제안 '앞면 미술관, 뒷면 야구장'에 따른 상관균형에서 (미술관, 미술관)과 (야구장, 야구장)이 반반의 확률로 실현되며 균형 보수벡터는 (4, 4)이다.

또 다른 예시로, 설계자가 "주사위를 던져 1이 나오면 미술관을 선택하며, 2~6의 숫자가 나오면 야구장을 선택하라"는 제안을 두 경기자에게 한다고 하자. 상대 경기자가 설계자의 제안을 따른다는 가정하에 어느 경기자도 설계자의 제안에서 이탈할 유인이 없다. 이는 (미술관, 미술관)과 (야구장, 야구장)의 실현 확률이 각각 $\frac{1}{6}$과 $\frac{5}{6}$이며 보수벡터가 ($\frac{14}{3}$, $\frac{10}{3}$)인 상관균형이다.

이제 성대결 게임을 약간 변형한 〈그림 4−10〉을 고려하자. 이 게임에는 두 개의 순수전략 내쉬균형 (U, l)과 (D, r), 그리고 하나의 혼합전략 내쉬균형 ($\frac{1}{2}$[U]+$\frac{1}{2}$[D], $\frac{1}{2}$[l]+$\frac{1}{2}$[r])이 존재한다. 내쉬균형 보수벡터는 각각 (5, 1), (1, 5), ($\frac{5}{2}$, $\frac{5}{2}$)이다. 모든 내쉬균형은 상관균형이다. 경기자들의 전략이 상호독

그림 4-10 **성대결게임의 변형**

		경기자 2	
		l	r
경기자 1	U	5, 1	0, 0
	D	4, 4	1, 5

립적이라는 것은 상관관계를 허용하지만 상관계수가 0이라는 것과 마찬가지이므로 내쉬균형은 필연적으로 상관균형의 부분집합임에 유의하라.

이제 내쉬균형이 아닌 상관균형을 하나 구해보자. 설계자는 경기자1에게 동전 앞면이 나올 경우 U를 선택하고 뒷면이 나올 경우 D를 선택하도록 지시하는 한편 경기자2에게는 동전 앞면 출현 시 l을 선택하고 뒷면 출현 시 r을 선택하도록 지시한다고 하자. 경기자1이건 경기자2건 설계자의 지시에 따르지 않고 이탈할 경우 더 낮은 보수를 얻게 되므로 이탈 동기가 없다. 예컨대, 동전 앞면이 나왔는데 경기자1이 U 대신 D를 선택한다면 그의 보수는 5단위가 아니라 4단위에 불과하게 된다. 이 조정 시스템에서 전략조합 (U, l)은 $\frac{1}{2}$의 확률로 선택되고 (D, r)은 나머지 $\frac{1}{2}$의 확률로 선택되므로 균형보수벡터는 (3, 3)이 된다.

내쉬균형이 아닌 상관균형을 하나 더 들어보자. 설계자가 주사위를 던져 경기자1에게는 숫자 2 이하가 나왔는지 3 이상이 나왔는지를 알려주는 한편 경기자2에게는 숫자 4 이하가 나왔는지 5 이상이 나왔는지 알려준다고 하자. 또한 설계자는 경기자1에게 주사위 눈금이 2 이하면 U를 선택하고 눈금이 3 이상이면 D를 선택하라고 지시하는 한편 경기자2에게 주사위 눈금이 4 이하이면 l을 선택하고 5 이상이면 r을 선택하라고 지시한다. 이러한 조정 시스템에서 전략조합 (U, l), (D, l), (D, r)이 각각 $\frac{1}{3}$씩의 확률로 실현되는데 이때 균형보수벡터는 $\left(\frac{10}{3}, \frac{10}{3}\right)$이 된다.

상관균형임을 보이기 위해서는 다른 경기자(들)이 설계자의 제안을 따른다고 가정할 때 나도 설계자의 제안으로부터 이탈할 유인이 없음을 밝혀야 한다.

먼저 주사위 눈금이 2 이하가 나온 경우를 고려하자. 설계자는 경기자2에게 주사위 눈금 4 이하가 나왔다고 알려주었을 터이므로 경기자1은 경기자2가 설계자의 제안대로 l을 선택하리라 기대한다. 따라서 경기자1이 설계자의 제안대로 U를 선택함으로써 얻을 기대보수는 5단위인데 이는 그가 D로 이탈할 경우 얻을 기대보수 4단위보다 크다.

다음으로 주사위 눈금이 3 이상인 경우를 고려하자. 경기자1은 주사위 눈금이 3 이상이라는 사실만 통보받을 뿐 {3, 4}인지 혹은 {5, 6}인지를 모른다. 만약 {3, 4}라면 상대 경기자인 경기자2는 l을 선택할 것이고 만약 {5, 6}이라면 r을 선택하리라는 사실만 유추할 수 있다. 그런데 주사위 눈금이 3 이상이라는 가정하에 {3, 4}일 사후확률은 베이즈법칙에 의하여 $\frac{1}{2}\left(=\frac{2/6}{4/6}\right)$이고 {5, 6}일 사후확률은 나머지 $\frac{1}{2}$이다. 따라서 경기자1이 D를 선택함으로써 얻을 기대보수 $\frac{5}{2}$단위$\left(=\frac{1}{2}\times 4+\frac{1}{2}\times 1\right)$는 그가 U를 선택함으로써 얻을 기대보수 $\frac{5}{2}$단위$\left(=\frac{1}{2}\times 5+\frac{1}{2}\times 0\right)$와 마찬가지이므로 이탈할 유인이 없다. 결국 경기자1은 어떠한 경우에도 설계자의 지시를 어기고 이탈할 유인이 없다. 대칭적인 논리와 방법에 의하여 경기자2 역시 이탈 유인이 없다.

이상의 논의가 암시하는 바와 같이, 원래의 전략형게임 개시 전에 설계자가 공적 조정 시스템을 제안하는 가상적 단계를 설정하고 그렇게 확대된 게임에서 내쉬균형을 구하면 그것이 상관균형이다.[16] 상관균형은 내쉬균형을 포괄하는 개념이다. 엄밀하게 말해서, 상관균형 보수벡터집합은 내쉬균형 보수벡터들의 모든 볼록조합들(convex combinations), 즉 내쉬균형 볼록자루집합(convex hull)을 포함하며 대개는 그보다 넓다.

성대결 게임의 변형인 〈그림 4-10〉에서 순수전략 내쉬균형 보수벡터인 (5, 1)과 (1, 5) 그리고 혼합전략 내쉬균형 보수벡터 $\left(\frac{5}{2}, \frac{5}{2}\right)$의 볼록조합을 그래프로 나타내면 〈그림 4-11〉의 음영 부분이다. 보수벡터 $\left(\frac{10}{3}, \frac{10}{3}\right)$을 달성하게 해주는 상관균형이 존재함은 앞에서 설명한 바와 같은데, 이는 내쉬균형 볼록자루집합의 외부에 위치한다.

---

16 상관균형의 개념과 성질에 대해서는 Aumann(1987)을 참조하고, 상관균형과 진화게임이론의 관계에 대해서는 Gintis(2009) 제2장 11~13절을 참조하라.

그림 4-11 성대결 변형 게임에서 내쉬균형 볼록자루집합 외부에 상관균형이 존재하는 예시

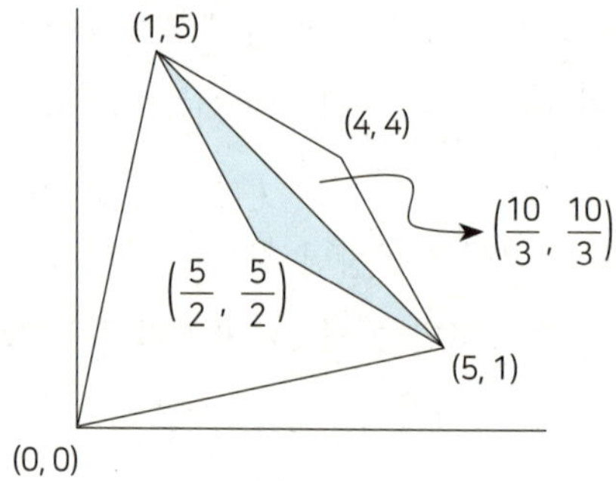

Practice 4-11

다음 게임에서 내쉬균형을 모두 구한 다음 보수벡터 (u_1, u_2) 공간에서 내쉬균형 볼록자루집합을 나타내라. 또한 내쉬균형 볼록자루집합에 포함되지 않는 상관균형의 예시를 들어라.

		경기자2		
		west	central	east
경기자1	T	0, 0	2, 4	4, 2
	M	4, 2	0, 0	2, 4
	B	2, 4	4, 2	0, 0

Game Theory

SECTION 02

공약과 신빙성

Chapter 5 전개형게임

Chapter 6 전개형게임의 응용

Chapter 7 협상과 중재

나[오뒷세우스]는 순서대로 모든 전우들의 귀에다 밀랍을 발라주었소. 그리고 그들은 배 안에서 돛대에 고정하는 나무통에 똑바로 서 있는 나의 손발을 묶고, …중략… 세이렌 자매가 고운 목소리로 이렇게 노래하자 내 마음은 듣고 싶어했소. 그래서 전우들에게 눈짓으로 풀어달라고 명령했지만 그들은 몸을 앞으로 구부리며 힘껏 노를 저었소. 그리고 페리메데스와 에우륄로코스가 당장 일어서더니 더 많은 밧줄로 나를 더욱 꽁꽁 묶었소. 배를 몰아 세이렌 자매 앞을 지나가고 그들의 목소리와 노랫소리가 더는 들리지 않자 사랑하는 전우들은 지체 없이 내가 그들의 귀에 발라준 밀랍을 뗐고 나도 밧줄에서 풀어주었소(호메로스, 『오뒷세이아』, 302-303쪽).

Game Theory

Chapter 05 | 전개형게임

5.1 전개형게임

제1장 1.2절에서 개략적으로 소개한 바와 같이 전개형게임이란 경기자, 선택의 순서, 정보의 종류, 행동과 전략, 결과 및 보수를 모두 명시한 게임나무로 정의된다. 본절에서는 전개형게임에 사용되는 용어의 정의와 기호를 설명한 다음, 전개형게임과 전략형게임의 관계를 알아보기로 한다.

5.1.1 전개형의 개념과 특징

전개형게임이란 마디(vertex)와 가지(edge)로 이루어진 방향그래프(方向그래프, directed graph)로 정의된다. 마디들의 집합을 V라 표기하자. 한 마디에서 다른 마디로 방향성을 갖고 이어주는 선을 가지라 부르며, 가지들의 집합 E는 $V \times V$의 부분집합이다. 게임나무는 방향그래프 (V, E)와 뿌리(root) $x^o \in V$로 구성된다. 뿌리 x^o가 V의 원소임에도 불구하고 별도로 명시한 이유는 게임이란 최초 시작점이 반드시 존재해야 하는 특별한 형태의 방향그래프임을 강조하기 위해서이다.

전개형게임은 $\Gamma = \langle N, (V, E, x^o), (V_i)_{i \in N}, O, u \rangle$이다. 여기서, $N = \{1, 2, \cdots, n\}$은 경기자들의 집합, (V, E, x^o)는 게임나무, V_i는 경기자i가 행동을 선택할 의사결정마디들의 집합, O는 게임의 결과가 실현되는 종결마디의 집합, 그리고

$u: O \rightarrow \Re^n$은 최종 결과에 따른 경기자들의 보수벡터이다. 집합 V_i와 집합 O는 둘 다 마디집합 V의 부분집합이며 V의 분할(partition)들이다. 즉, $\bigcup_{i=1}^{n} V_i \cup O = V$이며, 모든 i, j에 대하여 $V_i \cap V_j = \varnothing$이며 $V_i \cap O = \varnothing$이다.

불완전정보가 있을 때 게임나무를 어떻게 나타내는지를 제1장 1.7절 차선변경게임을 예시로 설명해보자.[1] 경기자2가 차선을 선택하는 시점에 경기자1의 선택을 이미 알고 있다면, 게임나무는 〈그림 5-1〉(a)와 같다. 반면 경기자2가 경기자1의 선택을 알지 못하는 불완전정보하의 게임나무는 〈그림 5-1〉(b)와 같다. 경기자2는 자신이 의사결정마디 y에 있는지 y'에 있는지 분간하지 못하므로, 정보집합 내의 동일 원소로 표기한다. 정보집합(information set) H_i란 경기자i가 분간하지 못하는 의사결정마디들의 집합을 동일 원소로 하는 집합이다. 정보집합 내의 동일한 원소 안에 있는 의사결정마디들은 〈그림 5-1〉(b)에서처럼 점선으로 묘사한다. 게임나무 〈그림 5-1〉(a)에서 경기자2의 정보집합은 $H_2 = \{\{x\}, \{x'\}\}$인

그림 5-1 **정보의 완전성 여부에 따른 게임나무의 차이**

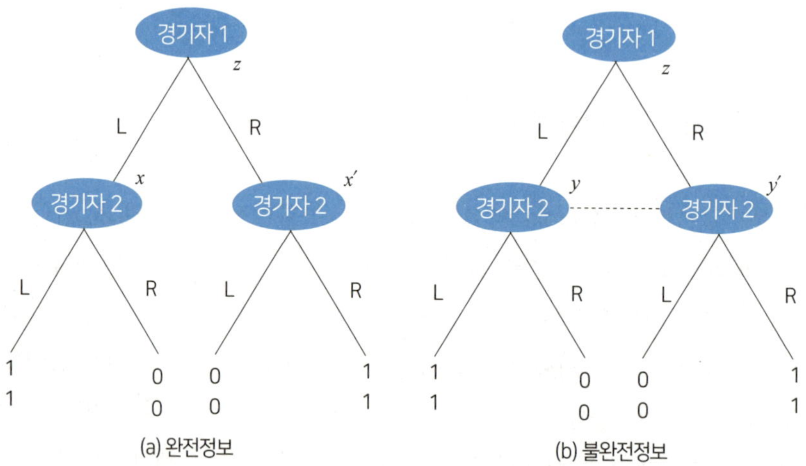

1 제1장에서 설명한 바와 같이, 불완전정보와 미비정보의 차이는 상대방 경기자가 선택한 행동에 대한 정보가 불충분한가 혹은 자연법칙에 의하여 실현된 상태나 유형에 관한 정보가 불충분한가에 있다. 그러나, 이러한 구분은 게임나무를 그리는 데 있어서 아무런 차이를 가져오지 않으므로, 본절에서는 둘을 구분하지 않고 불완전정보로 통칭하여 설명한다.

반면 게임나무 〈그림 5-1〉(b)에서 경기자2의 정보집합은 $H_2 = Y = \{\{y, y'\}\}$이다. 경기자1의 정보집합은 두 게임나무에서 공히 $H_1 = \{\{z\}\}$이다.

정보집합의 한 원소 안에 있는 의사결정마디들에서 선택가능한 행동들은 당연히 일치해야 한다. 예컨대, 〈그림 5-1〉(b)의 의사결정마디 y에서 경기자2가 선택가능한 행동들은 L과 R인데, 의사결정마디 y'에서 그가 선택할 수 있는 행동이 L과 Q일 수는 없다. 경기자2가 y에 있는지 y'에 있는지 알지 못하는데, 선택지가 다를 수는 없기 때문이다.

5.1.2 전개형과 전략형의 관계

전개형게임은 게임나무의 각 의사결정마디에서 해당 경기자가 선택가능한 행동을 마음대로 취할 수 있다는 전제하에 나타낸 형태이다. 반면 전략형게임은 개별 경기자가 게임 시작 전에 미리 자신이 취할 행동의 마스터플랜을 짜고 게임이 진행되면서 상황이 어떻게 변하든 상관없이 처음에 정한 시나리오를 그대로 시행한다는 가정하에 도출된 형태이다. 다시 말해서, 주어진 게임나무에서 개별 경기자가 사전에 구속력 있는(binding commitment) 행동계획을 정할 수 없다는 가정하에 도출된 형태가 전개형이고 반대로 구속력 있는 행동계획을 정할 수 있다는 가정하에 도출된 형태가 전략형이다.

전개형게임을 전략형게임으로 변환하는 과정은 다음과 같다. 우선 주어진 전개형게임으로부터 개별 경기자가 선택할 수 있는 순수전략을 열거하여 순수전략조합의 집합을 만든다. 그 다음 각각의 전략조합이 실현될 경우 도달할 종결마디를 찾아내고 그 종결마디에서 개별 경기자가 얻는 보수를 보수벡터로 나타낸다. 이렇게 얻어진 전략형게임을 동등전략형게임(同等戰略型게임, equivalent strategic-form game)이라 부른다.

〈그림 5-2〉(a)는 완전정보 전개형게임인 〈그림 5-1〉(a)의 동등전략형이다. 주의할 점은 경기자2의 순수전략이 2개가 아니라 4개라는 사실이다. 경기자2는 경기자1이 L을 선택했는지 R을 선택했는지, 즉 경기자2 자신이 x에 놓여있는지 x'에 놓여있는지 알고 있으므로, 경기자2의 전략은 조건부로 적시되어야 한다.

그림 5-2 **<그림 5-1>에 대응하는 동등전략형 게임**

		경기자 2			
		LL	LR	RL	RR
경기자 1	L	1, 1	1, 1	0, 0	0, 0
	R	0, 0	1, 1	0, 0	1, 1

(a) 완전정보

		경기자 2	
		L	R
경기자 1	L	1, 1	0, 0
	R	0, 0	1, 1

(b) 불완전정보

예컨대, 〈그림 5-2〉(a)에서 LR이란 의사결정마디 x에 있을 경우 L을 선택하고 의사결정마디 x'에 있을 경우 R을 선택한다는 경기자2의 순수전략이다.

불완전정보하의 차선변경게임 〈그림 5-1〉(b)에서 경기자2는 자신이 y에 있는지 y'에 있는지 분간하지 못하며, 따라서 선택가능 행동집합은 {L, R}이다. 그러므로 동등전략형은 〈그림 5-2〉(b)에 나타난 바와 같이 2×2 전략형게임이다.

Practice 5-1

치킨게임에서 막가파 조폭과 서방파 조폭은 각자 '돌진'과 '회피' 중 한 행동을 선택한다. 둘 다 돌진하면 크게 다쳐 각자 −5단위씩의 보수를 얻고, 둘 다 꼬리를 내리면 0단위씩의 보수를 얻는다고 하자. 또한 한 경기자는 돌진하는데 상대방이 꼬리를 내릴 경우, 전자는 4단위의 보수를 얻는 반면 후자는 −3단위의 보수를 얻는다고 하자.

(1) 막가파가 먼저 행동을 선택하면 서방파는 막가파의 선택이 무엇이었는지를 알고 있는 상태에서 자신의 행동을 선택한다고 할 경우, 전개형게임을 구성하라.

(2) 두 조폭 모두 상대방이 어떠한 행동을 취할지 모르는 상태에서 자신의 행동을 선택한다고 할 때, 전개형게임을 구성하라.

(3) 위 (1) 및 (2) 각각의 동등전략형을 구하시오.

Practice 5-2

(1) 다음 전개형게임에서 경기자집합 N, 뿌리 x^0, 정보집합 H_1, H_2 및 순수전략집합 S_1, S_2를 구하시오.

(2) 다음 전개형게임의 동등전략형을 구하시오.

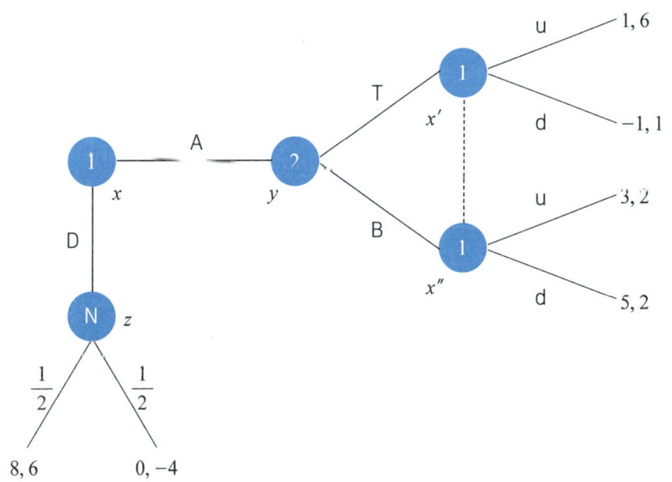

연습문제 5-2 (2)에서 경기자1이 D를 선택할 경우 기대보수벡터 (4, 1)이 실현되고(경기자1의 기대보수는 $\frac{1}{2}\times 8+\frac{1}{2}\times 0$이고, 경기자2의 기대보수는 $\frac{1}{2}\times 6+\frac{1}{2}\times(-4)$임) 곧바로 종료된다. 이는 동등전략형에서 경기자1의 Du와 Dd가 경기자2의 선택과는 무관하게 항상 동일한 결과를 초래한다는 사실에 반영된다. 따라서 Du와 Dd를 D 하나로 대치하여 3×2 전략형으로 구성하기도 하는데, 이를 축약동등전략형(reduced equivalent strategic-form)이라고 부른다.

5.1.3 행태전략

전개형게임을 분석하기 위해 적용되는 전략의 개념으로 혼합전략과 행태전략을 각각 살펴보자. 〈그림 5-1〉(a)에서 경기자2의 혼합전략은 순수전략 LL,

LR, RL, RR 각각을 어떤 확률로 선택할 것인가로 정의된다. 예컨대, (1,0,0,0), (0, $\frac{1}{2}$, $\frac{1}{2}$, 0), ($\frac{1}{8}$, $\frac{2}{8}$, $\frac{4}{8}$, $\frac{1}{8}$) 등처럼, 게임이 개시되기도 전에 경기자2가 염두에 두고 있는 전략이다.

행태전략(行態戰略, behavior strategy)이란 전개형게임이 진행되면서 도달한 의사결정마디에서 해당 경기자가 어떤 행동을 취할지를 명시하는 계획이다. 〈그림 5−1〉(a)에서 경기자2의 행태전략은 그가 마디 x의 상황에 놓인다면 L과 R을 각각 어떤 확률로 선택할 것인가 그리고 마디 x'의 상황에 놓인다면 L과 R을 어떤 확률로 선택할 것인가에 대한 계획이다. 예컨대, 경기자2의 행태전략 $((\frac{1}{4}, \frac{1}{4})_x, (0, 1)_{x'})$은 마디 x에 처해있다면 $\frac{1}{4}$의 확률로 L을 선택($\frac{3}{4}$의 확률로 R 선택)하고, 마디 x'에 처해있다면 1의 확률로 R을 선택한다는 계획이다.

모든 전개형게임에서 행태전략과 혼합전략 간에는 동등 관계가 성립한다. 여타 경기자들의 전략이 주어져 있다는 가정하에 특정 경기자가 행태전략을 선택하든 혼합전략을 선택하든 각 종결마디가 실현될 확률은 동일하며 따라서 기대보수 역시 동일하다는 것이다. 이는 개별 경기자가 전개형게임을 시작하기 전에 혼합전략을 채택하건 아니면 정보집합에 도달하는 때마다 행태전략을 선택하건 실질적인 차이가 없음을 의미한다.[2]

〈그림 5−1〉(a)를 예로 들어 설명하자. 경기자1이 L을 $\frac{1}{3}$의 확률로 선택한다고 가정하자. 경기자2가 혼합전략 (1, 0, 0, 0)을 채택할 경우 네 종결마디가 실현될 확률분포는 ($\frac{1}{3}$, 0, $\frac{2}{3}$, 0)인데, 이는 경기자2가 행태전략 $((1, 0)_x, (1, 0)_{x'})$을 채택했을 경우의 그것과 동일하다. 두 번째 예시로, 경기자2가 혼합전략 (0, $\frac{1}{2}$, $\frac{1}{2}$, 0)을 적용했을 때 네 종결마디가 실현될 확률분포 ($\frac{1}{6}$, $\frac{1}{6}$, $\frac{2}{6}$, $\frac{2}{6}$)는 행태전략 $((\frac{1}{2}, \frac{1}{2})_x, (\frac{1}{2}, \frac{1}{2})_{x'})$을 채택했을 경우의 그것과 똑같다. 마지막 예시로, 경기자2의 혼합전략 ($\frac{2}{4}$, 0, $\frac{1}{4}$, $\frac{1}{4}$)이나 행태전략 $((\frac{1}{2}, \frac{1}{2})_x, (\frac{3}{4}, \frac{1}{4})_{x'})$은 둘 다 동일한 종결마디 실현 확률분포 ($\frac{1}{6}$, $\frac{1}{6}$, $\frac{3}{6}$, $\frac{1}{6}$)를 초래한다.[3]

---

2 행태전략과 혼합전략 간의 동등관계가 성립하기 위해서는 완전회상(perfect recall)이 전제되어야 한다. Maschler, Solan and Zamir (2020), Ch.6, Example 6.8과 Example 6.9는 불완전회상하의 게임에서 행태전략과 혼합전략의 동등 관계가 불성립하는 예를 제시한다.

3 혼합전략 ($\frac{1}{4}$, $\frac{1}{4}$, $\frac{2}{4}$, 0)도 동일한 종결마디 실현 확률분포를 초래한다. 이처럼 주어진 행태전략에 대응하는 혼합전략이 유일하지 않을 수는 있다.

〈그림 5-1〉(b)에서 경기자2의 순수전략집합은 $S_2=\{L, R\}$이며 혼합전략은 L과 R을 각각 어떤 확률로 선택할 것인가를 명시한다. 마디 y와 y'은 동일한 정보집합 내에 있으므로 경기자2는 두 마디 가운데 어디 있는지 분간할 수 없고 따라서 이 정보집합에서 선택가능한 행동은 L과 R뿐이다. 결국 경기자2의 행태전략은 L과 R 각각을 어떤 확률로 선택할지에 대한 계획이므로 그 자체로 혼합전략과 일치한다.

5.2 위협과 약속의 신빙성

경제행위에 있어서 위협(威脅, threat)과 약속(約束, promise)은 중요한 역할을 한다. 상대방의 위협이 신빙성이 있느냐 또는 상대방의 약속이 신뢰할 만한가 하는 것은 내가 전략적 의사결정을 내리는 데 있어서 반드시 고려해야 할 요소이다. 위협이나 약속은 미래에 취할 행동에 대한 언질이므로, 전략형게임에서는 고려대상이 아니었다. 반면 이것은 경기자들이 순차적으로 전략을 결정하되 각자의 현재 행동계획과 미래 선택을 구속하지 못하는 전개형에서는 핵심 분석요소이다. 본절에서는 전개형게임의 틀 안에서 위협 및 약속의 신빙성문제를 논하고, 5.3절에서는 전개형게임에서 경기자들의 신빙성이 고려된 전략을 분석하기에 적절한 균형의 개념을 도입하고자 한다.

〈그림 5-3〉(a)는 독점기업(기업2)이 지배하고 있는 시장에 잠재적 진입기업(기업1)의 진입 여부에 따른 전략적 상황을 도식화한 게임이다. 먼저 기업1이 이 시장에 진입할 것인가 아니면 포기할 것인가를 결정한다. 기업1이 시장진입을 포기하면 기업1은 대안 투자로부터 3억원의 보수를 얻고 기업2는 9억원의 독점이윤을 얻는다. 기업1이 진입할 경우, 기업2는 출혈경쟁을 불사할 것인가 아니면 시장을 나눠 가질 것인가를 결정한다. 출혈경쟁이 일어날 경우 기업1은 0원, 기업2는 2억원의 보수를 얻는다. 두 기업이 시장을 나눠 가질 경우 양 기업은 각각 4억원과 5억원의 보수를 얻는다. 〈그림 5-3〉(b)는 진입저지게임의 동등전략형을 보여준다.

그림 5-3 진입저지게임

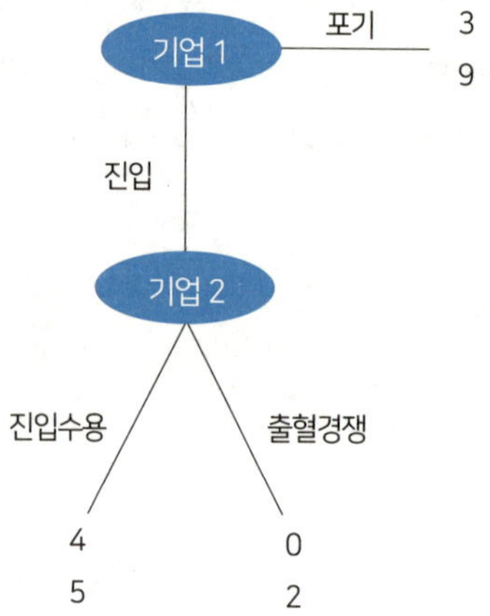

(a) 전개형

		기업 2	
		진입수용	출혈경쟁
기업 1	진입	4, 5	0, 2
	포기	3, 9	3, 9

(b) 동등전략형

진입저지게임에는 두 개의 내쉬균형이 존재하는데, 이는 〈그림 5-3〉(b)에서 동그라미 쳐진 두 보수조합으로 나타난다. 첫번째 내쉬균형은 기업1이 진입하고 기업2가 수용하는 전략조합이다. 기업1은 자신이 진입할 경우 기업2가 수용할 것이라는 신념을 갖고 있다. 또 기업1이 진입한 후에 기업2가 수용으로부터 얻는 보수 5단위는 출혈경쟁으로부터 얻는 보수 2단위보다 크므로 진입 수용이 최선이다. 이러한 기업2의 반응은 기업1이 애당초 가지고 있었던 신념(자신이 진입할 경우 상대방이 수용하리라는 신념)이 그대로 실현된 것이다. 이는 내가 상대방의 전략에 대하여 갖는 신념과 상대방이 실제로 선택하는 전략이 일치되어야 한다는 합리적 기대(合理的 期待, rational expectations) 혹은 자기실현적 예언(自己實現的 豫言, self-fulfilling prophecy) 요건으로서, 내쉬균형을 포함하여 어떠한 균형에서건 반드시 충족해야 한다.

두 번째 내쉬균형에서는 기업1이 진입을 포기한다. 기업1은 만일 자신이 진입할 경우 기업2가 출혈경쟁을 불사할 것이라는 신념을 갖고 있다. 진입을 포기하는 경우 3단위의 보수를 얻지만 진입을 시도하는 경우에는 0단위의 보수를 얻게 되리라 예상되므로 기업1은 진입포기를 택하는 것이 합리적이다. 한편 기업2는 만일 기업1이 진입한다면 출혈경쟁을 하겠다고 작정하고 있다. 그런데, 균형경로(均衡經路, on-the-equilibrium path)에서 기업1은 진입하지 않을 것이므로, 혹시 기업1이 진입할 경우 출혈경쟁을 선택하리라는 기업2의 전략은 실현되지는 않을 위협이다.

내쉬균형 (포기, 출혈경쟁)에 대하여 다음과 같은 해석도 가능하다. 기업2는 기업1에 대하여 "당신이 만일 시장에 진입한다면 나는 출혈경쟁을 불사할 것이오. 진입을 시도하여 0단위를 얻느니 시장진입을 포기하고 3단위라도 건지는 것이 나을 것이오"라고 위협한다. 기업1은 기업2의 위협에 진입을 포기한다. 결국 (포기, 출혈경쟁)이라는 균형이 형성되는 것이다.

하지만 이 내쉬균형은 기업2로부터의 '신빙성 없는'(信憑性 없는, incredible) 위협에 근거하고 있다는 문제점이 있다. 기업2의 위협을 받고 기업1은 다음과 같이 생각할 것이다. "기업2는 내가 진입할 경우 출혈경쟁을 불사하겠다고 위협하고 있다. 그러나, 내가 막상 시장에 진입한다면 어떻게 할 것인가? 만일 내가 이미 진입한 것이 기정사실이라면 기업2는 진입을 수용함으로써 5단위의 이윤을 얻는 반면 출혈경쟁을 함으로써 2단위의 이윤 밖에는 얻지 못한다. 따라서 내가 시장에 실제 진입한다면 기업2는 꼬리를 내리고 수용하는 것이 최선이겠지." 기업1이 이와 같이 합리적으로 계산한다면 진입을 강행하고, 기업2는 실제 이를 수용하는 수밖에 없다. 요약하면, 두 번째 내쉬균형은 기업2로부터의 신빙성 없는 위협에 기반을 두고 있다.

내쉬균형 (포기, 출혈경쟁)과는 달리, 내쉬균형 (진입, 진입수용)은 어느 누구의 신빙성 없는 위협에도 기반을 두지 않는다.

5.3 부분게임완전균형과 역진귀납법

약속과 위협의 신빙성을 고려한 균형의 개념을 부분게임완전균형이라 부른다. 본절에서는 부분게임완전균형과 이를 구하는 방법으로서 역진귀납법에 대하여 살펴보기로 한다.

부분게임(部分게임, subgame)이란 전체 게임의 일부이지만 그 자체로서도 하나의 독립적 게임을 형성할 수 있는 부분을 말한다. 부분게임은 그 자체의 뿌리 및 그 부분게임 내에서 플레이하는 모든 경기자들의 모든 정보집합을 다 포함해야 한다. 부분게임의 정의는 다음과 같다.

정의 5-1

부분게임 G란 주어진 전개형게임의 일부로서 단 하나의 의사결정마디 및 그 마디로부터 파생된 모든 후계마디들로 이루어진 게임이다. 엄밀하게는 다음 조건 [마디 $x' \in$G이며 마디 x''가 x'과 동일한 정보집합 원소내에 있다면, $x'' \in$G임]을 만족하는 게임 G를 부분게임이라 한다.

〈그림 5-1〉(a) 게임을 고려해 보자. 마디 x로부터 시작되는 게임은 전체게임의 일부이면서 그 자체로서도 하나의 단순한 독립적 게임을 형성하므로 부분게임이다. 유사한 논리로 마디 x'로부터 시작되는 게임도 역시 부분게임이다. 한편, 〈그림 5-1〉(b)에서는 원래의 전체 게임만이 유일한 부분게임이다. 마디 y로부터 시작되는 부분은 동일 정보집합에 속해 있는 마디 y'으로부터 시작되는 부분과 분리될 수 없고 따라서 그 자체로 독립된 게임을 형성할 수 없기 때문이다.[4]

〈그림 5-3〉(a)의 진입저지게임에는 두 개의 부분게임이 존재한다. 하나는 원래의 전체 게임이다. 더 중요한 부분게임은 기업1이 시장에 진입했다는 가정하에 기업2가 자신의 전략을 택하는 부분인데, 이는 〈그림 5-4〉에 나타나 있다.

부분게임완전균형(部分게임完全均衡, SPNE: subgame perfect Nash equilibrium)

---

4 원래의 전체 게임은 언제나 부분게임임에 유의하라. 전체 게임의 진짜 일부분인 게임은 진부분게임(proper subgame)이라고 불러야 옳겠으나 혼란을 피하기 위해 부분게임이라고 통칭한다. 집합론에서 부분집합은 전체집합을 포함하며 전체집합을 제외한 부분집합을 진부분집합이라고 부르는 것과 동일한 이치이다.

그림 5-4 진입저지게임의 부분게임

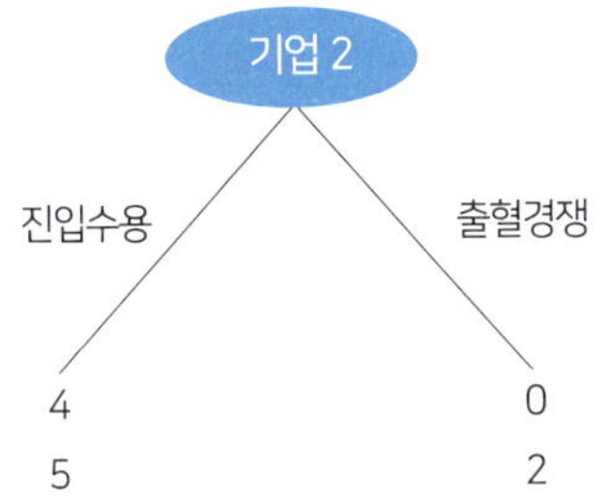

혹은 줄여서 완전균형(perfect equilibrium)이란 모든 부분게임에서 내쉬균형 요건을 충족하는 행태전략조합으로 정의된다. 진입저지게임에서 기업1이 시장에 진입했다고 가정하자. 기업1의 시장진입이 기정사실이며 기업2가 진입수용과 출혈경쟁 중에 하나를 택해야 하는 이상, 기업2는 진입수용 전략을 택할 것이다. (왜냐하면 5>2이므로) 즉, 기업1의 진입으로 초래되는 부분게임에서 기업2가 수용을 택하는 것이 내쉬균형이며, 이는 〈그림 5-5〉(a)의 굵은 선으로 표시되고 있다. 이제 기업1은 자신이 진입할 때 기업2가 수용할 수밖에 없으며 따라서 진입으로부터 자신이 얻을 보수가 4단위임을 미리 예측할 수 있다. 반면에 진입을 포기할 경우 기업1은 3단위의 보수를 얻으리라는 사실도 알고 있다. 그러므로, 기업1은 기업2의 합리성을 의심하지 않는다면 진입할 것이다. 이는 〈그림 5-5〉(b)의 굵은 선으로 표시되고 있다. 결론적으로, 기업1은 진입하고 기업2는 수용하는 것이 모든 부분게임에서 내쉬균형을 형성하는 유일한 전략조합이다. 이를 두고 전략조합 (진입, 진입수용)이 부분게임완전균형이라고 말한다.

〈그림 5-5〉에서 살펴본 바와 같이 부분게임완전균형을 계산하기 위해서는 가장 말단에 위치한 부분게임으로부터 시작하여 거슬러 올라가면서 내쉬균형을 구해야 한다. 이러한 이유로 부분게임완전균형을 구하는 방식을 역진귀납법(逆進歸納法, backward induction)이라고 부른다.

그림 5-5 **진입저지게임의 부분게임완전균형**

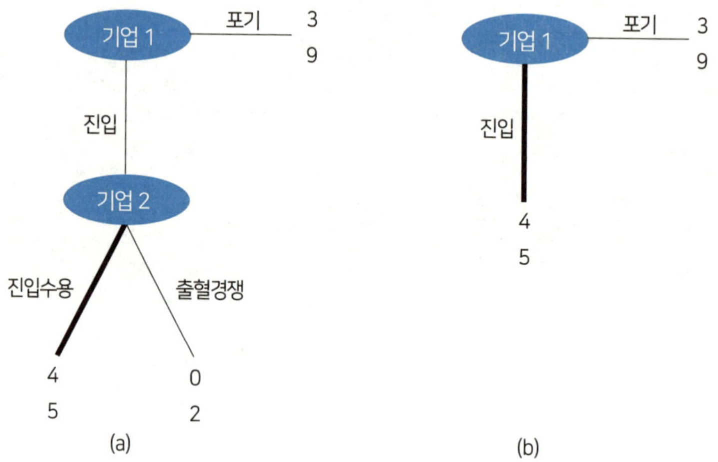

Practice 5-3

본절의 5.1.2항 연습문제 5-1 (1)에 묘사된 순차적 치킨게임을 고려하자.

(1) 내쉬균형을 모두 구하고 해석하라.

(2) 부분게임완전균형을 모두 구하고 해석하라.

연습문제 5-1과 5-3에서는 흥미를 위하여 조폭 간의 치킨게임으로 묘사했으나 경제적 상황에 얼마든지 적용 가능하다. 예컨대, 경쟁 기업들이 틈새시장(niche market)에 진입하느냐 포기하느냐로 재구성할 수 있다.

Practice 5-4

다음 각각의 전개형게임에서 부분게임완전균형을 구하시오.

(1) 제1장 1.2절 〈그림 1-1〉

(2) Practice 5-2 (2)의 전개형게임

Practice 5-5

다섯 명의 해적 A, B, C, D, E가 노략질한 금궤 100개를 나누려고 한다. 먼저 A가 금궤 100개를 어떻게 나눌 것인가를 제안한다. 제안자를 포함하여 과반수가 이에 찬성하면 그대로 나누고 각자 집으로 돌아간다. 만약 절반 이하가 이에 찬성하는 경우, A는 갑판 밖에 던져 죽이고 나머지 네 명이 게임을 계속한다. 이번에는 B가 제안을 하고 다수결에 의하여 같은 방식으로 진행된다. 부분게임완전균형을 구하라.

5.4 역진귀납법과 완전균형의 현실성

역진귀납법 및 부분게임완전균형은 이론적으로 정교하나 현실과의 괴리가 크다는 이유로 비판받기도 한다. 역진귀납법을 적용하기 위해서는 경기자들의 완전합리성이 주지사실일 뿐 아니라 보수구조에 대해서도 경기자 모두가 완전하고 완비된 정보를 갖고 있다는 전제가 성립해야 한다. 하지만 이러한 가정이 지나치게 강하다 보니 역진귀납법을 적용하여 분석한 예측과 현실세계에서 관찰되는 행태는 다른 경우가 많다. 다음의 지네게임(centipede game)은 이러한 괴리를 단적으로 보여주는 예이다.

탁자 위에 두 무더기의 돈, 즉 1만원과 4만원이 놓여 있다. 경기자1은 포획할 수도 있고 통과할 수도 있다. 경기자1이 4만원을 움켜쥐면 경기자2는 남은 무더기인 1만원을 갖고 끝난다. 경기자1이 통과를 선택하면 두 무더기의 돈은 2배

그림 5-6 **지네게임(centipede game)**

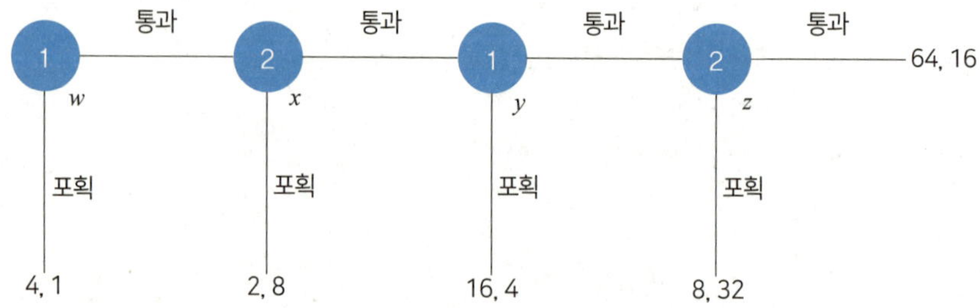

씩 불어나서 각각 2만원과 8만원이 된다. 이번에는 경기자2가 포획 혹은 통과를 선택할 차례이다. 경기자2가 8만원을 포획하면 경기자1은 2만원을 갖고 종료된다. 만약 경기자2가 통과하면 탁자 위의 두 무더기는 또다시 2배씩 불어나고 이번에는 경기자1이 선택권을 갖게 된다. 이러한 과정이 네 차례 반복된다고 할 때 전개형게임은 〈그림 5-6〉처럼 나타난다.

지네게임에 역진귀납법을 적용하여 완전균형을 구해보자. 만약 경기자2가 의사결정마디 *z*에 있다면 그는 포획과 통과 가운데 무엇을 선택할 것인가? 경기자2는 바보가 아닌 이상 32만원을 포획할 것이다. 만약 경기자1이 의사결정마디 *y*에 있다면 어떤 선택을 할 것인가? 경기자1이 포획을 선택하면 그는 즉시 16만원을 얻고, 통과하면 그 다음 의사결정마디 *z*에서 경기자2가 포획하므로 경기자1 자신은 8만원을 얻게 되리라고 예측할 수 있다. 따라서 경기자1이 의사결정마디 *y*에 놓여 있다면 당연히 16만원을 포획한다. 이러한 논리를 마디 *x*, 마디 *w*로 거슬러 올라가면서 적용하면 완전균형은 '어느 경기자든 자신에게 선택권이 주어지면 즉시로 포획한다'임을 알 수 있다. 완전균형 보수벡터는 (4만원, 1만원)이다. 이 게임을 네 단계가 아니라 열 단계로 확장하면 경기자들은 천문학적 보수를 얻을 가능성도 있다. 그럼에도 불구하고 네 단계 지네게임에서의 완전균형 계산법과 동일한 논리에 의하여 열 단계 지네게임의 완전균형 보수도 (4만원, 1만원)임을 알 수 있다.[5]

5 지네게임의 내쉬균형을 구해보면 누구든 기회가 오면 포획하는 것만이 균형 전략이다. 경기자1의 순수전략 집합은 {포획/포획, 포획/통과, 통과/포획, 통과/통과}이며 이는 경기자2에게도 마

이상에서 구한 완전균형은 현실과 괴리가 크다. 맥켈비와 팔프리(McKelvey and Palfrey 1992)의 실험 결과에 따르면 중간쯤에 해당하는 (16, 4)가 가장 많았고 그 양쪽 옆인 (2, 8), (8, 32)도 상당수 나타났다.[6] 부분게임완전균형에 해당하는 (4, 1)이 실현된 경우는 3% 이내의 극소수에 불과했고 심지어 마디 z에서 통과를 선택한 피실험자들도 18%에 달했다. 이러한 실험 결과는 우리의 직관과는 크게 다르지 않지만 완전균형과는 매우 다르다.

지네게임에서 부분게임완전균형이 이처럼 사람들의 행태와 다른 이유는 경기자들의 합리성이 상호 간의 주지사실이라는 지나치게 강한 가정에 기초하기 때문이다. 아우만(Aumann 1995)은 경기자들의 합리성이 주지사실이라면 역진귀납법으로 게임 해를 구하는 것이 논리적임을 증명하였다. 따라서 부분게임완전균형이 단 하나 존재하는 완전정보하의 전개형게임—예컨대 진입저지게임이나 지네게임—에서 경기자들의 합리성의 주지사실은 그 유일한 균형 경로상에 위치하는 의사결정마디(지네게임의 예에서 w)에서만 성립한다.

역으로 설명하자면, 부분게임완전균형을 벗어나 있는 마디(지네게임에서 x나 y 혹은 z)에서는 경기자1이나 경기자2의 합리성이 주지사실이 아닐 수 있다. 예컨대, 경기자1이 첫 마디 w에서 통과하는 바람에 경기자2가 선택권을 갖게 되었다고 하자. 즉, 경기자2가 의사결정마디 x에 놓여 있다고 하자. 완전균형에 따르면

찬가지다. 따라서 지네게임의 동등전략형 4×4 게임을 구성한 다음 내쉬균형을 구하면 굵은 글자체로 표기된 네 개임을 알 수 있다. 또한 네 내쉬균형 가운데 {포획/포획, 포획/포획}만이 부분게임완전균형이다.

		경기자2			
		포획/포획	포획/통과	통과/포획	통과/통과
경기자1	포획/포획	**4, 1**	**4, 1**	4, 1	4, 1
	포획/통과	**4, 1**	**4, 1**	4, 1	4, 1
	통과/포획	2, 8	2, 8	16, 4	16,4
	통과/통과	2, 8	2, 8	8, 32	64, 16

6 실험적 방법론은 전통적으로 심리학에서 자주 사용되었으나 알레(Maurice Allais), 스미스(Vernon L. Smith), 카네만(Daniel Kahneman), 트버스키(Amos Tversky) 등에 의해 경제학에 적용되기 시작했고 현재 경제학의 중요한 분야로 자리잡았다. 실험경제학에서는 경제인들이 인센티브나 이해관계가 걸려 있는 상황에서 어떻게 행동하는지 관찰하기 위한 목적을 갖고 있으므로 항상 피실험자들에게 참여 성과에 따라 돈을 지불한다. 반면 실험심리학에서는 일정액의 참가비 이외에는 돈을 지불하지 않는다. 돈이 걸려 있지 않으면 착해 보이는 사람들이 돈이 걸리는 순간 매우 다른 행태를 보이는 현상은 실생활에서 뿐 아니라 실험에서도 보편적으로 관찰된다.

경기자1은 의사결정마디 w에서 4만원을 움켜쥐고 게임이 끝났어야 한다. 그런데 경기자1이 마디 w에서 포획이 아닌 통과를 선택했다는 것은 무언가 괴이한 현상이 벌어진 것이다. 경기자1이 합리적이지 않든가, 경기자1은 합리적이지만 경기자2가 합리적이 아니라고 경기자1이 믿고 있든가, 경기자1의 보수 구조가 경기자2가 믿고 있는 바와 다르든가, 혹은 경기자1이 미친 척하고 통과하면 경기자2는 경기자1이 비합리적이라고 믿고 그 다음 기회를 노리기 위해 마디 x에서 통과할 때 경기자1이 마디 y에서 포획함으로써 16만원의 높은 보수를 얻으려는 술책이든가 … 어떠한 경우든 경기자1이 마디 w에서 통과함으로써 이미 이상현상이 발생하였는데도 경기자2는 여전히 역진귀납법의 모든 전제조건(경기자들의 완전합리성, 완전합리성의 주지사실, 보수구조의 확실성 등)이 충족된다고 간주하고 마디 x에서 포획한다는 논리는 모순이다.[7]

Practice 5-6

[깜짝시험의 역설(Surprise Exam Paradox)][8] 게임이론 교수가 학생에게 다음 주 월요일에서 금요일 사이에 깜짝시험을 치르겠다고 선언했다.

(1) 역진귀납법을 적용할 경우 다음 주중에 시험을 치르지 않아야 함을 논증하라.

(2) 위 (1)에 비추어 볼 때 역설적으로 아무 날짜에나 시험을 치르는 것이 깜짝시험이 될 수 있음을 논증하라.

---

7 르빈(Levine 2012)은 경기자2 역할을 맡은 피실험자 가운데 18%가 의사결정마디 z에서 통과했음에 주목한다. 제정신이 아니건, 이타적 성향을 갖고 있건, 실험내용을 이해하지 못하였건 아무튼 이유는 모르겠으나 18%의 경기자2가 z에서 통과를 선택한다는 사실을 기정사실로 받아들인다면 마디 y에 서있는 경기자1로서는 다음과 같이 계산하는 것이 합리적이다. “만약 포획한다면 16단위를 얻는다. 만약 통과한다면 18%의 확률로 64단위를 얻게 되고 82%의 확률로 8단위를 얻게 될 것이므로 18.1단위의 기대보수를 얻게 된다.” 따라서 많은 경기자1들이 마디 y에서 포획하는 것이 오히려 이상하다. 이러한 논리를 확장하면 르빈이 의문을 제기하듯 “수수께끼는 다수의 경기자1들이 왜 마디 w에서 포획하지 않았는지가 아니라 왜 끝까지 통과하지 않고 중간에 포획하는 자들이 그렇게 많은가?”라 할 수 있다. 르빈의 설명은 다음과 같다. 마디 y에 놓여있는 피실험자에게 포획은 확실히 16단위의 보수를 보장하는데 통과는 18.1단위의—위험이 따르는—기대보수를 가져다 주므로 위험회피적 피실험자는 포획을 선택하고 덜 위험회피적 피실험자는 통과하는 것으로 추측된다.

8 교수형을 기다리고 있는 죄수에게 정확한 사형집행 날짜를 알려주지 않고 다음 주중에 깜짝 집행한다는 사실만 알려준다는 스토리에서 연유하였으므로 ‘교수형의 역설’(Hanging paradox)이라고도 불린다.

5.5 전략적 공약

5.5.1 내구재 독점판매

여러 기간에 걸쳐 특정 내구재를 소비자들에게 공급하는 독점판매자가 있다. 그는 각 시점에서 부과하는 가격을 적절히 조정함으로써 자신의 동태적 이윤을 극대화한다. 이 과정에서 독점기업은 합리적 소비자들의 반응을 고려하여 신빙성 있는 약속이나 위협에 근거를 둔 판매전략을 짜야 할 것이다. 다음은 노벨상 수상자 코우즈(Coase 1972)의 내구재 독점판매자(durable-goods monopolist) 문제를 게임이론으로 분석한 것이다.

우표판매상이 대한제국시대의 동일한 우표 10장을 독점적으로 보유하고 있다. 그는 오늘과 내일의 두 기간에 걸쳐 우표 10장을 다 팔아야 한다. 그는 총수입을 극대화하기 원하며, 총수입이 같다면 가능한 한 일찍 매각하는 것을 더 선호한다. 우표시장에는 이 우표를 원하는 10명의 수집가가 있다. 그중 5명(고평가 수요자)은 우표 한 장을 사기 위해 100만원까지 지불할 용의가 있으며, 나머지 5명(저평가 수요자)은 20만원까지만 지불할 용의가 있다. 우표수집가들은 우표에 대한 가치평가와 실제로 지불한 액수 간의 차이인 소비자잉여를 극대화하기 원한다. 이상의 시장구조는 모든 참가자들 간에 주지사실이다.

이러한 상황에서 우표판매상이 총수입을 극대화하는 전략은 무엇일까? 적지 않은 사람들이 오늘 장당 100만원씩을 받고 내일 20만원씩을 받는 것이라고 생각한다. 그렇게 함으로써 우표판매상은 오늘 5장, 내일 5장을 매각하여 총 600만원의 수입을 올릴 수 있다는 것이다. 하지만, 이는 사실이 아니다. 수집가들이 우표를 오늘 구입하지 않고 내일까지 기다리면 우표값이 20만원으로 내릴 것이기 때문이다. 고평가 수요자의 입장에서 볼 때 오늘 100만원에 우표를 구입하면 자신이 지불할 용의가 있는 최대액수를 고스란히 빼앗기므로 소비자잉여가 0에 가깝게 된다. 이는 내일까지 기다릴 경우 고평가 수요자가 누리게 될 소비자잉여 80만원보다 작으므로, 고평가 수요자들은 모두 내일까지 기다리려 할 것이다.

그렇다면, 오늘 100만원의 가격을 부과하고 내일도 100만원의 가격을 부과하는 것이 우표판매상의 총수입극대화 전략인가? 이에 대한 답도 부정적이다. 우표판매상은 오늘 장당 100만원씩의 가격을 부과하면서 "나는 우표를 한 장도 못 파는 경우가 있더라도 내일도 100만원을 부과할 것이요"라고 말할 수 있다. 문제는 이러한 약속이 전혀 신빙성이 없다는 것이다. 우표판매상은 오늘 100만원씩에 5장을 팔고 나면 내일 나머지 5장도 팔아 버리려는 유인이 생긴다. 그런데, 내일까지 우표를 구입하지 않고 기다리는 수요자들은 기껏해야 20만원까지만 지불할 용의가 있는 저평가 수요자들이므로, 그들로 하여금 우표를 구입하도록 유도하기 위해서는 가격을 20만원으로 낮추는 수밖에 없다. 고평가 수요자들은 이러한 상황을 미리 합리적으로 예측하고 첫날 우표를 구입하는 어리석은 짓은 하지 않는다.

이상의 논의를 종합하면, 이 게임의 부분게임완전균형에서 우표판매상의 최선의 전략은 항상 20만원의 가격을 받고 총 200만원의 수입을 올리는 것이다. 우표판매상이 이처럼 낮은 가격을 부과할 수밖에 없는 이유는 그가 내일도 장당 100만원의 우표가격을 유지하겠다는 약속을 소비자들이 신뢰할 수 없기 때문이다. 여기서 독점이윤 극대화를 위하여 부과하는 가격 20만원은 우표시장이 완전경쟁적일 경우 부과되는 가격과 일치한다. 따라서 내구재시장에서의 공급이 독점되어 있다는 사실만으로 독점의 경제적 폐해나 사회적 비효율이 발생한다고 볼 수는 없다. 이상이 코우즈의 주장인데, 자유주의 경제학의 본산 시카고대학의 교수다운 논리이다.

하지만 현실세계의 많은 사업가들은 돈벌이에 있어서는 코우즈보다 영리하다. 그들은 이윤을 높이기 위하여 소비자들에게 신빙성을 부여할 수 있는 적절한 조치를 강구한다. 우표 10장 가운데 5장을 모든 사람들이 보는 앞에서 불에 태워 없애버리는 것이다. 이제 수요자들은 우표가 5장 밖에 없다는 사실을 안다. 따라서 우표판매상이 오늘 장당 100만원씩을 부과하면 고평가 수요자 5명은 이를 구입할 것이다. 내일까지 기다려봐야 가격이 떨어지지 않을 것임을 합리적으로 예측할 수 있기 때문이다. 물론 저평가 수요자 5명은 끝내 우표를 구입하지 못한다. 이렇게 다섯 장의 가치 있는 우표를 없애버림으로써 우표판매상은 500만원의 총수입을 오늘 얻을 수 있다.

5.5.2 듀폰의 생산용량 확장

이산화티탄(titanium dioxide)은 페인트나 플라스틱에 주로 사용되는 표백제이다. 1970년대까지 미국의 이산화티탄 시장에서 듀폰(DuPont)사는 지적재산권에 근거한 생산비 절감 기술로 강력한 시장지배력을 행사하고 있었다. 듀폰은 이산화티탄 생산용량을 대폭 확장하려는 계획을 세웠는데, 그 규모는 가장 낙관적인 예측에 의하더라도 추후 10여 년간 미국 내수시장 전체를 공급하고도 남을 정도였다. 미국 정부는 이러한 생산용량의 확장이 불공정거래에 해당한다고 주장하면서 연방공정거래위원회(FTC: Federal Trade Commission)에 듀폰의 불공정거래 행위 조사 및 판정을 요청하였다.

듀폰의 생산용량 확장 시도가 왜 불공정거래일 가능성이 있는가를 설명하기 위하여 〈그림 5-7〉의 게임나무를 보자. 잠재적 진입자(기업E)는 듀폰이 독점공급하고 있는 이산화티탄 시장에 진입할 것인지 아니면 다른 사업을 시작할 것인지를 결정한다. 기업E가 시장진입 여부를 결정한 다음 듀폰은 '현재설비 유지'와 '생산용량 확장' 중 하나를 선택한다. 기업E는 안정적인 다른 사업에 투자할 경

그림 5-7 생산용량 확장게임

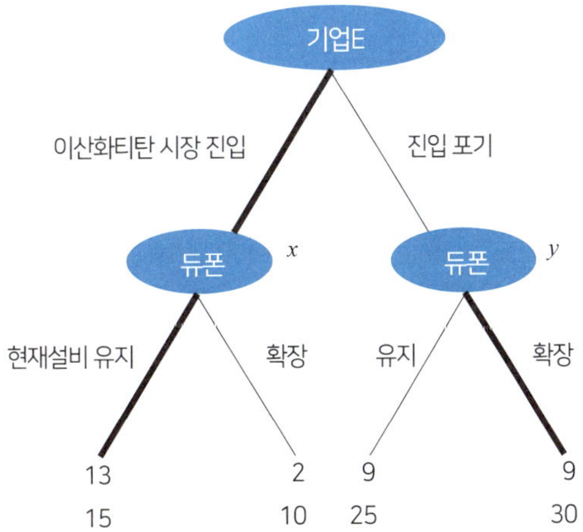

우 9억 달러를 벌 수 있다고 가정하자. 기업E가 이산화티탄 시장에 진입하지 않을 경우 듀폰은 생산설비를 증설하면 30억 달러의 보수를 얻고 현재 설비를 유지하면 25억 달러를 얻는다. 만약 기업E가 이산화티탄 시장에 진입하고 듀폰이 생산설비를 확장할 경우 기업E는 2억 달러의 낮은 이윤을 얻고 듀폰도 10억 달러의 이윤만을 얻는다. 기업E가 이산화티탄 시장에 진입하고 듀폰이 현재의 설비를 유지할 경우 진입기업은 13억 달러의 이윤을 얻고 듀폰은 15억 달러의 이윤을 얻는다고 하자.

〈그림 5-7〉에 묘사된 생산용량 확장게임에서 부분게임완전균형을 구해 보자. 만약 기업E가 이산화티탄 시장에 진입했다고 가정하면 (의사결정마디 x에 놓여 있다면) 듀폰은 '현재설비 유지'가 최선이다(왜냐하면 15>10이므로). 만약 기업E가 시장 진입을 포기했다면(듀폰이 의사결정마디 y에 놓여 있다면) 듀폰의 합리적 선택은 설비확장이다(왜냐하면 30>25이므로). 역진귀납법을 적용하여 기업E의 전략 선택 문제로 거슬러 올라가자. 기업E는 자신이 진입한다면 듀폰은 현상유지를 선택하고 13억 달러의 보수를 얻게 되리라는 사실을 예측할 수 있다. 반면 기업E가 시장진입을 포기할 경우 듀폰은 생산설비 확장으로 맞서고 기업E는 9억 달러의 보수를 얻게 된다. 결국 기업E는 13억 달러의 보수를 노리고 이산화티탄 시장에 진입할 것이다. 부분게임완전균형 경로는 〈그림 5-7〉에서 굵은 선으로 나타나 있다.

듀폰은 기업E의 시장진입 여부에 상관없이 생산용량을 확장하겠다는 엄포를 놓고 기업E가 이 사실을 정말로 믿는다면 듀폰 자신의 보수를 높일 수 있다. 왜냐하면 기업E가 이 시장에 진입한 다음 듀폰이 생산용량을 확장하면 자신의 이윤은 2억 달러에 불과한데, 이는 다른 사업에 투자함으로써 얻게 될 9억에 못 미치기 때문이다. 문제는 듀폰의 이러한 위협이 신빙성이 없다는 데 있다. 일단 기업E의 진입이 기정사실화되면 현상유지가 듀폰의 최선응수임을 미리 예측할 수 있기 때문에 기업E는 듀폰의 허풍을 믿지 않는다. 이는 기업E가 진입을 포기하고 듀폰이 생산설비를 확장하는 전략조합 (진입포기, 설비확장)이 부분게임완전균형일 수 없는 또 다른 해석이기도 하다.

그렇다면 듀폰이 위협의 신빙성을 높이는 방법에는 무엇이 있을까? 불가역적 과잉투자(irreversible over-investment)는 듀폰이 사용할 수 있는 대표적 방안이다. 예컨대, 신규기업이 진입 여부를 결정하기 직전에 듀폰은 생산설비 확장 용도로만 쓰일 특수 장비를 7억 달러어치 구매할 수 있다고 가정하자. 이때 듀폰이 생산용량을 확충하기 위하여 사전에 행하는 과잉투자는 물릴 수 없는 '불가역적' 성격을 가져야 한다. 즉, 듀폰이 대규모 선취투자를 감행한 다음 실제로 생산용량을 확장하지 않으면 7억 달러를 고스란히 버리게 된다. 만약 7억 달러의 투자가 다른 용도로 전용될 수 있는 성격의 투자라면 듀폰의 위협은 신빙성을 잃게 된다. 〈그림 5-8〉은 듀폰이 7억 달러의 비용을 신규기업 진입 결정 전에 투자한 상황을 묘사하는 게임나무이다.

〈그림 5-8〉 게임의 부분게임완전균형은 원래 게임(〈그림 5-7〉)과는 매우 다른 양상을 보인다. 기업E가 이산화티탄 시장에 진입하건 시장진입을 포기하건 듀폰은 생산용량을 확장하는 편이 유리하다. 기업E는 이러한 듀폰의 결정을 미리 예측할 수 있으므로 시장진입을 포기한다(왜냐하면 9억>2억 달러이므로). 〈그림 5-8〉에서 부분게임완전균형 경로는 굵은 선으로 그려져 있다.

요약하면, 듀폰은 두 가지의 경영전략 중 하나를 선택할 수 있도록 융통성을

그림 5-8 **듀폰이 7억 달러를 투입한 후의 생산용량 확장게임**

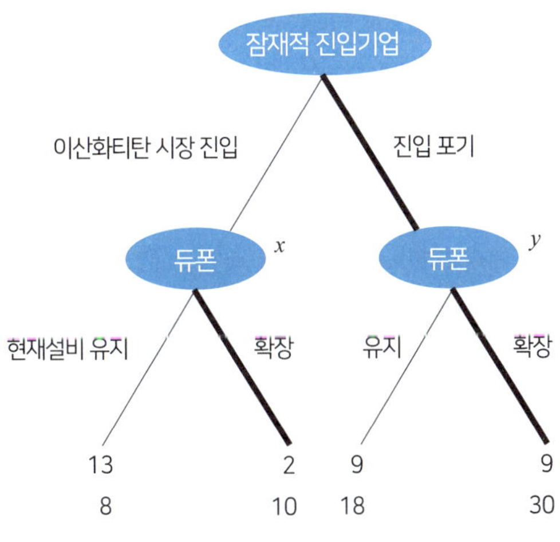

유지하는 것보다 추후 생산설비를 확장할 수밖에 없도록 선택의 폭을 줄임으로써 궁극적으로 더 높은 보수를 얻게 된다. 이처럼 전략적 상호작용의 상황에서는 융통성의 제거가 결과적으로 자신에게 도움이 되는 경우가 많다.

이상의 논의는 듀폰사가 불가역적인 과잉투자를 감행함으로써 잠재적 경쟁자의 시장진입을 사전에 차단할 수 있음을 보여준다. 그러나 듀폰의 전략이 정말로 불공정거래행위에 해당되는지 혹은 소비자후생을 침해했는지는 분명치 않다. 실제로 듀폰은 이산화티탄을 가장 낮은 생산비에 가장 효율적으로 생산할 수 있는 기업이었다. 따라서 연방공정거래위원회가 섣불리 듀폰에게 불공정 판정을 내린다면 결과적으로 비효율적인 신규기업의 시장진입을 유도할 위험이 있었다. 공정거래위원회의 조사 과정에서 듀폰의 내부문건이 폭로되었는데 그 내용은 과잉투자로 신규진입을 저지한 다음 가격을 인상하겠다는 계획이었다. 하지만 사내의 메모지 한 장을 근거로 듀폰에게 불이익을 주기에는 사안이 중대했기 때문에 결정적 증거로는 채택되지 않았다.

Practice 5-7

정부와 시민 간의 전개형게임을 고려하자. 먼저 시민이 $a=0$ 혹은 $a=1$ 가운데 하나를 선택한다. 시민이 $a=0$를 선택하면 비용이 들지 않으나 $a=1$을 선택하면 0.5단위의 행동비용을 지불해야 한다. 정부는 시민의 선택 a를 관찰한 후 이전소득(transfer income) $t=0$ 혹은 $t=1$을 선택한다. 시민의 보수함수는 정부로부터 받는 이전소득에서 자신의 행동비용을 뺀 것이며, 정부의 보수함수는 식 $2-2(a-1)^2-t$라 가정하자. 시민이 행동을 선택하기 전에 정부는 '시민행동에 따른 이전소득 분배규칙' $t(a)$를 공포할 수 있다.

(1) 정부의 공포가 구속력이 없다(non-binding)는 가정하에 전개형게임을 그려라.

(2) 정부의 공포가 구속력이 있다(binding)는 가정하에 전개형게임을 그려라.

(3) 위 (1)과 (2)에서 각각 부분게임완전균형을 계산하고 경제적 의미를 해석하라.

Practice 5-8

대통령은 성장(G) 정책을 선호하는 반면 국회는 표심을 의식하여 복지(W) 정책을 선호한다고 하자. 두 정책이 모두 추진될 경우 국가재정 제약으로 두 정책 모두 불완전한 성과를 거두게 되며 대통령과 국회는 각각 3단위의 보수를 얻는다. 두 정책이 모두 무산될 경우 대통령과 국회는 큰 타격을 입게 되지만 남는 예산으로 다른 사업을 할 수 있으므로 각각 2단위씩의 보수를 얻는다. 둘 중 한 사업만 통과될 경우 해당 정책을 선호하는 측은 4단위의 보수를 얻고 상대방은 1단위의 낮은 보수를 얻는다.

먼저 국회는 네 가지 가능한 예산안(즉, G와 W 둘 다 추진, G만 추진, W만 추진, G와 W 둘 다 포기) 가운데 하나를 대통령에게 제출하면 그 다음으로 대통령은 이를 수락하거나 거부(veto)한다.

(1) 대통령은 국회가 제출한 예산안 전부를 받아들이거나 거부권을 행사하거나 택일해야 하는 경우, 게임나무를 나타내고 부분게임완전균형을 구하라.

(2) 국회가 제출한 예산안에 대해 대통령이 항목별로 취사선택할 수 있는 '개별조항거부권(line-item veto)'을 갖는 경우, 게임나무를 나타내고 부분게임완전균형을 구하라.

(3) 대통령에게 개별조항거부권이 주어지는 제도가 예산안 전체를 수락하거나 거부할 수만 있는 경직적인 제도에 비해 대통령에게 더 유리할 것인가?

Practice 5-9

인사위원회에 세 명의 장관 후보 X, Y, Z가 올라왔다. 능력과 경험 기준으로는 X가 가장 낫고 Y가 그 다음 그리고 Z가 가장 떨어지는 반면 도덕성과 인화력 기준으로는 Z가 가장 낫고 Y가 그 다음 그리고 X가 가장 못하다. 이제 두 계파가 한번씩 돌아가며 후보에 대해 거부권을 행사(veto)할 수 있으며 마지막 남는 후보가 장관으로 선택된다고 하자. 우선 계파 1이 후보 하나를 거부하고, 그 다음으로 계파 2가 남은 대안 가운데 하나를 거부하여 최종적으로 남는 후보가 선택되는 것이다. 계파 1은 능력과 경험을 중시하는 반면 계파 2는 도덕성과 인화력을 중시한다.

(1) 전개형게임으로 나타내라.

(2) 내쉬균형을 구하라.

(3) 부분게임완전균형을 구하라.

(4) 정치적인 자리일수록 능력도 그저 그렇고 도덕성도 그저 그런 인사가 많이 발탁되는 현상을 설명해보라.

5.6 공약의 신빙성을 높이는 방안

5.6.1 자신의 손을 묶음으로써 신빙성을 높이는 방안

경제주체가 의사결정을 할 때 다른 사람들이 어떤 행동을 취할는지를 고려할 필요가 없는 상황에서는 선택의 폭과 범위가 넓을수록 좋다. 그러나, 전략적 상호작용의 상황에서는 자신의 선택지 중 일부를 사전에 없애버림으로써 자신의 위협이나 약속을 상대방이 믿을 수밖에 없도록 만들기도 한다. 그렇게 함으로써 선택대안을 계속 열어 두는 경우보다 더 높은 보수를 얻을 수 있다. 즉, 게임에서는 자신의 손을 묶어 둠으로써(tying one's hand) 오히려 더 이득을 보는 경우가 있다. 이처럼 사전에 공개적으로 자신의 선택대안의 폭을 줄임으로써 상대방에게 신빙성 있는 공약(公約, commitment)을 하는 방법에는 여러 가지가 있다.

첫째, 배수진을 치는 방법이다. 5.5절에서 설명한 대한제국우표 판매문제처럼 우표 다섯 장을 공개적으로 불태워 버린다든지 혹은 생산용량확장 게임에서처럼 불가역적 과잉투자를 미리 감행한다든지 하는 예가 대표적이다. 16세기 멕시코 땅에 상륙한 스페인의 코르테스(Hernan Cortes)는 아즈텍 인디언들이 보는 앞에서 자신들이 타고 온 함대를 모두 불태워 버렸다. 언뜻 보기에 미친 짓처럼 보이는 코르테스의 작전은 두 가지 효과를 노린 의도적인 것이었다. 무엇보다도 자신들이 후퇴할 수 없으니 죽을 힘을 다해 싸우겠다는 신빙성 있는 위협을 적에게 공개적으로 보여 준 것이다. 또한, 스페인 병사들로 하여금 후퇴할 곳이 없으니 사는 길은 오직 죽을 힘을 다해 싸우는 수밖에 없음을 확실히 알도록 하는 효과가 있다. 여차하면 타고 도망갈 배를 그대로 놔둔 채로 아무리 "죽기 살기로 싸우라"고 명령해 봤자 소용없다. 그러한 위협이나 공약에는 신빙성이 없기 때문이다. 코르테스의 군대가 이 전쟁에서 대승을 거두었음은 역사적으로 잘 알려진 사실이다.[9]

---

9 코르테스 군대의 총포가 위협적이긴 했으나 불과 6백명의 병력이 대략 2천 5백만명으로 추산되는 원주민들을 상대하기는 중과부적이었음에 분명하다. 당시 그 지역 부족들 간에는 오랜 전쟁, 갈등, 불신 그리고 극도로 잔인한 인신공양 풍습에 따른 보복심리가 만연했는데 반(反)아즈텍 부족들이 코르테스에 적극 협력함으로써 아즈텍 동맹을 제압한 이이제이(以夷制夷) 전략이 큰 몫을 했다. 인류학자 다이아몬드(Diamond 2005)에 따르면, 스페인 군대가 단기간에 중남미

코르테스가 16세기에 사용했던 배수진 전법은 기원전 210년 항우(項羽), 고대 그리스의 크세노폰(Xenophon), 기원전 216년 제2차 포에니(Punic) 전쟁 당시 칸나에(Cannae) 전투에서 한니발(Hannibal), 그리고 중세 영국의 정복왕 윌리엄(William the Conqueror)도 사용했던 오래된 전법이다. 거꾸로 '적을 포위할 때에는 반드시 퇴로를 마련해주라'는 손자병법(孫子兵法)의 조언은 적이 배수진을 치고 싸우지 않도록 미연에 방지하는 전략이다.

대부분의 의류 및 액세서리 제조업체들은 철 지난 의류, 신발, 핸드백, 스카프 등을 자기 매장에서 혹은 아울렛으로 보내어 할인 판매한다. 직원가족들에게 저렴한 값에 판매하는 패밀리프로그램이나 자선사업을 표방한 바자회를 열어 처리하기도 한다. 그러나 에르메스(Hermes), 루이비통(Louis Vuitton), 프라다(Prada) 등 최고명품 브랜드는 철 지난 재고상품을 언론기자들 및 세무서 직원을 불러 모아놓고 공개적으로 소각 처분한다. 그 가운데는 수백만원에서 수천만원을 호가하는 의류와 핸드백도 드물지 않은데도, 고가품 소각은 공약의 신빙성을 높이기 위해 불가피하다. 당장은 반값으로라도 파는 편이 나을지 모르나 장기적으로는 폐기할지언정 가격을 내려서 팔지는 않겠다는 인식을 확실히 심어주는 편이 유리하다. 또 다른 예로 유명 미술가가 한정된 수의 판화작품만을 찍어내고 원판을 공개적으로 태워버리는 사례도 공약의 신빙성을 높이는 전략이다.

둘째, 의사소통(意思疏通, communication)의 길을 단절해 버리는 방법이다. 어떤 약속을 하면서 나중에 다른 사람들의 의견을 듣고 다시 생각해 볼 수도 있다는 것을 알면 아무도 처음의 약속을 믿으려 들지 않을 것이다. 반면 일단 약속을 한 후, 이에 대해 어느 누구와도 다시 상의하지 않겠다고 선언하고 외부와의 접촉을 끊어 버린다면 약속의 신빙성은 훨씬 높아진다. 남북 간 갈등이 고조될 때마다 북측에서 일방적 선언 후 긴급통신망(hotline)을 끊어 버리는 조치가 대표 사례이다.

셋째, 자신도 통제할 수 없는 상황을 만듦으로써 공약의 신빙성을 높이는 방

를 장악한 이유는 무기나 군사력이라기보다 서구인들이 지니고 간 바이러스 특히 천연두가 원주민들을 몰살시켰기 때문이다. 유라시아 대륙에서는 일찍이 소, 양, 말 등 대형 포유류의 가축화가 진행되었기에 유럽인들은 그러한 가축 바이러스에 면역이 되어 있었다. 반면 아메리카 대륙에는 그러한 가축들이 존재하지 않았고 따라서 전염병이 원주민 사이에 급속히 그리고 치명적으로 퍼졌다는 것이다.

법이다. 미국이 소련에게 핵공격을 감행하면 피차 파멸을 맞게 되리라는 경고를 보내려고 한다. 이러한 경고의 신빙성을 높이는 방법으로, 핵공격을 받을 경우 미국의 모든 핵무기가 자동적으로 발사되어 상대국가를 초토화하도록 자동공격장치(doomsday machine)를 설치하는 것을 생각할 수 있다. 상호확증공멸(mutually assured destruction)에 기반한 이러한 자동공격시스템은 미소간 냉전이 한창이던 1960년대에 실제 운영된 적이 있었으나 다행히 한 번도 사용된 적은 없었다.

넷째, 다른 사람이나 기관에 권한을 위임(delegation)하는 방법이다. 독립적인 사람이나 기관에 권한을 위임하고 그 나름대로의 목표와 규정을 설정해 주면 위임자의 행동이 개입될 가능성은 줄어든다. 예컨대, 중앙은행의 목표를 물가안정으로 설정해 놓고 통화신용정책에 관한 모든 주요한 권한을 위임한다고 하자. 대통령실이나 기획재정부가 경기부양을 위하여 인플레이션을 감수하더라도 돈을 풀고 싶은 유혹이 있는 경우 중앙은행이 정권과 독립되어 있다면 물가안정을 달성하기 위하여 돈 풀기를 거부할 수 있다. 일반 국민들이나 기업들은 이러한 사실을 합리적으로 예측할 수 있으므로 물가를 안정시키겠다는 정부 발표를 신뢰하게 된다. 위임으로 인한 공약의 신빙성은 피위임 기관이 조직, 인사, 규정 등에 있어서 위임 기관과 독립적일수록 높아진다. 실증분석에 따르면, 중앙은행이 재정당국이나 정권과 독립적인 국가일수록 인플레이션은 낮은 경향이 있다. 예컨대, 미국의 연방준비은행이나 유럽 통합 이전 각국의 중앙은행들은 재정당국과 독립되어 있어서 통화신용정책에 관한 한 대통령도 중앙은행 총재에게 지시할 권한이 없다. 반면 중남미 국가들의 중앙은행은 조직, 인사, 결정권이 정권에 상당히 예속되어 있는데, 이는 종종 초인플레이션(hyper-inflation)과 국가부도라는 파국을 초래한다. 우리나라에서도 부동산 가격 하락이나 가계부채 부실화를 일단 막고 보자는 대통령실의 압력에 못 이긴 한국은행 금융통화위원회가 금리 인상을 주저함으로써 인플레이션을 용인하고 그로 인해 서민 생활이 어려워지도 한다.

이상에서 제시한 네 가지 방안들에는 공통점이 있다. 첫째, 공약은 모든 당사자들이 다 알도록 공개성(openness)을 가져야 한다. 둘째, 한번 공약한 사항은 공약한 사람 자신도 통제할 수 없는 불가역성(不可逆性, irreversibility)을 가져야 한다.

기업전략의 불가역성 여부와 신빙성 간에는 밀접한 관계가 있다. 첸과 맥밀란(Chen and MacMillan 1992)의 미국 실증연구에 따르면, 항공사가 불가역적인 전략을 선택한 경우에는 경쟁항공사들이 심각하게 대처하지만 불가역성이 결여된 전략을 선택한 경우에는 무시하는 경향이 뚜렷하다. 항공사의 인수 및 합병, 새로운 항공센터 구축을 위한 대규모 투자, 정기승객용 항공노선과의 지선(支線, feeder airlines) 제휴 등은 전자에 해당된다. 일단 설치된 항공센터는 변경이 매우 어렵고 천문학적 돈이 소요된다. 인수합병은 타항공사의 경영진들은 물론 은행이나 규제당국 등 제삼자와의 협조를 요구하며, 그 논의과정에서 협상비용과 항공망체계의 운영비용도 매우 많이 든다. 정기승객용 항공노선과의 전략적 지선 제휴도 한번 구축되면 사원들과 노동조합의 거센 반발 때문에 변경하기 어렵다. 반면 광고 및 마일리지서비스 등을 통한 각종 판매촉진책(promotions), 일부 노선의 포기, 여행사에게 지불하는 수수료율의 인상 등은 언제든지 철회할 수 있는 전략이다. 또한 자신의 요금이나 가격을 올림으로써 경쟁사들과의 담합을 유도하는 전략은 대게 실패로 끝나게 마련이다. 가격이란 언제든지 내릴 수 있는 신축적인 의사결정 변수이기 때문에 신빙성 있는 공약으로서의 역할을 제대로 못하는 것이다.

5.6.2 보수의 구조를 바꿈으로써 공약의 신빙성을 높이는 방안

내가 약정한 전략을 실제로 준수하는 것이 내 자신에게도 가장 이익이 되도록 보수 구조 자체를 바꾸는 방안들이 있다. 여기서는 평판, 팀워크, 계약, 살라미전술, 벼랑 끝 전술 등 대표적인 방법들을 설명한다.

첫째, 평판(評判, reputation)을 쌓고 유지하는 방법이다. 어떤 회사가 엄격한 품질관리 덕분에 특정 제품에 대한 평판을 쌓았다고 하자. 그 회사도 품질관리를 소홀히 하거나 소비자에게 바가지를 씌움으로써 당장의 이윤을 높이려는 유혹이 있다. 그러나 그러한 유혹에 넘어가면 회사의 평판이 무너지고 제품 구입을 위해 줄서 있던 수많은 미래 고객들을 놓치게 된다. 다시 말해서, 평판이 좋은 회사는 품질관리를 소홀히 함으로써 얻는 단기적 이득에 비하여 미래의 손실이 더 크므로 평판을 유지하려고 노력한다. 반면 평판을 쌓지 못한 기업은 잃어버릴 미래의 고객도 적으므로 지금 당장 좋은 상품을 팔 유인도 상대적으로 적다. 따라서 평판이 나쁜 기업이 "우리 회사 제품은 훌륭하다"는 광고를 해봐야 신빙성이 없는 것이다.

평판은 스타켈버그(Stackelberg) 전략이라는 개념으로 설명된다. 선도자(경기자1)가 추종자(경기자2)를 상대로 반복되는 게임에 임할 때 매번 똑같은 전략을 지속적으로 선택한다면 추종자는 결국 선도자의 전략을 주어진 것으로 받아들이고 나름 맞춰갈 수밖에 없을 것이다. 선도자가 이를 미리 예측하고 장기적으로 자신에게 가장 유리한 전략(스타켈버그 전략이라 부름)을 반복적으로 선택한다면 선도자는 평판을 쌓을 수 있다. 선도자는 추종자가 나름대로의 최선응수를 선택한다는 제약하에 선도자 자신의 보수를 극대화해 주는 전략을 선택하려 할 것이다. 이때 선도자 역할을 하는 경기자1을 스타켈버그 선도자(Stackelberg leader)라 부르며 그가 얻는 보수를 스타켈버그 보수(Stackelberg payoff)라 부른다. 수학적으로는 아래와 같이 정의된다.

$$v_1^* = \underset{s_1 \in S_1}{\text{Max}} \left[\underset{s_2 \in BR_2(s_1)}{\text{Min}} u_1(s_1, s_2) \right] \tag{5. 1}$$

여기서 $BR_2(s_1)$은 경기자1의 전략 s_1에 대한 경기자2의 최선응수 집합이다.[10]

이해를 돕기 위해 치킨게임(제1장 〈그림 1-11〉)에서 막가파를 스타켈버그 선도자라 가정하고 스타켈버그 보수를 구해보자. 막가파가 회피를 선택한다고 가정할 경우 서방파의 최선응수는 돌진일 것이며 그때 막가파는 −2의 보수를 얻게 된다. 반면 막가파가 돌진을 선택할 경우 서방파의 최선응수는 회피일 것이며 그때 막가파의 보수는 1단위가 될 것이다. 그런데 선도자인 막가파에게 후자가 전자보다 유리하므로 막가파의 스타켈버그 전략은 돌진, 스타켈버그 보수는 1단위가 된다.[11]

---

10 스타켈버그 보수와 제4장 4.2절에서 다룬 최소극대(maxmin)는 다른 개념이다. 경기자1의 최소극대보수를 구할 때, 경기자2가 자신의 보수는 얼마가 되든지 상관없이 경기자1의 보수를 최소화하려는 전략 $s_2 \in S_2$를 선택한다고 가정하였다. 반면 스타켈버그 보수란 경기자2가 경기자1의 전략에 대응하여 나름 최선응수를 선택한다는 가정 $s_2 \in BR_2(s_1)$하에 경기자1이 자신의 보수를 극대화하려는 것으로 정의된다.

11 평판이론은 Fudenberg and Levine(1989)에 의해 최초로 분석되었으며 그 후 다양한 맥락에서 발전을 거듭하였다. 최근까지 이론을 집대성한 참고문헌으로는 Mailath and Samuelson(2006) 제15~18장이 있다.

Practice 5-10

(1) 제1장의 성대결게임 <그림 1-12>에서 남편의 스타켈버그 전략 및 보수를 구하라.

(2) 성대결게임을 조금 변형한 아래 게임에서 남편의 스타켈버그 전략을 구하라.

		아내		
		미술관	야구장	동창회
남편	미술관	3, 5	0, 0	0, 1
	야구장	0, 0	5, 3	0, 3

Practice 5-11

<그림 5-3>(a)의 진입저지게임에서 기업2의 스타켈버그 보수를 구하고 의미를 해석하라.

둘째, 팀워크(teamwork)를 통해서도 신빙성을 높일 수 있다. 여러 경기자들이 한 팀을 형성하고 서로를 감시하며 제 역할을 못하는 팀원을 처벌하거나 우수 직원을 포상함으로써 외부에 대한 약속의 신뢰성을 높인다. 국제적인 명성을 얻고 있는 회사들은 근로자들을 철저히 관리함으로써 품질에 대한 신뢰를 얻고 있다. 예컨대, 유명 호텔의 종업원이 손님에게 불친절하게 대하거나 서비스가 미비할 경우 근신, 감봉, 해고를 통하여 처벌하고 동료 종업원들에게 이를 알림으로써 서비스의 품질을 높이기도 한다.

셋째, 정식으로 계약(contract)을 체결하는 방안이 있다. 계약이 신빙성을 갖기 위해서는 구체적인 이행 사항과 약속이 제대로 이행되지 않을 경우 물어야 하는 무거운 벌칙이 명시되어야 한다.

넷째, 황당무계한 위협이나 약속보다 실행가능성이 있는 공약이 신빙성을 높인다. 예컨대, 남한이 "남북 이산가족의 자유로운 만남을 허락하지 않으면 평양을 불바다로 만들겠다"라는 메시지를 보낸다고 하더라도 신빙성이 없다. 전쟁은 남한에도 파멸적인 비용을 초래하므로 남한이 이를 수행할 유인이 없고 북한도 이 사실을 합리적으로 예상할 수 있기 때문이다. 그러나 "남북 이산가족의 상봉이 좌절된다면 남북관계가 악화될 것이다. 그 결과 국회에서 경제협력과 평화협정체결에 제동을 걸게 될 확률이 높고 그 책임은 전적으로 북측에 있다"는 메시지가 훨씬 더 신빙성이 있다. 또 다른 예로 시험을 치를 때 제한시간을 넘겨서 답을 쓰는 학생들이 있기 마련이다. 이때 "3분이 지나면 답안지를 받지 않고 영점 처리하겠다"는 벌칙의 신빙성은 낮지만 "1분씩 늦을 때마다 5점씩 감점한다"는 메시지는 신빙성이 크다. 일단 한 발 들여놓은 다음 슬그머니 다른 한 발도 들여놓는 이른바 '살라미 전술'(salami tactics)도 좋은 예다.

다섯째, 어느 정도의 위험을 고의적으로 만들어내는 이른바 '벼랑끝 전술'(brinkmanship)을 들 수 있다. 상대방을 벼랑 끝으로 몰고 가 먼저 눈을 깜빡이도록 만든다는 의미에서 붙여진 이름이다. 벼랑 끝에 서서 내 요구를 들어주지 않으면 밀어버리겠다고 위협한다. 물론 상대방이 떨어지게 된다면 혼자 떨어지지 않고 물귀신처럼 나를 붙잡고 같이 떨어지게 되리라는 걸 안다. 벼랑끝 전술의 대표 사례는 1962년 소련의 흐루쇼프와 미국의 케네디 간에 벌어진 쿠바 미사일 위기이다. 소련의 미사일 기지 설치, 미국의 해상봉쇄, 핵전쟁 촉발 위험, 소련의 철수로 이어지는 일련의 사태는 벼랑끝 전술을 구사한 케네디의 승리로 끝났다. 그러나 벼랑끝 전술의 위험은 간혹 양측이 끝까지 버티면서 비극을 맞기도 한다는 것이다. 1989년 중국 천안문에서의 과잉진압 결과 공산정부와 학생들은 모두 큰 대가와 후유증을 치렀음은 좋은 사례다.[12]

---

12 벼랑끝 전술의 사례는 Dixit and Nalebuff(2008) 제6장에서 인용하였다.

Game Theory

Chapter 06 | 전개형게임의 응용

6.1 선점효과가 있는 과점시장

쿠르노 모형에서는 개별 기업이 서로 상대방의 생산량을 주어진 것으로 간주하기 때문에 기업 간의 상호의존 관계가 동등하다. 그러나 기업들의 생산시점이 순차적이거나 기업 간의 경쟁력의 차이가 매우 크면 일부 기업은 선도자(先導者, leader)가 되고 나머지 기업은 추종자(追從者, follower)가 되는 상황이 발생할 수 있다.

스타켈버그(Stackelberg 1934)는 두 기업 중 한 기업이 선도자이고 다른 기업은 추종자인 복점모형을 제시했다. 추종자는 쿠르노 모형에서와 같이 선도자의 생산량을 주어진 것으로 가정하고 생산량을 결정하는 데 비해, 선도자는 추종자의 반응을 미리 고려하여 적정생산량을 결정한다. 이러한 모형에서는 선도자와 추종자가 사전적으로 정해져 있고 이 사실을 두 기업 모두 알고 있는 상황과 두 기업 중 누가 선도자이며 누가 추종자인지 불분명한 상황이 있을 수 있다. 이제 각각의 경우에 대하여 차례로 설명하고자 한다.

6.1.1 스타켈버그 과점 모형

부분게임완전균형

기업1이 선도자이며 기업2가 추종자라고 하자. 비교를 위하여 쿠르노 모형에서의 시장수요함수 $P=a-(q_1+q_2)$를 그대로 사용하자. 두 기업은 모든 면에서 완전히 동일하며, 평균생산비와 한계생산비는 c로 항상 일정하다.

제2장 2.1절에서 도출한 바와 같이 기업1의 생산량이 q_1으로 주어졌다는 가정하에 기업2의 이윤극대화 생산량은 식 6.1과 같다.

$$q_2=\frac{1}{2}(a-c-q_1) \tag{6. 1}$$

한편 기업1은 자신이 q_1만큼 생산한 후에 기업2가 식 6.1만큼 생산할 것임을 미리 예상할 수 있다. 따라서 기업2의 반응함수를 기업1의 이윤 식 6.2에 대입하면 결국 기업1의 이윤함수가 식 6.3과 같이 도출된다.

$$u_1=(P-c)q_1 \tag{6. 2}$$

$$=(a-c-q_1-q_2)q_1$$

$$u_1=\frac{1}{2}(a-c-q_1)q_1 \tag{6. 3}$$

선도자인 기업1의 이윤(식 6.3) 극대화를 위한 적정생산량을 구하면 $q_1^*=\frac{1}{2}(a-c)$이다. 추종자인 기업2는 기업1의 생산량 $q_1^*=\frac{1}{2}(a-c)$에 대응하여 그의 반응함수(식 6.1)대로 생산량을 결정한다. 따라서, 기업2의 균형생산량은 $q_2^*=\frac{1}{4}(a-c)$ 단위이다.

기업1이 선도자인 스타켈버그 모형에서 부분게임완전균형은 〈그림 6-1〉의 점 S_1로 표시된다. 기업1의 생산량은 $\frac{1}{2}(a-c)$이고 기업2의 생산량은 $\frac{1}{4}(a-c)$이므로, 시장 총생산량은 $\frac{3}{4}(a-c)$가 된다. 이를 시장수요함수에 대입하면 시장균형가격 $P^*=\frac{a+3c}{4}$가 구해진다. 선도기업의 극대화된 이윤은 $\frac{1}{8}(a-c)^2$단위이며, 추종기업의 이윤은 $\frac{1}{16}(a-c)^2$단위이다. 대칭적 논리에 의하며, 기업2가 선도자이고 기업1이 추종자인 경우 부분게임완전균형은 〈그림 6-1〉의 점 S_2로 표시되어 있다.

그림 6-1 **생산량 결정 복점모형에서 부분게임완전균형**

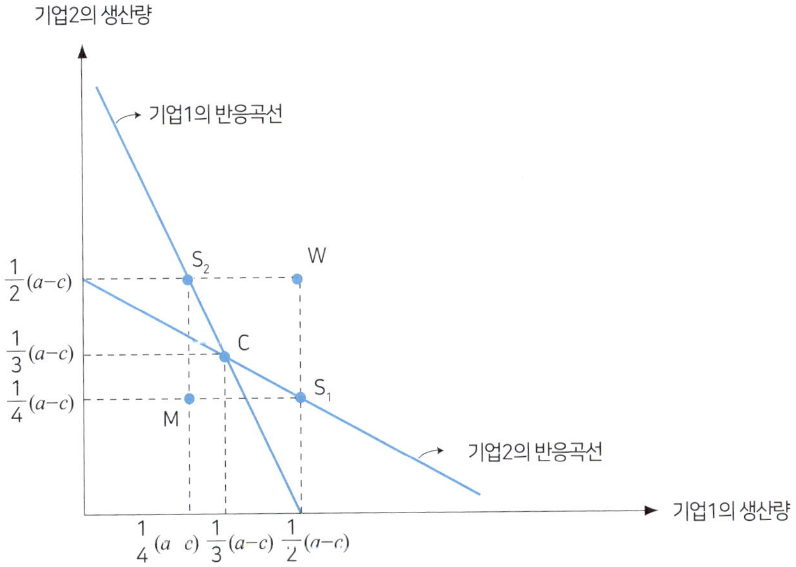

S_1 : 기업1이 선도자이고 기업2가 추종자일 때 부분게임완전균형
S_2 : 기업2가 선도자이고 기업1이 추종자일 때 부분게임완전균형
C : 두 기업이 모두 추종자로서 행동하는 쿠르노 모형에서 내쉬균형
W : 두 기업 모두 선도자로서 행동하는 스타켈버그 전쟁상태
M : 두 기업이 독점이윤을 균등하게 나누는 완전담합

Practice 6-1

과점시장에서 조업하는 n개의 기업이 순차적으로 생산량을 결정한다. 기업1이 생산량 q_1을 정하면, 그 다음으로 기업2가 생산량 q_2를 결정하고, 그 다음 기업3이 생산량 q_3을 결정하는 식이다. 기업i가 생산량을 결정하는 시점에서 기업1~기업$(i-1)$가 얼마만큼의 생산량을 결정했는지는 알고 있으며, 이 정보는 모든 기업 간에 주지사실이다. 생산비는 전혀 들지 않으며 시장 수요함수는 $P=1-\sum_{i=1}^{n} q_i$이라 가정하자.

(1) $n=3$일 경우 부분게임완전균형을 구하라.

(2) 일반적인 n에 대하여 부분게임완전균형을 구하라.

Practice 6-2

시장수요함수가 $P=1-Q$이며, 공급측면에서 N개($N \geq 3$)의 동질적 기업들이 조업하는 과점산업이 있다. 생산비는 전혀 들지 않는다고 가정하자. 첫 단계에 기업 1~K가 동시에 생산량을 결정하면, 두 번째 단계에 나머지 기업 $(K+1)$~N이 동시에 생산량을 결정하는 과점모형에서 부분게임완전균형 생산량을 구하라. 또한 K에 따라 값이 어떻게 달라지는지 해석하라.

내쉬균형

우리는 기업1이 선도자이고 기업2가 추종자로 정해져 있는 순차게임에서 부분게임완전균형을 분석하였다. 그렇다면 이 게임의 내쉬균형은 무엇인가? 결론부터 말하자면, 〈그림 6-1〉에서 기업2의 반응곡선 위에 있는 모든 조합이 내쉬균형이다. 편의상 매개변수 $a=1$, $c=0$으로 놓고, 생산량 조합 $(q_1, q_2)=\left(\frac{2}{12}, \frac{5}{12}\right)$이 내쉬균형임을 설명하자. 기업2의 전략이 다음과 같다고 하자. "기업1이 $\frac{2}{12}$단위를 생산하면 나는 $\frac{5}{12}$단위를 생산하고, 기업1이 $\tilde{q}_1 \neq \frac{2}{12}$를 생산하면 나는 1단위를 생산하리라."[1] 또한 기업2의 전략에 대한 기업1의 신념이 기업2의 위 전략과 일치한다고 하자. 그러면 내쉬균형의 일관성 요건이 충족되며, 기업1의 최선응수는 $\frac{2}{12}$단위이고 그에 대한 기업2의 최선응수는 $\frac{5}{12}$단위이다.[2] 마찬가지 논리와 방법으로 우리는 $(q_1, q_2)=\left(\frac{10}{12}, \frac{1}{12}\right)$, $\left(\frac{1}{2}, \frac{1}{4}\right)$, $\left(\frac{1}{3}, \frac{1}{3}\right)$, 더 나아가 $(1, 0)$과 $\left(0, \frac{1}{2}\right)$을 잇는 직선상의 어떠한 조합이건 내쉬균형이 됨을 보일 수 있다.

요약하면, 〈그림 6-1〉에서 기업2의 반응곡선 위의 모든 조합이 내쉬균형이다. 이들 수많은 내쉬균형 가운데 신빙성 있는 위협에 근거한 균형 즉 부분게임완전균형은 단 하나 $\left(\frac{1}{2}(a-c), \frac{1}{4}(a-c)\right)$밖에 없다.

유의할 점이 있다. 경기자 및 행동집합이 같더라도 동시게임과 순차게임은 서로 다른 게임이며 따라서 균형도 다를 수밖에 없다. 동시게임인 쿠르노 모형에서의 내쉬균형(〈그림 6-1〉의 점 C)과 순차게임인 스타켈버그 모형에서의 내쉬균

---

1 단순화를 위해, 비균형경로상 기업2의 생산량을 $q_2=1$단위로 설정했다. 일반적으로는 "기업1이 $\tilde{q}_1 \neq \frac{2}{12}$단위를 생산한다면 나는 $q_2 \geq (1-\tilde{q}_1)$ 단위를 생산하리라"도 모두 내쉬균형의 비균형경로 전략으로 성립한다.

2 앞으로 나올 제7장 7.1절 최후통첩협상게임에서의 내쉬균형을 구하는 논리와 방법도 동일함.

형 간에는 직접적 관련이 없으므로 이 둘을 혼돈해서는 안 된다. 쿠르노 복점에서의 유일한 내쉬균형은 $\left(\frac{1}{3}(a-c),\ \frac{1}{3}(a-c)\right)$이다. 또한 쿠르노 모형은 동시게임이므로 원래 게임 외에는 다른 부분게임이 없고 따라서 부분게임완전균형은 내쉬균형과 동일하다.

6.1.2 선도-추종 관계

스타켈버그 균형에서 선도자의 이윤이 추종자의 이윤보다 크다. 따라서 선도-추종 관계가 구조적으로 이미 정해져 있다면 어쩔 수 없겠으나 그렇지 않다면 누구든 선도자가 되고 싶어 할 것이다. 이제 선도-추종 관계가 사전적으로 명확하지 않은 경우 개별 기업이 선도와 추종 간에 선택하는 상황을 분석하자. 이는 스타켈버그 복점 생산량 결정 게임을 시작하기 전에 두 기업이 선도 혹은 추종 여부를 동시에 선택하는 예선게임(pre-game)을 상정하고 그 결과에 따라 선도-추종 관계가 설정되는 것으로 봐도 좋다.

두 기업이 모두 선도자로서 생산량을 결정하는 경우 자원배분은 생산량 $q_1=q_2=\frac{1}{2}(a-c)$, 시장가격 $P=c$, 이윤 $u_1=u_2=0$이 된다. 이러한 상태는 완전경쟁 자원배분과 일치한다. 두 기업이 모두 선도자가 되려는 경우 초래되는 이 같은 경쟁적 상태는 '스타켈버그 전쟁상태'(Stackelberg warfare)로 불리기도 한다. 〈그림 6-1〉의 점 W는 스타켈버그 전쟁상태를 나타낸다.

만일 두 기업 모두가 추종자로서 행동한다면 제2장 2.1절에서 고찰한 쿠르노 모형에서와 동일한 결과를 얻는다. 즉, 생산량 $q_1=q_2=\frac{1}{3}(a-c)$, 시장가격 $P=\frac{a+2c}{3}$, 이윤 $u_1=u_2=\frac{1}{9}(a-c)^2$이다. 〈그림 6-1〉의 점 C는 두 기업이 모두 추종자로서 행동하는 쿠르노 모형에서 내쉬균형을 표시한다.

〈그림 6-2〉는 개별 기업이 선도 및 추종의 두 선택 중에 하나를 택할 경우 그 결과로 나타나는 전략형게임을 묘사하고 있다. 이 게임에는 두 개의 순수전략 내쉬균형이 존재한다. 첫째는 기업1이 선도자가 되고 기업2가 추종자가 되는 균형이고, 둘째는 기업2가 선도자가 되고 기업1이 추종자가 되는 균형이다. 〈그림 6-2〉에서 첫 번째 균형은 점선으로 동그라미 되어 있고 두 번째 균형은 실선으

그림 6-2 **선도자와 추종자가 불명확한 경우의 스타켈버그 복점모형**

		기업 2	
		선도	추종
기업 1	선도	0, 0	$\frac{1}{8}(a-c)^2, \frac{1}{16}(a-c)^2$
	추종	$\frac{1}{16}(a-c)^2, \frac{1}{8}(a-c)^2$	$\frac{1}{9}(a-c)^2, \frac{1}{9}(a-c)^2$

로 동그라미 되어 있다. 당연히 선도기업으로서 얻는 이윤이 추종기업으로서 얻는 이윤보다 더 크다.

〈그림 6-2〉의 게임에는 혼합전략 내쉬균형도 하나 존재한다. 개별 기업이 각각 $\frac{2}{11}$의 확률로 선도를 선택하고 $\frac{9}{11}$의 확률로 추종을 선택하는 것이다. 이 혼합균형에서 사후적으로는 네 가지 시나리오가 모두 발생할 수 있으며, 스타켈버그 전쟁상태가 실현될 수도 있다.

AM스테레오의 사례

FM스테레오라면 몰라도 AM스테레오는 들어보지 못했다고? 그렇다. 미국의 AM스테레오 사례는 스타켈버그 게임 양상의 표준경쟁에서 양쪽 진영의 기업들이 자신에게 유리한 표준방식을 끝까지 고집할 경우 생길 수 있는 비극을 잘 말해준다.

1970년대 후반 당시 마그나복스(Magnavox), 모토롤라(Motorola), 해리스(Harris), 벨라(Belar), 그리고 칸(Kahn) 등 다섯 업체가 서로 호환이 되지 않는 AM스테레오 방송시스템을 개발하여 미국통신위원회의 인가를 목표로 경쟁하고 있었다. 벌써 오래 전인 1959년부터 미국통신위원회는 AM스테레오 방송표준 채택 압력을 받아왔던 터였다. 1980년 미국통신위원회는 마그나복스를 선정했다가 극렬한 반대에 부딪치자, 1982년 시장에 맡기기로 결정을 번복했다. 다섯 시스템

중 네 개가 라디오방송사와 라디오수신기 제조업체들을 경쟁적으로 끌어당기며 혼전이 시작되었다. 1980년대 라디오산업의 선도 사업자는 라디오수신기 제조업의 지배적 제조업체였던 제너럴모터스(GM) 산하의 델코전자(Delco Electronics)였는데, 델코는 모토롤라 방식을 채택했다.

당시 AM스테레오는 자동차용 라디오 소매가격에 20달러내지 40달러 정도가 추가될 것으로 추정되었다. 이는 제조업체들 입장에서 대단한 부가가치라고 보기 어려웠다. 반면 라디오방송국들은 어떠한 표준방식이 채택될지도 모르는 불확실한 상황에서 값비싼 방송기기에 투자하기를 꺼렸다. 라디오방송국들은 표준 미채택에 따른 시장 혼전과 청취자수 부족을 이유로 AM스테레오 방송을 계속 미뤘다. 결국 AM스테레오는 공급기업들이 호환성을 거부하고 자신의 기술이 표준으로 선정되도록 극심한 경쟁에 돌입함으로써 시장 형성이 무산된 대표 사례로 남아 있다.

6.2 뱅크런 금융공황

6.2.1 뱅크런의 자기실현적 성질

뱅크런(bank runs)이란 다수의 예금자들이 예금을 인출함으로써 금융기관의 보유고가 고갈되어 버릴 것이라는 우려가 팽배하고, 이러한 우려 때문에 금융기관의 붕괴가 현실화되는 것을 의미한다. 은행, 증권회사, 투자회사 등 금융기관은 예입금액의 일부를 지불준비금으로 보유하고 나머지 금액을 대출하거나 투자한다. 예금자들의 인출액이 지불준비금 이하일 때에는 문제가 없으나, 지준금을 초과할 때에는 대출·투자금의 일부 또는 전부를 회수해야 한다. 대출에는 만기가 있고 투자는 일정 기간 후에 수익을 얻을 수 있으므로, 이 기간이 되기 전에 대출이나 투자금을 회수할 경우 은행은 상당한 비용을 치르게 된다. 예금인출사태가 발생할 때 일찌감치 인출해간 예금자들은 원리금을 받아가겠지만 뒤늦게 달려온 예금자들은 원금조차 건지지 못 할 수 있다.

1929년 대공황을 비롯하여 대부분의 공황은 뱅크런과 그로 인한 금융기관의 붕괴를 수반하였다. 우리나라에서도 1997년 말 시작된 외환위기로 인하여 종합금융사, 시중은행, 증권회사 등 금융기관의 부도가 현실로 나타날 가능성이 높아지자 뱅크런이 있었다. 본절에서는 다이아몬드와 딥비그(Diamond and Dybvig 1983)가 개발한 모형을 중심으로 뱅크런과 그 해결책에 대해서 설명한다.[3]

〈그림 6-3〉은 예금인출게임의 전개형을 나타내고 있다. 오늘 두 명의 예금자1과 예금자2가 각각 10억원의 돈을 은행에 예금했다. 은행은 예입금 20억원을 장기투자에 출자하였다. 투자 만기인 모레까지 유지되면 총 24억원을 벌어들인다. 하지만 은행이 만기 전에 투자금을 회수할 때에는 거래비용·해약금·투자손실 등으로 인하여 16억원만 건지게 된다고 하자.

예금자는 내일 예입액을 인출할 수도 있고, 만기까지 유지할 수도 있다. 두 예금자가 모두 내일 예금을 동시에 찾는다면, 은행은 투자를 중도에 회수해야 하므로 각 예금자에게 8억원씩만 지급할 수 있다. 한 예금자만 먼저 은행으로 달려온다면, 먼저 인출한 사람은 원금 10억원을 돌려받지만 뒤늦게 인출대열에 낀 나머지 한 사람은 6억원만을 건질 수 있다. 두 예금자 모두 예금을 하루 더 유지하기로 결정하면, 게임은 다음 기(모레)로 넘어가고 은행은 투자수익 24억원을 돌려줄 준비가 된다. 모레 인출하는 예금자는 원금과 이자를 포함하여 12억원을 얻는다. 예금 만기가 되었는데도 이를 찾아가지 않으면 예금자는 다른 곳으로부터 추가로 벌 수 있는 수익을 기회비용으로 지불하는 셈이므로 보수가 11억원으로 줄어든다고 하자.

〈그림 6-3〉의 예금인출게임은 2기간 게임이므로, 역진귀납법을 적용하여 부분게임완전균형을 구하면 된다. 내일이 지나 모레가 되었다고 하자. 예금 인출이 강우월전략이므로 모레가 되면 두 예금자는 모두 인출을 하고 각자 12억원씩의 보수를 얻는다. 그러므로 모레의 전개형게임 자리에 보수벡터 (12, 12)로 대체해도 무방하다. 이제 시간을 거슬러 올라와서 내일 예금자들의 전략을 분석하자. 내일 게임에는 (인출, 인출)과 (유지, 유지)의 두 개의 순수전략 내쉬균형이 존재한다.

---

3 본절에서는 금융시장에서의 뱅크런을 다루지만 전쟁, 공황, 전염병 확산이 예견되는 상황에서 시민들의 생필품 '사재기'도 동일한 논리와 분석틀로 설명할 수 있다.

그림 6-3 예금인출사태의 전개형게임

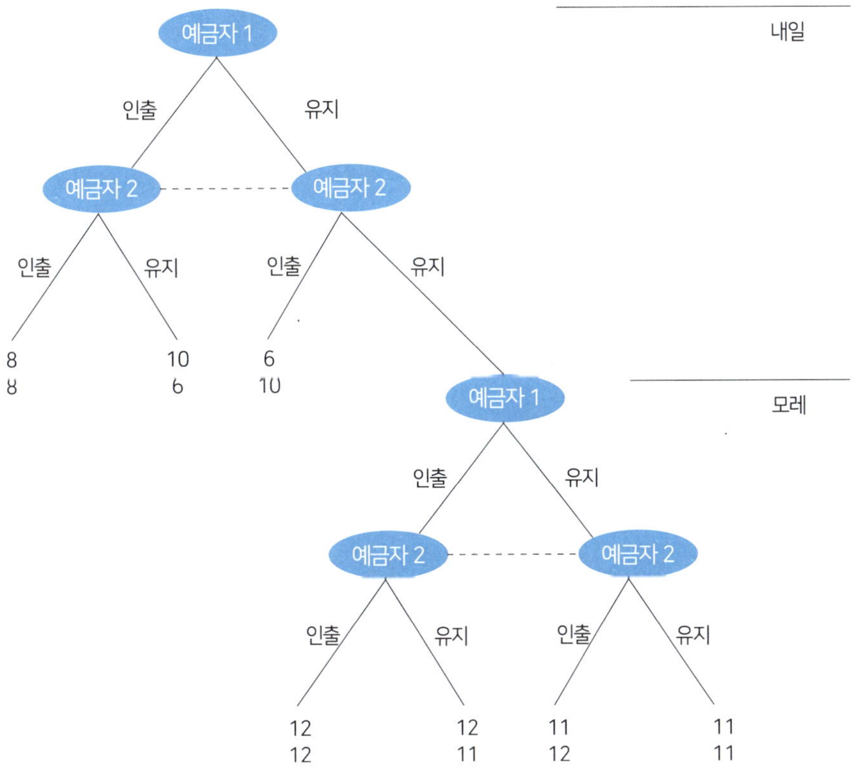

부분게임완전성이란 모든 부분게임에서 내쉬균형 요건을 충족하는 성질이므로 이상을 요약하면, 예금인출게임에는 두 개의 부분게임완전균형이 존재한다.

첫 번째 균형에서는 두 예금자 모두 돈을 인출한다. 이 균형은 예금자들의 뱅크런 우려와 그 우려의 현실화로 특징지어진다. 예금자1이 인출할 것이라고 예금자2가 믿는다면 예금자2는 당장 은행으로 달려가는 것이 최선이다. 예금자2가 인출할 것이라고 예금자1이 믿는다면 예금자1도 역시 당장 은행으로 달려가는 것이 최선이다. 여기서 예금자1의 인출전략은 예금자2의 입장에서 예금자1에 대하여 가졌던 기대와 일치하므로, 균형의 조건인 자기실현적 예언을 충족시키고 있다.

두 번째 내쉬균형에서 예금자들은 인출하지 않고 모레까지 기다린다. 이 경우 개별 예금자는 12억원의 보수를 벌어들인다. 다른 예금자가 만기까지 기다릴 것이라는 기대를 갖는다면, 나도 만기까지 기다리는 것이 최선이다. 즉, 낙관적 기대가 모든 예금자들 사이에서 팽배하면 실제로 낙관적인 일이 벌어진다. 따라서 두 번째 내쉬균형 역시 자기실현적 예언을 만족시킨다.

두 완전균형 간에는 파레토 서열(Pareto-ranked)이 있으며 후자가 전자보다 사회적으로 우월하다.

Practice 6-3

제0기에 N명이 1억원씩을 특정 금융투자 상품에 투자하였다. 제1기에 개별 투자자는 환매할 수도 있고 자제할 수도 있다. 환매자의 수 n이 K 이상이면 금융투자사는 자금을 급히 회수해야 하고 αN억원만을 건질 수 있다.(여기서, $0 \le \alpha < 1$) 이때 환매 신청자 n명은 각자 $\max\left\{1, \dfrac{\alpha N}{n}\right\}$씩을 챙기지만 자제 투자자 $(N-n)$명은 잔여재산 $\max\{(\alpha N-n), 0\}$억원을 나눠 갖게 된다. 환매자의 수가 K명 미만이라면, 제2기로 넘어가서 금융회사는 꽤 높은 투자수익을 거두며 그때까지 기다린 투자자들은 각자 $(1+\beta)$억원의 투자수익을 얻게 된다.(여기서, $\beta > 0$) 제2기가 지나면 만기 원리금을 찾아서 재투자하는 것이 강우월전략이라 하자.

(1) 순수전략 완전균형을 모두 구하고, 사회최적과 연계하여 설명하시오.

(2) 이제 $N=3$, $K=2$ 그리고 $\dfrac{2}{3} \le \alpha < 1$이라 가정하자. 개별 투자자가 환매할 확률은 p라고 놓고, 혼합전략 완전균형을 구하시오. 또한 이 완전균형이 매개변수 α와 β의 크기에 따라 어떠한 영향을 받는지 분석한 다음 현실성이 있는지 설명하시오.

6.2.2 예금보험제도를 통한 신뢰성 회복

6.2.1항에서 설명한 바와 같이 뱅크런은 자기실현적 성격을 갖는다. 다시 말해서 뱅크런과 그에 따른 금융체제 붕괴라는 최악의 사태가 그야말로 예금자들의 기대에 달려 있다. 현실 세계에서는 이를 방지하기 위한 제도적 장치들이 있다.

예금동결(預金凍結, suspension of convertibility)이란 일정 액수 이상의 예금이

인출될 경우 나머지 예금액이나 예금자에 대해서는 일정 유예기간이 경과한 다음 지급하는 조치이다. 예금동결은 특별조치인 데 반해 예금보험제도(預金保險制度, deposit insurance)는 제도화된 예금자보호 정책이다. 최초의 예금보험제도는 1829년 미국에서 시작되었으나 기금 부족으로 1846년 폐지되었다. 예금보험제도를 국가차원에서 최초로 도입한 국가는 구(舊) 체코슬로바키아로서 1924년 시작하였으나 1938년에 폐지하였다. 1929년 시작된 대공황으로 미국의 수많은 은행들이 도산하자, 예금보험제도의 필요성이 재인식되었다. 1934년에 전 미국을 관장하는 연방예금보험공사(FDIC: Federal Deposit Insurance Corporation)가 은행법에 의거하여 설립되어 예금보험 가입 은행을 대상으로 예금보험업무와 감독업무를 수행하고 있다. 영국은 전통적으로 금융기관의 자주적(自主的)인 규제를 존중하여 권고나 요청 등을 통하여 감독을 행하여 오다가 1987년에 은행법 개정과 발맞추어 예금보험제도를 도입하였다.

우리나라에서는 전통적으로 은행들이 부실채권으로 인하여 위기에 처할 경우 한국은행이 장기 저리(低利)의 특별융자금을 제공함으로써 부실은행들을 구제해 왔다. 그러나 특별융자제도는 정경유착, 인플레이션 유발, 은행의 재무건전성 악화 등 많은 문제를 초래했다. 이러한 문제가 인식되면서 1995년 제정된 예금자보호법에 따라 1996년 6월 은행예금보험을 관리할 예금보험공사가 창설되었고 1997년 1월부터 은행예금보험제도가 발효되었다.

예금보험제도에 대해서는 찬반양론이 있다. 예금보험제도는 부실 금융기관에 대한 자동 개입을 의무화하는데, 이는 금융기관에 대한 예금자의 신뢰 확보에 큰 도움이 되고 결과적으로 금융시스템의 안정을 가져온다는 것이 찬성론이다. 반면 반대론에 따르면 예금보험제도는 오히려 금융기관들의 도덕적 해이를 유발하여 금융시스템의 안정화를 저해할 수 있다. 이들은 한국은행이 최종대부자(last resort)로서의 기능을 제대로 담당하도록 함으로써 예금자의 신뢰성이 확보되고 개별 은행의 도산이 전체 금융시스템으로 전이될(contagious) 가능성을 줄일 수 있다고 주장한다. 예금보험제도의 시행이나 한국은행의 최종대부자 기능 강화는 모두 동일한 취지를 갖는다. 즉, 뱅크런과 금융공황이 자기실현적 성격을 갖고 있으므로 예금자들의 비관적 기대를 제어함으로써 금융시스템의 안정화를 꾀하자는 것이다.

Practice 6-4

[금융투자 신탁게임(Trust game)] 투자자가 1억원의 자금 가운데 T억원만큼은 수탁자(trustee)에게 맡기고 나머지 $(1-T)$억원은 자신이 갖는다. 수탁자가 수탁자금 T를 투자하면 $2T$억원의 총수익이 발생한다. 수탁자는 $2T$억원의 금액을 자신과 투자자에게 어떻게 배분할지를 결정한다. 이때 수탁자 자신이 갖는 금액을 Y라 놓자. 이 게임은 일회성이며 두 사람은 다시는 만날 일이 없다고 가정하자.

(1) 전개형게임을 묘사하라.
(2) 부분게임완전균형을 구하라.
(3) 부분게임완전균형보다 사회적으로 우월한 최적 자원배분을 구하라.
(4) 부분게임완전균형보다 우월한 자원배분이 달성하도록 하려면 어떠한 방안이 있겠는가?

6.3 소비자 예속

6.3.1 전환비용과 소비자 예속

소비자 예속(消費者 隷屬, lock-in)의 개념을 이해하기 위하여 자동차와 컴퓨터를 비교해 보자. 자동차를 바꿀 때가 된 사람이 현재 몰고 다니던 차가 토요타 제품이라고 해서 다음 번에도 토요타를 구입해야 할 이유는 별로 없다. 현대나 쉐보레를 구입한다고 해도 금방 새 차에 적응하여 운전하는 데에는 아무런 문제가 없다. 반면 애플 Mac 컴퓨터를 오랜 기간 사용하던 사람이 윈도우즈나 유닉스(Unix) 방식으로 바꾸기는 매우 어렵다. 그 이용자가 구입했던 소프트웨어는 Mac에서만 작동하므로 소프트웨어 여러 개를 새로 구입해야 한다. Mac의 기능에 익숙해 있으므로 새 기종의 사용법을 배워야 한다. Mac을 사용하는 주위 사람들과 파일 교환에도 문제가 발생하게 된다.

Mac 사용자는 Mac에만 독특하게 적용되는 각종 보완재(소프트웨어, 사용법, 주변기기, 주변의 가까운 이용자들)에 이미 상당한 투자를 해 놓은 상태에 있다. 따라서 다른 시스템으로 바꾸려면 상당히 높은 전환비용을 지불해야만 한다. 이 경우 Mac의 성능이 너무 형편없다든지, 가격이 지나치게 비싸다든지, 주변 사람들이 모두 윈도우즈 컴퓨터로 바꾸었다든지 하는 필연적인 이유가 없는 한 다른 시스템으로 바꾸려 하지 않는다. 이처럼 한 제품에서 다른 제품으로 전환하는 데 소요되는 비용이 상당히 클 경우 소비자들은 예속효과에 직면한다. 즉, 특정 제품의 소비에 발을 들여놓으면 빠져 나오지 못하고 점점 더 깊이 잠기게 된다. 자동차와 컴퓨터의 비교에서 알 수 있듯이 소비자 예속효과는 정보통신시장에서 특히 많이 나타난다.

소비자 예속을 게임이론적 관점에서 보면 부분게임완전균형의 개념과 밀접하게 연관된다. 예속효과가 있는 시장에서 조업하는 기업은 초기에 무상 혹은 저가 공세, 끼워팔기, 공격적 광고 등 각종 마케팅 전략을 구사하여 소비자들이 자신의 제품을 사용하도록 유도한다. 소비자들이 일단 자신의 제품 사용에 익숙해져서 상당히 높은 전환비용이 형성되면 '예속된' 고객들을 대상으로 높은 이윤을 얻어낼 수가 있다. 기업의 이러한 전략을 합리적으로 예측할 수 있는 소비자는 처음부터 아예 특정 제품에 예속되는 현상을 막기 위해 대응 전략을 구사할 수 있다.

6.3.2 벨아틀랜틱의 AT&T 교환기 설치[4]

1980년대 중반 벨아틀랜틱(Bell Atlantic)은 AT&T로부터 30억 달러어치의 최신 5ESS 디지털교환기를 구입하여 설치했다. 이 교환기는 개당 수백만 달러가

4 벨(Alexander G. Bell 1847~1922)이 전화기를 발명하고 1877년 설립한 벨전화회사는 이후 백년 가까이 미국의 전화 서비스와 장비제조 산업을 지배했다. 법무부는 셔먼(Sherman) 반독점법 위반 혐의로 1974년 벨전화회사를 기소하였고 패소를 예감한 벨은 1982년 강제분할에 동의하였다. 국제전화서비스 및 장비제조는 AT&T가 맡고, 국내전화 부문은 7개의 지역벨전화회사(Regional Bell Operating Companies: RBOC)로 나누어 1984년 완전 해체되었다. 벨 분할 이후 통신기술은 비약적으로 발전(특히 무선통신 상용화와 인터넷 확산)하였고 정보통신산업은 무한경쟁 체제에 돌입하였다. 이에 미국은 1996년 통신법을 개정하였고, 벨 계열 통신사들과 비(非)벨 계열 정보통신사들의 복잡한 합종연횡 및 인수합병을 거듭하여 현재는 예전 모습을 찾아보기 어렵다. 벨아틀랜틱은 RBOC 중 하나였으며 본 항의 사례는 벨 분할 즈음부터 1995년 사이에 벌어진 일화를 다루고 있다.

넘는 크고 복잡한 기계였는데, 주컴퓨터를 전송 및 여타 통신장비에 연결하는 특수 장치였다. 벨아틀랜틱은 디지털통신 시대를 열겠다는 야심찬 계획하에 노던 텔레콤(Northern Telecom)이나 지멘스(Siemens)의 교환기 대신 성능이 월등히 우수한 AT&T를 택했다.

5ESS 교환기는 AT&T에 의해 통제되는 운용시스템을 채택하고 있었기에 벨아틀랜틱은 용량을 확장하거나 이 교환기를 새 주변기기에 연결할 때마다 매번 운용체제 업그레이드나 인터페이스 개발을 위해 AT&T에 의존할 수밖에 없었다. 그렇다고 30억 달러나 들여 설치한 AT&T의 장치를 교체하기는 불가능했으므로 벨아틀랜틱은 AT&T 교환기에 예속되어 버린 꼴이 되었다.

벨아틀랜틱의 통신시스템이 "888"로 시작되는 무료통화를 인식할 수 있도록 개량해야 했을 때 벨아틀랜틱은 AT&T와 협상을 벌여야 했다. AT&T가 벨아틀랜틱에게 교환기 개량에 필수적인 컴퓨터 코드를 제공하지 않았기 때문이었다. 결국 벨아틀랜틱은 888번호 인식에 필요한 소프트웨어를 제공하는 대가로 AT&T에게 8백만 달러를 지불했다. 비슷한 이유로, 수년 후 벨아틀랜틱은 음성인식 다이얼 서비스를 제공하기 위하여 AT&T에게 1천만 달러를 지불했다.

AT&T 입장에서 보면 자신의 5ESS 디지털교환기를 구매해서 설치한 고객은 그야말로 '봉'인 셈이었다. AT&T가 위에 언급한 식으로 소프트웨어를 승급해서 판매한 수익은 교환기 관련 총수입의 30~40%에 달했다. 다른 회사는 제쳐두고 벨아틀랜틱 하나가 교환기 운용체제 업그레이드를 위해 AT&T에 지불했던 돈이 매년 1억 달러에 달했다. 더구나 AT&T는 5ESS 교환기 운용체제에 대한 지적재산권을 갖고 있었기 때문에 다른 기업들이 호환성 있는 제품이나 인터페이스를 만들어 벨아틀랜틱에게 공급할 수도 없었다. 견디다 못한 벨아틀랜틱은 1995년 AT&T를 독점화에 의한 불공정거래행위로 제소했다. 하지만 디지털통화 시대를 앞당기겠다는 욕심 때문에 AT&T가 독점권을 갖고 있던 디지털교환기로 성급히 교체하여 벨아틀랜틱이 AT&T에 예속된 결과는 자업자득이었으므로 누구를 탓하기도 어렵게 되었다.

6.3.3 기타 사례들

마약 밀매업자들은 소비자 예속을 잘 이해하고 있는 집단이다. 마약업자들은 한 번도 마약을 사용해 본 적이 없는 사람들을 온갖 감언이설로 꾀어서 — 심지어 강제로 — 일단 마약을 사용하도록 유도하고 공짜로 제공하는 경우도 많다. 일단 소비자가 마약에 탐닉하면 금단현상과 중독으로 마약을 끊기가 거의 불가능하다. 다시 말해서, 전환비용이 높다. 특정 소비자가 마약에 중독되었다는 사실을 알면 마약업자들은 그에게 엄청나게 높은 가격을 요구한다. 높은 가격이 부담스럽지만 이미 마약에 '예속된' 중독자는 마약 구입 자금을 마련하기 위하여 수단과 방법을 가리지 않는다. 그런데 합리적인 사람이라면 이 모든 과정을 사전에 예측할 수 있으므로 처음부터 마약에 손을 대지 않을 것이다.

대부분의 항공사에서 제공하는 마일리지 제도도 소비자 예속 전략의 하나이다. 누적된 마일리지로 무료 항공권을 받거나 좌석 승급을 할 수 있다. 누적 마일리지가 높아질수록 경품 제공, 수하물 초과 허용, 비즈니스 라운지 이용 허가 등 각종 혜택이 추가로 주어진다. 따라서 어떤 고객이 특정 항공사의 마일리지를 충분히 적립하면 다음 여행이나 출장 때에도 웬만하면—심지어 요금이 다소 비싸더라도— 그 항공사를 이용할 유인이 크다.

상표명에의 특화도 소비자 예속의 한 유형이다. 1990년 초반까지 전 세계의 여객용 및 화물용 항공기 제조산업은 보잉(Boeing)과 맥도넬-더글라스(McDonnell-Douglas) 양사가 주도하는 과점산업이었다. 대부분의 항공사들은 이들 두 기업으로부터 항공기를 구입하여 운항하고 있었다. 그러다가 주요 항공사들이 동일 제조업체에서 생산되는 항공기를 구입하는 것이 유지관리와 승무원 훈련을 용이하게 하고 그 결과 안전운항에 도움이 된다는 사실을 인식하면서 판도가 달라졌다. 1990년대 중반 아메리칸에어라인(American Airlines), 델타(Delta), 콘티넨탈(Continental) 등이 향후 20년간 모든 기종을 보잉에서 구입하기로 결정했다. 보잉은 비행기의 크기와 용도에 따른 다양한 모델을 생산하고 있었던 반면 맥도넬-더글라스는 그렇지 못했기 때문에 맥도넬-더글라스 기종으로 통일하기는 힘들었다. 항공사들이 보잉 제품에 자발적으로 예속됨으로 인하여 맥도넬-더

글라스는 심각한 타격을 입었고 결국 1996년 보잉에 합병되었다.

특정 제품의 구매처가 단 하나뿐인 공급특화의 경우 예속 현상은 과소투자를 초래한다. 완성차 제조업체인 기업A가 자사의 고급차에 설치되는 전자제어장치를 부품업체B로부터 납품받기 원한다고 하자. 부품업체가 그 전자제어장치를 개발하기 위해서는 100억원의 연구개발비가 소요된다고 가정하자. 또한 그 전자제어장치는 기업A의 고급차에만 장착되는 장비이기 때문에 다른 회사에게는 판매할 수도 없는 특화된(firm-specific) 제품이라고 가정하자. 부품업체B는 전자제어장치를 개발할 것인가? 이에 대한 대답은 부정적이다. 일단 부품업체B가 100억원을 들여 전자제어장치의 대량생산에 돌입하면 기업A는 B에게 제어장치의 한계생산비를 간신히 넘는 저가에 구입하려고 할 것이다. 기업B의 입장에서는 이미 개발은 해놓은 상태이고 다른 곳에는 팔 수도 없으니 '울며 겨자 먹기'로 한계생산비라도 받고 판매하는 편이 낫다. 즉, 기업A에 의한 강탈(hold-up)이 발생하는 것이다. 그런데 기업B는 이러한 미래 상황을 합리적으로 예측할 수 있으므로 처음부터 기업A의 요청을 거부하게 된다. 그 결과 경제적으로 가치있는 투자가 과소하게 이루어지거나 혹은 전혀 이루어지지 않게 된다.

이상의 설명한 내용과 '갑을'관계가 뒤바뀌기는 했지만 강탈문제는 실제 미국 자동차산업의 태동기에 발생했던 사건을 배경으로 이론화되었다. 당시 GM(General Motors)은 피셔바디(Fisher Body Company)와 배타적 계약을 맺고 차체를 독점 공급받았다. 1920년대에 들어서면서 자동차 수요가 급증하자 피셔바디는 차체 공급 중단을 협박 수단으로 GM에게 터무니없이 높은 납품가를 요구하였다. 양측은 소송을 불사하면서 불편한 납품관계를 지속하다가 급기야 1926년 GM이 피셔바디를 인수합병하면서 마무리되었다.

강탈에 의한 과소투자 문제를 해결하기 위해서는 사전에 양측 간에 법률적 효력이 있는 계약을 맺을 수 있다. 그러나 쌍방계약은 대부분 한시적이어서 계약기간이 끝나면 기업A에 의한 강탈행위가 재개될 여지는 여전히 남는다. 강탈문제의 근본적 해결 방안으로는—GM과 피셔바디의 사례처럼—아예 두 회사를 합병하여 수직결합(vertical integration)하는 방안이 있다. 노벨상 수상자 윌리엄슨(Oliver E. Williamson)은 자산특화와 비대칭정보로 인한 기회주의(opportunism)가

시장 형성을 가로막는 핵심 요인이라고 지적하면서 자본주의 기업이란 강탈 가능성으로 인해 발생하는 거래비용을 내부화하는 과정에서 나타난 조직이라고 보았다. 하지만 수직결합은 다른 한편으로 경제력 집중 강화나 기술혁신의 지체 등 부작용을 낳을 수 있다.

6.4 전략적 무역정책

세계 각국은 유치산업보호를 명분으로 수입관세, 수출보조금, 비관세무역장벽 등을 통한 보호무역주의를 오랫동안 무역정책의 기조로 삼아 왔다. 다른 한편으로, 세계 모든 나라들이 무역장벽을 동시에 철폐한다면 모든 국가의 국익과 후생이 동시에 증대된다는 자유무역주의도 꾸준히 세력을 키워 왔다. 제2차 세계대전 후 유지되어 오던「관세 및 무역에 관한 일반협정」(GATT: General Agreement on Tariffs and Trade)체제가 1994년 발족된 세계무역기구(WTO: World Trade Organization)체제로 바뀌고 주요국가들 간 자유무역협정(FTA: Free Trade Agreement) 체결이 늘어나면서 완전자유무역 기조가 대세를 이루는 듯 했다.

통상산업정책은 정부의 수출보조금 지급, 수입관세 부과, 비관세 장벽, 기업 연구기술개발비 지원 등으로 이루어지는데 자국뿐 아니라 경쟁국의 산업에까지 영향을 미치기 때문에 불공정무역으로 제소하기도 한다. 정부의 지원으로 산업 경쟁력을 향상시킬 수 있는가 하는 문제는 오랫동안 논란의 대상이었다. 특히 과거 일본의 통산성이나 한국의 경제기획원의 수출주도 산업정책이나 중국의 위안화 평가절하 정책은 경제개발을 견인한 성공적 정책이었다는 평가가 있다. 미국의 산업계와 노동계는 외국(특히 일본, 한국, 중국 등 동아시아 국가들) 기업들에 의한 미국 시장 잠식을 그들 정부의 적극적 자국기업 지원과 비관세 장벽 그리고 미국 정부의 방임 탓으로 돌리면서 강력한 산업육성정책 및 보호무역 강화를 요구해 왔다. 실제 미국 보수 정권의 보복관세 위협으로 촉발된 보호무역주의가 세계적으로 확산되리라는 우려가 상존한다.

리카도(David Ricardo)의 비교생산비설에 따르면 국가들 간에 서로 다른 재화에 대하여 생산의 비교우위(comparative advantage)만 있으면 자유무역을 통해 양국의 후생이 모두 높아진다. 리카도의 비교생산비설은 헥셔(Eli Hecscher)와 올린(Bertil Ohlin), 사무엘슨(Paul A. Samuelson)과 스톨퍼(Wolfgang F. Stolper), 레온티에프(Wassily Leontief) 등에 의해 계승 발전되었다. 전통적 국제무역론의 전제는 각국의 모든 산업이 완전경쟁적이어서 기업과 소비자들은 시장가격을 주어진 외생변수로 받아들이고 행동한다는 것이다. 그러다 보니 전통적 국제무역론은 세계 각국의 전략적 무역정책, 산업정책, 이익집단들의 로비, FTA협상과정의 줄다리기 등을 설명하기에는 한계가 있었다. 이에 1980년대부터 크루그만(Paul Krugman), 헬프만(Elhanan Helpman), 그로스만(Gene Grossman) 등이 게임이론적 분석틀을 국제무역 문제에 적용하여 현실설명력을 높이기 시작하였다. 이들은 각국 산업이 불완전경쟁적이어서 독과점 혹은 독점적 경쟁 구조를 갖고 있다고 가정하고 무역게임을 분석하기 시작했기에 전략적 무역정책론(Strategic trade policy)이라고도 불리며 오늘날 국제무역론의 주류를 이루고 있다.

본절에서는 두 개의 국가만이 존재하는 단순한 세계를 상정하고 폐쇄경제체제, 완전자유무역체제, 수입관세 부과정책의 세 가지 경우에 있어서 각국의 생산량, 시장가격, 소비자잉여, 기업이윤 및 국민후생을 분석하고자 한다.

양국간 통상게임

국가1과 국가2가 있다. 각국에는 독점기업이 존재하며, 규모에 대한 수확 불변 기술을 사용하여 동질적 재화를 생산한다. 구체적으로 개별 독점기업이 생산량 Q만큼을 생산하는 데 드는 총생산비는 cQ이라 하자.

국가1의 대표 기업인 기업1은 (h_1+e_1)만큼을 생산하여 이 중 h_1은 국내시장에서 내수용으로 판매하고 나머지 e_1은 국가2에게 수출한다. 기업2의 생산량은 (h_2+e_2)의 형태로 나타내자. 국가1의 재화시장에는 국내기업에 의하여 내수용으로 생산된 h_1과 국가2로부터 수입한 e_2만큼이 공급될 것이다. 국가 i에서 재화의 시장가격은 P_i이며, 국가 i의 시장수요함수는 다음과 같다고 가정하자.

$$P_i=a-(h_i+e_j) \qquad (6.4)$$

(여기서 $a>c$이며 $i=1, 2, j\neq i$)

기업1의 이윤은 내수 및 수출로 벌어들인 판매수입과 수출보조금 수령액을 합한 총수입으로부터 내수용 및 수출용 재화 생산 비용과 관세 지불액을 합한 총비용을 뺀 값이다. 기업1이 국내에서 판매하는 재화는 단위당 P_1씩의 가격을 받으며, 국가2로 수출한 재화는 단위당 P_2씩의 가격을 받으므로 기업1의 이윤은 다음과 같다.

$$\begin{aligned} u_1(h_1, e_1 | h_2, e_2) &= (P_1 - c)h_1 + (P_2 - c - t_2 + s_1)e_1 \\ &= (a - c - h_1 - e_2)h_1 + (a - c - t_2 + s_1 - h_2 - e_1)e_1 \end{aligned} \tag{6. 5}$$

여기서 s_1은 국가1이 자국기업에게 지급하는 수출보조금률이고 t_2는 국가2가 외국기업에게 부과하는 수입관세율이다. 기업2의 이윤도 유사하게 정의된다.

정부의 목표는 자국의 국민후생을 극대화하는 데 있다. 구체적으로 국가1의 후생은 식 6.6과 같다.

$$\begin{aligned} & W_1(t_1, s_1 | h_1, e_1, h_2, e_2) \\ & \quad = \text{소비자잉여} + \text{기업이윤} + (\text{관세수입} - \text{보조금지출}) \\ & \quad = \frac{1}{2}(h_1 + e_2)^2 + u_1 + (t_1 e_2 - s_1 e_1) \end{aligned} \tag{6. 6}$$

시장수요함수가 식 6.4처럼 선형인 경우 소비자잉여의 크기가 $\frac{1}{2}(\text{총소비량})^2$이라는 사실은 알려져 있다.

통상게임에 있어서 의사결정의 순서는 다음과 같다. 우선 각국 정부는 자국후생을 극대화하는 무역정책(수입관세율과 수출보조금률)을 정한다. 물론, 각국 정부는 무역정책을 임의로 결정하는 것이 아니라 각 정책하에서 자국 기업과 무역상대국 기업이 어떻게 행동할 것인가를 미리 고려하여 결정한다. 이렇게 주어진 무역정책하에서 각국 기업은 자신의 이윤을 극대화해 주는 내수생산량과 수출량을 정한다. 〈그림 6-4〉에 묘사된 통상게임은 양국이 각자 무역정책을 결정한 다음 기업들이 이윤 극대화 생산량을 결정하는 2단계 게임이므로 부분게임완전균형 개념을 적용하여 분석한다. 즉, 주어진 체제하에서 기업이 이윤극대화 생산량을 결정하는 부분게임을 먼저 분석하고, 그 다음 정부가 국민후생을 극대화하는

그림 6-4 **통상게임**

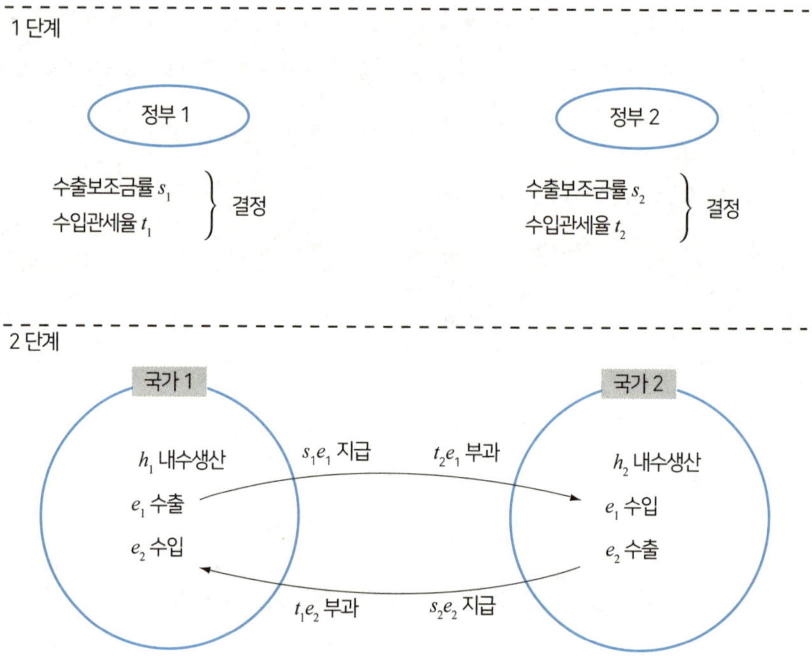

관세율과 보조금률을 결정하는 전체게임을 분석하는 역진귀납법을 이용하여 균형을 구한다.

이제 폐쇄경제, 완전자유무역, 수입관세, 수출보조금지급체제를 차례로 분석하고자 한다. 독자의 이해를 쉽게 하기 위하여, $a=12$ 및 $c=0$으로 놓자.

폐쇄체제(autarchy)

두 국가가 모두 폐쇄되어 있어서 무역이 전혀 없는 경우 생산량, 가격 및 기업이윤을 계산하자. 수출입 봉쇄하에서는 $e_1=e_2\equiv 0$이며 $Q_1=h_1$이다. 이 조건을 식 6.5에 대입하면 기업1의 이윤함수는 $u_1(Q_1)=(12-Q_1)Q_1$이다. 기업1의 이윤극대화 필요조건인 $\frac{du_1(Q_1)}{dQ_1}=12-2Q_1=0$을 풀어내면, 국가1의 균형소비량 6단위, 시장가격 6원, 소비자잉여 18단위, 기업이윤 36원이다. 국가1과 국가2는 동일하므로, 국가2에서의 소비량, 가격, 소비자잉여 그리고 기업2가 벌어들이는 이윤도 동일하다. 끝으로, 각국의 후생은 54단위(=18+36)이다.

완전자유무역(free trade)체제

양국 간 무역이 완전히 자유로운 경우 생산량, 가격 및 국민후생을 분석하자. 운송비, 보험료, 창고료와 같은 거래비용은 없으며, 관세나 보조금도 전혀 존재하지 않는다고 가정하자.[5]

기업1의 이윤함수는 다음과 같다.

$$u_1(h_1, e_1) = (12 - h_1 - e_2)h_1 + (12 - h_2 - e_1)e_1 \qquad (6.7)$$

이윤극대화의 필요조건은 기업1의 이윤함수를 기업1의 선택변수인 h_1과 e_1에 대하여 각각 편미분하고 이를 0으로 놓으면 얻어진다.

$$2h_1 + e_2 = 12 \qquad (6.8a)$$

$$h_2 + 2e_1 = 12 \qquad (6.8b)$$

동일한 논리와 방법을 기업2의 이윤극대화 문제에 적용하면, 위와 유사한 두 식이 도출된다.

$$2h_2 + e_1 = 12 \qquad (6.9a)$$

$$h_1 + 2e_2 = 12 \qquad (6.9b)$$

식 6.8a와 식 6.9b를 연립하여 풀고, 식 6.8b와 식 6.9a를 연립하여 풀면 개별 기업의 내수용 및 수출용 생산량이 계산된다. 이를 시장수요함수 및 이윤함수에 대입하면 각국에서의 시장가격과 개별 기업의 극대화된 이윤이 계산된다. 결과를 요약하면, 각국의 독점기업은 8단위씩을 생산하여 내수시장에서 4단위를 팔고 나머지 4단위는 상대국에 수출한다. 또한, 각국의 균형소비량 8단위, 시장가격 4원, 소비자잉여 32단위, 기업이윤 32원이다.

5 거래비용의 도입은 계산만 복잡하게 만들 뿐 결과에는 큰 영향을 미치지 못하므로, 다소 비현실적이기는 하지만 분석의 편의상 거래비용이 들지 않는다고 가정한다.

폐쇄체제와 자유무역하에서의 균형을 비교해보자. 자유무역하에서 개별 국가의 총소비량은 8단위로서 폐쇄경제하에서의 총소비량 6단위보다 크다. 또한, 자유무역하에서 재화 가격 4단위는 폐쇄경제하에서의 가격 6단위보다 낮다. 각국의 독점기업의 이윤은 자유무역하에서 낮으므로 독점기업은 폐쇄경제체제를 자유무역보다 선호한다. 반면에, 소비자들은 더 저렴한 가격에 더 많은 재화의 소비를 누릴 수 있으므로 소비자잉여는 자유무역체제에서 14단위(=32−18)만큼 더 높다. 자유무역체제하에서 개별 국가의 후생수준은 64단위(=32+32)로서 이는 폐쇄경제체제하에서 개별 국가의 후생수준 54단위보다 크다. 이러한 분석결과는 무역 개방이 독과점기업의 이윤과 이들 기업에서 일하는 근로자들의 후생은 감소시키고 일반 소비자들의 후생은 증대시킨다는 실증분석 결과와 일치한다.

수입관세의 효과

국가1은 무역상대국의 기업2가 자국에 수출하는 e_2에 대하여 단위당 t_1의 관세를 부과하며, 반면에 국가2는 기업1이 자국에 수출하는 e_1에 대하여 단위당 t_2의 관세를 부과한다. 수입관세의 효과 분석에 집중하기 위하여 수출보조금은 전혀 없다고 가정하자.

기업1의 이윤은 아래와 같다.

$$u_1(h_1,\ e_1\,|\,h_2,\ e_2,\ t_1,\ t_2)=P_1h_1+(P_2-t_2)e_1 \qquad (6.\ 10)$$
$$=(12-h_1-e_2)h_1+(12-h_2-e_1-t_2)e_1$$

기업1의 이윤극대화 조건은 기업1의 이윤함수를 기업1의 선택변수인 h_1 및 e_1에 대하여 각각 미분한 다음 이를 0으로 놓음으로써 구한다. 기업2의 이윤함수와 이윤극대화 조건도 동일한 논리에 의하여 구한다. 기업의 이윤극대화 조건은 모두 네 개의 방정식으로 나타나게 되며, 이 연립방정식 체계를 풀면 다음의 내수생산량 및 수출생산량이 도출된다.

$$h_1=\frac{1}{3}(12+t_1) \qquad (6.\ 11a)$$

$$e_1=\frac{1}{3}(12-2t_2) \tag{6. 11b}$$

$$h_2=\frac{1}{3}(12+t_2) \tag{6. 11c}$$

$$e_2=\frac{1}{3}(12-2t_1) \tag{6. 11d}$$

식 6.11a~6.11d를 각국의 시장수요함수 및 각 기업의 이윤함수에 대입하여 정리하면, 시장가격과 독점기업의 극대화된 이윤이 아래와 같이 도출된다.

$$P_1=\frac{1}{3}(12+t_1) \tag{6. 12a}$$

$$P_2=\frac{1}{3}(12+t_2) \tag{6. 12b}$$

$$u_1=\frac{1}{9}(12+t_1)^2+\frac{1}{9}(12-2t_2)^2 \tag{6. 12c}$$

$$u_2=\frac{1}{9}(12+t_2)^2+\frac{1}{9}(12-2t_1)^2 \tag{6. 12d}$$

이상의 논의로부터, 관세체제가 (t_1, t_2)의 형태로 주어지면 기업들은 식 6.11a~6.11d에 나타난 내수생산 및 수출물량을 결정하고 이에 따른 시장가격은 식 6.12a와 식 6.12b, 그리고 극대화된 기업이윤은 식 6.12c와 식 6.12d가 됨을 알았다.

이제 역진귀납법을 적용하여 정부의 관세 결정문제를 풀어 보자. 식 6.11a, 식 6.11d, 식 6.12c를 식 6.6에 대입하면 국가1의 후생함수가 식 6.13과 같이 도출된다. 국가1의 후생을 극대화하는 관세율은 목적함수 W_1을 선택변수 t_1로 미분하여 0으로 놓음으로써(식 6.14) 계산된다.

$$W_1(t_1, t_2)=\frac{1}{18}(24-t_1)^2+\frac{1}{9}(12+t_1)^2+\frac{1}{9}(12-2t_2)^2+\frac{1}{3}t_1(12-2t_1) \tag{6. 13}$$

$$\frac{dW_1(t_1, t_2)}{dt_1}=-\frac{1}{9}(24-t_1)+\frac{2}{9}(12+t_1)+\frac{1}{3}(12-4t_1)=0 \tag{6. 14}$$

식 6.14를 풀면 결과 $t_1^*=4$를 얻는다. 또한 국가1과 국가2는 모든 점에서 동일하므로, 국가2의 후생을 극대화해 주는 관세도 4단위임을 알 수 있다.

이제 부분게임완전균형에서 관세, 개별 기업의 생산량, 재화의 시장가격, 기업 이윤, 국민 후생을 정리해 보자. 우선 국가1과 국가2는 상대방 기업이 자국에 한 단위의 재화를 수출할 때마다 4단위씩의 관세를 부과한다. 양국에 의하여 관세체제가 $t_1^*=t_2^*=4$로 주어지면, 기업1과 기업2는 각자의 이윤을 극대화하는 내수생산량 및 수출량을 식 6.11a~11d에 의하여 결정한다. 동시에 각국의 시장가격과 기업 이윤은 식 6.12a~12d에 의하여 결정된다. 결과를 요약하면, 개별 기업의 내수생산량 $\frac{16}{3}$단위, 수출량 $\frac{4}{3}$단위, 이윤 $\frac{272}{9}\approx 30$단위이며, 개별 국가의 총소비량 $\frac{20}{3}$단위, 시장가격 $\frac{16}{3}$원, 소비자잉여 $\frac{200}{9}\approx 22$단위, 그리고 후생수준 $\frac{520}{9}\approx 58$단위이다.

이제 양국 간에 자유무역협정을 체결하여 어떠한 국가도 수입관세를 부과할 수 없다고 하자. 관세 철폐하에서 각국이 누리는 후생수준은 후생함수에 $t_1=t_2=0$을 대입하여 계산하면 되는데, 그 값은 64단위이다. 이는 관세장벽하에서 각국이 누리는 후생수준 58보다 크므로, 모든 국가들은 보호무역하에서보다 관세가 철폐된 자유무역하에서 더 높은 후생을 누린다. 그러나, 국가1은 관세장벽을 철폐한 반면 국가2는 관세를 통한 보호무역정책을 유지하는 경우, 국가1의 후생은 현저하게 낮아지고 국가2의 후생은 높아진다. 이 경우 국가1과 국가2의 후생수준은 $(t_1=0,\ t_2=4)$을 W_1과 W_2함수에 각각 대입함으로써 계산할 수 있으며, 그 값은 각각 근사값 50단위와 72단위이다. 이러한 상황을 전략형게임으로 나타낸 것이 〈그림 6-5〉인데, 그 보수행렬을 보면 죄수의 딜레마임을 알 수 있다. 현실세

그림 6-5 **무역정책게임의 도식화**

		국가 2	
		관세철폐	관세유지
국가 1	관세철폐	64, 64	50, 72
	관세유지	72, 50	58, 58

계에서 WTO나 FTA와 같은 다자간 자유무역체제는 수출입 장벽을 모든 국가가 동시에 철폐할 때에만 모든 국가의 후생이 증대된다는 논리와 상통한다.

Practice 6-5

[수출보조금의 효과] 국가1은 기업1이 국가2에 수출하는 e_1에 대해 단위당 s_1원의 보조금을 지급하며, 국가2는 기업2가 국가1에 수출하는 e_2에 대해 단위당 s_2원의 보조금을 지급한다고 할 때 완전균형을 구해 보라. 단순화를 위해, 수입관세는 없다고 가정한다.

Practice 6-6

국가1과 국가2에는 각각 독점기업이 존재하며 동질적 재화를 생산한다. 생산비는 전혀 들지 않는다. 국가i의 시장수요함수는 $P_i = 12 - Q$이다.($Q_i = h_i + e_j$) 국가1과 국가2는 불평등한 관계에 놓여있어 국가2는 국가1의 수입품 단위당 t원의 관세를 부과할 수 있지만 국가1은 관세를 부과할 수 없다. 반면 국가1은 자국 기업에게 수출품 단위당 s원의 보조금을 지불할 수 있다. 국가1 수출보조금율 및 국가2 수입관세율을 구하고 경제적 의미를 해석하라.

Practice 6-7

[대국과 소국 간의 무역전쟁] 국가1의 시장수요함수는 $P_1 = a_1 - (h_1 + e_2)$이며, 국가2의 시장수요함수는 $P_2 = a_2 - (h_2 + e_1)$이라고 하자. 여기서, $a_1 \leq a_2$라고 가정하자. 즉, 국가1이 국가2에 비해 상대적으로 소국(小國)이다.

(1) 폐쇄경제에서의 완전균형을 구하라.

(2) 완전자유무역하에서의 완전균형을 구하라.

(3) 위의 (1)과 (2)를 비교하여 양국이 폐쇄체제에서 자유무역체제로 전환할 때 상대적으로 어느 국가가 더 이득인지를 설명하라.

6.5 지리적 입지선정 및 가격결정[6]

선형도시(linear city)의 왼쪽 경계는 0이고 오른쪽 경계는 1이며, 소비자들은 균등분포하고 있다. 이 도시에는 동질적 재화를 판매하는 두 상점이 있다. 두 상점에서 재화를 공급하는 데 드는 평균비용과 한계비용은 판매량에 상관없이 c로 항상 일정하다. 게임은 두 단계로 이루어져 있다. 첫 단계에서 두 상점은 독자적으로 위치를 결정한다. 상점1은 위치 a를 선택하고 상점2는 위치 $(1-b)$를 선택한다. 논의의 단순화를 위하여 상점1은 항상 상점2의 왼편에 위치한다고 가정하자. 즉, $1-a-b \geq 0$ 이다. 두 번째 단계에서 두 상점은 가격을 부과한다. 상점1은 재화 단위당 P_1의 가격을 부과하고 상점2는 단위당 P_2의 가격을 부과한다.

개별 소비자는 한 단위의 재화를 한 상점에서 구입한다. 소비자는 재화의 가격은 물론이고 자신의 거주지로부터 상점까지의 거리에 비례하는 거래비용도 지불해야 한다. 거래비용은 운송비, 창고비, 보험료, 사고위험 등을 모두 포함한다. 구체적으로 위치 x에 살고 있는 소비자가 위치 y에 있는 상점에 재화를 구입하는 경우 부담하는 거래비용은 이차함수 $T(x, y)=t(x-y)^2$이라고 가정하자.[7] 예컨대, 위치 $x=0.4$에 살고 있는 소비자가 위치 $y=0.1$에 있는 상점1에서 $P_1=7$의 가격에 재화를 구입한다면, 이 소비자가 지불하는 총액은 $7+0.09t$가 된다. 소비자는 재화의 가격과 거래비용의 합이 상대적으로 작은 상점을 찾아가 재화를 구입한다.

주어진 위치에서의 가격결정

위치가 각각 a와 $(1-b)$로 고정되어 있는 두 상점의 가격결정 전략과 균형을 분석해 보자. 먼저 도시의 x지점에 거주하고 있는 소비자의 전략을 살펴보자. 이 소비자가 상점1로부터 구입할 경우 지불해야 할 총액은 $P_1+t(x-a)^2$이며, 상점2로부터 구입할 경우 지불해야 할 총액은 $P_2+t(x-(1-b))^2$이다. 따라서 두 상점 중에 어느 상점에서 구입하든지 무차별하게 느끼는 소비자는 식 6.15를 만족하는 x^*지점에 거주하는 사람이다.

---

6 Shaked and Sutton(1982)을 기반으로 한다.

7 거래비용함수를 $T(x, y)=t|x-y|$처럼 선형으로 가정할 경우 순수전략 내쉬균형이 존재하지 않는다는 난처한 문제가 발생한다. 이러한 문제를 피하기 위하여 이차함수로 가정하였다.

$$P_1+t(x^*-a)^2=P_2+t(x^*-(1-b))^2 \tag{6. 15}$$

식 6.15를 전개하여 x^*에 대해서 정리하면 식 6.16과 같다.

$$x^*=a+\frac{1-a-b}{2}+\frac{P_2-P_1}{2t(1-a-b)} \tag{6. 16}$$

당연히 x^*지점의 왼쪽에 거주하는 소비자들은 모두 상점1로부터 구입하고, x^*지점의 오른쪽에 거주하는 소비자들은 모두 상점2로부터 구입한다. 따라서 상점1의 수요량(혹은 시장점유율) $D_1(P_1, P_2)$ 및 상점2의 수요량 $D_2(P_1, P_2)$는 각각 다음과 같다.

$$D_1(P_1,P_2)=x^*=a+\frac{1-a-b}{2}+\frac{P_2-P_1}{2t(1-a-b)} \tag{6. 17a}$$

$$D_2(P_1,P_2)=(1-x^*)=b+\frac{1-a-b}{2}+\frac{P_1-P_2}{2t(1-a-b)} \tag{6. 17b}$$

상점1의 이윤 u_1 및 상점2의 이윤 u_2는 각각 식 6.18a와 6.18b이다.

$$\begin{aligned} u_1(P_1,P_2)&=(P_1-c)D_1(P_1,P_2)\\ &=(P_1-c)\left[a+\frac{1-a-b}{2}+\frac{P_2-P_1}{2t(1-a-b)}\right] \end{aligned} \tag{6. 18a}$$

$$u_2(P_1,P_2)=(P_2-c)\left[b+\frac{1-a-b}{2}+\frac{P_1-P_2}{2t(1-a-b)}\right] \tag{6. 18b}$$

상점1의 이윤극대화 조건은 식 6.18a를 상점1의 선택변수인 P_1에 대하여 미분한 다음 이를 0으로 놓음으로써 구해진다. 이를 정리하면 상점2의 가격 P_2에 대한 상점1의 반응함수가 식 6.19a와 같이 도출된다. 동일한 논리로 상점2의 이윤극대화 조건을 풀어서 정리하면, 상점1의 가격 P_1에 대한 상점2의 반응함수가 식 6.19b와 같이 도출된다.

$$\text{상점1의 반응함수 : } P_1=\frac{1}{2}[P_2+c+t(1-a-b)(1+a-b)] \tag{6. 19a}$$

$$\text{상점2의 반응함수 : } P_2=\frac{1}{2}[P_1+c+t(1-a-b)(1-a+b)] \tag{6. 19b}$$

내쉬균형은 두 상점의 반응함수 식 6.19a와 식 6.19b를 동시에 충족시키는 P_1과 P_2이므로, 두 식을 연립하여 풀면 균형가격이 다음과 같이 계산된다.

$$P_1 = c + t(1-a-b)\left(1+\frac{a-b}{3}\right) \tag{6. 20a}$$

$$P_2 = c + t(1-a-b)\left(1+\frac{b-a}{3}\right) \tag{6. 20b}$$

내쉬균형에서 상점1의 시장점유율과 상점2의 시장점유율은 균형가격 P_1와 P_2를 식 6.17a와 6.17b에 대입함으로써 구해진다. 따라서 상점1의 시장점유율은 $\frac{1}{2}+\frac{a-b}{6}$이고 상점2의 시장점유율은 $\frac{1}{2}+\frac{b-a}{6}$이다. 그런데 a와 b가 각각 상점1의 왼편과 상점2의 오른편에 거주하는 소비자들의 수이므로 더 넓은 세력권(turf)을 확보하고 있는 상점의 균형 시장점유율은 50%보다 큼을 알 수 있다. 균형상태에서 상점1과 상점2가 각각 벌어들이는 이윤은 다음과 같다.

$$\begin{aligned} u_1(a,\, b) &= t(1-a-b)\left(1+\frac{a-b}{3}\right)\left(\frac{1}{2}+\frac{a-b}{6}\right) \\ &= \frac{1}{2}t(1-a-b)\left(1+\frac{a-b}{3}\right)^2 \end{aligned} \tag{6. 21a}$$

$$u_2(a,\, b) = \frac{1}{2}t(1-a-b)\left(1+\frac{b-a}{3}\right)^2 \tag{6. 21b}$$

지리적 입지선정

이제 두 상점이 각자의 점포 위치를 결정하는 첫 단계 상황을 고려하자. 가격결정 단계의 분석결과에서 보았듯이, 일단 두 상점의 위치가 a 및 $(1-b)$로 고정된 후에는 두 상점의 이윤이 각각 식 6.21a와 6.21b에 나타난 $u_1(a,\, b)$ 및 $u_2(a,\, b)$가 될 것임을 사전에 예측할 수 있다. 따라서 각 상점은 나중에 가격경쟁의 결과로 얻게 될 이윤을 극대화하여 주는 지점에 점포를 열 것이다.

상점2의 위치가 b로 주어져 있다는 가정하에 상점1의 이윤을 극대화해 주는 조건을 구하자. 이는 상점1의 이윤 $u_1(a,\, b)$를 상점1의 선택변수인 a에 대하여 미분하고 0으로 놓음으로써 구해진다.

$$\frac{du_1(a,\,b)}{da}=-\frac{t}{6}\left(1+\frac{a-b}{3}\right)(1+3a+b) \tag{6. 22}$$

식 6.22의 우변은 항상 음(−)의 값을 가진다. 이는 상점1의 위치 a값이 작을수록 가격경쟁 부분게임에서 얻는 이윤이 증가함을 의미한다. 따라서 상점1은 가장 작은 값인 $a^*=0$을 선택할 것이며, 이는 상점1이 도시의 왼쪽 끝에 자신의 상점을 연다는 것을 의미한다. 유사한 논리로 상점2는 $b^*=0$(도시의 오른쪽 끝)을 선택함으로써 자신의 이윤을 극대화하려 할 것이다. 결국 위치선정게임의 유일한 내쉬균형은 $(a^*=0, (1-b^*)=1)$이 된다.

부분게임완전균형과 사회적 비효율성

이상에서 풀어 낸 부분게임완전균형을 요약하자. 우선 최초의 위치선정게임에서 상점1과 상점2는 각각 도시 왼쪽 끝($a^*=0$)과 오른쪽 끝($(1-b^*)=1$)에 점포를 개설한다. 두 상점이 양쪽 끝에 위치를 정한 후, 가격결정게임에서 상점1과 상점2는 동일한 가격 $P_1^*=P_2^*=c+t$를 부과한다. 두 상점은 시장을 반반씩 점유하며, 동일한 액수의 이윤 $u_1^*=u_2^*=\frac{t}{2}$단위를 벌어 들인다. 거래비용이 크면 특정 구역에 거주하는 소비자는 건너편 상점의 가격이 낮더라도 그 곳까지 가기가 어렵다. 따라서 거래비용이 클수록 개별 상점은 높은 가격을 부과할 수 있으므로 이윤은 거래비용에 정비례한다.

부분게임완전균형 자원배분은 사회적으로 효율적인가? 이 문제에 답하기 위하여 우선 부분게임완전균형에서 전체 소비자들이 부담하는 사회적 거래비용을 계산하자. 균형에서 지점 0과 지점 0.5 사이에 거주하는 소비자들은 지점 0에 위치하고 있는 상점1로부터 재화를 구입한다. 지점 x(여기서 $0<x\leq 0.5$)에 거주하는 개별 소비자가 상점1까지 가는 데 드는 거래비용은 tx^2이므로, 상점1의 고객들이 지불해야 하는 거래비용의 총액은 $\int_0^{\frac{1}{2}}tx^2dx=\frac{t}{24}$이다. 대칭적 논리에 의하여 상점2의 고객들이 지불하는 거래비용도 같은 액수가 되므로, 결국 사회가 지불하는 균형 거래비용은 $\frac{t}{12}$단위이다.

이제 사회적 거래비용을 극소화하는 상점위치를 계산하자. 두 상점은 각각 도시의 양극단으로부터 동일한 거리만큼 떨어져 있으며($a=b$), 자사 제품에 동일한 가격을 부과하고 있다고($P_1=P_2$) 가정하자. 이 경우 지점 0과 지점 0.5 사이에 거주하는 소비자들은 모두 상점1로부터 재화를 구입할 것이므로, 상점1의 고객들이 지불하는 거래비용의 액수는 다음과 같다.

$$\int_0^{\frac{1}{2}} t(x-a)^2dx=\frac{t}{3}\left[\left(\frac{1}{2}-a\right)^3+a^3\right]=\frac{t}{2}\left(a^2-\frac{1}{2}a+\frac{1}{12}\right) \qquad (6.\ 23)$$

식 6.23에 나타난 상점1의 고객들이 지불하는 거래비용은 $\hat{a}=\frac{1}{4}$에서 최소화되며, 이때 최소화된 거래비용은 $\frac{t}{96}$이다. 동일한 논리가 상점 2의 고객들이 지불하는 거래비용의 최소화 문제에도 적용된다. 따라서 사회적으로 가장 바람직한 상점의 위치는 $\left(\hat{a}=\frac{1}{4},\ (1-\hat{b})=\frac{3}{4}\right)$이며, 이때 최소화된 거래비용은 $\frac{t}{48}$이다.

사회후생의 관점에서 살펴본 분석결과를 종합해 보자. 두 상점의 위치가 자발적이고 독립적인 의사결정에 의하여 결정되는 부분게임완전균형에서 상점의 위치는 $(a^*=0,\ (1-b^*)=1)$인데, 이는 사회적 최적 위치 $\left(\hat{a}=\frac{1}{4},\ (1-\hat{b})=\frac{3}{4}\right)$보다 극단적이다. 또한 균형에서 소비자들이 지불하는 거래비용 $\frac{t}{12}$는 사회적으로 최소화된 거래비용 $\frac{t}{48}$에 비해 과다하다.

Practice 6-8

[아드마티와 페리(Admati and Perry 1991)의 순차적 합작투자 게임] 두 기업은 합작이 요구되는 연구개발에 투자하려고 한다. 합작투자가 성공을 거둘 경우 각 기업은 V단위의 보수를 얻으며, 실패할 경우 각 기업은 0의 보수를 얻는다. 두 기업이 투자한 총액이 R 이상이면 합작투자는 성공을 거두게 되고 R 미만이면 실패한다. 두 기업의 투자결정은 초기단계에 있어서는 독립적으로 이루어지며, 따라서 순차적 성격을 갖는다고 가정하자. 먼저 합작투자의 초기단계에서 기업1은 자신의 투자액 c_1을 결정한다. 이 초기단계에서 기업1이 투자한 금액 c_1이 총투자비용 R 이상이라면 두 기업 모두 각각 V씩의 수익을 얻고 게임은 끝난다. 만일 기업1의 초기투자액이 R보다 작은 경우에는 다음의 후속단계가 계속 진행된다. 후속단계에서 기업2는 자신의 투자액 c_2를 결정한다. 만일 기업1의 초기투자액 c_1과 기업2의 후속투자액 c_2의 합이 총투자비용 R 이상이면 합작투자는 성공하고 R 미만이면 실패한다. 후속단계에서 합작이 성

공하여 두 기업이 각각 V씩의 수익을 얻을 경우, 첫 단계에서 의사결정을 하는 기업1의 보수는 V의 현재가치에 해당하는 δV(여기서, δ는 할인인자)이다.[8]
개별 기업이 부담하는 투자금이 커질수록 그의 기회비용은 기하급수적으로 증가한다. 구체적으로 개별 기업의 투자액 c에 따른 기회비용이 c^2단위라 하자. 다음 합작투자의 전개형게임을 참조하라.

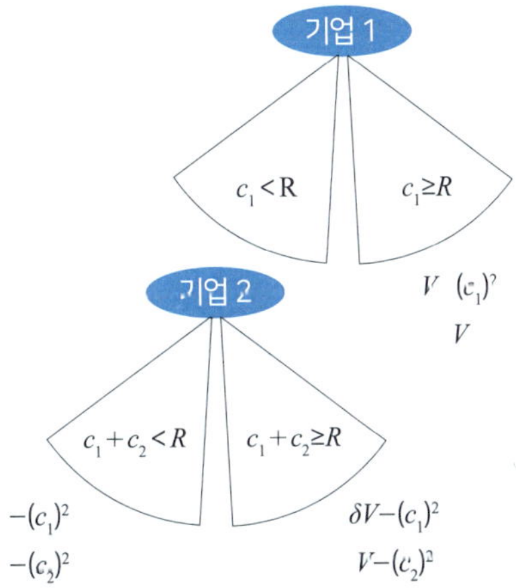

(1) 부분게임완전균형을 구하라.

(2) 횡축에 총투자비용(R), 종축에 합작투자로부터 얻는 이득(V)을 나타내는 그래프에 완전균형이 어떻게 달라지는지를 그리시오. 또한 경제학적 의미를 설명하라.

8 할인율을 r이라 할 때, 할인인자(discount factor)는 $\delta = \frac{1}{1+r}$로 정의된다. 내일의 1단위를 현재가치로 계산하면 δ단위가 되고, t기간 후의 1단위를 현재가치로 계산하면 δ단위가 된다. 할인인자와 현재가치의 개념에 관해서는 이 책의 부록 A.4에 상세히 설명되어 있다.

Game Theory

Chapter 07 | 협상과 중재

노사관계, 납품가격 결정, 국제통상, 외교 등 수많은 상황에 있어서 양자 간 혹은 다자 간 협상(協商, bargaining)은 매우 중요한 전략적 문제이다. 한편 이해당사자 간의 첨예한 대립으로 협상이 난항을 겪는 경우에는 제삼자가 개입하여 조정하기도 한다. 협상 결렬시 제삼자가 중간에서 조정 역할을 하는 과정을 중재(仲裁, arbitration)라 한다. 중재자는 이해당사자들로부터 제안을 받은 후 최종안을 제시한다. 이해당사자들은 싫든 좋든 중재자의 최종안을 수락하여야 하며, 법에 의거하거나 혹은 쌍방 간에 맺은 사전(事前)계약에 의하여 이행이 강제된다.[1]

기업에서 내년도의 근로조건을 놓고 임금단체협상이 진행되는 상황을 상정하자. 현재 과장급 근로자는 주택, 자녀학자금융자, 문화시설 등 비임금혜택과 연봉을 합쳐서 5천만원을 받고 있다. 내년도에 사용자가 지불할 용의가 있는 최대한의 액수는 노동자 한 사람당 5,500만원이다. 반면 노동조합의 마지노선은 임금동결인 5천만원이다. 양측에서 염두에 두고 있는 이 액수들은 당사자 간에 알려진 주지사실이다. 여기서 사용자가 지불할 용의가 있는 최대한의 액수(5,500만원)가 노조에서 받아내야 할 최소한의 액수(5,000만원)보다 커야만 협상의 여지가 있음은 당연하다. 이상에서 묘사된 상황은 사용자(경기자 1)와 노조(경기자 2)가 크기 한 단위(500만원)의 케이크를 나누는 2인게임으로 정형화된다. 예컨대, 케이크를 반반으로 나누기로 합의했다면 노사협상은 5,250만원으로 종결되는 것이다.

1 중개(仲介, mediation)란 이해당사자가 중개자에 안을 제출하고 중개자는 조정안을 쌍방에게 제시한다는 점에서는 중재와 비슷하지만 이해당사자 누구든지 중개자의 조정안이 마음에 들지 않으면 이를 거부할 수 있다는 점에서 중재와 다르다.

본장에서는 이러한 상황을 염두에 두고 협상과 중재에 관하여 차례로 고찰하고자 한다. 협상은 본질적으로 동태적인 과정이므로 전개형게임과 부분게임완전균형의 개념을 적용하여 설명할 수 있다. 반면 중재는 오랜 협상과정 끝에 이루어지는 제삼자에 의한 최종적 조정이므로 정태적 성격을 가지며, 그러므로 내쉬균형의 개념을 적용하여 설명된다.

7.1 유한수명 협상

7.1절과 7.2절에서는 협상의 최종 시한이 외생적으로 정해져있을 뿐 아니라 모든 경기자들 간에 주지사실인 유한수명(有限壽命, finite horizon) 협상모형을 다룬다. 예컨대, 3단계 협상게임에서 당사자들은 세 기 이내에 협상을 타결해야 하며 그렇지 못한 경우 케이크가 공중분해된다.

최후통첩협상

최후통첩협상(最後通牒協商, ultimatum bargaining)에서는 먼저 경기자1이 분할비율을 제안하면 경기자2가 수락하든가 혹은 거부하든가 양자택일한다. 경기자2가 제안을 수락하면 경기자1의 제안대로 분배가 이루어진다. 반면 경기자2가 제안을 거부하면 양측의 보수는 모두 0이 된다. 〈그림 7-1〉은 최후통첩협상의 전개형게임을 묘사하고 있다.

이 게임에는 무수히 많은 순수전략 내쉬균형이 존재한다. 예컨대 사용자와 노조가 반반씩 나누는 내쉬균형이 존재한다. 이 균형에서 사용자와 노조가 각각 사용하는 전략은 다음과 같다.

- 사용자의 신념과 전략 : 노조에게 절반 미만을 제안하면 거절당하리라 믿는다. 그러므로 노조에게 반반으로 나눌 것을 제안한다.
- 노조의 전략 : 절반 이상을 제안받으면 수락하고 절반 미만을 제안받으면 거부한다.

그림 7-1 최후통첩협상게임

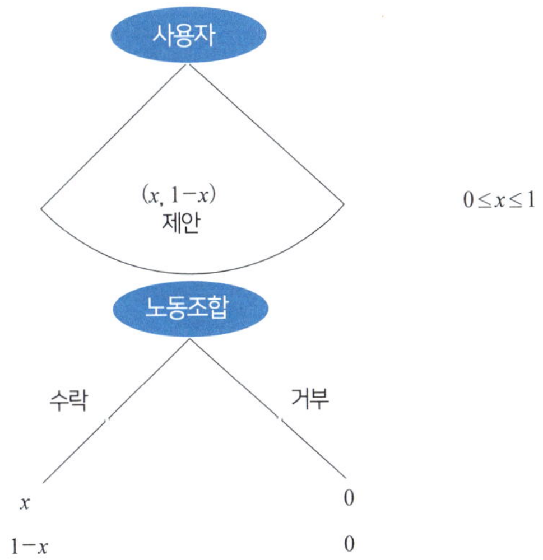

노조의 전략이 위와 같이 주어져 있다고 가정하면, 사용자는 반반을 제안하는 것이 최선응수이다. 사용자는 반반으로 나눌 것을 제안함으로써 0.5단위의 보수를 얻을 수 있지만 그 이외의 다른 전략(예컨대, 0.8 : 0.2이나 0.3 : 0.7)을 제안할 경우 0단위의 보수를 얻으리라고 예상하기 때문이다. 사용자의 전략이 위와 같이 주어져 있다고 가정하면, 노조 역시 다른 전략으로 바꿀 유인이 없다. 균형 상태에서 사용자는 0.5 : 0.5를 제안하고 노조는 이를 수락하여 0.5를 얻을 것이다. 노조의 전략은 사용자의 신념과 일치하므로 합리적 기대 요건이 충족된다.

우리는 사용자와 노조가 0.5 : 0.5로 나누는 내쉬균형이 존재함을 보였다. 마찬가지 논리와 방법으로 두 협상당사자가 0.13 : 0.87 혹은 0.9 : 0.1로 나누는 내쉬균형이 존재함을 보일 수 있다. 이러한 논의를 일반화하면, 사용자와 노조가 주어진 케이크를 어떻게 나누든 이는 내쉬균형이 될 수 있다.

최후통첩협상게임의 내쉬균형은 수없이 많은 데 비해 부분게임완전균형은 유일하다. 사용자가 1단위를 갖고 노조는 0단위를 갖는 배분이 바로 그것이다. 최후통첩협상게임의 모든 부분게임은 노조가 '수락'과 '거부' 중 하나를 선택해

그림 7-2 **최후통첩협상의 부분게임완전균형**

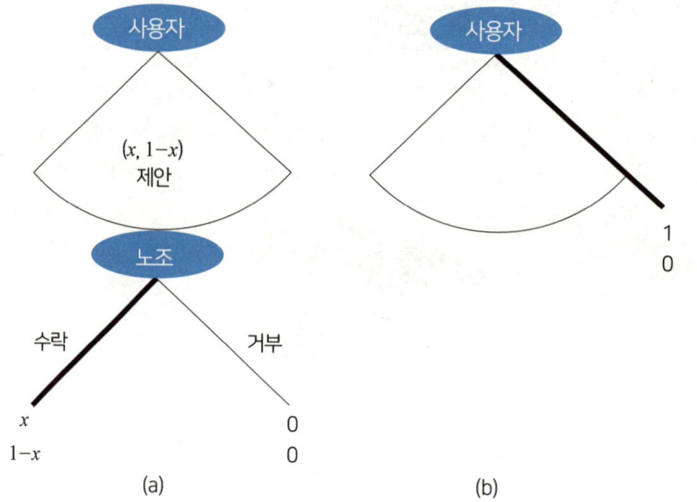

야 하는 의사결정마디로 구성되어 있다. 사용자가 노조에게 $(1-x)$를 제안하였다면 노조는 x 값이 얼마이든지 상관없이 수락하는 것이 최선이다(여기서, $0 \leq x \leq 1$). 왜냐하면 노조가 사용자의 제안을 수락함으로써 얻는 보수 $(1-x)$는 거부함으로써 얻는 보수 0보다 크거나 같기 때문이다. 〈그림 7-2〉(a)에서 굵은 실선은 x의 값이 얼마이든지 상관없이 노조는 사용자의 제안을 항상 수락하는 것이 부분게임에서 최선의 전략임을 뜻한다. 이제 역진귀납법에 의하여 사용자의 최적전략을 구해 보자. 사용자는 노조에게 얼마를 제안하든 상관없이 노조가 항상 자신의 제안을 수락하리라는 것을 예상할 수 있다. 따라서 사용자는 노조에게 0(혹은 0에 가장 가까운 숫자)을 제안하는 것이 최선의 전략이다. 〈그림 7-2〉(b)에서 굵은 실선은 전체 게임에서 사용자가 거의 모든 몫을 독식하는 것이 최적전략임을 나타낸다. 앞으로는 계산의 편의상, 상대방의 제안을 수락하는 것과 거부하는 것 사이에 무차별하다면 제안을 수락한다고 가정한다.

그림 7-3 **2단계 협상게임**

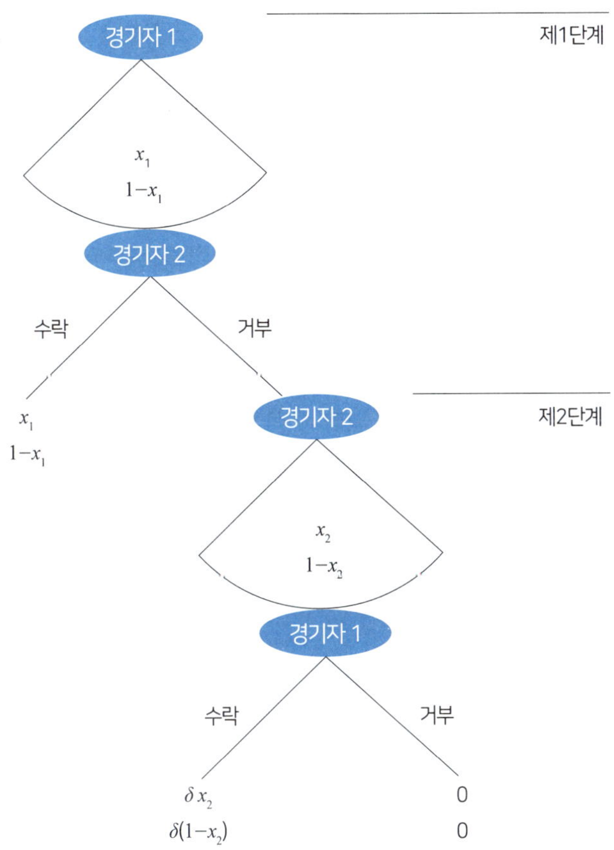

2단계 협상

두 기간 만에 협상이 종결되어야 하는 2단계 협상 게임은 〈그림 7-3〉에 묘사되어 있다. 사용자(경기자1)가 주어진 케이크를 $(x_1,\ 1-x_1)$의 비율로 나누자는 제안을 하면, 노조(경기자2)가 사용자의 제안을 수락하든가 혹은 거부한다. 노조가 사용자의 제안을 수락하면 그 제안대로 분배가 이루어지고 게임은 끝난다. 노조가 사용자의 제안을 거부하여 1단계 협상이 결렬될 경우 제2단계에는 노조가 $(x_2,\ 1-x_2)$의 비율로 나누자는 제의를 한다. 사용자가 노조의 제안을 수락하면 그대로 분배가 이루어지고 거부하면 양측의 보수는 모두 0단위가 된다. 협상이 제1단계에서 결렬되고 제2단계로 넘어가면 분배받는 몫에 경기자의 할인인자를 곱해 주어 현재가치로 계산해야 한다. 사용자와 노조의 할인인자가 δ로 동일하다고 하자. 첫 단계 협상이 결렬되고 두 번째 단계에서 협상이 성공하여 경기자1과 경기자2가 $(x_2, 1-x_2)$의 비율로 빵을 분배할 경우 두 경기자의 보수는 $(\delta x_2, \delta(1-x_2))$이다.

최후통첩협상게임과 유사한 논리에 의하여, 사용자와 노조가 주어진 1단위를 어떻게 나누든 이는 2단계 협상게임의 내쉬균형이 될 수 있다. 반면 부분게임완전균형은 유일하다. 역진귀납법을 적용하여 부분게임완전균형을 구해 보자. 우리는 최후통첩협상게임에서 제안자가 거의 대부분을 갖고 제안을 받는 측에서는 0단위의 보수를 얻는 것이 유일한 부분게임완전균형이라는 사실을 알고 있다. 그런데, 2단계 협상게임에서 둘째 단계의 협상은 최후통첩협상과 정확히 일치하므로, 둘째 단계에 해당하는 부분게임의 유일한 내쉬균형은 $(x_2=0, (1-x_2)=1)$이다. 이제 제2단계의 부분게임을 두 경기자가 얻을 균형보수 $(0, \delta)$로 대체한 다음 거슬러 올라가면 게임은 〈그림 7-4〉와 같다.

〈그림 7-4〉에서 부분게임은 노조가 수락과 거부 중 하나를 선택해야 하는

그림 7-4 **2단계 협상게임에서의 역진귀납법**

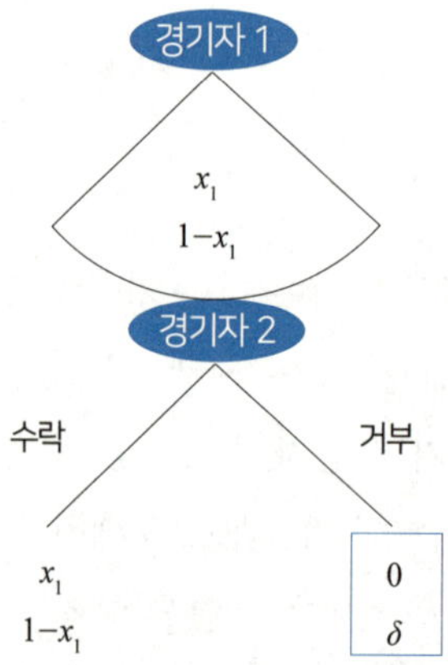

의사결정마디로부터 시작한다. 사용자가 노조에게 δ단위 이상을 제안한다면 노조는 이를 수락할 것이다. 만일 사용자가 노조에게 δ단위 미만을 제안하면 노조는 이를 거부할 것이다. 왜냐하면 노조 입장에서는 첫 단계 협상을 결렬시키고 두 번째 단계로 넘어가더라도 δ단위의 현재가치 보수를 얻을 것으로 예상하기 때문이다. 사용자는 노조에게 δ단위보다 많은 액수를 제안할 필요는 없다. 왜냐하면 정확히 δ원을 제안하더라도 노조가 이를 수락할텐데 그보다 많은 액수를 제안하는 것은 비합리적이기 때문이다. 결국 첫 단계에서 사용자는 노조의 보수 $(1-x_1)$이 δ단위가 되도록 제안하며 노조는 이를 수락한다. 이는 사용자의 보수가 $x_1^* = 1-\delta$임을 뜻한다.

요약하면, 2단계 협상게임의 유일한 부뷰게임완전균형은 첫 단계에서 사용자가 $(1-\delta,\ \delta)$로 나누자고 제안하며 노조는 이를 즉시 수락하는 것이다.

3단계 협상

협상 기한이 하나 더 존재하는 3단계 협상게임에서, 사용자(경기자1)가 제안하면 노조(경기자2)가 이를 수락 혹은 거부한다. 이후 협상이 결렬될 때마다 제안자가 교대된다. 어느 단계건 제안이 수락되면 그대로 분배가 이뤄지고 게임이 종결된다. 마지막 셋째 단계에서도 협상이 결렬되면 양측은 각각 0단위씩 얻는다. 경기자의 보수는 그가 분배받은 몫에 협상 지연 기간만큼 할인인자를 곱해주어 계산한다. 즉, 제t단계에서 사용자와 노조간에 $(x_t,\ 1-x_t)$로 분배되면 보수벡터는 $(\delta^{t-1}x_t,\ \delta^{t-1}(1-x_t))$이다$(t=1,\ 2,\ 3)$.

Practice 7-1

교대 제안 3단계 협상 게임에서 다음을 구하시오.

(1) 전개형 게임나무

(2) 내쉬균형

(3) 부분게임완전균형

일반적인 T단계 협상

이상의 논의를 T단계 협상게임으로 일반화하여 부분게임완전균형을 구하면 다음과 같다. 경기자1은 첫 단계에 자신이 식 7.1에 나타난 액수를 갖고 나머지를 경기자2에게 제의한다. 경기자2는 이를 즉시로 수락한다.

$$1+(-\delta)+(-\delta)^2+\cdots+(-\delta)^{T-1} = \frac{1-(-\delta)^T}{1+\delta} \tag{7. 1}$$

경기자2의 몫은 $\frac{\delta+(-\delta)^T}{1+\delta}$이다.

유한수명협상 모형에서는 마지막 단계에 제안권을 가진 경기자가 유리하다. 협상기한 T가 홀수인 경우는 경기자1이 최종 제안 권한을 가지므로 경기자1이 협상에서 유리한 위치에 서고, 협상기한 T가 짝수인 경우는 경기자2가 최종 제안권을 갖고 있으므로 유리하다. 이는 두 협상당사자의 부분게임완전균형 보수가 할인인자 δ 및 협상기한 T에 민감하게 의존함을 의미한다. 예를 들어 협상당사자들의 할인인자가 $\delta=0.9$라고 가정하자. 협상기한이 $T=5$인 협상게임의 부분게임완전균형 보수벡터는 (0.84, 0.16)인데, 협상기한이 $T=6$인 협상게임의 부분게임완전균형 보수벡터는 (0.25, 0.75)이다. 여타 조건은 동일하고 협상기한만 단 한 기간이 차이 날 뿐인데 경기자들의 균형보수는 큰 차이가 난다. 한편, 협상기한 T가 매우 크다면, 두 협상당사자의 균형보수는 각각 $\frac{1}{1+\delta}$ 및 $\frac{\delta}{1+\delta}$로 수렴한다.

협상게임을 이용한 강탈(holdup)의 설명

제6장 6.3절에서 설명한 강탈문제를 최후통첩협상을 이용하여 설명해보자. 최후통첩협상에 임하기 전에 경기자2는 노력을 투입하여 케이크의 크기를 결정한다. 경기자2가 적은 노력($a=0$)을 들일 경우 케이크의 크기는 3단위가 되며 경기자2가 많은 노력($a=1$)을 투입할 경우 케이크의 크기는 8단위가 된다고 하자. 단순화를 위하여 경기자2가 a단위($a=0$ 혹은 1)의 노력을 투입하면 a단위의 노동비용이 발생한다고 가정하자. 일단 케이크가 만들어지면 경기자1과 경기자2는 최후통첩협상을 통하여 케이크를 나눈다. 이 게임의 부분게임완전균형은 어떻게

될 것인가?

결론부터 말하자면, 비효율적인 자원배분이 달성된다. 둘 간에 나눌 케이크의 크기가 얼마이든 상관없이 최후통첩협상에서 경기자1은 생산된 케이크의 거의 전부를 가져가려고 할 것이다. 따라서 경기자2가 0단위의 노력을 투입하였다면 그의 최종보수는 0단위가 되고 1단위의 노력을 투입하였다면 그의 최종보수는 −1단위가 되므로 당연히 전자를 선택하려 한다. 결국 경기자2가 0단위의 노력을 투입하여 3단위의 빵이 만들어지고 경기자1은 3단위의 케이크를 거의 다 가져가며 경기자2의 최종보수는 0이 된다.

만약 경기자1이 경기자2에게 큰 케이크를 만들 경우 충분한 보수 P단위($1<P<8$)를 지불하겠다는 계약을 맺을 수 있다면 사정은 달라진다. 경기자2는 1단위의 노력을 투입하여 큰 케이크를 만들고 경기자2는 $(P-1)$단위 그리고 경기자1은 $(8-P)$단위를 얻는 자원배분이 이루어지게 된다. 사회적으로 바람직한 이러한 자원배분은 경기자1과 경기자2가 하나로 통합하여 공동이익을 추구하는 내부화를 통해서 달성할 수 있다. 문제는 구속력 있는 사전계약의 체결이나 수직통합이 현실적으로 어려운 경우도 많은데 그러한 상황에서는 경기자1의 강탈 유인과 경기자2의 합리적 예측으로 말미암아 비효율적인 자원배분이 발생하게 된다.

Practice 7-2

특정 회사의 고용 수준이 L일 경우 생산량은 $L(100-L)$ (단, $L\leq50$)이다. 이 회사의 생산물의 시장가격은 1원이다. 노조가 회사에게 임금 w를 요구하면, 회사는 수락하거나 거부할 수 있다. 거부하면 회사와 노조 각각 0씩의 보수를 얻는다. 회사가 노조의 요구를 수락하면 그 후 회사는 고용 L을 결정한다. 회사이윤은 총수입에서 임금지급분을 뺀 금액이고, 노조의 목적함수는 임금 총지급액 wL이다.

(1) 전개형게임을 그려라.

(2) 부분게임완전균형을 구하라.

(3) 부분게임완전균형에 비해 회사와 노조가 둘 다 선호하는 결과가 존재하는가? 만약 존재한다면 어떠한 형태를 갖는가?

7.2 최후통첩협상, 독재자게임 및 공평정의

최후통첩협상게임의 실험 결과에 따르면 피실험자들의 실제 행태는 부분게임완전균형의 예측과는 큰 괴리가 있다. 경기자1 역할을 맡은 피실험자들은 대략 자신이 50~60%를 갖고 상대방에게 40~50%를 제안하는 공평(fair) 분배를 제안하는 경향이 있다. 더욱 흥미로운 사실은 경기자2 역할을 맡은 피실험자들이 불공평한 제안(예컨대, 7:3이나 8:2)을 받은 경우 그거라도 수락하는 것이 나음에도 불구하고 '너 죽고 나 죽자'는 식으로 거절하기 일쑤였다는 것이다. 이러한 행태는 지역, 인종, 국가를 막론하고 상당히 광범위하게 관찰되었다.[2] 사람들이 왜 경제적 이득만을 추구하지 않고 공평이라는 비경제적 가치도 함께 고려하는지 정통 경제이론으로는 설명하기 어려운 수수께끼처럼 보인다.

그렇다면 사람들이 경제행위를 할 때 경제적 이해득실 못지 않게 공평정의와 같은 비경제적 가치도 중시하는가? 이러한 가설을 살펴보기 위하여 다음의 독재자게임을 살펴보자.

Practice 7-3

[독재자게임] 경기자1이 1만원을 어떻게 나눌 것인지 경기자2에게 제안하면 경기자2는 이를 수락하거나 거부한다. 그러나 경기자2가 수락하든 거부하든 상관없이 경기자1의 제안대로 나눈다. 즉, 경기자1은 독재자(dictator)이다. 이 게임의 내쉬균형과 부분게임완전균형을 각각 구하라.

---

2 최후통첩협상게임 실험은 Güth, Schmittberger and Schwartze(1982)가 독일 대학생들을 대상으로 최초로 실시한 이후 수백 건에 이른다. 그 가운데는 아프리카, 남미, 파푸아뉴기니의 오지에 사는 종족을 포함한 전 세계 20여 사회를 대상으로 협상 결과가 문화마다 어떻게 다른지에 대해 경제학자들과 인류학자들이 공동 연구한 재미있는 실험 결과도 있다. 다른 한편, 소액이 아니라 거금이 걸려있는 경우 사람들의 행태가 부분게임완전균형의 예측에 가깝지 않을까라는 추측도 가능한데, 미국에서 지원받은 연구비로 1990년 전후 중국 서부의 오지에서 실시한 실험도 흥미롭다(당시 미화 20달러면 그 지역 주민 일가족의 두어 달 생활비에 해당). 결과만 요약하면, 거액이 걸려 있더라도 제안자들은 40% 내외에 달하는 금액을 제시하는 현상이 관찰됨으로써 소액이 걸려 있는 실험결과와 별반 차이가 없었다. 최후통첩협상이나 독재자게임에 관한 주요 실험 결과와 쟁점은 Camerer(2003) 제2장에 잘 정리되어 있다.

독재자게임에서의 부분게임완전균형은 최후통첩협상에서의 그것과 같다. 독재자게임 실험을 최초로 고안한 포사이스, 호포비츠, 세이빈, 세프튼(Forsythe, Horowitz, Savin and Sefton 1994)에 따르면 70%의 독재자(경기자1)들이 양(+)의 금액을 수혜자에게 제공하였으며 엥겔(Engel 2011)의 비교적 최근 실험연구에서도 64%의 독재자들이 수혜자들에게 돈을 나눠 주었다.[3] 다수의 실험결과에 따르면, 경기자1이 경기자2에게 나눠준 평균 액수는 총액의 25퍼센트 정도이며 회수를 거듭할수록 액수가 작아진다. 독재자게임에서의 공여액은 최후통첩협상에서 경기자1이 경기자2에게 절반에 가까운 돈을 주는 것에 비하면 현저히 작다. 그러나 독재자게임에서는 최후통첩협상에서처럼 경기자1의 제안이 거부당해 '쪽박'을 차게 될 가능성이 전혀 없음에도 불구하고 경기자2에게 소액이나마 떼어준다는 사실은 경제원리만으로는 설명할 수 없어 보인다. 과연 그러한지를 알아보기 위해 리스트(List 2007)가 고안한 독재자게임의 변형들을 추가로 살펴보자.

다음 각 변형 독재자게임에서 부분게임완전균형을 구하고 실제 사람들이 어떻게 행동할 것인가를 직관적으로 예측해보라.

(1) 경기자1은 경기자2에게 10,000원 중 일부를 떼어줄 수도 있지만, 그와 반대로 경기자2로부터 1,000원을 빼앗아 올 수도 있다.

(2) 경기자1뿐 아니라 경기자2에게도 10,000원이 주어졌으며 경기자1도 이 사실을 통보받았다. 경기자1은 경기자2에게 자신이 가진 돈의 일부를 경기자2에게 떼어줄 수도 있지만 경기자2가 가진 돈의 전부 혹은 일부를 빼앗아 올 수도 있다.

(3) 위 (2)와 같되, 경기자1과 경기자2는 각자 실험실 청소를 하고 그 대가로 각자 10,000원씩을 실험자로부터 받는다.

실험 (1)에서 경기자1 가운데 35퍼센트의 피실험자만이 경기자2에게 소액의

3 독재자가 수혜자에게 기부할 금액을 결정하는데 주어진 시간이 촉박할수록, 실험 직전에 수행토록 한 별도 과제의 난이도가 높을수록(따라서 정신적 노력과 에너지를 더 많이 써버린 상태일수록), 수혜 결정 시점으로부터 실제 기부금 지불 시점까지의 기간이 짧을수록 독재자의 기부금액은 커지는 경향이 있다. 결정의 급박성, 인지 과부하(cognitive overload), 실제 지출시기와의 시간적 격차가 합리적 판단을 벗어나 이타적(altruistic) 행태를 보이도록 만드는 원인이다. Fudenberg and Levine(2014)은 독재자게임 실험결과를 이중자아(二重自我 dual-self) 모형을 적용하여 설명한다.

돈을 주었으며 45퍼센트는 한 푼도 주지 않았고 나머지 20퍼센트는 오히려 경기자2가 가진 1,000원을 빼앗았다. 실험 (2)에서는 경기자1 가운데 10퍼센트만이 경기자2에게 돈을 주었고 60퍼센트 이상은 돈을 빼앗았다. 더욱 놀라운 것은 경기자1 가운데 40퍼센트가 경기자2의 전액을 빼앗았다는 것이다. 실험 (3)처럼 노동의 대가로 돈을 번 경우에는 경기자1 가운데 28퍼센트만이 경기자2의 돈을 빼앗았고 거의 70퍼센트는 돈을 주지도 않았고 빼앗지도 않았다. 위 실험 결과는 사람들이 본성적으로 이타적이며 공평정의를 중시한다는 가설을 받아들이기 어려움을 의미한다.[4]

사람들이 본질적으로 공평정의와 같은 비경제적 가치도 중시한다는 가설을 기각하게 하는 또 다른 연구로 노벨상 수상자 로스(Alvin E. Roth)가 공동연구자들과 함께 수행한(Roth, Prasnikar, Okuno-Fujiwara and Zamir 1991) 시장게임(market game) 실험을 보자. 시장게임에서 판매자는 10달러(25센트짜리 토큰 40개)를 10명의 구매희망자를 대상으로 판매하고자 한다. 판매자가 그 10달러를 팔지 못하면 실험인이 그냥 가져가 버리므로 판매자에게는 아무 잔존가치가 없다. 로스의 실험연구에 따르면, 구매희망자들은 대부분 9달러 50센트에서 10달러 사이를 제안하였으며 판매자의 수익도 당연히 그 선에서 결정되었다. 즉, 경쟁적 균형이 관찰되었는데, 이는 경제인들이 공평한 심성을 갖고 있거나 비합리적이라는 가설을 기각하게 한다. 시장의 경쟁 압력은—이스라엘, 슬로베니아, 일본, 미국에서 모두 유사한 실험결과가 관찰된 것으로 보아—문화나 국적의 차이보다 강력했다.

공평분배가 사회적으로 반드시 바람직한지는 불분명하다. 그러나 공평분배에 대한 사회적 합의가 있다면 아래의 연습문제 7-4에서 보여주듯 자원을 생산하는 측과 이를 분배하는 측간의 이해상충을 이용하여 달성할 수 있다.

---

4 레빗(Steven Levitt)은 저서 *SuperFreakonomics*(2009)에서 리스트의 실험 결과를 극찬하면서 "만약 실험실에서 선택할 수 있는 유일한 선택지가 약간의 돈을 포기하는 것이라면, 당신은 당연히 그렇게 할 것이다. 그러나 실제사회에서 우리는 그보다 훨씬 다양한 선택권을 지닌다. [중략] 그렇다면 자연상태에서의 인간의 이타성을 증명하고 그러한 업적으로 명성과 상패를 얻은 행동경제학자들은 어떻게 된 것인가?"라고 행동경제학을 통렬히 비판한다. 리스트 본인은 "인간의 이타성을 입증했다고 주장하던 행태경제학자들 대부분이 실험자료를 잘못 해석한 게 분명하다. 내 실험 결과는 그러한 잘못된 해석에 일침을 가했다"라고 밝히고 있다.

Practice 7-4

경기자1이 1단위의 케이크를 어떻게 나눌지 제안하면 그 다음 경기자2가 두 조각 가운데 하나를 먼저 선택한다. 경기자1은 경기자2가 가져가고 남은 조각을 가져간다. 이 게임의 부분게임완전균형을 구하라.

셋 이상의 경기자들이 케이크 하나를 모두가 공평하다고 느끼도록 분배하는 문제(cake-cutting problem)를 푸는 것은 간단치 않다. 케이크 조각 크기뿐 아니라 각자 선호하는 크림이나 과일의 종류, 양, 생김새 등도 고려하여 공평 배분을 따지는 일반 모형은 더욱 복잡하다. 세 경기자 1, 2, 3이 케이크 하나를 공평하게 나누고자 할 때, 대표적 알고리즘은 다음과 같다.

① 연습문제 7-4에서 제시된 2인 분할 방식을 세 경기자로 단순 확장한 알고리즘

② 가지치기(trimming)를 적용한 고정식 칼질(fixed knife) 방식

③ 이동식 칼질(moving knife) 방식

연습문제 7-4 해답 바로 다음에 부록 형태로 세 경기자 간의 케이크 분할을 다루었으니 관심 있는 독자는 부분게임완전균형의 개념을 염두에 두면서 학습하기 바란다.[5]

이어지는 연습문제 7-5에서는 경기자들의 보수가 자신의 금전적 몫뿐 아니라 분배정의(distributional justice 혹은 equity)에도 영향을 받는다고 가정할 경우 공평분배가 잘 설명됨을 보여준다.

5 Robertson and Webb(1998)은 케이크 분할 알고리즘을 정리하였다. 연습문제 해답에 부록으로 포함한 내용은 Stewart(2006) 제1장을 참고하여 재구성한 것이다.

Practice 7-5

크기 1단위인 빵을 나누는 최후통첩협상에서 경기자1과 경기자2의 몫을 각각 x_1, x_2라 놓을 때, 경기자i의 보수함수는 $u_i(x_1, x_2) = x_i - \beta_i|x_1 - x_2|$이라 하자. 매개변수 $\beta_i(>0)$는 경기자i가 분배정의를 얼마나 중시하는지를 나타낸다. 참고로 $\beta_1 = \beta_2 = 0$이라면 원래의 최후통첩협상게임과 똑같게 된다. 경기자i의 보수함수에서 첫 번째 항은 경기자 자신의 금전적 이득 x_i가 클수록 만족이 커짐을 나타내고 두 번째 항은 자신의 몫과 상대방의 몫의 차이가 클수록 불만족스러움을 나타낸다. 이 게임의 부분게임완전균형을 구하라. (힌트: β_1이 $\frac{1}{2}$보다 작은 경우와 $\frac{1}{2}$보다 큰 경우로 나누어서 생각하라.)

경기자들이 분배정의에 가치를 둔다면 공평분배가 균형 현상으로 나타난다는 연습문제 7-5의 결과는 매우 직관적이다. 연습문제 7-6은 경기자가 이타심(altruism)과는 정반대로 악독성(spitefulness) 선호를 갖는다고 가정할 경우 부분게임완전균형에서 공평분배가 실현된다는 흥미로운 결과를 보여준다. 악독성이란 나한테 직접적 영향이 없더라도 타인의 몫이 늘어나면 더 불행하다고 느끼는 감정 즉 '사촌이 논을 사면 배가 아프다'는 식의 선호를 의미한다.

Practice 7-6

두 경기자1과 2가 1만원의 돈을 나누려고 한다. 경기자1은 1만원이나 0원은 제안할 수 없으나 그 사이의 어떠한 금액도 제안할 수 있다. 경기자1의 제안을 경기자2가 수락하면 그대로 나누고 거부하면 둘 다 0의 보수를 얻는다. 이제 m_i를 경기자i가 받는 금전수입이라 놓으면, 경기자i의 보수함수는 $u_i(m_i, m_j) = m_i - cm_j$라고 가정하자. (여기서, $0 \le c < 1, j \neq i$)

(1) 부분게임완전균형을 구하라.

(2) 위 (1)의 답이 c에 따라서 어떻게 달라지는지 해석하라.

7.3 무한수명 협상

7.1절과 7.2절에서 살펴본 모형은 협상기한이 외생적으로 주어져 있는 유한수명 모형이었다. 본절에서는 루빈슈타인(Rubinstein 1982)이 제시한 무한수명(無限壽命, infinite horizon) 협상 모형을 다루고자 한다. 여기서는 협상이 타결되지 못하고 다음 기로 넘어갈 경우 각 경기자의 몫의 현재가치는 할인율이 고려된 만큼 작아지지만, 외생적으로 주어진 협상기한은 없다고 하자. 즉, 협상이 타결되지 않으면 무한히 계속될 개연성도 있다.[6]

무한수명 협상게임에서 홀수 기에는 경기자1이 제안하고 경기자2가 이를 수락하거나 거부한다. 또 짝수 기에는 경기자2가 제안하고 경기자1이 이를 수락하거나 거부한다. 요약하면, 한 단계의 협상이 결렬될 때마다 이번 제안을 거부한 측에서 다음 단계 제안권을 갖는 교대제안(交代提案, alternating offer) 방식이다. 특정 단계에서 협상이 타결되면 경기자들의 할인율을 감안하여 분배받은 몫을 현재가치로 계산한다. 경기자1의 할인인자를 δ_1, 경기자2의 할인인자를 δ_2라 놓자($0 \le \delta_1,\ \delta_2 < 1$).

무한수명 협상게임에서 어떠한 배분도 내쉬균형이 될 수 있다는 사실은 유한수명 모형에서 충분히 설명했으므로, 부분게임완전균형에 초점을 맞추자. 유한수명 모형과는 달리 무한수명 모형에는 맨 마지막 단계가 존재하지 않는다. 협상이 계속 결렬되어 무한정 지연될 수도 있기 때문이다. 따라서 무한수명 모형에서는 맨 끝 단계로부터 거슬러 올라가면서 균형을 찾는 표준적인 역진귀납법의 적용은 난관에 부딪친다.

무한수명 협상게임의 부분게임완전균형에서 두 경기자가 다음과 같은 전략을 사용한다고 가정하자.

• 경기자1의 전략 : 자신이 제안할 차례가 되면 항상 $(x, 1-x)$로 나눌 것을

6 무한수명 협상이란 글자 그대로 '무한히' 계속될 수 있다기보다 협상기한이 사전에 주지사실로 알려져 있지 않다는 의미이다. 매 기마다 협상이 다음 기로 계속될 확률이 $\rho \in (0,1)$, 해당 기말에 종료될 확률이 $(1-\rho)$라고 하자. 이 경우 협상이 유한한 시한 내에 끝날 확률은 1이지만$(= 1-\rho^T \rightarrow 1)$ 종료 시한을 사전적으로는 알 수 없다. 경기자i의 생물학적 할인인자를 $\hat{\delta}_i$라고 하면, 이는 실효할인인자(the effective discount factor) $\delta_i \equiv \hat{\delta}_i \rho$로 놓고 분석하면 된다.

경기자2에게 제안한다. 짝수 기에 경기자2가 y 이상을 제안하면 이를 수락하고 y 미만을 제안하면 거부한다.

- 경기자2의 전략: 자신이 제안할 차례가 되면 항상 $(y, 1-y)$로 나눌 것을 경기자1에게 제안한다. 홀수 기에 경기자1이 $(1-x)$ 이상을 제안하면 수락하고 그 미만을 제안하면 거부한다.

먼저 홀수 기에 두 경기자의 최적 전략을 구해 보자. 경기자1이 경기자2에게 $(1-x)$를 제안하였다고 하자. 경기자2가 이 제안을 수락한다면 $(1-x)$의 보수를 즉시 얻는 반면 거부하면 협상은 다음 기로 지연되고 제안권은 경기자2에게 넘어간다. 거기서 경기자2는 균형 전략에 따라 자신이 $(1-y)$를 갖겠다고 제안할 것이며 균형상태에서 경기자2의 그 제안은 수락될 것이다. 따라서 경기자2가 이번 기에 상대방의 제안을 거부함으로써 협상이 다음 기로 지연된다면, 경기자2의 보수는 $\delta_2(1-y)$가 된다. 결국 경기자1의 제안을 경기자2가 수락하도록 만들기 위해서는 경기자1이 이번 기에 제안하는 액수 $(1-x)$를 경기자2가 이를 거부함으로써 얻게 될 보수 $\delta_2(1-y)$ 이상이 되도록 해야 한다. 즉, 부등식 $(1-x) \geq \delta_2(1-y)$가 성립해야 한다. 다른 한편 경기자1은 $\delta_2(1-y)$만큼을 제의하더라도 경기자2가 이를 수락할터인데 구태여 더 높은 액수를 제시하여 자신의 몫을 줄일 까닭이 없다. 이상을 요약하면, 식 7.2가 성립한다.

$$1-x=\delta_2(1-y) \tag{7. 2}$$

다음으로 경기자2가 제안권을 가진 짝수 기를 고려하자. 균형 전략에 따라 경기자2는 경기자1에게 y를 제안한다. 경기자1은 이를 수락할 경우 y단위의 보수를 얻게 되고 거절할 경우 다음 기로 협상이 연장되어 경기자1이 제안권을 넘겨 받는다. 그 시점에 경기자1은 균형 전략에 따라 자신이 x를 갖겠다고 제안할 것이며 균형상태에서 경기자1의 제안은 수락될 것이다. 따라서 경기자1이 상대방의 제안을 거부함으로써 협상이 내일로 지연될 경우 경기자1의 보수는 $\delta_1 x$이다. 결국 경기자2의 제안을 경기자1이 수락하도록 만들기 위해서는 $y \geq \delta_1 x$가 성립해야 한다. 다른 한편 경기자2는 경기자1에게 $\delta_1 x$만큼을 제안하더라도 경기자

1이 수락할터인데 구태여 더 높은 액수를 제시하여 자신의 몫을 줄일 까닭이 없다. 이상을 요약하면 식 7.3이 성립한다.

$$y=\delta_1 x \tag{7. 3}$$

부분게임완전균형에서 경기자1의 보수는 식 7.2와 7.3을 동시에 만족하는 x와 y값 즉 $x^*=\dfrac{1-\delta_2}{1-\delta_1\delta_2}$와 $y^*=\dfrac{\delta_1(1-\delta_2)}{1-\delta_1\delta_2}$이다. 여태까지의 논의를 종합하면 부분게임완전균형은 다음과 같다.[7]

> **무한수명 협상게임의 부분게임완전균형**
>
> - 경기자 i의 전략: 자신이 제안할 차례가 되면 항상 $\dfrac{1-\delta_j}{1-\delta_1\delta_2}$를 자신이 갖겠다고 제안한다. 경기자 j의 제안에 대해서는 그가 $\dfrac{\delta_i(1-\delta_j)}{1-\delta_1\delta_2}$이상을 제안할 경우에만 수락한다.
>   (여기서, $i, j=1,\ 2,\ i\neq j$)
> - 균형 경로: 첫 기에 경기자1은 $\dfrac{1-\delta_2}{1-\delta_1\delta_2}$를 자기의 몫으로, 나머지 $\dfrac{\delta_2(1-\delta_1)}{1-\delta_1\delta_2}$을 상대방의 몫으로 제안한다. 경기자2는 이 제안을 즉시 수락한다.

할인인자가 균형보수에 미치는 영향

무한수명 협상게임에서 부분게임완전균형 보수는 두 경기자의 할인인자의 상대적 크기에 달려 있다. 할인인자는 협상당사자가 얼마나 미래지향적인 성향을 갖고 있는가 혹은 협상과정에 있어서 얼마나 끈질기게 기다릴 용의가 있는가를 재는 척도이다. 뿐만 아니라 개별 경기자의 할인인자는 모든 협상당사자들에게 정확히 알려져 있다. 따라서 할인인자가 큰 경기자일수록 협상과정에서 더 오랫동안 버틸 용의가 있고, 결국은 유리한 협상결과를 이끌어 낼 수 있다.

먼저 두 협상당사자의 할인인자가 동일한 경우 부분게임완전균형을 살펴보

---

7 협상당사자가 2명인 모형에서 이것이 유일한 부분게임완전균형이며 다른 균형은 존재하지 않는다. 본서의 수준을 벗어나므로 여기서는 다루지 않았으나 Rubinstein(1982)에 증명되어 있으므로 참조 바란다. 완전균형의 유일성은 2인 협상 모형에서만 성립하며 협상 당사자가 3인 이상인 경우에는—자신의 차례가 돌아올 때마다 다른 몫을 제안하는—비균질적(non-stationary) 균형이 존재할 수 있다. 이것이 뒤에 나오는 연습문제 7-8에서 균질성을 가정하는 이유임을 미리 밝혀둔다.

자. 무한수명 협상게임에서 두 사람의 할인인자가 같다면 먼저 제안을 시작하는 경기자가 다소 유리하다. 즉, 선행자의 이득(先行者의 利得, first-mover advantage)이 존재한다. 동일한 할인인자 $\delta_1=\delta_2=\delta$를 위에서 계산한 부분게임완전균형 보수에 대입하면 두 경기자의 보수는 각각 $\frac{1}{1+\delta}$과 $\frac{\delta}{1+\delta}$임을 알 수 있다. 그런데, 할인인자 δ는 1보다 작으므로 경기자1의 보수는 경기자2의 보수보다 크다.

한 경기자의 할인인자는 일정한데 다른 경기자의 할인인자가 1에 근접한다면 후자가 거의 대부분을 갖게 된다. 이를 확인하기 위하여, 경기자1의 할인인자 δ_1을 고정시켜 놓고 경기자2의 할인인자 δ_2를 1에 근접시키면 경기자1의 균형보수 $\frac{1-\delta_2}{1-\delta_1\delta_2}$는 0으로 접근하고 경기자2의 균형보수 $\frac{\delta_2(1-\delta_1)}{1-\delta_1\delta_2}$은 1에 근접함을 알 수 있다. 이는 두 협상당사자 가운데 상대적으로 미래지향적이며 인내력이 있는 측에서 더 많은 몫을 취한다는 평범한 진리를 뜻한다.

Practice 7-7

[협상이 지연될 때마다 일정액의 지체비용이 드는 경우] 무한수명 협상 모형에서 경기자들은 미래를 할인하지 않는다고(즉 $\delta=1$) 가정하자. 대신 협상이 한 기간씩 지연될 때마다 경기자1에게는 c_1단위씩의 손해가 발생하며 경기자2에게는 c_2단위씩의 손해가 발생한다고 하자. 건설노조 파업의 경우 공사기간이 하루씩 지연될 때마다 건설회사가 분양회사에 일정액의 지체상금을 물어야 하는 상황이 여기에 해당한다. 다음 각 경우에 있어서 부분게임완전균형을 구하라.

(1) $c_1<c_2$일 경우

(2) $c_1>c_2$일 경우 (힌트: 위 (1)번의 해답을 활용)

(3) $c_1=c_2=c$일 경우 (힌트: 위 (1)과 (2), 그리고 루빈슈타인 모형에서 내쉬균형을 구할 때 적용했던 논리를 적용)

Practice 7-8

[3인 무한수명 협상게임] 삼형제 A, B, C가 유산 1(억)원을 각각 a, b, c(억)원으로 나누고자 한다. 첫날 아들 A가 B, C에게 (b, c)를 제안한다. 아들 B와 C가 모두 찬성하면 유산은 그대로 분배되고 A는 $a=(1-b-c)$를 갖는다. 만약 B나 C 둘 중 하나라도 반대하면 협상은 결렬되고 둘째 날 다시 만난다. 둘째 날 B가 A, C에게 제안한 (a, c)를 A, C 둘 다 찬성하면 그대로 배분이 이루어지고 하나라도 반대하면 셋째 날로 넘어간다. 셋째 날 C의 제안을 A, B 중 하나라도 반대하면 넷째 날로 넘어가고 이번에는 다시 A에게 제안권이 주어진다. 유산상속협상은 이처럼 교대제안방식으로 영원히 지속될 수 있으며 상속재산의 현재가치를 계산하는 할인인자는 δ이다. 이 게임의 대칭적이고 균질적(stationary) 부분게임완전균형을 구하라. 여기서 균질성이란 각 경기자가 자신에게 제안권이 주어질 때마다 똑같은 배분을 제안하는 성질을 의미한다.

Practice 7-9[8]

세 총잡이(X, Y, Z)가 결투를 벌인다. 첫 라운드에서 맨 처음 X, 그 다음 Y, 마지막으로 Z가 총을 쏜다. 첫 라운드가 끝나면 살아남은 자들이 두 번째로 총을 쏠 기회를 갖는다. 순서는 마찬가지로 X, Y, Z이다. 총잡이 X가 표적을 맞출 확률은 40%, Y가 표적을 맞출 확률은 80%, Z는 표적을 결코 놓치는 법이 없는 최강이다.

(1) 자신의 차례가 돌아올 때 적들 중 누군가에게 반드시 총을 발사해야 할 경우, 부분게임완전균형을 구하고 X와 Z의 생존확률을 구하라.

(2) 자신의 차례에 공중으로 총을 발사해 버리는 것이 허용될 경우, 부분게임완전균형을 구하고 X와 Z의 생존확률을 구하라.

(3) 게임에서는 적자생존의 법칙이 성립하지 않을 수 있음을 설명하라. 총잡이 대신 국가나 기업을 대입할 경우 국제정치나 산업조직에서 어떠한 함의를 갖는지 생각해보라.

8 Dixit and Nalebuff(2009) 제11장 마지막 연습문제를 다소 변형하였다.

Practice 7-10

[Baron and Ferejohn(1989)] 세 경기자가 한 단위의 돈을 나눠가지려고 한다. 매 기에 셋 중 무작위로 추출된 한 경기자가 배분을 제안한다. 이 제안이 다수결(majority rule)로 통과되면 그대로 배분되고 부결되면 다음 기로 넘어간다. 시간 할인인자는 δ이다. 경기자는 제안권이 주어질 때마다—과거 역사와 무관하게—항상 동일한 배분을 제시한다고 가정하자. 즉, 균질적(stationary) 전략만을 고려하자.

(1) 부분게임완전균형을 구하라.

(2) 협상자의 수를 $(2k+1)$ (여기서, k는 자연수)로 일반화할 경우, 부분게임완전균형을 구하라.

Practice 7-11

어떤 기에 협상이 결렬되면 경기자1은 d_1, 경기자2는 d_2를 얻고 다음 기로 넘어간다고 하자. (여기서, $0 \le d_1 < 1$, $0 \le d_2 < 1$, $d_1 + d_2 < 1$) 루빈슈타인의 무한수명협상 모형은 $d_1 = d_2 = 0$인 특별한 경우였다. 만약 t기에 협상이 (x_1, x_2) 로 타결되면 t기를 포함하여 그 이후 매 기마다 경기자1은 x_1단위, 경기자2는 x_2단위를 얻게 된다. 경기자의 목적함수는 평균할인보수이며 두 경기자의 할인인자는 δ로 동일하다. 예컨대, t기에 협상이 타결되면 경기자 i의 보수는 다음과 같다.

$$(1-\delta)[(1+\delta+\cdots+\delta^{t-2})d_i + (\delta^{t-1}+\delta^{t}+\cdots)x_i] = (1-\delta^{t-1})d_i + \delta^{t-1}x_i$$

(1) 최후통첩협상게임에서 내쉬균형과 부분게임완전균형을 각각 구하라.

(2) 무한수명협상에서 부분게임완전균형을 구하라.[9]

(3) 위 (2)에서 구한 답이 d_1, d_2, δ의 크기에 따라 어떻게 달라지는지 설명하라.

9 여기서 구한 부분게임완전균형은 제17장 17.2에서 다룰 내쉬의 협조적 협상해와 일치한다. 이를 비협조적 게임의 틀에서 구한 부분게임완전균형으로 협조적 모형에서 제시한 내쉬협상해를 해석할 수 있음을 의미한다.

7.4 협상지연, 파업, 결렬과 미비정보의 역할

협상게임의 유일한 부분게임완전균형에 있어서 처음 제안하는 경기자는 일정 비율로 케이크를 나눌 것을 제안하고 상대방은 이를 즉시 수락한다. 협상기한이 외생적으로 주어져 있는 유한수명모형이거나 또는 협상이 무한히 지속될 개연성이 있는 무한수명모형이거나 관계없이 두 당사자 간의 합의는 첫 단계에서 즉시 이루어진다. 또한 주어진 크기의 자원을 조금도 낭비하지 않고 나누어 갖는다. 요약하면, 협상의 결과로 효율적 자원배분이 달성된다. 이는 현실과는 너무나 거리가 멀다. 현실에서는 단 한 번만에 타결되는 효율적 협상은 찾아보기 힘들고 오히려 지연(delay), 파업(strike), 직장폐쇄 등 비효율적 자원배분이 자주 발생한다.

협상 균형에서 이상적인 배분이 이루어졌던 이유는 정보의 완비성에 기인한다. 두 협상당사자는 시작 단계에서부터 협상기한이 얼마인지 정확히 알고 있으며, 나누어야 할 케이크의 크기가 얼마인지도 정확히 알고 있다. 뿐만 아니라, 각자의 할인인자가 얼마인지까지도 정확히 알고 있으며 이 사실은 양자 간에 주지 사실이다. 이처럼 협상에 영향을 미치는 모든 요인이 협상개시 전부터 두 협상당사자 간에 완전히 알려져 있는 상황에서는 협상이 개시되자마자 타결되는 것이 직관적으로도 당연하다.

현실적으로 자주 관찰되는 협상지연, 파업, 직장폐쇄 등 비효율적인 자원배분을 설명하기 위해서는 미비정보를 도입해야 한다. 협상 결과에 영향을 미칠 수 있는 요인에 대하여 두 협상당사자 간의 정보가 비대칭적이거나 혹은 서로간에 이견이 있다면 협상이 한 번만에 타결되기는 힘들 것이다. 미비정보하에서 협상을 분석하기 위해서는 제4편에서 다룰 완전베이즈균형에 대한 이해가 필수이므로 여기서는 직관적으로 설명하는 데 그치고자 한다.

① **케이크의 크기에 대하여 비대칭정보가 존재할 경우:** 사용자는 케이크의 크기가 1단위임을 알고 있는 데 반해 노조는 1단위인지 혹은 2단위인지 혹은 0인지 알지 못한다고 가정하자. 협상과정에서 노조는 실제 케이크의 크기에 관한 정보를 알아내기 위하여 1단위 이상(예컨대, 1.5)을 요구해 볼 수도 있다. 물론 사

용자는 노조측의 이러한 요구를 거부할 것이므로 협상은 지연된다. 사용자는 케이크의 크기가 1단위임을 알고 있지만 임금동결 등 자신에게 유리한 협상결과를 이끌어내기 위하여 케이크의 크기가 0인 것처럼 위장할 유인을 갖는다. 따라서 노조가 0.4단위 정도만 요구하더라도 이를 거부함으로써 회사사정이 어렵다는 인상을 주려고 할 것이다. 사용자측의 이러한 동기로 인하여 협상이 지연되는 경우도 있을 것이다.

② 상대방의 할인인자에 대한 정보가 미비되어 있는 경우: 할인인자는 협상과정에서 얼마나 버틸 용의가 있느냐를 측정하는 척도이다. 그런데, 각 협상대상자는 자신의 할인인자가 0.5임을 알고 있으나 상대방의 할인인자가 0.9인지, 0.5인지 혹은 0.1밖에 안 되는지 정확히 알지 못한다고 하자. 쌍방은 협상 과정에서 자신이 끈질기게 버틸 용의가 있다는 인상을 줄 유인이 있으므로 균형상태에서 협상이 지연될 가능성이 있다.

③ 협상기한에 대하여 미비정보가 존재할 경우: 협상당사자 간에 협상기한(T)이 정확히 얼마인지에 대하여 서로 다른 정보를 갖고 있는 경우에는 협상지연이나 결렬이 균형현상으로서 발생할 수 있다. 7.1절의 유한수명협상 분석으로부터 마지막 기에 제안권을 가진 경기자가 유리하다는 사실을 알고 있다. 그러므로 협상기한이 홀수이면 사용자에게 유리하고 짝수이면 반대로 노조에게 유리하다. 또 협상기한이 홀수라는 가정하에 협상기한이 짧을수록 사용자에게 유리하다는 것도 알고 있다. 예컨대, 사용자는 $T=5$이거나 $T=6$일 확률이 반반씩이라고 믿고 있는 데 반해 노조는 $T=6$이거나 $T=7$일 확률이 반반씩이라고 믿고 있다고 가정하자. 이러한 상황에서 사용자는 $T=5$인 것처럼 협상초기에 노조를 설득하려고 노력할 것이며 노조는 할인인자의 크기에 따라 $T=6$인 것처럼 사용자를 설득하고 싶을 것이다. 이렇게 밀고 당기는 협상과정에서 협상이 지연될 수 있다.

7.5 중재

사용자와 노동자 간의 임금협상에서 이견을 좁히지 못하고 협상이 결렬되었다고 하자. 두 이해당사자 간에 제삼자인 노동중재위원회가 나서서 중재를 시도하는 상황을 상정하자. 본절에서는 중요한 두 가지 중재방식을 살펴보고자 한다. 첫째, 일반중재(一般仲裁, conventional arbitration)란 당사자들이 각자의 안을 중재자에게 제출하면 중재자는 이를 취합하여 쌍방의 안을 종합한 최종중재안을 내놓는 과정을 의미한다. 둘째, 최종제안중재(最終提案仲裁, final-offer arbitration)란 각 이해당사자들이 제출한 대안 가운데 하나를 택하여 이를 최종중재안으로 삼는 것이다. 난항을 겪고 있는 노사협상에 정부가 중재안을 제시하는 상황을 염두에 두고 일반중재와 최종제안중재를 차례로 분석하자. 이러한 중재게임의 경기자는 사용자(경기자1), 노동조합(경기자2), 그리고 노사중재위원회(경기자3) 셋이다.

7.5.1 일반중재

사용자의 요구를 x_1이라 놓고 노동조합의 요구를 x_2라 놓자. 사용자가 임금동결을 요구한다는 것은 $x_1=1$임을 의미하며, 노조가 최대한의 임금인상을 요구한다는 것은 $x_2=1$임을 뜻한다. 노사는 먼저 각자의 안을 중재자에게 제출하고, 중재자는 제출된 두 안을 고려하여 중재안을 최종 결정한다. 중재자의 결정은 제출된 두 안의 함수이므로 중재의 결과 사용자가 최종적으로 얻게 되는 보수를 $u_1(x_1, x_2)$라 표기하고 근로자가 얻게 되는 보수를 $u_2(x_1, x_2)$라 표기하자.

중재함수 $u_1(x_1, x_2)$와 $u_2(x_1, x_2)$는 다음과 같이 '초과요구총액 균등분담' 조건을 만족하는 형태라고 하자. 이는 이해당사자가 초과요구총액 $E=(x_1+x_2-1)$의 반반씩을 부담하는 방식이다.

$$u_1(x_1, x_2)=x_1-\frac{E}{2} \qquad (7.4a)$$

$$u_2(x_1, x_2) = x_2 - \frac{E}{2} \tag{7. 4b}$$

이제 중재자가 식 7.4에 의하여 중재결정을 하며, 두 이해당사자 모두 이 사실을 인식하고 있다고 하자. 그렇다면, 사용자와 노조는 각각 얼마의 몫을 요구하는 것이 내쉬균형이겠는가? 균형의 계산을 위하여 초과요구액 E를 중재함수에 대입하면, 식 7.5a와 7.5b가 도출 된다.

$$u_1(x_1, x_2) = \frac{1}{2} + \frac{x_1 - x_2}{2} \tag{7. 5a}$$

$$u_2(x_1, x_2) = \frac{1}{2} + \frac{x_2 - x_1}{2} \tag{7. 5b}$$

경기자1의 보수는 자신의 요구액 x_1에 정비례하고 상대방의 요구액 x_2에 반비례한다. 따라서 상대방의 요구액이 무엇이든간에 상관없이 가능한 최대액수를 요구하는 것이 경기자1의 최선의 선택이다. 다시 말해서, $x_1^* = 1$은 경기자1의 강우월전략이다. 동일한 논리로, 경기자2의 강우월전략은 가능한 최대 액수를 요구하는 것이다. 요약하면, 일반중재게임의 유일한 우월전략해는 (1, 1)이다.

균형상태에서 노사 양측은 모두 한치의 양보도 없이 가능한 최대의 요구안을 제출한다. 이에 대해 중재자는 노사양측이 각각 $\frac{1}{2}$씩 나누는 방안을 최종중재안으로 택한다. 이러한 분석결과는 현실세계에 있어서도 자주 관찰된다. 중재자가 제출된 양측의 요구를 절충하는 결정을 내릴 것이라고 기대하면, 협상당사자들은 극단적인 요구를 함으로써 나중에 절충이 되더라도 자신의 이익을 최대한 확보하려 할 것이다.

7.5.2 최종제안중재

파버(Farber 1980)가 개발한 모형을 통하여 최종제안중재의 상황에서 협상당사자 양측과 중재자의 행태를 분석하고자 한다. 사용자와 노동조합은 각자의 임금협상안을 중재자에게 제출한다. 사용자의 임금안을 w_1이라 놓고, 노동조합의 임금안을 w_2라 하자. 중재를 의미있게 하기 위하여 $w_2 > w_1$이라고 가정하자.

정부는 사용자의 임금안과 노조의 안 가운데 하나를 양자택일해야 하며 둘을 절충할 수 없다.[10] 정부는 사회적으로 가장 바람직한 임금수준 g를 알고 있다고 가정하자. 정부는 g가 w_1쪽에 가까우면 사용자가 제시한 w_1을 최종중재안으로 결정하고 만일 g가 w_2에 가까우면 노조가 제시한 w_2를 최종안으로 결정할 것이다. 즉 정부의 선택은 식 7.6과 같다.

$$\text{만일 } g < \frac{w_1 + w_2}{2} \text{이면, } w_1\text{을 최종중재안으로 선택하고,}$$
$$\text{만일 } g > \frac{w_1 + w_2}{2} \text{이면, } w_2\text{를 최종중재안으로 선택한다.} \tag{7. 6}$$

사용자와 노조는 정부의 선호를 나타내는 매개변수 g의 정확한 값을 모른다. 만일 사용자와 노조가 g값을 정확히 알고 있다면 두 이해당사자 모두 $w_1 = w_2 = g$를 자신의 임금안으로 제시할 것이고, 정부는 g를 최종안으로 결정할 것이다. 사용자와 노조는 정부의 선호를 나타내는 g의 정확한 값은 모르지만, 매개변수 g가 누적확률분포함수 $F(g)$(확률분포함수 $F'(g) = f(g)$)로 분포한다는 사실은 알고 있다.

정부의 선호를 나타내는 매개변수 g가 w_1에 가까울 확률($g < \frac{w_1 + w_2}{2}$일 확률)은 누적확률분포함수의 정의에 의하여 $F\left(\frac{w_1 + w_2}{2}\right)$이다. 이 경우 최종적인 임금은 w_1이므로, 결국 기업의 기대임금지급액은 $F\left(\frac{w_1 + w_2}{2}\right)w_1$이다. 비슷한 논리를 적용하여, 노조안이 채택될 경우 사용자가 지불해야 하는 기대임금지불액은 $\left[1 - F\left(\frac{w_1 + w_2}{2}\right)\right]w_2$ 임을 알 수 있다. 이상의 논의에 의해 사용자의 기대임금지불액은 식 7.7과 같이 계산된다.

---

10 기원전 4세기 아테네의 철학자 소크라테스를 죽음으로 내몰았던 재판은 최종제안중재의 재미있는 사례이다. 당시 고발자가 피고인을 고발하면 각자의 주장을 뒷받침할 증인을 불러 일단 진실을 가리고 배심원들이 유죄를 선언하면 심리가 진행된다. 고발자는 피고인에게 적절한 형량을 주장하고 피고인은 이에 맞서 자신에게 적절한 형량을 제안한다. 배심원들은 고발자와 피고인 쌍방이 제안한 형벌 가운데 하나를 선택해야 하며 그것을 절충한 제3의 형벌을 선고할 수는 없다. 당시 소크라테스가 고발인의 사형 주장에 맞서 징역 5년 식의 적당한 제안을 했더라면 그것이 채택되어 목숨을 건질 수도 있었다는 추측이 있다. 그러나 꼿꼿한 소크라테스는 자신의 무죄를 주장하고 결국 배심원들은 사형을 선택했다. 박원순(2006)을 참조.

$$PAY = F\left(\frac{w_1+w_2}{2}\right)w_1 + \left[1-F\left(\frac{w_1+w_2}{2}\right)\right]w_2 \qquad (7.\ 7)$$

사용자는 기대임금지불액 *PAY*를 극소가 되도록 해주는 임금안 w_1을 중재자에게 제시할 것이다. 식 7.8과 7.9는 사용자의 기대임금지불액 극소화 일계조건으로부터 도출된 결과이다.

$$\frac{dPAY}{dw_1} = F\left(\frac{w_1+w_2}{2}\right) + w_1\frac{1}{2}f\left(\frac{w_1+w_2}{2}\right) - w_2\frac{1}{2}f\left(\frac{w_1+w_2}{2}\right) = 0 \qquad (7.\ 8)$$

$$F\left(\frac{w_1+w_2}{2}\right) = \frac{1}{2}(w_2-w_1)f\left(\frac{w_1+w_2}{2}\right) \qquad (7.\ 9)$$

다음으로 노조의 기대보수 극대화 문제를 고려하자. 사용자 기대임금지불액 도출과정과 유사한 방법으로 노조의 기대보수를 도출하면 식 7.10과 같다. 노조의 기대보수 극대화 일계조건 및 그 결과는 식 7.11과 7.12에 각각 나타나 있다.

$$WAGE = F\left(\frac{w_1+w_2}{2}\right)w_1 + \left[1-F\left(\frac{w_1+w_2}{2}\right)\right]w_2 \qquad (7.\ 10)$$

$$\frac{dWAGE}{dw_2} = w_1\frac{1}{2}f\left(\frac{w_1+w_2}{2}\right) + 1 - F\left(\frac{w_1+w_2}{2}\right) - w_2\frac{1}{2}f\left(\frac{w_1+w_2}{2}\right) = 0 \qquad (7.\ 11)$$

$$F\left(\frac{w_1+w_2}{2}\right) = 1 - \frac{1}{2}(w_2-w_1)f\left(\frac{w_1+w_2}{2}\right) \qquad (7.\ 12)$$

식 7.9는 사용자의 기대임금지불액 극소화 문제를 풀어서 도출된 것이므로 노조안에 대한 사용자의 최선응수이다. 반면 식 7.12는 노조의 기대임금 극대화 문제를 풀어서 도출된 것이므로 사용자안에 대한 노조의 최선응수이다. 그러므로 상호최선응수 조건을 충족하는 조합 (w_1^*, w_2^*)는 두 식 7.13a와 7.13b를 풀어서 구한 해이다.

$$F\left(\frac{w_1^*+w_2^*}{2}\right) = \frac{1}{2} \qquad (7.\ 13a)$$

$$(w_2^*-w_1^*)f\left(\frac{w_1^*+w_2^*}{2}\right) = 1 \qquad (7.\ 13b)$$

균형상태에서 먼저 사용자는 w_1^*를 그리고 노조는 w_2^*를 각각 노사중재위원회에 제시한다. 그 다음 위원회는 두 안 가운데 사회적으로 바람직하다고 생각되는 g값에 더 가까운 임금안을 최종안으로 결정한다.

Practice 7-12

정부의 선호를 나타내는 매개변수 g가 0과 1 사이에서 균등분포한다고 가정할 때, 최종제안 중재의 균형을 구하고 해석하라.

Practice 7-13

정부의 선호를 나타내는 매개변수 g가 평균이 M이고 표준편차가 σ인 정규분포를 한다고 가정할 때, 최종제안중재 균형을 구하라. 단, 정규분포는 평균 M을 중심으로 좌우대칭형의 분포를 갖으며, 확률분포함수는 $f(g)=\frac{1}{\sqrt{2\pi}\sigma}e^{-\frac{(g-M)^2}{2\sigma^2}}$ 임이 알려져 있다.

우리나라 최저임금의 결정

최저임금위원회는 1987년부터 매년 최저임금을 결정하는 최고의사결정 기구로서 사용자, 근로자, 공익을 대표하는 위원 각각 9인으로 구성되어 있다. 사용자와 근로자는 이해관계가 첨예하게 대립하다 보니 그들의 표는 이미 9대 9로 정해져 있기 마련이다. 그래서 대학교수와 국책연구원 박사들로 주로 구성된 공익위원들의 역할이 중요한데 일부는 정권의 입김에 영향을 받기도 한다. 최저임금은 보수 정부인 2011년부터 2016년까지 매년 5.1%~8.1%씩 인상되었으며 2017년 최저임금은 6,470원이었다. (최저임금은 전년도 여름 무렵에 결정됨.) 문재인 정부에서는 '2020년까지 최저임금 1만원' 대선공약과 맞물려 2018년 7,530원, 2019년 8,350원으로 각각 16.4%, 10.9% 대폭 인상되었다.

다른 한편 2019년 들어서면서 수출과 경기 하락이 가시화되고 자영업자들의 저항이 고조되면서 2020년 최저임금 인상 속도를 조절해야 한다는 목소리가 커졌다. 2019년 여름 위원회에서 사측은 중소기업과 소상공인의 부담이 감당하지 못할 수준이라며 4.2% 인하(마이너스 인상)을 요구한 반면 노측은 대선공약을 지키라며 19.8% 인상을 요구하였다. 이는 일반중재에서 노사 양측이 극단적 요구를 하는 내쉬균형의 예측과 상당히 일치한다.

협의가 평행선을 달리자 위원장과 공익위원들은 최종제안중재 방식을 정하고 노사 양측에게 인상안 제출을 요청하였다. 사측은 8,590원(2.9% 인상), 노측은 8,880원(6.3% 인상)을 제안하였다. 이러한 최종제안은—일반중재와 유사한 중간협상 과정에서의 양측 요구에 비해서는—상당히 양보된 제안들이다. 곧 이은 전원회의에서 사측안이 다수결로 선택됨으로써 2020년 최저임금은 8,590원으로 결정되었다.

Game Theory

SECTION 03

반복과 협조

Chapter 8 반복게임

Chapter 9 전래정리

Chapter 10 반복게임의 응용

무리가 한마음과 한 뜻이 되어 모든 물건을 서로 통용하고 자기 재물을 조금이라도 자기 것이라 하는 이가 하나도 없더라. 사도들이 큰 권능으로 주 예수의 부활을 증언하니 무리가 큰 은혜를 받아 그중에 가난한 사람이 없으니 이는 밭과 집 있는 자는 팔아 그 판 것을 값을 가져다가 사도들의 발 앞에 두매 그들이 각 사람의 필요를 따라 나누어 줌이라. … 중략 … 아나니아라 하는 사람이 그의 아내 삽비라와 더불어 소유를 팔아 그 값에서 얼마를 감추매 그 아내도 알더라. 얼마만 가져다가 사도들의 발 앞에 두니 베드로가 이르되 아나니아야 어찌하여 사탄이 네 마음에 가득하여 네가 성령을 속이고 땅 값 얼마를 감추었느냐. 땅이 그대로 있을 때에는 네 땅이 아니며 판 후에도 네 마음대로 할 수가 없더냐 어찌하여 이 일을 네 마음에 두었느냐 사람에게 거짓말한 것이 아니요 하나님께로다. 아나니아가 이 말을 듣고 엎드러져 혼이 떠나니 이 일을 듣는 사람이 다 크게 두려워하더라(사도행전 4:32-35, 5:1-5).

Game Theory

Chapter 08 | 반복게임

8.1 보복, 보상 및 협조

지금까지의 분석 대상은 일회게임이었다. 경기자들의 선택이 동시에 이루어지든 순차적으로 이루어지든 일회게임에서 경기자들은 게임의 규칙에 따라 행동을 결정하고 이렇게 선택된 전략의 조합에 따라 보수가 결정됨으로써 종결된다. 그러나, 현실세계에서 많은 경제활동은 동일한 경제주체들 간에 반복적·지속적으로 일어난다. 재화나 서비스 판매자는 자신의 상품을 계속해서 구입해주는 단골손님의 확보를 주요 영업목적으로 삼을 것이다. 복점시장에서 조업하는 두 기업 간의 경쟁은 오랜 세월에 걸쳐 반복적으로 일어난다. 이처럼 동일한 상대방과 여러 기간에 걸쳐 되풀이해서 맞부딪치는 전략적 상황을 반복게임(反復게임, repeated game)이라고 한다. 본절에서는 반복게임에서 합리적 경기자들이 어떠한 전략을 선택하는가를 분석하고자 한다.

반복게임이란 경기자들이 주어진 일회게임을 여러 번에 걸쳐 경주하는 것이다. 따라서 반복게임에 임하는 경기자는 지금 당장 눈앞에 닥친 현재의 보수뿐만 아니라 미래에 얻게 될 보수에도 관심을 갖는다. 게임이 반복되더라도 일회게임에서의 결과가 단순히 되풀이되리라고 생각하는 독자가 있을지도 모르겠다. 이는 사실과 다르다. 반복게임에 임하는 경기자들은 현 단계가 끝나면 다음 단계에서 동일한 상대방과 만나리라는 것을 알고 있다. 그러므로 경기자는 현재의 의사결정에 있어서, 그가 지금 당장 상대방을 속여서 얻을 수 있는 이득과 그의 배신이 초래할 상대방의 보복(報復, punishment)으로 인한 손실을 저울질해 보아야 한다. 미래야 어떻게 되든 지금 당장을 중요하게 여기는 근시안적 경기자는 단기 이득을 보복으로 인한 장래의 손실보다 더 높이 평가하는 경향이 있다. 반면 미래를 현재 못지않게 중요시하는 경기자는 눈앞의 이득을 위해서 장래의 손실을 감수하려 하지 않는다. 내가 현재에 얻을 수 있는 이익을 포기하고 협조함으로써 상대방으로부터 장래에 보상(reward)을 받을 수 있는 경우에도 유사한 논리가 적용될 것이다. 요약하면, 상대방을 속임으로써 당할 보복에 대한 두려움이나 협조체제를 유지함으로써 장래에 받을 보상에 대한 기대가 일회게임에서는 불가능했던 경기자 간의 협조를 반복게임에서 가능하도록 한다.

8.2 반복게임의 요소와 균형

8.2.1 역사와 전략

전략형게임 G가 주어져 있다고 하자. 반복게임이란 동일한 경기자들이 여러 번에 걸쳐 되풀이하여 게임 G에 참여하는 상황을 일컫는다. 반복게임에서 일회게임이 경주되는 각 시점을 기(期, period) 혹은 단계(段階, stage)라고 부른다. 매기에 경기자들이 경주하는 전략형게임 G를 일회게임(一回게임, one-shot game) 혹은 단계게임(stage game)이라고 부른다. 반복게임은 유한반복게임(有限反復게임, finitely repeated game)과 무한반복게임(無限反復게임, infinitely repeated game)으로 구분된다. 유한반복게임이란 마지막 기인 T가 유한하며 주지사실로 알려져 있는 상황을 의미하고, 무한반복게임이란 주어진 일회게임을 무기한 계속해서 경주하는 상황을 일컫는다.

일회게임에서 전략이란 발생가능한 모든 상황에 있어서 해당 경기자가 취할 행동의 완전한 계획으로 정의되었다. 동일한 개념이 반복게임에도 적용된다. 이해를 돕기 위하여, 경기자1과 경기자2가 2회반복게임에 참여하는 상황을 상정하자. 경기자의 전략은 우선 첫 기에 어떠한 행동을 취할 것인가에 대한 계획을 포함해야 한다. 또한 첫 기에 실현된 결과에 대하여 둘째 기에 어떤 행동으로 대응할 것인가를 포함해야 한다. 그러므로 반복게임에서는 경기자들이 과거에 어떠한 선택을 했는가가 중요하다. 지나간 시절 경기자들이 선택한 행동들의 기록을 역사(歷史, history)라 부른다. 반복게임에서의 전략이란 과거 역사에 대응하여 현재 취할 행동 계획이다.

반복게임에 있어서 역사와 전략을 정의하기 위하여 필요한 기호를 도입하자. n명의 경기자들이 주어진 전략형게임을 반복해서 경주하는 반복게임을 고려하자. 경기자i가 t번째 기에 취한 행동을 a_{it}이라 표기하고, t번째 기에 경기자들이 선택했던 행동조합은 $a^t \equiv (a_{1t}, a_{2t}, \cdots, a_{nt})$이라 표기하자. 본서에서는 '$t$번째 기'라는 표현과 '제$t$기'라는 표현을 동의어로 쓰기로 한다.

정의 8-1(역사와 전략)

① 반복게임에서 제t기 **역사**(t期 歷史, history at period t)란 첫 기로부터 $(t-1)$번째 기까지 경기자들이 선택했던 행동들의 기록이다. 즉, 제t기 역사를 h^t라 놓으면, $h^t = (a^1, a^2, \cdots, a^{t-1})$이다.

② **반복게임 전략**이란 첫 기에 선택하고자 계획된 행동 및 둘째 기 이후에 그 이전의 역사에 대응하여 계획된 행동이다. 즉, 경기자i의 제t기 전략 $s_{it}(h^t)$는 t기 역사 h^t하에서 경기자i가 제t기에 취할 행동을 지정해 주는 함수이다.

경기자1과 경기자2 간의 전략형 게임의 예를 들어 보자. 경기자1이 선택할 수 있는 행동은 A와 B이고 경기자2가 선택할 수 있는 행동은 X와 Y라고 하자. 〈그림 8-1〉에 나타나 있는 바와 같이, 발생가능한 제2기 역사는 4가지이고 발생가능한 제3기 역사는 16가지이다. 예컨대, 〈그림 8-1〉에서 굵은 선으로 나타난 경로 [AY, BX]는 제3기 게임이 개시되는 시점에 실현가능한 16개의 역사 가운데 한 경로이다. 또 [AY, BX, AX]는 제4기 게임이 개시되는 시점에 실현가능한 64개(=4^3)의 역사 가운데 한 경로이다.[1]

1 반복게임에서 전략조합 (A,Y)은 AY로, 경로 ((A,Y),(B,X))는 [AY, BX]로 간결하게 쓰기로 한다.

그림 8-1 **3회반복게임에서 발생가능한 제2기 역사 및 제3기 역사**

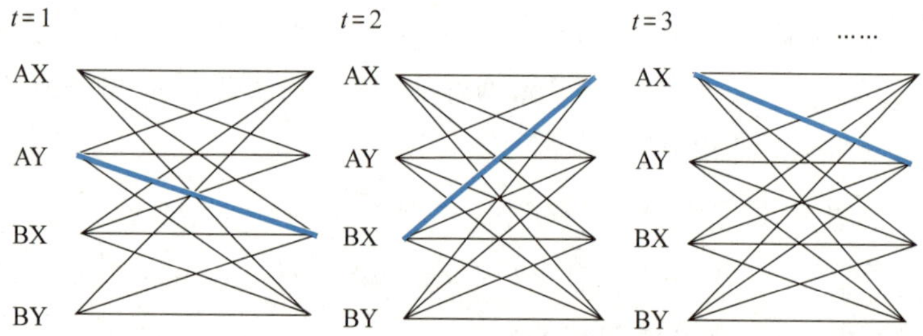

2회반복게임에서 경기자의 전략은 첫 기에 각 경기자가 취해야 할 행동계획이 무엇인가를 먼저 규정해야 한다. 예컨대, 경기자1은 첫 기에 행동 B를 취하고 경기자2는 행동 Y를 취한다는 것 등이다. 다음으로, 둘째 기에는 첫 기에 실현가능한 모든 행동조합 AX, AY, BX, BY 각각에 대응하는 개별 경기자의 행동계획을 포함해야 한다. 개별 경기자의 전략에는 첫 기에 AX가 실현되었을 경우 둘째 기에 취할 행동계획, 첫 기에 AY가 실현되었을 경우 둘째 기에 취할 행동계획, 첫 기에 BX가 실현되었을 경우 둘째 기에 취할 행동계획, 그리고 첫 기에 BY가 실현되었을 경우 둘째 기에 취할 행동계획이 명시되어야 하는 것이다. 마찬가지로 개별 경기자의 제3기 전략은 〈그림 8-1〉에 열거된 16개의 발생가능한 제3기 역사 각각에 대응하는 제3기의 행동계획을 명시해야 한다.

반복게임에서 순수전략의 수는 기간이 커질수록 기하급수적으로 증가한다. 두 경기자 간의 $K \times M$ 전략형게임의 반복게임을 고려하자. 일회게임에서 경기자1의 순수전략은 K개이다. 2회반복게임에서 경기자1의 순수전략의 수는 $K \times K^{KM} = K^{1+KM}$개이다. 왜냐하면, 제1기에 선택가능한 행동이 K개이며, 두 경기자들이 제1기에 선택한 행동조합 KM개 각각에 대하여 경기자1이 제2기에 취할 행동들의 경우의 수가 K^{KM}개이기 때문이다. 3회반복게임에서는 그 수가 $K^{1+KM+(KM)^2}$으로 늘어난다. 제1기, 제2기에 경기자들이 선택한 행동조합들 $(KM)^2$개 각각에 대해 경기자1이 제3기에 취할 수 있는 조건부 행동의 수가 $K^{(KM)^2}$개이기 때문이다. 일반적으로 T회반복게임에서 경기자1이 취할 수 있는 순수전략의 수는 $K^{\sum_{s=1}^{T}(KM)^{s-1}}$에 달한다. 매우 단순한 2×2 전략형의 3회반복게임에서도 개별 경기자의 순수전략의 수는 2^{21}개에 달한다. 이런 이유로 인하여, 반복게임에서 균형을 전부 구하기는 사실상 불가능하며, 대개 균형 보수의 범위나 특징을 설명하는 데 관심을 둔다.

8.2.2 반복게임에서 보수의 개념

반복게임에서 경기자의 목적함수는 그가 현재와 미래의 각 기에 받을 보수의 흐름을 현재가치로 환산하여 합산한 것이다. 특정 경기자가 t번째 기에 u_t의 보수를 얻는다고 하자. 또 그 경기자가 미래의 보수를 할인할 때 적용하는 할인율을 r, 할인인자를 δ라 하자. 반복게임에서 경기자가 얻는 보수의 현재가치 총액은 다음과 같다.

$$\begin{aligned} V &= u_1 + \left(\frac{1}{1+r}\right)u_2 + \left(\frac{1}{1+r}\right)^2 u_3 + \cdots + \left(\frac{1}{1+r}\right)^{T-1} u_T \\ &= \sum_{t=1}^{T} \delta^{t-1} u_t \qquad (8.\ 1) \end{aligned}$$

(여기서, $\delta \equiv \dfrac{1}{1+r}$은 할인인자)

반복게임에서 경기자가 식 8.1의 기준에 따라 계산한 보수와 반복게임을 구성하는 일회게임의 보수를 비교하는 것은 쉽지 않다. 예컨대 무한반복게임($T=\infty$)에서 $\delta=0.9$의 할인인자를 지닌 경기자가 매 기 1단위씩의 보수를 얻는다고 할 때 식 8.1에 의하여 평가된 현재가치 총액은 10단위이다.[2] 그런데 반복게임에서 얻은 보수의 현재가치 총액 10단위가 일회게임의 보수 1단위와 비교할 때 어느 정도 크기인지 가늠하기 어렵다. 이 경기자가 매 기 1단위의 보수를 얻는다면 반복게임에서 그가 평균적으로 얻는 현재가치 보수도 1단위라고 보는 것이 적절하다. 즉, 현재가치 총액 10원에 0.1을 곱해 준 수치를 무한반복게임의 보수로 사용하는 것이 편리하다. 이러한 이유로 반복게임의 보수는 현재가치 총액이 아

---

2 무한수열의 합을 계산하는 공식을 적용하여 다음과 같이 계산한다.

$$V(1,1,1,\ \cdots) = 1 + 0.9\times 1 + 0.9^2\times 1 + \cdots = \frac{1}{1-0.9} = 10$$

니라 식 8.2에 정의된 평균할인보수(平均割引報酬, discounted average payoff)로 계산한다.[3]

$$\text{유한반복게임:}\quad v=\left(\frac{1-\delta}{1-\delta^T}\right)\sum_{t=1}^{T}\delta^{t-1}u_t \qquad (8.\ 2a)$$

$$\text{무한반복게임:}\quad v=(1-\delta)\sum_{t=1}^{\infty}\delta^{t-1}u_t \qquad (8.\ 2b)$$

무한반복게임의 평균할인보수인 식 8.2b를 아래의 과정을 거쳐 분해해 보자.

$$\begin{aligned} v(u_1,\ u_2,\ u_3,\ \cdots) &= (1-\delta)(u_1+\delta u_2+\delta^2 u_3+\cdots) \\ &= (1-\delta)u_1+\delta[(1-\delta)(u_2+\delta u_3+\delta^2 u_4+\cdots)] \\ &= (1-\delta)u_1+\delta v(u_2,\ u_3,\ \cdots) \qquad (8.\ 3) \end{aligned}$$

식 8.3에 의하면 오늘($t=1$)부터 시작되는 무한반복게임의 평균할인보수 $v(u_1, u_2, \cdots)$는 오늘 당장 얻는 보수 u_1과 내일($t=2$)부터 시작되는 반복게임(후속게임(continuation game)이라 불림)의 평균할인보수 $v(u_2, u_3, \cdots)$의 가중평균값이다.[4] 여기서 오늘 당장 얻는 보수 u_1에 주어지는 가중치는 $(1-\delta)$이고 내일로부터 시작되는 반복게임의 평균할인보수에 주어지는 가중치는 δ이다. 할인인자 δ는 경기자의 인내력 혹은 미래지향 성향을 나타낸다. 경기자의 할인인자가 클수록(경기자가 미래를 현재 못지않게 중요시할수록) 오늘의 보수 u_1에 주어지는 가중치는 작아지고 내일 이후 미래의 보수에 주어지는 가중치는 커진다. 극단적으로 할인인자가 1에 가까운 경기자는 지금 당장의 보수 u_1에 0에 가까운 가중치를 부여하고 내일 이후 발생할 미래의 보수에 거의 모든 가중치를 부여한다. 반면 할인인자가 0인 경기자는 눈앞의 이익만을 중시하는 하루살이이므로 u_1에 모든 가중치를 부여한다.

---

3 $\dfrac{1}{1+\delta+\cdots+\delta^{T-1}}=\dfrac{1}{\dfrac{1-\delta^T}{1-\delta}}=\dfrac{1-\delta}{1-\delta^T}$

$\dfrac{1}{1+\delta+\delta^2+\cdots}=\dfrac{1}{\dfrac{1}{1-\delta}}=1-\delta$

4 식 8.3은 동적 최적화(dynamic programming) 문제에서 최적해를 구하는 방법인 벨만방정식(Bellman equation)의 개념을 무한반복게임에 적용한 것이다.

8.2.3 반복게임 균형

반복게임은 특수한 형태의 다단계 전개형게임으로 볼 수 있다. 따라서 내쉬균형의 개념이나 부분게임완전균형의 개념을 일회게임에서와 마찬가지로 적용하면 된다.

반복게임에서의 내쉬균형은 상대방의 전략이 주어졌다고 가정할 때 어느 경기자도 자신의 전략을 바꿈으로써 더 높은 보수를 얻지 못하는 상태를 일컫는다. 예컨대 〈그림 8-1〉에서 굵은 선으로 표시된 경로 [AY, BX]가 2회반복게임의 내쉬균형이려면 다음 요건이 성립해야 한다. 경기자2가 제1기에 Y를 선택하고 제2기에 X를 선택한다는 가정하에 경기자1은 제1기에 A, 제2기에 B를 선택하는 것이 최선응수여야 한다. 뿐만 아니라 경기자1이 제1기에 A, 제2기에 B를 선택한다는 가정하에 경기자2는 제1기에 Y, 제2기에 X를 선택하는 것이 최선응수여야 한다. 만약 경기자1이 제1기에 A, 제2기에 B를 선택한다는 가정하에 경기자2가 제1기에 Y, 제2기에 Y를 선택함으로써 보수를 높일 수 있다면 경로 [AY, BX]는 내쉬균형일 수가 없다.

반복게임에서의 부분게임완전균형 개념을 살펴보자. 반복게임에서 부분게임은 각 t번째 기로부터 시작되는 후속게임이다. 예컨대, 5회반복게임의 첫 기게임이 끝난 시점에서 볼 때 둘째 기로부터 시작하는 4회반복게임은 전체 반복게임의 부분게임이다. 마찬가지로 셋째 기가 막 지난 시점에서 볼 때 넷째 기로부터 시작하는 2회반복게임 역시 부분게임이다. 반면 넷째 기의 일회게임만 달랑 따로 떼어낼 경우 이는 부분게임이 아니다. 왜냐하면 부분게임의 정의상 넷째 기 이후에 진행되는 모든 후속게임과 종결마디를 다 포함해야 하기 때문이다. 반복게임에서 부분게임완전균형은 모든 부분게임에서 내쉬균형을 이루는 상태로 정의된다. 즉, 지나간 과거의 역사가 어떠했든지 상관없이 오늘로부터 시작되는 부분게임에서 경기자들의 최선응수로만 이루어진 상태를 부분게임완전균형이라 부른다.

이해를 돕기 위해 〈그림 8-1〉에서 굵은 선으로 표시된 경로 [AY, BX, AX]가 3회반복게임의 내쉬균형이라고 가정하자. 내쉬균형 경로대로라면 제1기에 경기자 1은 A를 선택하고 경기자2는 Y를 선택해야 마땅하다. 그런데 이유는 알 수 없으나 제1기에 경기자1이 균형 전략인 A가 아니라 비(非)균형 전략인 B를 선택했다고 하자. 첫 기에 이러한 괴이한 사태, 즉 비균형 현상이 발생한 후 제2기나 제3기에 두 경기자 중 한 명이라도 원래의 부분게임완전균형 경로인 [BX, AX]에서 이탈할(예컨대, 경기자2가 제3기에 X 대신 Y를 선택할) 유인이 있다면 원래의 균형경로 [AY, BX, AX]는 부분게임완전균형이 아니다. 내쉬균형 [AY, BX, AX]가 부분게임완전균형이기 위해서는 제1기에 누군가가 전략조합 AY에서 이탈하더라도 제2기와 제3기에 아무도 [BX, AX]에서 이탈할 유인이 없어야 한다. 이는 하나의 예시에 불과하다. 특정 내쉬균형이 부분게임완전균형이기 위해서는 어느 경기자가 어느 시점에서건 원래의 균형 전략에서 이탈하더라도 그 이후의 후속 게임 경로가 모든 경기자들에 의하여 원래대로 지켜질 유인이 있어야 한다.

8.3 유한반복게임

유한반복게임이란 경기자들이 주어진 일회게임에 유한 번 반복해서 참여하는 상황을 일컫는다. 주어진 일회게임을 G라 할 때, T회반복게임 $G^T(\delta)$는 동일한 경기자들이 $t=1, 2, \cdots, T$에 걸쳐 일회게임 G를 반복하는 게임으로 정의된다. 단순화를 위하여 경기자들은 미래에 얻는 보수를 할인하지 않는다고($\delta=1$) 가정하자. 그러면 식 8.2a에 의하여 경기자의 평균할인보수는 T기간 동안의 산술평균 $v=\frac{1}{T}\Sigma_{t=1}^{T}u_t$ 이다.

8.3.1 유한반복 죄수의 딜레마 게임

두 경기자가 〈그림 8−2〉에 나타난 죄수의 딜레마 PD에 2회 반복해서 참여한다고 하자. 먼저 $PD^2(1)$의 내쉬균형을 구해보자. 경기자1이 제1기에 D, 제2기에 D를 선택하고 경기자2 역시 두 기 계속 D를 선택하는 전략조합, 즉 [DD, DD]만이 내쉬균형이다. 다른 어떠한 전략조합에서도 적어도 한 명이 이탈할 유

그림 8-2 **죄수의 딜레마 게임**

		경기자 2	
		C	D
경기자 1	C	3, 3	0, 4
	D	4, 0	1, 1

(여기서 행동 C는 '협조'를 뜻하는 영어 'Cooperate'의 첫 자이며 행동 D는 '배반'을 뜻하는 영어 'Defect'의 첫 자를 딴 것이다.)

인이 있다. 예컨대, 경로 [CD, DC]는 내쉬균형이 아니다. 경기자1이 제1기에 C가 아닌 D로 이탈함으로써 2단위$\left(=\frac{1}{2}(0+4)\right)$ 대신 2.5단위$\left(=\frac{1}{2}(1+4)\right)$로 보수를 높일 수 있기 때문이다. 이상의 논리를 T회 반복게임으로 확장하면 $PD^T(1)$의 유일한 내쉬균형이 [DD, DD, ⋯, DD]임을 알 수 있다.[5]

다음으로 $PD^2(1)$의 부분게임완전균형을 역진귀납법을 적용함으로써 구해보자. 제1기의 경기가 끝나고 경기자들이 제2기의 게임에 참여하려는 상황에 있다고 하자. 제1기에 발생했던 역사가 무엇이었든지 상관없이 제2기의 게임에서 개별 경기자는 강우월전략 D를 선택하는 것이 최선이다. 제2기가 2회반복게임의 마지막 단계이므로 제2로부터 시작되는 부분게임은 죄수의 딜레마 일회게임과 다를 바 없다. 그런데 죄수의 딜레마 일회게임에서 유일한 내쉬균형은 DD이므

5 이는 내쉬균형 경로에서 매 기 DD가 플레이된다는 의미이며, 비균형 경로에서는 행동 C가 선택될 가능성도 있음에 유의하라. 예를 들어, 다음 반복게임 전략 σ를 고려하자.

$t=1$기 D를 선택한다.

$t=2$기 만약 $t=1$기에 상대방이 D를 선택했다면, D를 선택한다. 만약 $t=1$기에 상대방이 C를 선택했다면, 혼합전략 $\frac{1}{8}C+\frac{7}{8}D$를 선택한다.

반복게임 전략조합 (σ,σ)는 $PD^2(1)$의 내쉬균형이다. 상대방이 전략 σ를 선택한다는 전제하에, 어느 경기자도 전략 σ에서 이탈할 유인이 없다. 균형경로에서 1단위$(=\frac{1}{2}(1+1))$의 보수를 얻는데, $t=1$기에 C로 이탈한다면 $\frac{11}{16}$단위$\left(=\frac{1}{2}\left(0+\left(\frac{1}{8}\times 4+\frac{7}{8}\times 1\right)\right)\right)$의 보수를 얻을 뿐이기 때문이다. 비균형 경로란 특정 전략조합 [DD, DD]가 '균형이 되도록 해주는', '실현되지는 않을' 위협이나 약속으로서의 역할을 할 뿐이므로 비균형 경로상에서 얼마든지 C가 선택될 수도 있다.

로, 2회반복게임의 제2기에서도 과거의 역사에 상관없이 각자 D를 선택하는 것이 유일한 내쉬균형 전략이다. 역진귀납법에 의하여 제1기로 거슬러 올라가자. 경기자들은 오늘($t=1$) 무슨 일이 벌어지든 상관없이 내일($t=2$)에는 DD가 선택될 것임을 예측할 수 있다. 따라서 오늘 두 경기자가 맞닥뜨리고 있는 게임 역시 사실상 죄수의 딜레마 일회게임과 다름 없고 따라서 DD가 유일한 내쉬균형이다. 부분게임완전균형은 모든 부분게임에서 내쉬균형인 전략조합이므로, 결국 죄수의 딜레마 2회반복게임 $PD^2(1)$의 유일한 부분게임완전균형은 [DD, DD]이다.

$PD^2(1)$에 적용했던 논리와 역진귀납법은 일반적인 $PD^T(1)$에도 똑같이 적용되어, 유일한 부분게임완전균형은 [DD, DD,⋯, DD]이다. 우리는 죄수의 딜레마 T회반복게임을 플레이할 경우 수명 T가 아무리 길다고 하더라도 시종일관 일회게임의 내쉬균형 DD가 선택된다는 사실을 보았다. 이러한 현상은 비단 죄수의 딜레마뿐만 아니라 유일한 내쉬균형을 갖는 전략형게임에서 항상 그러하다.

정리 8-1 [6]

일회게임 G가 유일한 내쉬균형을 갖는다면, 게임 G의 T회반복게임 $G^T(\delta)$에는 유일한 부분게임완전균형이 존재한다. 할인인자 δ의 크기에 무관하게 $t=1$로부터 $t=T$까지 모든 기에 일회게임 G의 내쉬균형이 단순 되풀이되는 것이 그것이다.

Practice 8-1

다음 각 유한반복게임의 완전균형을 구하라.

(1) 두 기업이 다섯 기간 동안 베르트랑 복점 게임에 참여하는 경우

(2) 두 동료 간의 삼세번 가위바위보 게임

6 정리 8-1은 독자의 이해를 돕기 위해 재구성한 것이며 엄밀한 의미에서는 사실과 다소 다르다. 본 항의 끝부분 및 제9장 9.4절에서 상세히 다루기로 한다.

이러한 이론적 결과는 우리의 직관이나 일반인들을 대상으로 수행한 실험 결과와 매우 다르다. 젤텐과 스퇴커(Selten and Stoecker 1986)가 수행한 죄수의 딜레마 20회반복게임 실험에서 대략 제1기~15기에는 협조체제가 유지되다가 제16기나 제17기가 지나면서 서서히 협조체제가 붕괴되었다. 이론과 실제 간의 괴리는 앞에서 살펴본 최후통첩협상이나 지네게임에서와 마찬가지로 경기자의 완전합리성과 완전정보를 전제하는 역진귀납법의 한계로 볼 수 있다. 죄수의 딜레마 유한반복게임에서 경기자들이 다소 비합리적일 수 있거나 보수구조에 대한 정보가 미비하다는 식으로 가정을 완화하면 현실설명력을 높일 수 있다. 다른 한편 젤텐과 스퇴커가 제시한 괴리는 피실험자들이 해당 게임에 익숙하지 않기 때문에 생긴 시행착오일 뿐이며 이 게임에 여러 번 참가한 경험자들의 행태는 역진귀납법에 의한 이론적 예측과 매우 근접한다는 연구결과도 많다(Dal Bo 2005).

정리 8-1에서 적용된 유한반복게임의 균형의 개념은 내쉬균형이 아니라 부분게임완전균형임에 유의하라. 일회게임 G가 유일한 내쉬균형을 갖더라도 유한반복게임 $G^T(1)$의 내쉬균형 중에는 일회게임 내쉬균형이 단순 반복이 아닌 것이 존재할 수 있다. 연습문제 8-2는 죄수의 딜레마에 복수(Revenge)의 가능성을 추가한 3×3 전략형게임에서 이를 보여준다.

Practice 8-2

		경기자2		
		C	D	R
경기자1	C	3, 3	0, 4	−1, 0
	D	4, 0	1, 1	−1, 0
	R	0, −1	0, −1	−2, −2

(1) 일회게임 G의 내쉬균형을 모두 구하시오.

(2) 위 (1)에서 구한 일회게임 내쉬균형의 단순 조합이 반복게임 $G^2(1)$의 내쉬균형임을 보이고 균형 보수벡터를 구하시오.

(3) 반복게임 $G^2(1)$에서 다음 전략 σ을 고려하자.

$t=1$기 C를 선택

$t=2$기 만약 $t=1$기에 상대방이 C를 선택했다면, D를 선택

만약 $t=1$기에 상대방이 D나 R을 선택했다면, R을 선택

전략조합 (σ, σ)가 반복게임 $G^2(1)$의 내쉬균형임을 보이고, 보수벡터를 구하시오.

8.3.2 다수의 내쉬균형을 갖는 게임의 유한반복

정리 8-1이 성립하기 위해서는 일회게임이 유일한 내쉬균형을 갖는다는 조건이 필수이다. 일회게임이 두 개 이상의 내쉬균형을 가질 경우, 유한반복게임은 일회게임 내쉬균형의 단순 반복이 아닌 내쉬균형, 더 나아가 부분게임완전균형도 존재할 수 있다. 이를 고찰하기 위하여 〈그림 8-3〉에 묘사된 3×3전략형게임 G를 고려하자.

게임 G에는 두 개의 순수전략 내쉬균형 Mm 및 Dr, 그리고 한 개의 혼합전략 내쉬균형 $(\mu_1 \equiv \frac{1}{4}\text{M} + \frac{3}{4}\text{D},\ \mu_2 \equiv \frac{1}{4}\text{m} + \frac{3}{4}\text{r})$이 존재한다. 보수벡터는 각각 (3, 3), (1, 1), $(\frac{3}{4}, \frac{3}{4})$이다.

게임 G의 2회반복게임 $G^2(1)$의 내쉬균형을 구해보자. 우선 게임 G의 내쉬균형을 반복하거나 조합한 9개는 반복게임 내쉬균형임이 자명하다. 매 기에 일회게임 내쉬균형이 플레이되도록 설정되어 있다면, 어떠한 경기자도 어떠한 기에도 다른 전략으로 이탈함으로써 자신의 보수를 높일 수 없기 때문이다. 결국 [Mm, Mm], [Mm, Dr], [Dr, Mm], [Dr, Dr], [Mm, $\mu_1\mu_2$]. [$\mu_1\mu_2$, Mm], [Dr, $\mu_1\mu_2$], [$\mu_1\mu_2$, Dr], [$\mu_1\mu_2$, $\mu_1\mu_2$]은 $G^2(1)$의 내쉬균형이며, 이들의 평균할인보수벡터는 (3, 3), (2, 2), $\left(\frac{15}{8}, \frac{15}{8}\right)$, (1, 1), $\left(\frac{7}{8}, \frac{7}{8}\right)$, $\left(\frac{3}{4}, \frac{3}{4}\right)$ 중에 하나이다.

예시로, [Mm, Dr]이 내쉬균형임을 보이자. 경기자1이 예정된 경로를 그대로 따른다면 2단위의 보수를 얻는다. 그러나 경기자1이 예정된 경로로부터 이탈

그림 8-3 다수의 내쉬균형을 갖는 3×3전략형게임 G

		경기자 2		
		*l*eft	middle	right
경기자 1	UP	5, 5	0, 0	0, 6
	MIDDLE	0, 0	3, 3	0, 0
	DOWN	6, 0	0, 0	1, 1

하여 제1기에 M대신 U나 D를 택한다든지 혹은 제2기에 D대신 U나 M을 택한다면 그의 평균보수는 0.5단위 혹은 1.5단위로 낮아진다. 물론 제1기와 제2기에 모두 예정된 전략으로부터 이탈한다면 경기자1의 보수는 0으로서 최악이 될 것이다. 결국 경기자1이 제1기나 제2기에 예정된 전략 대신 다른 행동을 취한다면 그의 보수는 하락할 뿐이다. 동일한 논리가 경기자2에게도 적용되므로, 결국 전략조합 [Mm, Dr]은 내쉬균형임을 알 수 있다.

핵심은 위에 열거된 9개 이외에도 $G^2(1)$의 균형이 더 존재한다는 것이다. 일회게임 G에서 경기자1이 U를 택하고 경기자2가 *l*을 택하는 U*l*은 내쉬균형이 아니다. 그러나 2회반복게임에서는 전략조합 U*l*이 선택되는 내쉬균형이 존재하는데, 다음이 하나의 예시이다.

$t=1$: 경기자1은 U를 택하고 경기자2는 *l*을 택한다.

$t=2$:

- 정상경로: 만일 $t=1$에 U*l*이 선택되었다면, 이번 기에 경기자1은 M을 선택하고 경기자2는 m을 선택한다.
- 보복경로: 만일 $t=1$에서 경기자1이 U 이외의 전략을 취하였거나 혹은 경기자2가 *l* 이외의 전략을 취하였다면, 이번 기에 경기자1은 D를 선택하고 경기자2는 r을 선택한다. (8. 4)

식 8.4에 나타난 바와 같이 2회반복게임 전략에는 정상경로(正常經路, normal phase)와 보복경로(報復經路, punishment phase)를 명시해야 한다. 정상경로란 모든 경기자가 선택하기로 예정되어 있는 전략을 선택했을 경우 따라가는 경로이며, 보복경로란 누군가가 정상경로로부터 이탈했을 경우 이탈자를 보복하기 위하여 따르는 경로이다. 경기자1은 정상경로를 따라 전략을 선택함으로써($t=1$에는 U를 택하고 $t=2$에는 M을 택함으로써) 첫 기에 5단위, 그리고 둘째 기에 3단위의 보수를 얻는다. 이때 경기자1의 평균할인보수는 4단위이다. 그러나, 경기자1이 $t=1$기에 U대신 D를 택한다면, $t=1$기 당장에는 6단위의 보수를 얻으나 $t=2$기에 1단위의 보수밖에 얻지 못한다. 이때 경기자1의 평균보수 3.5단위는 정상경로에서 얻을 수 있는 보수 4단위보다 작으므로, 경기자1은 정상경로로부터 이탈할 유인이 없다. 대칭적 논리가 경기자2에게도 적용된다. 결국 예정된 정상경로로부터 어느 누구도 이탈할 유인이 없으므로 식 8.4에 명시된 전략조합은 내쉬균형이다. 마찬가지 논리로, 정상경로 [Ul, Mm]과 보복경로 [$\neg$Ul, $\mu_1\mu_2$]로 구성된 조합도 내쉬균형이다(여기서 $\neg$는 '아님'을 뜻하는 기호).

〈그림 8-3〉의 2회반복게임 $G^2(1)$에 대하여 여태껏 설명한 내쉬균형 11개는 모두 부분게임완전균형이기도 하다. 주어진 균형 전략을 선택하건 누군가—알 수 없는 이유로—이탈하여 보복경로로 들어서건 모든 부분게임에서 내쉬균형이어야 한다는 완전성 요건을 충족하기 때문이다.

부분게임불완전 내쉬균형

반복게임 $G^2(1)$에는 내쉬균형이지만 부분게임완전성을 충족하지 않는 것들 즉 불완전균형도 존재한다. 반복게임의 내쉬균형이기 위해서는 마지막 기인 $t=2$의 균형 경로(정상국면)상에서는 반드시 일회게임 내쉬균형이 플레이되어야 한다. 부분게임완전균형이려면 정상국면에서뿐 아니라 $t=1$기에 누군가 이탈하여 보복국면에 들어갔더라도 $t=2$기에 일회게임 내쉬균형이 플레이되어야 한다. 결국 부분게임불완전 균형은 보복국면에 일회게임 내쉬균형이 아닌 전략 조합이 플레이되는 형태일 것이다.

〈그림 8-4〉에 묘사된 전략조합은 2회반복게임의 내쉬균형이다. 경기자2의

그림 8-4 부분게임불완전 내쉬균형의 예시

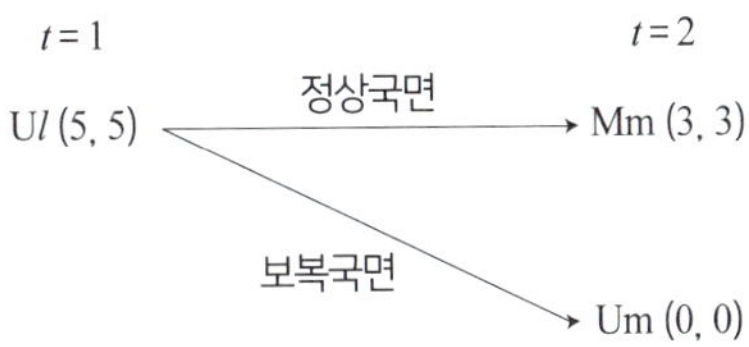

전략이 주어져 있다고 가정할 때, 경기자1이 $t=1$에 예정된 U를 선택하고 $t=2$에 M을 선택하면 평균보수 4단위를 얻는다. 반면 경기자1이 $t=1$에 D로 이탈하면 보복국면에 들어서게 되고 그의 평균보수가 3단위로 낮아지므로 이탈 유인이 없다. 경기자2에게도 대칭적 논리가 적용된다.

하지만 〈그림 8-4〉에 묘사된 전략조합은 부분게임완전균형은 아니다. 첫 기에 경기자1이 D로 이탈했다고 가정하자. 부분게임완전균형이기 위해서는 그러한 비균형 경로에서도 원래의 전략조합이 후속게임의 내쉬균형이어야 함에 유의하라. 경기자1이 $t=1$에 D로 이탈한 것이 기정사실이고 $t=2$가 도래했을 때 원래 정해진 경로대로라면 Um이 플레이되어야 하겠으나 이는 후속게임의 내쉬균형이 아니다. 적어도 한 명은 해당 보복경로에서 이탈할(경기자1은 U에서 M으로 혹은 경기자2는 m에서 r로) 유인이 있기 때문이다. 전략조합 Um은 해당 후속게임의 내쉬균형이 아니므로 〈그림 8-4〉는 반복게임 $G^2(1)$의 완전균형이 아니다.

〈그림 8-4〉의 보복국면에서 Um을 Mr, M*l*, Dm으로 바꾸더라도 이상에서 설명한 논리는 마찬가지로 성립하므로 해당 유형의 부분게임불완전 내쉬균형은 4개이며 보수벡터는 (4, 4)로 동일하다. 유사한 논리에 의하여 〈그림 8-4〉의 정상경로에서 $t=2$기 전략조합이 Dr인 것도 부분게임불완전 내쉬균형인데 해당 유형의 내쉬균형은 4개이다. 이들 부분게임불완전 내쉬균형에서 보수벡터는 모두 (3, 3)으로 동일하다.[7]

7 다른 한편, 정상경로 [U*l*, $\mu_1\mu_2$] 및 보복경로 [$\neg$U*l*, Um]은 반복게임 $G^2(1)$의 내쉬균형이 아니다. 경기자1이 정상경로를 따를 경우 평균할인보수 $\frac{23}{8}$단위$(=\frac{1}{2}(5+\frac{3}{4}))$이 이탈시의 평균할인보수 3단위$(=\frac{1}{2}(5+0))$보다 작기 때문이다.

할인인자와 균형의 관계

이상을 종합하면 〈그림 8-3〉의 2회 반복게임 $G^2(1)$에는 19개의 내쉬균형이 존재하는데 그중 11개는 부분게임완전균형이고 나머지 8개는 부분게임불완전균형이다. 유의해야 할 사실이 있다. 이 결과는 경기자들의 할인인자가 $\delta=1$이라는 가정하에 도출되었다는 것이다. 할인인자 $\delta\leq1$로 일반화하면 어떻게 달라지는가? 일회게임 내쉬균형의 단순 조합 9개는 할인인자의 크기에 무관하게(심지어 $\delta=0$)이라도 여전히 반복게임의 내쉬균형이다. 반면 나머지 10개가 반복게임 내쉬균형이려면 δ가 1에 가깝다는 전제가 꼭 필요하다. 식 8.4에 묘사된 내쉬균형에서 $\delta=0.4$라고 가정하자. 식 8.2a를 적용하여 평균할인보수를 계산하면 정상경로를 따를 경우 4.4단위$\left(=\left(\frac{1-0.4}{1-0.4^2}\right)(5+3\times0.4)\right)$이고 보복경로를 따를 경우 4.6단위$\left(=\left(\frac{1-0.4}{1-0.4^2}\right)(6+1\times0.4)\right)$이다. 경기자들이 이탈 유인을 가지므로 식 8.4는 2회반복게임의 내쉬균형이 아니다.

또 다른 측면에서 볼 때, 내쉬균형이 두 개 이상 존재하는 일회게임을 두 번 반복하는 경우 일회게임에서는 달성할 수 없었던 보수백터 (4, 4)를 내쉬균형에서 얻을 수 있다. 직관적으로 반복게임의 수명 T가 길어질수록 T회반복게임의 균형에서 얻을 수 있는 보수조합은 점점 더 많아질 것이라 추측할 수 있다. 이러한 추측은 옳으며, 엄밀한 분석은 제9장 9.4절로 미룬다.

Practice 8-3

일회게임 G가 다음과 같다.

		경기자2	
		west	east
경기자1	Top	3, 0	1, 2
	Bottom	2, 0	1, 5

(1) 일회게임 G의 내쉬균형을 모두 구하시오.

(2) 2회반복게임 $G^2(1)$에서, 일회게임 내쉬균형의 단순 조합이 아닌 부분게임완전균형을 모두 구하시오.

(3) 반복게임 $G^2(1)$에서 $t=1$기에 Tw가 플레이되는 부분게임불완전 내쉬균형을 구하시오.

8.4 재협상방지

재협상방지균형(再協商防止均衡, renegotiation-proof equilibrium)은 내쉬균형이나 부분게임완전균형보다 더 강력한 기준의 신빙성을 요구하는 개념이다. 〈그림 8-3〉의 게임 G의 2회반복게임 $G^2(1)$을 다시 고려하자. 우리는 [U*l*, Mm]도 할인인자 δ가 충분히 크다면 $G^2(1)$ 부분게임완전균형임을 보였다. 경로 [U*l*, Mm]이 부분게임완전균형이기 위해서는 식 8.4에 묘사된 경기자들이 성상경로와 보복경로를 따라 전략을 선택해야 한다. $t=1$기에 예정대로 U*l*이 실현되면 $t=2$기에는 Mm을 선택하고, $t=1$기에 U*l* 이외의 전략조합이 실현되면 $t=2$기에는 Dr을 선택한다는 것이다.

하지만 누군가 예정된 선택으로부터 이탈할 경우 따르도록 되어있는 보복경로는 그 신빙성이 의문시된다. 첫 기에 경기자1이 U대신 D를 선택하여 보수 5단위보다 높은 6단위을 얻었다고 하자. 경기자1이 $t=1$기에 예정된 경로를 이탈했으므로 $t=2$기에 보복경로상의 전략조합 Dr이 선택되어야 할 것인가? 경기자1이 다음과 같은 메시지를 전달한다고 하자. "지난번에 당신을 배신한 것에 대해서는 사과한다. 하지만 이번 기가 마지막이다. 만일 우리가 보복경로를 따라 Dr을 선택하면 각자가 1단위씩의 보수밖에 얻지 못한다. 그러나 과거를 잊어버리고 이번 기에 우리가 행동조합 Mm을 선택하면 각자 3단위씩의 보수를 얻게 된다. 우리 과거는 묻어버리고 새출발하자. 나는 M을 선택하고 당신은 m을 선택하자." 경기자1의 이러한 메시지는 설득력이 있다. 경기자2는 보복경로를 고집한다면 남은 $t=2$기에 1단위의 보수밖에는 얻지 못하는 반면 경기자1의 제안대로 선택한다면 3단위의 보수를 얻을 수 있다. 대칭성에 의하여 경기자2도 상대방을 배반한 다음 과거를 잊고 새출발하자는 식의 재협상을 하려는 유인을 갖기는 마찬가지이다. 요약하면, 식 8.4에 의하여 유지되는 부분게임완전균형 [U*l*, Mm]은 재협상방지균형일 수 없다.

그렇다면 $G^2(1)$에서 재협상방지균형은 어떤 것이 있을까? 앞 문단에서 살펴본 것과 비슷한 논리로 [Mm, Mm]을 제외한 나머지 부분게임완전균형은 재협상에 취약하다. 예를 들어 [Mm, Dr]에 대하여 재협상을 할 수 있다면, 두 경기자 모두를 더 행복하게 만들어 줄 수 있는 [Mm, Mm]을 선택하자고 합의를 볼 수 있는 여지가 존재하기 때문이다. 결론적으로 전략형게임 G의 2회반복게임의 유일한 재협상방지균형은 [Mm, Mm]뿐이다. 이것은 내쉬균형 19개, 부분게임완전균형 11개인 데 비하여 매우 적은 숫자이다. 이처럼 재협상방지균형은 부분게임완전균형보다 더 강력한 신빙성의 개념을 포착하므로 당연히 부분게임완전균형의 부분집합이다.

독자에 따라서는 재협상방지균형의 개념이 경기자들 간에 의사소통이 완전히 자유롭고 또 그러한 소통의 결과를 전략선택에 반영할 수 있다는 점에서 혹시 협조게임(協調게임, cooperative game)이론의 범주에 들어가는 것이 아닌가 의구심을 가질지도 모른다. 그러나 협조게임의 핵심은 (많은 사람들이 잘못 알고 있듯이) 의사소통 여부에 있는 것이 아니라, 구속력 있는 계약을 사전적으로 맺을 수 있는가에 있다. 재협상방지균형은 경기자들이 사전에 구속력 있는 계약을 맺을 수 없으며 효용을 주고받을 수 없다는 전제하에 성립되는 개념이므로 명백하게 비협조 게임이론의 균형 개념이다.[8]

범죄자의 처벌과 형행제도의 근거

어느 사회든지 구성원들의 이익을 심각하게 침해하거나 사회 안녕을 해치는 구성원을 처벌하도록 규정하는 형사법과 형벌제도가 존재한다. 형법학자들이 제시하는 범죄자 체형의 근거는 다음과 같다. 첫째, 피해자나 피해자 가족을 대신

8 반복게임에서 재협상방지균형의 개념에 대해서는 Evans and Maskin(1989), Farrell and Maskin(1989), Asheim(1991), Abreu, Pearce and Stacchetti(1993), Bergin and MacLeod(1993), Baliga and Evans(2000), Aramendia, Laurea and Ruiz(2010) 등을 참조.

해서 국가가 복수를 해준다. 둘째, 범죄자로 하여금 그가 저지른 범법행위에 대한 대가를 체형으로써 지불하도록 한다. 셋째, 범죄자는 국가가 반드시 처벌한다는 평판을 쌓음으로써 사회의 다른 구성원들로 하여금 미래의 범법행위에 대한 유혹을 줄인다.

첫 번째 근거(대리보복)와 세 번째 근거(평판효과)는 나름대로 형행제도의 합리적 기초가 될 수 있다. 그러나 두 번째 근거는 재협상방지의 관점에서 볼 때 논리적 근거가 약하다. 흉악범죄를 저지른 자가 국가에게 다음과 같은 메시지를 전달한다고 하자.

> "내가 법을 어기고 흉악범죄를 저지른 것에 대해서는 사과한다. 그러나 나를 처벌한다고 해서 내가 죽인 사람이 다시 살아나는 것도 아니고 내가 부순 물건이 복구되는 것도 아니다. 국가가 나를 처벌하려면 형무소도 지어야 하고 의식주를 제공해야 하는데 도대체 나 같은 범죄자를 먹여 살리기 위해 국민 세금을 낭비할 필요가 어디 있는가? 다시는 범법행위를 저지르지 않을 테니 이번 한 번만 용서해 달라. 만일 국가가 나를 감옥에 보내면 나도 불행해지고 비용을 지불해야 하는 국가도 불행해진다. 그러나 나를 풀어주면 나도 행복해지고 국가도 비용을 절감할 수 있으므로 효율적이다. 어떤 경우건 피살자나 파괴된 재물은 건지지 못하기는 마찬가지이다."

흉악범의 이러한 논리는 설득력이 있다. 사회 입장에서 형벌을 고집하는 경우 얻는 보수보다 풀어줄 경우 얻는 보수가 더 크기 때문에 범죄자의 제안을 받아들일 사후적 유인이 존재하기 때문이다. 요약하면, 범법자로 하여금 그가 저지른 범죄행위에 대한 대가를 지불하도록 한다는 논리는 재협상에 취약하다.

이러한 논리에 대한 반론이 있다. 흉악범을 그냥 풀어줄 경우 사회의 다른 구성원들도 똑같은 유인을 가지게 되어 마구 법을 어길 것이므로 사회 기강이 무너지고 따라서 사회가 감수해야 하는 비용은 매우 클 수 있다는 것이다. 하지만 이러한 반론은 세 번째 근거(평판효과)를 지지하는 논리일 뿐 두 번쌔 근거를 지지하는 논리가 될 수는 없다.

대리보복은 윤리적 관점에서 사회가 추구해야 하는 선(善)으로 받아들이기 어렵다. 결국 형사법의 존재와 형벌제도의 논리적 근거는 평판에 있다고 볼 수 있다. 즉, 범법행위로 얻은 이득보다 형벌로 인한 손실이 더 크도록 국가가 반드시 처벌한다는 평판을 쌓으면 잠재적 범법자들도 범죄행위를 자제하게 된다는 것이다. 그런데 형벌제도의 유일한 논리적 근거가 되는 평판에 치명적 타격을 입히는 요인이 바로 낮은 검거율과 잦은 사면복권(amnesty)이다. 범법행위를 저질러도 붙잡힐 확률이 낮다면 범법행위로 얻은 이득이 형벌로 인한 손실보다 크기 마련이다. 사면복권도 같은 효과를 초래한다. 이러한 관점에서 볼 때 정권의 인기 관리를 위해 걸핏하면 대규모 특별사면과 복권을 시행하는 우리나라의 관행은 국법을 문란케 하는 부작용이 있다.

Practice 8-4

전략형 게임 G를 고려하자. 반복게임에서 경기자들의 할인인자는 1이라 가정하자.

		경기자2		
		a	b	c
경기자1	A	1, 1	0, 0	0, 0
	B	0, 0	4, 6	6, 4
	C	0, 0	6, 4	4, 6

(1) 일회게임 G의 내쉬균형을 모두 구하시오.

(2) 반복게임 $G^2(1)$의 부분게임완전균형을 구하시오.

(3) 반복게임 $G^2(1)$에서 부분게임불완전 내쉬균형을 구하시오.

(4) 반복게임 $G^2(1)$의 재협상방지균형을 구하시오.

8.5 무한반복 죄수의 딜레마

8.5.1 반복게임 전략

우리는 8.3절에서(특히 정리 8-1) 유일한 내쉬균형을 갖는 일회게임이 유한번 반복되는 게임에 내쉬균형은 단 하나밖에 없으며 그것은 처음부터 끝까지 매기마다 일회게임의 내쉬균형이 선택되는 것임을 설명하였다. 예컨대 죄수의 딜레마 유한반복게임에서는 반복횟수가 아무리 길더라도 협조체제는 달성될 수 없다. 하지만 무한반복게임의 경우에는 완전히 달라진다. 유한반복게임에서 달성할 수 없었던 협조가 무한반복게임에서 달성될 수 있는 핵심적인 이유는 바로 '배반 후 감수해야 할 보복의 위협'이다. 내가 지금 상대방을 속여 당장의 이득을 취할 수 있다 하더라도 상대방의 보복에 따른 미래의 손실이 크다면 차라리 지금 협력관계를 깨지 않는 것이 유리하다.

여기서 중요한 행태변수는 미래에 대한 평가가치의 정도(할인인자의 크기)이다. 만일 내가 미래에 대하여 전혀 개의치 않는 근시안적 경기자라면 상대방이 나중에 보복을 하건 말건 당장 눈 앞의 이득을 취하려고 덤빌 것이며 상대방들도 이를 합리적으로 예측할 수 있다. 따라서 협조체제는 애당초 성립되거나 유지되기 어렵다. 내가 미래를 현재 못지않게 중요시하는 경기자라면 배신으로 얻게 될 눈 앞의 이익 못지않게 보복으로 인해 미래에 감수해야 할 손실을 크게 느낄 것이므로 협조체제를 깨지 않으려고 할 것이다. 이것이 반복게임에서 경기자의 행태변수인 할인인자 δ의 크기가 핵심인 이유이다.[9]

두 경기자가 〈그림 8-2〉에 묘사된 죄수의 딜레마 게임에 $t=1$(오늘), $t=2$(내일), $t=3$(모레),…에 계속해서 참여한다고 하자. 이 반복게임 $PD^{\infty}(\delta)$에서 개별 경

9 무한반복게임에서 '무한'을 축자적으로 해석할 필요는 없다. 매 기 게임이 끝난 다음 거기서 종료될 확률이 $(1-\pi)$, 그 다음 기에도 계속될 확률이 π인 마르코프(Markov) 모형을 상정하자. 이러한 다단계 게임이 언젠가 유한한 시점에 끝날 확률은 1이지만$(=\lim_{T\to\infty}(1-\pi^T))$ 종료 시점을 사전에 알 수는 없을 뿐 아니라 무한히 이어질 개연성(무시할 만한 확률이지만)도 있으므로, 유한반복게임이 아니라 무한반복게임으로 모형화해야 한다. 생물학적 할인인자를 β라고 놓을 때, 할인인자 $\delta\equiv\beta\pi$는 생존율(survival rate)이 감안된 실효적 개념(effective discount factor)이라고 보면 된다.

기자가 선택할 수 있는 전략은 무수히 많지만, 독자의 이해를 돕기 위한 예시로 신사, 깡패, 무자비, '팃포탯' 전략 등을 살펴보자. 반복게임에서의 전략은 과거 역사에 대응하는 현재의 기계적인 반응이므로 컴퓨터 프로그램이나 다름 없고 따라서 오토마타(automata) 이론을 적용하여 모형화하면 편리하다. 〈그림 8-5〉에 묘사된 오토마톤들을 참고하면서 $PD^{\infty}(\delta)$의 전략 예시들을 살펴보자.[10]

반복게임의 가장 단순한 전략으로 신사(nice)전략과 깡패(nasty)전략이 있다. 신사전략은 과거 역사가 어땠었건 혹은 상대방이 어떤 선택을 했건 무조건 C를 선택하는 반복게임 전략이다. 경기자는 최초 시점에 일단 C를 선택한다. 이후 상대방의 선택과 무관하게 무조건 C를 선택한다. 오토마타에서 동그라미 안에 흰색으로 표기된 전략은 나의 선택이고 동그라미 밖에 파란색으로 표기된 전략은 상대방의 선택을 나타낸다. 깡패전략은 상대방이 직전에 어떤 선택을 했건 무관하게 D를 선택하는 전략이다. 교대전략은 상대방의 직전 기 선택에 상관없이 홀수 기에는 C를, 짝수 기에는 D를 번갈아 선택하는 전략을 나타낸다.

신사, 깡패, 교대 전략은 상대방의 선택이나 과거 역사와 무관하게 사전에 정해진 대로 매 기의 선택을 한다는 특징이 있다. 좀 더 재미있는 반복게임 전략으로 상대방의 과거 선택이 나의 현재 행동을 촉발하는 방아쇠(trigger)전략들이 있다. 여기서는 무자비(grim), 팃포탯(tit-for-tat), 팃포2탯(tit-for-two-tats), 탯포팃(tat-for-tit) 전략을 차례로 살펴보자.

무자비전략은 다음과 같다. 일단 C로 시작한다. t기에 전략조합 CC가 실현되었다면 $(t+1)$기에도 C를 선택한다. 만약 t기에 CD, DC, DD가 실현되었다면 $(t+1)$기부터 영구히 D를 선택한다. 시작은 협조적으로 하되 누구건 한 번이라도 배신하면 보복체제를 즉시 그리고 영구히 가동하는 것이다.

팃포탯 전략은 상대방이 직전 기에 선택했던 행동을 오늘 내가 그대로 따라

---

10 오토마톤$(\Omega, \omega^0, f, \tau)$는 상태집합(the set of states) Ω, 초기상태 ω^0, 현재 상태에서 경기자들이 어떠한 전략을 선택할지를 지정해주는 산출함수(output function) $f:\Omega \rightarrow A_1 \times A_2$, 그리고 현재 상태에서 경기자들의 전략 선택의 결과 다음 기에 어떤 상태로 이행하는지를 지정해주는 이행함수(transition function) $\tau:\Omega \times A_1 \times A_2 \rightarrow \Omega$로 구성된다. 반복게임을 오토마타의 개념으로 분석한 주요 논문으로 Abreu and Rubinstein(1988), Kalai and Stanford(1988), Binmore and Samuelson(1992), Anderlini and Sabourian(1995), Neymann(1998) 등이 있다. 오토마타와 기계어에 대한 입문서로는 Hopcroft , Motwani and Ullman(2006)이 탁월하다.

그림 8-5 무한반복 죄수의 딜레마 게임에서 전략 예시

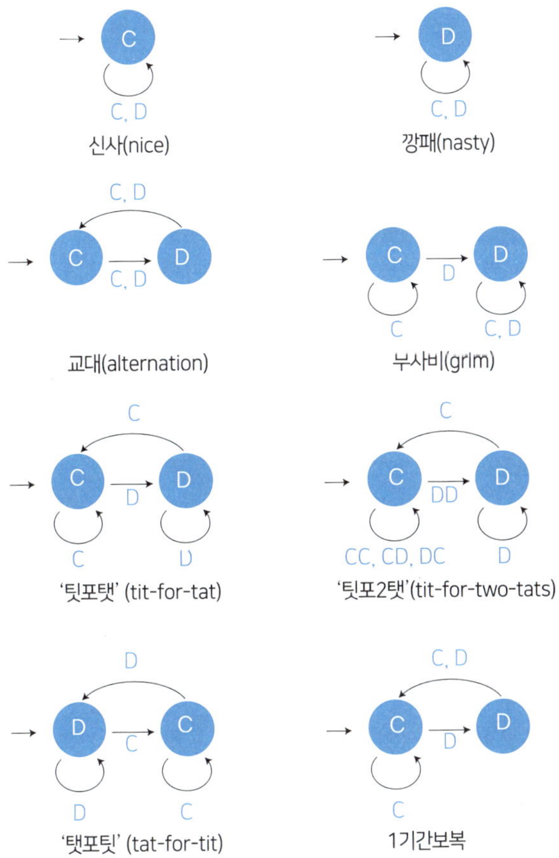

선택하는 '눈에는 눈, 이에는 이'식의 되갚아주기 전략이다. 팃포탯을 약간 변형한 팃포2탯은 '한 번은 봐주지만 한 번 더 배신하면 되갚아주는' 전략이다. 다시 말해서, 상대방이 계속해서 두 번 배신하는 경우에만 보복을 개시하는 전략이다. 탯포팃은 팃포탯과 마찬가지로 '상대방 따라 하기'지만 초기 시작을 D로 한다는 점이 다르다. 팃포2탯의 경우 최근 두 기 동안의 상대방 행동에 반응하는 전략이므로 〈그림 8-5〉에 묘사된 오토마톤에서 상대방이 지난 기와 지지난 기에 취한 행동 CC, CD, DC, DD에 대한 나의 응수로 표현됨에 유의하라.

이상은 몇몇 예시에 불과하며 무한반복게임의 전략은 이론상 무수히 많다. 예컨대, 누구든 t기에 배신하면 $(t+1)$기로부터 $(t+K)$기까지 K기 동안 보복하고 $(t+K+1)$기부터는 다시 협조체제로 돌아가는 K기간보복 전략이 있다. 특히 $K=1$일 경우 '1기간보복' 전략이라고 부르며 오토마타는 〈그림 8-5〉의 마지막에 나타나 있다.

상대방의 과거 선택뿐 아니라 내가 어제까지 얻은 보수에도 영향을 받는 반복게임 전략도 생각할 수 있다. 예컨대, 내가 C를 선택함으로써 어제에 이르기까지 얻은 평균보수가 목표만족도(aspiration level) 이상이면 오늘도 C를 그대로 유지하고 만약 목표만족도 밑으로 떨어지면 D로 바꾸는 전략도 있다. 노왁과 지그문트(Nowak and Sigmund 1993)는 이러한 전략을 파블로프(Pavlov) 혹은 '적당히 만족하면 현상 유지'(win-stay lose-shift) 전략이라고 불렀는데, 외부적 우연 요인이 작용하거나(stochastic) 경기자가 실수로 의도치 않은 행동을 선택할 가능성이 있는(trembling) 경우 팃포탯보다 탁월한 전략임을 보인 바 있다.

8.5.2 내쉬균형

죄수의 딜레마 무한반복게임 $PD^{\infty}(\delta)$의 내쉬균형을 분석하자. 내쉬균형의 정의상 원래 게임의 균형 경로에서만 이탈 유인이 없으면 충분하며, 누군가 이탈하여 비균형 현상이 발생할 경우 그 후에 어떻게 할지는 따지지 않음에 유의하라. 이 개념은 8.3.2항에서 단순한 2회 유한반복게임으로 상술한 바 있다.

무한반복게임의 내쉬균형은 "정상국면 — 보복국면"으로 구성된다. 균형 현상인 정상국면이 유지되기 위해서는 누군가 이탈시 작동되는 보복국면이 반드시 필요하다. 무자비전략은 가장 강력한 형태의 보복 전략이다. 무자비전략을 제외한 대개의 반복게임 전략은 보복국면의 성공적 시행 후 정상국면으로 회귀하도록 짜인다. 보복기간 중 이탈자가 또 다시 이탈한다면 보복국면이 초기화(reset)되며, 처벌자가 중도에 처벌을 제대로 수행하지 않으면 (이것도 일종의 이탈이므로) 그를 보복하는 국면이 개시된다. 만약 경기자들이 매우 미래지향적인데다 이탈자에 대한 보복이 매우 강력하다면 어느 누구도 정상국면에서 이탈하지 않을 것이다. 핵심은 정상국면을 유지하기 위하여 경기자들이 가져야 하는 최소한의 미래지향성(할인인자의 임계치)을 구하는데 있다. 예시를 서넛 들어보자.

(신사, 신사)는 $PD^{\infty}(\delta)$의 내쉬균형인가? 아니다. 경기자2가 신사전략을 채택한다고 가정하자. 경기자1이 신사전략을 선택할 경우 얻게 되는 평균할인보수를 식 8.2b를 적용하여 계산하면 3단위($=(1-\delta)(3+3\delta+3\delta^2+\cdots)$)이다. 반면 경기자1이 깡패전략으로 바꿀 경우 얻게 되는 평균할인보수는 4단위($=(1-\delta)(4+4\delta+4\delta^2+\cdots)$)이다. 경기자1이 신사에서 깡패로 전략을 바꿀 유인이 있으므로 (신사, 신사)는 내쉬균형이 아니다.

(깡패, 깡패)는 $PD^{\infty}(\delta)$의 내쉬균형인가? 그렇다. 경기자2가 깡패전략을 고수한다고 가정할 때, 경기자1은 깡패전략에서 다른 어떤 전략으로 바꾸더라도 평균할인보수가 더 낮아질 뿐이다. 동일한 논리가 경기자2에 대해서도 성립하므로 결국 (깡패, 깡패)는 내쉬균형이며 이 때 평균할인보수벡터는 (1, 1)이다. 이 논리는 할인인자 $\delta \in [0, 1)$이 어떤 값을 갖건 상관없이 항상 성립하므로 보수벡터 (1, 1)은 $PD^{\infty}(\delta)$의 내쉬균형으로 항상 달성가능하다.

이제 (무자비, 무자비)가 내쉬균형이 될 수 있는지 살펴보자. 경기자2가 무자비전략을 채택한다고 가정하고 경기자1이 무자비전략에서 다른 전략으로 이탈하여 더 높은 평균할인보수를 얻을 수 있는지가 관건이다. 경기자1이 C를 선택할 경우 오늘 당장 3단위의 보수를 얻고 내일부터 시작되는 후속게임에서는 오늘과 정확히 똑같은 상황에 직면하게 된다. 그러므로 경기자1이 무자비전략을 준수함으로써 얻는 평균할인보수 $v_{준수}$는 식 $v_{준수}=(1-\delta)\times 3+\delta v_{준수}$을 충족해야 한다. 즉, $v_{준수}=3$이다.

만일 경기자1이 D로 이탈한다면 당장은 4단위를 얻게 된다. 그러나 이로 인하여 내일부터 영구히 보복국면에 들어가므로 내일부터 매 기 1단위씩의 보수를 얻게 될 것이다. 따라서 경기자1이 D로 이탈할 경우 얻게 될 평균할인보수 보수 $v_{이탈}$은 식 $v_{이탈}=(1-\delta)\times 4+\delta\times 1$을 충족해야 한다. 즉, $v_{이탈}=4-3\delta$이다.

경기자2가 무자비전략을 고수한다고 가정할 때, $v_{준수}\geq v_{이탈}$ 즉 $\delta\geq\frac{1}{3}$이라면 경기자1도 무자비전략을 선택할 유인이 있다. 경기자2에게도 대칭적 논리가 적용된다. 결론적으로 (무자비, 무자비)는 $PD^{\infty}(\delta)$의 내쉬균형이 될 수 있고 이 때 보수벡터 (3, 3)이 달성가능하나 경기자들의 할인인자 $\delta \geq \frac{1}{3}$이어야 한다는 조건이 붙는다.

무자비전략은 이탈에 대한 영구 보복이라는 극단적 성격을 갖고 있다. 만약 경기자들이 무자비전략보다 가벼운 보복 전략을 채택한다면 협조 유지를 위해 요구되는 할인인자의 임계치가 올라가는 것이 논리적이다. 이는 솜방망이 처벌하에서 협조 유지가 가능하려면 경기자들이 더 미래지향적이어야 한다는 직관과 일치한다.

Practice 8-5

$PD^{\infty}(\delta)$에서 보수벡터 (3, 3)이 전략조합 (1기간보복, 1기간보복) 내쉬균형으로 달성되기 위한 조건을 구하라.

Practice 8-6

$PD^{\infty}(\delta)$에서 보수벡터 (3, 3)이 (K기간보복, K기간보복) 내쉬균형으로 달성되기 위한 조건식을 구하라. 또한 K가 커질수록 할인인자의 임계치가 낮아짐을 보여라.

여태껏 완전협조 보수벡터인 (3, 3)을 위주로 설명하였다. 연습문제 8-7이 보여주듯 부분협조 보수벡터인 (2, 2)도 반복게임 내쉬균형으로 달성가능하다. 더 나아가 죄수의 딜레마 일회게임의 내쉬균형 보수벡터인 (1, 1)의 우상(右上)에 위치한 모든 보수벡터는—할인인자 δ가 충분히 크다면—무한반복게임의 내쉬균형으로 달성가능하다. 전래정리(Folk Theorem)로 불리는 이 내용은 제9장에서 다루게 된다.

Practice 8-7

무한반복 죄수의 딜레마 게임에서 경기자들은 무자비전략을 사용한다고 가정하자.

(1) 부분협조체제라 할 수 있는 보수벡터 (2, 2)는 어떻게 사회적으로 달성가능한지 예시하라.

(2) 보수벡터 (2, 2)가 반복게임의 내쉬균형보수로 달성되기 위해서는 할인인자가 최소한 얼마 이상이 되어야 하는가?

(3) 위의 (2)에서 구한 할인인자의 최소값은 완전협조체제 (3, 3)을 달성하기 위하여 요구되는 할인인자 $\frac{1}{3}$보다 크다. 즉, 덜 협조적인 상태를 달성하기 위하여 경기자들이 더 미래지향적이어야 한다. 언뜻 보기에는 상식과 배치되는 이 결과가 사실은 그렇지 않은데, 이탈하고자 하는 유혹(temptation)의 크기와 처벌로 인한 손실의 상대적 크기를 비교하면서 그 이유를 설명해보라.

8.5.3 부분게임완전균형

무한반복게임에서의 부분게임이란 제$(t-1)$기까지는 이미 지나왔고 제t기로부터 출발하는 무한반복게임을 의미하는데 후속게임(continuation game)이라고도 불린다(여기서, $t=1, 2, 3, \cdots$). 무한반복게임의 부분게임완전균형에서는 균형 경로건 혹은—이유는 알 수 없으나 누군가 이탈하여—비균형 경로로 들어섰건 그 후속게임에서의 균형 전략조합이 최초에 제시된 전략조합과 일치해야 한다. 이는 제1기에 시작되는 반복게임의 균형 경로상에서만 이탈 유인이 없으면 충분한 내쉬균형보다 강력한 개념임에 말할 나위 없다.

8.5.2항에서 살펴본 예시들의 부분게임완전성 여부를 판별해보자. 우선 (신사, 신사)는 내쉬균형이 아니므로 당연히 부분게임완전균형일 수도 없다. (깡패, 깡패)는 할인인자 δ의 크기에 상관없이 $PD^{\infty}(\delta)$의 부분게임완전균형이다. 누군가 제t기에 D 대신 C로 이탈했다고 하더라도 제$(t+1)$기 이후 균형 경로가 DD, DD, DD,⋯라는 사실에는 변함없다. 다시 말해서, (깡패, 깡패)는 균형 경로(모든 경기자들이 여태껏 D를 선택)에서건 비균형 경로(누군가 이전에 C를 선택한 적이 있었

음)에서건 어느 기에 어느 누구도 이탈 유인이 없으므로 완전균형이다.

조건 $\delta \geq \frac{1}{3}$하에서 (무자비, 무자비)는 부분게임완전균형이다. 8.5.2항에서 보인 바와 같이 (무자비, 무자비)는 내쉬균형이므로 정상국면에서는 어느 경기자도 이탈하지 않는다. 하지만—알 수 없는 이유로—경기자1이 t기에 D를 선택함으로써 이탈했다고 하자. 그러면 $(t+1)$기부터의 후속게임에서 경로는 (깡패, 깡패)나 다름없는데 이 전략조합이 내쉬균형임은 8.5.2항에서 설명한 바와 같다. 결국 (무자비, 무자비)는 균형 경로에서건 비균형 경로에서건 할인인자가 $\frac{1}{3}$ 이상이라면 아무도 이탈할 유인이 없으므로 부분게임완전균형이다.

이제 오토마타의 개념을 적용하여 (무자비, 무자비)가 부분게임완전균형일 조건을 엄밀하게 구해보자. 매 기 발생가능한 상태 집합은 {CC, DD, DC, CD}인데, 각각의 상태에서 경기자1이 얻는 평균할인보수를 v_{CC}, v_{DD}, v_{DC}, v_{CD}라 놓자. 두 경기자 모두 무자비전략을 선택한다면 식 8.3에 의하여 식 8.5a~d가 성립해야 한다.

$$v_{CC}=3(1-\delta)+\delta v_{CC} \tag{8. 5a}$$

$$v_{DD}=1(1-\delta)+\delta v_{DD} \tag{8. 5b}$$

$$v_{DC}=4(1-\delta)+\delta v_{DD} \tag{8. 5c}$$

$$v_{CD}=0(1-\delta)+\delta v_{DD} \tag{8. 5d}$$

예컨대, 식 8.5c는 다음과 같이 도출된다. 오늘 전략조합 DC가 플레이된다면 경기자1은 4단위를 얻고—경기자1이 D로 이탈했으므로 무자비전략의 정의상—내일부터 영구히 DD가 플레이될 것이다. 즉, 내일부터 시작되는 후속게임에서 경기자1의 평균할인보수는 v_{DD}일 것이다. 그 둘을 각각 $(1-\delta)$와 δ로 가중평균한 값이 오늘의 평균할인보수 v_{DC}이다. 나머지 세 식도 동일한 논리에 의해 도출된다.

식 8.5a~d를 연립하여 풀면 $v_{CC}=3$, $v_{DD}=1$, $v_{DC}=4-3\delta$, $v_{CD}=\delta$를 얻는다. 무자비전략하에서 균형 상태는 CC이다. 오늘 아무도 이탈하지 않으면 내일도 CC가 플레이되고, 한 명이라도 이탈하면 내일부터 영구히 DD가 플레이된다. 따라서 균형 상태 CC로부터 도달가능한(accessible) 상태집합은 {CC, DD}이다. 전략조합 (무자비, 무자비)가 부분게임완전균형이기 위해서는 CC 및 DD 각 상태에 있을 때 경기자1의 이탈 유인이 없어야 한다. 첫째, 상태 CC로부터 시작하는 후속게임에서 무자비전략이 내쉬균형 전략이기 위해서는 상태 CC에서 경기자1이 D로 이탈하지 않아야 한다. 따라서 $v_{CC} \geq v_{DC}$, 즉 $\delta \geq \frac{1}{3}$이어야 한다. 둘째, 상태 DD로부터 시작되는 후속게임에서 무자비전략이 내쉬균형이기 위해서는 경기자1이 C로 이탈하지 않아야 한다. 그런데 $v_{DD} \geq v_{CD}$은 모든 δ에 대하여 언제나 성립한다. 동일한 논리가 경기자2에 대해서도 성립하므로 이상을 종합하면, 무자비전략이 부분게임완전균형 전략이기 위한 필요조건 $\delta \geq \frac{1}{3}$이 도출된다.

단회이탈원리(one-deviation principle)

반복게임에서 완전균형을 구하기 위해서는 발생가능한 모든 경로에서 발생가능한 온갖 종류의 이탈을 다 나열하고 그 이탈이 이득이 되는지를 계산해봐야 원칙이다. 하지만 이는 불가능에 가까운 과제이다. 예컨대, 제1기에 이탈하고 그 다음 제3기에 이탈하고 또다시 제8기에 이탈함으로써 평균할인보수를 더 높일 수 있는지 등을 전부 검토해야 한다. 다행히 반복게임의 완전균형을 따질 때 단 한 번의 이탈로 이득을 취할 수 있는지만(profitable) 고려하면 충분하다는 '단회이탈원리'가 증명되어 있다.[11] 단회이탈이란 단 한 번의 이탈과 그로 인해 달라지는 역사를 제외하고 다른 모든 역사들에서는 원래 제시된 경로를 따르는 이탈로 정의된다.

정리 8-2

[단회이탈원리] 반복게임에서 특정 전략조합이 부분게임완전균형이라면 어떤 경기자도 단회이탈로 보수를 높일 수 없다. 또한 어떠한 경기자도 단회이탈로 보수를 높일 수 없다면 해당 전략조합은 부분게임완전균형이다.

주어진 반복게임의 내쉬균형이지만 부분게임불완전한 전략조합 $\sigma=(\sigma_1, \sigma_2)$을 고려하자. 정리 8-2에 따르면, 전략조합 σ로부터 단회이탈하여 보수를 높일

11 단회이탈원리는 Mailath and Samuelson(2006) 제2장 2.2절을 포함한 전문서에 증명되어 있다.

수 있는 경기자가 존재한다. 다른 한편 내쉬균형의 정의상 어떤 경기자 i도 균형 전략 σ_i로부터 이탈하여 보수를 높일 수 없다. 그러므로 이탈자의 보수를 높여주는 단회이탈 유인은 필연적으로 비균형 경로에서 존재할 수밖에 없다.

정리 8-2는 반복게임에서의 완전균형과 단회이탈 유인 간의 등치 관계를 보여준다. 아쉽게도 내쉬균형과 단회이탈 유인 간에는 그러한 관계가 존재하지 않는다. 내쉬균형의 개념상 단회이탈 유인이 없음은 자명하다. 하지만 단회이탈 유인이 없다고 해서 반드시 내쉬균형인 것은 아니다. 혹자는 부분게임완전균형이 내쉬균형보다 엄격한 개념이라는 일반원리와 모순이 아닌지 반문할지도 모른다. 이는 오해다. 다시 강조하건대 내쉬균형은 제1기에 개시되는 균형 경로상에서만 이탈 유인이 없으면 된다. 완전균형은 균형 경로이건 비균형 경로이건 어느 기에서나 아무에게도 이탈 유인이 없어야 한다.

이상의 논의는 추상적이어서 어렵다고 느낄 수 있다. 그러나 제8장 8.3.2절에서 다룬 2회반복게임에서 부분게임완전균형 및 부분게임불완전균형을 각각 어떻게 구했는지를 되새겨보면 도움이 될 것이다. 무한반복게임의 틀에서는 곧 이어 나올 8.6절에서 팃포탯 전략의 내쉬균형 혹은 부분게임완전균형 여부를 분석하면서 명확해지리라 생각한다.

8.6 팃포탯의 이론과 실례

8.6.1 균형 분석

내쉬균형

〈그림 8-2〉의 무한반복게임 $PD^{\infty}(\delta)$에서 팃포탯 전략을 분석하자. 전략조합 (팃포탯, 팃포탯)하에서 협조적 보수벡터 (3, 3)이 내쉬균형으로 달성된다는 사실은 직관적이다. 이탈자로 하여금 장기적으로 3단위보다 큰 평균할인보수를 얻도록 해주는 이탈이 존재할까? 할인인자 δ가 충분히 크다면 이는 불가능하다. 이탈자가 오늘 D를 선택하여 3단위 대신 4단위를 얻더라도 상대방은 내일 D를 선

택할 것이므로 이탈자는 내일 기껏해야 0단위 혹은 1단위를 얻을 뿐이다. 이처럼 이탈자가 D를 선택함으로써 얻은 이득은 상대방이 팃포탯을 가동하는 이상 궁극적으로 상쇄되어 버린다.

Practice 8-8

죄수의 딜레마 〈그림 8-2〉의 무한반복게임 $PD^{\infty}(\delta)$을 고려하자. 전략조합 (팃포탯, 팃포탯)이 보수벡터 (3, 3)을 달성토록해주는 내쉬균형이기 위해서 요구되는 할인인자 δ의 임계치를 구하라.

이제 보수구조를 약간 변형한 죄수의 딜레마 〈그림 8-6〉의 무한반복게임 $PD^{\infty}(\delta)$을 고려하자. 전략조합 (팃포탯, 팃포탯)이 보수벡터 (3, 3)을 달성토록해주는 내쉬균형이기 위해서 요구되는 조건을 분석하자.

경기자2가 팃포탯을 선택한다고 가정하자. 경기자1 역시 팃포탯을 선택하면 그의 평균할인보수는 $v_{준수}=3$단위이다. 경기자1이 $t=1$에 D로 이탈하고 $t=2$부터 팃포탯 전략으로 복귀하는 단회이탈하에서는 $v_{이탈}'=\dfrac{4-\delta}{1+\delta}$단위의 평균할인보수를 얻는다. 이러한 이탈을 막기 위한 조건은 $\delta \geq \dfrac{1}{4}$이다. 경기자1이 깡패전략으로 이탈할 경우 그는 $v_{이탈}''=4-3\delta$단위의 평균할인보수를 얻을 것이다. 경기자1이 깡패전략으로 이탈하면 경로 [DC, DD, DD,…]가 실현되므로 단회이탈이 아님에 유

그림 8-6 죄수의 딜레마 PD

		경기자 2	
		C	D
경기자 1	C	3, 3	−1, 4
	D	4, −1	1, 1

의하라. 이러한 이탈을 막기 위한 조건은 $\delta \geq \frac{1}{3}$이다. 결국 할인인자의 임계치는 $\frac{1}{4}$과 $\frac{1}{3}$중에 큰 값인 $\frac{1}{3}$이다.

이상의 내용은 8.5절 8.5.3항에 비추어 중요한 의미를 갖는다. 할인인자 δ가 $\frac{1}{4}$보다 크고 $\frac{1}{3}$보다 작은 범위에 있다고 하자. 경기자는 정상경로로부터 단회이탈 유인은 없으나 다회이탈(여기서는 깡패전략으로의 이탈) 유인은 존재하므로 (팃포탯, 팃포탯)은 내쉬균형이 아니다. 단회이탈의 유인이 없다고 해서 내쉬균형임이 보장되지는 않음을 보여준다. 단회이탈원리가 내쉬균형에는 미적용됨을 보여주는 반례인 것이다.

부분게임완전균형

죄수의 딜레마 〈그림 8-6〉의 $PD^{\infty}(\delta)$에서 (팃포탯, 팃포탯)이 부분게임완전균형인지 살펴보자. 결론부터 말하자면, 팃포탯은 완전균형 전략일 수가 없다. 제t기에 경기자1이 D를 선택했다고 가정할 때 $(t+1)$기 이후의 후속게임에서 경기자2가 팃포탯 전략을 고수할 유인이 없음을 보이면 충분하다. 먼저 경기자1의 제t기 이탈 후 경기자2가 팃포탯 전략을 고수한다면 $(t+1)$기부터 [CD, DC, CD,⋯] 식으로 '번갈아 가며 상대방 등쳐먹기' 패턴을 보이게 된다. 이때 경기자2가 얻는 보수를 계산하면 $v' = \frac{4-\delta}{1+\delta}$단위$(=(1-\delta)[(4+4\delta^2+4\delta^4+\cdots)-(\delta+\delta^3+\cdots)])$이다. 반면 경기자1이 t기에 이탈했음에도 불구하고 경기자2가 $(t+1)$기에 C를 선택한다면(단회이탈 조건에 의하여 $(t+2)$기부터는 팃포탯 유지) 경로 [CC, CC, CC,⋯]가 실현될 것이고 경기자2의 평균할인보수는 3단위가 될 것이다. 그런데 $\delta > \frac{1}{4}$이라면 후자가 전자보다 더 높은 보수를 경기자2에게 가져다준다. 경기자들의 할인인자가 충분히 클(미래지향적일) 경우 경기자1의 t기 이탈에 대해 경기자2가 $(t+1)$기부터 팃포탯을 고수하는 것보다 $(t+1)$기에 한 번 C로 이탈한 다음 $(t+2)$기부터 팃포탯을 유지하는 것이 더 유리하다. 요약하면, 이탈 발생 후 후속게임에서 팃포탯은 내쉬균형일 수 없고 따라서 (팃포탯, 팃포탯)은 부분게임완전균형이 아니다.

이상의 논의를 오토마타 개념으로 재구성하여 논증하자. 반복게임 $PD^{\infty}(\delta)$의 상태집합은 {CC, CD, DC, DD}이며 각각의 상태에서 경기자1의 평균할인보수를 v_{CC}, v_{CD}, v_{DC}, v_{DD}라 놓자. 두 경기자 모두 팃포탯을 선택한다고 가정하면, 식 8.3에 의하여 식 8.6a~d가 성립해야 한다.(경기자2에 대해서는 대칭 논리에 의해 동일함)

$$v_{CC}=3(1-\delta)+\delta v_{CC} \quad (8.6a)$$

$$v_{DD}=1(1-\delta)+\delta v_{DD} \quad (8.6b)$$

$$v_{DC}=4(1-\delta)+\delta v_{CD} \quad (8.6c)$$

$$v_{CD}=-1(1-\delta)+\delta v_{DC} \quad (8.6d)$$

예컨대, 식 8.6c는 다음과 같이 도출된다. 오늘 전략조합 DC가 플레이된다면 경기자1은 우선 4단위를 얻는다. 내일부터는 CD로 시작하는 팃포탯이 플레이될 것이므로 경기자1의 후속게임 평균할인보수는 v_{CD}이다. 그 둘을 각각 $(1-\delta)$와 δ로 가중평균한 값이 오늘의 평균할인보수 v_{DC}이다. 나머지 세 식도 동일한 논리에 의해 도출된다. 식 8.6a~d를 연립하여 풀면 다음 $v_{CC}=3$, $v_{DD}=1$, $v_{DC}=\frac{4-\delta}{1+\delta}$, $v_{CD}=\frac{4\delta-1}{1+\delta}$을 얻는다.

전략조합 (팃포탯, 팃포탯)이 부분게임완전균형이기 위해서는 균형 상태 CC로부터 도달가능한 상태 CC, CD, DC 각각에서 경기자1의 이탈 유인이 없어야 한다. 첫째, 상태 CC로부터 시작하는 후속게임에서 팃포탯이 내쉬균형이기 위해서는 상태 CC에서 경기자1이 D로 이탈하지 않아야 한다. 따라서 $v_{CC}\geq v_{DC}$ 즉 $\delta\geq\frac{1}{4}$이어야 한다. 둘째, 상태 DC로부터 시작되는 후속게임에서 팃포탯이 내쉬균형이기 위해서는 $v_{DC}\geq v_{CC}$ 즉 $\delta\leq\frac{1}{4}$이어야 한다. 셋째, 상태 CD로부터 시작되는 후속게임에서 팃포탯이 내쉬균형이기 위해서는 $v_{CD}\geq v_{DD}$ 즉 $\delta\geq\frac{2}{3}$이어야 한다. 세 조건을 모두 충족하는 δ는 존재하지 않는다. 결론적으로 팃포탯은 부분게임완전균형일 수 없다.

8.6.2 팃포탯의 실례

액설로드(Axelrod 1984)는 죄수의 딜레마 반복게임에서 성공적인 전략이 무엇인가를 알아보기 위해 유명 경제학자, 심리학자, 정치학자들에게 반복게임 전략을 프로그램으로 짜서 제출해 달라고 요청하였다. 이렇게 제출된 전략들을 컴퓨터에 의해 둘씩 짝지워 대결시킨 결과 가장 좋은 성과를 보인 전략이 바로 심리학자 래포포트(Anatol Rapoport)가 짠 팃포탯 전략이었다. 액설로드는 상대방의 이탈에 대하여 어김없이 보복하면서도 한 기만 보복하고 다시 정상국면으로 돌아가는 너그러움을 가지고 있는 것이 이 전략의 우수성의 비결이라고 결론을 내리고 있다.

팃포탯 전략은 죄수의 딜레마 반복게임에서 실로 탁월한 전략임이 후속 연구에서도 속속 밝혀진 바 있다. 상식선에서 자주 회자되는 '자기희생적 보복'(costly punishment)의 예를 들어 보자. 이는 다수의 구성원들이 개인적 희생이나 손실을 감수하면서까지 배신자나 비협조자를 처벌하는 경향을 일컫는데, 사회심리학이나 정치학에서는 이러한 경향이 한 사회의 협조체제를 형성하는데 중요한 동인이라고 주장해 왔다.[12] 그러나 드레버 외(Dreber, Rand, Fudenberg and Nowak 2008)의 실험에 따르면 익명의 사회에서 다수는 자기희생적 보복을 수행하지 않으며 대개 팃포탯 전략을 사용하는 경향이 있다. 더 중요한 사실은 팃포탯 전략을 사용한 피실험자들이 가장 높은 보수를 얻었다는 것이다. 현재까지 팃포탯 전략을 능가하는 것으로 알려진 전략은 노왁과 지그문트(Nowak and Sigmunt 1993)가 고안한 파블로프(Pavlov: 풀어써서 win-stay, lose-shift라고도 불림) 전략 정도이며 그나마 원래의 죄수의 딜레마가 아니라 불확실성이 존재하는 상황에서의 죄수의 딜레마 게임에서만 위력을 나타낸다.[13]

한편 액설로드는 앞서 인용한 책에서 제1차 세계대전 중 유럽 서부전선에서 벌어진 참호전을 실례로 들면서 생사가 오가는 전쟁터에서도 아군과 적군 간의 협조체제가 유지될 수 있음을 역설했다. 대전 중반에 들어서면서 교착상태에 빠지자 영국군과 독일군이 얼마 떨어지지 않은 곳에 참호를 파고 대치하고 있었다.

---

12 자기희생적 보복에 대한 연구는 Yamagishi(1986), Ostrom, Walker and Gardner(1992)에서 Fowler(2005)에 이르기까지 다수 있으며, 보다 자세한 목록은 Dreber, Rand, Fudenberg and Nowak(2008)의 참고문헌에 소개되어 있다.

13 Nowak and Coakley (2013) 제4~6장에서는 죄수의 딜레마에서 협조체제가 유지되는 대표적 메커니즘인 친족선택(kin selection), 직접호혜(直接互惠, direct reciprocity), 간접호혜(indirect reciprocity), 네트워크호혜(network reciprocity), 그룹선택(group selection)에 대하여 진화게임이론으로 설명한다.

대전 초만 해도 이곳에서는 치열한 전투로 수많은 사상자가 났으나 전선이 교착되기 시작하면서 양군이 자발적으로 공격을 자제하는 경향이 나타났다.

양측은 근거리에 대치하고 있으면서 상대방에게 정말로 타격을 입히기 위해 총을 쏘는 전략과 상대방이 맞지 않도록 엉뚱한 곳에 대고 쏘는 전략을 선택할 수 있었다. 양측이 모두 엉뚱한 곳에 대고 쏘는 경우 양자에게 모두 좋은 결과를 가져다 준다. 반면 양측이 상대방에게 타격을 입히기 위해 사격을 한다면 서로 큰 피해를 입게 된다. 또한 아군이 사격을 자제하고 있는데 적군이 아군에게 타격을 입히려고 공격해온다면 아군의 피해는 심각할 것이다. 상대방에게 타격을 입히기 위해 총을 쏘는 전략을 D라 하고 그저 위협만 주는 사격을 C라 할 때, 이 대치상황은 전형적인 죄수의 딜레마이다. 더구나 양측이 오랫동안 계속해서 대지하고 있으며 언제 전쟁이 끝날지도 모르는 상황이므로 무한반복게임으로 볼 수 있다.

기록에 따르면 서부전선에서 양측이 모두 상대방을 공격하는 데 미온적이었다. 예컨대 최전방에 배치되어 있는 병사들에게 저녁식사를 운반해 줄 시간에는 공격을 자제했으며, 오전 8시부터 9시까지는 화장실 가는 시간으로 간주해 서로 공격을 자제했다. 포격하는 경우에도 규칙적인 시차로 규칙적인 자리에 쏨으로써 적군이 충분히 예측 가능하도록 배려했다. 심지어 한 크리스마스 날에는 양측의 병사가 한데 어우러져 같이 술 마시고 흥청댄 곳도 있었다고 한다. 그러나 양측은 가끔씩 상대방 진영의 한 지점을 사전에 통보하고 그곳에 정확한 사격을 가해 보이기도 하였다. 이는 상대방에게 타격을 가할 능력이 있는데도 불구하고 자제하고 있음을 과시하는 조치였다. 도발할 경우 보복하겠다는 의지를 보여 상대방으로 하여금 협조체제를 유지하도록 위협을 했던 것이다.

영국군 지휘부의 공격 독려에도 불구하고 서부전선의 병사들은 암묵적 협조관계를 지속시켰다. 부대가 교체될 경우에는 후속부대에게 적군과의 사이에 유지되고 있는 암묵적 협조체제에 대해 인수인계를 해줄 정도였다. 이와 같은 협조관계는 결국 영국군 지휘부가 10~200명씩 조를 짜서 적의 참호를 기습하고 사살이든 생포든 전과를 가져오라고 명령하면서 깨어졌다. 기습전에서 적과 협력할 수 있는 방법은 없었기 때문이다.

마키아벨리의 용병론

병사들끼리의 암묵적 담합에 관해서는 일찍이 마키아벨리(Niccolo Machiavelli 1469~1527)가 『군주론 *The Prince*』에서도 언급한 바 있다. 중세 이탈리아 반도의 군주들은 용병(mercenary)을 즐겨 활용했는데[14] 마키아벨리는 그들의 위험성과 안이한 전쟁 수행 태도를 지적하면서 다음과 같이 적고 있다.

> 용병 업자들은 자신들이나 병사들의 고통과 위험을 제거하고자 온갖 노력을 다했습니다. 전투에서 죽을 힘을 다해 적군을 살육하기는커녕, 생포한 포로를 몸값도 요구하지 않고 풀어주었습니다. 요새화된 도시를 야간에는 공격하지 않았으며, 도시를 방어하는 용병들 또한 성 밖으로 출격하여 포위군을 적극적으로 공격하지 않았습니다. 야영을 할 때에도 방책이나 참호로 주위를 방어하지 않았으며, 겨울에는 아예 전투를 수행하지 않았습니다. 이러한 행태들은 모두 그들의 고통과 위험을 피하고자 하는 목적으로 군대의 규율로서 지켜졌습니다.[15]

마키아벨리는 용병은 물론 외국원군이나 혼성군에 대해서도 비판하고 일반 시민들을 징집하여 군주가 직접 통솔하는 시민군 제도의 운용을 주창하였다.

14 중세 유럽대륙에서는 토지와 농업을 기반으로 영주-봉신-기사-농노의 위계를 갖춘 봉건제가 발달한 반면 중세 이탈리아 반도에서는 상업, 수공업, 무역이 번성한 도시국가들이 발달했다. 이들 이탈리아 도시국가들에서 시민들은 생산 활동과 이윤 창출에 전념하는 대신 용병에게 돈을 지불하고 도시 방어를 맡기는 분업체제를 통하여 효율성을 높였다. 초기 용병은 스위스를 위시한 알프스 산맥 아래 지역의 인원들로 충당되었다. 박상섭(1996), 58~64쪽 및 군사학연구회(2015), 5장, 171쪽을 참조하였음.

15 Machiavelli, N.(1512)[2004], p.44 인용.

Game Theory

Chapter 09 | 전래정리[1]

9.1 사회적 실현가능성 및 개인적 합리성

제8장 8.5절과 8.6절에서 우리는 죄수의 딜레마 무한반복게임에서 협조체제의 유지가 균형 현상으로서 실현될 수 있음을 보였다. 즉, 무한반복게임에서 경기자들이 충분히 미래지향적이라면 경기자들 사이의 협조체제는 이 게임의 균형 가운데 하나로서 성립한다. 본절에서는 이 논의를 일반화한 전래정리(傳來定理, folk theorem)에 대하여 설명한다.[2] 대략 말해서, 사회적으로 실현가능한 웬만한 보수벡터는—경기자들이 충분히 미래지향적이라면—반복게임의 균형 현상으로 설명할 수 있다. 여기서, 여타 경기자들이 어떠한 짓을 하더라도 개별 경기자는 각자 방어하고 담보할 수 있는 보수 수준이 있을진대, 그 이상의 보수만을 대상으로 함은 이치상 당연하다. 전래정리를 이해하기 위하여 사회적으로 실현가능한 보수와 개인합리성을 만족하는 보수가 무엇인지를 먼저 알아야 한다.

1 전래정리는 다소 이론적 내용이므로, 경제학이나 여타 사회과학에의 응용에 관심이 큰 독자는 본장을 건너뛰어도 제10장 이후를 이해하는 데 지장이 없다.

2 여기서 '전래'가 의미하는 바는 경제학자들이 수학적으로 증명하기 오래전부터 일반 대중들도 인식해 왔다는 의미를 담고 있다.

사회적 실현가능 보수벡터

주어진 게임에서 어떤 보수벡터가 사회적으로 실현가능(社會的으로 實現可能, socially feasible)하다는 것은 경기자들이 전략 선택을 조합하여 얻을 수 있는 보수벡터를 뜻한다. 사회적 실현가능 보수조합은 순수전략조합에 대응하는 보수벡터들의 볼록결합(convex combination)으로 나타난다. 〈그림 8-2〉에 묘사된 죄수의 딜레마 게임을 고려하자. 경기자1이 2단위의 보수를 얻고 경기자2도 2단위의 보수를 얻는 보수벡터 (2, 2)는 사회적으로 실현가능하다. 동전을 던져서 앞면이 나오면 두 경기자가 모두 C를 선택하고 뒷면이 나오면 두 경기자 모두 D를 선택하기로 하였다고 하자. 또 동전을 공개적으로 던지기 때문에 그 결과가 두 경기자 간에 주지사실이라고 가정하자. 이렇게 공적임의배정(公的任意配定, public randomization) 방식에 따라 경기자들이 각자의 전략을 택할 경우 보수벡터 (3, 3)이 실현될 확률은 $\frac{1}{2}$이고 보수조합 (1, 1)이 실현될 확률은 나머지 $\frac{1}{2}$이다. 결국 평균적으로 보수벡터 (2, 2)가 실현될 수 있다.

그림 9-1 죄수의 딜레마 게임에서 사회적 실현가능 보수벡터

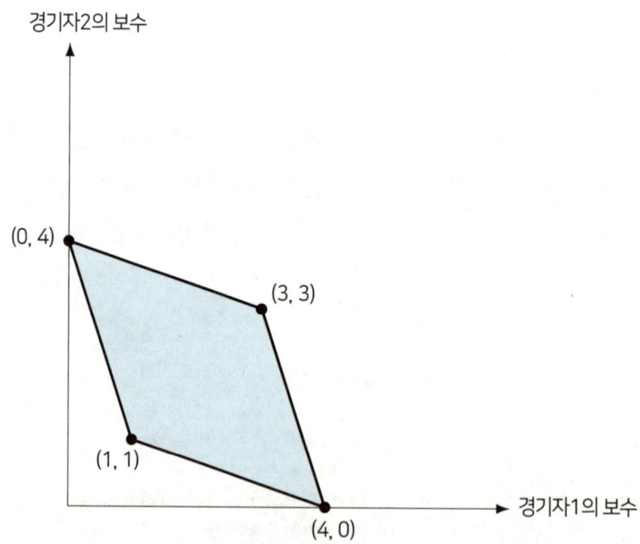

이상에서 보수벡터 (2, 2)가 사회적으로 실현가능하다는 사실을 보여 준 것과 유사한 방법을 적용하면, 네 개의 순수전략 보수벡터 (3, 3), (4, 0), (0, 4), (1, 1)의 어떠한 볼록결합도 사회적으로 실현가능함을 보일 수 있다. 이를 볼록자루집합(convex hull)이라 부른다. 사회적 실현가능 보수벡터는 〈그림 9-1〉에서 색으로 칠해진 부분으로 나타난다. 예컨대, 보수벡터 $\left(\frac{8}{3}, \frac{4}{3}\right)$는 세 보수벡터 (3, 3), (4, 0), (1, 1)을 각각 $\frac{1}{3}$씩의 확률로 실현되게끔 하는 공적임의배정 방식에 의하여 고안된다. 그러한 임의배정 방식의 일례를 들면, 주사위를 던져서 1이나 2가 나오면 CC를 선택하고 3이나 4가 나오면 DC를 선택하고 5나 6이 나오면 DD를 선택하도록 하는 것이다.

개인적 합리성을 충족하는 보수

무한반복게임에서 경기자 i가 예정된 경로로부터 벗어나 배신했을 때 그를 제외한 경기자들은 경기자 i의 배신행위를 보복해야 한다. 이 보복국면에 이용되는 보수가 바로 경기자 i의 최대극소보수이다. 경기자 i의 상대방이 아무리 모질게 그를 처벌하더라도 경기자 i가 얻을 수 있는 최소한의 보수 수준은 식 9.1에 정의된 최대극소(最大極小, minmax)보수이다.

$$\bar{v}_i = \underset{s_j \in S_j}{\text{Min}}\left[\underset{s_i \in S_i}{\text{Max}}\, u_i(s_1, s_2)\right] \tag{9. 1}$$

경기자 j가 경기자 i의 배신행위를 보복할 때 경기자 i는 나름 최대한 자신을 방어하려 할 것이다. 경기자 i의 최대극소보수란 경기자 i가 최대한 자신을 방어하려고 하는 상황에서 경기자 j가 경기자 i의 보수를 극소화하려 할 때 경기자 i가 얻는 보수로 정의된다. 경기자 i의 보수가 최대극소보수 $\bar{v}_i$와 일치하도록 만들어 주는 경기자 j의 전략을 '경기자 i를 최대극소로 묶어두는(minimaxing player i) 전략'이라 부르며 m_j^i로 쓴다. 또 경기자 i가 최대극소 상황에서 자신을 방어하기 위하여 사용하는 전략을 경기자 i의 최대극소전략이라고 부르며 m_i^i로 쓴다. 무한반복게임에서 경기자는 자신의 최대극소보수보다 더 낮은 평균할인보수를 가져다 주는 상황을 결코 허용하지 않을 것인데, 이를 개인합리성(個人合理性, individual rationality)이라 부른다. 다시 말해서, 개인합리성이란 무한반복게임에서 개별 경기자는 각자 자신의 최대극소보수 이상을 얻어야 한다는 요건이다.

죄수의 딜레마 게임에서 경기자1의 최대극소보수를 구해 보자. 경기자2가 C를 택한다면 경기자1은 D를 선택하는 것이 최선이다. (왜냐하면 4>3이므로) 경기자2가 D를 택한다면 경기자1은 D를 선택하는 것이 최선이다. (왜냐하면 1>0이므로) 결국 경기자2가 C를 선택할 때 경기자1이 자신을 최대한 방어함으로써 얻는 보수는 4단위이고 경기자2가 D를 선택할 때 경기자1이 자신을 최대한 방어함으로써 얻는 보수는 1단위이다. 경기자1의 최대극소보수는 경기자2가 경기자1의 보수를 극소화하려고 할 때 경기자1이 얻는 보수이므로, 경기자2는 D를 택함으로써 경기자1이 1단위의 보수를 얻도록 한다. 종합하면 $\bar{v}_1=1$이며, $m_1^1=\text{D}$, $m_2^1=\text{D}$이다. 죄수의 딜레마는 대칭적 게임이므로 경기자2의 최대극소보수의 계산 방법도 동일하며 $\bar{v}_2=1$이다.

최대극소(minmax)의 개념과 정의, 최소극대(maxmin)와의 대소 관계, 내쉬균형과의 대소 관계에 대해서는 제4장 4.2절 4.2.2항 및 4.2.3항 및 4.3절에서 설명한 바 있다. 주요 사항만 간단히 요약해보자. 첫째, 최대극소와 최소극대는 혼합전략 공간에서 정의되고 계산하는 것이 원칙인데, 두 값이 일치하면 게임값(value)라고 부른다. 둘째, 최대극소보수는 최소극대보수보다 크거나 적어도 동일하다(4.3절의 정리 4-4). 셋째, 내쉬균형 보수는 최소극대보수보다 크거나 적어도 같다. 넷째, 개별 경기자의 최대극소보수와 내쉬균형 보수 간에는 일반적인 대소 관계를 정립할 수 없다. 그러나 순수전략 내쉬균형이 존재하는 전략형 게임에서는 내쉬균형 보수가 최대극소보수보다 크거나 적어도 동일하다(4.3절의 정리 4-6).

홀짝게임(제3장 〈그림 3-2〉)에서 최대극소보수 $\bar{v}_i$와 최소극대보수 $\underline{v}_i$는 0단위로 동일하며, 이것이 곧 게임값이다. 경기자1이 최대극소보수를 얻도록 하는 경기자2의 전략은 $m_2^1=\frac{1}{2}[\text{홀}]+\frac{1}{2}[\text{짝}]$이고 경기자1의 대응 전략은 $m_1^1=\frac{1}{2}[\text{홀}]+\frac{1}{2}[\text{짝}]$이다. 홀짝게임에는 순수전략 내쉬균형이 부존재하며, 유일한 혼합전략 내쉬균형은 $(\frac{1}{2}[\text{홀}]+\frac{1}{2}[\text{짝}], \frac{1}{2}[\text{홀}]+\frac{1}{2}[\text{짝}])$이고 보수벡터는 (0, 0)이다. 즉, 개별 경기자의 내쉬균형 보수는 그의 최대극소보수와 동일하다.

실현가능하면서 동시에 개인합리적인 보수

〈그림 9-2〉에서 빗금 부분은 실현가능하면서 동시에 개인합리적인 보수벡터를 나타낸다. 사회적으로 실현가능한 보수벡터는 색으로 표시된 부분임을 앞의 〈그림 9-1〉에서 보았다. 개인합리성은 모든 경기자가 각자의 최대극소보수 이상을 보장받아야 함을 의미한다. 따라서 〈그림 9-2〉에서 개인합리적 보수벡터는 $v_1>1$과 $v_2>1$을 동시에 만족하는 부분으로 나타난다. 결국 사회적 실현가능성과 개인합리성을 모두 만족하는 보수벡터의 집합 V^*는 그림에서 빗금 부분이며, 다음과 같다.

$$V^*=\{\mathbf{v}=(v_1, v_2,\cdots,v_n) \mid \mathbf{v}\text{는 사회적으로 실현가능하며, } v_i>\bar{v}_i,\ \forall i\} \quad (9, 2)$$

영역 V^*와 영역 $\{\mathbf{v}|v_i>\bar{v}_i, \forall i\}$의 교집합이 공집합일 수도 있다. 이처럼 영역 V^*가 영역 $\{\mathbf{v}|v_i=\bar{v}_i, \forall i\}$로만 구성되어 있는 경우, 반복게임의 보복국면을 설계하는 데 기술적 어려움이 있어 전래정리가 불성립할 수 있다. 이러한 이유로, 본서에서는 영역 V^*내에 조건 $v_i>\bar{v}_i, \forall i$을 충족하는 보수벡터가 존재한다고 가정한다.

그림 9-2 죄수의 딜레마 게임에서 실현가능성 및 개인합리성을 충족하는 보수벡터 집합

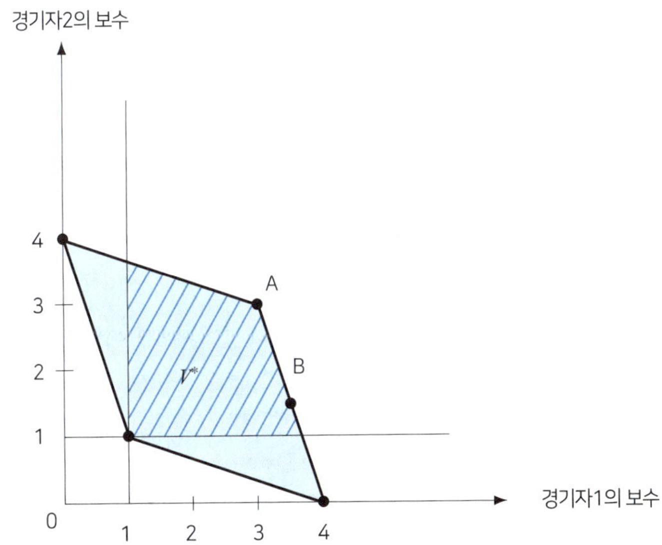

9.2 무한반복게임의 내쉬균형

우리는 8.5절과 8.6절에서 경기자1과 경기자2가 각각 3단위의 평균할인보수를 얻는 협조체제(〈그림 9-2〉에서 A점)가 할인인자 δ가 충분히 크다면 무한반복게임의 내쉬균형으로서 달성가능함을 보였다. 전래정리란—점 A뿐 아니라—사회적으로 실현가능하며 개인합리성을 만족하는, 즉 〈그림 9-2〉에서 V^*에 속하는 여하한 보수벡터도 경기자들이 충분히 미래지향적이라면 무한반복게임의 균형으로서 달성 가능하다는 정리이다. 예컨대 경기자1이 3.5단위의 평균할인보수를 얻고 경기자2가 1.5단위의 평균할인보수를 얻는 상태(〈그림 9-2〉에서 점 B)는 경기자들의 할인인자가 충분히 크다면 무한반복게임의 균형으로서 달성 가능하다.

먼저 무한반복게임의 내쉬균형 개념하에서 성립하는 전래정리는 다음과 같다. 사회적으로 실현가능하고 개인합리성을 만족하는 임의의 보수벡터 $\boldsymbol{v}=(v_1, v_2,\cdots,v_n)\in V^*$를 고려하자. 경기자들의 할인인자가 충분히 크다면 경기자 i의 평균할인보수가 v_i와 같도록 만들어 주는 무한반복게임 내쉬균형이 존재한다.

정리 9-1

어떠한 $\boldsymbol{v}=(v_1, v_2,\cdots,v_n)\in V^*$에 대해서도, 할인인자 δ가 $\underline{\delta}$보다 크다면 경기자 i의 평균할인보수가 v_i와 같도록 해주는 내쉬균형 및 할인인자의 임계치 $\underline{\delta}\in[0, 1)$가 존재한다.

정리 9-1의 논증은 어렵지 않다. 일단 모든 경기자들은 주어진 보수벡터 $\boldsymbol{v}$를 가져다 주는 전략을 선택한다.[3] 이처럼 모든 경기자들이 예정된 경로를 따라 행동하는 상황을 정상국면이라 부른다. 만일 어느 경기자 i가 예정된 경로를 이탈하

3 엄밀한 의미로 쓰면, 임의의 작은 양수 $\varepsilon>0$에 대해서도 경기자i의 평균할인보수가 v_i로부터 ε 이내의 거리에 있도록 만들어 주는 무한반복게임의 내쉬균형이 존재한다. 예컨대, 무한반복 죄수의 딜레마 게임에서 전래정리에 의거하여 $v=(\sqrt{2}, \sqrt{2})$가 달성될 수 있는가? 죄수의 딜레마 일회게임에서 모든 보수가 유리수(0, 1, 3, 4)이므로 평균할인보수가 정확히 $\sqrt{2}$가 될 수는 없다. 하지만 유리수는 조밀(dense)하므로 평균할인보수가 $\sqrt{2}$에 무한히 가까운 유리수와 같도록 해줄 수는 있다.

여 배신할 경우 모든 경기자들은 내일부터 충분히 오랜 기간 동안 경기자 i의 보수를 최대극소화하는 전략을 선택한다. 이러한 상황을 경기자들이 배신자에게 복수한다는 의미로 보복국면이라고 부른다. 경기자들이 충분히 미래지향적이라면 예정된 경로를 이탈하여 오늘 당장 얻는 이득보다도 내일부터 시작되는 보복과 그로 인한 손실이 더 크다고 느낀다. 따라서 상대방이 정상국면-보복국면으로 이루어져 있는 방아쇠 전략을 사용한다고 가정할 때 어느 누구도 예정된 경로로부터 이탈하려는 유인이 없을 것이다. 요약하면, 정상국면-보복국면으로 이루어진 방아쇠 전략은 무한반복게임의 내쉬균형인 것이다.

식 9.2에서 $v_i=\underline{v}_i$인 경계선에 위치한 보수벡터들 가운데 반복게임 내쉬균형으로 달성가능한 것들도 있지만 아예 달성 불가능한 것들도 있다. 보수벡터 (1, 1)은 δ와 무관하게 항상 내쉬균형으로 달성가능하다. 반면 보수벡터 (1, 3.5)는 δ가 아무리 크더라도 내쉬균형으로 달성 불가능하다. 하지만 각주 3에서 지적한 바와 같이 보수벡터 (1, 3.5)에 무한히 가까운 보수벡터는—충분히 큰 δ하에서—달성가능하므로 경계선을 포함하느냐 아니냐는 그다지 중요하지 않다.

9.3 무한반복게임의 부분게임완전균형

정리 9-1은 무한반복게임의 균형개념으로서 내쉬균형을 사용하였을 때 적용되는 전래정리이다. 그렇다면 부분게임완전균형의 개념을 적용할 경우에도 정상국면-보복국면으로 묘사되는 방아쇠 전략에 의하여 동일한 전래정리가 성립할 것인가? 이 질문에 대해서는 부정적인 대답과 긍정적인 대답이 공존한다.

먼저, 정상국면-보복국면으로 묘사되는 방아쇠 전략으로는 주어진 보수벡터가 무한반복게임의 부분게임완전균형으로서 달성되지 못할 수가 있다. 이유는 다음과 같다. 경기자 i가 오늘 예정된 경로로부터 이탈하여 배신했다고 하자. 그렇다면 내일부터 상대방은 경기자 i의 보수를 최대극소로 묶어 두는 보복국면으로 돌입하여야 한다. 그러나 배신자의 보수를 최대극소로 묶어 두는 보복을 감행할 경우 복수자의 보수도 매우 낮아진다면 복수자는 보복을 강행하지 않으려고 할 것이다. 그러므로 복수자가 예정대로 보복을 강행하도록 하기 위해서는, 복수를 강행하지 않을 경우 그 대가로 보복을 당하도록 방아쇠 전략이 짜여져야 한다. 이 같은 논리를 계속 확장해 나가면, 배신자의 복수자의 복수자가 예정된 복수를 강행하도록, 배신자의 복수자의 복수자의 복수자가 예정된 복수를 강행하도록, …. 그런데, 경기자들이 미래 보수를 할인하는 한(할인인자 δ가 1보다 작은 한) 이처럼 점점 더 가혹해지는 보복체계를 고안하기가 불가능할 수도 있다. 예컨대, 죄수의 딜레마 무한반복게임에서 텃포탯 전략조합은 부분게임완전균형이 될 수 없다. (제8장 8.6.1항 참조) 이는 정상국면과 보복국면으로만 구성되어 있는 텃포탯 전략으로는 위에 언급한 보복체계를 고안할 수 없음을 잘 보여주는 전형적인 예이다.

이상의 논리를 구체적으로 살펴보기 위하여 〈그림 9-3〉에 그려진 전략형게임 G를 고려하자. 식 9.1을 적용하여 경기자들의 최대극소보수를 계산하면, $\bar{v}_1=0$이며 $\bar{v}_2=1$이다. 무한반복게임 $G^{\infty}(\delta)$에서 경기자들이 무자비전략을 선택하고 할인인자가 $\delta \geq \frac{1}{6}$이라면, 보수벡터 (5, 5)는 내쉬균형으로 달성가능하다(독자가 직접 구해 보시오). 이 내쉬균형은 부분게임완전균형인가? 이에 대한 대답은 부정적이다. 오늘 경기자1이 T 대신 B로 이탈했다고 하자. 무자비전략의 정의상 경기자2는 내일부터 영원토록 R을 선택함으로써 경기자1을 처벌해야 한다. 문제는 그러한 보복 과정에서 경기자2는 자신의 최대극소보수 1단위에도 훨씬 못 미치는 −100단위를 매 기 얻게 된다. 따라서 경기자2는 차라리 보복을 포기하고 그

그림 9-3 **전략형게임 G**

		경기자 2	
		L	R
경기자 1	T	5, 5	0, −100
	B	6, 1	0, −100

냥 매 기 L을 선택함으로써 매 기 1단위씩이라도 얻는 편이 낫다. 결국 $G^{\infty}(\delta)$ (여기서 $\delta \geq \frac{1}{6}$)에서 전략조합 (무자비, 무자비)는 보수벡터 (5, 5)를 달성케 해주는 내쉬균형이기는 하지만 부분게임완전균형은 아니다.

그렇다면 주어진 보수벡터를 무한반복게임의 부분게임완전균형으로서 달성 가능하게끔 해주는 방아쇠 전략은 없는가? 그러한 방아쇠 전략은 존재하며 정상국면–보복국면–보상국면(報償局面, reward phase)의 형태로 구성된다. 예컨대 경기자1이 예정된 경로로부터 이탈하여 배신했다고 하자. 그러면 내일부터 충분히 오랜 기간동안 배신자를 응징하는 최대극소 보복국면으로 돌입하며, 이 기간동안 배신자가 당하는 손실의 현재가치는 배신행위로 얻었던 최초의 이득을 능가할 정도로 가혹해야 한다. 일단 보복국면이 끝나면 보복에 참여했던 복수자들에게 보상을 해주는 보상국면으로 들어간다. 이 보상국면에서 복수자는 배신자를 응징하기 위하여 당하였던 손실을 전부 보전하기에 충분할 정도의 보상을 받는다. 물론 보복국면이나 보상국면에서 어느 누구라도 이탈하면 그를 보복하는 국면으로 초기화(reset)된다.

결론적으로 모든 경기자들이 정상국면–보복국면–보상국면으로 짜여진 방아쇠 전략을 사용한다면, 그리고 경기자들이 충분히 미래지향적이라면, 주어진 보수벡터는 무한반복게임의 부분게임완전균형으로서 달성 가능하다. 정리 9–2에 따르면, 사회적으로 실현가능하고 개인합리성을 만족하는 어떠한 보수벡터 $\boldsymbol{v}=(v_1, v_2, \cdots, v_n)$에 대해서도, 경기자들의 할인인자가 충분히 크다면 경기자 i의 평균할인보수가 v_i와 같도록 만들어 주는 무한반복게임의 부분게임완전균형이 존재한다.

정리 9-2

사회적으로 실현가능하고 개인합리성을 만족하는 보수벡터의 집합 V^*의 차원이 경기자의 숫자와 동일하다고 가정하자. 즉, $\mathrm{Dim}(V^*)=n$이다. 어떠한 $\boldsymbol{v}\in V^*$에 대해서도, 할인인자 δ가 $\underline{\delta}$보다 크다면 경기자 i의 평균할인보수가 v_i와 같도록 해주는 부분게임완전균형 및 할인인자의 임계치 $\underline{\delta}\in[0, 1)$가 존재한다.

정리 9–2는 정리 9–1과 비교할 때 V^*의 차원에 관한 가정이 추가되어 있다. 비협조게임에서는 경기자들 간에 효용의 이전(移轉, transfer)이 불가능하기 때문에 한꺼번에 돈으로 보상해 줄 수는 없다. 대신에 복수를 충실하게 이행했던 경기자들이 매 기 상당히 높은 보수를 얻도록 해주는 전략조합을 선택함으로써 일정 기간에 걸쳐 보상을 받도록 한다. 이 과정에서 필요한 조건이 사회적으로 실현가능하고 개인합리적인 보수조합의 집합과 경기자의 숫자가 같은 차원이어야 한다는 완전차원(完全次元, full dimensionality) 가정이다. 요약하면, 완전차원 가정은 부분게임완전균형에서 누군가 이탈할 경우 복수자들에게 충분한 보상을 주면서도 동시에 배신자가 덩달아 좋아지지는 않도록 보상국면을 고안하기 위한 충분조건이다.

9.4 유한반복게임의 내쉬균형

9.2절과 9.3절에서 살펴본 바와 같이, 전략형게임 G의 무한반복게임 $G^{\infty}(\delta)$에서 할인인자 δ가 충분히 크다면 전래정리가 성립한다. 유사한 논리와 결과가 유한반복게임 $G^T(\delta)$에서도 성립할 것인가? 제8장 8.3.1항에서 설명한 바와 같이, 죄수의 딜레마의 유한반복게임 $PD^T(1)$의 유일한 내쉬균형 경로는 매 기 DD를 플레이하는 것뿐이다. 다른 한편, 8.3.2항에서 예시한 바와 같이, 내쉬균형을 둘 이상 갖는 일회게임 G의 유한반복게임에서는—일회게임 내쉬균형들의 단순 조합이 아닌—다수의 다양한 균형이 존재할 수 있다. 본절에서는 유한반복게임에서 전래정리의 성립 여부와 요건을 살펴보자.

엄밀한 증명은 이 책의 범위를 벗어나므로 생략하지만, 논리는 명쾌하다. 개별 경기자에게 이탈 유인이 없도록 하려면 이탈로부터 얻는 단기 이득보다 타 경기자들의 추후 보복으로 인한 누적 손실이 더 커야 한다. 이 조건이 성립하기 위해서는 반복게임 수명 T가 충분히 길어서 누군가 중도에 이탈할 경우 그를 응징하기에 충분한 잔여기간이 남아야 한다. 이러한 논리가 성립하기 위해서는—보복국면에서 배신자가 매 기 얻을—최대극소보수가 일회게임 내쉬균형 보수보다 작아야 한다. 다른 한편, 이는 유한반복게임의 종료시한에 가까운 기들(endgame)인 $(T-K)$기, $(T-K+1)$기, …, T기에는 오직 일회게임의 내쉬균형들만이 플레이됨을 의미한다.(당연히, K는 일회게임의 보수구조에 달려있음) 이 기간에 일회게임의 내쉬균형이 아닌 전략조합이 플레이되기로 되어 있다면 누군가 이탈함으로써 단기 이득을 얻더라도 그를 처벌할 충분한 잔여기간이 남아있지 않을 것이기 때문이다.

이해를 돕기 위해, 치킨게임 G의 유한반복게임을 예시로 풀어보자.

Practice 9-1

		경기자2	
		Dove	Hawk
경기자1	Dove	6, 6	2, 7
	Hawk	7, 2	0, 0

(1) 일회게임 G의 내쉬균형과 최대극소보수를 구하시오.

(2) 유한반복게임 $G^{100}(1)$에서 (3, 3)이나 그에 근사한 보수벡터를 내쉬균형으로 달성하기 위한 전략을 예시하시오.

(3) 유한반복게임 $G^{500}(1)$에서 (6, 6)이나 그에 근사한 보수벡터를 내쉬균형으로 달성하기 위한 전략을 예시하시오.

제8장 8.3절에서 직관적으로 설명했던 브노아와 크리쉬나(Benoit and Krishna 1985)의 전래정리를 엄밀하게 쓰면 다음과 같다.

정리 9-3

일회게임 G에는 조건$[v_i^* > \bar{v}_i, \forall i]$을 충족한는 내쉬균형이 존재한다고 가정하자.(여기서, v_i^*는 해당 내쉬균형에서의 경기자i의 보수, $\bar{v}_i$는 그의 최대극소보수) 임의의 보수벡터 $\boldsymbol{v}=(v_1, v_2, \cdots, v_n) \in V^*$에 대하여, 유한반복게임 $G^T(\delta)$의 T가 충분히 크고 δ가 충분히 1에 가깝다면 $\boldsymbol{v}$에 근사한 반복게임 내쉬균형 보수벡터가 반드시 존재한다.

제8장 8.3.2항에서 다룬 3×3게임처럼, 일회게임 G에 내쉬균형이 두 개 이상 존재하면 적어도 하나의 내쉬균형에서 각자의 보수는 최대극소보수보다 크기 마련이므로 정리 9-3의 전제조건이 당연히 충족된다. 유일한 내쉬균형을 갖는 일회게임이라고 하더라도 그 균형보수가 최대극소보수보다 크다면 정리 9-3은 성립한다. 제8장 연습문제 8-2는 일회게임 G의 내쉬균형이 유일함에도 불구하고 그 내쉬균형의 단순 반복이 아닌 반복게임 $G^2(1)$의 내쉬균형이 존재하는 예시를 보여준다. 죄수의 딜레마의 유한반복게임은 정리 9-3이 적용되지 않는 대표적 예외이다. 죄수의 딜레마 일회게임은 유일한 내쉬균형을 가질 뿐 아니라 그 내쉬균형 보수가 하필이면 최대극소보수와 일치하므로($v_i^* = \bar{v}_i, \forall i$) 전래정리가 성립할 수 없다.(Schmidt 1993)

무한반복게임 전래정리가 성립하기 위해서는 모든 경기자i에 대하여 $v_i > \bar{v}_i$을 충족하는 임의의 보수벡터가 영역 V^*내에 존재한다는 조건이 주어졌다. 유한반복게임 전래정리는 모든 경기자i에 대하여 $v_i > \bar{v}_i$를 충족하는 "내쉬균형 보수벡터"가 존재할 것을 요구하므로 무한반복게임에서의 요건보다 강함에 유의하라.

9.5 다양한 예시

이제까지 우리는 죄수의 딜레마 반복게임의 틀에서 전래정리를 논하였다. 독자의 이해를 돕기 위하여 다양한 예시들을 추가적으로 다루어보자.

남편(경기자1)과 아내(경기자2)는 제1장 1.7절 〈그림 1-12〉의 성대결게임에 무한반복적으로 참여한다고 하자. 먼저 사회적으로 실현가능한 보수조합은 〈그림 9-4〉에서 색으로 칠해진 부분으로 나타난다. 다음으로 남편의 최대극소보수를 찾아보자. 아내는 자신이 미술관(A)을 택한다면 남편이 A를 택하고 자신이 야구장(B)를 택한다면 남편도 B를 선택할 것임을 합리적으로 예측할 수 있다. 다시 말해서, 아내가 A를 택한다면 남편의 보수는 3단위이고 B를 선택한다면 남편의 보수는 5단위가 될 것이다. 따라서 남편의 최대극소보수는 아내가 A를 선택함으로써 남편이 얻게 될 보수 3단위이다. 대칭적 논리에 의하여 경기자2의

그림 9-4 무한반복 성대결게임에서 전래정리

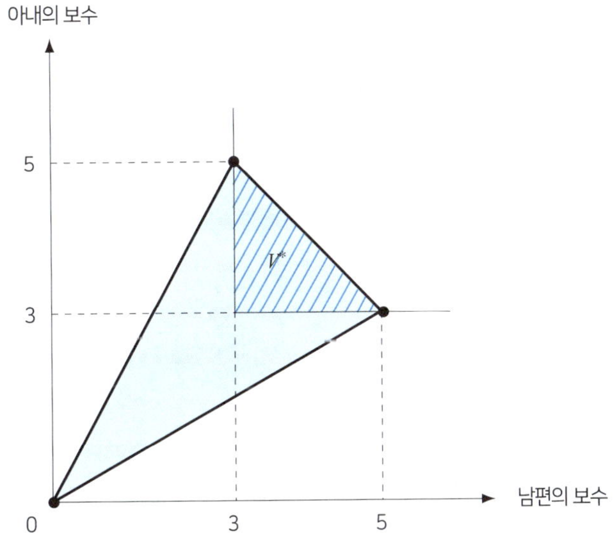

최대극소보수도 동일하다. 결국 경기자들의 최대극소보수는 $\bar{v}_1=3$, $\bar{v}_2=3$이다.

사회적 실현가능성과 개인적 합리성을 모두 충족하는 보수조합의 집합 V^*는 〈그림 9-4〉에서 빗금 부분이다. 전래정리에 따르면, 경기자들의 할인인자 δ가 충분히 크다면 집합 V^*내의 어떠한 보수조합도 무한반복게임의 내쉬균형이나 부분게임완전균형으로서 달성될 수 있다.

Practice 9-2

제1장 1.6절 <그림 1-10>의 사슴사냥게임에서 $v=3$일 때, 사회적 실현가능한 보수벡터집합과 개인적 합리성을 충족하는 보수벡터집합을 구하라.

Practice 9-3

두 경기자가 아래 전략형게임을 무한반복해서 경기한다고 하자. 전래정리에 의하여 무한반복게임의 내쉬균형으로 달성가능한 보수벡터집합을 구하라.

		경기자 2	
		left	right
경기자 1	U	2, 5	3, 0
	D	1, -2	-1, 4

Practice 9-4

아래 게임을 고려하자.

		경기자 2	
		C	D
경기자 1	C	2, 2	-2, 8
	D	8, -2	0, 0

(1) 사회적 실현가능 보수벡터집합과 개인합리성을 충족하는 보수벡터집합을 구하라.

(2) 경기자들이 무자비전략을 선택한다고 가정할 때, 파레토 최적이면서 대칭적인 보수벡터를 반복게임의 내쉬균형으로 달성가능하기 위한 할인인자 δ의 임계치 $\underline{\delta}$를 구하라.

게임이 반복된다고 해서 반드시 일회게임 균형에 비해 경기자들이 더 높은 보수를 얻는 것은 아니다. 연습문제 9-5는 이를 보여준다.

Practice 9-5

전략형게임 G를 고려하자.

		경기자 2		
		a	b	c
경기자 1	A	2, 2	2, 1	0, 0
	B	1, 2	1, 1	-1, 0
	C	0, 0	0, -1	-1, -1

(1) 게임 G의 해를 구하라.

(2) 사회적 달성가능 및 개인합리성을 충족하는 보수벡터를 구하고 그래프에 나타내라.

(3) 경기자들이 무자비전략을 선택한다는 가정하에, 보수벡터 (1, 1)이 무한반복게임 $G^{\infty}(\delta)$의 내쉬균형으로 달성가능할 조건을 구하시오.

(4) 위 (1)과 (3)의 결과를 비교하고 함의를 설명하시오.

Practice 9-6

동일한 할인인자 δ를 갖고 있는 두 경기자가 8.3절 <그림 8−3>의 3×3전략형게임 G에 무한반복해서 참여한다고 하자. 전래정리에 의하여 사회적으로 실현가능하면서 동시에 게임합리성을 만족하는 보수조합의 집합을 구하라.

전래정리는 경기자가 n명인 일반적인 경우에도 당연히 성립하며, 원리와 계산방법은 2인게임과 동일하다.

Practice 9-7

다음 전략형 게임 G를 고려하자. 경기자1, 2, 3의 순수전략집합은 각각 {T,B}, {L,R}, {X,Y}이다. 세 경기자는 $G^{\infty}(\delta)$를 플레이하여 이들의 할인인자는 동일하다.

		경기자 2	
		L	R
경기자 1	T	3, 3, 4	1, 4, 0
	B	4, 2, -1	0, 0, 3

경기자3 X 선택

		경기자 2	
		L	R
경기자 1	T	2, 4, 1	2, 0, -5
	B	0, 2, 0	6, 3, 5

경기자3 Y 선택

(1) 사회적으로 달성가능하며 개인합리성을 충족하는 보수벡터를 구하라.

(2) 세 경기자가 각각 무자비전략을 선택한다고 할 때, 보수벡터 (3, 3, 4)가 게임 $G^{\infty}(\delta)$의 내쉬균형으로 달성가능하도록 해주는 할인인자의 최소치를 구하라.

반복게임을 확장한 분석틀에 대한 언급을 끝으로 본장을 마무리하고자 한다. 반복게임은 동일한 경기자들이 매 기 반복해서 동일한 게임 G를 플레이하는 상황을 일컫는다. 그러나 현실에서는 동일한 경기자들이라고 하더라도 시간 흐름에 따라 다소 다른 게임에 참여하는 경우가 많다. 또한 경기자들이 오늘 맞닥뜨린 게임과 그들의 전략 선택에 따라 내일 맞닥뜨릴 게임의 형태가—확정적이건 확률적이건—변화하기도 한다. 이처럼 시간 흐름에 따라 외적 환경이 변동하고 경기자들의 전략 선택에 따라 차기의 게임 형태가 바뀌는 것을 허용함으로써 반복게임을 일반화한 것이 확률과정게임(stochastic game)이다. 확률과정게임에 대해서는 본서의 범위를 벗어나므로 다루지는 않겠지만 반복게임과 마찬가지로 유한수명 게임과 무한수명 게임으로 모형화하고 분석할 수 있다. 관심 있는 독자는 Maschler, Solan and Zamir(2020)의 제15장을 참조하기 바란다.

Game Theory

Chapter 10 | 반복게임의 응용

10.1 카르텔

제2장 2.1절에서 살펴본 쿠르노 과점모형에서 우리는 기업들이 내쉬균형 생산량을 생산하는 것보다 더 높은 이윤을 모두가 누릴 수 있는 협조적 생산량이 존재함을 보았다. 그럼에도 불구하고 일회게임에서 과점기업들 간의 담합은 불가능하다. 그 이유는 기업들이 상대방을 배신하고 할당량보다 많이 생산함으로써 이윤을 높일수 있기 때문이다. 카르텔이나 담합의 불안정성은 베르트랑 가격결정 모형에서도 유사한 논리로 성립한다. 하지만 동일한 시장에서 장기간 조업하는 소수 기업들 간에는 배신자에 대한 보복 위협 때문에 할당량이나 협정가격 준수를 통한 카르텔 유지가 가능하다. 본절에서는 장기(長期)에 있어서 생산량카르텔 및 가격카르텔의 안정성을 논하고, 다음 절에서는 실제 카르텔과 담합의 사례들을 설명한다.

10.1.1 생산량카르텔

일회게임

쿠르노 복점시장에서 조업하는 기업1과 기업2가 각자의 생산량 q_1과 q_2를 결정한다. 두 기업에 의하여 총생산량이 주어지면 시장수요함수 $P=a-(q_1+q_2)$에 따라 시장가격이 결정된다. 두 기업이 생산하는 재화는 동질적이며 평균생산비는 c로서 생산량에 상관없이 동일하다. 쿠르노 복점모형에는 단 하나의 순수전략 내쉬균형이 존재하는데, 개별 기업이 $q^C=\frac{1}{3}(a-c)$단위씩을 생산하고 $u^C=\frac{1}{9}(a-c)^2$단위씩의 이윤을 얻는 것이 그것이다. 그러나 기업1과 기업2가 카르텔을 형성하여 집단적 독점자로 행동한다면 두 기업 모두의 이윤을 늘릴 수 있다. 기업별로 $q^M=\frac{1}{4}(a-c)$씩 생산하여, 극대화된 이윤 $u^M=\frac{1}{8}(a-c)^2$씩을 얻는 것이 일례이다.

카르텔을 형성함으로써 개별 기업이 얻는 이윤 u^M은 기업들이 독자적으로 행동하는 내쉬균형 이윤 u^C보다 더 크다. 그럼에도 불구하고 일회게임에서는 개별 기업이 할당량보다 많이 생산함으로써 이윤을 높이려는 이탈유인이 있다. 복점시장에서 카르텔이 형성되어 두 기업이 각각 $\frac{1}{4}(a-c)$단위의 생산량을 할당받았다 하자. 기업1이 $q_1=\frac{1}{4}(a-c)$를 생산한다는 약속을 준수한다는 가정하에, 기업2의 이윤은 다음과 같다.

$$u_2=\left(a-c-\frac{1}{4}(a-c)-q_2\right)q_2=\left(\frac{3}{4}(a-c)-q_2\right)q_2$$

기업2의 이윤극대화 조건을 풀면, $q_2=\frac{3}{8}(a-c)$가 된다. 기업1이 약속을 준수할 때 기업2가 약속을 깨고 $q^D=\frac{3}{8}(a-c)$를 생산한다면, 시장가격은 $\frac{3a+5c}{8}$로 형성되고 기업2는 $u^D=\frac{9}{64}(a-c)^2$만큼의 이윤을 얻게 된다. 즉, 기업2는 생산량 할당을 준수할 경우 $u^M=\frac{1}{8}(a-c)^2$의 이윤을 얻지만 약속을 어기고 배신할 경우에는 이보다 큰 $u^D=\frac{9}{64}(a-c)^2$만큼의 이윤을 얻는다. 따라서, 기업2에게는 카르텔의 할당량을 지키지 않을 유인이 있으며, 동일한 논리에 의하여 기업1에게도 할당량을 위반할 유인이 존재한다. 이상에서 본 바와 같이, 회원들의 배신 가능성으로 인하여 일회성 카르텔은 불안정적일 수밖에 없다.

무한반복 쿠르노 복점

장기간 동일한 시장에서 조업을 하는 소수 기업들 간에 카르텔 형성이 가능한지를 살펴보기 위하여 두 기업이 무한반복적으로 쿠르노게임에 참여하는 상황을 상정하자. 두 기업은 생산량카르텔을 형성하고 완전담합에 해당하는 생산량 $q^M=\frac{1}{4}(a-c)$단위씩을 할당받았다고 하자. 또한 반복게임에서 기업들은 무자비전략을 사용한다고 가정하자.

t기 : q^{M}만큼 생산한다.

$(t+1)$기 :

- 정상국면: 만일 t기에 두 기업 모두 q^{M}씩 생산하였다면, 이번 기에도 q^{M}만큼 생산한다. (10. 1)
- 보복국면: 만일 t기에 누군가가 q^{M} 이외의 생산량을 생산하였다면, 이번 기부터 영원히 매 기 q^{C}만큼 생산한다.

개별 기업은 t기에 할당량을 지킬 것인지 혹은 상대기업을 배신하고 단기 이득을 챙길 것인지를 결정하여야 한다. 이번 기에 약속을 지키는 경우 t기에 u^{M}의 보수를 얻고 $(t+1)$기로부터 시작되는 후속게임에서 오늘과 동일한 상황에 직면하게 될 것이다. 그러므로 t기에 약속을 지킴으로써 얻는 평균할인보수 $v_{준수}$를 제8장 8.2절 식 8.3을 적용하여 계산하면 식 10.2와 같고 좌우변을 정리하면 식 10.3을 얻는다.

$$v_{준수}=(1-\delta)u^{\mathrm{M}}+\delta v_{준수} \tag{10. 2}$$

$$v_{준수}=u^{\mathrm{M}}=\frac{1}{8}(a-c)^2 \tag{10. 3}$$

반면 이번 기에 q^{D}를 생산함으로써 담합 약속을 깰 경우 당장은 u^{D}의 이윤을 얻을 수 있다. 그러나 내일 이후 계속해서 일회게임 내쉬균형이 실현될 것이므로 개별 기업은 매 기 u^{C}의 이윤을 얻는다. 결국 이번 기에 약속을 어김으로써 얻는 평균할인보수 $v_{배신}$은 식 10.4와 같다.

$$\begin{aligned} v_{배신}&=(1-\delta)u^{\mathrm{D}}+\delta u^{\mathrm{C}} \\ &=(1-\delta)\frac{9}{64}(a-c)^2+\delta\frac{1}{9}(a-c)^2 \end{aligned} \tag{10. 4}$$

카르텔 참여 기업이 담합을 유지하기 위해서는 $v_{준수}\geq v_{배신}$이 성립해야 한다. 식 10.3과 식 10.4를 대입하면, 완전담합 유지를 위한 할인인자의 임계치 $\underline{\delta}=\frac{9}{17}$가 계산된다. 결론적으로, 두 기업의 할인인자가 모두 $\frac{9}{17}$ 이상이면 완전담합이 무한반복 쿠르노게임의 내쉬균형으로서 유지될 수 있으나, 한 기업이라도 그 미만이면 완전담합이 유지될 수 없다.

Practice 10-1

쿠르노 복점에서 $a=12$, $c=0$이라 가정하자. 두 기업이 카르텔을 맺어 기업1은 $q_1=(3-\gamma)$단위, 기업2는 $q_2=(3+\gamma)$단위를 생산하기로 약속했다고 하자. (여기서 $\gamma \geq 0$)

(1) 두 기업 간의 카르텔 형성이 가능하도록 하는 γ의 범위를 구하라.

(2) 매개변수 γ가 위 (1)에서 구한 범위에 있다고 가정하자. 또한 무한반복게임에서 양사는 무자비전략을 선택한다고 가정하자. 이 카르텔이 무한반복게임의 내쉬균형으로 달성되기 위한 할인인자의 임계치를 구하시오.

(3) 위 (2)에서 구한 결과의 경제학적 의미를 해석하시오.

Practice 10-2

[시장수요 불확실성하에서의 담합] 두 기업 1과 2는 무한반복적으로 쿠르노 경쟁한다. 시장수요함수는 $P=a-(q_1+q_2)$ 형태를 갖는데 시장수요의 규모를 결정짓는 매개변수 a는 매 기 π의 확률로 호황이어서 H의 값을 갖고, $(1-\pi)$의 확률로 불황이어서 L의 값을 갖는다. ($0<\pi<1$이며 $H>L>0$) 기업들은 매 기에 호황인지 불황인지 아는 상태에서 생산량을 결정한다. 생산비는 전혀 들지 않는다. 이 무한반복게임에서 개별 기업은 무자비전략을 사용하며 담합체제가 유지되는 한 각사는 독점이윤의 절반씩을 갖는다고 가정하자.

(1) 현재 경기지수가 a일 경우 완전담합 유지를 위해 요구되는 할인인자의 임계치를 구하시오. (경기지수 $a=H$ 혹은 L)

(2) 현재 호황일 경우 담합 유지를 위해 요구되는 할인인자의 임계치와 현재 불황일 경우 그 값을 계산하고 대소 관계를 밝히시오.

(3) 위 (1)~(2)에서 구한 결과가 직관적으로 현실과 맞는지를 설명하라.

(4) 현실설명력을 높이려면 모형을 어떻게 바꾸면 되겠는가?

10.1.2 가격카르텔

무한반복 베르트랑 복점

제2장 2.2절에서 살펴본 베르트랑 복점시장에서, 기업1과 기업2가 각각 가격을 결정하면 양사의 판매량이 결정된다. 선형 시장수요함수 $Q=a-P$를 가정하자. 소비자들은 조금이라도 싼 제품을 구입하며, 각 기업이 재화 한 단위를 생산하는 데 드는 평균생산비는 c로서 일정하다. 베르트랑 일회게임의 유일한 내쉬균형은 모든 기업이 완전경쟁가격 $P_1=P_2=c$를 부과하는 것임을 기억하라. 복점시장임에도 불구하고 균형가격이 완전경쟁가격과 일치하게 되는 이유는 각 기업이 타기업보다 낮은 가격을 설정하여 시장점유율을 크게 높이려는 가격인하 유인이 존재하기 때문이다. 일회게임 내쉬균형에서 개별 기업의 보수는 $u^B=0$이다.

두 기업이 가격카르텔을 결성하여 마치 독점기업처럼 행동하는 경우 가격수준과 극대화된 이윤은 얼마일까? 독점기업의 이윤을 가격의 함수로 표현하면 식 10.5와 같다.

$$\max_{P} U=(P-c)(a-P) \tag{10. 5}$$

식 10.5를 풀면 독점이윤 극대화 가격 $P^M=\dfrac{a+c}{2}$가 구해진다. 이때 극대화된 독점이윤 $\dfrac{1}{4}(a-c)^2$을 두 기업이 반씩 나눈다면 개별 기업의 이윤은 $u^M=\dfrac{1}{8}(a-c)^2$이다.

두 기업이 가격카르텔을 결성하고 독점이윤 극대화 가격 P^M을 부과하기로 합의를 했다고 하자. 그런데, 한 기업이 협정가격 P^M보다 조금 싼 가격을 부과하고 전체시장을 독식하는 경우 배신자의 이윤은 $u^D=\dfrac{1}{4}(a-c)^2$ 가까이 될 것이다.

무한반복게임에서 개별 기업이 다음 무자비전략을 사용한다고 가정하자.

t기 : 협정가격 P^M을 부과한다.

$(t+1)$기 :

- 정상국면: 만일 t기에 두 기업이 모두 협정가격 P^M을 부과하였다면, 이번 기에도 P^M의 가격을 부과한다. (10. 6)
- 보복국면: 만일 t기에 누구든지 P^M 이외의 가격을 부과하였다면, 이번 기 이후 항상 c원의 가격을 부과한다.

개별 기업은 t기에 협정가격을 지킬지 혹은 상대기업을 배신하고 단기 이득을 얻을지를 결정하여야 한다. 이번 기에 약속을 지키는 경우 t기에 u^{M}의 보수를 얻고 $(t+1)$기부터 시작되는 후속게임에서 오늘과 동일한 상황에 직면하게 될 것이다. 그러므로 이번 기에 약속을 지킴으로써 얻는 평균할인보수 $v_{준수}$은 식 10.7과 같다.

$$v_{준수}=(1-\delta)u^{\mathrm{M}}+\delta v_{준수}$$
$$v_{준수}=u^{\mathrm{M}}=\frac{1}{8}(a-c)^2 \tag{10. 7}$$

반면에 이번 기에 약속을 깨고 협정가격보다 조금 낮은 가격을 부과할 경우 당장은 u^{D}의 이윤을 얻을 수 있지만 내일 이후 계속해서 일회게임의 내쉬균형 상태를 유지하게 되므로 매 기 0단위의 이윤을 얻는다. 즉, 이번 기에 약속을 위반함으로써 얻는 평균할인보수 $v_{배신}$은 식 10.8과 같다.

$$v_{배신}=(1-\delta)u^{\mathrm{D}}+\delta u^{\mathrm{B}}$$
$$=(1-\delta)\frac{1}{4}(a-c)^2 \tag{10. 8}$$

완전 가격카르텔이 유지되기 위해서 $v_{준수}\geq v_{배신}$이 성립해야 하므로 할인인자의 임계치가 $\underline{\delta}=\frac{1}{2}$로 계산된다. 두 기업의 할인인자가 모두 $\frac{1}{2}$ 이상이면 가격카르텔이 무한반복 베르트랑 게임의 내쉬균형으로서 유지될 수 있으나, 한 기업이라도 그 미만이면 담합이 유지될 수 없다.

이상에서 우리는 반복게임에서 완전담합의 유지 가능성에 대해서 살펴보았다. 제9장에서 다룬 전래정리는 여기에도 마찬가지로 적용된다. 기업들이 충분히 미래지향적이라면(할인인자가 충분히 크다면) 완전담합은 물론 부분담합도 반복게임 균형으로 유지 가능하다. 무한반복 베르트랑 복점 게임에서 두 기업이 모두 가격 $\hat{P}$를 부과하여 각자 $\hat{u}=\frac{1}{2}(a-\hat{P})(\hat{P}-c)$단위의 이윤을 얻는 부분담합이 내쉬균형으로 유지되려면 기업의 할인인자는 최소한 얼마나 되어야 할까? 부분담합 약속을 지킬 경우 기업의 평균할인보수는 $v_{준수}=\hat{u}$이다. 반면 협정가격 $\hat{P}$로부터 이탈하여 그보다 약간 낮은 가격을 부과하면 이탈자는 당장 시장을 독식하여 거의 $u^D=2\hat{u}$단위에 달하는 이윤을 얻게 된다. 그러나 기업들이 무자비전략을 사용한다면 내일로부터 시작되는 후속게임의 보수는 0이 될 것이다. 따라서 $v_{배신}=(1-\delta)2\hat{u}+\delta\times 0$이다. 부분담합 가격 $\hat{P}$이 유지되려면 $v_{준수}\geq v_{배신}$이 성립해야 하는데 이는 $\delta>\frac{1}{2}$임을 의미한다. 결론적으로 δ가 $\frac{1}{2}$보다 크면 부분담합이 무한반복 베르트랑 게임의 내쉬균형으로 실현가능하다. 마찬가지 논리는 $P=c$에서 $P^M=\frac{a+c}{2}$사이의 모든 가격에 적용되며 이는 제9장에서 살펴본 전래정리의 특수한 예시이다.

과점시장으로의 일반화

복점모형을 n개의 기업이 조업하는 과점시장으로 확장하자. 소비자들은 가장 낮은 가격을 부과하는 기업으로부터 재화를 구입한다. 시장수요함수는 선형 $P=a-Q$ (여기서, $Q=\sum_{j=1}^{n}q_j$)이며 생산비는 항상 단위당 c로서 일정하다. 일회게임의 내쉬균형에서 개별 기업은 c원의 가격을 부과하며 0의 이윤을 얻는다. n개의 기업들이 가격카르텔을 결성하고 집단적 독점사로서 행동할 경우 협정가격은 $P^M=\frac{a+c}{2}$이다. 이때 개별 기업의 이윤은 $u^M=\frac{1}{4n}(a-c)^2$원이다. 가격카르텔하에서 $(n-1)$개의 경쟁사들이 모두 협정가격 P^M원을 부과하는데 한 기업이 P^M보다 약간 낮은 가격을 부과한다면 그 배신자가 전체시장을 독식하게 된다. 따라서 배신으로부터 얻는 이윤은 $u^D=\frac{1}{4}(a-c)^2$원에 달한다.

모든 기업이 식 10.6에 묘사된 무자비전략을 사용한다고 가정하자. 가격카르텔에 참여하는 특정 기업이 협정가격을 준수하기 위해서는 식 10.9를 만족해야 한다.

$$v_{준수}=\frac{1}{4n}(a-c)^2\geq(1-\delta)\frac{1}{4}(a-c)^2=v_{배신}$$
$$\delta\geq\underline{\delta}\equiv 1-\frac{1}{n} \tag{10. 9}$$

식 10.9에서 알 수 있듯이 기업의 수 n이 커질수록 가격카르텔을 유지하기 위하여 요구되는 할인인자의 최소값 $\underline{\delta}$는 커진다. 이는 기업의 수가 많을수록 개별 기업이 협정 준수로부터 얻는 보수가 작아지므로 협정가격을 위반하고자 하는 유혹이 강해지기 때문이다.

Practice 10-3

시장수요함수가 $x(P)$인 경우 독점가격을 P^{M}, 독점생산량을 $x^{M}\equiv x(p^{M})$ 그리고 독점이윤을 $M\equiv(p^{M}-c)x(p^{M})$이라 놓자. 무한반복 베르트랑 과점게임에서 완전담합이 유지되기 위해서는 아래 각 상황에서 개별 기업의 할인인자가 최소한 얼마가 되어야 하겠는가?

(1) 제t기에 시장수요함수는 $\beta^{t}x(p)$이며 기업들은 모두 무자비 방아쇠 전략을 사용한다. (여기서, $0<\beta<1$이면 사양산업이고 $\beta>1$이면 성장산업임.)

(2) 이탈자에 대한 보복은 K기 후부터 비로소 개시할 수 있지만 일단 보복이 시작되면 끝까지 계속 간다.

(3) 시장수요함수는 매 기 $x(p)$로 일정하지만 매 기 γ의 확률로 시장이 없어져버릴 수 있다.

10.2 불완전정보하의 담합

10.1절에서는 기업들이 상대방의 생산량이나 가격을 정확히 관찰할 수 있다고 가정하였다. 그러나 현실 세계에서 담합 유지의 가장 큰 걸림돌은 도대체 상대방이 이탈을 했는지 안 했는지 알기 힘들다는 것이다. 다른 한편, 완전정보하의 반복게임에서는 누군가 배신하면 보복이 뒤따르리라는 위협만 있을 뿐 균형상태에서 실제 배신이나 보복은 일어나지 않는다. 균형의 개념상 보복 위협은 상대방이 배신할 유인을 저지할 만큼 충분히 강력하기 때문이다. 그러나 현실 세계에서 배신과 보복은 종종 관찰된다. 뿐만 아니라 보복의 강도에 따라 달성가능한 담합의 정도 역시 달라지게 마련이다. 본절에서는 기업들이 상대방의 행동이나 전략을 관찰할 수 없다는 가정(불완전정보)하에서 과연 담합 유지가 가능한지 그리고 보복 행위가 균형 현상으로 관찰될 수 있는지를 살펴보기로 한다.

누군가가 할당생산량을 어겼다는 사실이 금방 드러난다면, 카르텔 참여 기업들이 배신자를 처벌하는 보복국면에 돌입할 수 있다. 그러나 현실에서는 개별 기업이 시장가격만을 관찰할 수 있을 뿐 경쟁사(들)의 생산량을 관찰할 수 없는 상황이 많다. 수요함수가 다음과 같다고 가정하자.

시장가격 = 시장규모 − (기업1의 생산량 + 기업2의 생산량) + 우연변동값

여기서 우연변동값은 개별 기업들이 통제할 수 없고 관찰할 수도 없는 확률변수이다. 기업1은 카르텔에서 결정된 할당량을 지킨다고 하자. 그런데 어떤 기에 시장가격이 낮았다면 그 이유가 기업2가 할당량보다 많이 생산해서인지 혹은 기업2도 할당량을 지켰으나 오차값이 낮아서인지 분간할 수가 없다.[1]

그렇다면 불완전정보가 존재하는 경우 생산량카르텔의 유지가 불가능한가? 그렇지 않다. 상대방의 생산량을 관찰할 수 없다고 하더라도 상당한 정도까지 담합의 유지가 가능하다. 과점시장에서 조업하는 기업들이 무한반복적으로 쿠르노게임에 참여하는 상황을 상정하자. 개별 기업들이 충분히 미래지향적이라면(할인인자가 충분히 크다면) 담합은 무한반복게임의 균형으로서 달성가능하다.

개별 기업이 다음 방아쇠전략을 사용한다고 하자. 여기서 q^{M}은 카르텔 참여기업의 할당생산량을 나타내고 q^{C}는 일회게임 내쉬균형 생산량이다.

- 정상국면: 오늘의 시장가격이 임계치 $\hat{P}$ 이상이면 내일도 할당된 생산량 q^{M}을 생산한다.
- 보복국면: 오늘의 시장가격이 임계치 $\hat{P}$ 이하로 하락하였다면, 내일부터 일정 $\hat{K}$기 동안 매 기 q^{C}를 생산한다. 보복기간이 지나면 생산량을 q^{M}으로 줄이는 정상국면으로 돌아간다. (10. 10)

1 정보의 불완전성 때문에 담합이 와해(瓦解)된 사례를 들어보자. 1960년 전후 미국에는 4개의 전동장비 제조판매사가 있었다. 제너럴일렉트릭(General Electric), 웨스팅하우스(Westinghouse), 알리스-챌머스(Allis-Chalmers), 페더럴퍼시픽(Federal Pacific)이다. 이들은 입찰가격을 적어낼 때 세 업체는 터무니 없이 높은 가격을 적어 내고 한 업체만 적정가격을 적어 내는 방식으로 장기간 암묵적 담합을 했다. 1957년 플로리다전력회사(Florida Power & Light Company)가 100만 달러어치의 회로차단기를 구입할 때의 일이다. 당시 플로리다전력은 웨스팅하우스에게 회로차단기와 변압기를 같이 구입하겠다고 제의했다. 그 대가로 웨스팅하우스는 회로차단기를 4% 할인해 주기로 하고 마치 변압기를 할인해 주는 것처럼 가격명세서를 조작하였다. 물론 타업체들이 할인사실을 알아차리지 못하도록 하려는 선략이었다. 문제는 플로리다전력이 회로차단기를 제너럴일렉트릭과 웨스팅하우스로부터 반반씩 구입하기로 최종 결정하면서 불거졌다. 이 과정에서 제너럴일렉트릭은 웨스팅하우스가 자신을 속이려 했다는 사실을 알아내고 플로리다전력에 역시 4%의 할인된 값에 회로차단기를 공급하였다. 한 번 깨어지기 시작한 신뢰가 완전히 무너지는 데는 오래 걸리지 않았다. 수주일 후 웨스팅하우스는 5% 할인된 가격으로 볼티모어가스전력사(Baltimore Gas & Electric)에 전동기를 공급하였고, 그 바로 다음 주 알리스-챌머스는 12% 할인된 가격으로 포토맥전기(Potomac Electric)에 전동기를 공급하였다. 담합 와해는 가속화되었고, 급기야 1957년 겨울 할인율은 60%에 이르렀다.

시장가격이 낮다고 해서 반드시 누군가가 배신했다는 증거는 없지만, 누군가가 배신했을 확률은 높다. 따라서 시장가격이 낮다면 이를 누군가가 배신행위를 한 결과로 간주하고 보복국면으로 들어가는 것이다.

여기서 핵심은 시장가격의 보복 촉발 임계치 $\hat{P}$와 보복기간 $\hat{K}$이 — 외생변수가 아니라 — 내생적으로 결정된다는 것이다. 임계가격 $\hat{P}$이 지나치게 높으면, 모든 기업들이 할당량을 준수하더라도 시장가격이 $\hat{P}$ 아래로 떨어져 가혹한 경쟁이 촉발될 확률이 높다. 반대로 $\hat{P}$이 지나치게 낮으면, 개별 기업이 할당량보다 더 많이 생산하더라도 시장가격은 $\hat{P}$보다 높게 유지되어 해당 이탈을 포착하기 어렵다. 둘 중 어느 경우이건 개별 기업의 이탈 유인이 크고 따라서 담합 유지가 어렵다. 보복기간 $\hat{K}$이 지나치게 길면, 기업들이 할당량을 준수하였음에도 불구하고 외부요인에 의해 '운 나쁘게' 시장가격이 $\hat{P}$ 아래로 떨어질 경우 경쟁국면이 가혹하게 오래 지속될 것이다. 보복기간 $\hat{K}$이 지나치게 짧다면, 기업들이 이탈하는 바람에 시장가격이 $\hat{P}$ 아래로 떨어지더라도 잠깐 동안의 경쟁국면 후 다시 협력체제로 돌아가리라 기대할 것이다. 둘 중 어느 경우건 기업들의 이탈 유인이 크고 따라서 담합 유지가 어렵다. 요약하면, 보복 촉발 임계 시장가격 $\hat{P}$와 보복기간 $\hat{K}$는 할인인자 δ에 따라 상호 내생적으로 결정된다.

기업들이 식 10.10에 묘사된 방아쇠전략을 사용할 때 나타나는 현상은 담합(정상국면)과 경쟁(보복국면)의 주기적 출현이다. 균형에서는 어느 기업도 할당 생산량을 어길 유인이 없다. 그럼에도 불구하고 기업들이 통제할 수 없는 외부적 요인 때문에 시장가격이 매우 낮게 하락할 수 있다. 이 경우 보복국면이 촉발되어 모든 회사들은 경쟁 상태로 돌입하고 공급과잉으로 인하여 낮은 가격이 지속된다. 그러다가 보복기간이 지나면 다시 담합 상태를 회복한다. 담합은 외부요인으로 말미암아 시장가격이 또다시 임계치 $\hat{P}$ 아래로 떨어질 때까지 유지된다.

실제 사례

1880년대 미국 철도회사들의 화물철도운임 담합은 잘 알려진 불완전정보하의 담합 사례이다. 오늘날 미국에서는 강력한 반독점법(Antitrust law)이 실시되고 있지만 19세기 말에는 카르텔 형성 및 담합이 합법이었다. 1879년 철도회사들은 최고경영자 연합위원회(JEC: Joint Executive Committee)를 결성하였다. JEC의 역할은 시카고에서 대서양연안으로 수송되는 화물 운임을 책정하는 데 있었다. 포터(Porter 1983)의 연구에 따르면 JEC 카르텔은 가입회사들이 식 10.10에 묘사된 방아쇠전략을 사용함으로써 유지될 수 있었다. 철도회사들은 타회사들의 운송횟수(回數)나 수송량을 정확히 알기 어려웠고 다만 시장운임만을 식별할 수 있었는데, 시장운임이 일정수준 이상이면 개별회사들은 운송횟수와 수송량을 줄이는 등 협조적 체제를 유지했다. 반면 시장운임이 일정 수준 이하로 떨어지면 운송횟수와 수송량을 경쟁적 수준으로 대폭 늘렸다. 이후 일정 기간이 흐른 뒤에는 보복국면이 끝나고 다시 담합 상태가 회복되었다.

〈그림 10-1〉은 1880년부터 1886년까지 시카고에서 대서양 연안으로 수송되는 곡물의 시장운임을 나타내고 있다. 가로축은 시간의 흐름을 나타내는데 1880년 1월 1일로부터 시작하여 일주일 단위로 나누었다. 세로축은 곡물 단위당

그림 10-1 카르텔하의 미국 철도운임(1880년 1월~1886년 12월)

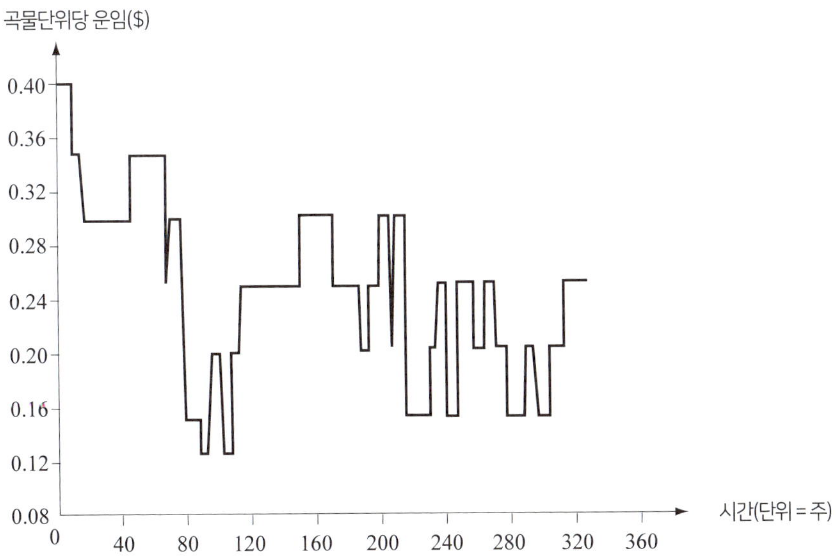

운임을 나타낸다. 그림을 보면 1~80주 및 120~220주의 기간에는 담합상태가 유지되었던 반면 80~120주 및 220~360주의 기간에는 경쟁상태에 있었다. 담합(정상국면)과 경쟁(보복국면)의 주기적 출현은 식 10.10에 묘사된 방아쇠전략의 자연스러운 결과이다.

협력과 경쟁의 주기적 출현을 통한 암묵적 담합은 오늘날 한국의 과점산업에서도 자주 관찰된다. 특히 소주나 맥주시장 그리고 정유회사들의 행태가 자주 언급되며 공정거래위원회의 제재 대상이 된다. 이들은 대개 높은 가격 책정과 유통물류채널 장악으로 정상이윤을 훨씬 뛰어넘는 마진을 누린다. 그러다가 어느 순간 갑자기 대폭 할인을 통한 실질적 납품가 인하, 공격적인 프로모션, 천문학적 광고비 지출, 경쟁제품 깎아내리기 등 가혹한 경쟁에 돌입하여 짧게는 이삼주, 길게는 수개월 '물고 뜯으며' 싸운다. 그러다가 언제 그랬냐 싶게 또다시 가격 인상, 프로모션 감축, 대규모 광고 자제, 경쟁제품 언급 자제 등 소비자들을 '봉으로' 만드는 밀월체제로 사이좋게 돌아간다.

10.3 담합과 카르텔의 실례

10.3.1 OPEC의 담합과 국제유가

역사상 가장 유명한 카르텔로 중세 유럽의 길드(guild)를 빼면 단연 석유수출국기구(OPEC: Organization of Petroleum Exporting Countries)를 들 수 있다. OPEC은 1960년 베네수엘라의 주도로 창설되었으며 주목적은 회원국들에게 생산량을 할당함으로써 유가를 인상하여 회원국들의 국익을 증대하는 데 있었다. 미국이 주요 석유수출국이었던 1967년 이전에는 OPEC의 목적을 실현시킬 만한 기회가 없었다. 그러다가 1973년 중동에서 발발한 욤키푸르전쟁(Yom Kippur War)을 계기로 OPEC은 국제유가를 배럴당 2달러에서 10달러로 인상하였다. 이것이 제1차 석유파동으로서 당시 OPEC은 미국에 대한 석유금수조치도 아울러 단행하였다. OPEC은 1979년 제2차 석유파동을 일으켰으며 그 여파로 국제유가는 배럴

그림 10-2 국제유가와 주요 사건

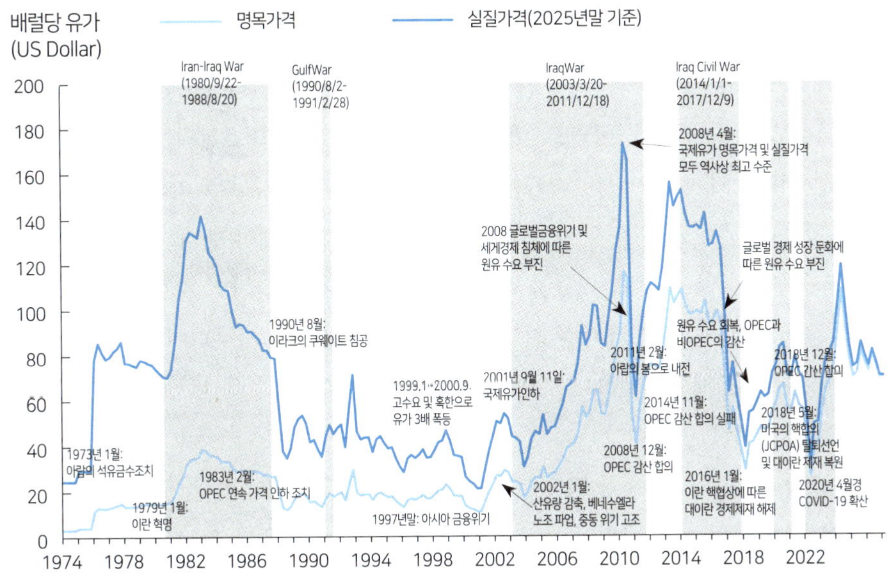

EIA Short-Term Energy Outlook, April 2025

당 30달러까지 올랐다. 두 차례에 걸쳐 발생한 석유파동은 전 세계 경제를 강타해 물가와 실업률이 동시에 증가하는 이른바 스태그플레이션(stagflation)이라는 신조어도 생겼다. 〈그림 10-2〉는 1972년도 이후 국제유가의 연도별 변동추이와 주요 사건을 나타내고 있다.

대부분의 카르텔과 마찬가지로 OPEC 역시 생산할당량을 유지하는데 어려움을 겪었다. 국제유가가 생산원가보다 상당히 높았기 때문에 타회원국들이 현재 생산량을 유지한다는 전제하에 자국의 산유량을 늘리고 그 대가로 많은 돈을 벌려고 하는 유혹이 모든 OPEC 회원국들에게 있었다. OPEC은 국제유가를 높게 유지하기 위한 수단으로써 13개 회원국들에게 각각 원유생산량을 할당하였다. 세계 최대 산유국인 사우디아라비아에게 가장 높은 할당량이 배정되었고, 세계 최소 산유국인 에쿠아도르에게 가장 낮은 할당량이 배정되었다. 전통적으로 라이벌관계에 있는 이란과 이라크에게는 정확히 동일한 할당량이 주어졌다. 현재도 OPEC은 석유가격 등락제한제도(oil price band)를 도입하여 유가가 미리 정해 놓은 가격범위를 벗어날 경우 석유생산량을 조절, 일정 범위 내에서만 가격 등락이 이뤄지도록 하고 있다.

제2차 석유파동 이후 한동안 OPEC의 힘은 약화되었다. 첫째, 이란-이라크 전쟁, 걸프전(Gulf War), 이라크 내전 등 일련의 전쟁을 치르는 동안 회원국들은 석유생산량을 대폭 증가시켰다. 전쟁을 치르고 있는 국가들은 미래를 생각할 여지가 없으며 당장 석유를 팔아 무기와 전쟁물자를 보급해야 한다. 이는 참전국들이 근시안적 성향을 갖게 되었음을 의미하므로 단기 생산량의 증대로 당장의 보수를 높이려는 유혹이 커지는 결과를 가져왔다. 실제로 사우디아라비아의 하루 할당량은 5백만배럴이었으나 걸프전 기간 동안 할당량의 두 배에 가까운 1천만 배럴을 매일 생산하였다.

OPEC 약화의 두 번째 요인은 일부 회원국들의 석유매장량 고갈에 있다. 특히 베네수엘라와 인도네시아의 경우 21세기 초반에 석유가 고갈될 것으로 알려졌었다. 이것은 OPEC 회원국들 간의 게임이 무한한 미래가 존재하는 반복게임이 아니라 끝 날이 뻔한 유한반복게임에 가까움을 뜻했다. 일회게임이나 유한반복게임에서는 협조체제의 유지가 어렵거나 불가능하다.

셋째, OPEC 비회원국의 대규모 유전 개발은 유가 인하 효과를 가져왔다. 두 차례의 석유파동으로 곤란을 겪은 국가들은 유전탐사에 적극 나섰다. 이전의 낮은 가격에서는 경제성이 없었던 유전이 개발되기 시작했으며 추가적인 유전 발견의 가능성이 있는 지역에 대규모 투자비를 쏟아 넣기 시작했다. 비산유국이었던 영국은 북해(the North Sea)의 대규모 유전 개발로 산유국 대열에 들어섰으며 산출량이 미미했던 멕시코는 멕시코만(the Gulf of Maxico) 유전 개발로 주요 산유국 대열에 섰다.

넷째, 유가 상승에 반응하여 에너지절약형 자동차, 기계, 가전제품에 대한 수요가 증가하고 시간이 흐르면서 이들 제품으로 대체되면서 석유 수요 증가가 둔화되었다. 예를 들어 미국 자동차시장은 1970년대 초까지 대형 엔진을 장착한 승용차들이 주종을 이루다가 1970년대 중반 이후 연료소비량이 적은 일본제와 유럽제 소형차들이 대거 수입되기 시작하였다. 고(高)유가시대가 계속되자 GM,

포드, 크라이슬러 등 미국 자동차제조업체들도 소형 연료절약형 차량의 생산 및 판매에 적극적으로 나섰다.

석유파동은 수요 불확실성이 낮고 비OPEC산유량이 상대적으로 적은 상태에서 OPEC산유량의 대폭 감축과 그로 인한 국제유가의 폭등으로 정의된다. 반면 제2차 석유파동 이후 20세기말까지의 국제유가의 안정세는 OPEC산유량의 증가, 비OPEC산유량의 증가 그리고 시장규모의 상대적 축소에 기인했다.

중동에서의 긴장과 전쟁은 산유국들로 하여금 석유할당량을 지킬 유인을 약화시켜 생산량이 늘어나고 따라서 국제유가가 하락하는 압력으로 작용한다. 하지만 반대 효과도 있다. 전쟁에 대한 불확실성으로 각국이 석유비축량을 늘리려는 수요가 증가하고 국제유가가 상승하는 방향으로 움직인다. 결국 국제유가는 카르텔 붕괴에 따른 생산량 증대 효과와 비축 증대 효과의 상대적 크기에 달려 있다. 20세기에는 대체로 전자의 효과가 크게 작용하였다. 그러나 21세기 들어서는 국제유가는 정치군사적인 요인, 단기공급 차질에 따른 심리적 요인, 고도성장국가(특히 중국과 인도)의 석유소비 증가추세 그리고 투기자본의 석유신물시장 개입에 의해 좌우되는 경향이 강해졌다. 추세적으로 볼 때 경기침체, 중국의 성장률 둔화, 셰일가스(shale gas)를 비롯한 석유시추기술의 비약적 발전, 그리고 태양열, 조력발전과 같은 대체에너지의 개발 등은 유가 인하 압력으로 작용하고 있다. 다른 한편, 감산을 통해 유가를 유지하려는 산유국들의 반격 또한 만만찮다. 기존 OPEC 회원국 11개에 러시아, 카자흐스탄, 브루나이 등 10개국이 추가로 참여하는 오펙플러스(OPEC+)가 2016년 결성된 이후 현재까지 국제유가 결정에 영향력을 행사하고 있다.

10.3.2 다이아몬드는 영원히

수많은 보석 가운데 다이아몬드는 으뜸이다. 완두콩만한 1캐럿짜리 다이아몬드가 상등품일 경우 수천만원을 호가한다. 다이아몬드가 아름답기 때문이라는 주장도 있으나 다이아몬드가 루비, 사파이어, 자수정 같은 다른 보석에 비해 더 아름다운가에 대해서는 취향에 따라 얼마든지 다르게 평가할 수 있다. 실제 중세 시대까지는 이들 채색옥이 다이아몬드보다 비쌌다.

사실 이 문제는 이미 18세기에 스미스(Adam Smith)가 『국부론』에서 언급할 만큼 오랫동안 많은 사람들이 의아하게 생각해 온 문제이다. 스미스는 "물은 우리 생활에 필수불가결함에도 불구하고 거의 공짜나 다름없는 데 비해 다이아몬드는 별로 쓸 데가 없음에도 불구하고 왜 그렇게 비싼가?"라는 의문을 제시했다. 스미스는 '물과 다이아몬드의 역설'을 사용가치(use value)와 교환가치(exchange value)라는 개념을 적용하여 설명하려고 하였다. 물은 사용가치가 매우 큰 반면 교환가치는 작으나 다이아몬드는 사용가치가 작은 반면 교환가치는 매우 크다는 것이다. 하지만 사용가치와 교환가치 간의 불일치 혹은 큰 괴리에 대해서 스미스는 납득할 만한 설명을 제시하지 못하였다. 그로부터 백여 년 후 마샬(Alfred Marshall)은 수요공급 이론을 적용하여 물과 다이아몬드의 역설을 설명하고자 시도하였다. 마샬에 따르면, 물에 대한 수요는 큰 반면 공급도 역시 풍부하기 때문에 물은 저렴한 가격에 교환된다. 반면 다이아몬드에 대한 수요는 물보다 훨씬 적지만 공급이 매우 제한되어 있기 때문에 높은 가격에 판매된다는 것이다.

그렇다면 다이아몬드의 공급량은 왜 적은가? 그 이유는 다이아몬드 부존량 자체가 적기 때문이 아니라 바로 드비어스(DeBeers)라는 남아프리카공화국의 한 회사 때문이다. 드비어스의 자체 다이아몬드 광산은 전 세계 생산량의 절반 가까이 차지하고 있으며, 고급 다이아몬드 유통물량의 90%를 공급하기도 했다. 드비어스의 독점력의 원천은 전략적인 공급 제한과 CSO(중앙판매조직, Central Selling Organization)라 불리는 유통카르텔에 있다.

드비어스는 매년 10회 정도 150여 도매상을 초청하여 한자리에 모아놓고 다이아몬드를 판매한다. 초청장을 받지 못한 도매상은 참가할 수 없다. 드비어스가 갈색 구두에 각종 다이아몬드를 가득 넣고 값을 부르면 도매상은 울며 겨자 먹기로 그 값에 구입해 간다.[2] 만약 미리 사두었다가 나중에 판매한다든지, 투기를 한다든지, 혹은 암시장에서 — 주로 제2공급자인 러시아로부터 — 다이아몬드를 사

2 드비어스가 크고 작은 각종 다이아몬드를 구두에 가득 넣고 한꺼번에 판매하는 것은 독점의 횡포라기보다 거래비용(transaction cost) 절감 때문이라는 주장도 있다. 다이아몬드를 낱개로 판매할 경우 등급과 크기에 대하여 일일이 협상해야 하는데 그런 방식으로 수천 개를 판매함으로써 발생하는 엄청난 거래비용을 감당할 수 없다는 것이다. 신광식(2006) 참조.

들이다가 발각되면 다시는 드비어스의 초청을 받지 못하고 이등품 다이아몬드만 팔아야 하는 신세로 전락한다. 이탈행위에 대하여 철저히 보복을 가함으로써 드비어스에 고분고분하도록 만드는 것이다.

드비어스는 다이아몬드 공급량을 제한함으로써 비싼 가격을 유지했다. 남아프리카 생산량의 극히 일부만 CSO를 통해 공급하며 나머지 물량은 창고에 보관하는 지대추구행위의 전형이다. 드비어스는 세계 각지의 광산업체들과 인수합병이나 수요독점 계약 체결 등 시장지배력 강화를 위해 애써 왔다. 비영리단체들의 주장에 따르면, 드비어스는 UN의 제재 방침을 위반하면서까지 앙골라 반군세력으로부터 보석을 사들였다.

드비어스는 천문학적 광고비 지출을 통해서도 신규 수요를 창출하고 자사 제품에 대한 가격탄력성을 낮춰왔다. 광고 문구 "다이아몬드는 영원히."(Diamond is Foreover.)는 드비어스의 또 다른 상징이 되었다. 한국을 포함한 동아시아에서는 빈부에 따라 크기만 다를 뿐 신혼부부들이 다이아몬드 반지를 예물로 교환하는 문화가 자리잡았다.

다른 한편, 드비어스의 지배력은 날로 약화되어왔다. 중소생산업자들이 CSO의 허점을 교묘히 뚫고 제품을 공급하고 있다. 중저가 시장에서는 제2공급자인 러시아와 암묵적 담합을 통해 가격을 유지했는데, 러시아의 경제불황과 국제분쟁 그리고 준군사조직인 바그너 그룹(Wagner Group)을 통한 유통 확대 등으로 담합이 약화되어왔다. 영국의 리오틴토(Rio Tinto), 오스트레일리아의 BHP, 캐나다 정부 등이 대규모 다이아몬드 채굴 프로젝트를 추진하면서 드비어스의 가격 유지는 더욱 힘들어졌다. 한때 90%에 달하던 드비어스의 2023년 시장점유율은 40%에 불과하다.

경제적 요인들보다 더 강력한 가격 하락 압박은 이른바 합성다이아몬드(lab grown diamond)라는 과학기술의 발전에 기인한다. 합성다이아몬드는 천연다이아몬드 씨앗을 인공 배양해 단기간에 키워내는데, 천연다이아몬드와 물리적, 광학적, 화학적 특성이 동일하여 구분이 불가능하다. 모양만 다이아몬드를 닮은 모조품(cubic)과는 전혀 다르다. 합성다이아몬드의 가격은 천연의 10%에 불과하여 그 수요가 폭발적으로 성장하고 있다. 아이러니하게 드비어스도 합성다이아몬드 사업에 뛰어들었다.

드비어스의 시장지배력이 성공적으로 유지된다면 이제까지처럼 수많은 사람들이 무엇 때문에 탄소 덩어리에 그렇게 큰 돈을 써야 하는지 의아해 하면서 연인에게 다이아몬드를 사주어야 할 것이다. 반대로 드비어스가 와해된다면 다이아몬드는 백금만큼 싸질지도 모른다.

10.3.3 가격선도

과점기업들 간 담합을 어렵게 만드는 중요한 요인 중 하나는 이들 기업들이 공동으로 부과할 가격에 대하여 의견이 일치하지 않는 데 있다. 담합가격에 대한 과점기업들 간의 의견 불일치는 비용구조나 시장수요가 자주 변하는 경우 더욱 심화된다. 그렇다고 담합가격을 명시적으로 협의하여 정하면 공정거래법과 독과점규제법 등에 저촉되어 과징금을 물거나 형사처벌된다.

가격선도(價格先導, price leadership)란 이러한 문제를 극복하고자 하는 암묵적 담합의 한 형태이다. 가격선도자(price leader)라 불리는 기업은 경쟁사들이 따르기를 원하는 가격을 부과한다. 또 이 가격이 소비자와 특히 경쟁사들에게 분명히 알려지도록 하기 위해서 신문, TV, 인터넷 등을 통하여 대대적으로 광고한다. 경쟁기업들이 가격선도자가 묵시적으로 제시한 가격을 수용하여 동일한 가격을 부과하면 암묵적 담합이 형성된다.

백화점이나 대형할인점과 같은 큰 유통업체에서 많이 적용하고 있는 최저가보증제(最低價保證制, The Lowest Price Guarantee)를 보자. 이 전략은 "우리 상점에서 제품을 구입한 소비자가 동일한 제품을 더 저렴하게 파는 다른 상점을 찾아내어 그 가격견적서를 가져오면 차액의 두 배를 돌려주겠다"는 내용의 광고를 내보낸다. 자기 상점에만 붙여 놓는 게 아니라 각종 매체를 통해 공개적으로 광고한다. 자기 가격에 얼마나 가격경쟁력이 있으면 그런 광고를 할까? 전략마인드가 없는 소비자는 그렇게 생각하기 십상이겠지만 게임이론의 설명은 다르다.

A상점이 S사의 노트북컴퓨터를 100만원에 판다고 광고하고 최저가격보증제를 실시한다고 하자. A상점의 경쟁 상점인 B나 C는 다음과 같이 생각할 것이

다. “만일 내가 100만원보다 높은 가격을 부과하면, 우리 상점의 시장점유율이 하락하여 이윤이 크게 줄겠지. 만일 내가 100만원보다 낮은 98만원에 내놓으면 어떨까? 소비자는 A상점에서 100만원을 주고 S제품을 산 다음 우리 상점에서는 가격견적서만 떼어가지고 A상점으로 가서 차액의 두 배 그러니까 4만원을 챙기려 하겠지. 결국 내가 98만원짜리 가격표를 붙인다면 우리 상점은 가격견적서만 떼주다가 볼 일 다 보겠네.” 결론은 명백하다. 더도 덜도 말고 100만원을 부과하는 것이 최선전략이다. 얼핏 보기에 소비자를 위해주는 것처럼 포장한 최저가보증제는 사실 암묵적 담합을 통하여 기업이윤을 높이려는 전략이다.

최저가보증제는 경쟁사가 협정가격을 위반하고 가격을 몰래 낮춰 파는지 감시하는 메커니즘이기도 하다. 이때 가격에 민감하여 ‘싼 가격’을 찾아 나니는 고객들은 본의 아니게 배신자의 이탈 행위를 적발하여 타 업체에게 알려주는 역할을 하게 된다. 그러한 고객의 의도치 않은 신고로 상대의 이탈을 알아차리면, 나머지 업체들 역시 가격을 내림으로써 보복을 가할 수 있다. 바로 이 때문에 업체들은 몰래 가격을 내려 파는 이탈 행위를 자제하고 담합 유지에 협력하는 것이다.

최혜고객조항(最惠顧客條項, Most Favored Customer Clause) 역시 기업들 간의 담합 유지나 국가들 간의 비차별적 통상을 촉진하는 대표적 메커니즘이다. 최혜고객조항이란 자사 고객에게는 물론 경쟁사의 우대고객보다 더 유리하거나 최소한 동일한 조건에 제품을 판매하겠다는 약속이다. 이 역시 최저가보증제와 마찬가지로 겉 보기에는 경쟁촉진적인 광고처럼 보이나 기실은 경쟁사의 이탈 행위를 용납하지 않겠다는 신호이다. 경쟁사가 가격을 낮추거나 더 좋은 조건을 제시하면, 그에 상응하는 가격이나 조건으로 맞대응할 용의가 있음을 만천하에 공개함으로써 경쟁사들이 섣불리 배신하지 못하도록 하는 전략이다.

항공여객산업

항공산업은 가격선도에 의한 담합이 자주 발견되는 산업이다. 1983년 3월 아메리카항공(AA: American Airlines)의 크랜달(Richard Crandall) 사장은 국내선 항공료를 노선거리에 비례하여 책정한다고 발표하였다. 그는 마일당 15센트(2,500마일 이상 노선)에서 시작하여 마일당 53센트(250마일 이하 노선)까지 부과하는 요금

표를 공개하고 언론을 통하여 이를 대대적으로 선전하였다. 그 이전까지 미국 국내선 요금은 거리, 승객수, 요일 등에 따라 복잡하게 얽혀 있어서 예컨대 뉴욕–로스앤젤레스 요금이 뉴욕–시카고보다 저렴한 경우도 있었다. AA사의 이러한 요금정책은 복잡한 항공료를 단순화하여 경쟁사들의 이탈 행위 포착과 뒤이은 보복을 쉽게 하여 담합을 유지하는 명료화(clarification) 가격선도의 전형이었다.

AA사의 발표 직후 TWA(Trans World Airlines), UA(United Airlines), Continental 등 대부분의 항공사들이 AA사와 동일한 요금정책을 사용한다고 발표했다. 그 틈에 팬암(Pan Am)은 요금을 약간 인하하여 시장점유율을 크게 늘렸고 그로 인하여 AA, TWA, UA 등 주요항공사들의 이윤은 급감하기 시작했다. 결국 크랜달의 발표 이후 한 달도 못 되어서 담합은 붕괴되고 미국 국내선 항공료 체제는 이전으로 돌아가 버렸다. 미국의 국내선 항공산업은 상당히 경쟁적인 시장이었을 뿐 아니라— 제5장 5.6절에서 설명한 바와 같이— 요금은 신빙성 있는 공약으로서의 역할을 수행하기 힘들었기 때문에 AA사의 가격선도에 의한 암묵적 담합은 유지될 수 없었다.

흔히 가격선도자는 산업 내에서 상대적으로 규모가 크며 비용조건이 좋은 기업이 맡는다. 하지만 예외도 있다. 한국의 항공산업은 대한항공에 의하여 독점되어 있다가 1989년 제2사업자인 아시아나의 설립으로 복점화되었다. 1996년 12월 말부터 아시아나는 국내선 모든 노선에서 경쟁사인 대한항공보다 9%정도 더 높은 요금을 책정 발표하였다. 네트워크효과가 중요한 항공산업에서 아시아나는 대한항공보다 왜소한 네트워크를 가지고 있었기 때문에 열세에 있었는데, 그나마 요금마저도 비쌌던 탓으로 탑승률은 더욱 하락하였다. 이러한 상태는 그 후 2년 가까이 지속되다가 1997년 9월 1일을 기해 대한항공의 국내선 요금 인상으로 마무리되었다. 대한항공은 국내선 요금을 아시아나와 거의 동일한 수준으로 부과하기 시작하였는데 두 항공사 간의 요금 차이는 최고 200원에 불과했다. 아시아나의 가격선도가 결국 성공을 거두어 두 항공사간 암묵적 담합이 형성되었던 것으로 해석된다. 대한항공과 아시아나의 국내선 항공요금은 두 회사가 합병된 2024년 12월에 이르기까지 노선별로 거의 같았다.

시리얼(cereal)

미국 시리얼 시장에서의 가격선도자는 지속적으로 40% 이상의 시장점유율을 유지해 온 켈로그(Kellogg)였다. 미국에서는 제2차 세계대전 이후 인플레이션이 지속되어 왔기 때문에 시리얼 가격도 대체로 상승해왔다. 예컨대 1950년~1972년 기간 제품 크기 변화를 고려한 시리얼 가격은 99%가 인상이었다. 1965~1970년 기간의 가격 조정 가운데 80% 가량이 켈로그에 의해 선도되었으며 거의 대부분의 경우 다른 기업들은 켈로그의 가격 조정에 즉각 반응하였다. 다른 기업들이 가격 인상을 따르지 않은 경우에도 켈로그는 가격을 재조정하지 않았으며 대신 가격 인상에 대한 홍보를 늘려 타 기업들이 따라오도록 독려했다.

미국의 시리얼 생산업체들은 켈로그의 가격선도를 통해 고수익을 누려 왔다. 독점 모의 징후를 주시하고 있던 연방공정거래위원회(FTC)는 시리얼생산업체들이 반독점법에 금지된 '사실상 공동독점'(*de facto* shared monopoly)이라는 이유로 이들을 기소했다. 이 사건은 법정에서 수년에 걸쳐 다루어졌는데 담당 판사가 누가 될 것인지에 대해 장시간 논쟁을 벌일 정도의 민감한 사안이었다. 이 사건은 정치적 문제로 비화되기도 했는데 1980년 대통령선거 당시 후보자였던 레이건(Ronald Reagan)은 켈로그가 겪고 있는 법적 문제에 우려를 표명한 바 있다. 또한 고용에 불안을 느낀 시리얼 회사의 노조원들이 카터(Jimmy Carter) 대통령에게 켈로그 기소 중지를 촉구하며 시위를 벌이기도 하였다. 사태가 이 지경에 이르자 연방공정거래위원회는 시리얼 시장에 공동독점 혐의를 입증한다고 하더라도 법정에서 이기기 쉽지 않다는 것을 깨달았다. 그 후 교체된 판사는 1981년 시리얼 회사들에 대한 제소를 모두 기각했다.

10.3.4 유통전략을 통한 경쟁제한

제조업체들은 대부분 소비자에게 직접 판매하기보다 소매상을 통하여 제품을 판매한다. 기업들은 유통전략(distribution strategy)을 통해 경쟁사 대비 우위를 확보하려 한다. 제조업자가 유통까지 수직 통합하여 통제하는 예외적인 경우를 제외하면 제조업자와 유통업자는 서로 독립적인 관계이다. 이 같은 상황에서 제조업체는 유통업체를 자기편으로 만들기 위하여 상당한 노력을 기울인다. 우리가 소매상에서 볼 수 있는 아이스크림용 냉동고는 롯데나 빙그레와 같이 아이스크림 제조업자들이 무료로 제공해 주곤 했다. 이는 소매업자에 대한 광고 및 유통전략의 일환으로서 소매업자의 호감을 사기 위한 행위이다. 백화점에는 화장품회사의 직원이 직접 나와 판촉을 도와주기도 한다. 이 같은 행위는 제조업체가 소매상을 직접·간접적으로 지원함으로써 유통시장에서 경쟁우위를 확보하려는 시도이다.

제조업체의 힘이 막강하면 유통시장에 지배적인 영향력을 행사하기도 한다. 예를 들어, 진로는 소주시장에서 큰 점유율을 가지고 있기 때문에 이를 이용하여 맥주와 양주의 유통시장에까지 강한 영향력을 행사할 수 있다. 이렇게 제조업체가 유통업체에 대해 강한 영향력을 행사할 경우 광고비용을 많이 지출하지 않고도 자사 제품을 소비자들에게 많이 팔 수 있다. 예를 들어, 진로가 맥주시장에 진출했을 때나 동양맥주가 경월소주를 인수하였을 때, 양사는 유통시장에서의 강력한 영향력을 행사하여 소매상들에게 일정량의 소주와 맥주를 끼워팔기(tie-in-sales)하였다. 이같이 강력한 유통망을 바탕으로 제품을 시장에 내보내는 전략을 푸쉬(push)전략이라고 한다. 끼워팔기도 공정거래법상 불공정거래 행위이다.

재판매가격 유지

재판매가격 유지행위(再販賣價格 維持行爲, resale price maintenance)는 생산업체 혹은 도매업자가 소매업자(들)에게 거래단계별 가격을 미리 정하여 그 가격대로 판매할 것을 강제하거나 구속조건을 붙여 거래하는 행위를 말한다. 제조업체가 거래단계별 판매가격 등이 기록된 제품가격표를 작성하여 대리점주들과 거래약정을 체결하고 대리점 개설 전후로 이들에게 제품가격표를 배포하는 방식이 전형적이다. 제조업체는 재판가 준수 조항을 대리점 계약서에 포함시키거나 각서를 받기도 한다. 계약서에는 대리점이 제조업체의 동의 없이 할인 또는 할증 판매를 할 수 없도록 규정하고, 만일 이 규정을 어길 경우 손해배상이나 계약무효와 같은 조치를 취할 수 있도록 명시한다. 희망소비자가격이나 권장가격을 제품에 부착하는 행위도 암묵적 재판가 유지에 속한다.

재판가 유지는 소매업자와 제조업체 모두에게 도움이 된다. 재판가 유지는 소매상에게는 높은 마진을 보장해 주고, 따라서 제조업체의 요구에 소매상은 훨씬 더 충실히 부응하게 된다. 제조업체들은 재판가 유지를 통해서 소매단계에서의 가격경쟁을 원천 봉쇄해 버린다. 결국 재판가 유지는 유통단계에서의 자유로운 가격 결정을 구속하여 경쟁을 약화시키며, 시장 전체에 걸친 수평적 가격협정을 조장하여 유통조직의 효율성을 저하시키고 물가상승을 유발한다. 무엇보다 소비자들이 높은 소매가격을 부담하도록 하여 소비자의 희생을 강요한다.

우리나라에서는 ≪독점규제 및 공정거래에 관한 법률≫ 제29조에 의하여 재판가 유지를 불공정거래행위로 규정하고 이를 어길 경우 과징금을 부과하도록 하고 있다. 다만, 저작물 및 공정거래위원회에서 정한 일정요건을 갖춘 상품의 경우에는 소비자들의 탐색비용을 절약한다는 취지에서 예외조항을 두고 있다. 재판가 유지는 공정거래위원회에 의해 비교적 쉽게 적발될 수 있는 불공정행위이다. 그러나 재판가 유지는 우리나라의 거의 모든 산업의 유통과정에서 관행화되어 있어 쉽게 근절되지 않고 있다. 거래관계의 시장지배력에 따라 사업자집단의 암묵적인 압력에 의해 혹은 집단 간의 공동이해를 바탕으로 유지되기 때문에 적발하기 쉽지 않다. 이 밖에도 재판매가격의 준수 이행 위반에 대하여 거래중지, 신제품의 공급중지, 개별적인 출하제한 등 거래선에 대한 거래거절 행위도 재판가 유지의 효과적인 수단으로 사용되고 있다. 한편 희망소비자가격 혹은 권장가격 제도는 소비자에게 가격정보를 제공한다는 순기능이 있다는 이유로 실제 금지되지 않고 있다.

10.3.5 자진신고자 감면 제도

세계 각국이 경쟁당국이 입찰담합을 포함 반경쟁적 공동행위를 막기 위하여 활용하는 제도로 '자신신고자 감면' 혹은 리니언시(leniency)가 있다. 기업 간 담합은 그 특성상 내부자 고발이나 담합행위를 한 기업들의 협조가 없이는 혐의를 입증하기 어렵다. 그래서 담합에 참가하였으나 맨 먼저 제보한 사업자에게는 형사 고발을 하지 않고 과징금도 대폭 깎아주거나 면제해주어 카르텔 참여자의 이탈을 독려하고 그에 대한 두려움 때문에 처음부터 카르텔이 형성되기 어렵게 만들자는 취지이다. 공정거래위원회(이하 공정위)는 리니언시 제도를 통해 설탕, 정유, LPG, 라면 업계의 담합을 적발하는 등 큰 성과를 거뒀다.

공정위는 2011년 정유 4사(에쓰오일, 현대오일뱅크, SK, GS칼텍스)의 2000년도 담합에 대하여 각각 440억원, 754억원, 1,337억원, 1,797억원의 과징금을 부과했다. 그러나 담합으로 가장 큰 부당이득을 본 GS칼텍스에 대해서는 리니언시를 적용하여 과징금 전액을 면해주어 당시 경쟁업체들과 언론의 비난 여론이 거셌다. 이들 업체들도 오랜 법정투쟁 끝에 2015년 대법원에서 과징금 취소 판결이 나기는 하였지만 말이다.

밀가루 제조업계 1위인 CJ를 포함한 8개 업체는 2000년 초부터 2006년 초까지 밀가루 공급물량과 원맥 가공물량 결정, 대리점과 가정용 밀가루 가격 인상, 업체별 배분비율 조정 등 담합행위를 서슴치 않았다. 공정위는 이를 적발하고 2006년 3월 8개 밀가루 업체에 434억의 과징금을 부과했다. 그런데 업계1위인 CJ는 과징금을 전액 면제받고 업계 4위였던 삼양사는 과징금의 절반을 감면받았다. 공정위가 고발한 밀가루 제조사 대표 명단에도 CJ와 삼양사 대표이사는 빠졌다. 담합 사실을 CJ가 1순위, 삼양사가 2순위로 자진신고했기 때문이었다. 이처럼 CJ와 삼양사가 자진신고자 감면제도를 활용해 공정위의 과징금을 대폭 감면받기는 했지만 그것이 끝은 아니었다. CJ와 삼양사로부터 밀가루를 공급받아 빵을 만들어 판매해 온 삼립식품이 소송을 제기하였고 대법원의 원고 승소 판결로 양사는 삼립식품에게 손해배상금을 지급했다. 리니언시 제도는 담합을 저질러도 나중에 미리 신고만 하면 된다는 불법의식을 조장하는 부작용이 있는데, 담합으로 인하여 발생한 손해에 대해서는 이를 배상해야 한다는 대법원 판결은 이를 보완하는 효과가 있다.

10.4 실효임금과 생산성 향상

10.4.1 실효임금이론

신고전학파 노동경제론에서는 인간의 노동을 일반상품과 본질상 동일하다고 간주하고 수요공급 원리에 의하여 설명한다. 하지만 고용이란 중장기적 관계성을 갖기 때문에 단지 임금(노동의 가격)의 문제만은 아니다. 생면부지의 누군가가 싼 임금에 일할 용의가 있다고 해서 그 사람을 덥석 채용하지는 않는다. 일을 제때 빈틈없이 처리하는지, 다른 조직원들과 원만한 인간관계를 유지하는지, 고객을 친절하고 정직하게 대하는지, 부하직원이나 외부 납품업체에게 '갑질'을 하지 않는지 등은 사전에 알기 어렵다. 지원자의 전 근무처로부터 추천서를 받고, 서류평가, 필기시험, 면접, 인턴수습기간 등 다단계 채용 과정을 돈 들여 시행하는 이유도 그 때문이다.[3]

완전경쟁을 전제하는 정통 경제학에서는 노동생산성(노동자가 생산에 기여한 한계 성과)에 의해 임금이 결정된다고 본다. 이는 임금격차가 개별 노동자의 생산성이 얼마인지 또는 해당 직종이 얼마나 인기가 있는지에 따라 나타나는 현상임을 의미한다. 이러한 견해에 따르면 노동자는 현 직장에 대하여 애착이나 충성심을 가질 이유가 없다. 왜냐하면 자신의 생산성을 기준으로 급여를 받는 이상 다른 어느 직장에 취직하더라도 현 직장과 동등한 대우와 급여를 받을 수 있기 때문이다. 소련의 노동자들 사이에 유행하던 농담 "그들은 임금을 지불하는 척하고, 우리는 일하는 척한다."는 이를 잘 보여준다.

현실세계에서는 근로자들에게 애사심(愛社心)과 근로의욕을 고취하고 유능한 노동자의 취업을 유도하기 위하여 동종 타직장보다 후한 대우를 제공하는 경우가 많다. 노동생산성에 의하여 임금이 결정될 뿐 아니라, 임금에 의하여 노동생산성이 결정되는 측면도 무시할 수 없다. 이러한 현상을 설명하기 위하여 대두된 이론이 실효임금(efficiency wage)이론이다. 당신이 동종 타직장보다 높은 보수를 지급하는 직장에 근무하고 있다고 하자. 그런 직장에서 근무태만으로 해고당할 경

3 Banerjee and Duflo (2019) Chapter 2, pp.27~29.

우 잃게 되는 기회비용은 상대적으로 크므로 열심히 일할 유인이 크다. 1910년대에 포드자동차회사의 포드(Henry Ford) 사장은 자사의 근로자들에게 경쟁사들의 2배에 달하는 일당 5달러를 지급한 바 있는데 급여인상 이후 생산성이 비약적으로 증가하였고 태업이 대폭 줄었음은 유명한 일화로 남아 있다.[4] 본절에서는 샤피로와 스티글리츠(Shapiro and Stiglitz 1984)가 개발한 모형을 중심으로 실효임금이 고용주와 근로자 간의 무한반복게임에서 발생할 수 있는 균형 현상임을 설명한다.

일회게임의 부분게임완전균형

〈그림 10−3〉에 그려진 고용주와 근로자 간의 일회 전개형게임을 고려하자. 고용주는 근로자에게 급여 w를 제안한다. 근로자는 고용주의 제안을 수락할 수도 있고 거절할 수도 있다. 근로자가 고용주의 제안을 거절할 경우 고용주는 0의 이윤을 얻고 근로자는 타직장으로 옮기거나 실업급여를 지급받는다. 이때 근로자가 외부에서 보장받을 수 있는 보수 w_0를 유보임금(留保賃金, reservation wage)이라 부른다. 근로자가 고용주의 제안을 수락한 경우 근로자는 '열심'과 '태업' 중에 하나를 선택한다. 근로자가 열심히 일하면 고용주는 y단위의 고수입(高收入)을 얻는다. 반면 근로자가 태업을 하면 고용주에게 β의 확률로 y단위의 수입을 가져다 주고 나머지 $(1-\beta)$의 확률로 0단위의 저수입(低收入)을 가져다 준다. 여기서 저수입은 근로자가 태업을 했다는 명확한 증거임에 유의하자. 근로자의 입장에서 태업은 아무런 비효용(非效用)을 수반하지 않으나 열심히 일하면 c단위의 수고를 수반한다고 가정하자.

회사가 w의 임금계약하에 근로자를 고용하였다고 하자. 근로자가 열심히 일한다면, 고용주는 $(y-w)$의 보수를 얻고 근로자는 $(w-c)$의 보수를 얻게 된다. 근로자가 태업을 하였으나 운좋게 y만큼 생산되었다면, 고용주는 $(y-w)$의 보수를 얻고 근로자는 w의 보수를 얻는다. 근로자가 태업을 하고 생산량이 0단위인 경

4 실질임금의 결정 요인으로 생산성 가설이나 실효임금 가설은 모두 경제적 측면에만 초점을 맞추고 있다. 그러나 Stansbury and Summers(2020)를 비롯한 실증 연구에 따르면, 근로자들의 단결권이나 교섭권같은 비경제적 요인이 기업의 시장지배력, 생산요소 조달에 있어서 수요독점력, 기술 발전 등 경제적 요인보다 더 중요하다. 추가적인 문헌은 Turchin(2023) 제3장에 소개되어 있음. 노사 간 힘의 우열이 임금 결정에 중요하다는 사실은 노동시장 분석에 게임이론적 접근이 더욱 주효함을 의미한다.

그림 10-3 기업과 근로자 간의 1회 전개형게임

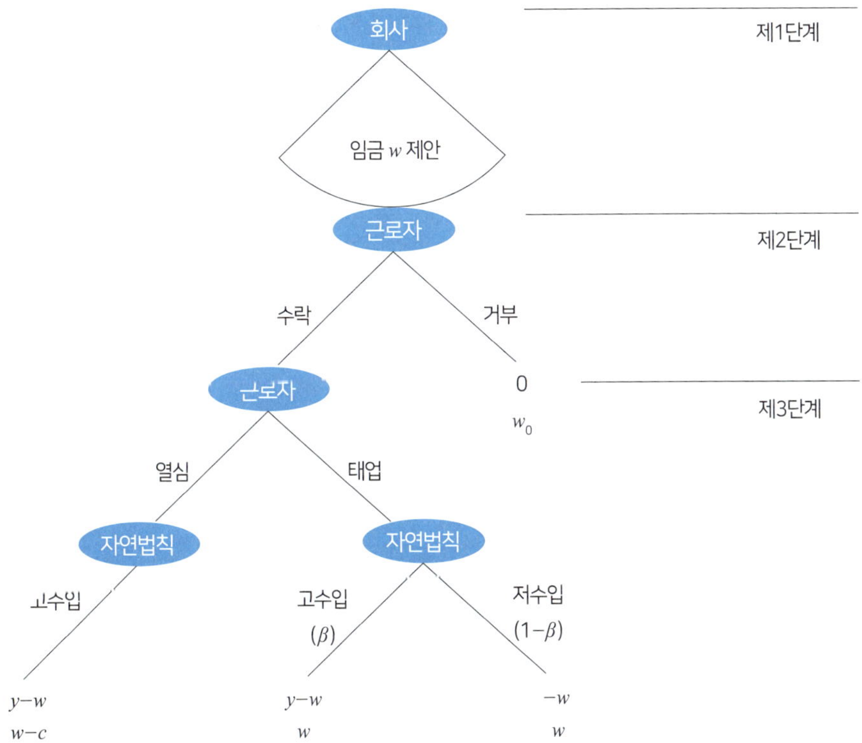

우 고용주는 $-w$의 보수를 얻고 근로자는 w의 보수를 얻는다. 여기서 매개변수 y, c, w_0, β는 $y-c>w_0$ 및 $y-c>\beta y$라고 가정하자. 이것은 근로자가 이 회사에 고용되어 열심히 일하는 것이 사회적으로 바람직하며, 타직장으로 이직한다든지 또는 이 회사에 고용된 상태에서 근무태만하는 것은 비효율적임을 뜻한다.

역진귀납법을 적용하여 일회게임에서의 부분게임완전균형을 구해 보자. 〈그림 10-3〉에서 제3단계라고 표시된 맨 아래의 부분게임에서 내쉬균형을 구해보자. 주어진 임금 w하에서 근로자는 강열등전략인 열심근무를 선택하지 않으므로 제3단계 부분게임에서 근로자의 최적 선택은 태업이다. 이제 제2단계로 거슬러 올라가자. 근로자는 기업이 제안한 임금 w가 유보임금 w_0보다 작으면 타직장으로 옮기고 임금 w가 유보임금 w_0보다 높으면 이 직장에서 일한다. 근로자가 현직장에서 일하기로 결정하면 그다음 당연히 태업한다. 이제 〈그림 10-3〉 제1단계 게임으로 거슬러 올라가자. 고용주는 다음과 같이 합리적으로 예측한다.

- 근로자에게 w_0이상의 임금 w를 제안하면
  ⇒ 근로자는 이를 수락한 다음 태업할 것이다.
  ⇒ 고용주의 이윤은 $(\beta y-w)$단위$(=\beta\times y+(1-\beta)\times 0-w)$
- 근로자에게 w_0미만의 임금을 제안하면
  ⇒ 근로자는 이를 거절하고 타직장으로 옮길 것이다.
  ⇒ 고용주의 이윤은 0원

만약 $(\beta y-w_0)$가 0보다 작으면, 고용주는 근로자에게 유보임금 w_0보다 낮은 임금을 제시하고 근로자는 타직장으로 떠난다. 고용주와 근로자의 균형 보수는 각각 0과 w_0이다. 만약 $(\beta y-w_0)>0$이면, 고용주는 w_0단위의 임금을 제안하고 근로자는 이를 수락한 다음 태업한다. 고용주와 근로자의 균형 보수는 각각 $(\beta y-w_0)$과 w_0단위이다. 어떤 경우건 도덕적 해이로 인한 시장실패가 발생한다.

무한반복게임에서 시장실패의 해결 가능성

고용주와 근로자가 $t=1, 2, \cdots$에 무한반복적으로 참여하는 상황을 고려하자. 고용주는 다음과 같은 방아쇠 전략을 사용한다고 가정하자.

t기 : 근로자에게 w^*원의 임금을 제안한다.

$(t+1)$기 :

- 정상국면: t기에 고수입(y)이 실현되었다면 이번 기에도 w^*원의 임금을 제안한다.
- 보복국면: t기에 저수입이 실현되었다면, 해당 근로자를 해고하고 다시는 재고용하지 않는다.

고용주가 위에 묘사된 방아쇠 전략을 사용한다는 전제하에 근로자는 열심히 일할 것인지 혹은 태업할 것인지를 결정한다. 이번 기에 근면하게 일할 경우 근로자는 오늘 당장은 (w^*-c)의 보수를 얻고 내일부터 시작되는 후속게임에서 오늘과 정확히 동일한 상황에 직면한다. 그러므로 오늘 열심히 일함으로써 얻는 평균할인보수 $v_{근면}$를 8.2절의 식 8.3을 활용하여 구하면 식 10.11과 같다.

$$v_{근면}=(1-\delta)(w^*-c)+\delta v_{근면}$$
$$v_{근면}=w^*-c \tag{10.11}$$

근로자가 태업할 경우 얻는 평균할인보수를 계산하자. 근로자가 태업을 하면 노동비효용 c가 들지 않는 대신 $(1-\beta)$의 확률로 저수익이 실현되어 해고당하고 이후에는 타직장에서 계속 w_0단위씩을 받게 된다. 반면 운좋게 β의 확률로 고수익이 실현되면 회사에 계속 근무하게 되는데 이 경우 근로자가 다음 기에 식면하는 문제는 오늘의 문제와 정확히 동일하다. 이상의 논의로부터 근로자가 오늘 태업을 함으로써 얻는 평균할인보수 $v_{태업}$을 구하면 식 10.12와 같다.

$$v_{태업}=(1-\delta)w^*+\delta\{\beta v_{태업}+(1-\beta)w_0\}$$
$$v_{태업}=\frac{(1-\delta)w^*+\delta(1-\beta)w_0}{1-\delta\beta} \tag{10.12}$$

근로자가 열심히 일하려는 유인을 갖기 위해서는 부등식 $v_{근면}\geq v_{태업}$이 성립해야 한다. 식 10.11과 식 10.12를 대입하여 정리하면 식 10.13이 도출된다.

$$w^*\geq w_0+\frac{1-\delta\beta}{\delta-\delta\beta}c \tag{10.13}$$

식 10.13의 우변은 근로자가 우리 회사에서 근무하면서 열심히 일하도록 만들기 위하여 지불해야 하는 임금의 하한이다. 회사 입장에서는 이보다 후하게 지불할 이유가 없으므로 식 10.13의 우변만큼의 임금을 제안할 것이다.

이상을 종합하면 무한반복게임이 유일한 부분게임완전균형은 아래와 같다.

고용주의 전략 : $w^*=w_0+\frac{1-\delta\beta}{\delta-\delta\beta}c$를 제안한다. (10.14a)

근로자의 전략 : 임금 w^*을 수락한 다음, 열심히 일한다. (10.14b)

고용주의 보수 : $y-w^*$ (10. 14c)

근로자의 보수 : w^*-c (10. 14d)

비교정태분석

식 10.14a가 보여 주듯이 실효임금 w^*는 근로자의 유보임금 w_0보다 더 크다. 실효임금이 유보임금을 능가하는 액수 $\frac{1-\delta\beta}{\delta-\delta\beta}c$를 임금프리미엄(wage premium)이라고 부르는데, 현직장에 고용된 근로자가 열심히 노동하려는 유인을 주기 위하여 필요한 최소한의 추가 지급액이다. 매개변수 δ, β, c가 임금프리미엄에 미치는 영향을 살펴보면 아래와 같다.[5]

근로자의 할인인자 δ가 낮을수록 임금프리미엄은 높아진다. 근로자가 눈앞의 이득을 미래의 손실보다 중요시한다면 태만하게 근무함으로써 당장의 노동비효용을 피하려고 하는 유혹이 커진다. 이 유혹을 물리칠 유인을 제공하기 위해서는 그만큼 높은 임금을 근로자에게 지불해야 한다. 근로자의 할인인자 δ가 0에 가까워지면 임금프리미엄은 무한히 커지므로 실효임금이 수입 y를 초과하게 된다. 따라서 근로자가 지나치게 근시안적이면 무한반복게임에서도 고용주가 근로자를 고용할 유인이 없다.

근무태만이 적발되지 않을 확률 β가 커질수록 임금프리미엄은 커진다. 태업 발각확률이 낮다면 태만하게 근무함으로써 당장의 노동비효용을 피하려고 하는 유혹이 커지는데, 이를 제어하기에 충분한 유인을 제공하기 위해서는 그만큼 높은 임금을 근로자에게 지불해야 한다. 확률 β가 1에 가까워지면 임금프리미엄은 무한히 커지므로 실효임금이 수입액 y를 초과하게 된다. 따라서 근무태만이 발각되지 않을 가능성이 커지면 근로자의 도덕적 해이로 인하여 고용주가 근로자를 고용할 유인이 아예 없어져 시장실패가 발생한다.

5 수학적으로는 임금프리미엄을 각 매개변수에 대하여 미분하고 그 음양 여부를 살펴보면 된다.

$$\frac{d\text{임금프리미엄}}{d\delta}=-\frac{1}{\delta^2(1-\beta)}c<0$$

$$\frac{d\text{임금프리미엄}}{d\beta}=\frac{1-\delta}{\delta(1-\beta)^2}c>0$$

$$\frac{d\text{임금프리미엄}}{dc}=\frac{1-\delta\beta}{\delta-\delta\beta}>0$$

근로자가 열심히 일하는 데 드는 비효용 c가 클수록 임금프리미엄은 커진다. 노동비효용이 커지면 근로자의 근무태만 유혹도 커지는데, 이 유혹을 거부하기에 충분한 유인을 제공하기 위해서는 그만큼 높은 임금을 지불해야 한다. 극단적으로 c가 무한히 커지면 임금프리미엄도 무한대로 발산하는데 이는 노동비효용이 지나치게 높으면 고용주가 아예 회사를 접게 된다.

이상에서 시사하는 바와 같이, 식 10.14a~10.14d가 무한반복게임의 부분게임완전균형으로서 실현되기 위해서는 근로자의 할인인자 δ와 근무태만 적발확률 $(1-\beta)$가 너무 낮아서는 안 되며 동시에 노동비효용 c가 너무 높아서는 안 된다. 이 조건들이 충족되지 못할 경우 무한반복게임에서도 시장실패가 매 기 되풀이 될 뿐이다.

Practice 10-4

본문 〈그림 10-3〉에서 근로자가 열심히 일할 경우 고수입이 실현될 확률이 α, 저수입이 실현될 확률이 $(1-\alpha)$라 하자(여기서, $1\geq\alpha>\beta>0$). 나머지는 본문 모형과 모두 동일하다. 무한반복게임에서 기업이 무자비전략을 선택한다고 가정하자.

(1) 실효임금 수준을 구하라.

(2) 매개변수 α와 β의 차이가 작으면, 어떤 현상이 발생하겠는가?

10.4.2 실효임금이론의 응용

고용주와 근로자 간의 관계를 상정하고 설명한 실효임금이론의 기본틀과 논리는 많은 분야에서 경제인들의 행태를 설명하는 데 도움을 준다.

• 공무원의 부정부패

후한 임금이 경제인을 정직하게 만든다는 아이디어는 오래전부터 알려져 왔다. 1765년 클라이브경(Lord Clive)은 동인도회사(East India Company)에 고용되어 있던 영국인 공무원들의 부정부패를 막기 위하여 일련의 개혁안을 마련했다. 그러나 그는 공무원 품위 개선안이 개인 이익에 부합되지 않는 한 결코 성공할 수 없다는 평범한 진실을 깨닫고 포기했다. 맥콜리(Thomas Macaulay)는 당시 상황을 다음과 같이 묘사하였다. "클라이브경은 공무원들에게 권력을 주면서 동시에 청빈하게 생활하라고 말하는 것이 얼마나 어리석은가를 깨달았다. 그는 공무원들이 보수를 자유롭게 받도록 제도를 개선하지 않는 한 효과적인 개혁은 절대 불가능하다는 결론에 도달했다."

공무원들에게 주어지는 권력이 강할수록 권력남용으로부터 얻을 수 있는 단기적 이득은 크다. 다시 말해서 동인도회사의 공무원에게 더 강한 권력이 주어질수록 현지주민을 착취하거나 뇌물을 받고 반대급부를 제공함으로써 당장에 얻을 수 있는 이득은 크다. 이는 실효임금모형에서 높은 c에 해당한다. 공무원이 정직하게 근무함으로써 포기하는 이득과 근로자가 열심히 일함으로써 드는 비용은 개념상 같다. 더구나 동인도회사는 본국과 멀리 떨어져 있었으므로 공무원들의 부정부패가 포착되기 어려웠다. 이는 부정행위가 발각되지 않을 확률 β가 높음을 의미한다. 공무원들이 부정부패하지 않도록 하기 위해서 상당히 높은 임금프리미엄이 지급되어야 했으나 실제 급여는 낮았기 때문에 부정부패는 심각한 수준에 이르렀다.

상도덕(商道德)

일찍이 스미스(Adam Smith)는 상거래에 있어서 신용(信用, merchant honor)이 상거래의 빈도와 밀접한 관계가 있음을 논하였다.

> 주로 대규모 상업에 종사하는 네덜란드 상인들은 유럽의 어느 나라 상인들보다 약속에 충실하다. 잉글랜드 상인들은 스코틀랜드 상인보다는 상거래 약속을 잘 지키는 편이지만 네덜란드 상인에 비하면 어림없다. 상거래 신용도의 차이를 국민성으로 돌리는 사람도 있지만 나는 그러한 주장에 동의하지 않는다. 잉글랜드나 스코틀랜드 상인이 네덜란드 상인만큼 상거래 약속에 충실하지 못할 본질적인 이유가 도대체 어디에 있단 말인가. 중요한 것은 개인의 이익을 추구하고자 하는 이기심이다. 모든 경제인은 이기적 동기에 의하여 행동한다. 또 어떤 행동을 취하는 것이 자신에

게 유리한가에 따라 개인의 행동양식이 결정된다. 한 상인이 약속을 어길 경우 신용도가 추락할 것을 두려워한다면 그는 약속 하나하나를 꼼꼼히 챙기고 정확히 지키고자 한다. 예컨대 하루 스무 건씩의 계약을 매일 체결하는 상인은 지금 당장 이웃을 갈취한다고 해도 결국에는 얻는 것이 별로 없을 것이다. 그가 부정직하다는 사실이 알려져서 신용이 추락하면 미래에 많은 것을 잃기 때문이다. 반면에 대인 간의 관계가 뜸한 사람일수록 남을 속이려는 성향이 뚜렷하다. 왜냐하면 지금 당장 이웃을 갈취함으로써 얻는 이득이 신용의 추락으로 인하여 잃게 될 손실을 능가하기 때문이다.[6]

스미스에 따르면, 규모가 크고 상거래의 빈도가 잦은 상인일수록 자신의 평판을 지키기 위해서 정직하게 행동할 유인이 크다. 상인이 규모가 크고 상거래의 빈도가 잦다는 것은 그가 미래지향적일 뿐 아니라 누군가를 속였을 때 이것이 널리 알려질 확률이 크다는 것을 뜻한다. 실효임금 모형을 적용하면, 할인인자 δ가 크고, 태만이 적발되지 않을 확률 β는 작으므로 협조적 상태로부터 이탈할 유인이 작다.

중세 지중해의 무역상

역사를 좀더 거슬러 11세기 지중해 연안으로 올라 가자. 교통과 통신이 발달하지 못한 시대에는 무역상을 통한 상품 운반에 상당한 위험이 따랐다. 해적에 의한 약탈이나 풍랑에 의한 침몰도 잦았지만, 그에 못지않게 무역상의 도덕적 해이도 심각했다. 무역상이 운반 상품을 도중에 팔아 버리고는 마치 해적을 만나 상품을 모두 빼앗긴 것처럼 조작하는 것이었다. 실제로 교역량이 작고 교역빈도도 낮았던 9~10세기에는 이러한 사기극이 자주 발생했다. 개인적으로 무역업을 하는 상인이 상품운반상으로서의 신뢰성을 잃기 시작하면서, 11세기에는 집단적 무역대리인의 형태가 회교권에서 나타났다. 마그리비(Maghribi)라 불리는 이 무역상들은 카이로를 거점으로 시칠리아, 베니스, 피사, 제노바 등에 상품을 운반했다. 마그리비는 조직 내의 무역상이 사기를 친 사실이 발각되면 그를 집단적으

6 Adam Smith, *Lectures on Justice, Police, Revenue and Arms*을 Milgrom and Roberts(1992), *Economics, Organization and Management*, Prentice Hall, 257쪽에 인용한 부분을 재인용했다.

로 영원히 추방하는 규정을 가지고 있었다. 이러한 집단추방제도(ostracism)에 힘입어 마그리비는 당시 지중해 연안 무역에서 훌륭한 평판을 쌓았다.

실효임금모형에 비추어 볼 때, 마그리비 무역상들의 평판은 낮은 w_0, 오랜 처벌기간 그리고 낮은 β에 기인한다. 첫째, 마그리비 무역상이 사기를 치면 그 집단으로부터 추방되어 다시는 무역업에 종사할 수 없었다. 이는 개별 무역상이 외부에서 얻을 수 있는 유보보수 w_0이 매우 낮음을 뜻한다. 둘째, 사기꾼은 집단으로부터 영구히 추방되었다. 무자비 방아쇠 전략처럼 처벌기간이 매우 길고 가혹하였던 것이다. 셋째, 마그리비 무역상들은 당시 지중해에 널리 퍼져 있었기에 사기행각은 현장에서건 소문을 통해서건 발각될 확률이 매우 높았다. 결국 교역 당사자들은 마그리비 무역상들을 믿고 물건 운반을 맡길 수 있었고 마그리비 무역상들은 좋은 평판 덕분에 프리미엄을 지불받으면서 지속적이고 활발하게 무역업에 종사할 수 있었다.

마그리비가 평판을 유지한 방식은 구성원들이 공조하여 이탈자를 처벌하거나 추방하고 상인들은 그러한 보복을 두려워하여 이탈을 자제하는 메커니즘이다. 그런데 다수 구성원들의 공조를 통해 조직의 평판을 유지하는 이러한 비공식적 시스템은 시간이 흐르면서 한계에 부딪쳤다. 무역환경이 변화함에 따라 일부 조합원들이 이탈자 처벌에 동참하지 않고 슬그머니 빠지려 하거나 심지어 이탈자와의 은밀한 거래를 통해 사익을 추구하는 등 카르텔 붕괴 현상이 생겼던 것이다.

마그리비와는 대조적으로 이태리 제노바(Genova) 상인들은 별도의 자체 경찰기구를 두어 이탈자를 적발하고 처벌할 권한을 부여하는 전문화된 집행 시스템을 운영하였다. 무역환경이 복잡해지고 물동량이 대폭 증가하면서 제노바 상인들의 전문화된 공권력 활용 제도가 마그리비 상인들의 사적 보복 기반 제도보다 우월한 것으로 판명되었음은 중세 역사가 잘 말해준다. (Greif 1994, Dixit 2007, Acemoglu and Wolitzky 2020)

10.5 정책의 비일관성과 정부 신뢰

정부 정책이 효과를 거두느냐 아니냐를 결정짓는 가장 중요한 요인은 국민의 정부 신뢰 여부이다. 국민이 정부를 믿지 못할 경우 정책이 먹혀들지 않거나 심지어 역효과를 나타내기 일쑤다. 그런데 민간의 정부 불신은 대개 정부의 과거 거짓말이나 정책의 비일관성에 기인한다. 예컨대, 정부가 부동산 가격 안정을 위한 특단의 대책을 내놓겠다고 발표할 때마다 오히려 가격이 급등한다. 정부의 과거 부동산 대책 발표 이후 시장참여자들이 이를 역이용하거나 정부의 어리석은 대응으로 인하여 오히려 가격이 올라 뒤통수를 맞은 경험이 있기 때문이다. 그러다 보니 부동산대책이 발표되면 과거 경험에 비추어 가격상승을 예상하고 너도나도 아파트 구입에 뛰어들고 아니나 다를까 '예상대로' 가격이 급등한다. 차라리 다소의 가격 상승을 감내하고라도 아무런 정책 발표를 하지 않는 편이 결과적으로 더 나았을 수도 있다.

본절에서는 경기 침체나 하강 국면에 자주 발생하는 정부와 민간경제주체 긴의 전략관계를 고찰한다. 기대물가상승률은 민간이 명목임금, 저축, 자산 포트폴리오 구성 등을 결정하는 데 핵심 고려요소이다. 고용주와 노동조합 간의 임금단체협상을 예로 들어보자. 명목임금을 물가상승률과 완전히 연동(indexation)시키기는 어려우므로 노사는 대개 기대물가상승률을 기준으로 명목임금을 결정한다. 민간이 명목임금을 결정하고 나면 정부의 통화정책을 통하여 실제물가상승률이 결정된다.

실제물가상승률이 민간의 기대물가상승률보다 높으면 실질임금이 하락한다. 실질임금의 하락은 기업에 의한 고용 증대와 국민소득의 증가를 가져온다. 정책당국은 '민간이 예측하지 못한 인플레이션'(unanticipated inflation 혹은 surprise inflation)을 유발함으로써 고용을 증대시키고 경기를 부양시키려는 유인을 갖는 것이다. 이것이 바로 물가상승률과 실업률 간의 상충관계를 나타내는 필립스곡선(Phillips curve)이다. 이러한 메커니즘은 경기침체기에 재정지출을 확대하거나 화폐공급을 늘려 유효수요를 창출함으로써 고용을 늘릴 수 있다는 케인즈 학파의 철학에 기초한다.

정부는 물가 상승이 초래하는 사회적 비용과 실업 감소(따라서 국민소득 증대)가 가져다주는 이득을 고려하여 통화정책을 실시한다. 정부가—명시적이건 암묵적이건—민간에 약속한 물가상승률을 어기고 경기진작을 위해 과다한 통화를 발행하려는 현상은 정책의 '동태적 비일관성'(dynamic inconsistency)의 대표 사례이다. 본절에서는 노벨상 수상자인 쉬들란과 프레스콧(Kydland and Prescott 1977)의 아이디어를 배로와 고든(Barro and Gordon 1983)이 통화당국과 민간부문 간의 게임으로 구성한 모형을 중심으로 살펴본다.

일회 통화정책게임

〈그림 10-4〉는 통화정책게임의 전개형을 나타낸다. 먼저 민간부문이 기대물가상승률 e를 결정하고, 그 다음에 통화당국이 통화공급량의 조정을 통하여 실제물가상승률 π를 결정한다. 민간의 보수함수는 $u(e, \pi)=-(\pi-e)^2$이다. 즉, 민간부문은 실제물가상승률을 정확히 예측하는 경우에 가장 높은 보수를 누리며, 기대물가상승률과 실제물가상승률의 차이가 커질수록 민간의 손실은 커진다. 통화당국의 보수함수는 다음과 같다고 하자.

그림 10-4 **통화정책게임의 전개형**

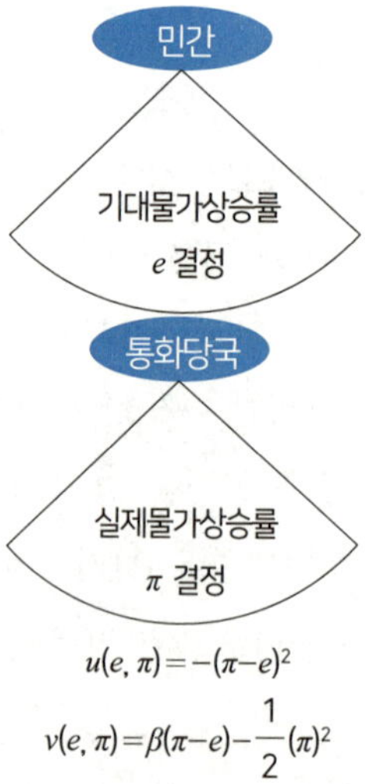

$$v(e, \pi) = \beta(\pi - e) - \frac{1}{2}(\pi)^2 \quad (10.15)$$

(여기서, β는 양수)

식 10.15에서 매개변수 β는 정책당국이 예상되지 못한 인플레이션의 창출을 통하여 경기를 진작시킴으로써 얻는 정치경제적 이득을 측정한다.

사회적으로 가장 효율적인 상태는 민간부문이 합리적 기대를 한다는 가정하에 $\pi^* = e^* = 0$이다. 이 파레토최적 상태에서 민간경제주체와 정책당국의 보수는 각각 0단위씩이다.

통화정책게임의 부분게임완전균형을 역진귀납법을 적용하여 구해 보자. 민간의 기대물가상승률 e가 주어졌다는 가정하에 통화당국이 실제물가상승률을 선택하는 부분게임을 먼저 고려하자. 통화당국의 보수함수인 식 10.15를 극대화해 주는 실제물가상승률을 계산하면 $\hat{\pi} = \beta$이다.[7] 통화당국의 최선 전략은 민간이 물가상승률을 얼마라고 예상하든지 상관없이 실제물가상승률 β를 유발하는 통화공급을 시행하는 것이다. 즉, $\hat{\pi} = \beta$는 정부의 강우월전략이다. 이제 전체게임으루 기슬러 올라가서 민간부문의 최적 전략을 계산하자. 민간은 자신이 물가상승률을 얼마라고 예측하든지 상관없이 정부가 $\hat{\pi} = \beta$를 실제물가상승률로 선택할 것임을 미리 예측한다. 따라서 민간의 합리적 기대에 따르면 $\hat{e} = \beta$이다. 부분게임완전균형에서 민간은 0단위의 보수를 얻고 통화정책당국은 $-\frac{\beta^2}{2}$ 단위($= v(\beta, \beta)$)의 보수를 얻는다.

무한반복게임에서 물가안정 가능성

정책당국과 민간경제주체가 〈그림 10-4〉의 통화정책게임에 무한반복적으로 참여하는 상황을 상정하자. 우리의 관심은 통화정책당국이 특정한 물가상승률 π를 정책목표로서 달성할 수 있는지에 있다. 여기서 π는 0과 β 사이의 값을 갖는 목표치이다. 두 경기자가 다음과 같은 빙아쇠 전략을 사용한다고 가정하자.

> t기 : 정부는 실제물가상승률이 π가 되도록 통화공급량을 선택한다. 민간은 물가상승률이 π일 것으로 예상하고 의사결정을 한다.

---

7 일계조건은 $\frac{dv}{d\pi} = \beta - \pi = 0$이다. 또한 모든 π에 대하여 2계조건 $\frac{d^2v}{d\pi^2} = -1 < 0$은 항상 충족된다.

(t+1)기 :

- 정상국면: 만일 t기의 실제물가상승률이 π이었다면, 이번 기에도 정부는 π를 선택하고 민간은 $e=\pi$를 선택한다.
- 보복국면: 만일 t기의 실제물가상승률이 π가 아니었다면, 이번 기부터 영원히 매 기 민간은 $e=\beta$를 선택하고 정부도 β를 선택한다.

통화정책당국은 올해 π의 물가상승률을 지킬 것인지 혹은 경기부양을 위하여 예측치 못한 물가상승을 유발할 것인지를 결정한다. 올해 약속을 지킨다면 통화당국은 t기에 $v(\pi, \pi)=-\frac{1}{2}(\pi)^2$의 보수를 얻고 $(t+1)$기부터 시작되는 후속게임에서 올해와 동일한 상황에 직면한다. 그러므로 이번 기에 일정 수준 만큼 물가상승률을 유지한다는 약속을 지킴으로써 정부가 얻을 평균할인보수 v_R은 식 10.16을 충족한다(아래첨자 R은 준칙(rule)을 의미함).

$$v_R=(1-\delta)\left(-\frac{1}{2}(\pi)^2\right)+\delta v_R$$

$$v_R=-\frac{1}{2}(\pi)^2 \tag{10. 16}$$

정부가 물가상승률 π를 실행하는 대신 경기부양을 위하여 물가상승률 β를 유발할 경우 얻는 평균할인보수를 계산하자. 민간부문의 예상물가상승률이 π이고 통화당국이 선택하는 실제 물가상승률이 β라면 통화당국은 올해 당장 $v(\pi, b)=\frac{\beta^2}{2}-\beta\pi$의 보수를 얻는다. 그러나 정부의 이탈은 민간부문의 보복을 촉발하므로 정부는 차기부터 매 기 $-\frac{\beta^2}{2}$의 보수를 계속 얻게 된다. 결국 정부가 약속을 어기고 예상된 경로로부터 이탈할 경우 얻는 평균할인보수 v_D는 다음과 같다(여기서, 아래첨자 D는 재량(discretion)을 의미함).

$$v_D=(1-\delta)\left(\frac{\beta^2}{2}-\beta\pi\right)+\delta\left(-\frac{\beta^2}{2}\right) \tag{10. 17}$$

정부가 정상국면으로부터 이탈하려는 유인을 갖지 않도록 하기 위해서는 $v_R \geq v_D$이 성립해야 한다. 식 10.16과 식 10.17을 대입하여 정리하면 식 10.18이 도출된다.

$$\delta \geq \frac{1}{2} - \frac{1}{2\beta}\pi \qquad (10.18)$$

식 10.18의 우변은 통화당국이 매 기 π의 물가상승률을 유지하겠다는 약속을 지키도록 만들기 위하여 요구되는 할인인자의 임계치이다. 예컨대, 완전한 물가안정 혹은 제로인플레이션(zero inflation)을 유지하겠다는 통화당국의 약속이 신빙성이 있으려면 통화당국의 할인인자가 0.5 이상은 되어야 한다.

식 10.18을 물가상승률 π의 함수로 정리하면 식 10.19를 얻는다.

$$\pi \geq (1-2\delta)\beta \qquad (10.19)$$

식 10.19의 우변은 주어진 통화당국의 할인인자 δ하에서 무한반복게임의 내쉬균형으로서 유지될 수 있는 최저 물가상승률을 나타낸다. 예컨대 $\delta=0.3$일 경우 무한반복게임의 부분게임완전균형으로서 실현가능한 물가상승률의 하한(下限)은 0.4β이다. 이는 통화당국의 할인인자가 0.3일 경우 0.4β 미만의 물가상승률은 무한반복게임의 균형으로 결코 달성될 수 없음을 뜻한다. 〈그림 10-5〉는 통

그림 10-5 정부의 할인인자에 따른 균형 물가상승률의 범위

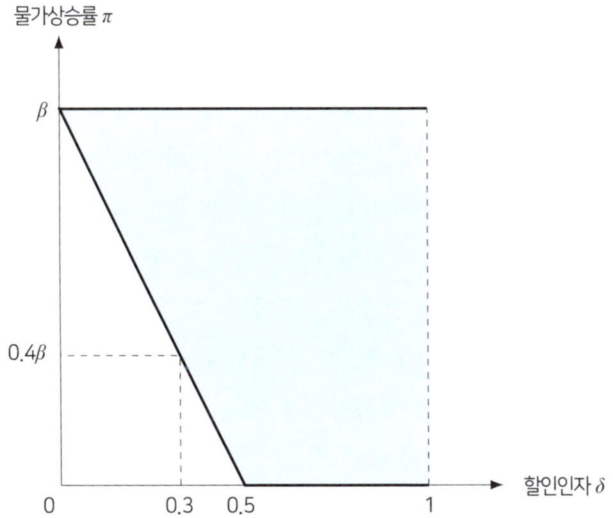

화당국이 유지할 수 있는 균형 물가상승률의 범위를 통화당국의 할인인자의 함수로 나타낸 것이다.

우리는 이상에서 민간경제주체가 무자비 방아쇠 전략을 사용한다는 가정하에 내쉬균형으로써 달성가능한 물가상승률을 구했다. 정부가 약속을 어기고 경기진작을 위하여 통화팽창정책을 사용하였을 때 민간경제주체가 일정기간 동안만 정부에게 보복하고 그 이후에는 다시 원래 상태로 회복하는 유한보복 방아쇠 전략을 사용한다고 가정하자. 이때 특정 수준 이상의 물가상승률을 유지하는 데 필요한 할인인자의 임계치는 식 10.18의 우변에 나타난 값보다 클 것이다.

Practice 10-5

보복국면에 민간부문은 한 기 동안만 보복하고 그 다음 기부터는 다시 원상 회복하는 1기간보복 전략을 사용한다고 가정하자. 이 경우 제로인플레이션이 균형으로 달성되는 것은 불가능함을 보여라.

정책적 함의를 살펴보자. 첫째, 민간이 정부의 정책 비일관성에 대하여 관대하다면(보복기간이 짧다면) 정부가 확대통화정책을 사용하려는 유혹이 크므로 물가안정을 달성하기가 어렵다. 또한 정부가 근시안적일수록 혹은 미래를 생각할 여유가 없을수록(할인인자가 낮을수록) 물가안정을 달성하기 어렵다. 일반적으로 중앙은행의 독립성이 부족하여 재정당국이나 정권의 영향을 많이 받거나 정치적으로 불안하고 포퓰리즘(populism)의 압박이 드센 국가의 인플레이션이 중앙은행의 독립성이 높거나 정치적으로 안정적인 국가에 비해 훨씬 높다.

둘째, 재량적 통화정책의 남발은 임금-물가 나선효과(wage-price spiral)를 통해 매우 나쁜 결과를 초래할 수 있다. 정부의 깜짝 인플레이션으로 실질임금이 하락하면 민간은 그 다음 해의 명목임금 인상을 요구하게 된다. 인플레이션이 지속되리라는 민간의 기대는 더욱 높은 임금 인상 요구로 이어지고 정부는 더 많은 돈을 풀어야 한다. 그 결과는 인플레이션의 악화, 더 나아가 초인플레이션(hyper-inflation)을 초래할 수 있다. 다른 한편, 화폐는 시장 참여자들이 각종 이득과 비용을 계산하는 기본단위이므로 가속적 인플레이션으로 화폐 가치가 걷잡을 수 없고 예측할 수 없게 하락하면 시장 정보가 심하게 왜곡된다. 이는 엄청난 경제적 비효율로 연결된다.

셋째, 정부나 정치권의 재량권을 제한함으로써 정책의 비일관성을 줄이고 정부 신뢰를 높일 수 있다. 정부가 경기 조절을 위해 통화공급을 늘렸다 줄였다 하려는 유인을 없애기 위해 프리드만(Milton Friedman)이 제안한 준칙(Friedmanian rule)을 정하고 변경할 수 없도록 제도화하는 방안이 대표적이다. 한때 아르헨티나를 포함한 일부 라틴아메리카 국가들이나 홍콩은 자국 화폐를 달러화(dollarization)하였다. 자국의 통화 주권을 완전히 포기하는 것처럼 보이는 이러한 제도는 정부와 의회가 재정지출 및 통화금융 확장의 유혹으로부터 밀어시노록 '스스로의 손을 묶음으로써' 국내 민간부문이나 해외 투자자의 정책 신뢰를 높이는 순기능이 있다.

G a m e   T h e o r y

SECTION 04

정보와 제도

Chapter 11 정태적 미비정보 게임

Chapter 12 경 매

Chapter 13 메커니즘의 설계

● ● ●

두 여자가 왕에게 와서 그 앞에 서며 한 여자는 말하되 내 주여 나와 이 여자가 한집에서 사는데 내가 그와 함께 집에 있으며 해산하였더니 내가 해산한 지 사흘 만에 이 여자도 해산하고 우리가 함께 있었고 우리 둘 외에는 집에 다른 사람이 없었나이다. 그런데 밤에 저 여자가 그의 아들 위에 누우므로 그의 아들이 죽으니 그가 밤중에 일어나서 이 여종 내가 잠든 사이에 내 아들을 내 곁에서 가져다가 자기의 품에 누이고 자기의 죽은 아들을 내 품에 뉘었나이다. 아침에 내가 내 아들을 젖 먹이려고 일어나 본즉 죽었기에 내가 아침에 자세히 보니 내가 낳은 아들이 아니더이다 하매 다른 여자는 이르되 아니라 산 것은 내 아들이요 죽은 것은 네 아들이라 하고 이 여자는 이르되 아니라 죽은 것이 네 아들이요 산 것이 내 아들이라 하며 왕 앞에서 그와 같이 쟁론하는지라 왕이 이르되 이 여자는 말하기를 산 것은 내 아들이요 죽은 것은 네 아들이라 하고 저 여자는 말하기를 아니라 죽은 것이 네 아들이요 산 것이 내 아들이라 하는도다 하고 또 이르되 칼을 내게로 가져오라 하니 칼을 왕 앞으로 가져온지라 왕이 이르되 산 아이를 둘로 나누어 반은 이 여자에게 주고 반은 저 여자에게 주라. 그 산 아들의 어머니 되는 여자가 그 아들을 위하여 마음이 불붙는 것 같아서 왕께 아뢰어 청하건대 내 주여 산 아이를 그에게 주시고 아무쪼록 죽이지 마옵소서 하되 다른 여자는 말하기를 내 것도 되게 말고 네 것도 되게 말고 나누게 하라 하는지라. 왕이 대답하여 이르되 산 아이를 저 여자에게 주고 결코 죽이지 말라 저가 그의 어머니이니라 하매 온 이스라엘이 솔로몬 왕이 심리하여 판결함을 듣고 왕을 두려워하였으니 이는 하나님의 지혜가 그의 속에 있어 판결함을 봄이더라(열왕기상 3:16-28).

Game Theory

Chapter 11 정태적 미비정보 게임

11.1 서 론

현실세계에서는 경제주체가 객관적 사실을 정확히 모르거나 상대방의 행위를 관찰할 수 없는 경우가 흔하다. 비대칭정보(非對稱情報, asymmetric information)란 경제적 관계의 한쪽은 객관적 사실을 알고 있거나 상대방의 행위를 관찰할 수 있는 데 반해 다른 쪽은 이에 대한 정보가 없는 경우를 일컫는다. 비대칭정보는 무엇에 관한 정보가 결여되어 있는가를 기준으로 '감춰진 유형'(hidden type)과 '감춰진 행동'(hidden action)으로 나눌 수 있다. 전자를 미비정보(未備情報, incomplete information)라 부르고 후자를 불완전정보(不完全情報, imperfect information)라고 부르기도 한다.

제4편은 미비정보가 존재하는 게임을 연구대상으로 한다. 미비정보가 존재할 때 정보결여자는 정보보유자가 그의 유형을 정직하게 밝히도록 하는 기제(機制) 혹은 메커니즘(mechanism)을 설계함으로써 보수를 극대화할 수 있다. 우선 제11장에서는 미비정보 게임에 적용되는 균형의 개념과 여러 응용 사례를 다룬다. 제12장에서는 메커니즘 설계의 대표적 예로서 경매의 이론과 실제를 살펴본다. 제13장은 메커니즘 설계의 응용으로서 독점기업의 고객차별화, 공공재 건설, 배타적 계약 등을 다루고 핵심원리인 현시원리(Revelation Principle)에 관하여 설명한다.

미비정보 게임의 간단한 예를 들어 보자. 기업1이 독점하고 있는 시장에 잠재적 진입자(기업2)가 진입 여부를 결정하려 한다. 기업1은 공장을 증설할지 말지를 결정하며, 그와 동시에 기업2는 시장진입 여부를 결정한다. 기업1은 자신의 공장 증설비용이 얼마인지 정확히 안다. 반면 기업2는 기업1의 증설비용이 5억원일 수도 있고 1억원일 수도 있다는 사실을 알 뿐 정확한 액수는 모른다. 즉, 기업1과 기업2 간에는 기업1의 투자비용에 대한 비대칭정보가 존재한다. 기업2의 입장에서 볼 때 기업1의 투자비용이 높을 확률은 β, 낮을 확률은 $(1-\beta)$라 하자(여기서 β는 경기자들 간의 주지사실).

두 기업의 보수는 기업1의 투자 여부, 기업2의 진입 여부 그리고 기업1의 실제 투자비용에 달려 있다. 〈그림 11-1〉의 (a)와 (b)는 각각 기업1의 투자비용이 높은 경우와 낮은 경우의 전략형게임을 나타낸다. 예컨대 기업1의 증설비용이 5억원이라는 가정하에 기업1은 증설강행, 기업2는 시장진입을 선택한다면, 기업1은 1억원의 이윤을 얻고 기업2는 2억원의 손실을 본다.

〈그림 11-1〉(a)에 나타난 바와 같이 기업1의 투자비용이 높은 경우 기업1은 증설취소가 강우월전략이며 증설강행이 강열등전략이다(왜냐하면 $1<4$이며 $5<6$이므로). 반면 〈그림 11-1〉(b)에 나타난 바와 같이 기업1의 공장건설비가 낮은 경우 기업1은 증설취소가 강열등전략이다(왜냐하면 $5>4$이며 $9>6$이므로). 따라서 기업1은 공장건설비가 높다면 증설을 취소하고 공장건설비가 낮다면 강행할 것이다.

그림 11-1 투자-진입게임

		기업 2	
		진입	포기
기업 1	증설강행	1, - 2	5, 0
	증설취소	4, 2	6, 0

(a) 기업1의 투자비용이 높은(5억원) 경우

		기업 2	
		진입	포기
기업 1	증설강행	5, - 2	9, 0
	증설취소	4, 2	6, 0

(b) 기업1의 투자비용이 낮은(1억원) 경우

기업2는 진입을 포기할 경우 기업1의 투자 여부에 상관없이 0단위의 보수를 얻는다. 반면 시장에 진입하면 β의 확률로 2억원의 보수를 얻고 $(1-\beta)$의 확률로 -2억원의 보수를 얻으리라 예상한다. 따라서 $\beta>0.5$이면 기업2는 시장에 진입하고, 그 반대의 부등호가 성립하면 포기한다. 요약하면, 기업2는 기업1의 증설비용이 높을 확률이 50% 이상이면 진입하고 50% 미만이면 진입을 포기한다.

이상에서 살펴본 게임은 미비정보하의 정태적 2인게임이다. 여기서 '감춰진 유형'은 기업1의 공장 증설비용이다. 우리는 불완전정보가 존재할 때 정보집합이라는 개념을 이용하여 게임나무를 묘사한다는 사실을 제5장에서 설명하였다. 그렇다면 미비정보가 존재할 때 게임나무는 어떻게 그리는가? 하사아니(Harsanyi) 원칙에 따르면, 어떠한 미비정보 게임도 자연법칙을 경기사로서 포함하는 불완전정보 게임으로 나타낼 수 있다. 자연법칙은 경기자의 유형을 주어진 사전확률분포에 따라 선택하는 비전략적 역할을 수행한다. 〈그림 11-2〉는 기업

그림 11-2 미비정보하의 투자-진입게임의 전개형

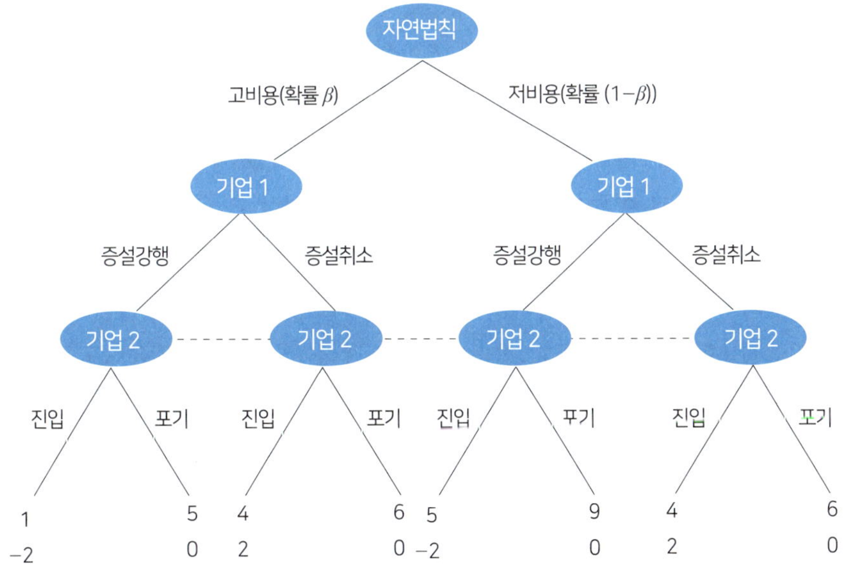

1의 비용에 대한 기업2의 미비정보가 자연법칙의 기업1 유형 선택에 대한 기업2의 불완전정보로 변환된 전개형이다. 이처럼 미비정보 게임을 불완전정보 게임으로 변환한 후 여태까지 적용했던 분석도구를 그대로 적용하면 된다.

11.2 베이즈게임 및 균형의 개념

11.2.1 정태적 미비정보 게임

두 경기자가 참여하는 미비정보하의 전략형게임을 모형화하자. 전략형게임은 경기자, 순수전략집합, 보수의 세 요소로 구성된다는 사실을 상기하라. 경기자i가 선택할 수 있는 행동들의 집합을 S_i라 놓자. 미비정보란 경기자들이 상대방의 보수함수 혹은 유형을 정확히 파악하지 못함을 의미한다. 경기자i의 보수는 두 경기자들의 행동뿐 아니라 유형에도 달려 있다. 이에 착안하여 경기자1이 행동 a_1을 취하고 경기자2가 행동 a_2를 취할 때 경기자i의 보수를 $u_i(a_1, a_2\,;\,t_1, t_2)$라 놓자. 여기서 경기자$i$의 유형 t_i는 유형집합(類型集合, type space) T_i의 원소이다.

11.1절에서 다룬 〈그림 11-1〉의 게임을 고려하자. 기업1과 기업2의 행동집합은 각각 S_1={증설강행, 증설취소}와 S_2={진입, 포기}이며, 기업1의 유형집합은 T_1={고비용, 저비용}이다. 기업2의 유형은 알려져 있으므로 기업2의 유형집합은 하나의 원소로 이루어진 것이나 다름없다. 편의상 $T_2=\{\tau\}$로 쓰자. 보수함수를 예시하면 u_1(a_1=증설취소, a_2=진입; t_1=고비용, $t_2=\tau$)=4, u_1(a_1=증설강행, a_2=포기; t_1=저비용, $t_2=\tau$)=9 등이다.

경기자1의 유형이 t_1이고 경기자2의 유형이 t_2일 사전확률을 $\pi(t_1, t_2)$라 하자. 경기자1의 유형이 $t_1=\theta_1$이라는 가정하에 경기자2의 유형이 $t_2=\theta_2$라고 경기자1이 믿을 확률은 조건확률 $\pi(t_2=\theta_2 \mid t_1=\theta_1)$이다. 조건확률은 베이즈법칙(Bayes' rule)을 이용하여 식 11.1과 같이 계산된다.[1]

1 베이즈법칙의 기본 개념은 부록 A.2에 소개되어 있다. 베이즈 법칙은 기대효용 가설과 함께 정통 게임이론의 근간이 되는 합리적 선택이론의 두 기둥이다. 반면 이미 1960년대부터 많은 경제학자들과 심리학자들은 실제 사람들의 행태가 합리적 선택과는 거리가 멀다는 실험연구 결

$$\pi(t_2=\theta_2 \mid t_1=\theta_1)=\frac{\pi(\theta_1,\ \theta_2)}{\sum_{t_2 \in T_2} \pi(\theta_1,\ t_2)} \qquad (11.\ 1)$$

두 경기자의 유형이 독립적이라면 조건확률 $\pi(t_2=\theta_2 \mid t_1=\theta_1)$는 $\pi(t_2=\theta_2)$와 같겠으나 일반적으로는 다르다. 경기자2가 경기자1의 유형에 대해서 갖는 조건확률도 동일한 논리와 방법을 적용하여 구한다. 이처럼 개별 경기자가 상대방의 유형이 실현되리라 믿는 확률분포를 신념(信念, belief)이라 부른다. 편의상 경기자1이 경기자2의 유형에 대해서 갖는 신념을 π_1, 경기자 2가 경기자1의 유형에 대해서 갖는 신념을 π_2라 놓자. 경기자1의 신념 π_1은 식 11.1에 의하여 계산된다.

〈그림 11-1〉의 게임을 다시 고려하자. 유형이 무작위 추출되는 확률분포는 $\pi(t_1=$고비용, $t_2=\tau)=\beta$ 및 $\pi(t_1=$저비용, $t_2=\tau)=1-\beta$이다. 또한 기업2가 기업1에 대해서 갖는 신념으로서의 조건확률은 $\pi(t_1=$고비용$\mid t_2=\tau)=\pi(t_1=$고비용$)=\beta$, $\pi(t_1=$저비용$\mid t_2=\tau)=\pi(t_1=$저비용$)=1-\beta$이다.

정태적 미비정보 게임 혹은 베이즈게임(Bayes game) G는 여덟 개의 구성요소로 이루어진 전략형게임 $G=\{S_1,\ S_2;\ T_1,\ T_2;\ \pi_1,\ \pi_2;\ u_1,\ u_2\}$이다. 하사아니 원칙에 따라 정태적 미비정보 게임은 다음 구조를 갖는 것으로 모형화한다. 첫째, 자연법칙이 확률분포 $\pi(t_1,\ t_2)$에 따라 경기자들의 유형을 무작위로 선택한다. 이때 경기자1의 유형 t_1은 집합 T_1으로부터 추출되고 경기자2의 유형 t_2는 집합 T_2로부터 추출된다. 둘째, 자연법칙에 의하여 추출된 경기자i의 유형 t_i는 일부 혹은 모든 경기자에게 알려진다.[2] 셋째, 경기자i는 상대방의 유형에 대한 신념 π_i를 베이즈법칙에 의거하여 업데이트한다. 넷째, 경기자i는 자신의 기대보수를 극대화해

과를 속속 내놓았다. 알레(Maurice Allais), 사이몬(Herbert Simon), 카네먼(Daniel Kahneman), 쎄일러(Richard Thaler), 캐머러(Colin Camerer) 등이 대표적 학자들인데, 앞 네 명은 노벨상 수상자이기도 하다. 합리적 선택 이론에 대한 비판과 대안 제시로서 알레의 역설(Allais' paradox), 전망이론(Prospect theory), 엘스버그의 역설(Ellsberg's paradox), 확률매칭(probability matching), 확증편향(confirmatory bias), 계산능력의 한계 등이 있는데, 소개서로 Just(2014)를 추천한다.

2 미비정보는 크게 세 종류로 나뉜다. 다른 경기자들의 유형은 물론 자기 자신의 유형도 알지 못한 채 다만 확률분포만 알고 있는 경우를 사전적 미비정보(ex-ante incomplete information)라 부른다. 다른 경기자들의 유형은 모르지만 자기 자신의 유형은 정확히 알고 있는 경우를 중간적(interim) 미비정보라 부른다. 자신의 유형은 물론 다른 경기자들의 실현된 유형을 모두 알고 있는 경우를 사후적(ex-post) 미비정보라 부른다. 그러나 중간적 미비정보만이 비대칭성을 가지므로 대개 '미비정보'라 함은 중간적 미비정보를 의미한다.

주는 전략을 집합 S_i로부터 선택한다. 다섯째, 경기자들이 선택한 행동 조합과 유형에 따라 보수 u_1 및 u_2가 실현된다.

11.2.2 베이즈내쉬균형

본 항에서는 정태적 미비정보 게임을 분석하기에 적절한 균형의 개념을 정의한다. 먼저 전략의 개념을 설명하자. 우리는 발생가능한 모든 상황에 대해서 경기자가 갖는 완전한 행동계획을 전략이라고 정의한 바 있는데, 이는 미비정보 게임에도 적용된다. 다만 미비정보 게임에서는 자연법칙이 경기자들의 유형을 먼저 선택하므로, 개별 경기자의 순수전략은 그 경기자의 실제 유형이 무엇인지에 따라 어떻게 행동할 것인가를 규정한다.

정의 11-1

정태적 미비정보 2인게임 $G=\{S_1, S_2; T_1, T_2; \pi_1, \pi_2; u_1, u_2\}$에서 경기자$i$의 전략은 경기자$i$의 유형에 따른 그의 행동계획으로 정의된다. 즉, 경기자i의 전략 $s_i(t_i)$는 경기자i의 유형이 t_i일 때 그가 선택할 행동을 의미한다.

〈그림 11-1〉의 투자-진입게임에서, 기업1이 고비용 유형이라면 증설취소를 선택하고 저비용 유형이라면 증설강행을 선택하는 전략이 최선임은 이미 설명한 바이다. 이를 정의 11-1에 맞추어 쓰면 s_1(고비용)=증설취소 그리고 s_1(저비용)=증설강행이다. 이처럼 다른 유형의 경기자가 서로 다른 전략을 사용하는 성질을 분리(separating)라 부른다. 하지만 유형이 다른 경기자라고 해서 반드시 다른 전략을 선택할 이유는 없다. 서로 다른 유형이라 하더라도 동일한 전략을 선택하면 공용(pooling)이라 부른다.

베이즈내쉬균형은 미비정보가 존재하는 베이즈게임을 분석하는 데 적용되는 균형의 개념이다. 미비정보하에서 유형, 신념, 전략 등이 완비정보하에서 그것들보다 복잡해 보이지만 기본 원리는 변함없다. 즉, 경기자는 상대방의 유형을 고려하고 그의 전략에 대응해서 최선응수를 선택한다.

정의 11-2

정태적 미비정보 2인게임 $G=\{S_1, S_2; T_1, T_2; \pi_1, \pi_2; u_1, u_2\}$에서 다음을 만족하는 전략조합 $(\{s_1^*(t_1)|t_1\in T_1\}, \{s_2^*(t_2)|t_2\in T_2\})$를 **베이즈내쉬균형**(Bayesian Nash equilibrium)이라 부른다.

"유형 t_1인 경기자1은 기대보수 $\sum_{t_2\in T_2}\pi_1(t_2|t_1)u_1(s_1, s_2^*(t_2); t_1, t_2)$를 극대화하는 전략 s_1을 선택한다.

동시에 유형 t_2인 경기자2는 기대보수 $\sum_{t_1\in T_1}\pi_2(t_1|t_2)u_2(s_1^*(t_1), s_2; t_1, t_2)$를 극대화해 주는 전략 s_2를 선택한다."

우리는 2인게임에 한정하여 베이즈게임을 설명하였으나 n인게임으로 쉽게 일반화된다. 유형과 전략의 숫자가 유한한 정태적 미비정보 게임에서 베이즈내쉬균형은 항상 존재한다는 사실이 증명되어 있다.

11.3 변형된 투자 - 진입게임

11.1절에서 살펴본 투자-진입게임을 약간 변형해 보자. 기업1이 독점하고 있는 시장에 기업2가 진입 여부를 결정하려 한다. 11.1절에서 다룬 게임과 단 하나의 차이는 기업1의 공장증설비용이 낮을 때 1억원이 아니라 3억원이 든다는 것이다. 〈그림 11-3〉의 (a)와 (b)는 각각 기업1의 투자비용이 높은 경우와 낮은 경우의 전략형게임을 나타낸다.

〈그림 11-3〉(a)에 나타난 바와 같이 기업1의 공장건설비용이 높은 경우 기업1에게 증설취소가 강우월전략이며 증설강행이 강열등전략이다(왜냐하면 $1<4$이며 $5<6$이므로). 반면 〈그림 11-3〉(b)에 나타난 바와 같이 기업1의 공장건설비용이 낮은 경우에는 강열등전략이나 강우월전략이 존재하지 않으며 두 기업의 전략은 밀접하게 연관되어 있다. 기업2의 진입이 예상되면 증설취소가 기업1에게 최선이고 반대로 기업2의 진입포기가 예상되면 증설강행이 최선이다. 따라서 기업1의 전략은 기업2가 시장에 진입할 확률이 얼마인지에 달려 있다. 그런

그림 11-3 **변형된 투자-진입게임**

		기업 2	
		진입	포기
기업 1	증설강행	1, -2	5, 0
	증설취소	4, 2	6, 0

(a) 기업1의 투자비용이 높은(5억원) 경우

		기업 2	
		진입	포기
기업 1	증설강행	3, -2	7, 0
	증설취소	4, 2	6, 0

(b) 기업1의 투자비용이 낮은(3억원) 경우

데 기업2가 시장에 진입할 것인가 말 것인가는 기업1의 증설 여부에 달려 있다. 만일 기업1이 증설을 취소할 확률이 높다면 기업2에게는 진입이 최선이고 기업1이 증설을 강행할 확률이 높다면 기업2에게는 포기가 최선이다. 이상의 논의에 착안하여, 저비용 유형의 기업1이 증설을 강행할 확률을 p라 놓자. 또한 기업2가 시장에 진입할 확률을 q라 놓자.

증설비용이 높은 기업1은 무조건 투자를 취소한다. 반면 증설비용이 낮을 경우 기업1은 식 11.2가 성립하면 증설을 강행하고 반대의 부등호가 성립하면 취소한다. 식 11.2의 좌변은 저비용 유형의 기업1이 증설강행으로부터 얻는 기대보수이며 우변은 증설취소로부터 얻는 기대보수이다.

$$q\times 3+(1-q)\times 7>q\times 4+(1-q)\times 6 \text{ 혹은 } q<0.5 \tag{11. 2}$$

저비용 유형 기업1은 기업2가 시장에 진입할 확률이 0.5 미만이면 증설을 강행하고, 0.5를 넘으면 취소한다. 기업2의 시장진입 확률 q가 정확히 0.5이면 기업1은 증설 강행과 취소 간에 무차별하다. 식 11.3은 기업2의 시장진입에 대응하는 기업1의 최선응수를 나타내며, 〈그림 11-4〉는 저비용 기업1의 반응곡선을 나타낸다.

$$\text{만일 } q\begin{pmatrix} < \\ = \\ > \end{pmatrix}0.5\text{이면, } p=\begin{pmatrix} 1 \\ [0,\ 1] \\ 0 \end{pmatrix} \tag{11. 3}$$

그림 11-4 **변형된 투자-진입게임에서 저비용 기업1의 반응곡선**

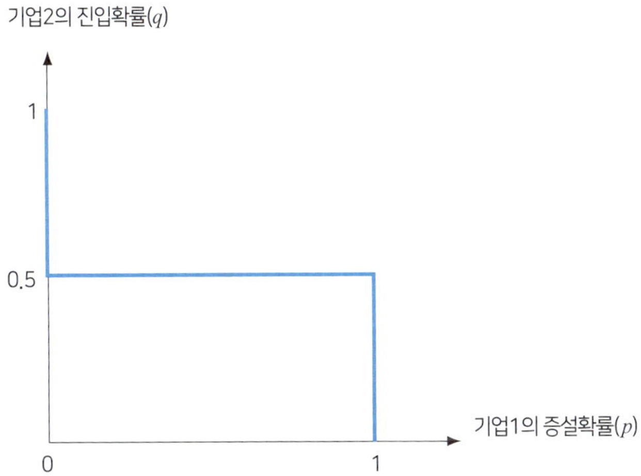

이제 기업2의 전략을 분석하자. 기업2는 기업1이 고비용 유형이라면 증설을 취소하고 저비용 유형이라면 p의 확률로 증설($(1-p)$의 확률로 포기)한다는 신념을 갖고 있다. 따라서 기업2는 식 11.4가 성립하면 시장에 진입하고 그 반대의 부등호가 성립하면 진입을 포기한다.

$$\beta \times 2 + (1-\beta) \times [p \times (-2) + (1-p) \times 2] > 0 \qquad (11.4)$$

$$\text{혹은 } p < \frac{1}{2(1-\beta)}$$

다시 말해서, 기업1의 투자 확률 p가 $\frac{1}{2(1-\beta)}$보다 작으면 기업2는 $q=1$의 확률로 진입하고, p가 $\frac{1}{2(1-\beta)}$보다 크면 $q=0$의 확률로 진입한다. 기업1의 시장진입 확률 p가 정확히 $\frac{1}{2(1-\beta)}$이라면 기업2는 진입과 진입포기 간에 무차별하다. 식 11.5는 저비용 기업1의 증설 확률에 대응하는 기업2의 최선응수를 나타낸다.

$$\text{만일 } p \begin{pmatrix} < \\ = \\ > \end{pmatrix} \frac{1}{2(1-\beta)} \text{이면, } q = \begin{pmatrix} 1 \\ [0,\ 1] \\ 0 \end{pmatrix} \qquad (11.5)$$

그림 11-5 **변형된 투자-진입게임에서 저비용 기업2의 반응곡선**

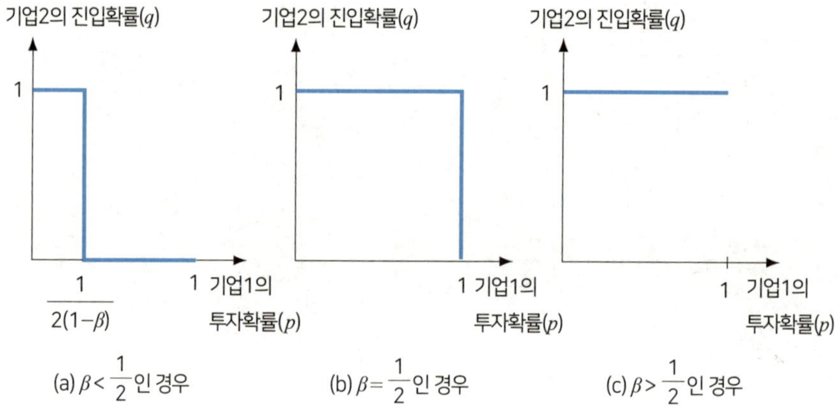

〈그림 11−5〉의 (a), (b), (c)는 β값의 범위에 따라 각각 $\beta<\frac{1}{2}$, $\beta=\frac{1}{2}$, $\beta>\frac{1}{2}$일 경우 기업2의 반응곡선을 나타낸다. 베이즈내쉬균형은 두 기업의 반응함수를 동시에 만족하는 p^*와 q^*을 구함으로써 얻는다.

〈그림 11−6〉으로부터 우리는 $\beta<\frac{1}{2}$인 경우 투자−진입게임의 베이즈내쉬균형이 세 개 존재함을 알 수 있다. 그림에서 두 점 A와 B는 순수전략 베이즈내쉬균형이며 C는 혼합전략 베이즈내쉬균형인데, 각각을 설명하면 다음과 같다.

균형 A :

- 기업1은 고비용 유형이건 저비용 유형이건 증설을 취소한다.
- 기업2는 시장에 진입한다.

균형 B :

- 기업1은 고비용 유형이라면 증설을 취소하고 저비용 유형이라면 강행한다.
- 기업2는 진입을 포기한다.

균형 C :

- 기업1은 고비용 유형이라면 증설을 취소하고 저비용 유형이라면 $\frac{1}{2(1-\beta)}$

그림 11-6 **변형된 투자-진입게임($\beta < \frac{1}{2}$인 경우)의 베이즈내쉬균형**

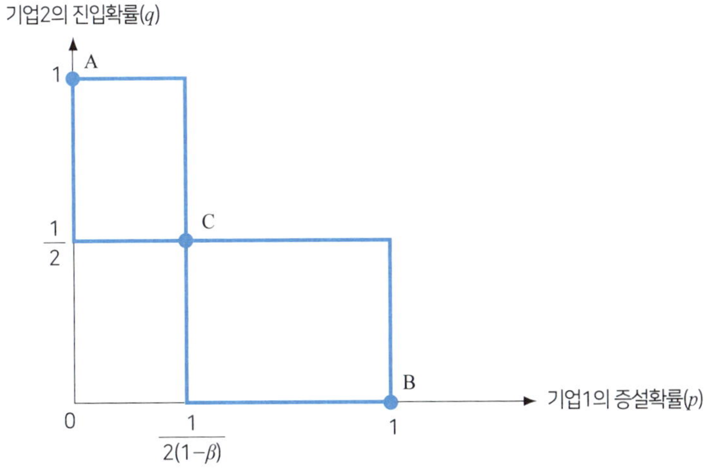

의 확률로 증설한다.

- 기업2는 $\frac{1}{2}$의 확률로 시장에 진입(나머지 $\frac{1}{2}$의 확률로 포기)한다.

이상에서 우리는 기업1이 고비용 유형일 확률 β가 $\frac{1}{2}$보다 작은 경우에 세 개의 베이즈내쉬균형이 존재함을 보였다. 균형 A에서 기업1은 자신의 유형에 상관없이 같은 전략(증설취소)을 선택하므로 균형 A는 공용균형이다. 균형 B에서는 기업1이 고비용 유형일 경우 선택하는 전략(증설취소)과 저비용 유형일 경우 선택하는 전략(증설강행)이 다르므로 분리균형이다. 균형 C처럼 서로 다른 유형의 경기자가 양(+)의 확률로 같은 전략을 선택하는 것을 준공용균형(semi-pooling equilibrium)이라 부른다.

Practice 11-1

(1) $\beta = \frac{1}{2}$일 경우 베이즈내쉬균형을 구하라.

(2) $\beta > \frac{1}{2}$일 경우 베이즈내쉬균형을 구하라.

Practice 11-2

경기자1의 유형집합은 $\{a, b\}$이며 사전확률분포는 $\{\frac{1}{3}, \frac{2}{3}\}$이다. 경기자2는 단일 유형이다. 경기자1의 유형에 따른 전략형 게임은 아래와 같을 때, 이 미비정보 게임의 베이즈내쉬균형을 구하시오.

		경기자2	
		L	R
경기자1	T	2, 0	0, 3
	B	0, 4	1, 0

경기자1이 유형a일 경우

		경기자2	
		L	R
경기자1	T	0, 3	3, 1
	B	2, 0	0, 1

경기자1이 유형b일 경우

Practice 11-3

중고차 판매자는 매물을 내놓거나 혹은 매물을 거둬들이고 계속 보유한다. 판매자는 자기 차의 품질이 양질인지 불량인지 안다. 구매자는 해당 차량을 구매하거나 혹은 포기한다. 구매자는 중고차의 품질을 알지 못하고 다만 양질일 사전확률이 β라는 사실만 알고 있다. 거래가 성사되면 가격 Π원에 사고판다. 유형에 따른 전략형 게임이 아래와 같을 때, 매개변수 β와 Π에 따라 달라지는 베이즈내쉬균형을 모두 구하시오.

		판매자	
		출시	보유
구매자	구매	$6-\Pi, \Pi$	0, 5
	포기	0, 5	0, 5

중고차 품질이 우량(확률 β)

		판매자	
		출시	보유
구매자	구매	$4-\Pi, \Pi$	0, 0
	포기	0, 0	0, 0

중고차 품질이 불량(확률 $(1-\beta)$)

Practice 11-4

기업과 대졸 청년 간의 게임을 고려하자. 청년은 부모로부터 받은 돈으로 유럽여행을 다녀올 수도 있고 바리스타 자격증을 취득할 수도 있다. 대졸 청년의 $\frac{3}{4}$은 무능하고 $\frac{1}{4}$은 유능하다고 알려져 있다. 기업은 청년의 능력을 관찰할 수는 없는 상태에서 채용 여부를 결정한다. 다만, 기업은 청년이 해외여행을 다녀왔는지 자격증을 취득했는지는 알 수 있다. 청년의 유형에 따른 전략형 게임은 다음과 같다.

		청년	
		여행	자격증
기업	채용	0, 6	0, 2
	거부	3, 3	3, −3

청년이 무능한 경우(확률 $\frac{3}{4}$)

		청년	
		여행	자격증
기업	채용	8, 6	8, 4
	거부	3, 3	3, 1

청년이 유능한 경우(확률 $\frac{1}{4}$)

(1) 미비정보 게임으로 구성하라.
(2) 기업과 청년의 순수전략들을 구하시오.
(3) 순수전략 베이즈내쉬균형을 구하시오.

11.4 생산비에 대한 미비정보하의 쿠르노 복점모형

제2장 2.1절에서 살펴본 쿠르노 복점 모형에서는 시장수요와 기업의 생산비 등 모든 정보가 완비되어 있었다. 그러나 현실 세계에서는 한 기업이 시장 규모를 비교적 정확히 아는 데 반해 상대 기업은 이를 모르거나, 혹은 특정 기업의 비용 효율성이 정확히 알려져 있지 않은 경우가 많다. 이처럼 시장수요나 비용함수에 대해서 정보가 미비되어 있는 과점시장을 분석하려면 베이즈게임과 베이즈내쉬균형의 개념을 적용해야 한다.

베이즈내쉬균형

기업1과 기업2가 조업하는 복점시장이 있다. 시장수요함수는 $P=a-(q_1+q_2)$로서 모든 기업에게 알려져 있다. 기업1의 평균생산비와 한계생산비는 c로 항상 일정하다. 기업2의 평균생산비와 한계생산비 역시 생산량에 상관없이 항상 일정한데, 그것이 c_H일 확률이 β이고 c_L일 확률이 $(1-\beta)$이다. (여기서 $c_H \geq c_L$) 기업2는 자신의 한계생산비가 c_H인지 c_L인지 정확히 알지만 기업1은 기업2의 한계생산비를 모른다. 요약하면, 시장수요함수와 기업1의 비용함수는 모든 기업들에게 주지사실이지만 기업2의 비용함수에 대해서는 비대칭적 미비정보가 존재한다.

기업2의 전략은 자신의 비용함수에 따라 달라진다. 기업2가 한계생산비 c_H인 고비용 유형이라면 얼마만큼 생산할 것인가? 기업1의 생산량 q_1을 주어진 값으로 간주할 때 유형 c_H인 기업2의 이윤은 다음과 같다.

$$u_2(q_1,\ q_2\,;c_H)=(P-c_H)q_2=(a-c_H-q_1-q_2)q_2 \tag{11. 6}$$

기업2의 이윤을 극대화하는 생산수준을 일계조건 및 이계조건으로부터 구하면 q_1에 대한 고비용 기업2의 최선응수 q_2는 식 11.7과 같다.

$$q_2(c_H)=\frac{a-c_H-q_1}{2} \tag{11. 7}$$

동일한 방법에 의하여 기업2의 한계생산비가 c_L일 경우 생산량을 구하면 식 11.8과 같다.

$$q_2(c_L)=\frac{a-c_L-q_1}{2} \tag{11. 8}$$

다른 한편, 기업1은 기업2의 유형이 β의 확률로 고비용이고 나머지 $(1-\beta)$의 확률로 저비용이라는 사실을 안다. 또 기업1은 기업2가 고비용 유형이라면 식 11.7에 의거하여 생산량을 결정하고 저비용 유형이라면 식 11.8에 의거하여 생산량을 결정하리라고 예측한다. 따라서 기업1의 기대보수는 식 11.9와 같다.

$$u_1=\beta[a-q_1-q_2(c_H)-c]q_1+(1-\beta)[a-q_1-q_2(c_L)-c]q_1 \tag{11. 9}$$

기업1의 기대보수 식 11.9의 극대화 일계조건으로부터 기업1의 최선응수를 구하면, 식 11.10과 같다.

$$q_1 = \frac{a - c - [\beta q_2(c_H) + (1-\beta) q_2(c_L)]}{2} \tag{11. 10}$$

베이즈내쉬균형은 식 11.7, 식 11.8, 식 11.10의 연립방정식을 풀어낸 q_1^*와 $(q_2^*(c_H), q_2^*(c_L))$의 쌍이다.

$$q_1^* = \frac{a - 2c + [\beta c_H + (1-\beta) c_L]}{3} \tag{11. 11a}$$

$$q_2^*(c_H) = \frac{a - 2c_H + c}{3} + \frac{1-\beta}{6}(c_H - c_L) \tag{11. 11b}$$

$$q_2^*(c_L) = \frac{a - 2c_L + c}{3} - \frac{\beta}{6}(c_H - c_L) \tag{11. 11c}$$

베이즈내쉬균형에서 기업1은 식 11.11a에 나타난 생산량을 생산한다. 기업2는 고비용 유형이라면 식 11.11b만큼 생산하고 저비용 유형이라면 식 11.11c만큼 생산한다.

완비정보 내쉬균형과의 비교

기업1의 한계생산비는 c이고 기업2의 한계생산비는 c_H라는 사실이 주지사실인 상황을 고려하자. 완비정보 복점모형의 내쉬균형은 2.1절 연습문제 2-1에서 구한 바 다음과 같다.

$$\hat{q}_1 = \frac{a - 2c + c_H}{3} \tag{11. 12a}$$

$$\hat{q}_2 = \frac{a - 2c_H + c}{3} \tag{11. 12b}$$

대칭적인 논리에 의하여, 기업1의 한계생산비가 c이고 기업2의 한계생산비가 c_L인 완비정보 복점모형의 내쉬균형을 구하면 다음과 같다.

$$\tilde{q}_1 = \frac{a-2c+c_L}{3} \tag{11. 13a}$$

$$\tilde{q}_2 = \frac{a-2c_L+c}{3} \tag{11. 13b}$$

식 11.12와 식 11.13에 나타난 완비정보 내쉬균형과 식 11.11a, b, c에 나타난 미비정보 베이즈내쉬균형을 비교하자. 비용조건이 열악한 기업2의 생산량은 완비정보하의 균형생산량 $\hat{q}_2$보다 $\frac{1-\beta}{6}(c_H-c_L)$만큼 크다. 반면 효율적인 기업2의 생산량은 완비정보하의 균형생산량 $\tilde{q}_2$보다 $\frac{\beta}{6}(c_H-c_L)$만큼 작다. 미비정보하에서 기업2가 완비정보에서보다 절충적 행태를 보이는 이유는 자명하다. 기업1은 기업2의 비용효율성을 모르므로 기업2의 생산비의 기댓값에 반응하여 생산량을 결정한다. 따라서 기업1의 행동에 대한 기업2의 반응은 정보가 완비되어 있을 경우에 비해 절충적이다.

이제 정보의 미비성이 줄어들 경우 베이즈내쉬균형은 애당초 정보가 완비되어 있을 경우 내쉬균형과 일치하는지를 살펴보자. 정보의 미비성이 줄어든다는 (완비정보에 점점 가까워진다는) 것은 (c_H-c_L)이 0에 근접하든지, β가 1에 근접하든지, 혹은 β가 0에 근접하든지 셋 중 하나를 뜻한다. 먼저 (c_H-c_L)이 0에 근접할수록 식 11.11에 나타난 베이즈내쉬균형은 식 11.12 및 식 11.13에 나타난 완비정보하의 내쉬균형과 일치하게 된다. 둘째, β가 1에 가까워질수록 베이즈내쉬균형의 q_1^*와 $q_2^*(c_H)$는 완비정보하의 내쉬균형 식 11.12a 및 식 10.12b와 일치한다. 여기서 $q_2^*(c_L)$은 식 11.13b의 $\tilde{q}_2$에 근접하지는 않으나 β가 1에 근접한다는 것은 기업2의 한계생산비가 c_L일 확률이 0에 가까워짐을 의미하므로 사실상 무관하다. 마지막으로 β가 0에 근접할 경우도 비슷한 논리가 적용된다. 하지만 이상에서 살펴본 수렴 현상은 선형 수요함수와 수확불변 한계생산비 등 모형의 단순성에 따른 우연의 일치에 불과하다. 일반적으로는 정보의 미비성이 0에 근접하더라도 베이즈내쉬균형은 완비정보게임의 내쉬균형에 수렴하지 않는다.[3]

3 완비정보 게임의 내쉬균형은 실험적 혹은 실증적 자료와 큰 괴리를 나타내는 경우가 많다. 이때 미비정보를 도입하여 베이즈내쉬균형을 풀어낸 다음 정보의 미비성이 극히 작아질 때 균형을 분석해보면 현실 설명력이 현저히 높아지기도 한다. 이러한 성질을 이용하여 분석하는 기법을 섭동(攝動, perturbation) 분석법이라 일컫는다.

Practice 11-5

쿠르노 복점 시장수요함수는 $P=10-Q$이며 개별 기업의 한계생산비는 생산량에 상관없이 $MC_L=1$ 혹은 $MC_H=3$이다. 기업1은 $\frac{1}{3}$의 확률로 효율적($MC=1$)이며 $\frac{2}{3}$의 확률로 비효율적($MC=3$)이다. 반면 기업2는 $\frac{2}{3}$의 확률로 효율적이며 $\frac{1}{3}$의 확률로 비효율적이다. 개별 기업은 자신의 비용 효율성은 알지만 경쟁사의 한계생산비는 알지 못한다. 중간적(interim) 미비정보가 존재하는 이 게임에서 베이즈내쉬균형을 구하시오.

Practice 11-6

쿠르노 복점에서 기업1의 생산량을 x, 기업2의 생산량을 y라고 놓을 때, 시장수요함수는 $P=2-(x+y)$라고 하자. 기업i의 단위당 생산비 c_i는 $\frac{5}{4}$단위(H유형) 혹은 $\frac{3}{4}$단위(L유형)이다. 기업1은 자신의 유형에 상관없이 기업2가 고비용일 확률이 $\frac{2}{3}$, 저비용일 확률이 $\frac{1}{3}$이라고 믿는다. 기업2는 기업1도 자신과 동일 유형일 확률이 $\frac{3}{4}$, 다른 유형일 확률이 $\frac{1}{4}$이라고 믿는다.

(1) 기업1과 기업2의 신념의 조건부 확률분포를 적시하라. 이 신념 체계는 동일한 사전신념으로부터 도출될 수 없음을 보이시오.

(2) 베이즈내쉬균형을 구하시오.

11.5 공공재 건설게임

공공재(公共財, public goods)란 비배타성(non-exclusiveness)과 비경합성(non-rivalry)을 가진 상품이다. 비배타성이란 특정 소비자를 공공재 소비로부터 제외할 수 없는 성질이며, 비경합성이란 상품의 소비를 위하여 소비자 간에 다투어야 할 필요가 없음을 뜻한다. 전형적인 예로 등대서비스를 들 수 있다. 한 선박이 등대로부터 경고 신호를 받게 됨으로써 안전한 항해를 하게 된다고 하여 다른 선박들이 그와 같은 혜택을 받을 수 있는 기회가 결코 감소되지 않는다. 또한 라디오나 텔레비전의 경우 방송 내용은 수신 및 수상기를 갖춘 모든 사람들에게 동시에 무제한 공급된다.

공공재의 공급 측면에서 개별 수요자들의 효용함수에 대한 정보의 미비성으로 인하여 발생하는 대표적 문제가 무임승차(無賃乘車, free-riding)이다. 무임승차란 다른 소비자들이 돈을 내어 건설한 공공재를 한푼도 내지 않은 자가 사용하려는 유인을 일컫는다. 이것은 공공재 소비에서의 비배타성으로 인하여 공공재 공급에 돈을 지불하지 않았다고 하여 특정인을 배제할 수 없기 때문이다. 합리적인 소비자는 누구든지 무임승차의 유인을 가지므로 결국 공공재 생산을 시장 자율에 맡겨둔다면 사회적 최적수준보다 과소 공급된다.

공공재 무임승차 문제를 살펴보자. 개인1과 개인2가 각자 공공재 공급에 기여(寄與)할지 말지를 고민하고 있다. 즉, 경기자의 행동집합은 $S_1=S_2=\{$기여, 무임승차$\}$이다. 한 명이라도 기여하면 공공재가 공급되며, 모든 개인들은 각자 1단위씩의 혜택을 얻는다.[4] 다른 한편, 개인의 기여에는 비용이 든다. 똑같은 금액의 돈이라도 주관적·심리적으로 느끼는 비용은 개인마다 다르다. 소비자1의 주관적 비

그림 11-7 **공공재 건설게임**

		소비자 2	
		기여	무임승차
소비자 1	기여	$1-c_1, 1-c_2$	$1-c_1, 1$
	무임승차	$1, 1-c_2$	$0, 0$

4 구성원 중에 한 명이라도 기여하면 공공재가 생산되는 경우를 '최고에 의해서 결정되는'(best-shot) 게임이라 부른다. 예를 들어, 전쟁터에서 저격병들이 적군의 사령관을 저격하는 상황은 최고에 의해서 결정되는 게임이다. 여러 저격병들 중에 한 사람이라도 적의 사령관을 맞추면 성공이기 때문이다. 반면 구성원 모두가 기여해야만 공공재가 생산되는 경우를 '최하에 의해서 결정되는'(weakest-link) 게임이라 부른다. 대표적인 예로는 길게 늘어선 전선에서 이루어지는 전투를 들 수 있다. 전선 중에 어느 한 곳이라도 적에게 뚫리면 아군 전체가 심각한 타격을 입기 때문이다.

용을 c_1, 소비자2의 주관적 비용을 c_2라 하자. 개인의 기여비용은 그의 유형으로 볼 수 있다. 이러한 상황을 전략형게임으로 나타내면 〈그림 11−7〉과 같다.

먼저 다양한 정보 조건하에서 균형을 구해보자.

Practice 11-7

〈그림 11−7〉의 공공재 건설 게임에서 개인i의 기여비용 c_i는 $\frac{3}{5}$ 혹은 $\frac{4}{5}$인데 전자일 사전확률이 $\frac{2}{3}$이라 하자($i=1, 2$).

(1) 두 경기자의 기여비용이 주지사실인 완비정보하에서의 내쉬균형을 모두 구하시오.

이제 자신의 기여비용은 알지만 상대방의 기여비용에 대해서는 사전확률분포만 아는 중간적 미비정보를 가정하자.

(2) 순수전략 베이즈내쉬균형을 모두 구하시오.

(3) 혼합전략 베이즈내쉬균형을 모두 구하시오.

Practice 11-8

공공재 건설 게임에서 유형집합은 기여비용 $c_i \in \{-\frac{1}{100}, \frac{1}{10}, \frac{2}{10}, \frac{3}{10}, \frac{8}{10}, \frac{9}{10}, \frac{101}{100}\}$이고 각각의 사전확률은 $\frac{1}{7}$ 씩이다. 개별 경기자가 자신의 유형은 알지만 상대방의 유형은 알지 못하는 중간적 미비정보하에서 베이즈내쉬균형을 구하시오.

이제 개인i의 기여비용 c_i가 각각 구간 $[-\beta, 1+\alpha]$에서 균등분포를 따라 실현되며, 이는 모든 경기자들의 주지사실이라고 가정하자. 베이즈게임으로 구성하면 순수전략집합 $S_1=S_2=\{$기여, 무임승차$\}$, 유형집합 $[-\beta, 1+\alpha]$, 사전확률분포는 균등분포이다. 여기서 핵심 가정은 $\alpha, \beta>0$이라는 것이다.[5] 개인은 자신의 기여비용은 알고 있으나 상대방의 유형은 모른다고 하자.

공공재 건설게임에서 개별 경기자의 최적전략을 분석해보자. 경기자i의 기

5 α, β가 0보다 크다는 것은 매우 중요한 가정이다. α, β가 0보다 작은 경우에 대해서는 본절의 끝부분에서 설명한다.

여비용 c_i가 0이거나 그보다 작다면—상대방인 경기자j가 기부하건 말건—무조건 기부하는 것이 최선이다. 무임승차가 강열등전략이기 때문이다. 만약 c_i가 0보다 약간 크다면 어떻게 할 것인가? 기여비용이 미미하므로 상대방이 기부할 가능성을 믿고 모험하느니 차라리 내가 기여함으로써 $(1-c_i)$라도 확실히 얻는 편이 낫다. 이제 반대편 극단, 즉 기여비용 c_i가 1보다 큰 경우를 고려하자. 이때 경기자i에게 기여는 강열등전략이므로 무임승차가 최선이다. 만약 c_i가 1보다 약간 작은 정도라면 어떻게 할 것인가? 일단 무임승차하고 혹시라도 상대방이 기부할 가능성을 엿보는 편이 그 높은(1단위에 가까운) 기여비용을 지출하는 것보다 낫다.[6]

결국 개인은 기여비용이 크면 무임승차를 기대하며, 기여비용이 작으면 무임승차를 바라기보다 기여할 것이다. 좀더 정확하게 표현하면 베이즈내쉬균형에서 개별 소비자의 전략은 다음과 같은 임계전환성(臨界轉換性, cutoff property)을 갖는다.

- 소비자1: c_1이 임계치 c_1^*보다 작으면 기여하고,
  c_1이 임계치 c_1^*보다 크면 무임승차를 시도한다.
- 소비자2: c_2이 임계치 c_2^*보다 작으면 기여하고, (11. 14)
  c_2이 임계치 c_2^*보다 크면 무임승차를 시도한다.

이제 식 11.14가 베이즈내쉬균형으로 성립하도록 해주는 임계치 c_1^*와 c_2^*를 구해 보자. 소비자1은 자신의 유형 c_1을 아는 상태에서 기여와 무임승차 가운데 어느 행동을 선택할 것인가를 결정한다. 소비자1이 기여할 때 얻는 기대보수는 $(1-c_1)$단위이며, 무임승차를 시도할 때 얻는 기대보수는 다음과 같다.

[경기자2가 기여할 확률]×1+[경기자2가 무임승차할 확률]×0
$=P_1(c_2<c_2^*)$

6 연습문제 11-8에서 예시로 보여준 바와 같이, 엄밀하게는 다음과 같이 강열등전략의 단계적 소거법을 적용하여 계산한다. 먼저 $c_i<0$이면 강열등전략인 무임승차는 소거된다. 그 다음 $c_i=0$인 경우 강단계소거의 두 번째 단계로 무임승차가 소거된다. 이처럼 강단계소거를 점점 더 큰 c_i 즉 ε, 2ε, 3ε, …에 대하여 적용하면 무임승차가 소거되는데 그 과정이 $\hat{c}_i$에 이르면 정지된다고 하자. 이제 반대편 극단으로 $c_i>1$이면 강열등전략인 기여가 소거된다. 그 다음 $c_i=1$인 경우 강단계소거의 두 번째 단계로 기여는 소거된다. 이처럼 강단계소거를 점점 더 작은 c_i, 즉 $(1-\varepsilon)$, $(1-2\varepsilon)$, $(1-3\varepsilon)$, …에 대하여 적용하면 기여가 소거되는데, 그 과정이 $\hat{\hat{c}}_i$에 이르면 정지된다고 하자. 그런데 $\hat{c}_i=\hat{\hat{c}}_i$이면서 그 값이 본문 식 11.17의 c^*와 동일함은 증명되어 있다(Morris and Shin 2003). 이처럼 강단계소거를 적용하기 위해서는 α, $\beta>0$라는 가정이 필수불가결하다.

그런데 경기자1의 입장에서 보면 경기자2의 유형 c_2는 $-\beta$와 $(1+\alpha)$ 사이의 구간에서 균등분포를 따르는 확률변수이다. 균등분포의 확률밀도함수는 $f(c_2)=\frac{1}{1+\alpha+\beta}$이므로, c_2가 c_2^*이하의 값을 가질 누적확률은 $\frac{c_2^*+\beta}{1+\alpha+\beta}$이고 이것이 바로 소비자1이 무임승차를 시도할 때 얻는 기대보수이다. 소비자1이 기여할 때의 기대보수가 무임승차를 시도할 때의 기대보수보다 크다면 소비자1은 기여할 것이다. 즉, 소비자1은 식 11.15가 성립하면 기여하고 그 반대의 부등호가 성립하면 기여하지 않는다.

$$1-c_1>\frac{c_2^*+\beta}{1+\alpha+\beta}, \text{ 혹은 } c_1<\frac{1+\alpha-c_2^*}{1+\alpha+\beta} \tag{11. 15}$$

식 11.15에 나타난 소비자1의 전략이 임계전환성을 만족하기 위해서는 식 11.16이 성립되어야 한다.

$$c_1^*=\frac{1+\alpha-c_2^*}{1+\alpha+\beta} \tag{11. 16}$$

소비자2에 대해서도 대칭 논리가 적용되므로 $c_1^*=c_2^*$ 이다. 결론적으로

$$c_1^*=c_2^*=\frac{1+\alpha}{2+\alpha+\beta} \tag{11. 17}$$

요약하면, 개별 소비자는 자신의 기여비용이 식 11.17에 나타난 임계치 이하이면 기여하고 그 이상이면 무임승차한다. 예를 들어, 개인의 기여비용이 -0.3과 1.2 사이의 구간에서 균등분포를 따른다고($\alpha=0.2$이며 $\beta=0.3$) 가정하자. 개별소비자는 자신의 기여비용이 0.48 이하이면 기여하고 0.48 이상이면 무임승차한다.

이상에서 논의된 베이즈내쉬균형은 유일한 순수전략 균형으로서 식 11.17을 충족하는 임계전환성을 갖는다. 여기서 $\alpha, \beta>0$이라는 가정은 매우 중요하다. 만약 이 가정이 없다면 어떻게 될까? 연습문제 11−7이 시사하듯이, 두 개의 순수전략 베이즈내쉬균형과 한 개의 혼합전략 균형이 존재한다. 이상의 논의에서 우리는 재미있는 사실을 발견할 수 있다. 즉, α와 β가 0보다 크기만 하면(예컨대, $\alpha=\beta=0.001$), 임계전환성을 갖는 베이즈내쉬균형이 단 하나 존재한다. 그러나,

α나 β가 0보다 작다면 그 값이 아무리 0에 가깝더라도(예컨대, $\alpha=\beta=-0.001$) 여러 개의 베이즈내쉬균형이 존재하여 균형의 다중성 문제가 발생한다.[7]

11.6 정보우위는 반드시 유익한가?

좀더 정확하고 좀더 많은 정보는 그렇지 못한 경우에 비해 더 큰 이익을 가져다 주는가? 개인의 의사결정 문제에서는 분명 그렇다. 추가 정보가 유익하면 이를 활용하면 되고 그렇지 않은 경우에는 무시해 버리면 그뿐이기 때문이다. 다시 말해서 개인의 의사결정 상황에서는 추가 정보가 적어도 해악을 끼치지는 않는다. 하지만 경기자들이 전략적으로 상호작용하는 게임에서는 꼭 그렇지는 않으며, 심지어 추가 정보가 해악을 끼칠 수도 있다. 간단한 2×3전략형게임의 예를 들어 설명하기로 하자.

경기자1과 경기자2는 〈그림 11-8〉에 나타난 a와 b 중 한 게임에 참여한다. 두 경기자는 그들이 참여하는 게임이 각각 50%의 확률로 실현되었다는 사실만 알 뿐 정확히 어떤 게임에 임하는지는 모른다. 우선 이 게임에서 경기자1의 전략이 무엇이든(T건 B건 상관 없이) 경기자2의 최선응수는 L이다(경기자1이 혼합전략 $p[T]+u-p[B]$를 채택한다는 가정하에 경지가2는 L, M, R로부터 각각 $(8-6p)$, $(6-\frac{9}{2}p)$, $(6-\frac{9}{2}p)$ 단위의 기대보수를 얻는다. 그런데 어떠한 $0\leq p\leq 1$에 대해서도 $(8-6p)>(6-\frac{9}{2}p)$임). 다른 한편, 경기자2의 전략 L에 대한 경기자1의 최선응수는 B이다. 따라서 베이즈내쉬균형은 (B, L)이며 균형보수는 (8, 8)이다.

이제 게임을 조금 변형하여 경기자2가 보다 정확한 정보를 갖는 경우를 고려하자. 구체적으로 경기자1은 여전히 a, b 둘 중 어느 게임에 임하는지 모르는 반면 경기자2는 둘 중 어느 상황이 벌어지는지 정확히 안다고 하자. 상황 a가 벌

---

7 Harsanyi(1973)는 이러한 아이디어를 활용하여 혼합전략 내쉬균형을 정당화하였다. 그에 따르면, 혼합균형은 경기자들 간에 미비정보가 있을 때 순수전략 베이즈내쉬균형의 극한값으로 설명될 수 있다. 이를 '순수화'(purification)라고 부르며, 혼합균형의 정당화는 물론 다수의 균형이 존재하는 게임에서 균형 선정에도 자주 쓰이는 기법이다. 순수화 정리는 본서의 범위를 벗어나므로 생략하기로 한다. 관심있는 독자는 Gibbons(1992)의 152~155쪽, Gintis(2009) 6장, Maschler, Solan and Zamir(2020) 제9장 9.5절을 참조하기 바란다.

그림 11-8 추가 정보가 오히려 해악을 끼치는 게임 예시

	L	M	R
T	4, 2	4, 0	4, 3
B	8, 8	0, 0	0, 12

상황 a (50%)

	L	M	R
T	4, 2	4, 3	4, 0
B	8, 8	0, 12	0, 0

상황 b (50%)

어진다면 경기자2는 강우월전략 R을 선택하고 상황 b가 벌어진다면 경기자2는 강우월전략 M을 선택할 것이다. 경기자2의 이러한 전략에 대하여 경기자1의 최선응수는 T이다(왜냐하면 T는 4단위의 보수를 가져다 주지만 B는 0의 보수를 가져다 주기 때문). 이때 상황 a가 실현된다면 경기자2는 3단위의 보수를 얻고 상황 b가 실현되더라도 역시 3단위의 보수를 얻는다. 요약하면 베이즈내쉬균형은 (T, (R, M))이며 균형보수는 (4, (3, 3))이다.

재미있는 사실은 경기자2가 a, b 중 어느 상황이 벌어지는지 모르는 미비정보 게임에서 경기자2가 얻는 균형보수는 8단위인데, 경기자2가 정확한 상황을 파악하고 있는 게임에서의 균형보수는 3단위에 불과하다는 것이다. 다시 말해 경기자2가 이전보다 정확한 정보를 갖게 되었음에도 불구하고 균형보수는 오히려 낮아져 추가 정보가 경기자2에게 해악이 되었다. 이유는 다음과 같다. 상황 a에서는 R이 경기자2의 탁월한 전략이며 상황 b에서는 M이 경기자2의 탁월한 전략이다. 반면 L은 두 상황 모두에서 경기자2에게 어정쩡하게 괜찮은 선택이다. 경기자2가 a, b 중 어느 상황에 직면하고 있는지 모르는 상황에서 그는 L을 선택할 것이며 이에 대한 경기자1의 최선응수는 B이다. 반면 경기자2가 자신이 어느 상황에 임하고 있는지 정확히 아는 경우 선택하게 될 R이나 M은 상대방인 경기자1로 하여금 B를 피하고 T를 선택하도록 유도함으로써 경기자2에게 큰 해악을 끼치게 된다.

11.7 근사주지사실과 미비정보게임[8]

베이즈 게임에서 경기자들이 갖고 있는 정보가 주지사실인 경우와 주지사실로부터 약간이라도 벗어난 경우를 비교하면 경기자들의 전략이 매우 다를 수 있다. 미비정보의 성질과 근사주지사실에 대한 흥미로운 예시들을 들어 설명하고자 하며, 엄밀한 분석은 전문서를 참고하기를 권한다.

11.7.1 협공(coordinated attack)

계곡 양 쪽에 항일 독립군이 매복하고 있고, 계곡 중간에는 일본군이 독립군의 매복 사실을 모르는 채 들어와 야영을 하고 있다. 계곡의 동편에는 A중대, 서편에는 B중대가 매복하고 있다. 두 중대는 동시에 일본군을 공격하면 대승을 거둘 수 있으나, 어느 한 중대든지 먼저 공격하면 두 중대 모두 전멸한다.

독립군 전령이 오가며 공격시간을 서로에게 알려준다고 하자. 전령이 상대방 중대로 가는 도중 일본군에게 발각되어 사살될 확률이 5%라고 한다. 이제 A중대 중대장이 전령에게 "새벽 4시에 공격하자"는 메시지를 B중대에게 전하라고 명령했다고 하자. 전령이 B중대로 떠난 다음 A중대는 안심하고 새벽 4시에 공격을 개시해도 되겠는가? 아니다. 왜냐하면 A중대를 떠난 전령이 B중대에 도착하여 공격시간을 전했다는 보장이 없기 때문이다.

이제 A중대를 떠난 전령이 B중대에게 공격시간을 알려주고 다시 A중대로 돌아왔다고 하자. 그렇다면 이제 A중대와 B중대는 안심하고 새벽 4시에 공격을 개시해도 좋겠는가? 아니다. B중대는 자기에게 소식을 전해주고 다시 A중대로 떠난 전령이 무사히 도착했는지 아니면 중간에 사살당했는지 알지 못한다. 따라서 A중대는 B중대가 공격시간을 제대로 알고 있다는 사실은 알지만, B중대가 공격시간을 알고 있다는 사실을 A중대가 알고 있다는 사실을 B중대가 알고 있는지는 확신할 수가 없다.

---

8 엄밀한 내용은 Fagin, Halpern, Moses and Vardi(1995)이나 Maschler, Solan and Zamir(2013) 제9장을 참조하라.

이제 다시 전령이 그 사실을 알려주러 B중대로 떠났다고 하자. 그래도 A중대장은 그 전령이 B중대에 제대로 도착했는지 확신할 수 없으므로 공격을 개시할 수 없다. 이와 같은 논리로, 전령이 아무리 여러 번 A중대와 B중대 사이를 오가며 공격시간을 확인, 재확인한다고 하더라도 양측 독립군은 새벽 4시에 공격해서는 안 된다.

이상의 상황과는 달리, '새벽 4시 협공'이 두 중대 사이의 주지사실이라고 가정하자. 이 경우에는 의심할 여지 없이 두 중대가 새벽 4시에 협공하여 대승을 거두는 것이 최선의 전략이 될 것이다. 우리는 여기서 주지사실(common knowledge)과 근사주지사실(almost common knowledge)이 얼마나 다른 의미를 가질 수 있는가를 알 수 있다. 전령이 두 중대 사이를 오가며 메시지를 전한 횟수를 N번이라고 놓을 때, N이 크면 클수록 주지사실에 근사해진다고 볼 수 있다. 그러나 N이 아무리 크더라도 협공포기가 독립군의 최적 전략인데 반해, 주지사실하에서는 협공이 최적 전략이다.

결국 새벽 4시 공격을 주지사실로 만들기 위해서는 전령이 여러 번 오가며 메시지를 전달하는 것보다 두 중대가 동시에 확인할 수 있는 무언가에 대해 약속하는 편이 훨씬 낫다. 예컨대, 두 중대 측에서 모두 잘 보이는 먼 산에 전령이 횃불을 놓되 새벽 4시 공격이면 횃불 4개를 켠다는 식의 암호를 사전에 정해 놓는 방법이 있다.

11.7.2 동전 테두리의 톱니문양

오늘날 대부분의 국가에서 사용되고 있는 동전의 디자인을 보면, 앞 뒷면에 문양이 새겨져 있고 옆면 테두리에 톱니모양의 홈(reeded edge)이 파져 있다. 왜 그럴까? 금본위(gold standard) 시대에는 금이나 은 같은 귀금속으로 동전을 만들었다. 금화나 은화의 가치는 그 동전에 함유되어 있는 금이나 은의 무게에 해당하였다. 그러다 보니 부정직한 사람들이 언뜻 봐서는 표나지 않을 정도로 금화나 은화의 옆면을 깎아내어 거래 과정에서 이득을 취하는 경우가 많았고, 이 때문에 금화나 은화를 거래에서 주고받기를 꺼렸다. 그래서 생각해 낸 것이 동전 옆면에 톱니모양의 홈을 만들고 앞 뒷면에는 초상을 새겨 조금만 도려내면 금새 표가 나도록 하는 방법이었다. 이렇게 되면 동전이 훼손되었는지 즉시 알 수 있기 때문에 거래 당사자들이 서로 믿고 금화나 은화를 주고받을 수 있을 것이다.

특정 금화의 가치가 50그램이라는 사실을 알고 있음, 금화의 가치가 50그램이라는 사실을 상대방도 알고 있음, 금화의 가치가 50그램임을 내가 알고 있다는 사실을 상대방이 알고 있다는 사실을 내가 알고 있음 등의 명제가 모두 성립한다고 해도 이는 주지사실에 가까울 뿐 완전한 주지사실은 아니다. 따라서 거래 과정에서 동전의 가치가 담보될 수 없다. 금화의 가치가 실로 50그램이라는 사실이 누구에게나 주지사실이어야 그 금화의 가치가 거래 과정에서 존중되는 것이다. 더불어, 금화의 가치가 실로 50그램이라는 사실이 주지사실이 되도록 하는 가장 확실한 방법은 모든 거래당사자들이 동시에 그리고 공통적으로 식별할 수 있는 그 무엇(유명인사의 초상화와 톱니모양의 테두리)을 만드는 것이다.[9]

흥미로운 사실은 과거 금본위제도하에서 생겨난 전통이 오늘날까지 계속 유지되고 있다는 점이다. 오늘날의 불태환화폐 제도(不兌換貨幣 制度, fiat-money system)하에서는 각국 정부의 결정에 따라 중앙은행이 돈을 찍어낼 뿐 귀금속으로 화폐를 만들지 않기 때문에 굳이 테두리에 톱니모양의 띠를 새길 필요가 없다. 테두리에 띠를 새김으로써 동전 제조원가만 올라감에도 불구하고 과거의 우연한 역사적 전통에 의해 생겨난 디자인이 그대로 후대로 내려오고 있는 것이다. 이는 경로의존성(經路依存性, path dependence) 혹은 경제사회적 진화과정이 각종 제도의 형성에 큰 영향을 미칠 수 있다는 시사점을 갖는다. 본서의 제2장 2.5절과 제4장 4.6절에서 여러 사례들이 소개된 바 있다.

11.7.3 흙투성이 꼬마들

세 명의 아이들이 동그랗게 둘러앉아 있다. 아이들은 모두 모자를 쓰고 있는데, 모자 색깔은 하얗거나(W) 빨갛거나(R) 둘 중에 하나이다. 각자는 다른 두 아

9 화폐의 가치와 톱니모양의 테두리에 관해서는 Chwe(1999)를 참조.

이들의 모자 색깔은 볼 수 있지만 자기 모자의 색깔은 볼 수 없다.[10]

세 아이가 모두 빨간 모자를 쓰고 있다고, 즉 RRR이라고 가정하자. 선생님이 들어와서 아이들 하나하나에게 자기가 쓰고 있는 모자 색깔이 무어냐고 물으면 아무도 대답하지 못한다. 자기 모자를 볼 수 없기 때문이다.

이제 선생님이 "너희 셋 중에 최소한 1명은 빨간 모자를 쓰고 있다"라고 공개적으로 말했다. 세 아이는 "그걸 누가 몰라?"라고 반문할지 모른다. 각자는 다른 두 아이들이 빨간 모자를 쓰고 있는 것을 뻔히 보고 있으므로 '최소한 1명은 빨간 모자를 쓰고 있다'라는 선생님의 메시지는 아무런 추가정보를 주지 못한다고 생각할 수 있다. 그러나 사실은 그렇지 않다. 첫 번째 꼬마 1과 두 번째 꼬마 2는 자기 모자색을 모른다고 말하는 반면, 세 번째 꼬미 3은 자기 사신의 모자 색깔을 정확히 말할 수 있다.

이유는 다음과 같다. 꼬마 2와 꼬마 3 둘 다 흰 모자를 쓰고 있지는 않다는 사실은 분명하다. 만약 꼬마 2와 꼬마 3이 둘 다 흰 모자를 쓰고 있다면, 꼬마 1은 '최소한 1명은 빨간 모자를 쓰고 있다'는 선생님의 메시지로부터 자기 사신이 빨간 모자를 쓰고 있다는 사실을 추론할 수 있었을 것이기 때문이다. 그러므로 세 아이들은 '나는 내가 무슨 색깔의 모자를 쓰고 있는지 몰라요'라는 꼬마 1의 대답으로부터 꼬마 2와 꼬마 3 중에 최소한 1명은 빨간 모자를 쓰고 있음을 알 수 있다. 비슷한 논리로 꼬마 2도 자기 모자의 색깔을 알 수 없다고 말한다. 이로부터 꼬마 3은 다음과 같이 추리한다. "꼬마 2는 꼬마 1의 대답으로부터 꼬마 2와 나(꼬마 3) 중에 최소한 1명은 빨간 모자를 쓰고 있음을 알고 있어. 따라서 내가 흰 모자를 쓰고 있다면 꼬마 2는 자기 모자가 빨간색일 수밖에 없다는 결론에 도달했었겠지. 그런데 꼬마 2는 자기 모자 색깔을 알아 맞출 수 없었단 말이야. 이러한 사실로 추리해 보건대 결국 나는 빨간 모자를 쓰고 있어!"

다소 엄밀하게 설명하자. 꼬마들은 각자 교사의 메시지 내용(적어도 한 명은 빨간 모자를 쓰고 있다는 사실)을 이미 알고 있었다. 메시지 내용은 사건 $A=\{$RRR, RRW, RWR, WRR, RWW, WRW, WWR$\}$로 나타낼 수 있다. 첫째, 꼬마1은 사건

10 '흙투성이 꼬마들'(Muddy children puzzle)이라는 이름은 원래 이 수수께끼의 등장인물이 '모자를 쓴 아이들'이 아니라 '얼굴이 지저분하게 얼룩진 악동(惡童)들'이었던 데서 유래한다.

*A*를 안다. 나머지 두 명이 빨간 모자를 쓰고 있음을 뻔히 보고 있기 때문이다. 이를 앎(knowledge) 연산자 *K*를 도입하여 K_1A로 표기하자. 둘째, 꼬마1이 사건 *A*를 알고 있다는 사실을 꼬마2는 안다. 즉, K_2K_1A이다. 꼬마2는 자신이 무슨 색 모자를 쓰고 있는지는 모르지만, 설령 자신이 흰 모자를 쓰고 있다고 하더라도 꼬마3이 빨간 모자를 쓰고 있음을 꼬마1이 보고 있음을 관찰할 수 있기 때문이다. 셋째, 꼬마3은 K_2K_1A를 알 수 없다. 즉, $\neg K_3K_2K_1$A이다.(여기서 $\neg$는 부정(否定) 기호임) 꼬마1에게 적용된 논리는 꼬마2와 꼬마3에도 마찬가지로 적용된다. 요약하면, 꼬마들은 각자 사건 *A*를 알고 있으나 그것이 꼬마들 간에 주지사실은 아니었다.

이제 교사의 공개 메시지로 인하여 사건 A는 주지사실이 된다. 꼬마 3이 "내 모자는 빨간색이에요"라고 답변한 다음 꼬마 1과 꼬마 2에게 또다시 자신들의 모자 색깔을 물어봐도 여전히 모른다고 할 것이다. 결국 선생님의 메시지 공표 이후 계속 돌면서 물어봐도 세 꼬마의 답변들은 동일하며 주지사실이 된다. 엄밀하게 말해서, 꼬마1의 정보집합은 {RRR, WRR}, 꼬마2의 정보집합은 {RRR,RWR}, 꼬마3의 정보집합은 {RRR}임이 세 꼬마들 간에 주지사실이 된다.

Practice 11-9

한국중학교 학부모 *n*명($i=1, 2, \cdots, n$)은 매일 자녀를 등교시키고 동네 카페에 모여 수다 떠는 재미에 산다. 엄마들은 자기 자녀가 문제아인지 아닌지는 모르지만 동급생들 개개인이 문제아인지 아닌지는 정확히 알고 있다. 엄마는 자기 자녀가 문제아라는 사실이 밝혀지지 않는 이상 '침이 마르도록' 자식자랑을 늘어놓지만, 문제아라고 밝혀지면 통곡한다. 이 모든 사실은 엄마들 간의 주지사실이다. 한국중학교 학생 *n*명은 모두 문제아이다.

(1) 엄마들은 날마다 어떻게 행동할 것인가?

개학날 담임교사가 엄마들이 모여 있는 카페에 등장하여 "최소한 한 명은 문제아입니다"라고 말했다고 하자.

(2) $n=2$일 경우, 첫째, 둘째, 셋째 날, … 엄마들의 행동은 어떨 것인가?

(3) $n=3$일 경우, 위 (2)에 답하라.

(4) 일반적인 *n*의 경우, 위 (2)번에 답하라.

(5) 대수롭지 않아보이는 뉴스(증권가 '찌라시' 정보, 경제부총리의 뻔한 인터뷰, 이미 예상된 기준금리 변동, 실효성이 의심스러운 부동산 대책 발표 등)에 따라 자산(주식, 회사채, 금, 부동산 등) 가격이 수 시간 혹은 수 일 후에 일제히 폭락하거나 폭등하는 현상을 위 결과에 비추어 설명하라.

11.7.4 봉투교환게임(envelope exchange)

정직하지만 심술궂은 아버지가 두 아들에게 봉투 하나씩을 건네주면서 말한다. "한 봉투에는 10^n원이 들어 있고 다른 봉투에는 10^{n+1}원이 들어 있다. 여기서 n은 1, 2, 3, 4, 5, 6 중에 한 숫자이다. 각자 자기가 받은 봉투 안을 확인하라. 상대방의 봉투 안을 들여다 봐서는 안 된다." 두 아들은 각자 자기가 받은 봉투 안에 얼마의 돈이 들어 있는가를 확인한다.

상남의 봉투에는 10^4원이, 차남의 봉투에는 10^3원이 들어 있다고 가정하자. 장남은 자기 봉투를 뜯어 보고 10^4원이 들어 있음을 확인하였다. 장남은 동생 봉투에 10^3원이 들어 있을 확률이 50%이고 10^5원이 들어 있을 확률이 50%라고 생각한다. 따라서 장남은 동생 봉투에 있는 돈의 기대치가 50,500원이라고 기대하므로 봉투를 바꾸기를 원한다. 같은 논리로, 차남은 형 봉투에 10^2원이 들어 있을 확률이 50%, 10^4원이 들어 있을 확률이 50%라고 예측한다. 차남이 형 봉투에 들어 있으리라고 기대하는 금액 5,050원은 자기 봉투에 들어 있는 10^3원보다 훨씬 크므로 차남 역시 봉투를 교환하기를 원할 것이다.

장남은 차남의 봉투에 10^3원 혹은 10^5원이 들어 있음을 안다. 차남은 이러한 사실(장남이 차남의 봉투에 10^3원 아니면 10^5원이 들어 있다고 생각한다는 사실)을 모른다. 차남은 자기 봉투에 10^3원이 들어 있기 때문에 장남의 봉투에 10^2원 아니면 10^4원이 들어 있음을 안다. 이에 차남은 다음과 같이 추리한다. '만약 형 봉투에 10^2원이 들어 있다면 형은 내 봉투에 10^1원 또는 10^3원이 들어 있다고 생각하겠지. 만약 형의 봉투에 10^4원이 들어 있다면 형은 내 봉투에 10^3원 또는 10^5원이 들어 있다고 믿겠지. 그러므로 형은 내 봉투에 최저 10^1원, 최고 10^5원이 들어 있다고 생각할거야.' 요약하면 장남은 차남 봉투에 10^3원 또는 10^5원이 들어 있다는 사실을 안다. 그러나 차남은 이 사실을 모른다. 차남은 다만 형이 동생인 자기 봉투에 10^1원, 10^3원 또는 10^5원 중에 하나가 들어 있다고 믿는다는 사실만을 추론할 뿐이다. 다시 말해서, 차남 봉투에 10^3원 아니면 10^5원이 들어 있다고 장남이 생각한다는 사실은 장남과 차남 간에 주지사실이 아니다. 같은 논리에 의하여 차남이 장남 봉투에 10^2원 아니면 10^4원이 들어 있다고 생각한다는 사실은 두 형제 간의 주지사실이 아니다.

이제 아버지가 두 아들 각자에게 봉투를 교환 용의가 있는지를 물어 보고 그 결과를 서로에게 알려준다고 하자. 아버지의 처음 질문에 두 아들은 모두 "봉투를 교환할 용의가 있다"고 대답할 것이다. 아버지는 두 아들에게 이 사실을 알려준 다음 똑같은 질문을 한 번 더 한다. 이번에도 두 아들은 모두 봉투 교환 용의를 밝힐 것이다. 아버지는 두 아들 각자에게 상대방이 봉투를 한 번 더 교환할 용의가 있음을 알려준다. 그러나 아버지가 네 번째로 똑같은 질문을 하면 상황은 달라진다. 10^4원을 갖고 있는 장남은 봉투를 교환할 용의가 없다고 대답하고 10^3원을 갖고 있는 차남만이 봉투를 교환할 용의가 있다고 말한다.

왜 그런가? 만약 봉투 안을 들여다보았더니 10^7원이 있다면 그는 결코 봉투를 교환하지 않을 것이다. 또한 이 사실(누구든 10^7원짜리 봉투를 갖고 있다면 교환 의사가 없으리라는 사실)은 형제 간의 주지사실이다. 아버지의 첫 질문에 둘 다 교환 의사를 밝혔다면 상황 {7, 6}이나 {6, 7}일 수가 없음이 주지사실이 된다(여기서 {k, m}은 장남이 10^k원, 차남이 10^m원을 갖고 있는 상태). 더 나아가 만약 두 번째로 둘 다 교환 의사를 밝혔다면 {6, 5}와 {5, 6}일 수 없음이 주지사실이 된다. 이와 같은 논리를 계속 전개하면 실제로 10^4원을 갖고 있는 장남은 네 번째 질문에는 교환의사가 없다고 말해야 마땅하다. 아버지의 네 번째 질문에 장남은 다음과 같이 추리한다. '나는 10^4원을 갖고 있으므로 차남은 10^3 혹은 10^5원을 갖고 있다. 후자라면 세 번째 질문에 차남이 교환 의사가 없다고 말했어야 한다. 그런데 그가 교환 의사가 있다고 말한 걸 보면 10^3을 갖고 있음이 분명하다.'[11]

11 이해에 어려움이 있는 독자는 가장 간단한(k=7이 아니라 k=3까지만 있는) 모형부터 따져보길 권한다. 기호의 단순화를 위하여 10^k원을 가진 사람을 'k보유자'라고 표현하자. 또한 교환의사가 있으면 Bet, 교환 의사가 없으면 Not이라 표기하자.

핵심 정보가 경기자들 간에 주지사실이 아닌 미비정보 게임에서 강단계소거(강열등전략의 단계적 소거)를 적용하여 베이즈내쉬균형을 구하는 기법은 매우 유용하다. 11.5절 공공재건설게임에서 구한 베이즈내쉬균형의 임계전환성은 봉투교환게임과 동일한 분석법을 적용한 것이다. 만약 $c_i<0$이라면 경기자i는 강열등전략인 무임승차를 결코 선택하지 않을 것이다. 만약 $c_i>0$이라면 경기자i는 강열등전략인 기여를 결코 선택하지 않을 것이다. 물론 상대방은 이러한 사실을 합리적으로 추론할 수 있다. 양극단에서 출발하여 강열등전략을 단계적으로 소거해가면 가운데 한 점에서 만나게 되는데 그것이 바로 임계점 c_i^*이다(본장의 각주 6 참조).

Practice 11-10

봉투교환게임에서 한 명은 교환 의사가 있다(Bet)고 대답하고 다른 한 명은 그럴 의사가 없다(Not)고 대답할 경우 거래는 불발되며 전자는 1원의 거래비용을 아버지에게 지불해야 한다고 가정하자. 둘 다 교환 의사가 있다고 대답한 경우에만 거래가 성립한다.

(1) 자기 봉투에 10^7을 가진 사람에게 행동 B가 강열등전략임을 보여라.

(2) 봉투에 10^6원을 가진 사람이 행동 N을 선택할 경우 기대보수와 행동 B를 선택할 경우 기대보수의 상한을 각각 구하여 비교함으로써 그의 베이즈내쉬균형 전략을 구하라.

(3) 위 (1)과 (2)의 논리를 이용하여, 이 게임의 베이즈내쉬균형을 구하라.

(4) 이상에서는 형제가 위험중립적이며 봉투 전부를 교환 혹은 보유한다는 암묵적 전제가 있었다. 만약 형제들이 위험회피적이며 봉투 속 금액의 일부만 내기에 걸 수 있다고 가정하면, 결과가 어떻게 달라지겠는가?

실제 상태(true state)가 {2, 3}인 경우
  2보유자 첫 질문에 B
  3보유자 처음부터 강우월전략 N 선택
실제 상태가 {1, 2}인 경우
  1보유자 강우월전략 B
  2보유자 처음 질문에는 B, 두 번째 질문에는 N (∵ 상대방이 3보유자라면 첫 질문에 거절했었어야 하는데 수락했다는 것은 그가 1보유자라는 증거이므로)
이상의 논리를 이해했으면 $k=4, 5, 6, 7$인 경우로 하나씩 늘려가며 차근차근 따져보시오.

연습문제 11-10은 보수 구조상 강단계소거 결과 각자의 봉투에 얼마가 있건 상관없이 행동 N(돈 내기에 절대 응하지 않음)이 균형 전략인 예를 보여준다. 이 연습문제는 곧이어 설명할 투기거래불능정리를 이해하는 데에 유용하다.

11.7.5 투기거래의 불가능성

경찰학교 동기동창인 두 형사가 같은 살인사건을 수사하고 있다. 두 형사는 아무런 사전 협의 없이 각자 독립적으로 수사를 수행한다. 어느 형사도 사건을 완벽하게 수사할 시간이 충분치 않았으므로 각자는 다소 다른 단서를 수집하였다. 수사를 끝낸 후 두 형사는 사무실에서 만나 어느 용의자를 체포할 것인가를 결정하려고 한다. 이 과정에서 어떠한 토론이나 설득도 하지 않고 다만 각자가 용의자로 지목하고 있는 사람의 이름을 말할 뿐이다. 두 형사는 상대방의 의견을 듣고 나서 자신의 의견을 수정할 수 있다. 서로의 의견을 듣고 자신의 의견을 바꾸는 과정은 몇 번이든 되풀이할 수 있다.

만약 두 형사가 충분히 오랜 시간 의견을 교환한다면 결국은 동일한 사람(예컨대 갑돌이)을 살인용의자로 지목하게 될 것인가? 이에 대한 대답은 '그렇다'이다. 형사 A는 수집한 정보를 근거로 만득이를 범인으로 지목한 반면, 형사 B는 갑돌이를 범인으로 지목했다고 가정하자. 형사 A는 B가 나름대로의 합리적 근거를 갖고 갑돌이를 범인으로 지목했을 것이므로 이를 고려하여 자신의 신념을 업데이트한다. 마찬가지로 형사 B도 A로 하여금 만득이를 지목하도록 유도했음에 분명한 정보를 추론하여 자신의 신념을 수정한다. 이러한 의견교환 과정을 거쳐 최종적으로 두 형사 모두 동일인인 갑돌이를 용의자로 지목하게 된다. 두 형사가 지목한 용의자가 동일인물이라고 해서 왜 갑돌이를 용의자로 지목하였는지에 대한 근거나 이유가 같을 필요는 없다. 만약 각자의 근거를 설명해 보라고 한다면 두 형사는 서로 다른 살해동기, 무기, 각본을 제시할 수도 있다. 그럼에도 불구하고 동일 인물 갑돌이를 지목하게 된다는 것이다.

많은 경제학자들은 합리적 경제인의 행위는 비대칭정보에 근거해서 자연스럽게 설명된다고 주장한다. 그러나 두 형사의 예시에 비추어 볼 때, 개별 경제인의 행동(어느 사람을 살인용의자로 지목하는가)이 주지사실이라면 사건에 대한 비대칭정보(두 형사가 각자 어떠한 정보를 수집했는가)는 중요하지 않게 된다. 두 형사가 서로 다른 증거를 수집하였다면 이들 간의 대화와 의견교환이 자유롭더라도 끝내 똑같은 정보를 갖지 못할 수도 있다. 그럼에도 불구하고 두 형사는 마치 똑같은 단서와 정보로부터 도출한 것처럼 똑같은 사람을 용의자로 지목하게 된다. 이처럼 정보의 비대칭성은 경제인들이 선택에 대한 불확실성을 초래하는 범위 내에서만 의미를 갖는다. 어떠한 사실에 대하여 나는 이렇게 알고 있는데 당신은 저렇게 알고 있다는 식의 비대칭성은 의미가 없다. 경제인들이 합리적이라면 내가 갖고 있는 지식과 상대방이 갖고 있는 정보를 종합하여 결국 동일한 선택을 하게 되기 때문이다.

노벨상 수상자 아우만(Robert J. Aumann)은 경기자들 간에 '의견 불일치에 동의하기'(agree to disagree)가 논리적으로 불가능함을 규명하였다. 발생가능한 상황들의 집합을 Ω로 표기하자. 〈그림 11−1〉의 투자−진입게임을 예로 들면, 기업1의 투자비용은 저비용 아니면 고비용이므로 Ω={저비용, 고비용}이다. 11.7.3항 흙투성이 꼬마들 게임에서 Ω={RRR, RRW, RWR, WRR, RWW, WRW, WWR, WWW}일 것이다. 11.7.4항 봉투교환게임에서는 Ω={12, 21, 23, 32, ⋯, 67, 76}(각 원소의 앞 숫자는 장남, 뒷 숫자는 차남의 봉투에 든 금액을 나타냄)이다. 개별 경기자는 Ω내의 각 상황이 실현될 확률이 얼마인지에 대한 사전신념(prior belief)를 갖고 태어난다.

정리 11-1

[아우만의 불가능성 정리] 사전신념이 동일하며 위험중립적인 경기자 두 명이 참여하는 게임을 고려하자. 경기자들은 사건 $A \subseteq \Omega$에 관심이 있고, 실제 상황은 $\omega^* \in \Omega$라고 하자. 만약 상황 ω^*에서 사건 A가 실현될 조건부확률 $P_1(A \mid \omega^*)$이 q_1이라고 경기자1이 믿는다는 것이 주지사실이고 이와 동시에 사건 A가 실현될 조건부확률이 q_2라고 경기자2가 믿는다는 것이 주지사실이라면, 반드시 $q_1 = q_2$일 수밖에 없다.

경기자들이 동일한 사전신념(common prior)을 갖고 있다는 가정은 아우만 정리의 전제조건이다. 만약 경기자들의 사전신념이 다르다면, 경기자들은 의견 교환 이후에도 끝내 서로 다른 사후신념을 가질 수 있다. 주지사실 조건 역시 필수적이다. 경기자i가 사건 A의 조건부확률이 q_i이라고 믿더라도 그것이 두 경기자 간에 주지사실이 아니라면, 얼마든지 $q_1 \neq q_2$일 수 있다.

아우만의 불가능성 정리를 금융시장에 적용하면 저 유명한 '투기불능정리'(No Speculation Theorem)를 끌어낼 수 있다.[12] 투기불능정리에 따르면, 투자자들이 (i) 위험중립적이며, (ii) 동일한 사전신념을 갖고 있으며, (iii) 그 사전신념이 주지사실이라면, 거래 당사자들이 모두 동의하는 매도·매수는 존재할 수 없다.

간단한 예시를 통해서 핵심 논리를 설명해보자. 사건 A가 발생하면 경기자1이 경기자2에게 1억원을 지불하고, 사건 A가 발생하지 않으면 경기자2가 경기자1에게 1억원을 지불하는 도박을 상정하자. 이 투기에 경기자1이 응한다는 것은 $q_1 \geq \frac{1}{2}$을 의미하며, 경기자2가 응한다는 것은 $q_2 \geq \frac{1}{2}$을 의미한다. 이제 경기자1이 이 도박에 응한다고 대답했다고 하자. 그러면 이 사실(경기자1이 응함)이 양자간 주지사실이 되며 따라서 $q_1 \geq \frac{1}{2}$임이 주지사실이 된다. 또한 경기자2가 이 도박에 응했다면 $q_2 \geq \frac{1}{2}$임이 주지사실이 된다. 아우만 불가능성 정리를 적용하면, 두 사람 모두 이 도박에 응했다는 사실이 주지사실이기 위해서는 $q_1 = q_2 = \frac{1}{2}$일수밖에 없다. 이는 각자의 기대보수가 0단위라는 말인데, 그렇다면 애당초 이런 투기 거래에 참여할 이유가 없을 것이다.[13]

금융시장에서 거래쌍방이 갖고 있는 정보가 다르기만 하면 서로 사고파는 거래가 있으리라고 생각하기 쉽다. 하지만 금융시장에서의 매도·매수 현상을 설명하기 위해서는 거래쌍방이 갖고 있는 정보가 다르기 때문이라는 설명으로는 불충분하다. 거래쌍방 모두에게 이득이 되는 거래가 존재한다는 주지사실이 존재하지 않든지(예컨대, 둘 다 자신은 이득을 얻고 상대방은 손해를 본다고 믿고 있든지) 또는 애당초 거래당사자들이 갖고 있던 신념이 같지 않았든지, 또는 거래당

12 투기(speculation)는 매도자와 매수자의 기대보수의 합이 정확히 영(zero)가 되어 승자가 있으면 반드시 패자가 있는 거래로 정의된다. 거래당사자들이 공히 이익을 얻을 수도 있는 투자(investment)나 교환(trade)과는 구별된다.

13 위험중립성은 필수 요건이다. 한 명이라도 위험회피적이라면, 비록 $q_1 = q_2 = \frac{1}{2}$일지라도 그는 이 투기에 응하고 두 경기자 모두 더 행복해지는 거래가 성립할 수도 있다.

사자들이 시장정보를 처리하는 과정에서 오류가 생기든지 하는 등의 다른 요인이 있어야 한다.[14] 금융시장 참여자들의 대다수는 정확한 정보에 근거한 합리적 분석과 판단에 따라 투자하지만 일부 투자자들은 근거 없는 소문에 부화뇌동하거나 금융지식의 부족으로 시장원리와 거꾸로 움직이기도 한다. 노이즈트레이더(noise trader)라 불리는 이들 비합리적 시장참여자들이 소수라도 존재한다고 가정하면 투기불능정리가 깨어지고 정보전달의 비효율성도 발생하여 현실설명력이 높은 이론을 구성할 수 있다. 대다수의 합리적 시장참여자들은 소수 노이즈트레이더들이 만들어내는 시장교란을 이용해 추가이득을 얻으려고 할 것이며 그 과정에서 더 큰 교란이 야기될 수도 있다. 물론 합리적 시장참여자들은 이 모든 사실과 과정을 정확히 예측하고 거래에 참여한다(Admati 1985, Black 1986).

14 Milgrom and Stokey(1982)는 투기불능정리를 최초로 증명하였다. 금융시장에서 정보와 거래 간의 관계에 관한 그 이후의 이론적 발전에 관해서는 Morris and Shin(2003)이나 Samuelson (2004)을 참조.

Chapter 12 경 매

12.1 개 요

경매(競賣, auction)는 수천 년의 역사를 가진 거래 방식이다. 헤로도토스(Herodotus)의 『역사』에는 고대 바빌로니아에서 경매 방식으로 노예를 사고 팔았다는 기록이 있다. 기번(Edward Gibbon)의 『로마제국흥망사』(1896)에 따르면 로마제국이 경매로 거래된 적도 있다.[1] 서기 193년 황제 페르티낙스(Pertinax)가 친위대에 의해 살해된 후 페르티낙스의 장인 술피카누스(Sulpicanus)는 친위대원 1인당 5천 드라크마(drachma)를 지불할테니 로마제국을 넘기라고 제안하였다. 이에 친위대는 돈벌이가 되겠다는 흑심을 품었고 최고가를 제안하는 사람에게 로마제국을 팔겠다고 공표했다. 친위대원당 6,250드라크마를 제시한 율리아누스(Didius Julianus)가 낙찰자로 선정되었지만 두 달 후 로마를 장악한 세베루스(Septimus Severus)에 의해 참수되었다.

이처럼 골동품, 미술품, 농·수산물, 인터넷 검색광고 등의 거래를 비롯하여, 삼림 채벌, 무기 개발, 이동통신 주파수 할당, 고속철 구입 등 정부자산의 구매와 대여계약이 경쟁입찰을 통해 이루어져 왔다. 명시적으로 경매입찰의 형태를 띠지 않더라도 특성상 경매와 유사한 거래형태도 많이 있다. 예컨대, 과점기업들이 소비자들을 대상으로 수행하는 가격경쟁, 부동산 소유자가 다수의 구매희망자를

1 이 일화는 Gibbon, E., and J. Bury(1896), *The History of the Decline and Fall of the Roman Empire*, Macmillan에 있는 내용이다. Vohra(2005) p.25의 인용을 재인용함.

대상으로 하는 흥정, 파산으로 인한 기업 퇴출시 자산 처분을 둘러싼 채무자와 채권자 간의 교섭, 정부의 기간산업 민영화를 위한 사업자의 선정 등은 넓은 의미의 경매로 볼 수 있다. 최근 여러 나라 정부가 경매를 통하여 각종 공공 자산을 매각한 경험이 성공적으로 평가되고 있다. 또한 투명성 강화를 위해 공공기관의 조달에 있어서도 수의계약을 금지하고 경쟁입찰을 의무화하면서 경매제도에 대한 관심과 의존도는 더욱 커지고 있다.

경매의 표준적(canonical) 형태

재화의 판매자가 한 명이고 구매자가 여러 명인 경우 판매자는 경매를 통하여 가장 높은 가격을 지불하겠다는 구매자에게 판매할 것이다. 반대로 재화의 구매자는 한 명인데 판매자가 여러 명인 경우 구매자는 경매를 통하여 가장 낮은 가격을 제시하는 판매자로부터 구입할 것이다. 이를 역경매(reverse auction) 혹은 조달경매(procurement auction)라 부르기도 한다. 논의의 통일성을 위하여, 본장에서는 판매자가 하나이고 구매자가 다수인 상황을 상정하고 설명한다. 경매는 입찰(bidding)방식에 따라 크게 공개구두경매(公開口頭競賣, open auction)와 밀봉입찰경매(密封入札競賣, sealed-bid auction)로 구분된다. 공개경매와 밀봉입찰은 가격부과 방식에 따라 다시 두 종류로 나뉜다.

공개구두경매란 경매자가 구매자들을 한자리에 모아놓고 공개적으로 가격을 부르는 방식으로 진행된다. 공개경매는 가격을 부르는 방식에 따라 둘로 나뉜다. 경매자가 낮은 가격으로부터 시작하여 점점 가격을 올리다가 최후까지 남는 구매자에게 파는 방식을 공개오름경매(open ascending auction) 또는 영국식 경매(English auction)라 한다. 골동품, 포도주 등의 경매에 많이 채택된다.[2] 영국식 경매와는 대조적으로, 매우 높은 가격으로부터 시작하여 가격을 점점 내려 부르는 도중 맨 처음 손을 드는 구매자에게 판매하는 방식을 공개내림경매(open descending auction) 또는 네덜란드식 경매(Dutch auction)라 한다. 전통적으로 네덜

2 영국식 경매는 호가(呼價)가 올라가면서 그 가격을 지불할 용의가 있는 자가 손을 들어 표시하고는 다시 손을 내리는 방식이다. 반면 일본식 경매(Japanese Auction)는 모든 참가자들이 손을 든 상태에서 경매를 시작하다가 더 이상 해당 호가를 낼 용의가 없게 되면 손을 내리는 방식이다. 영국식과 일본식은 이처럼 실제 방식은 다르지만 이론적으로는 동일한 특성을 가지므로 영국식으로 통칭하기로 한다.

란드에서 튤립을 판매할 때 사용되어 왔으며, 우리나라 수산물 도매시장에서 생선 판매에 적용되기도 한다.

밀봉입찰경매는 구매희망자들이 각자의 응찰가를 제출한 후 입찰가들을 동시에 개봉하여 최고가를 적어낸 사람에게 물건을 판매하는 방식이다. 밀봉입찰경매는 최고가를 적어낸 낙찰자(落札者)가 실제로 지불하는 금액이 얼마인가에 따라 두 종류로 나뉜다. 최고가 경매(sealed-bid first-price auction)에서는 낙찰자가 자신이 써냈던 응찰가를 지불한다. 차가 경매(sealed-bid second-price auction)란 낙찰자가 응찰가 중에 두 번째로 높은 가격(탈락한 가격 중에 가장 높은 가격)을 지불하는 방식을 일컫는다. 예컨대, 구매자 A는 8, 구매자 B는 6, 구매자 C는 5를 각각 써 냈다고 가정하자. 이 경우 구매자 A의 응찰가가 낙찰되는데, 최고가 경매에서 A가 지불하는 액수는 8단위이고 차가 경매에서 A가 지불하는 액수는 6단위이다. 밀봉경매는 대부분 최고가 경매 방식을 취하는데, 건설공사 수주, 정부자산 매각 등의 입찰에 널리 쓰인다. 노벨상 수상자 비크리(Vickrey 1961)는 차가 경매와 영국식 경매가 이론적으로 동일한 성질을 갖고 있다는 분석결과를 밝혔다. 이러한 이유로 해서 차가 경매는 비크리 경매(Vickrey auction)라고 불리기도 한다.

이론적으로나 실제에 있어서나 무수히 많은 경매 방식이 존재한다. 평균가 입찰이란 입찰가들의 평균값에 가장 가까운 입찰가를 낙찰가로 선정하는 방식이다. 내정가(內定價) 입찰이란 경매인이 사전에 평가한 내정가에 가장 근접한 입찰가가 낙찰되는 방식이다. 평균가 입찰이나 내정가 입찰은 건물, 교량, 공장 등의 시공사를 선정할 때 자주 적용된다. 최저가 입찰로 시공사를 선정한다면 부실공사의 우려가 크므로 적정 공사비를 들이도록 하기 위해서이다.

경매인이 사전에 정한 참가비(entry fee)를 납부해야만 경매 참여 자격이 주어지도록 설계할 수도 있다. 일정 가격 이하로는 팔지 않겠다고 선언하고 해당 유보가격(reserve price)부터 구두경매를 시작하거나 밀봉입찰가를 써내도록 할 수도 있다. 전원지불경매(all-pay auction)란 입찰 참가자 모두—낙찰 여부에 상관없이—자신이 적어낸 입찰가를 지불하는 방식이다. 특허취득, 뇌물공여, 선거 등 제3장 3.5절에서 다룬 소모전은 전원지불경매의 특별한 사례이다.

평가가치에 따른 분류

경매이론에서 중요한 사실은 수요자들이 주어진 경매물품을 서로 다르게 평가할 수 있는데 판매자나 여타 수요자들은 그것을 정확하게 알지 못한다는 것이다. 즉, 개별 수요자의 평가가치(valuation)에 대한 정보가 미비되어 있다. 여기서 평가가치란 구매자가 지불할 용의가 있는 최대 금액으로 정의된다. 만약 판매자가 모든 수요자들의 평가가치를 안다면 가장 많은 돈을 낼 용의가 있는 수요자에게 그만한 금액을 부과함으로써 판매자의 기대수익을 극대화할 수 있다. (제7장 7.1절의 최후통첩협상게임 방식을 적용) 이처럼 구매자들의 평가가치에 대하여 완비정보가 존재할 경우 수요자 및 판매자의 전략은 매우 단순하다. 그러나 수요자들의 평가가치에 대한 정보가 미비되어 있다면 논의가 복잡해진다.

경매물품에 대한 평가가치가 수요자들 간에 서로 다른 이유는 크게 두 가지이다. 우선 수요자의 고유한 선호에 의존하는 요인이 있다. 미술애호가가 추사 김정희의 글을 재판매 목적이 아니라 단순히 심미적(審美的)인 이유로 구입하려고 한다고 하자. 그가 추사의 글을 소장하기 위해서 얼마까지 지불할 용의가 있느냐 하는 것은 주로 개인의 독특한 선호에 의하여 결정된다. 반면 객관적인 실제가치를 갖는 경매물품도 있다. 이 경우 수요자들은 나름대로의 판단과 방법으로 경매물품의 객관적 실제가치를 추정한다. 예컨대 건설회사들이 아파트 건설공사를 수주하려고 할 때 개별 회사는 비용편익분석을 통하여 수익성을 추정한다. 그러나 개별 회사의 추정치는 객관적 실제가치와 다소 차이가 나기 마련이다. 개별 회사는 실제가치나 다른 회사들의 추정치를 알 수 없으며 자신의 추정치만을 근거로 하여 입찰가를 써 낸다. 다른 예로서 화랑주인이 재판매를 목적으로 추사 김정희의 글을 구입하려 한다면 작품의 미래 시장가격—작품 재판매로부터 얻을 것으로 기대되는 수익—이 얼마인가에 대한 판단을 기준으로 응찰할 것이다.

경매물품에 대한 개인의 평가가치가 순전히 개인의 선호나 취향에 따라 결정되는 경우 이를 사적가치(私的價値, private value)라 부른다. 사적가치 경매에서 수요자들의 평가가치는 독립적으로 분포한다고 볼 수 있다. 판매자는 개별 수요자의 평가가치가 정확히 얼마인지 알지 못하나 특정 확률분포로부터 수요자 간에 독립적으로 추출된 것으로 가정한다. 반면에 경매물품의 객관적 실제가치가 존재하여 수요자들의 평가가치가 실제가치에 대한 추정치인 경우 이를 공통가치(共通價値, common value)라 부른다. 공통가치 경매에서 수요자들의 평가가치는 대개 정(+)의 상관관계를 갖는다.

사적가치와 공통가치의 차이를 이해하기 위해서 기업획득(corporate takeover)의 예를 들어 보자. 기업획득은 목적에 따라 단련형(disciplinary)과 상승효과형(synergistic)으로 나뉜다. 추가 이윤을 얻을 수 있는 잠재력이 있음에도 불구하고 경영 비효율성으로 인하여 저조한 실적을 내는 기업이 단련형 기업획득의 대상이 된다. 침탈자(raider)는 대상기업의 현 경영진을 능력있는 새 경영진으로 교체함으로써 경영 비효율성을 개선하고 그 결과로 기업이윤과 주식가격의 상승을 노린다. 반면 상승효과형 기업획득의 경우 주도기업은 대상기업을 인수·합병함으로써 이윤과 주가를 높이려는 목표를 갖는다. 일반적으로 마케팅이나 연구개발의 통합, 새로 형성된 독점력의 이용, 인수합병기업에 주어지는 세제혜택 등 기업결합에 따르는 시너지를 얻을 목적으로 추진된다. 경매이론의 관점에서 볼 때 단련형 기업획득은 공통가치 경매에 해당한다. 침탈자의 고유한 특성과는 무관하게 획득대상기업의 객관적 가치가 얼마인가가 중요하며, 능력있는 경영진으로 교체한다면 이윤과 주가가 얼마나 상승할 것인가에 대한 판단이 중요하다. 침탈자는 대상기업의 잠재력에 대한 나름대로의 추정치를 근거로 하여 기업획득 결정을 내린다. 단련형 기업획득과는 대조적으로 상승효과형 기업획득은 사적가치 경매에 가깝다. 시너지의 정도는 침탈자의 독특한 성격에 의해서 결정되므로 기업결합 후 이윤과 주가를 얼마나 올릴 수 있느냐 하는 것은 개별 침탈자의 고유한 값으로 간주된다.[3] [4]

---

3 다빈치(Leonardo da Vinci)가 1500년경에 그린 예수의 초상화 살바토르 문디(Salvator Mundi)는 유실되었다가 2005년 발견되었는데 2017년 뉴욕 크리스티(Christie's) 경매에서 4억달러라는 미술사상 최고액에 낙찰되었다. 살바토르 문디는 발견 당시 극심하게 훼손되어 현대 복원 화가가 새로 그리다시피 하였음에도 불구하고 천문학적 입찰가를 써낸 매수자(이슬람 교도인 사우디아라비아 황태자 무함마드 빈 살만)가 있었다. (Carney (2021), p.40) 이를 사적가치로 봐야 할지 아니면 향후 가격 상승을 노린 공통가치로 봐야 할지는 갑론을박이 있겠다.

4 소프(Jim F. Thorpe, 1887~1953)는 만능 스포츠맨이었다. 청소년 시절부터 미식축구 영웅이었고 1912년 스톡홀름 올림픽에 참가하여 10종 경기와 5종 경기에서 우승하였으며 1913~1919년에는 뉴욕 자이언츠(Giants)에 소속되어 메이저리그 야구 선수로 활약하였다. 소프 사후 그의 세 번째 아내는 소프의 시신을 순차 경매 방식에 부쳐 펜실베니아주의 작은 마을 Mauch Chunk and East Mauch Chunk에 매각하였다. 그 마을은 소프의 무덤, 동상, 기념비를 세웠고 아예 마

과다입찰 불가

우리는 구매 입찰에서 개별 구매자가 지불할 용의가 있는 최대한의 금액을 그의 평가가치라고 정의한 바 있다. 구매자가 자기 평가가치보다 높은 입찰가를 제시한다고 하자. 이 입찰가가 낙찰되지 않는다면 구매희망자는 0단위의 보수를 얻게 되지만 만약—운 나쁘게도— 낙찰되면 음(−)의 보수를 얻게 된다. 반면 자기 평가가치 이하의 입찰가를 제시한다면 낙찰되지 않을 경우 0단위의 보수를, 낙찰되는 경우에는 양(+)의 보수를 얻게 된다. 따라서 개별 구매자가 자신의 평가가치를 넘어서는 과도한 입찰가를 제시하는 것은 약열등전략이다. 이상의 논의는 다음 명제로 요약된다.

정리 12-1

[과다입찰불가 정리] 자신의 평가가치를 초과하는 입찰가를 제시하는(over-bidding) 것은 약열등전략이다. 따라서 합리적인 입찰참가자는 자신의 평가가치보다 높은 입찰가를 제시하지 않는다.

현실에서는 일부 응찰자가 상식적으로 납득할 수 없는 정도로 과도한 입찰가를 써 내는 등 과다입찰불가의 원칙에 위배되는 행위가 종종 관찰되는 듯 하다. 그러나 자세히 들여다 보면 그렇지 않다. 첫째, 여러 품목을 생산판매하는 기업이 해당 경매에서는 손해를 보지만 다른 연관사업에 정(+)의 외부효과를 가져와 기업 전체적으로는 이익인 경우가 있다. 예를 들어, 통신단말기 제조업체가 통신서비스사업권을 따기 위해 경매에 참가한다고 하자. 이 업체가 통신서비스를 자신의 단말기와 결합 판매함으로써 얻는 이득이 통신서비스 사업권 획득을 위한 과다입찰금액을 능가한다면 통신서비스 사업권을 확보하기 위하여 해당 사업가치를 초과하는 입찰가를 써낼 수도 있다.

둘째, 현재 진행중인 경매에서의 낙찰이 미래에 비슷한 사업을 하는 데 유

을 이름도 Jim Thorpe로 바꿨다. 소프는 그 마을과 아무 연고도 없을뿐더러 심지어 평생 가 본 적도 없었다. 이는 마을이 관광객 유치를 통한 수입 극대화를 목표로 무덤을 유치한 공통가치 경매의 전형이다.

리한 고지를 확보하는 전초 단계라면 무리를 해서라도 낙찰 받으려는 동태적 유인이 있다. 예컨대, 우리나라 관급공사의 입찰경매에 있어서 과거 관급공사 수주 경험이 있는 업체에게 우선권을 주는 규정으로 인하여 신규진입 기업은 무리를 해서라도 일단 사업권을 따려는 경향이 있다. 제약회사가 대형 종합병원에 약품을 1원에 공급하겠다고 입찰가를 써내는 '1원 입찰'의 경우도 비슷하다. 일단 대형 병원에 자사 제품을 공급하면 일반 병의원에서의 수요가 대폭 늘어 장기적으로는 더 높은 이윤을 가져다 주기 때문이다.

셋째, 두둑한 자금력(deep pocket)을 이용하여 경쟁회사들이 도저히 따라올 수 없는 과도한 입찰가를 써냄으로써 중장기적으로 경쟁사들을 시장에서 몰아내고 지배력을 강화하려는 전략도 있다. 대규모 자금이 소요되는 사업의 경우 경쟁력은 있으나 자금력이 부족한 기업은 불리한 반면 경쟁력이 떨어지더라도 자금력이 풍부한 기업은 유리하다. 이처럼 유동성 제약에 따르는 비효율성을 완화하기 위하여 규모가 큰 사업의 경우 낙찰대금의 분납을 허용하기도 한다.

본장에서는 공개경매와 밀봉입찰에 있어서 개별 수요자가 어떠한 전략을 쓰는 것이 최선인지와 경매방식이 판매자의 기대수익에 어떠한 영향을 미치는지를 차례로 다룬다. 12.2절에서는 사적가치의 경우를 분석하고 12.3절에서 수익동등정리를 도출한다. 12.4절에서는 공통가치, 12.5절에서는 위험회피도가 입찰 전략에 미치는 영향, 12.6절에서는 입찰담합에 관해 설명한다.

12.2 사적가치 경매

경매인과 구매자들은 모두 위험중립적이다. 단순화를 위하여, 개별 구매자는 경매물품에 대하여 저(0단위) 혹은 고(V단위) 둘 중 하나의 평가가치를 갖는다고 가정하자. 개별 구매자는 자신의 평가가치는 정확히 알고 있으나, 경매인이나 여타 구매자들은 이를 모르고 특정 구매자의 평가가치가 고평가일 확률이 50% (저평가일 확률이 50%)라는 사실만 안다. 이 확률분포는 구매자들 간에 상호독립이다.

12.2.1 영국식 경매

영국식 경매(공개오름경매)에 있어서 개별 구매희망자의 최적전략 및 기대효용, 그리고 경매인의 기대수익을 살펴보자. 영국식 경매에서 구매희망자의 전략은 가격이 자신의 평가가치에 달할 때까지 경매에 참여하다가 자신의 평가가치를 넘는 순간 포기하는 것이다. 과다입찰불가 원칙(12.1절의 정리 12−1)에 의하여 구매희망자는 자신의 평가가치 이상의 가격을 지불하려 하지 않는다. 반면에 가격이 자신의 평가가치에 도달하기도 전에 포기하는 것 역시 좋지 않은 전략이다. 만약 조금 더 기다렸다면 얻을 수도 있었던 경매물품을 포기하는 셈이 되기 때문이다. 이러한 직관을 엄밀하게 설명해보자.

먼저 경매물품의 가치를 0단위로 평가하는 구매자의 전략을 살펴보자. 과다입찰불가정리에 의하여, 이 구매자의 최적전략은 처음부터 손을 내리고 가만히 있는 것이다.

다음으로 경매물품의 가치를 V로 평가하는 고평가 구매자의 전략을 살펴보자. 만약 경쟁자가 경매물품의 가치를 0으로 평가하는 저평가 구매자라면 그녀는 처음부터 손을 내리고 경매를 포기할 것이다. 이때 고평가 구매자 자신은 0원을 지불하고 V단위의 효용을 갖는 경매물품을 구입한다. 즉, 상대방의 평가가치가 0일 경우 이 구매자가 누리는 보수는 V단위이다. 이제 상대방도 물품의 가치를 V로 평가한다면, 나와 상대방은 둘 다 호가가 V가 될 때까지 손을 들고 있다가 정확히 V가 되는 순간 동시에 손을 내린다. 이때 낙찰가는 V로 결정되며, 두 명이 동시에 손을 내렸으므로 물품은 추첨에 의하여 인도된다. 이때 물품을 획득한 자이건 추첨에서 탈락한 자이건 0단위를 얻는다. 이상의 논의로부터 평가가치가 V단위인 구매자의 기대보수를 계산하면 다음과 같다.

고평가 구매희망자의 기대보수
=[상대방의 가치가 0일 확률]×(V−[지불가격])
+[상대방의 가치가 V일 확률]×[추첨당첨 확률]×(V−[지불가격])

$$=\frac{1}{2}\times(V-0)+\frac{1}{2}\times\frac{1}{2}\times(V-V)=\frac{V}{2} \quad (12.1)$$

요약하면, 영국식 경매에서 개별 구매자의 최적전략은 "가격이 자신의 평가가치에 다다를 때까지 계속 참여하다가 이를 넘어서는 순간 포기하라"인 진실현시(truth revelation)이다. 경매물품을 갖게 되는 낙찰자는 구매희망자 가운데 평가가치가 가장 높은 자이다. 또한 낙찰자가 판매자에게 지불하는 가격은 두 번째로 높은 평가가치(탈락한 가치 가운데 가장 높은 가격)가 된다. 결국 낙찰자가 얻는 효용은 자신의 평가가치에서 두 번째로 높은 평가가치를 뺀 차이이며, 이는 낙찰자가 정(+)의 소비자잉여를 얻음을 뜻한다. 이처럼 낙찰자가 정(+)의 효용을 얻는 것은 판매자가 구매희망자들의 평가가치에 대하여 갖고 있는 정보가 미비하기 때문이다. 다시 말해서 낙찰자가 누리는 잉여의 근원은 자신의 평가가치에 대한 사적정보(私的情報, private information)이다.

이제 판매자의 입장에서 기대수익이 얼마인지를 계산해 보자. 두 구매자 가운데 한 명이라도 평가가치가 0이면 경매는 0에서 멈추고 가격은 0에서 형성된다. 두 구매자가 모두 V의 가치를 갖는다면 경매는 V까지 계속되고 경매자가 받는 가격은 V원이 된다. 그런데, 두 구매자가 모두 V의 평가가치를 가질 확률은 $\frac{1}{4}(=\frac{1}{2}\times\frac{1}{2})$이므로, 판매자의 기대수익은 $\frac{V}{4}$단위$(=\frac{3}{4}\times 0+\frac{1}{4}\times V)$이다.

Practice 12-1

본문 모형을 일반화하여 $V_H>V_L\geq 0$이며 개별 구매자가 고평가(V_H)일 확률을 β, 저평가(V_L)일 확률을 $(1-\beta)$라고 가정하자. 영국식 경매에서 구매자의 균형 전략을 구하고 경매인의 기대수익을 구하라.

구매희망자가 n명인 경우

구매희망자가 두 명인 상황을 연장하여 구매희망자가 여러 명인 경우를 살펴보자. 구매희망자의 수가 많아질수록 그들 간의 경쟁이 치열해져 판매자의 기대수익이 증가한다. 구매희망자가 n명인 경우 판매자의 기대수익을 계산해보자. 구매희망자 n명의 평가가치가 모두 0이라면 가격은 0으로 결정된다. 구매희망자

중에 $(n-1)$명의 평가가치가 0이고 단 한 명의 평가가치가 V인 경우, 경매가 시작되자마자 평가가치가 0인 사람들은 모두 경매를 포기하고 한 사람만 남을 것이므로 가격은 역시 0으로 결정된다. 구매희망자 중에 최소 두 명 이상의 평가가치가 V라면 가격은 V로 결정된다. 결국 구매희망자가 n명일 때 판매자의 기대수익은 식 12.2와 같다.

$$
\begin{aligned}
&\text{판매자의 기대수익} \\
&=[n\text{명 또는 }(n-1)\text{명의 평가가치가 0일 확률}]\times 0 \\
&\quad +[\text{최소 2명 이상의 평가가치가 }V\text{일 확률}]\times V \\
&=\left[1-\frac{n+1}{2^n}\right]V
\end{aligned}
\tag{12. 2}
$$

식 12.2에 나타난 판매자의 기대수익은 구매희망자의 수 n이 커질수록 V에 근접한다. 예컨대 $n=4$일 때 판매자의 기대수익은 $\frac{11}{16}V$단위($\approx 0.69V$)이고 $n=7$일 때 기대수익은 $\frac{15}{16}V$단위($\approx 0.94V$)이다.

경매인이 구매희망자들의 평가가치를 정확히 알고 있을 경우 기대수입을 계산해보자. 구매희망자 전원이 저평가 수요자라면 판매자는 0단위의 보수를 얻을 것이다. 반면 구매희망자 n명 가운데 고평가 구매자가 한 명이라도 있다면 그에게 최후통첩협상 방식의 제안을 통해 판매자는 V단위만큼의 보수를 얻게 된다. 결국 경매인의 기대수입은 $\left[1-\frac{1}{2^n}\right]V$이다. 완비정보하의 판매자 기대수익과 미비정보하의 그것 간에 차이는 $\frac{n}{2^n}V$이다. 이는 판매자가 구매희망자들의 평가가치를 알지 못하기 때문에 발생한다는 의미에서 '정보비용' 혹은 '정보지대'(information rent)라 부른다.

12.2.2 차가 경매

구매자들은 각자 입찰가를 밀봉하여 제출하고 경매자가 모든 입찰가를 동시에 개봉한다. 최고가를 적어 낸 구매자가 경매물품을 획득하지만 낙찰자는 자신

이 적어 낸 가격이 아니라 탈락한 입찰가 중에 가장 높은 액수를 지불한다.[5]

구매자의 최적전략과 기대보수를 살펴보자. 과다입찰불가정리에 의하여, 저평가 구매자는 입찰가 0을 써 내는 것이 최선의 전략이다. 베이즈내쉬균형에서 고평가 구매자는 자신의 주관적 가치 V를 입찰가로 써낸다. 주관적 가치가 V인 구매자 철수가 V보다 낮은 입찰가 $0.9V$를 써낸다고 하자. 만일 경쟁 구매자 순이의 평가가치가 0이라면, 철수는 얼마를 써내더라도 항상 낙찰되므로 $0.9V$를 써 내더라도 상관없다. 그런데 순이의 평가가치도 V라고 하자. 이때 순이가 $0.9V$보다 크고 V보다 작은 입찰가(예컨대 $0.95V$)를 써내면 $0.9V$를 써낸 철수는 탈락하고 경매물품을 놓치게 된다. 그런데, 순이가 고평가 구매자일 확률이 50%이므로 철수는 $0.9V$를 써냄으로써 경매물품을 놓칠 확률이 50%이다. 순이가 $0.95V$를 써낸다는 가정하에 철수는 $0.9V$대신에 $0.95V$와 V사이의 가격— 예컨대 $0.97V$— 을 입찰가로 써내는 편이 낫다. 이러한 논리를 계속 적용하면 결국 고평가 구매자는 V를 입찰가로 써내는 것이 약우월전략임을 알 수 있다. 고평가 구매자가 자신이 낼 용의가 있는 최대액수인 V를 입찰가로 써내는 경우, 기대보수는 식 12.1과 동일한 논리로 $\frac{V}{2}$단위이다.

판매자의 기대수익을 구해 보자. 판매자에게 지불되는 가격은 두 입찰가 중에 낮은 가격이다. 따라서 두 구매자 가운데 한 사람이라도 평가가치가 0인 자가 있는 경우 가격은 0으로 형성된다. 두 구매자 모두 고평가 구매자일 때에만 둘 다 V를 입찰가로 써낼 것이므로 낙찰자가 지불하는 가격은 V가 된다. 따라서 경매인의 기대수익은 $\frac{V}{4}$단위이다.

이상의 논의를 요약하자. 개별 구매자의 최적전략은 평가가치를 입찰가로 써내는 진실현시이다. 저평가 구매자의 기대효용은 0이고, 고평가 구매자의 기대보수는 $\frac{V}{2}$단위이다. 경매인의 기대수익은 $\frac{V}{4}$단위이다. 차가 경매에서 구매자의 전략, 경매결과, 지불가격, 경매자의 기대수익등 경매결과가 영국식 경매의 그것과 정확히 일치한다. 영국식 공개구두경매에서 두 구매자 가운데 한 사람이라도

5 차가 경매를 이론적으로 연구한 학자는 비크리(William Vickrey)였지만 이 방식이 사용된 것은 19세기 우표수집가들에게 거슬러 올라간다. Moldovanu and Tietzel(1998)에 따르면 1797년 독일의 문호 괴테(Johann W. von Goethe)가 자신의 원고를 차가입찰 방식에 의하여 출판업자에게 팔았다고 한다.

저평가 구매자일 경우 경매는 시작되자마자 멈추고 가격은 0에서 결정된다. 두 구매자 모두 고평가 구매자라면 입찰경쟁은 V까지 계속될 것이고 낙찰자는 추첨에 의하여 결정되는데 이때 판매자에게 지불하는 가격은 V이다. 차가 경매에서는 두 입찰가 중에 낮은 가격을 지불하므로, 두 구매자 가운데 한 사람이라도 저평가 구매자라면 판매자는 0의 가격을 받는다.

12.2.3 최고가 경매

최고가 경매에서 낙찰자는 자신이 써낸 입찰가를 판매자에게 지불한다. 최고가 경매에서 개별 입찰자의 전략은 무엇인가? 입찰에 응하는 구매희망자는 자신의 평가가치가 가장 높다고 가정하고 입찰 전략을 세운다. 개별 응찰자의 이러한 가정이 사실이 아니라면—자신의 가치평가가 가장 높지 않기 때문에 경매에 이기지 못한다면—경매물품을 얻지 못하고 돈도 낼 필요가 없으므로 아래의 논의에 영향을 미치지 못한다. 개별 응찰자는 자신의 평가가치가 가장 높다는 가정하에 두 번째로 높은 평가가치가 얼마일까 고민한다. 이 입찰자는 두 번째로 높은 평가가치가 상당히 낮으리라고 추측한다면 자신의 평가가치에서 상당히 많이 절삭(切削, shaving)한 입찰가를 써낼 것이다. 반면 자신의 평가가치와 두 번째로 높은 평가가치 사이에 별 차이가 없으리라고 추측한다면 자신의 평가가치에서 조금만 절삭한 입찰가를 적어낼 것이다. 고평가 구매자의 기대보수는 다음과 같다.

$$\text{기대보수} = [\text{자신의 입찰가가 낙찰될 확률}] \times [V - \text{지불가격}]$$

개별 응찰자가 자신의 평가가치에 비해 지나치게 낮은 가격을 써내면 낙찰시 높은 잉여를 얻지만 낙찰 가능성이 높지 않다. 반면 개별 응찰자가 자신의 평가가치에 가까운 응찰가를 적어내면 낙찰 확률은 높아지지만 낙찰시 얻게될 잉여가 작다. 결국 개별 응찰자는 낙찰 확률과 낙찰시 얻는 잉여의 상충관계(trade-off)를 감안하여 최적 응찰가를 적어 낸다.

최고가 경매에서 개별 구매자의 전략과 판매자의 기대수익을 구해 보자. 과

그림 12-1 **최고가 경매에서 고평가 구매자의 입찰가격 결정 균형 혼합전략**

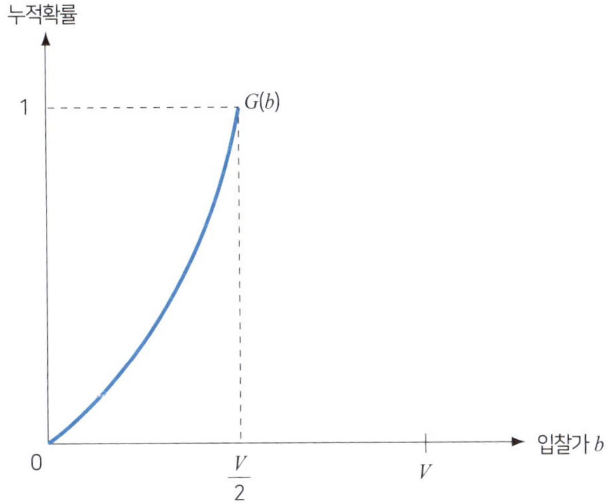

다입찰불가정리에 의하여 경매물품의 가치를 0으로 평가하는 저평가 구매자의 최적전략은 입찰가 0이라고 쓴 봉투를 경매자에게 제출하는 것이다. 이제 평가 가치가 V인 고평가 구매자의 전략과 기대보수를 살펴보자. 일반적으로 최고가 경매에서 주관적 가치가 양(+)인 구매자의 최적전략은 일정한 구간에서 정의된 혼합전략의 형태를 갖는다는 사실이 증명되어 있다(본장의 부록인 12.7절을 참조). 고평가 구매자의 균형 전략 도출은 조금 뒤로 미루고 먼저 결과를 설명하자. 두 구매희망자가 참여하는 최고가 경매에서 고평가 구매자는 0과 $\frac{V}{2}$ 사이에 분포하는 식 12.3의 누적확률분포 $G(b)$에 따라 입찰가를 임의로 추출하여 써 내는 것이 최선이다. 〈그림 12-1〉은 균형 누적확률분포의 모양을 나타내는 그래프이다.

$$G(b) - \frac{b}{V-b} \qquad (12.\ 3)$$

(여기서, $0 \le b \le \frac{V}{2}$)

이상의 논의를 요약하자. 저평가 구매자는 입찰가 0을 써 내는 것이 최선의 전략이다. 고평가 구매자는 식 12.3에 나타난 누적확률분포에 의하여 입찰가를 임의로 추출하여 써 내는 것이 최선의 전략이다.[6] 두 구매자의 평가가치가 모두 V일 경우, 양자의 혼합전략에 의한 입찰가의 실현에 따라 사후적으로는 구매자1이 낙찰될 수도 있고 구매자2가 낙찰될 수도 있다. 이때 고평가 구매자의 사전적(事前的) 기대보수는 $\frac{V}{2}$이다. 또한 제3장 3.2.3항 정리 3−1에 의하여 혼합전략 균형의 개념상 $[0, \frac{V}{2}]$ 내에 있는 어떠한 입찰가도 동일한 기대보수를 가져다 준다.

고평가 구매자의 균형 전략 도출

평가가치가 V인 구매자가 b보다 작거나 같은 액수의 입찰가를 적어낼 확률을 $G(b)$라고 놓자. 입찰가 b는 최소 0에서 최고 $\bar{b}$ 사이에서 연속적으로 분포한다고 가정하면, 누적확률분포 $G(b)$의 정의에 의하여 $G(0)=0$ 및 $G(\bar{b})=1$이다. 과다입찰불가의 원칙에 의하면 당연히 $\bar{b} \leq V$가 성립한다.

개별 구매자들이 혼합전략 $G(b)$을 사용한다고 가정할 때 고평가 구매자의 기대보수는 다음과 같다.

$$
\begin{aligned}
u_V(b) &= ([\text{상대방 가치가 0일 확률}] + [\text{상대방 가치가 } V\text{일 확률}] \\
&\quad \times [\text{상대방 입찰가가 } b\text{이하일 확률}]) \times (V-b) \\
&= \left(\frac{1}{2} + \frac{1}{2}G(b)\right)(V-b) \qquad (12.\ 4)
\end{aligned}
$$

혼합균형에서 선택될 가능성이 있는 어떠한 순수전략도 모두 똑같은 기대보수를 가져다 준다는 사실을 기억하자. 이는 최저입찰가 $b=0$이 가져다 주는 기대효용과 최고입찰가 $b=\bar{b}$가 가져다 주는 기대보수가 동일함을 의미한다. 그런데 $u_V(0)=\frac{V}{2}$ 및 $u_V(\bar{b})=V-\bar{b}$이고, 혼합균형의 개념상 $u_V(0)=u_V(\bar{b})$이므로 $\bar{b}=\frac{V}{2}$이다. 즉, 고평가 구매자는 구간 $\left[0, \frac{V}{2}\right]$에서 누적확률분포 $G(b)$에 의하여 입찰가 b를 임의로 선택하여 판매자에게 제출한다.

이제 혼합균형 $G(b)$가 구체적으로 어떠한 형태를 갖는지 계산해 보자. 고평

---

6 균형 혼합전략을 확률밀도함수(pdf: probability density function) 형태로 표현하면, 누적확률분포함수를 미분하여 구한 $G'(b)=\frac{V}{(V-b)^2}$ (여기서, $b\in\left[0, \frac{V}{2}\right]$)이다.

가 구매자의 목표는 자신의 기대보수(식 12.4)를 극대화하는 입찰가 b를 써 내는 것이다. 기대효용 $u_V(b)$를 선택변수 b로 미분하여 이를 0으로 놓고 정리하면, 효용극대화의 필요조건이 도출된다.

$$u_V'(b) = -\left(\frac{1}{2}+\frac{1}{2}G(b)\right)+\frac{1}{2}G'(b)(V-b)=0 \qquad (12.5)$$

식 12.5는 두 경계조건 $G(0)=0$과 $G\left(\frac{V}{2}\right)=1$을 가진 1차 동질적 전미분방정식(the first-order homogeneous ordinary differential equation)이다. 식 12.5의 양변을 정리하면 식 12.6이 된다.

$$\frac{\frac{1}{2}G'(b)}{\frac{1}{2}+\frac{1}{2}G(b)}=\frac{1}{V-b} \qquad (12.6)$$

식 12.6의 양변을 적분하여 정리하면 다음을 얻는다.

$$\int\frac{\frac{1}{2}G'(b)}{\frac{1}{2}+\frac{1}{2}G(b)}db=\int\frac{1}{V-b}db$$

$$\ln\left(\frac{1}{2}+\frac{1}{2}G(b)\right)=-\ln(V-b)+\ln k$$

$$\frac{1}{2}+\frac{1}{2}G(b)=\frac{k}{V-b} \qquad \text{(여기서, } k\text{는 적분계수)} \qquad (12.7)$$

미분방정식 풀이의 마지막 단계는 주어진 두 경계조건을 이용하여 적분계수 k를 계산하는 것이다. 경계조건 $G(0)=0$이나 $G\left(\frac{V}{2}\right)=1$을 식 12.7에 대입하면 $k=\frac{V}{2}$이 구해진다. 이를 식 12.7에 대입하여 정리하면 혼합전략 균형하의 누적확률분포가 식 12.3으로 계산된다.

최고가 경매에서 저평가 구매자의 균형 기대보수는 0단위이다. 고평가 수요자의 기대보수는 식 12.3의 균형 전략을 기대보수함수인 식 12.4에 대입함으로써 구하는데, $\frac{V}{2}$임이 간단히 계산된다. 이는 구간 $\left[0, \frac{V}{2}\right]$에 있는 어떠한 입찰가를 추출하더라도 동일한 기대보수를 가져다준다는 혼합전략의 개념상 자명하다.

Practice 12-2

개별 구매자가 고평가일 확률이 β인 경우 최고가 입찰 고평가 구매자의 균형 전략을 구하라.

일반적으로 자신의 평가가치에서 얼마나 절삭한 금액을 입찰가로 적어 내느냐 하는 것은 경매에 참여하는 구매희망자의 수 n에 달려 있다. 저평가 구매자는 항상 0을 적어 낼 것이므로 논외로 하자. 고평가 구매자는 $\left(\frac{1}{2}\right)^{n-1}V$를 절삭하고 0에서 $\left[1-\left(\frac{1}{2}\right)^{n-1}\right]V$ 구간에서 연속확률분포에서 임의로 입찰가를 추출하여 제시하는 것이 최적이다.[7] 구매희망자의 수 n이 많아질수록 구매자들이 절삭하는 액수가 작아지므로 판매자의 기대수익은 증가한다.

판매자의 기대수익

최고가 경매에서 판매자의 기대수익을 계산하자. 구매자가 두 명이므로 평가가치 값에 따라 세 경우가 발생할 수 있다. 첫째, 둘 다 저평가 구매자일 경우 각자는 0원을 적어 낼 것이므로 경매 수익은 0이 된다. 둘째, 한 사람은 저평가 구매자이고 나머지 한 사람은 고평가 구매자일 경우 전자는 0의 입찰가를 적어 내고 후자는 식 12.3에 따라 입찰가를 추출하여 적어 낼 것이다. 이 경우 경매인의 기대수익은 고평가 구매자가 적어 내는 입찰가와 같게 된다. 셋째, 둘 모두 고평가 구매자일 경우 낙찰가는 두 사람이 적어 내는 입찰가 중 큰 값이 될 것이다.[8] 위의 세 경우가 발생할 확률이 각각 $\left(\frac{1}{2}\right)^2$, $2\left(\frac{1}{2}\right)^2$, $\left(\frac{1}{2}\right)^2$이므로, 경매자의 기대

---

7 고평가 수요자가 $[0, \bar{b}]$ 구간에서 확률분포 G에 따라 입찰가를 임의선택하는 것이 최적전략이라고 가정하자. 입찰가로 $\bar{b}$를 적어 낸다면 그가 낙찰 받을 확률은 1이므로 기대보수는 $(V-\bar{b})$이다. 반면 입찰가로 0(정확히는 0에 가까운 값 ε)을 적어 내는 경우 나머지 $(n-1)$명의 경쟁자가 모두 저평가 수요자여야만 낙찰 받게 되며 따라서 그의 기대보수는 $\left(\frac{1}{2}\right)^{n-1}V$가 될 것이다. 혼합전략 균형의 개념상 그가 구간의 최고인 $\bar{b}$를 적어 내든 최저가인 0을 적어 내든 똑같은 기대보수를 얻어야 한다. 따라서 $V-\bar{b}=\left(\frac{1}{2}\right)^{n-1}V$가 성립해야 한다. 결국 $\bar{b}=\left[1-\left(\frac{1}{2}\right)^{n-1}\right]V$이고, 이는 절삭금액이 $\left(\frac{1}{2}\right)^{n-1}V$임을 의미한다.

8 확률변수 $X_1, X_2, \cdots, X_K$가 각각 누적확률분포 F를 따르며 상호독립이라고 하자. 확률변수 $Y=\max\{X_1, X_2, \cdots, X_K\}$는 누적확률분포 $(F)^K$를 따른다. 누적확률분포의 정의상

$$\Pr(Y=\max\{X_1, X_2, \cdots, X_K\}\leq y)$$
$$=\Pr(X_1\leq y, X_2\leq y, \cdots, X_K\leq y)$$

수익은 다음과 같다.[9]

$$\left(\frac{1}{2}\right)^2 \times 0 + 2\left(\frac{1}{2}\right)^2 \int_0^{\frac{V}{2}} b dG(b) + \left(\frac{1}{2}\right)^2 \int_0^{\frac{V}{2}} b d[G(b)]^2 \qquad (12.8)$$

식 12.8의 둘째와 셋째 항의 적분값을 부분적분법을 적용하여 계산하면[10] 경매인의 기대수익 $\frac{V}{4}$가 얻어진다.

Practice 12-3

개별 구매자가 고평가(V_H)일 확률을 β, 저평가(V_L)일 확률을 (1-β)라고 하자($V_H > V_L \geq 0$). 경매인은 두 명의 구매희망자를 상대로 최고가 경매로 물건을 판매하려 한다.

(1) 저평가 구매자의 베이즈내쉬균형 전략은 V_L을 제시하는 것임을 논증하시오.

(2) 고평가 구매자의 기대보수함수를 세운 다음 균형 전략을 구하시오.

(3) 경매인의 기대수익을 구하라. 이 값이 연습문제 12-1에서 구한 영국식 경매의 경우와 동일함을 확인하시오.

$= \Pr(X_1 \leq y)\Pr(X_2 \leq y)\cdots\Pr(X_K \leq y) \quad \because X_1, X_2, \cdots, X_K$가 상호독립이므로

$= F(y)F(y)\cdots F(y) \quad \because X_1, X_2, \cdots, X_K$가 각각 누적확률분포 F를 따르므로

$= [F(y)]^K$

9 확률변수 b가 누적확률분포 $G(b)$와 확률밀도함수 $g(b) \equiv G'(b)$를 따를 때 기댓값은 $\int b dG(b)$ 혹은 $\int b g(b) db$이다.

10 $\int_0^{\frac{V}{2}} b dG(b) = bG(b)\Big|_0^{\frac{V}{2}} - \int_0^{\frac{V}{2}} G(b) db = \frac{V}{2} + \int_0^{\frac{V}{2}} \left(1 - \frac{V}{V-b}\right) db$

$= \frac{V}{2} + \Big[b + V\ln(V-b)\Big]_0^{\frac{V}{2}} = (1 - \ln 2)V$

$\int_0^{\frac{V}{2}} b d[G(b)]^2 = b[G(b)]^2\Big|_0^{\frac{V}{2}} - \int_0^{\frac{V}{2}} [G(b)]^2 db = \frac{V}{2} - \int_0^{\frac{V}{2}} \left[\frac{V^2}{(V-b)^2} - \frac{2V}{(V-b)} + 1\right] db$

$= \frac{V}{2} - \left[\frac{V^2}{V-b} + 2V\ln(V-b) + b\right]\Bigg|_0^{\frac{V}{2}} = (2\ln 2 - 1)V$

12.2.4 네덜란드식 경매

경매인이 매우 높은 가격으로부터 시작하여 가격을 점점 내려 부르다가 맨 처음 손을 드는 구매자에게 판매하는 방식으로서 공개내림경매라고도 부른다. 고평가 구매자는 경매자가 V보다 낮은 가격을 부를 때 손을 들고 구매의사를 표현할 것이다. 만일 V를 부르는 순간 손을 들면 경매물품은 확실히 획득할 수 있으나 이 경우 얻는 효용은 0으로서 경매에 불참할 경우보다 나을 것이 없기 때문이다. 지금까지 아무도 손을 들지 않았다는 가정하에 구매희망자는 자신의 가치평가가 가장 높다고 간주하고 두 번째로 높은 평가가치가 얼마일까 고민한다. 이 구매희망자는 두 번째로 높은 평가가치가 상당히 낮으리라고 추측한다면 자신의 평가가치에서 상당히 많이 절삭한 호가(呼價)에서 손을 들 것이다. 반면 자신의 평가가치와 두 번째로 높은 평가가치 사이에 별 차이가 없으리라고 추측한다면 자신의 평가가치에서 조금만 절삭한 가격에서 손을 들 것이다.

개별 응찰자가 자신의 평가가치에 비해 가격이 지나치게 낮아지도록 기다리면 도중에 누군가 손을 들고 물건을 가져갈 확률이 높아진다. 반면 가격이 자신의 평가가치 아래로 내려가자마자 손을 들면 낙찰확률은 높지만 낙찰시 얻는 효용이 낮다. 결국 개별 응찰자는 낙찰확률과 낙찰시 얻는 효용의 상대적인 크기를 비교하여 손을 드는 시점을 결정한다. 이와 같은 논리를 적용하면, 네덜란드식 경매에서 구매자의 전략은 최고가 경매에서 구매자의 전략과 똑같음을 알 수 있다.

저평가 구매자는 끝까지 손을 들지 않고 기다리다가 0을 부르는 순간 손을 든다. 물론 중간에 다른 구매자가 손을 들어 구매의사를 밝히면 그것으로 끝난다. 고평가 구매자는 누적확률분포 $G(b)=\dfrac{b}{V-b}$에 의하여 구간 $\left[0, \dfrac{V}{2}\right]$에서 입찰가를 임의로 선택한 다음, 자신이 선택한 가격을 경매자가 부르는 순간 손을 들고 구매의사를 밝힌다. 구매자의 기대효용 및 경매자의 기대수익을 계산하면 최고가 경매의 경우와 정확히 똑같다.

12.3 수익동등정리와 효율성

우리는 전형적인 네 가지의 경매 방식에서 구매자의 전략과 기대효용을 분석했다. 또한 영국식 경매나 차가 경매에서 판매자의 기대수익을 계산해 보았다. 최고가 경매 혹은 네덜란드식 경매에서 판매자의 기대수익도 동일하다. 구매희망자의 기대효용과 경매인의 기대수익은 경매방식에 상관없이 동일한데, 이를 수익동등정리(Revenue Equivalence Theorem)라 부른다. 평가가치의 가능한 값이 둘뿐이고($v=0$ 혹은 $v=V$) 각각의 사전확률이 반반인 단순모형에서 경매인의 기대수익은 항상 $\frac{V}{4}$이었다. 뿐만 아니라 베이즈내쉬균형에서 평가가치가 가장 높은 구매희망자가 반드시 경매물품을 획득한다는 점에서 네 경매방식 모두 효율성을 충족한다.

경매인의 기대수익을 명시적으로 계산하지 않더라도 다음과 같이 논증할 수도 있다. 저평가 수요자의 기대보수는 경매 방식에 무관하게 0단위이다. 영국식 경매와 최고가 경매에서 고평가 수요자의 기대보수는 $\frac{V}{2}$임은 12.2.1항과 12.2.3항에서 각각 보였다. 경매방식에 관계없이 물품을 가장 높게 평가하는 구매희망자가 낙찰 받으므로 효율성이 성립한다. 또한 구매자의 보수와 판매자의 기대수익을 더한 값이 사회후생인데, 위험중립적 경매인과 위험중립적 구매자가 주고받는 금액은 상쇄되어 사회후생에는 영향을 미치지 않는다.[11] 이상의 사실을 종합하면, 경매인의 기대수익은 영국식 경매건 최고가 경매에서건 동일함을 알 수 있다.

단순모형에서뿐만 아니라 보다 일반모형에서도 사적가치, 위험중립, 담합배제가 전제된다면 수익동등정리는 항상 성립한다. 평가가치의 가능한 값이 두 개가 아니라 세 개인 경우로 일반화해보자. 평가가치가 $\{0, V_m, V_H\}$ (여기서, $0<V_m<V_H$)이며, 사전확률분포가 $\{\pi_0, \pi_m, \pi_H\}$ (당연히, $\pi_0+\pi_m+\pi_H=1$)이라 하자.

---

11 개인의 보수함수가 효용 부분과 지불금액 부분으로 가산분리되는(additively separable) 형태를 준선형(quasi-linear) 효용함수라 부른다. 획득재화량을 c, 지불액을 T라고 놓으면 $U(c, T) = u(c)-T$의 형태를 갖는다. 경매인이 위험중립적이며 구매희망자들이 준선형 효용함수를 가지는 경우, 둘 간에 주고받는 금액이 상쇄되어 사회후생에는 영향을 미치지 않는다. 이는 애로우(Arrow)의 사회선호함수 존재 불가능성 정리를 게임 상황으로 확장한 기버드-새터스웨이트(Gibbard-Satterthewaite)의 사회선택함수 존재 불가능성 및 메커니즘 설계 이론과 관련하여 중요한 함의를 갖는다. 관심 있는 독자는 본서의 제19장 19.1절이나 졸저 『공공경제론』(2019) 제16장 16.4절을 참조하라.

영국식 경매의 베이즈내쉬균형에서 구매희망자는 자신의 평가가치에 다다를 때까지만 구매의사를 표시한다. 경매인의 입장에서 볼 때, 두 구매희망자 가운데 한 명이라도 평가가치가 0이라면 수익은 0원이다. 최소 한 명의 평가가치가 V_m인 경우 경매 수익은 V_m원이고, 둘 모두의 평가가치가 V_H인 경우 경매 수익은 V_H원이다. 결국 경매인의 기대수익은 $[(\pi_m)^2+2\pi_m\pi_H]V_m+(\pi_H)^2V_H$이다.

최고가 경매에서 구매자의 균형 전략은 다음과 같다. 평가가치가 0인 구매자는 0을 써낸다. 평가가치가 V_m이면 구간 $[0, \bar{b}]$에서 누적확률분포 $G_m(b)$로부터 입찰가를 무작위로 선택한다. 평가가치가 V_H라면 구간 $[\bar{b}, \bar{B}]$에서 누적확률분포 $G_H(b)$에 따라 입찰가를 선택한다. 이제 $\bar{b}$와 $\bar{B}$값을 구해보자. 평가가치가 V_m인 구매자가 입찰가 $b\in[0, \bar{b}]$을 써 낼 경우 기대보수는 $u_m(b)=\Pr(b>b_{경쟁자})(V_m-\bar{b})$이다. 그가 0에 가까운 값을 써 낼 경우 경쟁자의 평가가치가 0이어야만 이길 수 있으므로 기대보수는 π_0V_m이다. 그가 $\bar{b}$에 가까운 값을 써 낼 경우 경쟁자의 평가가치가 0 혹은 V_m이면 확실히 이기고 V_H라면 확실히 패하므로 기대보수는 $(\pi_0+\pi_m)(V_m-\bar{b})$단위이다. 혼합전략의 개념상 두 기대보수가 일치해야 하므로 $\bar{b}=\frac{\pi_m}{\pi_0+\pi_m}V_m$이다. 마찬가지 논리와 방법으로 고평가 구매희망자의 경우 식 $(\pi_0+\pi_m)(V_H-\bar{b})=V_H-\bar{B}$가 성립해야 하므로 $\bar{B}=\pi_mV_m+\pi_HV_H$가 구해진다.

최고가 경매에서 중평가 구매자의 혼합전략 $G_m(b)$와 고평가 구매자의 혼합전략 $G_H(b)$를 12.2.3항의 기본모형과 유사한 방법으로 구하면 다음과 같다.

$$G_m(b)=\frac{\pi_0}{\pi_m}\frac{b}{V_m-b} \quad (\text{구간 } b\in[0, \bar{b}]) \tag{12. 9a}$$

$$G_H(b)=\frac{\pi_0+\pi_m}{\pi_H}\frac{b-\bar{b}}{V_H-b} \quad (\text{구간 } b\in[\bar{b}, \bar{B}]) \tag{12. 9b}$$

$$(\text{여기서, } \bar{b}\equiv\frac{\pi_m}{\pi_0+\pi_m}V_m,\ \bar{B}\equiv\pi_mV_m+\pi_HV_H)$$

경매인의 기대수익은 다소 복잡한 계산을 거쳐서 $[(\pi_m)^2+2\pi_m\pi_H]V_m+(\pi_H)^2V_H$임을 알 수 있는데, 이는 영국식 경매에서의 그것과 똑같다.

Practice 12-4

식 12.9a 및 식 12.9b를 도출하시오.

구매희망자가 여럿 있고 그들의 평가가치가 아무 실수 값이라도 가질 수 있는 일반모형에서도 수익동등정리는 성립한다. 경매인이 하나의 물품을 n명 가운데 한 명에게 판매하려고 한다. 개별 구매희망자의 평가가치 v는 구간 $[0, V]$에서 누적확률분포함수 $F(v)$(확률밀도함수 $f(v) \equiv F'(v)$)에 따라 독립적으로 분포한다. 구매희망자는 자신의 평가가치를 알지만 경쟁자들의 평가가치는 관찰할 수 없으며 다만 누적확률분포함수 F에 따라 분포한다는 사실만 안다.

연습문제 해답지의 제12장 부록에서는 이러한 상황에서 개별 구매희망자의 최적전략을 도출하고 각 경매방식이 경매인에게 주는 기대수입이 동일함을 증명한다. 첫째, 영국식 경매나 차가 경매에 참가하는 구매희망자i의 우월전략은 자신의 평가가치 v_i에 도달할 때까지 구매의사를 밝히다가 호가가 v_i를 넘어서는 순간 입찰을 포기하는 것이다. 즉, 진실현시가 최적전략이다. 둘째, 최고가 경매나 네덜란드식 경매에 참가하는 구매희망자i의 베이즈내쉬균형 전략은 자신의 평가가치 v_i에서 일정액을 절삭한 입찰가 $b(v_i)$를 제시하는 것이다. 균형 전략 $b(v_i)$는 내생적으로 결정되며, 절삭액은 $(v_i - b(v_i)) > 0$이다. 셋째, 네 방식 모두 경매인에게 동일한 기대보수를 가져다 준다.

정리 12-2

[수익동등정리] 다음 (i) 구매희망자들이 모두 위험중립적이며, (ii) 경매물품에 대하여 사적 가치를 가지며, (iii) 담합이 불가능하다고 가정하자. 효율성을 충족하는(가장 높은 평가가치를 가진 구매자가 낙찰자로 선정되는) 경매 방식은 무엇이건 동일한 기대수익을 경매인에게 가져다준다.

영국식, 네덜란드식, 최고가 입찰, 차가 입찰, 전원지불 경매 방식은 모두 효율성을 충족하므로, 동일한 기대수익을 경매인에게 가져다준다. 경매인의 기대수익은—효율성을 충족하는 한—경매방식과는 무관하며 구매자의 평가가치의 분포에만 의존한다. 다시 말해서, 경매인이 구매희망자들의 평가가치를 알지 못하는 미비정보하에서도 경매인은 어떤 경매방식을 선택하든 무차별하다.[12] 역으로 사적가치, 위험중립, 담합배제라는 세 가정 가운데 하나라도 위배된다면 수익동등정리는 불성립할 수 있는데 12.4절~12.6절에 걸쳐서 차례로 다루고자 한다.

다른 한편, 효율성을 충족하지 않는 경매 방식은 효율성을 충족하는 방식들과 상이한 경매수익을 가져다줄 수 있다. 연습문제 12-5가 보여주듯, 차가 경매의 경우 경매인이 입찰참가비를 부과함으로써 더 높은 기대수익을 얻을 수도 있다. 그러나 참가비를 부과하는 차가 경매는 효율성을 위배하기 때문에 수익동등정리와 모순되지 않는다.

Practice 12-5

구매희망자는 두 명이며, 경매인은 차가 경매 방식으로 물품을 판매하고자 한다. 개별 구매자의 평가가치는 구간 [0, 1]에서 균등분포한다고 가정하자.

(1) 참가비가 없는 경우, 구매자의 베이즈내쉬균형 전략과 경매인의 기대수익을 구하라.

이제 구매자는 경매인이 정한 참가비 λ원을 지불해야 입찰에 참가할 수 있다고 하자.

(2) 개별 구매자의 베이즈내쉬균형 전략을 구하라. (힌트: 입찰 참가와 불참 간에 무차별한 평가가치를 참가비 λ의 함수로 먼저 구하시오.)

(3) 경매인의 기대수익을 참가비 λ의 함수로 세워라.

(4) 위 (3)의 기대수익 극대화 문제를 풀고, 이 결과가 수익동등정리를 위배하는지 설명하라.

---

12 행동주의자들이나 실험경제학자들은 수익동등정리가 성립하지 않는다는 연구결과를 지속적으로 발표해왔다. Kagel, Harstad and Levin(1987)에 따르면, 비크리경매에서 입찰가는 사적가치를 훌쩍 넘는 반면 영국식 경매에서의 입찰가는 사적가치보다 약간 낮은 경향이 있다. Lucking-Reiley(1999)는 온라인 경매 실험에서 입찰참가자들이 다수일 경우 비크리경매 낙찰가가 영국식 경매의 낙찰가보다 높았으나 입찰참가자들이 소수일 경우에는 엇비슷하거나 심지어 영국식 경매의 낙찰가가 더 높기도 하였다는 연구결과를 발표하였다. Cox, Roberson and Smith(1982)도 네덜란드식 경매에서 입찰가들이 최고가 경매에서의 입찰가들보다 낮은 경향이 있으나 두 방식 모두 비크리경매에서의 입찰가보다는 유의적으로 높다는 실험결과를 발표한 바 있다. 다른 한편 Lucking-Reiley(1999)는 앞서 언급한 온라인 카드 경매 실험에서 네덜란드식 경매에서의 입찰가가 최고가밀봉 방식에서의 입찰가보다 훨씬 높다는 정반대의 결과를 보고하기도 하였다. 이러한 실험 결과들을 행동주의적 시각에서 설명한 교재로는 Just(2013) 5장을 참조하기 바란다.

12.4 공통가치 경매와 승자의 저주

12.2절에서는 경매물품에 대한 평가가치 혹은 추정비용이 구매자 간에 독립적으로 분포한다는 가정하에 경매를 분석하였다. 그러나 현실에서는 경매물품에 대한 평가가치 혹은 비용추정이 타 구매자의 그것과 밀접한 상관관계를 갖는 경우도 많다. 건설공사 입찰에서 내가 추정한 공사비가 높으면 타 입찰자들이 추정한 공사비도 높을 가능성이 많고 반대로 나의 추정비용이 낮으면 타 입찰자들의 추정비용도 낮을 가능성이 높다. 본절에서는 경매물품의 실제가치가 존재하며 구매자들이 나름대로의 정보 및 추정에 의하여 얻은 평가가치에 기초하여 경매에 참여하는 상황을 분석한다. 구매자간 평가가치 혹은 추정비용은 대게 정(+)의 상관관계를 갖는다.

입찰참가자가 두 명일 경우 영국식 경매나 차가 경매에서는 평가가치가 독립적이건 상관관계를 갖건 기대수익이 달라지지 않는다. 영국식 경매에서 구매자의 최적전략은 자신의 평가가치에 도달할 때까지만 손을 들고 있다가 내리는 것이다. 차가 경매에서 구매자의 최적전략은 자신의 평가가치를 써내는 것이다. 따라서 상대방의 추정치가 나의 평가가치와 상관관계가 있다고 믿든 그렇지 않든 구매자의 전략에는 차이가 없고 당연히 경매자의 기대수익도 같다.

입찰참가자가 셋 이상일 경우 영국식 경매에서는 중간에 손 내리는 자들로부터 실제 가치에 대한 추가적인 정보를 얻을 수 있다. 가치를 매우 높게 평가한 구매자는 다른 참가자들이 중간에 줄줄이 손을 내리는 것을 보면서 자신이 지나치게 낙관적으로 평가하였음을 알아채고 추정치를 하향조정할 것이다. 차가 경매에서는 그러한 추가 정보를 얻을 기회가 없으므로 영국식 경매와 달라진다 (Milgrom and Weber 1982, p.1104).

공통가치가 존재하는 상황에서 최고가 경매를 이야기할 때 자주 등장하는 가설로서 '승사의 저주'(winner's curse)가 있다. 정부가 간척사업을 민간에게 맡기기 위해 최고가 경매를 부치려는 상황을 고려하자. 간척사업의 객관적인 가치가 존재한다는 점에서 이 경매는 입찰참가자들의 추정치가 양(+)의 상관관계를 갖는 공통가치의 성격을 갖는다. 경매 참여회사들은 아무도 사업의 정확한 수익성을 모르지만 나름대로 추정한 값을 입찰가로 써 넣는다. 회사 i의 추정치를 v_i라고 할 때 이것과 진정한 객관적 가치 100 사이에 다음 관계 $v_i=100+\varepsilon_i$ (여기서, ε_i는 회사 i의 추정오차로서 −20, −10, 0, 10, 20 중 하나의 값을 취함.)가 성립한다고 가정하자.

경매 참가 회사들 중에는 간척사업의 수익성을 실제보다 더 높이 평가하는 회사도 있고, 더 낮게 평가하는 회사도 있을 것이다. 그런데 추정오차는 평균이 0인 확률변수이므로 회사들이 평가한 가치를 모두 평균하면 실제가치와 매우 근사한 값을 얻을 수 있다. 다시 말해서, 모든 회사들의 정보를 취합할 수 있다면 실제가치를 상당히 정확히 파악할 수 있다.

하지만 개별 회사는 자신의 추정치만 알 뿐 다른 회사들의 추정치를 관찰할 수 없다. 특정 회사가 이 경매에 낙찰되었다는 것은 그가 간척사업의 수익성을 실제가치보다 훨씬 과대평가했다는 것을 의미한다. 예컨대 실제가치가 100인 사업의 수익성을 120이라고 추정한 회사A가 있다 하자. 회사A는 자신의 추정치가 120이므로 다른 회사들도 120이나 110의 높은 추정치에 기초해 입찰가를 써 낼 가능성이 많다고 추측한다. 그 결과 회사A가 120에서 약간 절삭한 값—예컨대 115—을 적어 내고 낙찰되었다고 하자. 이 회사는 입찰에서 이겼지만 실제 사업 수익성은 100이므로 15의 손실을 보고, 따라서 차라리 경매에 참가하지 않는 것만도 못한 불행한 사태가 발생한다. 이러한 현상을 승자의 저주라 부른다.

그렇다면 승자의 저주는 존재하는가? 경매 참가자들이 합리적이라면 승자의 저주는 발생하지 않는다. 합리적인 응찰자는 자신이 추정한 가치가 실제가치를 과대평가한 것일 가능성까지도 미리 예상하고 그에 맞추어 입찰가를 써 낸다. 정확하게 말해서, 개별 응찰자는 자신의 추정치가 가장 높은 값인 것처럼 간주하고 보수적인 의사결정을 한다. 만약 자신의 추정치가 가장 높은 값이 아니라면, 경매에 이기지 못하고 따라서 이익도 손실도 나지 않으므로 그뿐이다. 만약 자신의 추정치가 가장 높은 값이라면, 보수적인 의사결정의 결과로써 승자의 저주를 피하게 된다. 예컨대 수익성을 120이라고 추정한 회사 A는 120을 가능한 최대 추정치라고 간주하여 실제가치를 100이라고 가정한다. 그 결과 100에서 절삭한 값 이하의 입찰가—예컨대 95—를 적어 낸다. 만약 회사 A의 추정치를 110이라 하자. 회사 A는 110을 가능한 최대값으로 간주하고 실제가치를 90이라고 가정한다. 그 결과 회사 A는 90보다 다소 낮은 입찰가— 예컨대 86— 를 써 낸다. 이와 같은 논리로 수익성을 80이라고 추정한 회사는 실제가치가 60에 불과하다고 가정하고 매우 낮은 입찰가— 예컨대 48— 를 써낸다.

결국 최고가 경매에 있어서 경매인의 기대수익은 영국식 공개구두경매에서의 기대수익보다 작다. 최고가 경매에 있어서 고평가 구매자는 과도한 입찰을 할 필요가 없음을 미리 고려하여 보수적으로 응찰하기 때문이다. 따라서 판매자는 기대수익의 극대화를 위하여 최고가 경매보다는 영국식 경매가 유리하다. 차가 경매의 경우에도 고평가 구매희망자는 자신이 사업성을 과대평가했을 가능성을 고려하여 매우 보수적으로 응찰한다. 영국식 경매에서 고평가 참가자가 중도에 자신의 평가가치를 하향조정할 수 있다는 사실에도 불구하고 여전히 차가 경매보다 경매인(판매자)에게 더 유리하다. 전자 효과가 후자를 여전히 능가하는 것이다. 이상의 논의는 정리 12-3으로 요약된다.[13]

정리 12-3

추정가치가 구매자들 간에 정(+)의 상관관계를 갖는 공통가치의 경우, 판매자의 기대수익은 최고가 경매 ≤ 차가 경매 ≤ 영국식 경매의 순서이다.

구매희망자가 두 명이며 각자의 평가가치가 0(저평가), 1(중평가), 2(고평가) 중에 한 값을 갖는다고 하자.[14] 평가가치가 $v=0$인 입찰참가자는 경매방식에 관계없이 0단위를 선택할 것이므로 논의에서 제외한다. 자신의 평가가치가 $v=1$ 혹은 $v=2$인 경우 상대방의 평가가치에 대한 조건부 확률분포가 다음과 같다고 하자. 자신의 평가가치가 $v=1$이건 $v=2$건 상대방의 평가가치는 동일한 조건부 확률분포를 따르므로 사적가치에 해당한다.

13 Krishna (2002) 제6장 6.5절을 위시한 대부분의 경매이론 학술서에서 다루고 있다.

14 평가가치가 가장 낮은 입찰참가자는 경매방식에 관계없이 자신의 평가가치에 해당하는 입찰가를 제시하는 것이 균형 전략임은 이미 살펴본 바와 같다. 따라서 최하보다 높은 평가가치를 가진 구매자들의 전략이 의미 있는 분석 대상이 된다. 그런데 평가가치가 취할 수 있는 값이 둘뿐인 경우 고평가 구매자의 균형 전략만 분석하므로 평가가치가 사적가치를 갖건 공통가치를 갖건 차이가 없다. 이는 평가가치의 값이 둘뿐인 경우 사적가치를 갖건 공통가치를 갖건 경매수익에 차이가 없음을 뜻한다. 결론적으로, 공통가치의 영향을 알아보려면 최소한 세 값 이상을 상정해야 한다.

		상대방의 평가가치		
		0	1	2
나의 평가가치	1	0.4	0.4	0.2
	2	0.4	0.4	0.2

영국식 경매에서 중평가 구매자의 균형 기대보수는 0.4단위($=0.4\times(1-0)+0.4\times\frac{1}{2}\times(1-1)$)이고 고평가 구매자의 균형 기대보수는 1.2단위($=0.4\times(2-0)+0.4\times\frac{1}{2}\times(2-1)$)이다. 최고가 경매에서 중평가 구매자의 베이즈내쉬균형 혼합전략을 구하면 $G_1(b)=\frac{b}{1-b}$ (범위 [0, 0.5])이고 균형보수는 0.4단위이다.[15] 고평가 구매자의 균형 전략을 구하면 $G_2(b)=2\frac{2b-1}{2-b}$ (범위 [0.5, 0.8])이고 균형보수는 1.2단위이다.[16] 영국식 경매와 최고가 경매에서 구매자들의 균형보수가 똑같으므로 판매자의 기대수익 역시 같다. 다시 말해서, 수익동등정리가 성립한다.[17]

이제 조건부 확률분포가 다음과 같다고 하자. 평가가치가 높을수록 경쟁 구매자의 평가가치도 클 확률이 높은 양(+)의 상관관계를 의미한다.

		상대방의 평가가치		
		0	1	2
나의 평가가치	1	0.4	0.4	0.2
	2	0.2	0.4	0.4

영국식 경매에서 중평가 구매자의 균형 기대보수는 0.4단위($=0.4\times(1-0)+0.4\times$

15 중평가 구매자의 기대보수 $u_m(b)=[0.4+0.4G_1(b)](1-b)$로부터 $\bar{b}=0.5$ ($\because$ $[0.4+0.4\times0](1-0)=[0.4+0.4\times1](1-\bar{b})$)가 도출되고 혼합전략의 개념상 균형 보수는 $u_m(\text{b})=0.4$임

16 고평가 구매자의 기대보수 $u_H(b)=[0.4+0.4+0.2G_2(b)](2-b)$로부터 $\bar{B}=0.8$ ($\because$ $0.8\times(2-0.5)=1\times(2-\bar{B})$)가 도출되고 혼합전략의 개념상 균형 보수는 $u_H(0.5)=1.2$임

17 낙찰자의 기대보수와 판매자의 기대수익 간에는 반비례 관계가 있음을 주목하라. 구매자와 판매자가 모두 위험중립적인 경우 그들 상호 간에 주고받는 낙찰가는 상쇄되므로 사회후생에 영향을 미치지 않는다. 또한 물품의 가치를 가장 높게 평가하는 구매희망자가 낙찰 받으므로 사회후생은 효율적 수준에서 극대화된다. 결론적으로, 만약 두 경매방식에서 있어서 낙찰자의 기대보수가 동일하다면 판매자의 기대수익도 동일하고, 만약 전자가 크다면 후자는 작을 수밖에 없다.

$\frac{1}{2}\times(1-1)$)이고 고평가 구매자의 균형 기대보수는 0.8단위($=0.2\times(2-0)+0.4\times(2-1)$)이다. 최고가 경매에서 중평가 구매자의 베이즈내쉬균형 혼합전략을 구하면 $G_1(b) = \frac{b}{1-b}$ (범위 [0, 0.5])이고 균형보수는 0.4단위이다. 고평가 구매자의 균형 전략을 구하면 $G_2(b) = \frac{3}{4}\frac{2b-1}{2-b}$ (범위 [0.5, 1.1])이고 균형보수는 0.9단위이다. 구매자의 균형보수가 영국식 경매에서보다 최고가 경매에서 동일하거나 더 높기 때문에 판매자의 기대수익은 최고가 경매에서 더 낮다.

현실에서 자주 관찰되는 승자의 저주

경매 참가자들이 합리적이라면 이론상 승자의 저주는 있을 수 없으나, 현실에서는 매우 자주 관찰된다. 케이펜, 클랩, 캠벨(Capen, Clapp and Campbell 1971)은 1954년부터 1971년까지 미국령 멕시코만(Gulf of Mexico)의 대륙붕 석유 시추권 경매 자료를 조사한 결과, 입찰참여 기업들의 평균 이익률은 영(0)에 가까웠으며 수익성을 과대 평가한 기업이 낙찰 받는 승자의 저주가 보편적으로 나타났다. 낙찰 성공 회사들은 엄청난 손실을 보고 도산 직전까지 간 경우도 많다.

알라스카파이프(Alaska Pipeline)사가 9억 달러가 소요되리라고 추정한 건설사업의 비용이 불과 7년 후인 1977년 77억 달러로 상향 조정되었다. 우리나라의 경부고속철도는 1992년 사업예산 5조 8,400억원으로 착공되었으나 몇 차례의 계획수정 결과 사업비는 17조 6천억원으로 늘었으며 공사기간도 연장되었다. 2009년 착공되어 2015년 개통된 호남고속철도의 공사비도 무려 8조 3,259억원에 달했는데, 공정거래위원회가 사후 적발한 건설업체들 간의 입찰담합도 한 몫 했다.

주파수 경매(spectrum auction)는 1994년 뉴질랜드와 호주가 도입한 이래 오늘날 여러 국가에서 광범위하게 실시되고 있다. 주파수 경매 도입 초기에는 상당한 시행착오를 거치기도 하였다. 예컨대, 비크리 방식을 채택했던 뉴질랜드에서 7백만 달러를 써낸 회사가 단돈 5천 달러에 통신 주파수를 가져가기도 하고, 한 대학생이 지방 텔레비전 네트워크 운영권을 공짜로 접수하기도 하였다. 현재 주파수 매각에 가장 널리 쓰이는 방식은 미국통신위원회(FCC)가 고안한 동시다회공개(SMR: Simultaneous Multiple Round) 경매이다. SMR 경매는 다음과 같이 시행된다. 입찰 참가자들이 입찰가를 경매인에게 동시에 제출한다. 경매인은 모든 입찰가들을 익명으로 공개한다. 경매인은 타사의 입찰가들에 비해 현저하게 낮은 입찰가를 제출한 입찰자는 탈락시킨다. 그 다음 라운드를 동일한 방식으로 진행한다. 이처럼 여러 라운드를 거치며 마지막까지 남은 입찰자가 사업권을 낙찰 받는다. SMR 경매의 장점은 다음과 같다. 첫째, 밀봉입찰에 비해 입찰담합의 위험이 낮고 투명하다. 둘째, 비슷한 품목을 비슷한 가격에 낙찰시킴으로써 일물일가(一物一價)의 법칙을 만족시킬 수 있다. 셋째, 경매도중 입찰자들에게 평가가치에 대한 최대한의 정보를 제공하므로 승자의 저주를 줄일 수 있다.

이 같은 합리적인 설계에도 불구하고 각종 주파수 경매에서 승자의 저주는 어김없이 나타났다. 주요 유럽 국가에서 2000년 실시한 제3세대 이동통신서비스(UMTS) 면허는 국민 1인당 170유로(네덜란드)~650유로(독일, 영국)에 이르는 천문학적 액수에 낙찰되었다. 낙찰업체들은 지나친 부담으로 투자여력이 부족해 거의 10년간 사업을 포기하다시피 한 바 있다. 차라리 기업에 부담을 덜 주고 산업이 활성화되어 성장했더라면 그간 엄청난 부가가치와 산업연관효과가 창출되었을 뿐 아니라 정부도 법인세 수입을 많이 얻었으리라는 비판이 있었다. 매회마다 기하급수적으로 뛰어오르는 월드컵 중계권료도 방송사들이 참여하는 경쟁입찰 게임에서 승자의 저주에 다름 아니다.

승자의 저주는 실험연구에서도 빈번히 확인되었다. 케이글과 레빈(Kagel and Levin 1986) 그리고 케이글, 레빈, 하스타드(Kagel, Levin and Harstad 1995) 등은 공통가치 경매에서 승자의 저주가 강력하고 지속적인 현상으로 나타난다는 실험결과를 보여준다. 케이글, 하스타드, 레빈(Kagel, Harstad and Levin 1987)은 비크리 경매에서 대부분의 구매희망자들은 자신의 평가가치보다 높은 입찰가를 적어내었다는 실험연구 결과를 보고함으로써 승자의 저주는 공통가치뿐 아니라 사적가치의 경우에도 관찰된다고 주장하였다. 피실험자들은 평균적으로 자신의 평가가치보다 12~20퍼센트 높은 입찰가를 적어내었으며 사적가치가 낮을수록 자신의 평가가치와 입찰가 사이의 괴리는 더욱 높은 퍼센티지를 보였다. 대략 80퍼센트의 비크리 경매 실험에서 낙찰가(두 번째로 높은 입찰가)는 두 번째로 높은 평가가치보다 컸으며, 36퍼센트의 실험에서 낙찰가는 낙찰자의 평가가치를 초과했다.

12.5 위험회피 성향이 미치는 영향

이상에서 우리는 판매자뿐 아니라 모든 구매자가 위험중립적이라고 가정했다. 즉, 구매희망자는 입찰가를 결정할 때 기대수익 극대화만을 목표로 하였다. 만약 구매자가 위험회피적이라면 어떤 전략을 쓸 것인가? 또 경매 방식에 따라 판매자의 기대수익은 어떻게 달라지겠는가?[18] 이러한 질문에 대하여 12.2절의 기본 모형의 틀에서 살펴보자.

영국식 경매에 있어서 구매자의 위험회피성향은 구매자의 최적전략이나 경매자의 기대수익에 영향을 미치지 못한다. 구매자의 최적전략은 자신의 가치가 달할 때까지 손을 들고 있다가 입찰가가 평가가치를 초과하는 순간 포기하는 것이다. 이는 구매자가 위험회피적이든 혹은 위험중립적이든 아무 상관이 없다. 따라서 경매자의 기대수익도 영향을 받지 않으며 마찬가지로 $\frac{V}{4}$이다.

이제 최고가 경매에서 위험회피적 구매자의 입찰 전략과 판매자의 기대수익을 구해 보자. 물품의 가치를 0으로 평가하는 저평가 구매자의 전략은 0의 입찰가를 써 내는 것이고 기대효용은 0이다. 물품의 가치를 V로 평가하는 고평가 구매자는 누적확률분포에 따라 폐구간 $[0, \bar{b}]$에서 입찰가를 임의로 추출하여 써 낸다. 12.2절의 분석결과로부터 구매자가 위험중립적이라면 $\bar{b}=\frac{V}{2}$임을 기억하라. 구매자가 위험회피적이라면 $\bar{b}>\frac{V}{2}$이며, 위험 회피 성향이 커질수록 $\bar{b}$는 V에 접근한다. 이는 매우 직관적이다. 최고가 경매에서 개별 구매자는 자신의 입찰가가 낙찰될 때 누리는 잉여와 낙찰확률의 상대적인 크기에 의하여 입찰가를 결정한다. 입찰가를 자신의 평가가치 이하로 많이 절삭하여 써 내면 낙찰시 누리는 잉여는 크지만 낙찰확률이 낮다. 반대로 입찰가를 자신의 평가가치 이하로 조금만 깎아서 써 내면 낙찰시 누리는 잉여는 작지만 낙찰확률은 크다. 그런데 위험회피도가 큰 구매자일수록 낙찰확률을 올림으로써 위험을 줄이고 가급적 물품을 획득하고자 하는 유인이 더 크다. 결국 위험회피적 구매자는 자신의 평가가치 V에

18 위험회피(危險回避, risk averse)란 기댓값이 같다는 전제하에 위험이 낮은 선택을 더 선호하는 태도를 의미한다. 위험중립(危險中立, risk neutral)이란 불확실성 혹은 위험의 유무(有無) 여부에 상관없이 기댓값의 대소(大小)만을 중요시하는 태도를 의미한다. 위험하의 의사결정 및 위험회피도에 대해서는 본서의 부록 A.1을 참조.

훨씬 못 미치게 과도하게 절삭하는 모험을 하지 않는다.

〈그림 12-2〉는 베이즈내쉬균형에서 고평가 구매자의 혼합전략을 묘사한다. 구매자가 위험회피적일 때 균형 혼합전략은 위험중립적일 때의 혼합전략에 비해 아래쪽에 놓여 있고 선택가능한 입찰가의 최고 액수는 더 크다. 즉, 위험회피도가 클수록 일정 액수 이상의 응찰가를 써 넣을 확률이 더 높다. 당연히 위험회피적 구매자의 기대효용은 위험중립적 구매자의 기대효용보다 낮다. 또한 위험회피적 구매자들을 대상으로 경매를 실시하는 판매자의 기대수익이 위험중립적 구매자들을 대상으로 하는 판매자의 기대수익보다 크다.

네덜란드식 경매에서 위험회피적인 구매자의 입찰 전략은 최고가 경매의 그것과 동일하다. 경매인이 매우 높은 값으로부터 점점 내려오면서 값을 부른다고 할 때, 위험회피적인 구매자는 위험중립적인 구매자에 비하여 상대적으로 먼저 손을 들고 경매물품을 획득하고자 할 유인이 크다. 가격이 조금 더 내려오기를 기다림으로써 추가적으로 얻는 효용은 위험회피도가 클수록 작은 반면, 기다리는 와중에 다른 구매자가 먼저 손을 들고 경매물품을 가져가 버림으로써 잃는 비용은 위험회피도가 클수록 크기 때문이다.

그림 12-2 최고가 경매에서 위험회피도에 따른 균형 전략 비교

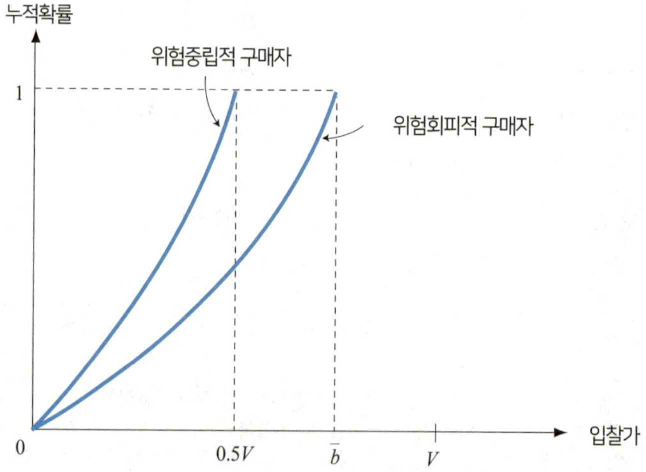

이상을 요약하면, 구매자가 위험회피적일 경우 판매자의 기대수익을 극대화해 주는 경매방식은 다음과 같다.

정리 12-4

구매자가 위험을 회피하고자 하는 성향이 짙으면, 최고가 경매나 네덜란드식 경매가 영국식 경매보다 판매자에게 더 유리하다.

Practice 12-6

구매자는 효용함수 $u(x)=x^{\alpha}$ (여기서, α는 0과 1 사이의 매개변수)를 갖는 위험회피적 경기자이다. 이를 제외하고는 12.2절의 모형을 그대로 상정하자. 최고가 경매에 참가한 고평가 구매자의 균형 전략을 구하라.

12.6 입찰담합

경매에서 다수 구매자들 간의 경쟁은 판매자가 제값을 받는 데 핵심 역할을 한다. 구매자들끼리 사전에 담합을 하여 입찰가격이 낮아지도록 모의한다면 판매자의 수익은 기대에 못미치게 된다. 그러나—카르텔 문제에서 살펴보았듯이—구매자들의 담합은 입찰자들이 약속을 깨고 배신할 유인이 있다는 취약점이 있다. 담합이 성공을 거두기 위해서 공모자들 간에 죄수의 딜레마 문제를 해결할 수 있는 복안을 가지고 있어야 한다. 특정 물품을 경매로 매각하는 데 구매회망자들끼리 담합하여 100만원 이상의 입찰가는 써 내지 않기로 하였다고 하자. 이러한 상황에서 자신의 평가가치가 100만원보다 큰 구매자라면 누구든지 101만원을 써 내어 낙찰되고자 하는 유인을 갖는다. 경매에 있어서 담합이 유지되기 위해서는 이러한 이탈 유인을 없애야 한다.

동일한 입찰자들이 반복적으로 만나는 상황에서는 제3편에서 설명한 반복게임의 논리에 의하여 입찰담합의 유지가 동태적 균형으로서 달성 가능하다. 예컨대 런던의 큰 골동품 거래상들은 경쟁이 심해지지 않도록 하기 위해서 갖가지 보복 위협을 사용한다. 거래상 중에 누군가가 사전에 협의되거나 암묵적으로 설정된 입찰가 이상에 물품을 구입하는 경우 그 다음 경매에서 다른 골동품상들이 비슷한 행동을 보임으로써 이에 보복한다. 담합은 대체로 잘 유지되었으나 종종 담합이 약화되면 별 볼일 없는 골동품의 가격이 한없이 올라가는 경우도 있었다.

공개구두경매는 밀봉입찰에 비해 구매자들 간의 담합이 일어나기 쉽다. 공개경매에서 입찰자들은 누가 높은 가격을 부르는지 즉시 관찰할 수 있고, 따라서 다른 참가자들도 즉각적으로 입찰가를 높여 부름으로써 배신자를 보복할 수 있다. 반면 밀봉입찰에서는 경매가 끝난 후에야 비로소 누가 담합 약속을 어기고 배신했는지 알 수 있으므로 배신자를 사전에 잡을 수 없다. 그나마 입찰가는 비공개이므로 누군가가 이탈했더라도 낙찰되지 않는다면 이를 영원히 알 수 없다. 즉, 밀봉경매에서는 배신자를 색출해서 보복하기가 어려우므로 보복의 정도가 공개경매에 비해 약하다. 결론적으로 구매희망자 간에 담합 가능성이 있을 때 판매자가 수익 극대화를 위하여 선택해야 하는 경매방식은 다음으로 요약된다.

정리 12-5

구매자들 간에 담합의 가능성이 높으면, 최고가 경매가 영국식 경매보다 판매자에게 더 유리하다.

담합에 참가하는 음모자들은 그들에게 배분되는 몫이 커지도록 하기 위한 방안을 모색한다. 개별 구매희망자가 경쟁자들의 평가가치를 알지 못하는 미비정보하에서 본인들에게 직접 묻는 것은 소용이 없다. 왜냐하면 그 경매물품을 갖기 위해서 자신의 평가가치를 과장하여 말할 것이기 때문이다. 수산물, 골동품,

고서(古書), 목재, 산업기계류 등의 수많은 상품의 경매에서 자주 쓰이는 담합의 방법은 의외로 단순하다. 즉, 담합 참가자들끼리 경매를 해서 물건을 갖는 것이다. 구매자들끼리 경쟁을 부쳐서 개인의 평가가치를 추론한다는 경매의 기본 아이디어를 담합 조직 내에서 이용하는 것이다.

헐값공모

어떤 사람이 가보로 내려오던 고려청자를 공개경매에 부쳐 매각하려 한다. 다섯명의 골동품상이 이 고려청자의 구매희망자이다. 이들의 평가가치는 상인A 500만원, 상인B 660만원, 상인C 750만원, 상인D 800만원, 상인E 900만원이라고 하자. 각자 자신의 평가가치는 알지만 다른 상인들의 평가가치가 얼마인지는 알지 못한다.

매카피와 맥밀란(McAfee and McMillan 1992)이 고안한 입찰담합 메커니즘, 소위 '헐값공모'(knock-out)는 다음과 같다. 이들 골동품상이 본 경매 시작 전에 모여 해당 고려청자를 400만원에 구입하기로 모의하였다고 하자. 이들은 자신들만의 비밀 사전 입찰을 실시한다. 각자 종이에 입찰가를 써넣은 다음 최고가를 써낸 상인을 낙찰자로 지정하는 것이다. 그렇다면 무조건 높은 가격을 써 넣으면 될 것 아닌가? 이러한 유인을 막기 위하여 다음과 같이 사전에 약속된 방식으로 가격을 지불하도록 한다. 이제 5명이 비밀공모 입찰가를 자신의 평가가치대로 500만원(상인A), 660만원(상인B), 750만원(상인C), 800만원(상인D), 900만원(상인E)을 써내었다고 가정하자. 고려청자는 900만원을 써 낸 상인E가 갖기로 한다. 먼저 가장 낮은 입찰가 500만원과 고려청자 구입비용 400만원의 차액 100만원을 다섯 사람이 20만원씩 나누어 갖는다. 그와 동시에 가장 낮은 가격을 써낸 상인A는 배제한다. 이제 두 번째 낮은 가격 660만원과 가장 낮은 가격 500만원 간의 차액 160만원을 남은 네 사람이 각자 40만원씩 나누어 갖는다. 동시에 660만원을 적어낸 상인B도 배제한다. 그 다음 750만원과 660만원의 차액인 90만원을 나머지 세 사람이 각자 30만원씩 나누어 갖고 상인C를 배제한다. 마지막으로 800만원과 750만원의 차액 50만원을 나머지 두 사람이 나누어 갖고 상인D도 배제한다. 이상의 과정에 따르면 상인들의 보수는 각각 아래와 같다.

상인A : 20만원

상인B : 20+40=60만원

상인C : 20+40+30=90만원

상인D : 20+40+30+25=115만원

상인E : 400만원에 고려청자를 구입한다.
또한 상인A, B, C, D에게 각각 20, 60, 90, 115만원을 지불한다. 결국 나머지 네 사람에게 총 285만원을 지불하고 자신은 215만원의 보수를 얻게 된다.

이상과 같이 설계된 헐값공모 메커니즘하에서 골동품상 어느 누구도 자신의 진짜 평가가치를 속여서 써낼 유인이 없음을 보일 수 있다. 개별 구매희망자는 최저 20만원, 최대 215만원의 보수를 얻는 반면 판매자는 400만원 수익을 얻는데 그친다. 만약 구매희망자들이 공모하지 않고 경매에 참여한다면, 상인 A, B, C, D는 0원, 상인E는 100만원, 판매자는 800만원 보수를 얻게 된다. 입찰담합은 판매자에게 돌아가야 할 이익을 구매희망자들끼리 나누어 먹는 행위인 것이다. 참고로, 담합을 하건 안 하건 고려청자를 가장 높이 평가하는 상인 E가 물품을 갖게되므로 사회적 효율성은 충족된다.

사례

입찰 담합의 대표적 사례는 1950년대 터빈 입찰과 1990년대 주파수 경매를 들 수 있다. 1950년대에 미국의 전력시장은 세 업체가 주도하는 과점시장이었다. 시장점유율 60%를 차지하는 선도주자 GE(General Electric), 점유율 30%를 차지하는 웨스팅하우스(Westinghouse), 그리고 앨리스-챌머스(Allis-Chalmers)가 그들이었다. 이들은 전력 생산의 필수 장비인 터빈(turbine)을 구매할 때 통상 입찰을 통하는데, 입찰이 음력 1~17일 사이에 있으면 웨스팅하우스와 앨리스-챌머스가 터무니 없는 가격을 적어내고 GE는 약간 낮은 금액을 써내서 입찰 받도록 했다. 마찬가지로 입찰이 음력 18~25일에 이루어지면 웨스팅하우스가, 26~28일 사이면 앨리스-챌머스가 승자가 되도록 공모했다. 미국에서는 양력을 사용하므로 이들의 담합은 오랫동안 들통나지 않았으나 결국 사법당국에 덜미를 잡혔고 밀월

관계는 무너졌다.[19]

터빈 입찰 담합의 변형은 1990년대 중반에 시행된 통신 주파수 경매에서 재등장했다. 특정 지역의 통신서비스 사업 허가를 원하는 기업이 해당 지역의 지역번호 세 자리를 입찰가의 끝 세 자리에 명기하면, 그것을 신호로 다른 기업들은 입찰을 돕는 방식이었다.[20]

12.7 부록 A: 최고가 입찰 균형 전략의 성질

개인의 평가가치가 0 혹은 V인 기본모형의 경우, 사적가치 최고가 경매에서 개별구매자 전략의 성질과 형태를 설명하자. 경매물품의 가치를 0으로 평가하는 구매자는 입찰가 0이라고 쓴 봉투를 경매자에게 제출하는 것이 최선의 전략이다. 이제 평가가치가 V인 고평가 구매자의 전략에 집중하자. 최고가 경매에서 주관적 가치가 양(+)인 구매자의 최적전략은 폐구간 위에 정의된 혼합전략의 형태를 띤다.

정리 12-6

최고가 경매에서 가치가 V인 구매자는 폐구간 $[0, \bar{b}]$ 위에서 연속인 누적확률분포함수 $G(b)$에 의하여 입찰가를 임의로 추출한 다음 이를 제출한다.

이해를 돕기 위하여 $V=100$이라고 놓자. 두 가지의 핵심적인 사실을 증명하고자 한다. 첫째, 저(低)평가 구매자의 입찰가인 0과 고(高)평가 구매자의 입찰가를 결정짓는 누적확률분포함수 $G(b)$의 정의역인 $[\underline{b}, \bar{b}]$ 사이에 단절이 없음을 보이고자 한다. 즉, $\underline{b}=0$임을 논증한다. 둘째, 집중점(mass point)이 존재할 수 없음을 보인다.

---

19 Kreps(2004), 530~31쪽.

20 Klemperer(2004)에는 경매 공모에 대한 분석과 다양한 예시가 포함되어 있다.

첫째, 저(低)평가 구매자의 입찰가인 0과 고평가 구매자의 입찰가를 결정짓는 누적확률분포함수의 정의역인 $[\underline{b}, \overline{b}]$ 사이에 단절이 없음을 보이자. 고평가 구매자가 제시 가능한 최저 입찰가를 $\underline{b}=6$이라 하자. 고평가 구매자가 입찰가의 가능한 최저값을 6에서 예컨대 3으로 낮춘다면, 낙찰확률에는 변함이 없으나 낙찰될 경우 지불하는 가격은 하락하므로 기대보수는 증가한다. 상대방이 저평가 구매자라면 자신이 6 대신 3을 제시하더라도 낙찰될 것이며, 상대방이 고평가 구매자라면 6이든 3이든 무조건 질 것이므로 낙찰확률에는 변함없다. 반면에 낙찰될 경우 지불하는 가격은 6 대신 3단위로 하락한다. 따라서 균형 최저 입찰가가 6이라는 본래의 가정은 모순이다. 이상과 같은 논리는 모든 $\underline{b}>0$에 적용되므로, $\underline{b}=0$이라는 결론에 이른다.

둘째, 특정 입찰가가 추출될 확률이 양수인 집중점이 존재할 수 없음을 보이자. 구매자1이 40단위의 입찰가를 적어낼 확률이 20%라고 가정하자. 구매자2가 고평가 구매자라면 39 대신에 41을 써냄으로써 상대방을 이길 확률이 20%만큼 훌쩍 뛴다. 그런데 구매자2가 고평가 구매자일 확률이 50%이므로 결국 구매자2의 기대효용은 1단위($=2\times0.5$)만큼 증대된다. 이는 구매자2가 절대로 39와 40 사이의 입찰가를 써 내지 않을 것임을 의미한다. 그런데 구매자2가 구간 [39, 40]에 있는 입찰가를 결코 적어 내지 않는다면 구매자1이 40을 적어 낼 확률이 양(+)일 수 없다. 왜냐하면 구매자1은 40대신 39.1을 써내더라도 낙찰확률은 똑같고 낙찰시 지불하는 가격만 하락할 것이기 때문이다.

위의 두 사실에 의하여, 고평가 구매자의 전략은 최저 응찰가 0과 최고 입찰가 $\overline{b}$ 사이에 분포하는 연속적 누적확률분포 $G(b)$에 의하여 입찰가를 임의추출하여 써 내는 혼합전략임을 알 수 있다.

구매희망자가 가질 수 있는 평가가치의 값이 둘(0 혹은 V)인 단순모형에서 설명했던 이상의 논리는 평가가치의 가능한 값이 여럿인 일반모형의 쉽게 확장된다. 가능한 평가가치의 값이 V_1, $V_2,\cdots$, V_K단위(여기서, $0\le V_1<V_2<\cdots<V_K$)라 하자. 베이즈내쉬균형에서 개인의 평가가치에 따른 전략은 다음과 같다.

평가가치	전략
V_1	V_1
V_2	혼합전략 G_2 (구간 $[V_1, \bar{b}_2]$)
V_3	혼합전략 G_3 (구간 $[\bar{b}_2, \bar{b}_3]$)
⋮	⋮
V_K	혼합전략 G_K (구간 $[\bar{b}_{K-1}, \bar{b}_K]$)

혼합전략 G_k 및 상한 $\bar{b}_k$ $(k=1, 2, \cdots, K)$는 내생적으로 도출된다. 기본모형에서 설명한 것과 동일한 논리에 의하여, 평가가치 V_k인 구매희망자의 입찰구간 하한 $\underline{b}_k$가 평가가치 V_{k-1}인 구매희망자의 입찰구간 상한 $\bar{b}_{k-1}$이 일치해야 한다. 다른 한편, 과다입찰불가 정리에 의하여 $\bar{b}_k \leq V_k$가 성립함은 당연하다.

Game Theory

Chapter 13 | 메커니즘의 설계

13.1 개 요

본장은 메커니즘 설계(mechanism design)로 알려진 특별한 형태의 미비정보 게임을 분석대상으로 한다. 여태껏 우리는 게임이 주어져 있다고 가정한 다음 그 게임에 참여하는 경기사들이 어떠한 전략을 선택할 것인지를 계산하고 그 이론적 예측을 바탕으로 현실을 설명해왔다. 메커니즘 설계란 외생적으로 주어진 게임을 연구대상으로 하는 것이 아니라 게임 구성 단계부터 분석한다. 사회적으로 가장 바람직한 목표를 달성하거나 주인의 기대보수를 극대화하기 위해 게임을 애당초 어떻게 구성하는 것이 좋은가라는 물음에서부터 출발하는 것이다. 이는 현실세계에서의 제도가 역사적 혹은 관례적으로 형성된다고 보는 경제사나 제도학파와는 정반대의 규범적 시각이다.

메커니즘 설계는 주인(principal)이라 불리는 정보결여자(情報缺如者, uninformed player)와 대리인(agent)이라 불리는 정보보유자(情報保有者, informed player)가 참여하는 게임이다. 대리인은 자신의 유형을 알고 있는 반면 주인은 대리인의 유형을 알지 못하는 비대칭적 미비정보가 존재할 때, 주인이 어떻게 하면 나름 최선의 결과를 얻을 수 있는지를 다루는 것이 메커니즘 설계의 핵심이다.

독자가 인지했는지 모르겠지만 제7장 연습문제 7-4는 메커니즘 설계의 간단한 예시를 보여준다. 두 경기자가 주어진 케이크를 절반씩 공평하게 나누는 문제를 고려하자. 모든 정보를 완벽하게 갖고 있는 제3의 제도설계자가 존재한다면 해결은 비교적 쉽다. 그러나 제도설계자가 존재하지 않거나 설령 존재하더라도 경기자들의 선호에 대하여 완벽한 정보를 갖고 있지 않다면 난관에 부딪친다. 메커니즘 설계 이론이 제시하는 해법은 경기자1이 케이크를 나눈 다음 경기자2가 그중 한 조각을 먼저 선택하도록 게임 규칙을 정하는 것이다. 그렇게 함으로써 경기자들 상호 간에 선호 정보가 '미비한' 상황에서도 공평분배라는 사회적 목표를 부분게임완전균형 현상으로 달성할 수 있다.[1]

반면 본서 344쪽에 나오는 솔로몬(Solomon) 왕의 판결은 사실 올바른 메카니즘 설계라고 보기 어렵다. 갓난아이를 반으로 쪼개 두 여인에게 나눠주라는 판결하에서는 가짜 엄마도 진짜 엄마를 흉내 내어 "아기를 쪼개느니 그냥 저 여인에게 주세요"라고 거짓말할 유인이 있기 때문이다. 대신 다음 연습문제를 풀어보자.

Practice 13-1[2]

아기가 진짜 엄마에게 주는 가치는 20단위이고 가짜 엄마에게 주는 가치는 10단위이라고 하자. 이는 솔로몬 왕, 여인A, 여인B 간에 주지사실이다. 여인들 간에는 누가 진짜이고 가짜인지 알지만, 솔로몬 왕은 여인A와 여인B 중에 누가 진짜인지 모른다. 솔로몬은 다음과 같은 게임 규칙을 제시한다.

제1단계: A에게 진짜 엄마인지를 묻는다. A가 아니라고 대답하면 아기를 B에게 준다. A가 자신이 진짜라고 대답하면 다음 단계로 넘어간다.

제2단계: B에게 진짜 엄마인지를 묻는다. B가 아니라고 대답하면 아기를 A에게 거저 준다. 만약 B가 그렇다고 대답하면 B가 아기를 갖되 솔로몬 왕에게 15단위를 지불해야 한다. 이때 A는 솔로몬에게 2단위를 지불하고 아기도 받지 못한다.

여인A가 진짜 엄마인 경우와 여인B가 진짜인 경우 각각에 대하여 전개형게임을 묘사하고 부분게임완전균형을 구하시오. 이를 해석하고 함의를 설명하시오.

이제 경제학에서 메커니즘 설계의 대표 사례들을 들어보자.

---

1 케이크의 공평분배 문제는 적어도 수천년 전부터 알려져왔다. 구약성경 창세기 제13장에서 아브라함은 조카 롯에게 요단 동편과 서편 중에 먼저 택일하도록 선택권을 준다. 롯이 요단 동편을 선택하자 아브라함 자신은 서편으로 이주한다.

2 일반 모형에 관해서는 원전인 Glazer and Ma (1989)를 참조하시오.

■ 경 매

경매에 있어서 경매인은 주인이고 입찰에 응하는 구매희망자는 대리인이다. 구매희망자 개개인이 지불할 용의가 있는 최고 액수를 경매인이 정확히 안다면 경매물품을 가장 높이 평가하는 구매희망자에게 그가 지불할 용의가 있는 값을 받고 팔면 된다. 그러나, 현실적으로 경매인이 구매희망자 개개인의 평가가치를 알기란 불가능하다. 미비정보하에서 경매인은 최고가, 차가, 영국식, 네덜란드식 등 많은 경매 방식 중에서 자신에게 가장 높은 기대수익을 가져다 주는 방식을 선택한다. 제12장에서 우리는 경매 방식에 따라 구매희망자의 최적 전략이 무엇인지와 경매인의 기대수익 및 사회적 효율성이 어떻게 달라지는지 보았다.

■ 독점기업의 가격차별

독점기업이 소비자 개개인의 선호를 파악할 수 있다면 소비자잉여를 모두 착취하여 최대 이윤을 얻을 수 있다. 하지만 기업이 소비자 개개인의 지불 용의 액수가 얼마인지를 알기 어렵다. 즉, 개별 소비자의 취향에 대한 정보가 미비하다. 이때 독점기업은 제품의 품질(혹은 수량)이나 가격을 차별화함으로써 독점이윤을 극대화하고자 한다. 예컨대 지하철공사는 일회용 승차권과 정기승차권을 분리하는 가격차별 정책을 사용한다. 과점산업인 항공여객산업에서 항공사들은 일등석, 비즈니스석, 일반석 등으로 좌석등급을 나누고 서비스와 요금을 차별화함으로써 이윤극대화를 추구한다. 본장의 13.2절에서는 독점기업의 고객차별화 전략에 대하여 상세히 논한다.

■ 정부의 공기업 규제

전통적으로 자연독점성(natural monopoly)이 있는 산업은 공기업(公企業, public enterprise) 형태로 운영되어 왔다. 자연독점성이란 주어진 생산량을 생산함에 있어서 단일 기업이 독점 생산할 경우가 여러 기업이 분할 생산하는 경우보다 생산비가 적게 드는 성질을 일컫는다. 예컨대 단일 기업이 100단위를 생산할 경우 평균생산비가 2원이고 50단위를 생산할 경우 평균생산비가 3원이라고 하자.

그려면 단일 기업이 100개 생산하는 데 드는 총비용은 200원이고, 두 개의 기업이 각각 50개씩 생산하는 데 드는 총비용은 300원일 것이다. 따라서 자연독점성이 있는 산업에서 사회후생을 극대화하는 가장 효율적인 시장구조는 단일 기업이 독점 생산하는 것이다. 자연독점성을 갖기 위해서는 생산량이 증가할수록 평균생산비가 하락하는 규모의 경제가 존재해야 한다. 규모의 경제는 초기에 많은 투자비용이 소요되지만 일단 기반설비가 건설된 다음에는 한계비용이 매우 낮은 산업에서 나타난다. 전력, 통신, 상하수도 등 공익사업(public utilities)이 대부분 이 범주에 속한다.

규모의 경제로 인하여 생산량이 늘수록 평균비용이 하락하는 자연독점 산업에서는 한계비용이 평균비용보다 작기 때문에 한계비용과 시장수요곡선이 일치하는 점에서 가격이 결정된다면 해당기업은 손실을 보게 된다. 기업이 생산활동을 지속할 수 있도록 하기 위해서 시장가격이 적어도 평균생산비 이상은 되도록 인위적 조치가 필요하다. 이를 위해 정부가 사용하는 규제 방법에는 여러 가지가 있다. 생산원가와 투자를 위하여 필요한 자본비용을 보전하기 위하여 정부에서 보조금을 지불하는 보수율(報酬率, rate of return) 규제가 있다. 가격을 한계비용이 아니라 평균비용에 준하여 책정하도록 유도하는 가격상한(價格上限, price-cap) 규제도 있다. 어느 규제정책을 실시하든 정부는 독점기업의 한계비용 내지 평균비용을 파악해야 하는데 이는 쉬운 문제가 아니다. 정부는 공기업의 비용조건을 모르는 상태에서 경제 전체의 효율성을 극대화시켜 주는 정책을 선택해야 한다.

■ 최적 조세제도(optimal taxation)의 고안

정부는 국방, 치안, 사회간접자본의 건설 등 임무를 수행하기 위해서 필요한 조세를 국민들로부터 걷어들인다. 경제적 효율성의 관점에서 볼 때 가장 바람직한 조세제도는 개인이 돈을 얼마나 벌 능력이 있느냐에 따라 세금을 부과하는 것이다. 만약 정부가 개인의 능력을 완전히 알고 있다면, 개인의 능력에 따라 정액세(lump-sum tax)를 부과하는 것이 가장 바람직한 정책이다. 그 이유는 다음과 같다. 소득의 많고 적음에 따라 세금을 부과하는 소득세 제도는 국민의 노동공급을 왜곡한다. 한 달에 1천만원을 벌 능력이 있는 사람은 자신이 번 돈을 고스란히 가질 수 있다면 열심히 일해서 1천만원을 번다. 그러나 소득의 40%를 세금으로 내야 한다면 조금 덜 일하고 조금—예컨대 900만원—벌려는 동기가 있다. 열심히 일해서 1천만원을 벌어도 세금을 빼고 나면 600만원밖에 남지 않으니, 즐길 때 즐기고 900만원만 벌어서 540만원을 소비하는 편이 낫기 때문이다. 반면 실제 얼마를 벌었든 상관없이 무조건 400만원의 세금을 내야 하는 경우 이 사람은 노동시간을 줄이지 않고 열심히 일하여 1천만원을 벌려고 할 것이다. 소득세제가 본문 예시처럼 40%의 비례세가 아니라—오늘날 대부분의 국가에서 그러하듯—누진세라면 고소득자들의 노동공급의 왜곡은 더욱 크다.[3]

요약하면, 개별 납세자의 능력에 대한 정부의 정보가 완비되어 있다면 개인의 능력에 따라 정액세를 부과함으로써 노동공급의 왜곡을 최소화하고 사회후생을 극대화할 수 있다. 하지만 정부가 개별 납세자의 능력을 알기는 현실적으로 불가능하다. 즉, 정부는 주인, 납세자는 대리인이다. 개별 납세자의 능력에 대한 정보가 미비한 경우 정부는 차선책으로서 개인이 실제로 벌어들인 소득을 기준으로 세금을 부과한다. 수많은 조세제도 가운데 노동공급의 왜곡을 줄이고 사회후생을 극대화해 주는 제도를 선택하는 것이 정부의 목적함수이다. 따라서 메커니즘 설계 접근법에 의하여 최적 조세제도를 논한다는 것은 현실에 존재하고 있는 조세제도를 묘사한다는 관점이 아니라 사회적 관점으로 가장 바람직한 조세제도가 무엇인가를 규범적으로 제시하는 것이다.

■ 공공재 건설

지방정부가 교량을 건설하려고 계획한다. 교량 건설 후 지역주민 개개인이 누릴 혜택이 얼마인지를 지방정부가 정확히 안다면 그 혜택에 비례해서 돈을 모아 사업을 추진하는 것이 효율적이다. 하지만, 지방정부는 지역주민 개개인의 사

3 부부 노벨상 수상자 배네르지(Abhijit Banerjee)와 뒤플로(Esther Duflo), 섬힐 밀레이네이선(Sendhil Mullainathan) 등 진보적 경제학자들은 다음과 같이 주장한다. 소득세율의 인상이나 누진율의 강화가 고소득층의 근로의욕을 왜곡한다는 실증적 근거가 희박하며, 일부 고소득층의 탈세(tax evasion)나 피세(tax avoidance)를 유도하는 정도이다. 고소득층으로부터 걷은 세수로 저소득층에게 재분배하든지 혹은 전국민에게 최소 소득을 보장해주는 '보편적 기본소득'(universal basic income) 제도를 시행할 경우 경제 전체적으로는 노동 공급량이나 인적자원의 질이 오히려 높아져 사회후생을 높인다. 관심 있는 독자에게는 Banerjee and Duflo (2019) Chapter 7 및 Mullainathan(2013)를 권한다.

후적인 혜택이 얼마인지 알 수가 없다. 지방정부가 주민들에게 물어봤자 자신의 수혜 정도를 과소하게 보고함으로써 무임승차하려고 할 것이다. 이러한 상황에서 지역주민이 사실대로 말할 수밖에 없도록 메커니즘를 설계할 수 있다면 자원배분의 효율성이 높아질 것이다.

본장의 13.2절과 13.3절에서는 독점기업의 고객차별화 메커니즘을 다룬다. 13.4절과 13.5절에 걸쳐서는 공공재 건설을 위한 징수 메커니즘, 그리고 배타적 유통계약의 경쟁 제한성에 대하여 차례로 다룬다. 13.6절에서는 메커니즘 설계의 핵심 원리인 현시원리(Revelation Principle)에 대하여 설명한다.

13.2 고객차별화의 단순모형

13.2.1 여객기의 좌석등급

항공사들은 좌석을 일등석, 비즈니스석, 일반석 등급으로 나누어 고객을 차별화한다. 일등석 탑승객에게는 호화 서비스를 제공하되 일반석 네다섯 배의 요금을 부과한다. 비즈니스석은 일등석보다는 못하지만 일반석보다는 월등한 서비스와 시설을 제공하며 일반석 가격의 두세 배를 받는다. 일반석은 좌석도 좁고 서비스도 별로지만 요금이 저렴하다. 또한 일등석이나 비즈니스석의 경우 일반석과는 달리 요금 할인이 거의 없다.

이러한 차별화는 비용 차이에만 기인하는 것은 아니다. 탑승자가 가격에 대하여 얼마나 탄력적인가 그리고 질 높은 서비스를 받기 위하여 얼마나 많은 돈을 지불할 용의가 있느냐에 따라 고객을 차별화함으로써 항공사의 이윤을 극대화하기 위한 전략이다. 부유하거나 지위가 높은 사람은 비싼 요금을 지불하더라도 그에 걸맞는 서비스를 제공받으려는 욕구가 있다. 반면 가족방문이나 관광 목적 승객은 다소 고생스럽더라도 저렴한 요금을 선호한다. 항공사는 돈을 많이 낼 용의가 있는 사람이 누군지 알기가 어렵다. 하지만 좌석을 세분하고 품질과 가격을

표 13-1 독점항공사의 서비스 원가와 수요 구조

	비즈니스석	일반석
서비스 제공 원가	40만원	30만원
업무상 이용하는 승객이 지불할 용의가 있는 최대 액수 (업무상 이용객의 비율 β)	90만원	70만원
여행·방문객이 지불할 용의가 있는 최대 액수 (여행·방문객의 비율 $(1-\beta)$)	60만원	55만원

차별화한 다음 탑승객 자신이 알아서 선택하도록 하면 이윤을 상당히 높일 수 있다. 이를 자기선택(self selection)이라고 부른다.

간단한 예시를 들어 살펴보자. 독점 항공사가 비즈니스석과 일반석의 두 등급을 제공하며 서비스 제공 원가는 각각 40만원 및 30만원이라고 하자(〈표 13-1〉을 참조). 항공 수요는 업무상 출장 승객과 방문·관광 목적 승객으로 구성되어 있다. 업무승객은 출장비용을 직장에서 내주므로 요금에 신경 쓰지 않고 편안함을 추구한다. 반면 관광객은 비싼 돈을 내면서까지 굳이 편안하게 여행하려고 하는 욕구가 크지 않으므로 요금에 민감하다. 구체적으로 업무승객이 비즈니스석 탑승을 위하여 지불할 용의가 있는 최대한의 액수는 90만원이며 관광객이 비즈니스석 탑승을 위하여 지불할 용의가 있는 최대 액수는 60만원에 불과하다고 하자. 또한 업무승객이 일반석 탑승을 위하여 지불할 용의가 있는 최대한의 액수는 70만원이며 관광객이 일반석 탑승을 위하여 지불할 용의가 있는 최대 액수는 55만원이라고 하자. 탑승객은 업무승객의 비율 β, 관광객의 비율 $(1-\beta)$로 구성되어 있다고 하자.

13.2.2 기업의 최적전략

완비정보

항공사가 탑승객 개개인의 선호를 분명히 알 수 있다면, 업무승객에게 90만원의 가격에 비즈니스석을 판매하고 관광객에게는 55만원에 일반석을 판매하는 것이 이윤 극대화 전략이다.

첫째, 업무승객에게는 비즈니스석을 판매하는 것이 유리하다. 항공사가 최고 90만원까지 받더라도 업무승객은 비즈니스석을 이용할 것이며, 이 경우 서비스 제공 원가가 40만원이므로 업무승객 1인당 50만원의 이윤을 얻는다. 반면 업무승객이 일반석을 이용하도록 하기 위해서 70만원을 받는다면 고객 일인당 40만원의 이윤밖에 못 얻는다.

둘째, 관광객에게는 일반석을 판매하는 것이 유리하다. 관광객이 비즈니스석을 이용하도록 하기 위해서 항공사는 최고 60만원을 받을 수 있는데, 이때 서비스 제공 원가 40만원을 빼고 나면 관광객 1인당 20만원의 이윤을 얻는다. 그러나 관광객에게 55만원을 받고 일반석을 판매할 경우 관광객 1인당 항공사의 이윤은 25만원이다. 따라서 관광객에게는 비즈니스석이 아니라 일반석을 이용하도록 요금을 책정하는 것이 유리하다.

항공사의 기대이윤은 $(25+25\beta)$만원$(=(90-40)\times\beta+(55-30)\times(1-\beta))$이다.

미비정보

항공사가 개별 탑승객의 유형을 알지 못한다면 탑승객별로 좌석을 판매할 수는 없다. 그러나 비즈니스석과 일반석의 요금을 차등화함으로써 소비자들이 자기 유형에 맞추어 선택하도록 유도하고 이를 통하여 이윤 극대화를 달성할 수 있다. 비즈니스석 요금을 B, 일반석 요금을 E라고 놓자. 항공사가 고려할 전략은 두 가지이다.

① 업무승객은 비즈니스석을 이용하도록 유도하고 관광객은 배제

비즈니스석 $B=90$만원, 일반석 $E>70$만원(혹은 일반석 철거)를 부과하면 업무승객만 태운다는 목표를 달성할 수 있다. 업무승객은 비즈니스석을 이용할 경우 0단위, 일반석을 이용할 경우 음(−)의 소비자잉여를 얻으므로 비즈니스석을 이용한다. 관광객은 어느 좌석을 타건 소비자잉여가 음(−)이 되므로 탑승을 포기한다. 독점 항공사의 기대이윤은 50β만원이다.

② 업무승객은 비즈니스석, 관광객은 일반석을 이용하도록 유도

업무승객 입장에서 비즈니스석이 탑승 포기보다 나을 조건은 $90-B\geq 0$이고 비즈니스석이 일반석보다 더 높은 보수를 가져다주도록 하는 조건은 $90-B\geq 70-E$이다. 전자를 개인합리성(individual rationality) 혹은 참여(participation) 조건, 후자를 유인양립(incentive compatibility) 조건이라 부른다. 관광객 입장의 참여조건은 $55-E\geq 0$이고 유인양립조건은 $55-E\geq 60-B$이다. 결국 항공사의 이윤 극대화 문제는 다음과 같다.

$$\underset{B,E}{\text{극대화}}\ \text{기대이윤}=\beta(B-40)+(1-\beta)(E-30)$$

제약조건

$$\mathrm{IR}_{\text{관광객}}:\ 55-E\geq 0$$

$$\mathrm{IR}_{\text{업무승객}}:\ 90-B\geq 0$$

$$\mathrm{IC}_{\text{관광객}}:\ 55-E\geq 60-B$$

$$\mathrm{IC}_{\text{업무승객}}:\ 90-B\geq 70-E$$

네 제약조건을 충족시키면서 B와 E를 최대한 크게 잡으면 되므로, 위 극대화 문제의 해는 $B=75$, $E=55$이다. 독점항공사의 기대이윤은 $(25+10\beta)$만원이다.

요금전략 ①과 ②를 비교함으로써 항공사의 기대이윤 극대화 전략을 구해보자. 요금전략 ①을 사용할 경우 기대이윤이 50β만원이고 전략 ②를 사용할 경우 기대이윤이 $(25+10\beta)$만원이므로, $\beta>0.625$이면 전략 ①이 더 우월하고 $\beta<0.625$이면 요금전략 ②가 더 우월함을 알 수 있다.

결론적으로 업무승객이 전체의 62.5% 이상이면 비즈니스석 요금을 업무승객이 지불할 용의가 있는 최대 액수(90만원)로 책정하고 일반석 요금도 매우 높게(70만원 초과) 책정하거나 아예 일반석을 없애버려 관광객을 배제한다. 일반석 요금을 조금 싸게 부과하면 관광객도 수용하여 이윤을 높일 수 있을 것이라고 생각하는 것은 착각이다. 일반석 요금을 55만원으로 내리면 관광객들이 일반석을 이용하겠지만 업무승객도 비즈니스석이 아닌 일반석을 이용하게 되어 이윤이 오히려 감소한다.

업무승객이 전체의 62.5% 미만이면 비즈니스석을 75만원에 판매하고 일반석을 55만원에 판매한다. 이 경우 업무승객은 비즈니스석을 이용하고 관광객은 일반석을 이용한다. 일반석을 이용하는 관광객은 소비자잉여를 항공사에 의하여 모두 착취당한다. 그러나 비즈니스석 이용 고객은 15만원이라는 양(+)의 소비자잉여를 누린다. 이는 개별 고객의 유형을 관찰할 수 없는 미비정보로 인하여 발생하는 역선택을 막기 위하여 항공사가 업무승객에게 어느 정도의 유인을 주어야 하는 데서 발생하는 정보비용이다.

Practice 13-2

판매자S가 100단위의 상품을 팔려고 한다. 상품의 품질은 양질(H) 혹은 저질(L)이다. 판매자가 양질 상품 1개로부터 얻는 가치는 5단위이고 저질 상품으로부터 얻는 가치는 2단위이다. 구매자B는 구매 전에는 품질을 관찰할 수 없고 다만 양질일 확률이 20%(저질일 확률이 80%)이라고 믿고 있다. 구매자가 양질 상품을 소비함으로써 얻는 효용은 7단위이고 저질 상품으로부터 얻는 효용은 4단위이다.

(1) 품질을 m, 가격을 p, 수량을 q라고 놓을 때, 구매자의 보수함수 u와 판매자의 보수함수 v를 각각 구하시오.

(2) 완비정보하에서 효율적 자원배분을 구하시오.

미비정보하에 판매자는 계약 $\{(p_H, q_H), (p_L, q_L)\}$을 제시한다. 이는 판매자가 $m=H$라고 선언할 경우 구매자는 p_H의 가격에 q_H개를 사며, 판매자가 $m=L$이라고 선언할 경우 구매자는 p_L의 가격에 q_L개를 사겠다는 계약이다. 구매자는 이 제안을 거절하든지 수락한다. 계약 체결 후 판매자는 품질 m을 알게 되지만 구매자는 품질을 알지 못한다.

(3) 매커니즘 설계자인 판매자의 기대보수함수를 구하시오.

(4) 판매자의 제안이 구매자에게 받아들여질 참여조건을 구하시오.

(5) 양질 제품 판매자 및 저질 제품 판매자의 유인양립조건을 각각 구하시오.

(6) 위 (3)~(5)를 풀어 미비정보하의 최적 판매 메커니즘을 구하시오.

연습문제 13-2에서 구한 메커니즘은 판매자가 자신의 유형(품질)을 알게 된 후 계약 변경을 제안하지 못한다는 가정하에 도출되었다. 판매자가 자기 상품이 양질임을 알게 되었다고 하면, 그는 단가 7원씩에 40개를 팔고 끝내야 한다. 그러나 일단 단가 7원씩에 40개를 판매함으로써 양질 상품임을 양측이 모두 인정하면 나머지 60개도 단가 5원~7원씩에 거래하는 것이 쌍방에게 이득이 된다. 하지만 이처럼 계약 변경의 가능성이 예상된다면 유인양립조건은 애당초 충족될 수 없다. 왜냐하면 저질 판매자도 마치 양질인 척 우선 단가 7원씩에 40개를 팔고—저질임이 드러난 다음—나머지 60개에 단가 2원~4원씩을 부과하여 이득을 취하려하기 때문이다. 이처럼 메커니즘 설계에서는 거래당사자 간에 향후 변경 불가능하고 구속력이 있는 계약을 맺을 수 있다는 전제가 필수적이다.

연습문제 13-2의 메커니즘은 판매자와 구매자 모두 정보결여자인 상태에서 설계된다. 하지만 통상적인 메커니즘은—연습문제 13-3이나 13.3절 이하 모형처럼—정보결여자인 주인이 정보보유자인 대리인을 상대로 설계하는 형태를 갖는다.

Practice 13-3

기업이 지방자치단체에 재화를 공급하려고 한다. 판매자는 구매자에게 1단위 내지 2단위를 판매할 수 있으나, 하나도 팔지 않을 자유는 없다. 생산비는 들지 않는다. 판매자 입장에서 볼 때 구매자의 효용함수가 저평가 $(1-p)x$일 확률이 50%이고, 고평가 $(3-p)x$ 일 확률이 50%이다. (여기서, p는 지불 가격이며 x는 구입량임) 구매자는 자신의 효용함수를 정확히 알고 있다.

(1) 판매자도 구매자의 효용함수를 알 경우 이윤극대화 문제를 풀어라.

(2) 판매자는 구매자의 효용함수를 모르고 확률분포만 안다고 가정할 경우, 판매자의 메커니즘 설계 문제를 풀고 극대화된 이윤을 구하라.

(3) 구매자가 고평가 유형일 확률이 50%가 아니라 10%라면 답은 어떻게 달라지는가?

13.3 고객차별화의 일반모형

13.3.1 개요

독점기업이 장악하고 있는 시장에 두 유형의 소비자가 존재하는데, 일부는 이 상품에 대한 선호가 강렬한 자들이고 나머지는 그렇지 않은 자들이다. 전자를 '고평가 소비자', 후자를 '저평가 소비자'라 부르자. 개별 소비자의 효용은 상품의 질이 높을수록 커지며, 상품의 가격이 높을수록 작아진다. 항공산업 예에서 고평가 소비자는 업무승객이며 저평가 소비자는 관광객이다. 소비자는 위험회피적이다. 독점기업은 개별 소비자의 유형을 관찰할 수 없고, 다만 시장 내의 고평가 소비자 비율을 알 뿐이다. 독점기업이 품질을 개선하기 위해서는 비용을 추가로 지불해야 한다. 독점기업은 기대이윤 극대화를 목표로 하는 위험중립적 경기자이다.

개별 소비자의 유형에 대하여 미비정보가 존재하는 상황에서 고평가 소비자의 비율이 지나치게 높지 않다면 독점기업의 고객차별화 전략은 다음과 같은 형태를 갖는다.

㉠ 고평가 소비자가 누리는 품질은 완비정보하의 그것과 똑같다.
㉡ 저평가 소비자가 누리는 품질은 완비정보하의 그것보다 낮다.
㉢ 고평가 소비자는 양(+)의 소비자잉여를 얻는 반면, 저평가 소비자는 소비자잉여를 독점기업에게 모두 착취당한다.

〈그림 13-1〉은 13.2.2의 단순모형에서 독점기업의 차별화전략 ②에 해당하는 상황을 나타낸다. 시장지배력을 가진 기업들은 자주 고평가 수요자가 저급품을 구입하지 않도록 고의로 품질을 떨어뜨리기도 하는데, 이를 격하품(格下品, damaged goods)라고 부른다.[4]

고평가 수요자의 비율이 매우 높을 경우 고객차별화는 다음과 같다. 이는 13.2.2의 단순모형에서 차별화전략 ①에 해당한다.

4 Deneckere and McAfee(1996)의 작명

그림 13-1 **독점기업의 고객차별화**

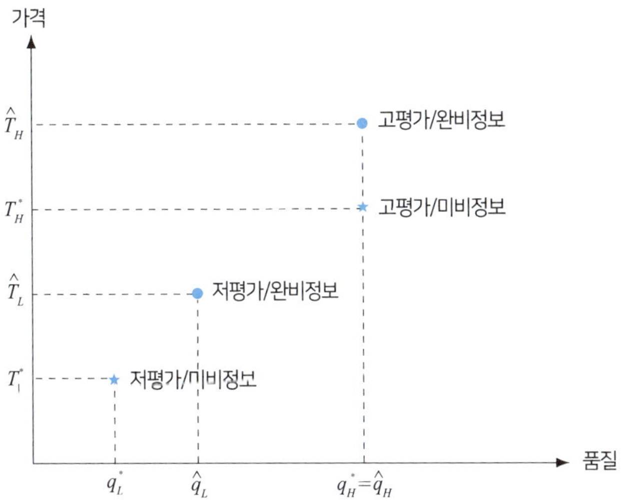

㉠′ 고평가 소비자가 누리는 품질은 완비정보하의 그것과 똑같다.

㉡′ 저평가 수요자는 배제된다. 즉, 저평가 수요자는 차라리 이 재화를 구입하지 않는 편이 낫다.

㉢′ 고평가 수요자는 소비자잉여를 독점기업에게 모두 착취당한다.

미비정보가 존재하고 저평가 소비자도 상당히 많은 경우, 메커니즘 설계자(주인)는 모든 소비자잉여를 완전 착취하기는 불가능하다. 주인(13.2절에서 독점항공사)이 고평가 대리인(업무승객)의 잉여까지 전부 착취하려고 시도하면 그들은 비즈니스석이 아니라—관광객을 위해 준비된—일반석으로 옮겨버릴 유인이 있기 때문이다. 반면 저평가 대리인(관광객)의 잉여는 전부 착취할 수 있고 또 그렇게 하는 것이 주인의 기대보수 극대화에 부합한다. 다른 한편, 저평가 수요자의 비중이 크지 않은 경우 메커니즘 설계자는 고평가 수요자의 잉여를 전부 착취할 수 있으나 그 대신 저평가 수요자들은 아예 배제해야 한다. 결론적으로, 주인은 저평가 대리인의 개인합리성 조건과 고평가 대리인의 유인양립 조건을 등호로 성립시키도록(binding) 메커니즘을 설계해야 한다.

13.3.2 고객차별화의 실례

출판사들은 종종 동일한 책을 양장본(洋裝本, hardbound)과 종이표지(paperback)로 나누어 판매한다. 양장본을 먼저 출시한 뒤 시간이 지나면 종이표지의 책을 찍어낸다. 내용은 똑같고 제본 및 종이질의 차이만 두드러질 뿐인데 양장본의 가격은 종이표지의 최소 두 배 이상이다. 이는 고객차별화이다. 독자들은 각자의 소득이나 유형에 따라 책의 장정에 대한 선호도가 다르며 가격 민감도도 다르다. 도서관을 비롯한 공공기관에서는 기관예산으로 도서를 구입하므로 가격에 신경쓰지 않고 오랫동안 보관할 수 있는 양장본을 구입한다. 반면 개인 독자들은 자기 돈으로 책을 사야 하는데다 혼자 읽고 말 책을 굳이 비싸게 살 이유가 없으므로 가격에 민감하다. 출판사의 입장에서는 도서관에게는 비싸게 팔고 개인독자들에게는 싸게 파는 것이 이익이다. 전문학술지(journal) 구독에 있어서도 학술지 우송주소가 도서관을 비롯한 공공기관이면 비싼 기관구독료를 책정하며 우송주소가 개인이면 싼 개인구독료를 책정한다. 그러나 서점을 통해서 판매하는 책자의 경우 이런 식으로 차별하기가 불가능하다. 이때 출판사는 비싼 양장본과 싼 종이표지의 책을 출시하고 구입자들이 자기에 맞게 선택하도록 한다.

우체국, 페덱스(Fedex), 디에이치엘(DHL) 등은 저렴한 일반우편과 비싼 속달을 제공하고 고객이 각자의 니즈에 맞춰 선택하도록 한다. 온라인 유통업체들은 수수료를 추가로 낼 경우 저녁 늦게 주문하더라도 다음날 새벽 배송을 보장하는 서비스를 제공한다. 재무금융 관련 온라인 사이트들은 20~30분 전 주가에 기초해 상장회사의 가치를 계산해주는 투자정보 서비스를 저렴한 요금에 제공하는 동시에 실시간 주가에 기초해 가치를 계산해주는 프리미엄 서비스를 비싼 요금에 제공한다. 온라인 사이트 유튜브(youtube)는 콘텐츠 시청 중간에 광고가 뜨지 않는 프리미엄 서비스에 월정액을 부과한다. 광고 팝업을 성가셔하는 고평가 이용자와 월정액을 아까워하는 저평가 이용자를 차별화하는 전략이다.

울프람연구소(Wolfram Research)는 수치 계산, 기호 연산, 그래프 작성을 위해 최첨단 소프트웨어 매스매티카(Mathematica)를 개발 판매하였다. 울프람은 부동점 공유연산처리(floating-point coprocessor) 기능만 뺀 학생판을 파격적 가격에 출시하였는데 일반용과 학생용은 실제 사용에 차이를 느끼기 어렵다. 1990년대 초반 IBM은 분당 10쪽을 인쇄할 수 있는 레이저프린터를 개발하였는데, 거기에 속도를 늦추는 칩을 넣어서 분당 5쪽만 인쇄할 수 있는 E버전을 개발하고 200달러 더 싸게 판매하였다. 이처럼 추가 생산비를 들여서 만든 격하품으로 저평가 소비자를 공략하는 전략은 정보통신산업에서 흔히 관찰된다.

오래전 마이크로소프트는 두 버전의 윈도우NT를 판매하였다. 약 260달러에 팔리는 윈도우NT워크스테이션과 800달러를 훌쩍 넘는 윈도우NT서버가 그것이다. 윈도우NT워크스테이션은 NT서버와 마찬가지로 웹 서버를 돌릴 수는 있으나 동시에 수용 가능한 세션(session)의 수가 최대 10개로 한정되어 있다. 반면 NT서버는 아무리 많은 세션이라도 동시에 수용 가능하다. 컴퓨터 전문가들의 의견에 따르면, NT워크스테이션과 NT서버는 근본적으로 같다고 한다. 두 제품은 컴퓨터 운영체제의 핵심 구성요소인 커넬(kernel)이 똑같기 때문에 사소한 기계 조작만으로도 NT워크스테이션을 NT서버로 바꿀 수 있다고 한다. 이에 대해 마이크로소프트는 두 제품이 최소한 700가지 측면에서 다르다고 주장하다가 별 설득력이 없어 보이자 "저들의 주장은 남자와 여자의 유일한 차이가 Y염색체 하나에 불과하다고 말하는 것과 같다"며 응수하였다. 2006년 9월 당시 윈도우NT워크스테이션의 차세대 버전인 윈도우XP는 38만원에 판매되고 있으며 윈도우NT서버의 차세대 버전인 윈도우서버2003은 140만원에 판매되었다. 마이크로소프트가 기술적으로 큰 차이도 없는 두 제품을 서로 다른 가격에 판매하였다고 하더라도 별난 횡포를 부렸다고 보기는 힘들다. 이런 류의 고객차별화는 특정 제품에 대하여 시장지배력을 갖고 있는 기업들이 광범위하게 사용하는 전략이기 때문이다.

기업이 고객차별화 전략을 사용할 때 고평가 수요자가 저급품을 구입하지 않도록 하기 위해서 저급품의 품질을 크게 떨어뜨리는 경우도 많다. 19세기에 프랑스 국영철도회사가 운행하던 3등칸은 유명한 사례이다. 당시 3등칸 열차에는 지붕도 없고 나무의자만 덩그러니 놓여 있었다고 하는데 이는 철도회사가 3등칸 요금으로 좀더 쾌적한 3등칸 객실을 꾸밀 비용을 조달할 수 없기 때문이 아니었다. 열차에 1등칸, 2등칸, 3등칸을 분리한 것은 가격민감도에 따라 고객을 차별화하기 위한 전략이었다. 열차회사가 3등칸을 형편없이 만든 이유는 2등칸을 이용할 고객이 도저히 3등칸을 이용하지 못하도록 시장을 분할하기 위함이다. 결국 형편없는 3등칸, 그저 그런 2등칸, 초호화판 1등칸을 꾸미는 것은 고객차별화를 통한 철도회사의 이윤 극대화 전략이었다.

저평가 소비자들이 적지 않을 때에는 품질과 가격의 차별화를 통하여 모든 유형의 소비자들을 수용할 필요가 있다. 그러나 저평가 소비자들의 구성비율이 낮은 시장에서는 고평가 소비자만을 대상으로 최상의 제품을 비싼 가격에 판매하는 전략이 적용된다. 대형 공공기관이나 대학에 판매되는 슈퍼컴퓨터에 저급품이란 없다. 한 대당 수십억에서 수백억원에 달하는 슈퍼컴퓨터의 성능을 떨어뜨려 반값에 판매한다고 해서 그 제품을 구입할 저평가 소비자는 거의 없기 때문이다. 책이나 전문학술지의 경우도 마찬가지이다. 정평 있는 고급전문서적의 경우 도서관이나 전문학자들만을 대상으로 양장본만을 출간하여 매우 비싸게 판매한다. 전문서적 가운데에는 고급양장본으로 수백달러의 가격에 판매되다가 다 팔리면 더 이상 찍어내지 않고 절판시켜 버리는 경우도 많다. '살 만한 고객은 이미 다 샀을 것'이기 때문에 더 이상 팔리지도 않을 책을 비싼 생산비를 들여 제작할 필요가 없는 것이다.

13.3.3 일반 모형

독점시장은 두 유형의 고평가 소비자와 저평가 소비자로 구성되어 있다. 소비자의 효용은 상품의 품질이 높을수록 커지며 상품의 가격이 낮을수록 커진다. 구체적으로 소비자의 효용함수는 다음과 같다.

$$U_\theta(q,\ T) = \theta u(q) - T \tag{13. 1}$$

여기서 q는 품질, T는 소비자가 지불하는 가격을 나타낸다. 고평가 소비자의 유형은 $\theta=\theta_H$이며 저평가 소비자의 유형은 $\theta=\theta_L$이다. 즉, 소비자의 유형집합은 $\theta\in\{\theta_H,\ \theta_L\}$(여기서, $\theta_H>\theta_L$)이다. 소비자는 위험회피적이다. (따라서 한계효용 $u'(q)$는 q에 대해서 체감)

독점기업이 품질을 한 단위 개선하기 위하여 지불해야 하는 비용은 c단위로서 일정하다. 따라서 위험중립적인 독점기업의 이윤함수는 다음과 같다.

$$V(q, T) = T - cq \tag{13.2}$$

완비정보

독점기업이 개별 소비자의 유형을 정확히 안다면 소비자가 지불할 용의가 있는 최대 금액을 가격으로 책정한다. 고평가 소비자에게 품질 q를 판매하기 위하여 받을 수 있는 최대 가격은 $T=\theta_H u(q)$이며 저평가 소비자에게 받을 수 있는 최대 가격은 $T=\theta_L u(q)$이다. 따라서 고평가 소비자를 상대할 때 독점기업은 식 13.3에 나타난 이윤을 극대화하기 원한다.

$$V(q) = \theta_H u(q) - cq \tag{13.3}$$

이윤 극대화 조건은 $V'(q) = \theta_H u'(q) - c = 0$이다. 그러므로, 독점기업은 고평가 소비자에게 식 13.4를 충족하는 품질 $\hat{q}_H$를 판매하고 그 대가로 $\hat{T}_H = \theta_H u(\hat{q}_H)$의 가격을 부과한다. 저평가 소비자에게는 식 13.5를 충족하는 품질 $\hat{q}_L$을 판매하고 그 대가로 $\hat{T}_L = \theta_L u(\hat{q}_L)$의 가격을 부과한다.

$$\theta_H u'(\hat{q}_H) = c \tag{13.4}$$

$$\theta_L u'(\hat{q}_L) = c \tag{13.5}$$

Practice 13-4

$\theta_L = 4$, $\theta_H = 8$, $c = 2$, $u(q) = \sqrt{q}$라고 가정하자. 독점기업이 개별 소비자의 평가가치를 완전히 알고 있는 경우 이윤극대화 전략을 구하시오.

미비정보

독점기업은 개별 소비자의 유형을 알 수는 없고 다만 고평가 소비자의 비율이 β라는 사실만 안다고 하자. 독점기업은 두 종류의 차별화된 제품을 출시하고 소비자들이 자신의 유형에 맞추어 자기선택 하도록 유도하는 메커니즘을 설계하자. 독점기업이 고평가 소비자를 겨냥해서 만든 품질을 q_H^*, 저평가 소비자를 겨냥해서 만든 품질을 q_L^*라 하자. 또 독점기업이 책정한 품질 q_H^*의 가격을 T_H^*, 품질 q_L^*의 가격을 T_L^*라 놓자.

먼저 소비자가 제품을 구입하도록 만들기 위해서 독점기업은 해당 소비자의 평가가치 이하로 가격을 책정해야 한다. 즉, 개인합리성(참여)조건은 다음과 같다.

$$[\mathrm{IR}_L]\ \theta_L u(q_L) - T_L \geq 0 \qquad (13.6)$$

$$[\mathrm{IR}_H]\ \theta_H u(q_H) - T_H \geq 0 \qquad (13.7)$$

독점기업의 고객차별화 전략은 참여조건과 함께 유인양립조건을 만족해야 한다. 유인양립조건이란 독점기업이 각 유형의 소비자를 겨냥해서 만든 제품을 바로 그 고객이 구입하도록 만드는 조건이다. 구체적으로 저평가 소비자는 T_L의 가격을 지불하고 q_L의 품질을 구입할 때의 효용이 T_H를 지불하고 q_H를 구입할 때의 효용보다 높아야 한다. 이와 동시에 고평가 소비자는 T_H의 가격을 지불하고 q_H의 품질을 구입할 때의 효용이 T_L를 지불하고 q_L를 구입할 때의 효용보다 높아야 한다.

$$[\mathrm{IC}_L]\ U_L(q_L, T_L) = \theta_L u(q_L) - T_L \geq \theta_L u(q_H) - T_H = U_L(q_H, T_H) \qquad (13.8)$$

$$[\mathrm{IC}_H]\ U_H(q_H, T_H) = \theta_H u(q_H) - T_H \geq \theta_H u(q_L) - T_L = U_H(q_L, T_L) \qquad (13.9)$$

결국 독점기업의 문제는 식 13.6과 13.7에 나타난 두 개의 참여조건 및 식 13.8과 13.9에 나타난 두 개의 유인양립조건을 제약조건으로 하는 기대이윤 극대화 문제이다.

$$\underset{\{(q_L,\, T_L),\, (q_H,\, T_H)\}}{\text{극 대 화:}}\ EV = (1-\beta)(T_L - cq_L) + \beta(T_H - cq_H) \qquad (13.10)$$

$$\text{제약조건:}\ [\mathrm{IR}_L],\ [\mathrm{IR}_H],\ [\mathrm{IC}_L],\ [\mathrm{IC}_H]$$

독점기업이 이윤 극대화를 달성하려면 네 제약조건 중에 $[\mathrm{IR}_L]$ 및 $[\mathrm{IC}_H]$는 등호로 성립하되 나머지 두 제약조건은 부등호로 성립할 수 있다. 첫째, 만약 두 개의 참여조건이 모두 부등호 >로 성립한다면, 독점기업은 저품질 가격 T_L과 고품질 가격 T_H를 조금씩 올림으로써 네 제약조건을 모두 만족시키면서 이윤을 늘릴 수 있다. 따라서 참여조건 중에 최소한 하나는 등호로 성립해야 한다. 둘째, 만약 두 유인양립조건이 모두 부등호로 성립한다면, 독점기업은 고품질 가격 T_H를 조금 인상시킴으로써 네 제약조건을 모두 충족시키면서 이윤을 늘릴 수 있다. 따라서 유인양립조건 [IC_H]는 반드시 등호로 성립해야 한다.

등호로 성립하는 두 제약조건 [IR_L] 및 [IC_H]을 다시 써 보면 다음과 같다.

$$[IR_L]\ \theta_L u(q_L) - T_L = 0 \tag{13.11}$$

$$[IC_H]\ \theta_H u(q_H) - T_H = \theta_H u(q_L) - T_L \tag{13.12}$$

식 13.11과 식 13.12를 정리하면 다음을 얻는다.

$$T_L = \theta_L u(q_L) \tag{13.13}$$

$$T_H = \theta_H u(q_H) - (\theta_H - \theta_L) u(q_L) \tag{13.14}$$

식 13.13과 식 13.14를 식 13.10에 대입하면 독점기업의 이윤함수는 다음과 같다.

$$\begin{aligned} EV &= (1-\beta)[\theta_L u(q_L) - cq_L] + \beta[\theta_H u(q_H) - (\theta_H - \theta_L)u(q_L) - cq_H] \\ &= [(1-\beta)\theta_L - \beta(\theta_H - \theta_L)]u(q_L) - (1-\beta)cq_L + \beta[\theta_H u(q_H) - cq_H] \end{aligned} \tag{13.15}$$

기대이윤 EV를 극대화하는 일계조건은 아래와 같다.

$$\frac{dEV}{dq_H} = \beta[\theta_H u'(q_H^*) - c] = 0$$

$$\frac{dEV}{dq_L} = [(1-\beta)\theta_L - \beta(\theta_H - \theta_L)]u'(q_L^*) - (1-\beta)c = 0$$

혹은

$$\theta_H u'(q_H^*) = c \tag{13.16}$$

$$\rho\theta_L u'(q_L^*) = c \tag{13.17}$$

(여기서 $\rho \equiv 1 - \frac{\beta}{1-\beta}\frac{\theta_H - \theta_L}{\theta_L} < 1$)

식 13.16은 식 13.4와 동일하므로 $q_H^* = \hat{q}_H$이다. 비록 개별 소비자의 유형에 관하여 미비정보가 존재하더라도 고평가 소비자가 누리는 품질은 완비정보하의 그것과 동일하다. 반면 미비정보하에서 저평가 소비자가 누리는 품질 q_L^*은 완비정보하에서의 품질 $\hat{q}_L$에 비해 낮다. 식 13.17 및 식 13.5로부터 $u'(q_L^*) > u'(\hat{q}_L)$인데, 위험회피의 정의에 의하여 한계효용 $u'(\cdot)$은 체감하므로, $q_L^* < \hat{q}_L$이어야 한다.

식 13.17로부터 고평가 수요자의 비율 β가 $\frac{\theta_L}{\theta_H}$보다 크냐 작냐에 따라 두 가지 경우로 나눠진다.

① $\beta \geq \frac{\theta_L}{\theta_H}$ 인 경우

식 13.17의 좌변이 음(−)이 되는데 q_L^*이 음수일 수는 없으므로 결국 독점기업은 저평가 소비는 배제한 채 고평가 수요자들만을 대상으로 품질 q_H^*의 상품을 가격 $T_H^* = \hat{T}_H$에 판매한다.

그림 13-2 소비자에게 판매되는 품질의 결정

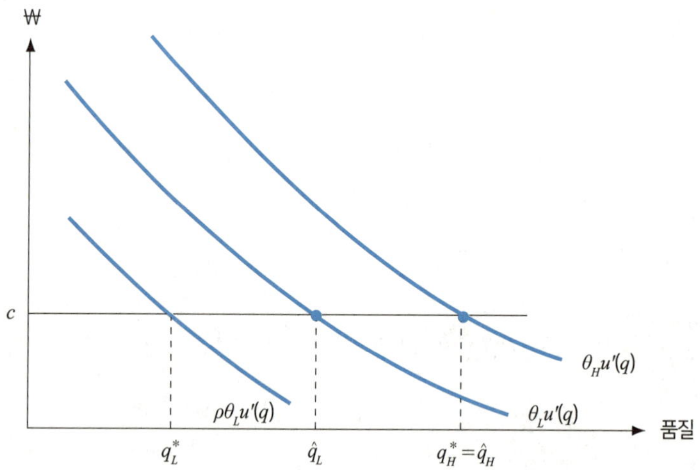

q_L^* = 균형 저품질　　q_H^* = 균형 고품질

$\hat{q}_L$ = 사회최적 저품질　　$\hat{q}_H$ = 사회최적 고품질

② $\beta < \frac{\theta_L}{\theta_H}$ 인 경우

식 13.17의 좌변이 양(+)의 값을 가지므로 q_L^*이 $\hat{q}_L$보다는 작지만 0보다는 크다. 즉, 독점기업이 고평가 수요자뿐 아니라 저평가 수요자도 수용한다.

Practice 13-5

$\theta_L=4$, $\theta_H=8$, $c=2$, $u(q)=\sqrt{q}$ 라고 가정하고 독점기업의 고객차별 메커니즘을 구하시오.

Practice 13-6

지방자치단체는 도로 건설을 특정 회사에게 맡기려고 한다. 차선 q개가 만들어질 경우 사회적 혜익은 $(15q-\frac{1}{2}q^2)$백억원이다. 건설사는 차선당 건설비가 3백억원(유형 L)인지 5백억원(유형 H)인지를 정확히 알고 있다.

(1) 지자체도 건설비가 얼마인지 정확히 알 경우, 사회최적 도급계약을 구하시오.

이제 지자체는 건설비가 3단위일 사전확률이 $\frac{2}{3}$이라는 사실만 안다고 하자.

(2) 위 (1)에서 구한 사회최적 도급계약이 비효율적임을 설명하시오.

(3) 비대칭 미비정보를 감안하여 메커니즘 $\{(q_L, T_L), (q_H, T_H)\}$를 설계하시오.

(4) 위 (3)에서 구한 메커니즘하에서 사회후생과 위 (1)에서 구한 완비정보하의 사회후생 수준을 계산·비교하시오.

13.4 공공재 건설을 위한 그로브스-레드야드 메커니즘 (Groves-Ledyard mechanism)

13.4.1 단순 예시

두 명이 살고 있는 골목에 가로등을 설치하려고 한다. 건설비는 6백만원이다. 가로등으로부터 두 주민이 얻는 혜택은 각각 2백만원과 5백만원인데, 지자체는 개개인의 혜택이 얼마인지는 알지 못한다. 가로등 설치비를 마련하기 위하여 지자체가 두 사람으로부터 비용을 갹출하고자 한다. 구청은 주민 i가 부담할 용의가 있는 금액 m_i를 써내라고 한다. 구청은 주민들이 밝힌 금액을 근거로 개인의 최종부담액 w_i를 결정한다. 이때 구청이 어떠한 메커니즘을 고안하면 사회적으로 바람직한 가로등 설치 및 설치비용 분담이 이뤄지겠는가? 개인이 자신의 평가가치를 사실대로 밝힌다면 더 이상 바랄 나위가 없겠지만 거짓으로 보고할 유인이 있다. 예컨대 혜택을 5백만원이나 받게 될 주민2도 "가로등 설치해봐야 나한테는 아무 이득이 없어요. 그러니 한 푼도 못 냅니다"라고 말하리라 예상된다.

두 명에게 3백만원씩 똑같이 부담시키는 방식은 어떠한가? 사전적으로 구성원들의 혜택을 알지 못하는 미비정보 게임에서 건설비의 균등 분담은 비효율적이다. 주민2의 보수는 2백만원인 반면 개인1의 보수는 −1백만원이 되는데, 효율성은 성립하지만 개인합리성이 위배되어 바람직하지 못하다.[5] 만약 주민1, 주민2가 얻을 혜택이 각각 2백만원, 3백만원이라면 1백만원의 사회후생 손실을 보면서 가로등을 건설하게 되므로 개인합리성은 물론 효율성도 위배된다. 우리의 과제는 상황이 ($v_1=2,\ v_2=5$)이든 ($v_1=2,\ v_2=3$)이든 효율성을 항상 담보할 수 있는 메커니즘을 찾아내는 데 있다.

그로브스(Theodore Groves)와 레드야드(John Ledyard)는 다음과 같은 메커니즘을 제안하였다. "만일 $m_1+m_2\geq 6$이면 가로등을 설치하고 $m_1+m_2<6$이면 설치

5 이 경우 공공재 건설이 사회적으로 바람직하며, 비용을 누가 얼마나 부담하건 공리주의적 효율성을 충족한다. 다른 한편, 낮은 효용을 얻는 구성원에게 상대적으로 높은 가중치를 부여하는 사회후생함수 예컨대 평등주의적 후생함수나 롤스(Rawls)의 최소극대 관점에서는 그 자체로 바람직하지 못할 수 있다.

하지 않는다. 가로등을 설치할 경우 주민1에게는 $w_1=6-m_2$, 주민2에게는 $w_2=6-m_1$씩 걷는다."

그로브스-레드야드 메커니즘은 개인의 분담금이 자신의 보고금액과는 관계없이 다른 주민(들)의 보고금액에 의해서 결정된다는 특징을 갖고 있다. 〈그림 13-3〉은 주민1과 주민2의 보고금액에 따라 주민1의 최종보수가 얼마나 되는지를 보여준다. 예컨대, 주민1은 $m_1=2$, 주민2는 $m_2=3$으로 보고한다면 공공재 건설은 물 건너가므로 보수는 0단위가 된다. 또 다른 예로, 주민1은 $m_1=1$, 주민2는 $m_2=6$으로 보고한다면 공공재는 건설되며 주민1과 주민2에게 각각 0원(=6−6)과 5백만원(=6−1)을 부담시킨다. 부족한 건설비 1백만원은 다른 방식으로 조달해야 할 것이다. 주민1은 공공재로부터 2백만원으로 혜택을 얻는 대신 0원의 비용을 부담하게 되므로 결국 2백만원의 보수를 얻게 된다. 비슷한 논리로 주민2는 0원의 최종 보수를 얻게 된다.

그림 13-3 주민1과 주민2의 혜택 보고에 따른 전략형 게임

		주민2 ($v_2=5$)				
	m_1 \ m_2	2	3	4	5	6
주민1 ($v_1=2$)	1	0, 0	0, 0	0, 0	1, 0	2, 0
	2	0, 0	0, 0	0, 1	1, 1	2, 1
	3	0, 0	-1, 2	0, 2	1, 2	2, 2
	4	-2, 3	-1, 3	0, 3	1, 3	2, 3
	5	-2, 4	-1, 4	0, 4	1, 4	2, 4

〈그림 13-3〉에서 볼 수 있듯이 주민1이 자신의 혜택 2백만원을 사실대로 보고하는 전략이 약우월전략이다. 즉, 주민2가 무어라고 보고하건 주민1이 사실대로 보고하는 전략($m_1=v_1=2$)은 다른 어떠한 전략($m_1=1$, 3, 4, 5 등)보다도 주민1에게 더 크거나 혹은 적어도 같은 보수를 가져다 준다. 대칭적인 논리로 주민

2에게 있어서도 자신의 혜택을 정직하게 보고하는 전략($m_2=v_2=5$)이 다른 어떠한 전략보다 약우월하다. 그러나 주민1이나 주민2가 과소 보고하는 상태는 결코 약우월전략일 수는 없는데, 이것이 그로브스-레드야드 메커니즘의 가장 큰 장점이다.[6] 이러한 의미에서 그로브스-레드야드 메커니즘을 '우월전략 메커니즘'(dominant-strategy mechanism)이라고 부른다.

그로브스-레드야드 메커니즘에서 모든 주민이 정직하게 보고하는 것은 내쉬균형이다. 주민2가 자신의 혜택 5백만원을 정직하게 보고한다는 가정하에 주민1도 자신의 혜택 2백만원을 정직하게 보고하는 전략이 최선응수이다. 동시에 주민1의 $m_1=2$에 대한 주민2의 최선응수도 $m_2=5$이다. 이는 〈그림 13-3〉에서 밑줄 친 방으로 나타난다. 하지만 내쉬균형은 이외에도 여럿 더 존재한다. 예컨대, 주민1이 $m_1=3$, 주민2가 $m_2=6$으로 과대 보고하는 상태도 내쉬균형이다. 또한 ($m_1=2$, $m_2=4$)나 ($m_1=1$, $m_2=5$) 역시 내쉬균형이다.

13.4.2 일반모형

주민 n명이 거주하는 지자체에 공공재를 건설하려는데 설치비 C원이 든다. 공공재로부터 주민i가 얻는 혜택은 v_i단위($i=1, 2,..., n$)이며 지자체는 개개인의 혜택을 모른다. 공공재 건설비를 마련하기 위하여 지자체가 주민들로부터 비용을 갹출하고자 한다. 지자체는 주민i가 부담할 용의가 있는 금액 m_i를 써내라고 한다고 하자. 지자체는 주민들이 보고한 액수를 근거로 개인의 부담금 w_i를 결정한다.

그로브스와 레드야드가 제안한 메커니즘은 다음과 같다.

> 만일 $\sum_{j=1}^{n} m_j \geq C$이면 공공재를 건설하고, 만일 $\sum_{j=1}^{n} m_j < C$이면 포기한다. 공공재를 건설하기로 결정할 경우 주민i에게 $w_i=C-\sum_{j\neq i} m_j$의 비용을 분담시킨다. (13. 18)

---

6 〈그림 13-3〉에서 $m_1=1$도 주민1에게 약우월전략이며 $m_2=4$도 주민2에게 약우월전략인 듯 보인다. 그러나 이는 주민i의 보고액 m_i가 자연수인 것으로 가정하고 전략형게임을 나타냈기 때문이며 m_i들을 더 잘게 쪼개면 $m_1=1$이나 $m_2=4$ 같은 과소보고는 약우월전략이 될 수 없다. 이는 13.4.2항의 정리13-1에서 명확해질 것이다.

그로브스-레드야드 메커니즘에서 개별 주민은 자신이 얻을 혜택을 정직하게 보고하는 것이 약우월전략이다.

정리 13-1

그로브스-레드야드 메커니즘하에서 주민i에게 $m_i = v_i$는 약우월전략이다.

증명 주민i는 자신의 혜택 v_i는 알지만 다른 주민들의 보고금액은 모르므로 자신이 내게 될 금액 $w_i = (C - \sum_{j \neq i} m_j)$가 얼마인지도 모른다. 하지만 세 경우 하나임은 분명하다.

(i) $(C - \sum_{j \neq i} m_j) \leq 0$인 경우

주민i는 m_i를 얼마라고 보고하건 공공재는 건설되며 주민i는 m_i와 무관한 $(v_i - w_i)$단위의 보수를 얻는다. 따라서 진실현시 $m_i = v_i$는 거짓보고와 동일한 보수를 가져다준다.

(ii) $0 < (C - \sum_{j \neq i} m_j) < v_i$인 경우

〈그림 13-4〉 (a)를 참조하라. 만약 $m_i < (C - \sum_{j \neq i} m_j)$라면, 공공재 건설이 무산되므로 주민$i$는 0의 효용을 얻는다. 만약 $m_i \geq w_i = (C - \sum_{j \neq i} m_j)$라면 공공재가 건설되며 주민$i$는 $u_i = v_i - w_i \geq 0$의 효용을 얻는다. 주민i는 진실현시$(m_i = v_i)$로부터 얻는 보수수준이 다른 어떤 거짓보고로부터 얻는 보수보다 항상 크거나 동일하다.

(iii) $(C - \sum_{j \neq i} m_j) \geq v_i$인 경우

〈그림 13-4〉 (b)를 참조하라. 만약 $m_i < w_i = (C - \sum_{j \neq i} m_j)$라면, 공공재가 건설되지 않고 주민$i$는 0의 효용을 얻는다. 만약 $m_i \geq w_i$라면 공공재가 건설되며 주민 i는 $u_i = v_i - w_i \leq 0$의 효용을 얻는다. 주민i는 진실현시$(m_i = v_i)$로부터 얻는 보수수준(0단위)이 다른 어떤 거짓보고로부터 얻는 보수보다 항상 크거나 동일하다.

결론적으로 주민i에게는 — 다른 주민들이 어떠한 선택을 하건 무관하게 — 진실현시가 거짓보고보다 더 높거나 동일한 보수를 가져다준다.■

그로브스-레드야드 메커니즘하에서 개인에게는 전략적 조작(strategic manipulation)의 유인이 없다. 즉, 어떠한 개인i도 자신의 진짜 선호(v_i)를 감추고 거

그림 13-4 정리 13-1 증명의 (ii) 및 (iii)의 경우

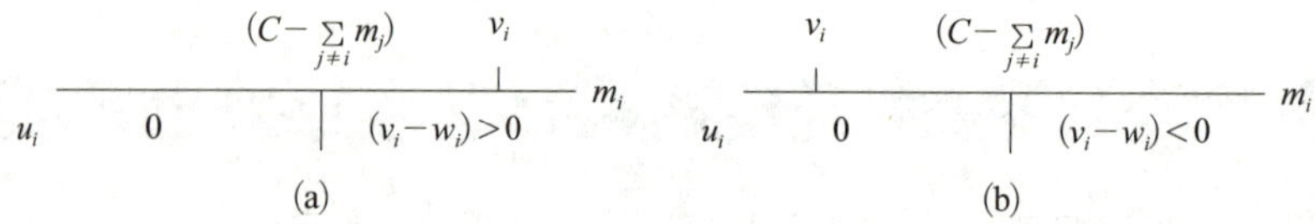

짓 보고($m_i \neq v_i$)를 해봤자 더 낮거나 기껏해야 동일한 보수를 얻을 뿐이다. 다시 말해서, 그로브스-레드야드 메커니즘은 모든 사람들에게 진실현시를 우월전략이 되도록 해주는 전략행위방지(strategic-proof) 성질을 갖는다. 정리 13-1의 논리적 귀결은 모든 주민이 진실현시하는 것이 내쉬균형이라는 사실이다.

정리 13-2

그로브스-레드야드 메커니즘하에서 모든 경기자들이 진실하게 선호를 표출하는 전략조합 $(m_1, m_2, \cdots, m_n) = (v_1, v_2, \cdots, v_n)$은 내쉬균형이다.

13.4.3 메커니즘 이행의 신빙성

그로브스-레드야드 같은 우월전략 메커니즘의 단점은 사후적으로 예산 균형이 맞지 않는다는 것이다. 즉, 구성원들로부터 거둬들인 분담금의 총합이 건설비와 차이가 날 수 있다. 그로브스-레드야드 메커니즘에서 모든 사람들이 자신의 가치를 진실하게 보고한다는 가정하에 주민 n명으로부터 걷는 분담금의 총합은 다음과 같다.

$$\sum_{i=1}^{n} w_i = \sum_{i=1}^{n} (C - \sum_{j\neq i}^{n} v_j) = nC - (n-1)\sum_{i=1}^{n} v_i \qquad (13.\ 19)$$

공공재가 건설된다면 $\sum_{i=1}^{n} v_i \geq C$이므로 식 13.19는 건설비 C보다 작거나 같다.

다시 말해서 재정적자가 발생하게 된다. 심지어 식 13.19이 음(−)수가 될 수도 있는데 이는 주민들로부터 분담금을 걷기는커녕 아예 보조금을 지불함을 뜻한다.

공공재 건설에 따른 적자는 다른 곳에서 조달하거나 아니면 주민들에게 추가로 거둬야 한다. 그로브스–레드야드 메커니즘에 따라 주민들은 개개인의 혜택을 진실하게 보고하였을 것이므로 지자체는 사후적으로 주민 개개인의 진짜 혜택을 알게 된다. 지자체는 그렇게 알게 된 개인 혜택에 비례하여 추가 분담금을 거두려는 유혹이 생긴다. 문제는 주민들이 이러한 상황을 사전에 예측할 수 있으므로 아예 처음부터 자신의 혜택을 진실하게 보고하지 않는 편이 낫다. 그로브스–레드야드 메커니즘에 의해 주민들로부터 거둬들인 금액이 공공재 건설비보다 작으므로 공공재 건설이 실제로 추가 부담 없이 이행될 것인가에 대한 신빙성 문제를 초래한다. 결론적으로 사전에 구속력 있는 법령이나 외부 재원이 확보되어야만 지자체가 사후에 추가 부담을 요구하지 않는다는 믿음을 줄 수 있다. 요약하면 '사후 재협상 불가'라는 신빙성 있는 약속은 그로브스–레드야드 메커니즘의 필수 요건이다.

노벨상 수상자 후르비츠(Hurwicz 1975)는 바람직한 공공재 건설 메커니즘이 충족해야 할 요건으로 다음을 제시하였다. 그러면서 후르비츠는 세 요건을 모두 만족하는 메커니즘이란 존재할 수 없음을 증명하였다.

[전략행위방지(strategy–proofness)] 어느 누구에게도 전략적으로 거짓보고를 할 유인이 없으며, 진실한 선호 표출이 각자의 우월전략이어야 한다.

[효율성(efficiency)] 공공재 공급 여부와 수준이 효율적이어야 한다.

[예산균형(budget–balancing)] 공공재 건설비용이 구성원들의 분담금으로 조달 가능해야 한다.

그로브스–레드야드 메커니즘은 전략행위방지성과 효율성을 충족하는 대신 예산균형 요건이 위배된다. 다른 한편 전략행위방지 조건을 포기하는(진실한 선호 표출이 각자의 약우월전략일 것을 요구하는) 대신 단지 내쉬균형 전략이 되도록 요구한다면 효율성과 예산균형을 달성할 수 있다. 예컨대, 〈그림 13–3〉에서 주민1은 $m_1=2$, 주민2는 $m_2=4$라고 밝히는 것은 내쉬균형인데, 이때 $w_1=2$, $w_2=4$

가 되어 건설비 6만원을 충당할 수 있어 예산균형 조건이 성립된다. 마찬가지로 전략조합 $(m_1=1,\ m_2=5)$도 내쉬균형인데 전략행위방지 조건은 위배되지만 효율성과 예산균형의 두 조건은 충족된다.

13.5 배타적 유통 계약

배타적 유통(exclusive dealing)이란 유통업체가 특정 제조업체의 상품만을 취급하도록 양자 간에 계약을 맺는 상거래를 뜻한다. 우리나라 주유소들이 SK, GS 칼텍스, S-Oil 등 특정 정유회사의 브랜드를 달고 해당 상품만 취급하는 사례를 들 수 있다. 많은 나라에서 배타적 유통 계약은 불공정행위로 금지된다. 아기옹과 볼튼(Aghion and Bolton 1987)은 배타적 유통계약을 규제할 필요가 없다고 주장하였다. 해당 계약이 해가 된다면 소매업자들이 애당초 계약을 체결하지 않았으리라는 것이다. 배타적 유통계약 체결 여부가 소매업자들에게 불이익이 되지 않는다는 주장은 일리가 있다. 그러나 번하임과 윈스턴(Bernheim and Whinston 1998)이 논증한 바와 같이, 시장 전체의 측면에서 볼 때 배타적 유통계약은 경쟁을 제한하고 사회적 비효율성을 초래한다.[7]

와인 독점업체 M사는 병당 1만원의 비용으로 와인을 생산한다. 식당들은 와인 한 병에 최대 2만원까지 지불할 용의가 있다. 와인시장에의 진입을 고려하고 있는 E사는 동질의 와인을 병당 c만원의 한계비용으로 생산할 수 있다. E사는 c 값을 정확히 알고 있지만, M사와 식당들은 c가 [0, 2] 구간에서 균등분포한다는 사실만 알 뿐이다. E사가 와인시장에 진입한다면 M사와 베르트랑 가격경쟁을 한다. 다시 말해서, 식당들은 M사와 E사 중 조금이라도 낮은 가격에 납품하는 회사로부터 전량 구매한다.

사회최적 자원배분은 만약 $c<1$이라면 E사가 독점공급하고, $c>1$이라면 M사가 독점공급하는 것이다.

이제 배타적 유통계약이 불법인 상황과 합법인 상황에서 베이즈내쉬균형을

7 Salanie (1997), pp.146~150.

구하고 서로 비교해보자.

배타적 유통계약 불허

E사의 생산비 $c<1$인 경우 E사는 와인시장에 진입하여 $P=1$만원에 독점공급한다. 만약 $c>1$이라면 E사는 진입을 포기하고 기존 M사가 $P=2$만원에 독점공급한다. 식당의 기대잉여는 얼마인가? 전자의 경우 1만원(=2−1)의 잉여를 얻고 후자의 경우 0원(=2−2)의 잉여를 얻을 것이다. 그런데 $c<1$일 확률이 0.5(=(1−0)/(2−0))이므로 식당의 기대잉여는 0.5만원이다. 또한 유사한 논리에 의하여 기존 M사의 기대이윤은 0.5만원($=0.5\times 0+0.5\times(2-1)$)이다.

배타적 유통계약의 효과

이제 E사가 진입을 결정하기 전에 M사와 식당 간에 배타적 유통계약을 체결하는 상황을 고려하자. 식당들은 M사로부터 병당 P만원에 구매하되 식당 측이 계약을 파기(breach)하면 B만원의 해약금을 지불하기로 약속한다고 하사. 이러한 배타적 유통계약은 (P, B)의 형태를 갖는다.

유인양립조건을 먼저 구해보자. 식당은 E사가 $(P-B)$만원 이하의 가격을 제안할 경우에만 M사와의 계약을 파기한다. E사가 진입할 경우 병당 $(P-B)$만원의 가격을 받을 터인데, 그러기 위해서는 생산비 c가 그보다 낮아야 한다. E사의 생산비 c는 $[0, 2]$ 구간에서 균등분포한다고 가정하였으므로, M사의 입장에서 E사의 시장진입 확률은 $q=\max\left\{0, \dfrac{P-B}{2}\right\}$이다.

다음으로 개인합리성조건을 구해보자. 식당이 유통계약에 참여하도록 유인을 제공하기 위해서 M사는 식당에게 0.5만원의 기대잉여를 보장해줘야 한다. 왜냐하면 식당이 M사와 유통계약을 체결하지 않더라도 그만큼의 기대잉여는 얻을 수 있기 때문이다. 결국 식당의 참여 조건은 $2-P\geq 0.5$, 즉 $P\leq 1.5$이다.

이제 M사의 메커니즘 설계 문제를 구성해보자. 식당이 M사와의 계약을 파기하고 E사가 진입하는 경우 M사의 이윤은 해약금 B만원이다. 식당이 M사와의 계약을 존중하는 경우 M사의 이윤은 $(P-1)$만원이다. M사의 메커니즘 설계 문제는 유인양립조건과 개인합리성조건 하에 기대이윤을 극대화해주는 유통계약

(P^*, B^*)를 찾는 것이다.

$$\text{극대화 기대이윤} = qB + (1-q)(P-1) \quad (13.20)$$
$$\text{유인양립 조건: } q = \max\left\{0, \frac{P-B}{2}\right\} \quad (13.21)$$
$$\text{개인합리성 조건: } P \leq 1.5 \quad (13.22)$$

두 경우로 나누어 생각해보자.

(i) $P < B$

식 13.21에 의하여 $q=0$이며 기대이윤을 극대화해주는 P는 식 13.22에 의하여 1.5만원이다. 해약금 B는 1.5만원 이상 어떠한 액수로 설정하건 무관하다. M사가 얻는 기대이윤은 0.5만원(=1.5−1)이다.

(ii) $P \geq B$

식 13.21에 의하여 $q=\frac{P-B}{2}$이므로 M사의 기대이윤은 $\left(\frac{P-B}{2}\right)B+\left(1-\frac{P-B}{2}\right)(P-1)$이다. 선택변수인 B에 대하여 미분하여 0으로 놓으면 $B=P-0.5$이 도출되는데 개인합리성조건인 식 13.22에 의하여 $P=1.5$이므로 $B=1$이다. M사가 얻는 기대이윤은 0.625만원이다.[8]

M사 입장에서 계약 (ii)이 더 높은 기대이윤을 가져다주므로 결국 베이즈내쉬균형은 다음과 같다. M사는 $(P^*=1.5,\ B^*=1)$ 형태의 배타적 유통계약을 제안하고 식당은 이를 수락한다. E사는 생산비 c가 0.5만원 미만이면 시장에 진입한 다음 병당 0.5만원의 가격에 독점공급한다. E사의 생산비 c가 0.5만원 이상이면 진입을 포기한다.

사회후생과 경쟁제한성에 미치는 효과

식당이 M사와의 계약을 존중할 경우 지불하는 병당 가격은 1.5만원이다. 계약을 파기할 경우 M사에 해약금 1만원과 E사에 병당 구매대금 0.5만원을 합쳐 1.5만원을 지불한다. 계약을 존중하건 파기하건 식당이 지불하는 금액은 1.5만원이므로 식당의 기대보수는 0.5만원(=2−1.5)이다. 이는 배타적 유통계약이 불허되는 상황에서 식당이 누리는 기대잉여와 똑같다.

8 $\left(\frac{1.5-1}{2}\right)\times 1+\left(1-\frac{1.5-1}{2}\right)\times(1.5-1)=0.625$

배타적 유통계약이 불허될 때 E사의 진입 조건은 $c<1$인데 이는 사회최적과 일치한다. 반면 배타적 유통계약이 체결된 상황에서는 E사의 생산비가 0.5만원보다 낮아야 시장진입 유인이 있다. 다시 말해서, c가 0.5만원과 1만원 사이에 있다면 E사의 진입이 바람직함에도 불구하고 기존 M사가 계속 조업하게 된다. 이처럼 배타적 유통계약은 기존업체에 의한 시장봉쇄(market foreclosure)와 사회후생의 감소를 초래하므로 규제될 필요가 있다.

13.6 메커니즘 설계와 현시원리

13.6.1 메커니즘 설계

메커니즘 설계는 한 명의 주인과 n명의 대리인들 간의 베이즈게임이다. 편의상 주인을 경기자0이라 부르고 대리인을 경기자 $i=1, 2, \cdots, n$이라 부르자. 대리인i는 자신의 유형 θ_i를 정확히 알고 있지만, 주인이나 여타 대리인들은 이를 알지 못한다. 주인은 대리인들의 유형 벡터 $\boldsymbol{\theta} \equiv (\theta_1, \theta_2, \cdots, \theta_n)$이 다변량 확률분포함수 $F(\boldsymbol{\theta})$로부터 무작위 추출된다는 사실만 알고 있다. 다시 말해서 주인은 대리인의 유형에 대한 정보의 비보유자이고 대리인은 자기 자신의 유형을 정확히 알고 있는 정보보유자이다. 주인은 정책 혹은 계약 x를 선택한다. 경기자 i의 보수 $u_i(x, \boldsymbol{\theta})$는 주인이 선택하는 정책 x와 대리인들의 유형 $\boldsymbol{\theta}$(특히 자기 자신의 유형 θ_i)에 달려 있다. (여기서, $i=0, 1, 2, \cdots, n$)

메커니즘 설계 문제에서 주인은 대리인으로부터 '비용이 들지 않는 메시지'(costless messages)를 수신한다. 대리인i는 메시지 m_i를 집합 M_i로부터 선택하여 제시한다. 이때 주인은 대리인들의 메시지 $\boldsymbol{m}=(m_1, m_2, \cdots, m_n)$를 종합하여 최종 정책이나 계약을 어떻게 선택할 것인가 하는 계획 $x=\varphi(\boldsymbol{m})$을 제시한다. 요약하면, 메커니즘은 메시지 집합 $M \equiv \Pi_{i=1}^{n} M_i$과 정책함수 $\varphi(\boldsymbol{m})$의 두 요소로 구성된다.

앞에서 다룬 모형들로 메커니즘 설계를 예시해보자. 13.2절과 13.3절에서 다룬 고객차별화 문제에서 주인은 독점항공사이고 대리인은 탑승객이다. 탑승객은 자신의 유형 θ_i가 관광인지 업무인지 알지만 항공사는 분포함수(β)만을 알 뿐 개인 고객의 유형은 알지 못한다. 항공사는 좌석 종류와 좌석별 요금 체계인 x를 제시하면 대리인은 각자에게 가장 유리한 좌석을 선택하고 해당 요금을 지불한다.

13.4절에서 설명한 그로브스-레드야드 공공재 건설 문제에서 주인은 지방자치 정부이고 대리인은 주민이다. 주민i의 유형 θ_i는 각자가 공공재로부터 얻게 될 혜택 v_i인데 정부는 그것들이 어떻게 분포되어 있는지 알 뿐 개별 값은 알지 못한다. 정부는 주민들에게 각자가 얻을 혜택이 얼마인지를 보고하라고 요청하는데, 주민i의 보고액 m_i가 메커니즘 설계에서 메시지에 해당한다. 이때 정부는 주민들의 메시지를 종합하여 식 13.18에 따라 공공재 건설 여부를 결정하며 분담금을 부과하리라고 공표한다. 즉, 메시지 집합 M_i은 유형 집합 Θ_i와 동일하고, 정책함수 $\varphi(\boldsymbol{m})$은 식 13.18에 나타난 공공재 건설 여부 및 개인 분담금 w_i ($i=1, 2, \cdots, n$)이다. 주민i의 보수는 주인의 정책(공공재 건설 여부 및 주민i에게 부과할 분담금 w_i)과 개별 주민의 유형(공공재 건설로부터 실제 얻게 될 혜택 v_i)에 의해 결정된다. 대리인의 보수함수는 다음과 같다. 만일 $\sum_{j=1}^{n} m_j \geq C$이면, $u_i = v_i - (C - \sum_{j \neq i} m_j)$이고, 만일 $\sum_{j=1}^{n} m_j < C$이면, $u_i = 0$.

〈그림 13-5〉는 메커니즘 설계를 묘사한다. 첫 단계에서 대리인(들)의 유형은 주어진 확률분포에 따라 결정된다. 이렇게 실현된 대리인의 유형은 자신만 알며 주인은 이를 관찰할 수 없다. 둘째 단계는 주인이 대리인의 유형을 알지 못하는 상태에서 메커니즘 혹은 계약을 제안하는 단계이다. 대리인은 주인이 제시한 메커니즘을 수락 또는 거부한다. 메커니즘을 거부할 경우 대리인은 외부 대안으로부터 유보효용(留保效用, reservation utility)을 얻는다. 계약을 수락함으로써 얻는 기대보수가 유보효용보다 낮다면 대리인은 계약을 거부할 것이다. 그러므로 주인이 대리인으로 하여금 메커니즘을 수락하도록 만들기 위해서는 유보효용 이상을 보장하는 계약을 제안해야 한다. 대리인이 주인의 제안을 수락하도록 만들기 위한 이러한 조건을 개인합리성 또는 참여 조건이라 부른다.

주인이 제시한 메커니즘에 대리인이 참여하기로 결정하면 대리인은 메시지를 주인에게 보내거나 자신의 행동을 선택한다. 그러면 주인은 둘째 단계에서 약

그림 13-5 메커니즘 설계의 구조

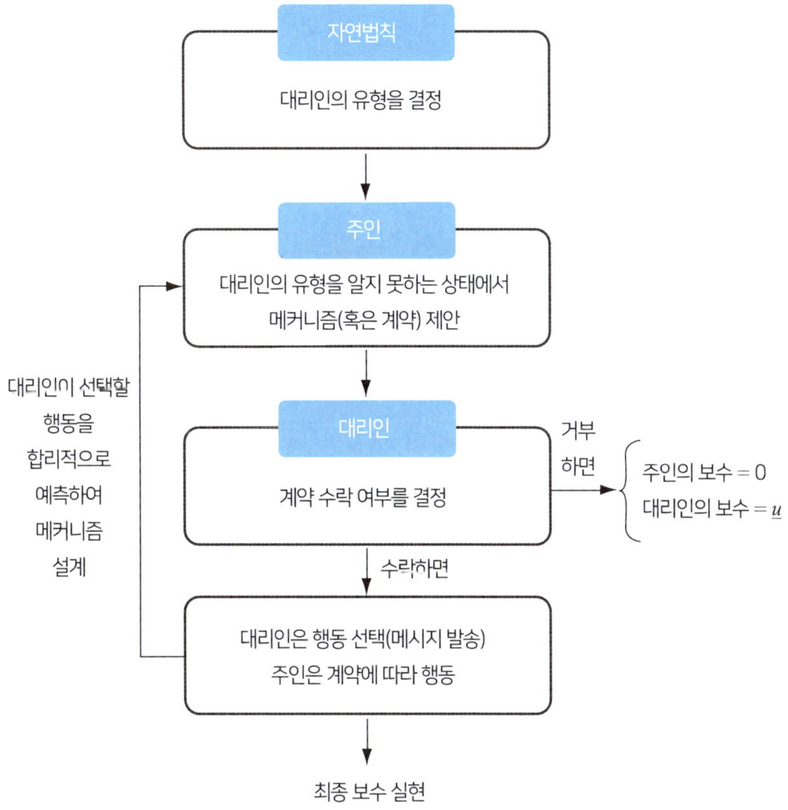

속한대로 정책을 수행한다. 예컨대, 공공재 건설 메커니즘에서 주민은 정부에게 메시지 m_i를 보고하고 정부는 이를 취합하여 공공재 건설 여부 및 개인별 분담금을 애초에 약속한 메커니즘에 따라 징수한다. 마지막 단계에서 대리인이 행동을 취할 것인가(어떠한 메시지를 발송할 것인가)를 주인은 미리 합리적으로 예측하여 둘째 단계의 메커니즘을 설계를 제안한다. 여기서 중요한 개념이 유인양립 조건이다. 유인양립이란 유형 θ인 대리인이 자신의 유형에 정직하게 맞춰 메시지를 보내거나 행동을 선택하는 전략이 마치 다른 유형 θ'인양 가장하고 메시지를 보내거나 행동을 선택하는 전략보다 유리해야 함을 의미한다. 공공재 건설 메커니즘의 예에서, 진짜 유형이 v_i인 주민은 정직한 메시지 $m_i=v_i$를 선택함으로써 얻게 될 기대보수가 다른 어떠한 대안 $m_i \neq v_i$를 선택함으로써 얻을 보수보다 크거나 최소한 같아야 한다. 이처럼 유인양립조건은 진실현시를 위한 필수요건이다.

13.6.2 현시원리

주어진 메커니즘하에서 대리인들이 어떻게 행동할 것인가를 결정하기 위해서는 합리성의 형태가 명시되어야 한다. 대리인들이 우월전략만을 선택한다고 가정하고 도출된 메커니즘을 '우월전략 메커니즘'이라 부른다. 그로브스-레드야드 방안은 대표적인 우월전략 메커니즘이다. 우월전략보다 완화된 개념으로는 하위 게임에 베이즈내쉬균형을 적용하여 도출한 메커니즘을 고려할 수 있다. 물론 우월전략만으로 진실현시의 유인을 제공하는 '구현가능'(implementable) 메커니즘은 베이즈내쉬균형으로 구현가능한 메커니즘의 부분집합이다.

여기서 난제가 발생한다. 이론적으로 상상할 수 있는 메커니즘은 수없이 많다. 주어진 메커니즘하에서 구현가능한 선택함수(choice function)를 도출하는 작업도 만만찮다. 하물며 무수히 많은 메커니즘에 대해 일일이 구현가능한 선택함수를 도출하고 그것들을 종합하는 작업은 불가능에 가깝다. 그렇다면 구현가능한 선택함수가 무엇인지 쉽고 단순하게 알아보는 방법은 없겠는가? 노벨상 수상자 마이어슨(Myerson 1979, 1981)이 정립한 현시원리(顯示原理, revelation principle)는 이 난제에 대한 명쾌한 답을 제시한다. 주인의 보수를 극대화해 주는 메커니즘은 〈그림 13-5〉의 셋째 단계에서 대리인들이 수락하고 넷째 단계에서 대리인이 자신의 유형을 진실하게 밝힌다고 가정하고 구하면 된다는 것이다. 다시 말해서, 대리인의 개인합리성조건과 유인양립조건을 충족하는 진실현시를 전제로 주인의 최적 해를 구해도 무방하다. 또한 그렇게 구한 메커니즘하에서 선택되는 주인의 정책이나 계약이 바로 선택함수가 된다.

주인이 대리인 각자에게 유형이 무어냐고 단도직입적으로 묻고($M_i=\Theta_i$) 그렇게 보고받은 메시지를 메시지를 종합하여 정책이나 계약이 이행되는 메커니즘을 '직접보고 메커니즘'(direct mechanism)이라 부른다. 현시원리는 다음과 같다.

현시원리 : 어떠한 베이즈게임의 어떠한 베이즈내쉬균형도 개인합리성조건과 유인양립조건을 충족하는 직접보고 메커니즘의 베이즈내쉬균형으로 묘사될 수 있다.

다시 말해서, 미비정보가 존재하는 베이즈게임에서 어떠한 베이즈내쉬균형도 적절히 재구성된 새로운 베이즈게임의 베이즈내쉬균형에 의하여 묘사될 수(representable) 있다. 여기서 '묘사될 수' 있다는 것은 어떠한 유형벡터 $\boldsymbol{\theta} \equiv (\theta_1, \theta_2, \cdots, \theta_n)$에 대해서도 새로 재구성된 게임의 균형에서 경기자들이 사용하는 전략 및 그들이 얻는 보수가 원래 베이즈게임의 원래 균형에서의 그것들과 정확히 똑같음을 의미한다. 다시 말해서, 원래 분석대상이었던 게임이 무엇이었든 상관없이 지접보고 메커니즘 게임으로 재구성될 수 있다. 또한 원래의 균형이 무엇이었든 상관없이, 재구성된 게임에서 계산된 새 균형하에서 모든 경기자들은 각자의 유형을 정직하게 보고한다. 즉, 유인양립조건을 만족한다.

경매를 예로 들어 설명하자. 판매자가 구매희망자들의 유형(평가가치)에 대한 정보기 미비한 상황에서 경매 메커니즘을 설계하려고 한다. 판매자가 구매희망자에게 "당신의 유형이 뭐죠(평가가치가 얼마죠)?"라고 물어봤자 거짓말할 것이므로 소용없다. 이제 판매자가 영국식 경매 방식으로 물건을 팔겠다고 공표했다고 하자(영국식 경매는 구매자들에게 평가가치가 얼마냐고 묻지는 않으므로 직접보고 메커니즘이 아님에 유의하라). 영국식 경매라는 베이즈게임에서 구매자의 베이즈내쉬균형 전략은 자신의 평가가치가 도달할 때까지 손들고 있다가 그것을 넘어서는 순간 손을 내리는 것이다(제12장에서 이미 설명한 바와 같음). 판매자는 특정 구매자 A가 10만원에서 손 내리는 것을 보면 A의 평가가치가 10만원임을 추론할 수 있다. 영국식 경매 방식을 채택하는 순간, 구매자A에게 자신의 평가가치를 진실로 밝히는 것이 최선 즉 진실현시 유인이 생긴 것이다. 이는 마치 판매자가 구매자 개개인의 평가가치를 묻는 직접보고 메커니즘을 제시하고 구매자들은 자신의 평가가치를 정직하게 밝히는 것이 베이즈내쉬균형 전략인 상황으로 묘사될 수 있다. 이 때 예컨대 구매자A는 7만원이나 15만원이 아니라 10만원이라고 진실하게 보고하는 것이 가장 유리해야(유인양립조건 성립) 한다.

이론적으로 고안 가능한 경매 방식은—제12장에서 설명한 네 가지의 표준 방식을 포함하여—무수히 많다. 예시를 몇 개 들어보면 우선, 입찰가들의 평균값에 가장 가까운 입찰가를 낙찰가로 결정하는 평균가(平均價) 밀봉경매가 있다. 입찰자들 간의 담합을 막기 위해 최고입찰가와 최저입찰가를 제외하고 평균값을 계산하여 기준을 정하는 변형 평균가 경매도 있다. 참가비(entry fee)를 받거나, 일정 액수 이하는 입찰할 수 없도록 입찰가의 하한을 공시하거나, 낙찰 여부와 무관하게 자신의 입찰가를 무조건 지불하도록 할 수도 있다. 이처럼 무수히 많은 경매 방식 가운데—효율성 충족한다는 전제하에—경매인의 기대수익을 극대화해주는 것은 어떤 것들일까?

마이어슨은 사적가치 경매에서 구매자들이 자신의 평가가치를 정직하게 보고하는 — 유인양립조건을 만족하는 — 직접보고 메커니즘으로서 어떠한 것들이 있는지 보였다. 뿐만 아니라 유인양립조건을 만족하는 균형 중에 판매자의 기대수익을 극대화해 주는 균형이 무엇인지도 찾아내었다. 마이어슨의 결과에 현시원리를 적용하면, 다른 어떠한 경매방식도 판매자에게 더 높은 기대수익을 가져다 줄 수 없다는 결론이 도출된다. 만약 판매자에게 더 높은 기대수익을 가져다주는 경매방식이 존재한다면 그것은 유인양립조건을 만족하는 직접보고 메커니즘에 의해 묘사될 수 있었을 것이기 때문이다.

SECTION 05

신호, 선별, 계약

Chapter 14 동태적 미비정보 게임

Chapter 15 역선택, 신호와 선별

Chapter 16 대리인 문제와 유인계약

● ● ●

귀인이 왕위를 받아가지고 오려고 먼 나라로 갈 때에 그 종 열을 불러 은화 열 므나를 주며 이르되 내가 돌아올 때까지 장사하라 하니라 … 중략 … 귀인이 왕위를 받아가지고 돌아와서 은화를 준 종들이 각각 어떻게 장사하였는지를 알고자 하여 그들을 부르니 그 첫째가 나아와 이르되 주인이여 당신의 한 므나로 열 므나를 남겼나이다. 주인이 이르되 잘하였다, 착한 종이여. 네가 지극히 작은 것에 충성하였으니 열 고을 권세를 차지하라 하고, 그 둘째가 와서 이르되 주인이여 당신의 한 므나로 다섯 므나를 만들었나이다. 주인이 그에게도 이르되 너도 다섯 고을을 차지하라 하고, 또 한 사람이 와서 이르되 주인이여 보소서. 당신의 한 므나가 여기 있나이다. 내가 수건으로 싸 두었었나이다. 이는 당신이 엄한 사람인 것을 내가 무서워 함이라 당신은 두지 않은 것을 취하고 심지 않은 것을 거두나이다. 주인이 이르되 악한 종아 내가 네 말로 너를 심판하노니 너는 내가 두지 않은 것을 취하고 심지 않은 것을 거두는 엄한 사람인 줄로 알았느냐. 그러면 어찌하여 내 돈을 은행에 맡기지 아니하였느냐. 그리하였으면 내가 와서 그 이자와 함께 그 돈을 찾았으리라 하고 곁에 섰는 자들에게 이르되 그 한 므나를 빼앗아 열 므나 있는 자에게 주라하니 (누가복음 19:12-24).

Game Theory

Chapter 14 동태적 미비정보 게임

14.1 문제의 제기

게임의 형태가 복잡해지고 경기자들 간 정보의 비대칭성이 심화되면서 이전에 사용하였던 균형의 개념은 분석도구로서 한계를 드러낸다. 이에 따라 우리는 내쉬균형, 부분게임완전균형, 베이스내쉬균형 등 점점 더 정제된 균형의 개념들을 도입해 왔다. 내쉬균형은 단순한 정태적 전략형게임을 분석하기에 적절하다. 그러나 경기자들이 순차적으로 전략을 선택하는 전개형게임을 분석하기에는 한계가 있다. 신빙성 없는 위협이나 약속을 배제할 수 없기 때문이다. 이러한 한계를 극복하기 위하여 제5장에서 부분게임완전균형 개념을 도입하였고 역진귀납법을 활용하여 균형을 구할 수 있음을 살펴보았다. 하지만 부분게임완전균형도 경기자들 간에 미비정보가 존재하는 게임을 분석하기에는 역부족이다. 이에 따라 제11장에서 우리는 정태적 미비정보 게임을 분석하기에 유용한 베이즈내쉬균형의 개념을 도입하였다.

제5편은 경기자의 유형에 대하여 미비정보가 존재하는 상황에서 경기자들이 순차적으로 행동을 선택하는 동태적 미비정보 게임을 연구대상으로 한다. 동태적 미비정보 게임에서 경기자들은 상대방이 취했던 행동을 근거로 상대방의 유형을 추측할 수 있다. 또한 합리적인 경기자라면 새로운 정보를 고려하여 업데이트된 신념을 토대로 전략을 취할 것이다. 제4편의 주요 분석도구였던 베이즈내쉬균형은 정태적 미비정보 게임의 분석도구로 도입된 개념이기 때문에 동태적

미비정보 게임을 분석하기에는 부족하다. 본절에서는 동태적 미비정보 게임을 분석하기 위하여 새로운 균형의 개념이 필요한 이유를 살펴보고자 한다.

〈그림 14−1〉(a)에 그려진 동태적 불완전정보 전개형게임을 고려하자. 경기자1이 먼저 A, L, R 중 하나의 행동을 선택한다. 경기자1이 A를 선택하면 게임은 끝나고 경기자1과 경기자2는 각자 2단위씩의 보수를 얻는다. 경기자1이 L 혹은 R을 선택하면 경기자2는 경기자1이 무엇을 선택했는지 모르는 상태에서 l 혹은 r 중에 하나를 선택한다. 경기자2의 두 결정마디는 동일한 정보집합에 포함되므로 게임나무에서 점선으로 표시되어 있다. 종결마디에 따른 보수벡터는 게임나무에 나타난 바와 같다.

이 게임에는 두 개의 내쉬균형이 존재한다. 내쉬균형은 〈그림 14−1〉(b)의 동등전략형게임에서 구한다. 첫 번째 내쉬균형은 경기자1이 R을, 경기자2는 r을 선택하는 전략조합이다. 경기자2가 r을 선택한다는 가정하에 경기자1은 R 이외의 다른 전략을 선택할 유인이 없다(왜냐하면 3>2이며 3>1이므로). 경기자1이 R을 선택한다는 가정하에 경기자2는 r에서 l로 바꿀 유인이 없다(왜냐하면 1>0이므로). 두 번째 내쉬균형은 경기자1이 A를, 경기자2가 l을 선택하는 전략조합으로 구성된다. 경기자1이 A를 선택한다는 가정하에 경기자2는 l에서 r로 바꿀 유

그림 14-1 동태적 불완전정보 게임

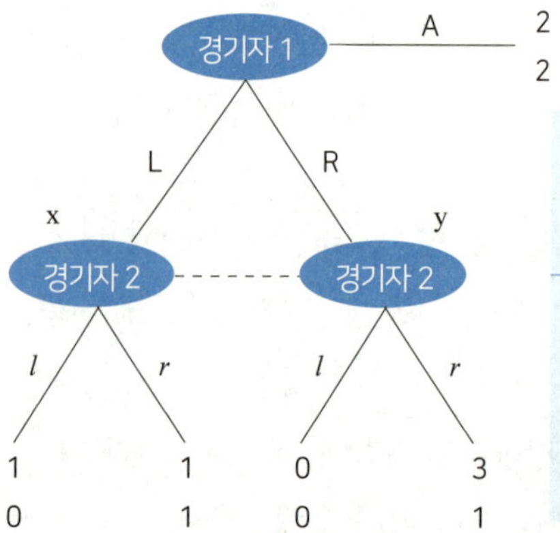

(a) 전개형게임

		경기자 2	
		l	r
경기자 1	A	2, 2	2, 2
	L	1, 0	1, 1
	R	0, 0	3, 1

(b) 동등전략형게임

인이 없다. 또한 경기자2가 *l*을 선택하리라 예상된다면 경기자1은 A를 선택하는 것이 최선이다.

하지만 내쉬균형 (A, *l*)은 신빙성 없는 위협에 근거하고 있다. 이유는 다음과 같다. 경기자1이 L이나 R을 선택하면 경기자2에게 선택의 기회가 주어진다. 이 때 경기자2는 자신이 오른쪽 마디에 있든 왼쪽 마디에 있든 상관없이 *r*을 선택하는 것이 최선이다. 즉, 경기자2에게 있어서 전략 *r*은 강우월전략이며 전략 *l*은 강열등전략이다. 경기자2가 합리적이라면 강열등전략인 *l*을 선택하지 않을 것이므로 경기자2가 *l*을 선택한다는 가정하에 도출된 두 번째 내쉬균형은 문제가 있다. 다시 말해서, 내쉬균형 (A, *l*)은 경기자2가 *l*을 선택하겠다는 신빙성이 없는 위협을 가하고 그 위협이 경기자1에게 효력을 가질 때 발생하는 결과이다. 그러므로 내쉬균형 (A, *l*)은 제외되는 것이 바람직하다.

부분게임완전균형의 개념을 적용하면 (A, *l*)과 같은 불합리한 내쉬균형을 제거할 수 있는가? 〈그림 14-1〉(a)에 존재하는 부분게임은 원래 게임밖에 없으므로 부분게임완전균형은 내쉬균형과 정확히 똑같다. 결국 부분게임완전균형의 개념은 신빙성 없는 위협에 근거한 해를 제거하려고 개발되기는 하였으나 〈그림 14-1〉(a)와 같은 동태적 불완전정보 게임을 분석하는 데에는 한계가 있다. 따라서 우리는 동태적 불완전정보 게임에서도 부분게임완전균형의 정신을 살릴 수 있는 균형 개념을 필요로 하는데, 그것이 바로 다음 절에서 설명할 완전베이즈균형이다.

14.2 완전베이즈균형

완전베이즈균형(perfect Bayesian equilibrium)은 내쉬균형을 정제한 개념이므로 내쉬균형의 요건을 충족해야 함은 당연하다. 동태적 불완전정보 게임에서 개별 경기자가 두 개 이상의 의사결정마디로 구성된 정보집합에서 선택을 할 때 그는 자신이 정보집합 내의 어느 의사결정마디에 와 있는지에 관하여 추측을 한다. 이러한 추측은 경기자가 각 의사결정마디에 속해 있을 확률로 표현되며, 경기자의 신념(信念, beliefs)이라 불린다. 예컨대 〈그림 14–1〉(a)에서 경기자2의 신념이 (0.8, 0.2)라는 것은 자신이 왼쪽 마디 x에 속해 있을 확률을 80%, 오른쪽 마디 y에 속해 있을 확률을 20%라고 믿는다는 것을 뜻한다. 경기자i의 신념은 μ_i로 표기하며, 특정 의사결정마디 x에서 그의 신념은 μ_i(x)로 표기하자.

완전베이즈균형의 첫째 요건인 순차합리성(順次合理性, sequential rationality)은 개별 경기자가 정보집합에서 자신의 신념에 입각하여 최선의 대안을 선택하며, 이렇게 수립된 전략에 대응하여 상대방(들)도 자신(들)의 전략을 합리적으로 수립함을 의미한다.

순차합리성 : 경기자i는 선택권이 주어지는 어떠한 의사결정마디 x에서건 자신의 신념 μ_i(x)에 입각하여 기대보수를 극대화해 주는 행태전략 σ_i(x)를 선택한다.

〈그림 14–1〉(a)의 게임에서 경기자2는 경기자1이 L을 선택했다고 믿든 R을 선택했다고 믿든 항상 r을 선택하는 것이 합리적이다(왜냐하면 1>0이고 1>0이므로). 즉, 경기자2의 신념이 어떠하든 경기자2의 합리적 선택은 항상 강우월전략인 r이다. 경기자1은 이를 합리적으로 예측하고 R을 선택해야 마땅하다(왜냐하면 A를 선택하면 2단위, R을 선택하면 그보다 높은 3단위를 얻을 것이므로).

〈그림 14–1〉(a)를 약간 변형한 〈그림 14–2〉(a)의 게임을 고려하자. 〈그림 14–1〉(a)와는 달리 〈그림 14–2〉(a)에서 경기자2의 선택은 그가 어떠한 신념을 갖고 있느냐에 따라 달라진다. 경기자2는 자신이 마디 x에 와 있다는(경기자1이 L을 선택했다는) 신념을 갖고 있다면 l을 선택하는 것이 최선이다. 반대로 오른쪽 마디 y에 와 있다는(경기자1이 R을 선택했다는) 신념을 갖고 있다면 r을 선택하는 것이 최선이다. 이처럼 경기자2의 최선응수는 자신이 어느 마디에 와 있다고 믿느냐에 따라 달라진다. 경기자2가 마디 x에 와 있다는 신념을 갖는다면 l을 선택할 것이므로 경기자1은 A를 선택하는 것이 합리적이다(왜냐하면 2>1이므로). 그러나 경기자2가 마디 y에 와 있다는 신념을 갖는다면 r을 선택할 것이므로 경기자1은 R을 선택하는 것이 최선이다(왜냐하면 3>2이므로).

그림 14-2 <그림 14-1>을 변형한 게임

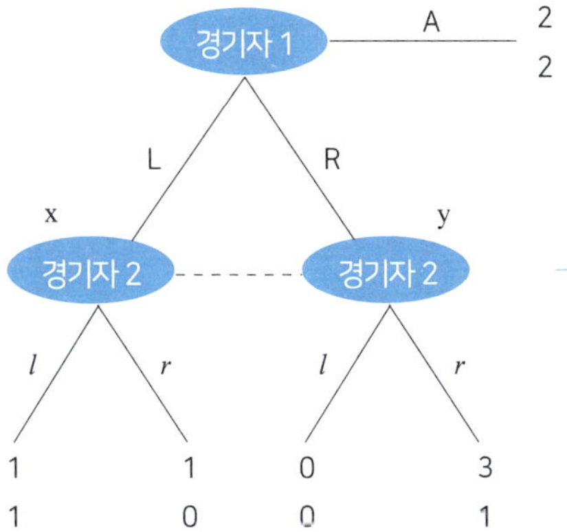

(a) 전개형게임

		경기자 2	
		l	*r*
경기자 1	A	2, 2	2, 2
	L	1, 1	1, 0
	R	0, 0	3, 1

(b) 동등전략형게임

이처럼 완전베이즈균형에서 경기자들의 전략 선택에 핵심 역할을 하는 신념은 이렇게 형성되는가? 경기자의 신념은 아무렇게나 형성되는 것이 아니라 논리적 일관성을 갖추어야 한다. 정확하게 말해서, 두 개 이상의 의사결정마디를 포함하고 있는 정보집합에서 경기자가 형성하는 신념은 베이즈법칙에 의하여 형성되고 업데이트된다. 이것이 바로 베이즈일관성(Bayesian consistency)이라고 불리는 완전베이즈균형의 두 번째 요건이다.

베이즈일관성 : 경기자i의 신념 μ_i는 모든 경기자들의 전략 $\sigma=(\sigma_1, \sigma_2, \cdots, \sigma_n)$으로부터 베이즈법칙을 적용하여 도출된다.

베이즈법칙은 관찰이 가능한 행동으로부터 관찰이 불가능한 특성의 조건확률을 구하는 데 중요한 분석도구이다.[1] 예컨대 대졸취업 지원자의 능력은 관찰할

1 본서의 부록 A.2는 베이즈법칙에 대해 설명하고 있다. 그런데 최근 행태게임이론이나 실험경제학의 연구결과에 따르면 베이즈법칙은 실제 경기자들의 행동을 설명하기에 문제가 있다. 베이즈법칙에 따르면 두 사람이 애당초 서로 다른 신념을 갖고 있었더라도 똑같은 사실을 관찰한 후에는 둘의 신념이 이전보다 가까워져야 한다. 그러나 현실에서 많은 사람들은 똑같은 사실을 관찰하고도 자신이 원래 갖고 있던 신념과 더 가까운 정보만 추출하여 '아전인수'격으로 받아들이는 확증편향(prejudice bias)을 갖는 경우가 많다고 한다.

수 없으나 그의 학교성적은 관찰가능하다. 이 경우 관찰가능한 학교성적으로부터 지원자의 생산성이 높을 확률이 얼마이고 낮을 확률이 얼마인지를 추론하고자 할 때 베이즈법칙은 대단히 유용하다. 다른 예로서 주주들은 자신들의 보수에 영향을 미치는 회사의 재무건전성이나 사업성이 어떠한지 알기 어렵다. 이 경우 주식투자자들은 재무제표, 지난 해의 배당금, 현재 주가 등 관찰가능한 정보로부터 기업의 재무상태가 건전한지 또는 특정 사업이 경제성을 가지고 있는지를 추론하게 된다.

〈그림 14-3〉의 게임나무를 고려하자. 균형 상태에서 경기자1은 0.2의 확률로 L을, 0.3의 확률로 R을, 0.5의 확률로 A를 선택하는 혼합전략을 사용한다고 하자. 경기자2에게 선택의 기회가 주어졌다고 하자. 그러면 경기자2는 적어도 경기자1이 A를 선택하지 않았으며 L 혹은 R 중에 하나를 선택했음을 안다. 이때 경기자2는 자신이 위치하고 있는 의사결정마디에 대해 어떠한 신념을 가지는 것이 타당한가? 경기자1이 A를 선택하리라고 경기자2가 믿었던 사전확률(事前確率, prior probability)은 0.5인데 경기자1이 A를 선택하지 않았다는 새로운 정보가 투입되었으므로 경기자2는 자신의 신념을 업데이트한다. 경기자1의 전략에 비추어 볼 때 경기자2가 왼쪽 마디 x에 부여하는 확률은 0.4이다. 왜냐하면 경기자

그림 14-3 **베이즈일관성을 충족하는 신념**

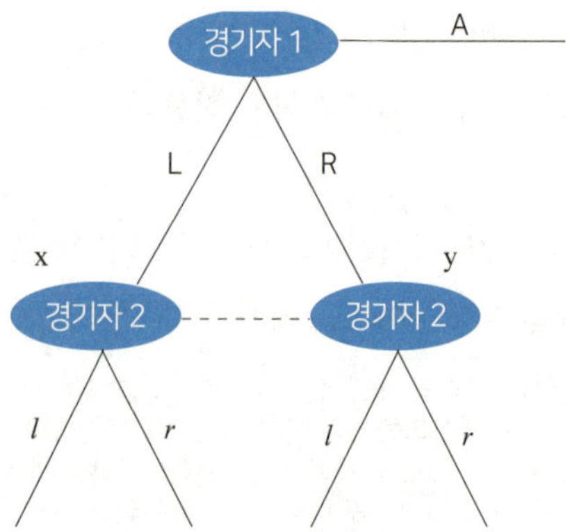

1이 0.2의 확률로 L을 선택하고 0.3의 확률로 R을 선택하였으므로 경기자1이 L을 선택했을 것이라고 경기자2가 믿는 사후확률(事後確率, posterior probability)은 $\frac{0.2}{0.2+0.3}=0.4$이기 때문이다. 마찬가지로 경기자2가 오른쪽 마디 y에 부여하는 확률은 0.6이 되어야 타당하다. 이 예가 보여 주듯이 경기자2의 신념은 경기자1의 전략과 일관성이 있고 경기자1의 신념은 경기자2의 전략과 일관성이 있어야 한다.

〈그림 14-3〉에서 경기자1이 A를 선택하는 균형이 존재한다고 가정하자. 이 균형 경로상에서 경기자2가 선택권을 가질 확률은 0이다. 다시 말해서 경기자1이 L을 선택할 확률이 0이고 R을 선택할 확률도 0인데, 만약 경기자2에게 선택권이 주어진다면 그는 마디 x에 있을 사후확률을 $\frac{0}{0+0}$이라고 믿어야 한다. 이는 정의되지 않는 숫자이므로 베이즈법칙을 적용할 수 없다. 역설적으로, 그러한 비균형 경로상에서는 경기자2가 어떠한 신념을 갖든지 베이즈일관성을 위배하지 않는다고 본다.

완전베이즈균형은 다음과 같이 정의된다.

정리 14-1

순차합리성 및 베이즈일관성을 충족하는 전략조합과 신념체계를 **완전베이즈균형**(perfect Bayesian equilibrium)이라 한다.

완전베이즈균형에는 발생 가능한 모든 상황에 대하여 개별 경기자의 행동계획과 그에 상응하는 타당한 신념이 포함된다. 완전베이즈균형에서는 정보집합에 포함된 의사결정마디들에 부여된 신념이 중요한 역할을 한다. 이렇게 모든 정보집합에서 신념을 명시적으로 고려함으로써 신빙성 없는 위협이나 약속에 의존하는 전략을 제거하고자 한다.[2]

2 순차균형(sequential equilibrium)이란 순차합리성 및 일관성(consistency)의 두 요건을 충족하는 전략조합 σ와 신념 μ의 쌍으로 정의된다. 순차합리성은 완전베이즈균형의 정의에서 설명한 바와 같다. 일관성이란 조건 $\lim_{k\to\infty}\sigma^k=\sigma$ 및 $\lim_{k\to\infty}\mu^k=\mu$를 충족하는 전적혼합 행태전략조합의 무한열(infinite sequence) $\sigma^k(k=1,\ 2,\ 3,\cdots)$ 및 전략조합 σ^k로부터 도출된 신념의 무한열 μ^k가 존재해야 함으로 정의된다.

14.3 완전베이즈균형의 계산 예

완전베이즈균형의 개념을 구체적으로 이해하기 위하여 〈그림 14-1〉(a)와 〈그림 14-2〉(a)에 나타난 동태적 불완전정보 게임의 완전베이즈균형을 각각 예시해 보자.

〈그림 14-1〉(a)에서 경기자2는 강열등전략 l을 절대 선택하지 않을 것이므로 경기자1은 L을 선택하면 1단위를 얻고 R을 선택하면 3단위를 얻으리라 기대한다. 경기자1이 A를 선택하면 2단위를 얻는다. 따라서 순차합리성을 충족하는 경기자1의 전략은 R이다. 경기자1의 전략에 비추어 볼 때 경기자2의 일관성 있는 신념은 마디 y에 있다고 믿는 것이다. 요약하면, 유일한 완전베이즈균형은 $\sigma_1=\text{R}$, $\mu_2(\text{x})=0$, $\sigma_2=r$이며 보수벡터는 (3, 1)이다.

〈그림 14-2〉(a)에서 내쉬균형은 〈그림 14-2〉(b)에 나타난 동등전략형으로부터 (A, l)과 (R, r)임을 알 수 있다. 이제 완전베이즈균형을 구해보자. 경기자2에게 선택의 기회가 주어졌을 때 마디 x에 부여하는 확률을 μ_2라 놓자. (마디 y에 부여하는 확률은 당연히 $(1-\mu_2)$임) 경기자2가 l을 선택함으로써 얻는 기대보수는 μ_2단위$(=\mu_2\times1+(1-\mu_2)\times0)$이고 r을 선택함으로써 얻는 기대보수는 $(1-\mu_2)$단위$(=\mu_2\times0+(1-\mu_2)\times1)$이다. 그러므로 경기자2의 신념이 $\mu_2\geq0.5$이면 l을 선택하고 $\mu_2\leq0.5$이면 r을 선택한다.

경기자1의 전략은 경기자2에게 선택의 기회를 줄 때 그가 어떤 행동을 취할 것으로 예상하느냐에 달려있다. 만약 경기자2의 신념이 $\mu_2\geq0.5$이면 l을 선택할 것이므로 경기자1의 최적 전략은 A이다. 반면 $\mu_2\leq0.5$라면 경기자2가 r을 선택할 것이므로 경기자1의 최적 전략은 R이다. 이상의 논의로부터 순차합리성을 충족하는 전략조합은 다음 둘 ① $\{(\text{A}, l) \mid \mu_2\geq0.5\}$, ② $\{(\text{R}, r) \mid \mu_2\leq0.5\}$이다.

베이즈일관성은 신념체계 μ가 전략조합 σ와 모순이 없으면 된다. 반면 일관성은 극한점 (σ, μ)에 수렴하는 전략조합 및 모순 없는 신념체계의 무한열 (σ^k, μ^k)가 적어도 하나는 존재해야 한다는 요건이다. 이처럼 일관성은 베이즈일관성보다 엄격한 요건이므로 순차균형은 완전베이즈균형의 부분집합이다. 그러나 본서에서 주로 다루는 2-경기자, 2-유형의 단순 게임에서는 두 개념이 일치하므로 독자들이 이해하기 쉬운 완전베이즈균형을 적용하기로 한다. 두 개념의 관계에 대해서는 Fudenberg and Tirole (1991), Ch.8, pp.336~350을, 불완전 회상 게임에서 순차균형 개념의 문제점에 관해서는 Marschler, Solan and Zamir (2013), Ch.7, p.283을 참고하시오.

위의 ①과 ②가 베이즈일관성을 충족하는지 살펴보자. 전략조합 ①에서 경기자1이—이유는 알 수 없지만—A를 선택하지 않았다는 가정하에 L을 선택할 확률 $p \geq 0.5$이라면 마디 x 도달 확률이 0.5이상이므로 경기자2의 신념 $\mu_2 \geq 0.5$와 일관성이 있다. 조합 ②에서 경기자1이 R을 선택한다는 것은 $p=0$라는 의미인데 이는 경기자2가 마디 x에 있을 확률이 0이라고 믿는다는 신념 $\mu_2 \leq 0.5$와 일관성이 있다.

요약하면, 〈그림 14-2〉(a) 게임에는 다음 두 개의 완전베이즈균형이 존재한다.

① $\sigma_1 = \text{A}$, $\mu_2 \geq 0.5$, $\sigma_2 = l$, 균형보수벡터$=(2, 2)$

② $\sigma_1 = \text{R}$, $\mu_2 \leq 0.5$, $\sigma_2 = r$, 균형보수벡터$=(3, 1)$

〈그림 14-2〉(a) 게임에서 완전베이즈균형은 내쉬균형과 동일하다. 〈그림 14-2〉(a)의 게임에는 신빙성 없는 위협에 근거한 내쉬균형이 존재하지 않으므로 내쉬균형보다 엄격한 완전베이즈균형의 개념을 적용하더라도 달라질 것이 없다. 독자에 따라서는 완전베이즈균형 ①에 대하여, 경기자1이 A를 선택한다면 경기자2가 정보집합에 도달할 가능성이 없으므로 신념 $\mu_2 < 0.5$면 왜 안 되는지 의아해할지 모른다. 그러나, 전략조합 (A, l)이 균형이 되는 이유는 경기자2가 자신에게 선택의 기회가 주어진다면 자신이 오른쪽 마디 y보다 왼쪽 마디 x에 있을 확률이 더 높다고 믿고 l을 선택하기 때문이다. 이처럼 균형의 개념은 비균형 경로(off-the-equilibrium path)에서 경기자들이 어떠한 전략을 선택할 것인가도 명시한 마스터플랜임을 기억하자.

Practice 14-1

다음 각 전개형게임에서 내쉬균형 및 완전베이즈균형을 모두 구하시오.

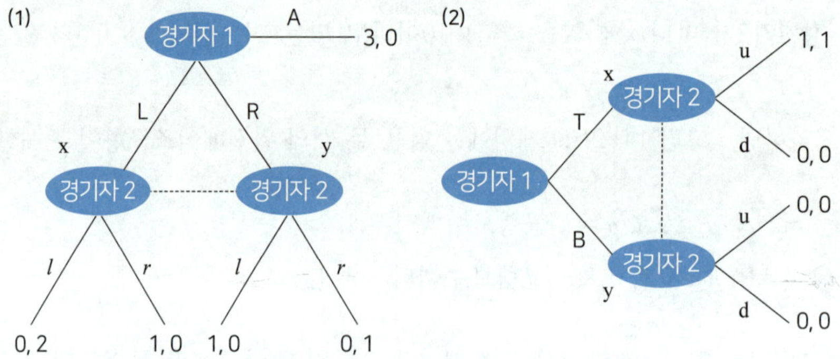

Practice 14-2

다음 3-경기자 전개형게임에서 완전베이즈균형을 구하시오.

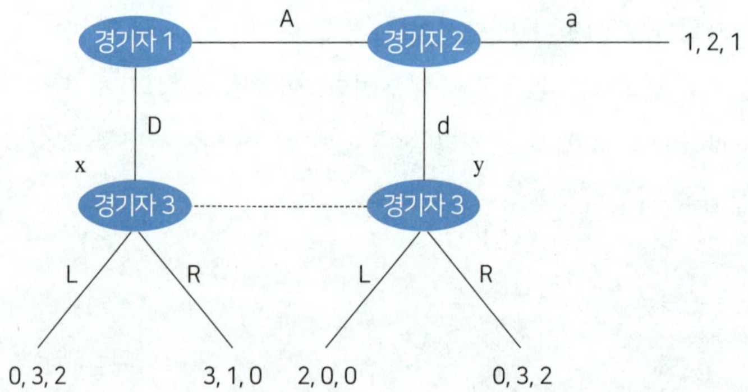

Practice 14-3

다음 두 전개형게임에서 완전베이즈균형을 구하고 비교하여 설명하라.

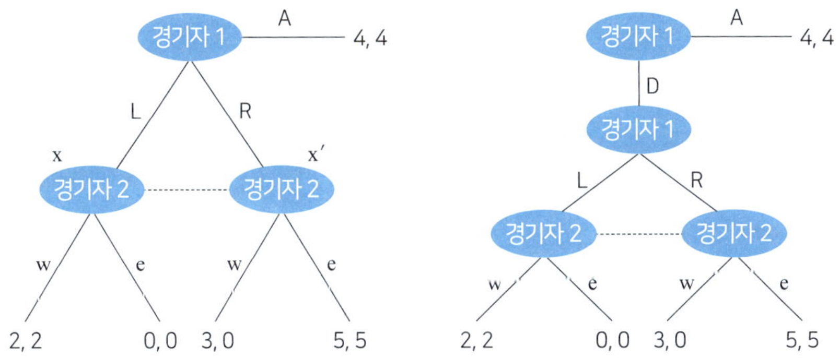

<게임-I> <게임-II>

연습문제 14-3의 게임-I과 게임-II는 전략적 상황은 유사하고 경기자1의 선택 방식만 약간의 차이가 있을 뿐인데 균형은 매우 달라진다. 이처럼 완전베이즈균형은 게임 법칙의 미세한 차이에 따라 민감하게 달라질 수 있다.

14.4 동태적 미비정보 게임

동태적 불완전정보 게임을 분석하는 데 적절한 균형의 개념인 완전베이즈균형은 동태적 미비정보 게임을 분석하는 데에도 적용된다. 하사아니 원칙에 따르면 미비정보 게임은 자연법칙이라는 경기자를 상정하고 그가 다른 경기자들의 유형을 결정하는 불완전정보 게임으로 변환된다. 따라서 게임의 균형을 구한다는 관점에서 보면 미비정보 게임과 불완전정보 게임은 다를 바 없다.

제5장에서 다루었던 진입저지게임을 고려하자. 〈그림 14-4〉에 나타난 완비정보 진입저지게임은 독점기업(기업2)에 의하여 지배되고 있는 시장에 잠재적 진입기업(기업1)의 진입 결정에 따른 상황을 도식화하고 있다. 기업2는 정상

그림 14-4 **완비정보 진입저지게임**

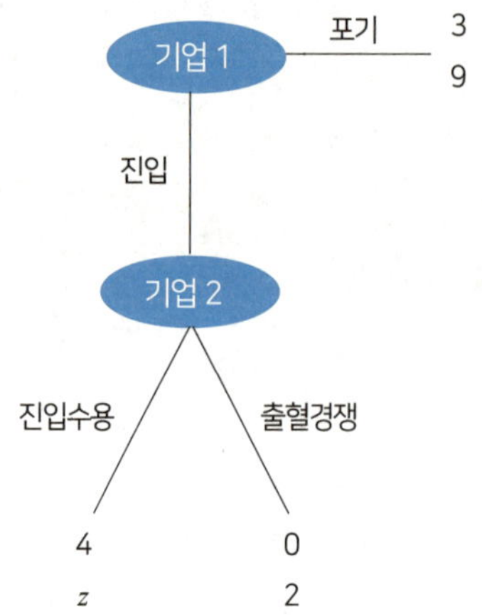

적 유형(normal type)일 수도 있고 독점 수호에 공격적 유형(aggressive type)일 수도 있다. 기업2가 정상적이라면 〈그림 14-4〉에서 $z=5$단위이고, 공격적이라면 $z=1$단위라고 하자. 만약 $z=5$임이 주지사실이라면 (진입, 수용)이 유일한 부분게임완전균형이고, $z=1$임이 주지사실이라면 (포기, 출혈경쟁)이 유일한 완전균형이다.

이제 진입저지게임에 미비정보를 도입하자. 기업1의 보수는 모든 경기자들에게 주지사실인데 반해 기업2의 보수함수(매개변수 z)는 자신만 아는 사적정보라 하자. 기업1은 기업2의 유형을 관찰할 수 없고 다만 그가 공격적 유형일 사전확률이 β라고 믿고 있다. 미비정보 진입저지게임은 하사아니 원리에 따라 불완전정보 게임으로 변형될 수 있는데, 〈그림 14-5〉는 그 전개형게임을 나타낸다. 자연법칙이 먼저 기업2의 유형을 $(1-\beta)$의 확률로 정상적 유형으로 선택하고 나머지 β의 확률로 공격적 유형으로 선택한다. 여기서 사전확률 β는 모든 기업들이 주지사실로 알고 있다고 가정한다. 자연법칙이 정상적 유형을 선택하면 게임나무의 왼쪽 마디에 도달하게 되고, 자연법칙이 공격적 유형을 선택하면 게임나

그림 14-5 **미비정보 진입저지게임**

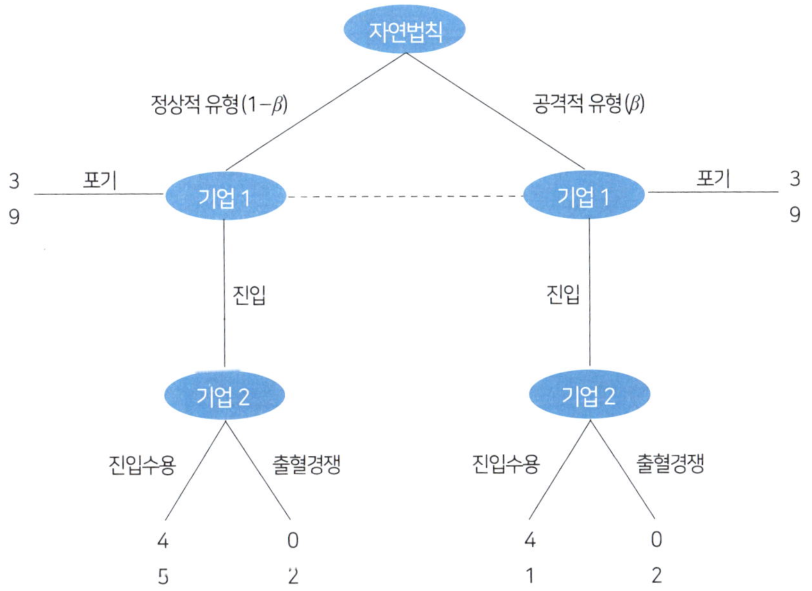

무의 오른쪽 마디에 도달한다. 기업1은 기업2의 유형이 무엇인지 모르는 상태에서—자신이 어느 의사결정마디에 있는지 모르는 상태에서—두 대안 '진입'과 '포기' 중 하나를 선택한다. 기업1이 선택한 후 기업2는 자신의 유형이 무엇인지 아는 상태에서—게임나무의 왼편에 있는지 오른편에 있는지 아는 상태에서—두 대안 '진입수용'과 '출혈경쟁' 중 하나를 선택한다.

이제 〈그림 14-5〉의 동태적 미비정보 진입저지게임에서 완전베이즈균형을 구해 보자. 기업2는 정상적 유형이라면 진입수용을 선택하고 공격적 유형이라면 출혈경쟁을 선택할 것이다. 기업1은 기업2의 유형을 관찰할 수 없으나, 기업2가 정상적이라면 진입을 수용하고 공격적이라면 출혈경쟁을 하리라는 사실은 합리적으로 예측할 수 있다. 다시 말해서, 기업1은 자신이 진입하면 $(1-\beta)$의 확률로 4억원의 보수를 얻고 β의 확률로 0원을 얻을 것이라고 예측한다. 따라서 기업1은 시장에 진입하면 $4(1-\beta)$억 원의 기대보수를 얻고 진입을 포기하면 3억원의 보수를 얻는다. 그러므로 기업1의 최적전략은 다음과 같다.

$$\text{만약 } \left\{\begin{array}{l} \beta<0.25 \\ \beta=0.25 \\ \beta>0.25 \end{array}\right\} \text{이면, 기업1은 } \left\{\begin{array}{c} \text{시장에 진입한다.} \\ \text{진입과 포기 간에 무차별하다.} \\ \text{진입을 포기한다.} \end{array}\right\}$$

이상의 논의를 정리하면, 〈그림 14-5〉의 동태적 미비정보 진입저지게임의 완전베이즈균형은 다음과 같다.[3]

(i) 기업2가 공격적일 사전확률(β)이 0.25 이하인 경우: 기업1은 시장에 진입한다. 기업2는 정상적이라면 진입을 수용하고 공격적이라면 출혈경쟁을 선택한다.

(ii) 기업2가 공격적일 사전확률(β)이 0.25 이상인 경우: 기업1은 진입을 포기한다. 만약 기업1이 시장에 진입한다면, 정상적 유형의 기업2는 이를 수용하고 공격적 유형은 출혈경쟁을 선택한다.

Practice 14-4

영세는 친구로부터 사업자금을 빌리고자 한다. 영세는 β의 확률로 양심적이고 $(1-\beta)$의 확률로 비양심적이다. 친구가 대부를 거절하면 영세와 친구는 각자 10단위씩의 보수를 얻는다. 친구가 대부 해줬을 경우 영세는 이를 상환할 수도 있고 채무 불이행(소위 '먹튀')할 수도 있다. 친구가 빌려주고 영세가 상환하면 친구는 40단위, 영세는 60단위의 보수를 얻는다. 영세가 먹튀하면 친구는 L단위의 손실을 본다. 이때 영세의 보수는 그의 유형에 따라 다른데 영세가 양심적이라면 0단위, 비양심적이라면 150단위의 보수를 얻는다.

(1) 전개형게임을 묘사하라.

(2) 매개변수 $\beta=0.3$, $L=100$일 경우, 내쉬균형과 완전베이즈균형을 모두 구하라.

(3) 매개변수 $\beta=0$, $L=75$일 경우, 내쉬균형과 완전베이즈균형을 모두 구하라.

3 $\beta=0.25$일 경우 기업2가 진입과 포기 간에 무차별하다면 어느 것을 선택하느냐에 따라 균형의 모습이 달라진다. 하지만 외생변수 β가 하필이면 정확히 0.25일 가능성은 없으므로 무시하자.

14.5 신호게임

14.5.1 신호게임의 정의

신호게임(信號게임, signaling game)은 특별한 구조를 가진 동태적 미비정보 게임이다. 자연법칙이 먼저 경기자1의 유형을 결정하고 경기자1은 자신의 유형을 알게 된다. 경기자1의 유형은 경기자2로서는 관찰할 수 없는 사적(private)정보이다. 전략 선택의 순서에 있어서는 경기자1이 먼저 움직이고 경기자2는 경기자1의 선택을 관찰한 후 자신의 전략을 선택한다.

이러한 구조를 가진 게임의 중요한 특징은 사적정보를 가진 경기자가 먼저 행동을 취한다는 것이다. 자신의 유형을 알고 있는 경기자는 이 사실을 상대방에게 알리는 것이 유리한 경우가 많다. 이러한 경우 사적정보를 가진 경기자1은 자신이 특정 유형임을 경기자2에게 암시할 수 있는 행동을 취하고자 한다. 경기자1의 선택을 관찰한 경기자2는 경기자1의 유형을 짐작할 수 있게 되고, 그 정보에 근거하여 최선의 대응을 하고자 한다. 물론 경기자2의 이같은 반응이 경기자1의 입장에서 볼 때 유리하다고 판단될 때에만 경기자1은 자신의 유형을 암시하는 전략을 사용할 것이다. 이처럼 사적정보를 가진 경기자가 행동을 통해 자신의 유형을 드러내고 싶어하는 게임을 신호게임이라 부른다.[4]

신호게임에서 행동을 취함으로써 자신의 유형을 암시하고자 하는 정보보유자를 신호발송자(信號發送者, sender)라 부른다. 또한 발송자가 보낸 신호를 받아 상대방의 유형을 추론하는 데 이용하는 정보결여자를 신호수신자(信號受信者, receiver)라 부른다. 신호게임에서 정보보유자가 보내는 신호는 비용(돈, 고통, 희생)을 수반하기 때문에 '값비싼 메시지'(costly message)로 볼 수 있다. 비용이 수반되지 않는 '무비용 메시지'(costless message)는 칩톡(cheap talk)이라 부르는데 본서에서는 다루지 않는다.[5] 신호게임의 대표적 예는 다음과 같다.

4 신호게임과 대조적으로 정보결여자가 먼저 행동을 선택하거나 계약을 제안하고 사적정보를 가진 정보보유자가 어떻게 반응하는지를 관찰함으로써 상대방의 유형을 알아내고자 하는 게임을 선별게임(選別게임, screening game)이라 부른다. 선별게임에 대해서는 제15장에서 금융시장과 보험시장의 예를 통해 설명한다.

5 칩톡 게임에 관해서 더 알기 위하면 Crawford and Sobel (1982), Gibbons (1992) 4.3.A항, 김영세 (2019) 제21장 21.7절 등을 참조하라.

■ 신입사원 채용

대학졸업자가 회사에 신입사원으로 취직하려고 한다. 응시자는 자신의 생산성이나 능력을 상당히 정확히 알고 있으나 회사는 이를 알기 어렵다. 스펜스(Spence 1973)는 응시자들의 교육 수준을 신호로 해석하는 이론을 제시하였다. 응시자들은 출신학교 졸업장, 최종 학위, 학교 성적표, 공인시험 합격증 등을 기업에 제출하고, 기업은 이것을 채용여부의 결정이나 임금 산정에 반영한다. 여기서 신호발송자는 취업응시자이며 수신자는 기업이다. 노동시장에서의 역선택과 신호에 대해서는 제15장 15.2절에서 자세히 다룬다.

■ 기업의 건전성과 재무구조 간의 관계

기업이 신규사업에 투자하기 위하여 은행으로부터 자금을 차입하려고 한다. 신규투자의 성패가 회사 가치와 주가에 큰 영향을 미침은 물론이다. 그런데 회사는 신규사업의 수익성에 대해서 비교적 정확한 정보를 갖고 있으나 은행은 그렇지 못하다. 마이어스와 마즐러프(Myers and Majluf 1984)는 자금을 빌려 주는 대가로 기업이 은행에게 일정 비율의 지분을 제안하는 채무-지분 맞바꾸기(debt-equity swap)를 분석하였다. 이 경우 기업이 은행에 제안하는 지분율은 신호의 역할을 하는데, 신호발송자는 신규사업에 투자하려는 회사이고 신호수신자는 은행이다. 은행은 회사가 제안하는 지분율을 관찰함으로써 회사의 유형을 유추하고자 할 것이다. 기업재무시장에서의 신호에 대해서는 제15장 15.3절에서 자세히 다룰 것이다.

■ 독점기업의 진입제한가격 유지

독점산업에 잠재적 진입자들이 진입 여부를 고려하고 있다. 기존 기업이 독점적 지위를 유지함으로써 얻는 이윤은 신규기업이 진입한 복점상태에서 얻는 이윤보다 당연히 크다. 신규진입 기업이 살아남을 수 있느냐 혹은 이윤을 얼마나 남기느냐 하는 것은 기존 독점기업이 얼마나 효율적인 기업인가에 달려 있다. 독점기업의 한계생산비가 매우 낮다면 진입기업은 기존 독점기업과의 경쟁에서 불리한 위치에 놓이거나 막대한 손실만 입고 퇴출당할 수도 있으므로 차라리 진입하지 않는 편이 낫다. 문제는 잠재적 진입자가 기존 기업의 비용조건을 알기 어렵다는 데 있다.

기존 독점기업이 효율적이라 하자. 독점기업이 잠재적 진입자의 진입을 사전에 방지하기 위하여 발송하는 신호에는 어떤 것이 있을까? 밀그롬과 로버츠(Milgrom and Roberts 1982a)는 진입제한가격(進入制限價格, limit pricing) 가설을 제시하였다. 독점기업은 단기 독점이윤 극대화 수준에 비해서는 지속적으로 더 많은 생산량을 생산하고 낮은 가격을 부과함으로써 자신이 효율적임을 알리고자 한다는 것이다. 이때 독점기업이 발송하는 신호는 '많은 생산량과 낮은 가격'이다. 진입제한가격 모형에서 신호발송자는 기존 독점기업이며 수신자는 잠재적 진입기업이다.

독섬기업이 발송하는 신호가 신빙성이 있기 위해서는 두 가지 조건을 충족해야 한다. 첫째, 생산량은 충분히 크고 가격은 충분히 낮아야 한다. 좀더 정확하게 말해서, 비효율적인 독점기업이라면 그 생산량 및 가격을 따를 유인이 없을 정도여야 한다. 잠재적 진입자는 기존 독점기업이 매우 높은 생산수준에서 매우 낮은 가격을 받고도 조업을 계속하고 있으므로 독점기업이 효율적임이 틀림없다고 생각하고 진입을 포기한다. 물론 효율적 독점기업 입장에서는 진입을 수용하는 것보다 단기이윤 극대화 수준 이하의 진입제한가격을 받는 편이 장기적으로 더 유리해야 한다. 둘째, 독점기업은 잠재적 진입자가 실제로 나타나는 때이건 혹은 잠재되어 있는 때이건 관계없이 언제나 진입제한가격을 받아야 한다. 만약 잠재적 진입자가 실제로 진입을 준비하고 있을 때에는 낮은 가격을 받다가 보통 때에는 높은 가격을 받는다면 잠재적 진입자들은 독점기업이 정말로 효율적인 기업인가에 대하여 의구심을 갖게 된다. 따라서 신호의 신빙성이 무너진다.

■ 통화당국의 물가안정 의지

물가안정은 정부나 중앙은행에게 중요한 목표이지만, 다른 한편으로 다소의 인플레이션을 유발하더라도 국민생산을 늘리고 경기를 부양하려는 유혹도 있다. 물가안정에 비중을 두는 중앙은행의 총재나 경제정책 당국자가 있는 반면 경기 부양에 비중을 두는 총재나 정책당국자도 있다. 문제는 현재의 중앙은행 총재가 어느 유형인지 민간이 알기 어렵다는 것이다. 물가안정을 중요시하는 총재는 심하다 싶을 정도의 긴축적인 통화정책을 시행함으로써 자신의 물가안정 의지를 확신시킨다(Vickers 1986). 이러한 상황에서 신호는 통화공급 증가율 혹은 인플레이션율이며 신호발송자는 통화정책 당국자이고 수신자는 민간 경제주체이다.

14.5.2 신호게임에서 완전베이즈균형

신호게임은 발송자와 수신자 사이의 2인게임이며 미비정보가 존재하는 동태적 게임이다.

① 자연법칙은 주어진 확률분포에 의하여 발송자의 유형을 선택한다. 발송자는 자신의 유형을 정확히 안다. 수신자는 발송자의 유형이 추출된 사전확률분포만을 알 뿐이며 발송자의 유형을 모른다.
② 발송자는 자신의 유형에 따라 수신자에게 신호를 보낸다. 이때 발송자는 자신의 신호발송 전략에 대응하여 수신자가 아래의 ③과 ④에서 설명하는 바와 같이 반응할 것을 미리 예측하고 기대보수를 극대화하는 신호발송 전략을 세운다.
③ 수신자는 발송자가 보낸 신호에 입각하여 발송자의 유형에 대하여 갖고 있던 신념을 베이즈법칙을 적용하여 업데이트한다.
④ 수신자는 업데이트된 신념(사후확률분포)에 의거하여 최선의 전략을 선택한다.

〈그림 14-6〉은 신호게임의 구조를 나타낸다. 미비정보하의 동태적 게임인 신호게임을 분석하기 위해서는 완전베이즈균형의 개념을 적용해야 한다. 14.2절에서 본 바와 같이 완전베이즈균형은 경기자들의 행동계획과 상대방의 유형에 대한 신념으로 구성되어 있다.

설명의 단순화를 위하여 발송자의 유형이 2개, 발송자와 수신자가 선택할 수 있는 행동이 각각 2개씩인 상황을 상정하자. 〈그림 14-7〉의 게임나무에서 발

그림 14-6 신호게임의 구조

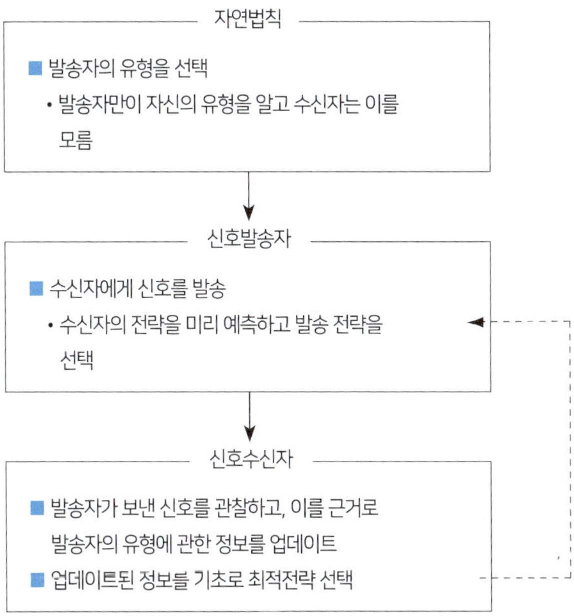

송자의 유형은 X 혹은 Y 중에 하나이다. 자연법칙이 X를 발송자의 유형으로 선택할 사전확률은 β이고 Y를 선택할 사전확률은 $(1-\beta)$이다. 발송자의 유형이 결정되면 발송자는 행동 L과 R 중 하나를 선택하며 이것이 수신자에게 보내는 신호로서의 역할을 한다. 수신자는 발송자가 선택한 행동을 관찰할 수 있으나 발송자가 어떤 유형인지는 모른다. 즉, 수신자는 자신이 위쪽 의사결정마디에 위치하고 있는지 혹은 아래쪽 의사결정마디에 위치하고 있는지를 모른다. 수신자는 점선으로 연결된 정보집합 안에서 어느 마디에 위치하고 있는지에 관하여 신념을 형성하고 그 신념에 근거하여 u 혹은 d를 선택한다.

발송자가 취할 수 있는 순수전략은 다음 네 가지이다.

- 전략 LL: X유형이건 Y유형이건 항상 L을 선택
- 전략 RR: X유형이건 Y유형이건 항상 R을 선택

그림 14-7 **단순 신호게임의 전형**

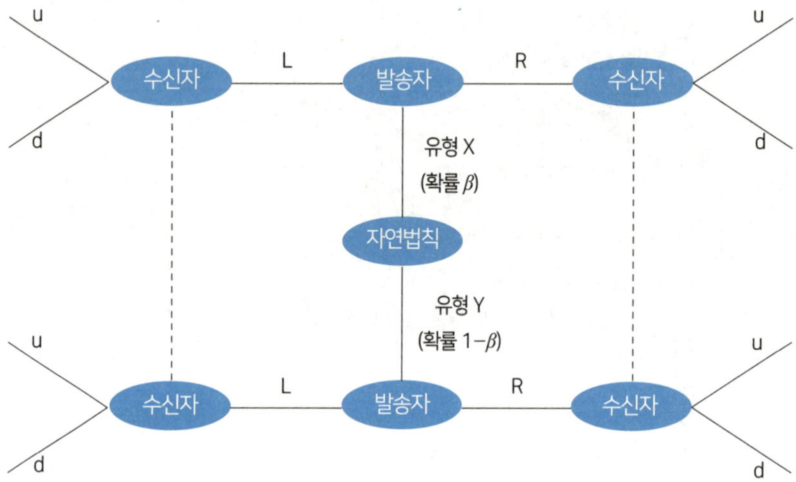

- 전략 LR: X유형이면 L을 선택하고, Y유형이면 R을 선택
- 전략 RL: X유형이면 R을 선택하고, Y유형이면 L을 선택

수신자가 취할 수 있는 순수전략은 다음 네 가지이다.

- 전략 uu: 발송자가 L을 선택하였건 R을 선택하였건 항상 u를 선택
- 전략 dd: 발송자가 L을 선택하였건 R을 선택하였건 항상 d를 선택
- 전략 ud: 발송자가 L을 선택했으면 u를 선택하고, R을 선택했으면 d를 선택
- 전략 du: 발송자가 L을 선택했으면 d를 선택하고, R을 선택했으면 u를 선택

위에 열거한 바와 같이 발송자가 선택할 수 있는 순수전략은 모두 4개이며 수신자가 선택할 수 있는 순수전략도 4개이다. 완전베이즈균형은 16개의 순수전략조합 중에 전략 선택의 순차합리성과 신념체계의 베이즈일관성을 충족하는 상태로 정의된다. 완전베이즈균형은 발송자의 최적 전략이 유형에 따라 다른지 혹은 유형에 관계없이 같은지에 따라 분리전략과 공용전략으로 나누어진다.

발송자의 전략 LR과 전략 RL을 정보보유자인 발송자가 유형별로 상이한 선택을 한다는 의미로 분리전략(分離戰略, separating strategy)이라 부른다. 발송자가 분리전략을 쓰는 것이 신호게임의 균형이라면 수신자는 발송자의 행동을 관찰함으로써 그의 유형을 정확하게 유추해 낼 수 있다. 이처럼 발송자가 분리전략을 사용하는 것이 균형을 형성한다면 이를 분리균형(separating equilibrium)이라 부른다.

발송자의 전략 LL과 전략 RR을 공용전략(共用戰略, pooling strategy)이라 부른다. 공용전략에서 발송자는 유형에 관계없이 동일한 행동을 취하므로 수신자가 발송자의 행동을 관찰함으로써 얻을 수 있는 추가적인 정보는 없다. 따라서 발송자가 공용전략을 사용할 경우 수신자가 발송자의 행동을 관찰한 후 업데이트한 사후신념과 수신자의 사전신념(예컨대, 〈그림 14-7〉에서 β)은 동일하다. 발송자가 공용전략을 사용하는 것이 균형을 형성한다면 이를 공용균형(pooling equilibrium)이라 부른다.

14.6 민사소송에서 상호 합의

〈그림 14-8〉의 민사소송게임을 살펴보자. 원고(原告, plaintiff)는 재판에서 승소할 것인지 혹은 패소할 것인지를 사전에 알고 있다. 반면 피고(被告, defendant)는 원고의 승소확률이 50%, 패소확률이 50%라는 사실만을 안다. 원고는 자신이 승소유형인지 패소유형인지 알고 있는 상태에서 '낮은 합의금'(4천만원) 혹은 '높은 합의금'(6천만원) 중 하나를 선택한다. 피고는 원고의 유형을 관찰할 수 없고 원고가 요구하는 합의금액만 관찰한 상태에서 수락 여부를 결정한다. 원고의 요구를 수락할 경우 피고는 원고에게 합의금을 지불하며 원고는 소송을 취하한다. 피고가 원고의 요구를 거부하면 민사재판을 받게 된다. 원고가 승소하면 피고는 원고에게 9천만원의 보상금과 1천만원의 소송비용을 지불한다. 피고가 승소하면 피고는 0원의 보수를 얻고 원고가 소송비용 1천만원을 지불한다.

그림 14-8 민사소송게임

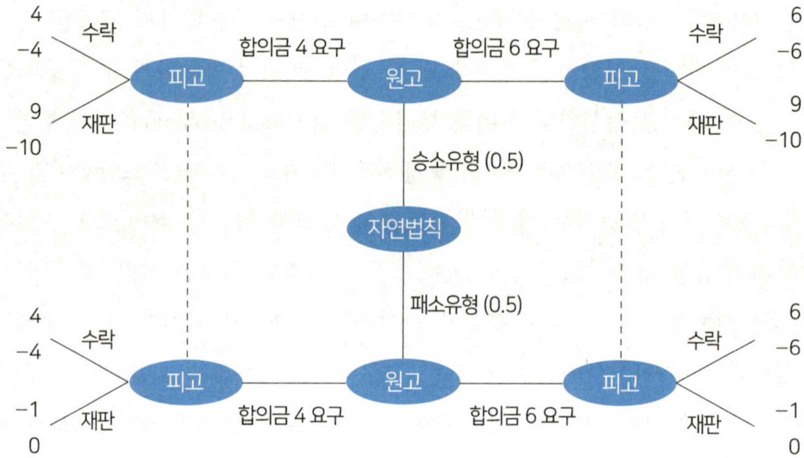

이제 두 개의 분리전략과 두 개의 공용전략 각각이 완전베이즈균형으로서 성립할 수 있는지 차례로 살펴보자.

분리전략 LH: 승소유형의 원고는 낮은 합의금을 요구하고 패소유형의 원고는 높은 합의금을 요구

이러한 형태의 분리전략에서 피고는 원고가 요구하는 합의금액을 관찰함으로써 원고의 유형을 유추할 수 있다. 즉, 원고가 4천만원의 합의금을 요구하면 피고는 그를 승소유형이라고 믿고 6천만원을 요구하면 패소유형이라고 믿는다. 따라서 피고의 최적 전략은 원고가 낮은 합의금을 요구하면 이를 수락한다(왜냐하면 $-4>-10$이므로). 원고가 높은 합의금을 요구하면 재판까지 끌고 간다(왜냐하면 $0>-6$이므로). 두 경기자의 전략은 〈그림 14-9〉(a)에서 굵은 선으로 표시되어 있다.

이러한 분리전략은 완전베이즈균형이 될 수 없다. 현재의 분리전략에서 원고가 높은 합의금을 요구하면 피고는 이를 패소유형 원고로 믿고 합의를 거부할 것이다. 따라서 승소유형의 원고는 '낮은 합의금'에서 '높은 합의금'으로 전략을

그림 14-9 민사소송게임에서 분리전략

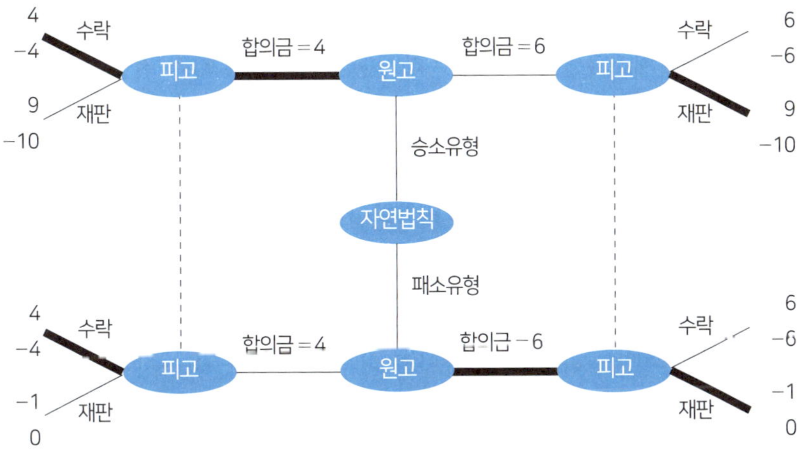

(a) 승소유형은 낮은 합의금을 요구하고 패소유형은 높은 합의금을 요구하는 분리전략

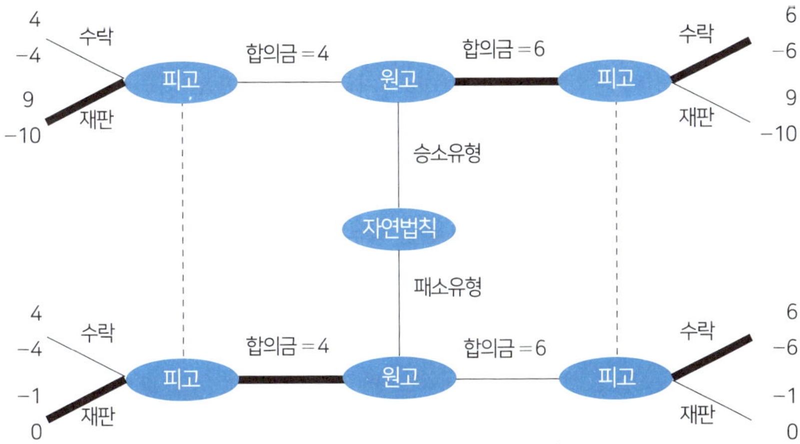

(b) 승소유형은 높은 합의금을 요구하고 패소유형은 낮은 합의금을 요구하는 분리전략

바꿈으로써 더 높은 보수를 얻을 수 있다(왜냐하면 9 > 4이므로). 승소유형 원고가 전략을 바꿀 유인을 가지므로 균형 조건에 위배된다.

분리전략 HL: 승소유형의 원고는 높은 합의금을 요구하고 패소유형의 원고는 낮은 합의금을 요구

원고가 6천만원의 합의금을 요구하면 피고는 그를 승소유형이라고 믿고 4천만원을 요구하면 패소유형이라고 믿는다. 따라서 피고의 최적 전략은 원고가 높은 합의금을 요구하면 이를 수락한다(왜냐하면 −6 > −10이므로). 또 원고가 낮은 합의금을 요구하면 재판까지 끌고 간다(왜냐하면 0 > −4이므로). 경기자들의 전략은 〈그림 14-9〉(b)에서 굵은 선으로 표시되어 있다.

이 분리전략도 패소유형의 원고가 전략을 바꿀 유인이 있기 때문에 완전베이즈균형이 될 수 없다. 현재의 분리전략에서 원고가 낮은 합의금을 요구하면 피고는 이를 패소유형원고라고 믿고 합의를 거부할 것이다. 따라서 패소유형의 원고는 '낮은 합의금'에서 '높은 합의금'으로 전략을 바꿈으로써 — 마치 승소유형인 것처럼 위장함으로써 — 더 높은 보수를 얻을 수 있다(왜냐하면 6 > −1이므로).

공용전략 HH: 승소유형이든 패소유형이든 높은 합의금을 요구

이러한 공용전략은 〈그림 14-10〉에서처럼 굵은 선으로 나타난다. 원고가 6천만원의 합의금을 요구할 경우 피고는 원고의 유형에 대한 아무런 추가적인 정

그림 14-10 원고가 유형에 관계없이 높은 합의금을 요구하는 공용전략

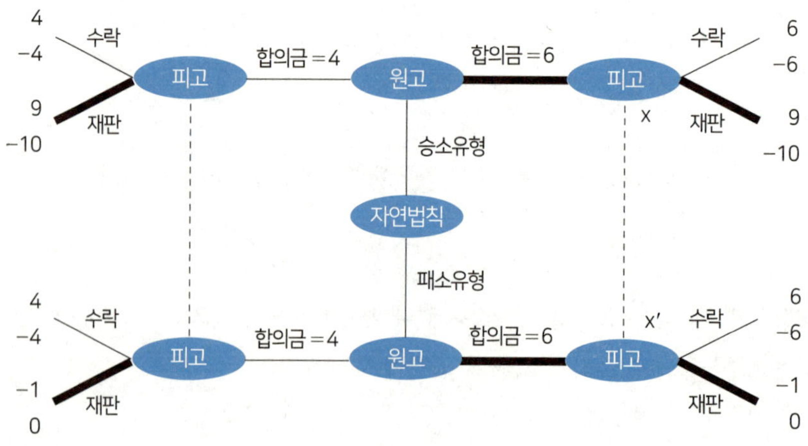

보를 얻지 못한다. 따라서 피고는 자신이 의사결정마디 x에 위치할 사후확률이 사전확률과 똑같은 0.5라고 믿는다(의사결정마디 x′에 위치할 확률은 나머지 0.5). 이러한 신념하에서 피고가 원고의 요구를 수락함으로써 얻는 기대보수는 −6천만원이다. 반면 피고가 원고의 요구를 거부하여 재판을 받을 경우 피고가 재판에 질 확률은 0.5, 이길 확률은 0.5이다. 그러므로 피고가 원고의 요구를 거부함으로써 얻는 기대보수는 −5천만원이다. 이러한 사실로부터 피고의 최적 전략은 합의거부임을 알 수 있다.

원고는 유형에 상관없이 6천만원의 합의금을 요구하며, 피고는 합의를 거부한다. 만약 원고가 4천만원의 낮은 합의금을 요구한다면 피고는 원고가 패소유형이라는 신념을 갖는다고 가정한다. 이러한 신념하에서 원고가 낮은 합의금을 요구하면 피고에게는 거부가 최선이다. 〈그림 14−10〉에서 굵은 선은 원고 및 피고의 전략을 나타낸다.[6] 원고가 공용전략 HH를 채택한다고 가정할 때 '합의거부'가 피고의 최적전략임은 이미 설명한 바와 같다. 피고의 전략이 그림에 나타난 바와 같다면 승소유형의 원고는 전략을 바꿀 유인이 없다. 원고가 낮은 합의금을 요구하면 피고는 이를 거부하고 재판을 통하여 결국 9천만원의 보수를 얻을 터인데 이는 높은 합의금을 요구함으로써 얻는 보수 9천만원이나 마찬가지이다. 즉, 승소유형의 원고가 '높은 합의금'에서 '낮은 합의금'으로 전략을 바꿈으로써 추가 이득을 얻지 못한다. 비슷한 논리로 패소유형의 원고도 자신의 전략을 바꿀 유인이 없다. 얼마의 합의금을 요구하든 거부당할 것이고 1천만원의 손해를 볼 것이기 때문이다.

• 공용전략 LL: 승소유형이든 패소유형이든 낮은 합의금을 요구

원고가 4천만원의 합의금을 요구할 경우 피고는 원고의 유형에 대한 추가 정보를 얻지 못한다. 따라서 피고는 자신이 의사결정마디 y에 위치할 사후확률이

6 만약 피고가 낮은 합의금을 요구하는 원고를 패소유형이 아니라 승소유형이라고 믿고 '수락'한다고 가정한다면 어떻게 되느냐는 질문을 종종 받는다. 그런 가정하에서 패소유형 원고는 '높은 합의금'에서 '낮은 합의금'으로 이탈할 유인이 있게 되므로 그런 베이즈내쉬균형은 존재하지 않는다. 우리의 과제는 순차합리성과 베이즈일관성을 충족하면서 신호발송자와 신호수신자 아무에게도 이탈 유인이 없는 균형—그런 균형이 존재한다면—을 찾아내는 것이다. 균형으로서 성립하지 않는 조합을 찾기 위하여 헛된 노력을 할 필요가 없다.

그림 14-11 원고가 유형에 관계없이 낮은 합의금을 요구하는 공용전략

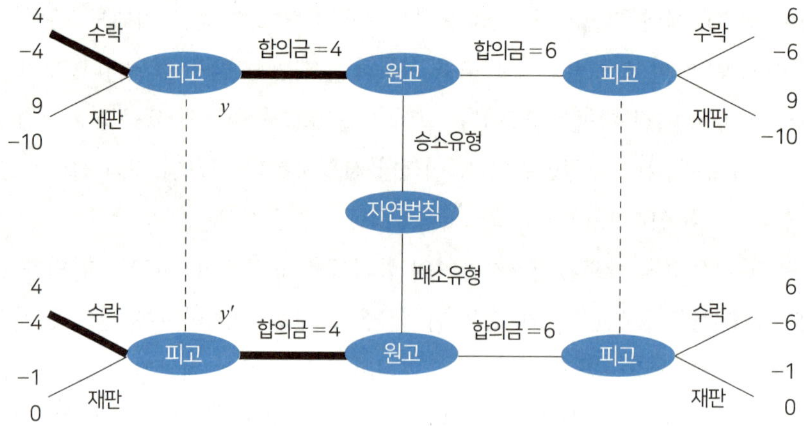

사전확률과 똑같은 0.5라고 믿는다. 이러한 신념하에서 피고가 원고의 요구를 수락함으로써 얻는 기대보수는 −4천만원이다. 반면 피고가 원고의 요구를 거부함으로써 얻는 기대보수는 −5천만원(=0.5×(-10)+0.5×0)이다. 이러한 사실로부터 피고의 최적 전략은 합의 수락 및 합의금 4천만원 지불임을 알 수 있다.

〈그림 14−11〉에 묘사된 공용전략 LL은 완전베이즈균형이 아니다. 원고가 유형에 상관없이 4천만원의 합의금을 요구한다면 피고는 이 합의를 받아들이는 것이 최선이다. 그런데 피고가 4천만원에 합의 제의를 받아들인다면 승소유형 원고는 '낮은 합의금'에서 '높은 합의금'으로 전략을 바꿈으로써 더 높은 보수를 얻는다. 원고가 높은 합의금을 요구하였는데 피고가 이를 거부하면 결국 재판을 통하여 원고는 9천만원을 얻게 된다. 원고가 높은 합의금을 요구하였는데 피고가 이를 수락하면 원고는 합의금 6천만원을 받게 된다. 즉, 원고의 높은 합의금 요구를 피고가 수락하든지 거부하든지 승소유형 원고는 더 높은 보수를 얻게 된다(왜냐하면 6>4이고 9>4이므로).

이상의 논의를 종합하면, 원고가 승소할 사전확률이 β=0.5인 민사소송게임에서 완전베이즈균형은 다음과 같다. 첫째, 유형에 따라 상이한 전략을 사용하는

분리 균형은 존재하지 않는다. 원고가 승소유형이건 패소유형이건 똑같은 전략을 사용하는 공용균형만이 존재한다. 이는 원고가 승소유형일 사전확률이 $\beta=0.5$보다 높건 낮건 항상 참이다. 둘째, 유일한 공용균형에서 원고는 6천만원의 높은 합의금을 요구한다. 피고는 원고가 요구하는 합의금이 얼마든지 상관없이 합의를 거부하고 재판을 받는다. 완전베이즈균형에서 승소유형의 원고는 9천만원의 이득을, 패소유형의 원고는 1천만원의 손실을, 그리고 피고는 5천만원의 기대손실을 본다.

Practice 14-5

원고가 승소할 사전확률이 각각 다음과 같은 경우 완전베이즈균형을 구하고 해석하라.

(1) $\beta = 0.7$

(2) $\beta = 0.3$

14.7 평 판

평판(評判, reputation)이란 특정 경기자의 유형이나 성격에 대해 상대 경기자들이 갖고 있는 인상이다. 평판은 해당 경기자의 유형이 상대방들에게 알려지지 않은 미비정보하에서만 의미가 있다. 모든 경기자들이 그의 유형에 대하여 뻔히 알고 있다면 해당 경기자의 성격이 어떠하리라는 신념이 아무 소용이 없기 때문이다. 예컨대 노조가 매우 강성이라는 평판을 얻고 있다면 기업이나 정부에서 노사협상때 조심스런 행동을 하지 않을 수 없다. 또 다른 예로서, 어떤 시장에서 조업하는 독점기업이 매우 공격적이라는 평판을 얻고 있다면 잠재적 진입자들은 섣불리 진입하지 못한다. 시장에 진입했다가 공격적인 기존 독점기업이 출혈경쟁을 불사하면 진입기업은 큰 손해를 보고 쫓겨날 것이기 때문이다.

평판의 핵심은 흉내내기(mimic)에 있다. 합리적인 경기자일지라도 마치 자신이 특정 유형인 듯한 인상을 주는 편이 장기적으로 이득이라면 그 유형인 것처럼 흉내를 낸다는 논리이다. 예컨대, 노조가 강성이라는 평판을 얻었다고 해서 실제로도 반드시 강성이라는 뜻은 아니다. 노조 지도부가 사실은 온건하지만 강성이라는 평판을 얻는 것이 노사협상에서 유리하기 때문에 일부러 강성을 흉내내는 전략을 사용할 수 있다. 그런데 노조가 강성이라는 평판을 쌓기 위해서는 정부나 기업이 노조의 진짜 유형을 알지 못해야 한다. 만약 노조가 온건하다는 사실을 모두가 알고 있다면 노조가 아무리 강성을 흉내낸다고 해도 아무런 효과가 없을 것이다.

마찬가지 논리로 독점기업이 공격적이라는 평판이 있다고 해서 실제로도 공격적이라는 뜻은 아니다. 독점산업에 신규기업이 진입하면 기존의 독점기업은 약탈가격(predatory pricing)을 책정함으로써 출혈경쟁을 유발한다. 결국 신규진입자는 못 견디고 시장에서 퇴출한다. 이와 같이 독점사업자가 공격적이라는 평판을 쌓으면 여타 잠재적 진입자들도 시장에 진입했다가 시범사례로 당할까 두려워서 아예 진입을 자제한다. 이러한 전략을 약탈(predation)이라 부른다.[7] 구체적으로 한 기업이 경쟁기업을 복점산업에서 몰아내기 위하여 공격적이라는 평판을 얻고자 하는 상황을 분석하자.

〈그림 14-12〉의 신호게임을 살펴보자. 기업 E는 막 시장에 진입한 신규업체이다. 기업 M은 기업 E가 진입하기 전부터 독점적 지위를 누렸던 기존업체이다. 기업 M의 유형은 정상적이든지 혹은 약탈적이든지 둘 중 하나이다. 기업 M은 자신의 유형을 정확히 알고 있으나, 기업 E는 기업 M이 60%의 확률로 약탈적이라는 사실을 알 뿐이다. 두 기업은 두 기간에 걸쳐 경쟁한다. 기업 E가 시장에 진입하면 기존기업 M은 '진입수용'과 '출혈경쟁' 중 하나를 선택한다. 기업 M이 첫 기에 진입수용을 선택했는지 약탈행위를 선택했는지 관찰할 수 있으나 어떠한 유형인지는 관찰하지 못한 상태에서 둘째 기에 기업 E는 시장잔류 또는 퇴

---

7 노벨상 수상자 젤텐(Selten 1978)은 저 유명한 '연쇄점의 역설'(chain-store paradox)에서 기업 약탈행위가 부분게임완전균형으로 설명될 수 없다는 문제를 제기하였다. 그러나 Kreps and Wilson(1982) 및 Milgrom and Roberts(1982b)는 약탈에 의한 진입저지의 틀 안에서 평판을 최초로 연구하였다. 이후 푸덴버그(Drew Fudenberg), 르빈(David K. Levine), 매스킨(Eric Maskin) 등에 의해 평판에 관한 일반이론이 발전되었다. 반복게임 및 평판에 관한 연구업적들은 Mailath and Samuelson(2006)에 집대성되어 있다.

그림 14-12 진입저지 평판게임

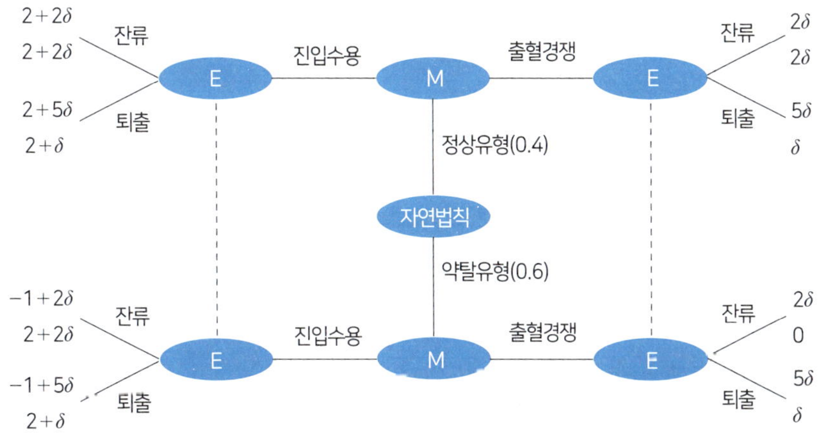

출을 결정한다.

신규기업이 진입을 포기하고 외부 대안을 선택할 경우 신규기업은 1억원의 이윤을 얻으며 기존기업은 독점이윤 5억원을 얻는다고 하자. 첫 기에 신규기업의 진입에 대하여 독점기업이 약탈행위를 저지를 경우 독점기업과 진입기업은 각각 0단위의 이윤을 얻는다고 하자. 독점기업이 신규기업의 진입을 수용할 경우 독점기업의 보수는 유형에 따라 달라진다. 구체적으로, 정상유형의 독점기업은 2억원의 이윤을 얻는 반면 약탈유형의 독점기업은 1억원의 손실을 본다고 하자. 둘째 기에 신규기업이 시장에 잔류할 경우 얻는 이윤은 기존기업의 유형에 따라 달라진다. 신규기업이 정상유형의 기존기업과 경쟁할 경우 둘째 기에 얻는 이윤은 복점이윤 2억원인 반면 약탈유형의 기존기업과 경쟁할 경우 둘째 기에 얻는 이윤은 0이라고 하자. 개별 기업이 두 기간에 걸쳐 얻은 보수를 현재가치로 환산하기 위하여 두 번째 기에 얻은 이윤에는 할인인자 δ를 곱해 준다.

정상유형의 독점기업이 첫 기에 진입수용을 선택하고 진입기업이 둘째 기에 퇴출하는 경우, 기업 M의 보수는 $(2+5\delta)$이고 기업 E의 보수는 $(2+\delta)$단위가 될 것이다. 만약 약탈유형의 독점기업이 첫 기에 약탈적 행위를 저질렀음에도 불구하고 진입기업이 둘째 기에 잔류하기로 결정하는 경우, 기업 M의 보수는 2δ단위($=0+2\delta$)가 되고 기업 E의 보수는 0단위($=0+0\delta$)가 된다. 이 같은 방식으로 보수 구조를 산정하면 〈그림 14-12〉에 나타난 바와 같다. 이제 완전베이즈균형을 구해보자.

분리균형이 존재하기 위한 조건

분리균형이 존재한다면 다음과 같은 모습을 가질 것이다. 즉, 독점기업이 정상적 유형이라면 기업 E의 진입을 수용하고 약탈적 유형이면 출혈경쟁을 선택한다. 독점기업이 이러한 분리전략을 사용한다면 진입기업은 독점기업의 행동을 관찰함으로써 유형을 유추할 수 있다. 따라서 독점기업이 첫 기에 진입수용을 선택하였으면 기업 E는 독점기업이 정상적 유형이라고 믿고 진입을 고수한다. 반대로 독점기업이 첫 기에 출혈경쟁을 선택하였다면 기업 E는 독점기업이 약탈유형이라고 믿고 시장에서 퇴출한다.

위에서 제시된 두 기업의 전략과 신념이 정말로 균형이 되기 위해서는 어떠한 조건이 충족되어야 하는가? 정상유형의 독점기업이 진입수용을 선택하면 둘째 기에 기업 E는 진입을 고수할 것이다. 이때 독점기업의 보수는 $(2+2\delta)$억원이다. 반면 정상유형의 독점기업이 출혈경쟁을 선택하면 진입기업은 둘째 기에 퇴출할 것이다. 이때 독점기업이 얻는 보수는 5δ억원이다. 정상유형의 독점기업이 출혈경쟁보다 진입수용을 선호하려면 $2+2\delta>5\delta$, 즉 $\delta<\frac{2}{3}$이어야 한다. 비슷한 논리에 의하여 약탈유형의 독점기업이 출혈경쟁에서 진입수용으로 전략을 바꾸지 않을 조건은 $5\delta>-1+2\delta$인데 이는 δ값에 상관없이 항상 성립한다. 즉, 약탈유형의 독점기업은 신규기업의 진입을 결코 수용하지 않는다.

결론적으로 독점기업이 근시안적($\delta<\frac{2}{3}$)이거나 혹은 독점이윤(5억원)이 과점이윤(2억원)에 비해 그리 크지 않은 경우 정상유형은 진입을 수용하고 약탈유형은 출혈경쟁을 불사하는 분리균형이 반드시 존재한다. 독점기업이 약탈적 유형을 흉내냄으로써 진입기업을 시장에서 몰아내는 이유는 지금 당장 다소의 비용을 치르더라도 미래에 높은 독점이윤을 취하기 위해서이다. 그런데 독점기업이 미래를 중요시하지 않는다면 현재의 출혈경쟁을 감수할 용의가 없을 것이다.

공용균형이 존재하기 위한 조건

독점기업이 비록 정상유형이라고 하더라도 진입기업을 몰아내기 위하여 약탈유형인 척 행동하는 것이 평판획득 게임의 균형이 되려면 어떠한 조건이 충족되어야 하는지를 살펴보자. 즉, 정상유형의 독점기업이건 약탈유형의 독점기업이건 동일한 전략을 사용하는 균형의 존재 여부 및 형태를 구해보자.

독점기업이 공용전략을 사용한다면 진입기업은 독점기업의 행동으로부터 그의 유형에 관한 새로운 정보를 얻지 못한다. 그러므로 진입기업은 독점기업이 첫 기에 출혈경쟁을 선택하였음이 관찰되면 사전신념을 근거로 전략을 선택하는 수밖에 없다. 첫 기에 독점기업이 출혈경쟁을 선택하였다는 가정하에 진입기업이 둘째 기에 잔류함으로써 얻는 기대보수는 0.8δ억원($=0.4\times2\delta+0.6\times0$)이고 퇴출할 경우 얻는 보수는 δ억원($=0.4\times\delta+0.6\times\delta$)이다. 결국 기업 E의 첫 기 진입에 대해 기업 M이 출혈경쟁으로 대응하였다면 진입기업은 둘째 기에 시장에서 퇴출하는 것이 최적전략이다.

만약 첫 기에 독점기업이 진입을 수용한다면 진입기업의 신념은 어떻게 될 것인가? 약탈유형의 독점기업은 진입을 절대 수용하지 않는다. 그러므로 첫 기에 진입수용을 관찰한 진입기업은 기존 독점기업이 정상유형이라고 확신한다. 이 경우 진입기업은 시장에 잔류하는 것이 최선의 전략이다.

정상유형의 독점기업이 첫 기에 출혈경쟁을 선택하는 것이 최선의 전략이기 위해서는 5δ가 $(2+2\delta)$보다 커야 한다. 즉, 독점기업이 첫 기에 약탈적 유형인 척 출혈경쟁을 불사하고 그 결과 기업2가 퇴출하여 둘째 기에는 독점이윤을 누리는 것이 첫 기부터 시장을 나눠먹는 전략보다 유리해야 할 것이다. 이는 $5\delta\geq2+2\delta$, 즉 $\delta\geq\frac{2}{3}$이 성립해야 함을 의미한다.

독점이윤이 5억원이 아니라 그보다 훨씬 작다면(정확하게는 4억원 미만) 공용균형은 존재할 수 없다. 즉, 독점이윤이 충분히 크지 않다면 정상유형은 약탈유형을 흉내내는 것보다 처음부터 진입을 수용하는 것이 더 낫다.

결론적으로, 독점이윤이 과점이윤에 비해 별로 크지 않거나 혹은 독점기업의 할인인자 δ가 작다면, 분리균형이 평판획득 게임의 완전베이즈균형이다. 이 경우 정상유형의 독점기업이 단기적 희생을 감수하면서까지 평판을 쌓을 유인이 없다. 반면 독점이윤이 충분히 크고(정확하게는 4억원 이상) 동시에 독점기업의 할인인자 δ가 충분히 크다면 공용균형이 유일한 완전베이즈균형이다. 다시 말해서, 정상적 유형의 독점기업이라도 마치 자신이 약탈적 유형인 척 흉내냄으로써 장기적으로 더 높은 보수를 얻을 수 있다.

14.8 직관적 신념과 전진귀납법

14.8.1 독점기업의 진입제한가격 부과게임

우리는 불완전정보가 있는 게임을 분석할 때 신빙성이 결여된 위협에 근거한 내쉬균형을 제거하기 위하여 완전베이즈균형이라는 개념을 도입하였다. 완전베이즈균형의 두 가지 요건은 ① 경기자가 어떠한 상황에 있든지 자신의 신념에 입각할 때 가장 높은 기대보수를 가져다주는 전략을 선택해야 한다는 순차합리성 및 ② 경기자의 신념은 모든 경기자들의 균형 전략으로부터 베이즈법칙을 적용하여 도출되어야 한다는 베이즈 일관성이다. 반면, 균형에서는 도달할 수 없는 의사결정마디(비균형 경로)에서 경기자가 갖는 신념에 대해서는 아무런 제약을 두지 않는다.

밀그롬과 로버츠(Milgrom and Roberts 1982)의 진입제한가격 부과 모형을 단순화한 전개형 〈그림 14-13〉을 고려하자. 독점시장에 잠재적 진입기업이 진입 여부를 고려하고 있다. 잠재적 진입자는 독점기업의 생산비 조건과 경영 효율성을 정확히 관찰할 수 없다. 독점기업은 비효율적일 수도 있고 효율적인 유형일 수도 있는데, 잠재적 진입자는 독점기업이 비효율적 유형일 사전확률을 0.1로 믿고 있다. 독점기업은 정상가격 H를 부과하거나 혹은 그보다 낮은 경쟁가격 L을 부과한다. 잠재적 진입자는 독점기업이 현재 부과하고 있는 가격을 관찰한 후 '진입'과 '진입포기' 중 하나를 선택한다.

효율적 기업은 경쟁가격을 선호하며, 비효율적 기업은 정상가격을 선호한다. 독점기업은 자신의 효율성 여부에 상관 없이 신규기업의 진입을 원치 않는

그림 14-13 진입제한가격 부과 게임

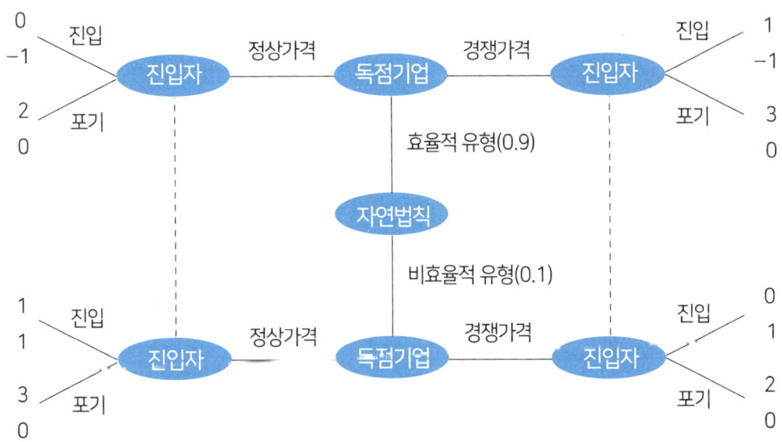

다. 신규기업이 진입하지 않을 경우, 효율적 독점기업이 경쟁가격을 부과하면 3억원의 보수를 얻고 정상가격을 부과하면 2억원의 보수를 얻는다. 반면 비효율적 독점기업은 경쟁가격 부과로부터 2억원, 정상가격 부과로부터 3억원의 보수를 얻는다. 신규기업이 진입한 상황에서, 효율적 독점기업이 경쟁가격을 부과하면 1억원의 보수를 얻고 정상가격을 부과하면 0원의 보수를 얻는다. 반면 비효율적 독점기업은 경쟁가격 부과로부터 0원, 정상가격 부과로부터 1억원의 보수를 얻는다. 잠재적 진입자는 비효율적 기업과 경쟁하는 경우 1억원의 이윤을 얻으나, 효율적 기업과 경쟁하는 경우에는 1억원의 손실을 본다. 잠재적 진입자가 이 시장에의 진입을 포기하고 다른 산업에 투자할 경우 0단위의 보수를 얻는다.

이 게임에서 완전베이즈균형을 구하는 방법은 앞의 14.6절 민사소송게임의 분석과 같다. 즉, 두 개의 분리전략과 두 개의 공용전략을 차례로 고려하여 균형으로서의 요건을 갖춘 전략과 신념의 짝을 찾으면 된다. 진입제한가격 게임에는 다음과 같은 두 개의 완전베이즈균형이 존재한다.

완전베이즈균형 LL:

- 독점기업은 효율적이건 비효율적이건 상관 없이 경쟁가격을 부과한다.
- 잠재적 진입자는 독점기업이 경쟁가격을 부과하면 진입을 포기한다.
  반면 독점기업이 정상가격을 부과하면 비효율적 유형으로 간주하고 시장에 진입한다.
- 독점기업이 효율적이라면 3억원의 보수를, 비효율적이라면 2억원의 보수를 얻는다. 잠재적 진입자는 0원의 보수를 얻는다.

완전베이즈균형 HH:

- 독점기업은 효율적이든 비효율적이든 상관 없이 정상가격을 부과한다.
- 잠재적 진입기업은 독점기업이 정상가격을 부과하면 진입을 포기한다.
  만약 독점기업이 경쟁가격을 부과하면 비효율적 유형으로 믿고 시장에 진입한다.
- 독점기업이 효율적이라면 2억원의 보수를, 비효율적이라면 3억원의 보수를 얻는다. 잠재적 진입자는 0원의 보수를 얻는다.

균형 HH를 자세히 살펴보자. 균형상태에서 독점기업은 정상가격을 부과하기로 예정되어 있다. 그런데 전혀 뜻밖에 독점기업이 경쟁가격을 부과하였다면 잠재적 진입자는 이를 어떻게 해석할 것인가? 균형 HH에 따르면, 잠재적 진입자는 이를 비효율적 독점기업의 소행으로 믿는다는 것이다. 균형 HH에서 독점기업이 경쟁가격 L을 선택한 비균형 경로상에서는 진입기업이 어떠한 신념을 갖더라도 베이즈일관성을 위배하지 않으므로 논리상 문제가 없다.

그러나 잠재적 진입자의 이러한 신념은 납득하기 어렵다. 이유는 다음과 같다. 비효율적 독점기업은 정해진 균형 전략을 선택할 경우 3억원의 보수를 얻게 되지만, 균형 전략에서 이탈하여 경쟁가격을 부과할 경우 기껏해야 2억원의 보수를 얻을 수 있다. 즉, 비효율적인 독점기업은 경쟁가격으로 전략을 바꿀 아무런 유인이 없다. 따라서 독점기업이 경쟁가격을 부과했을 경우 이를 비효율적 유형의 소행으로 보기는 불합리하며, 효율적 유형이 3억원의 보수를 노리고 경쟁가격을 부과하는 상황으로 해석하는 편이 타당하다.

결국 독점기업의 경쟁가격을 부과한다면 잠재적 진입자는 이를 독점기업이 효율적 유형이라는 증거로 해석하고 진입을 포기한다고 보는 것이 설득력이 있다. 효율적 독점기업은 이러한 추론을 미리 하고 처음부터 경쟁가격을 부과한다. 그러나 비효율적 유형의 독점기업은 균형 전략으로부터의 이러한 이탈을 흉내낼 유인이 없다. 다시 말해서, 균형 HH는 비직관적인 신념체계에 근거하고 있기 때문에 소거되는 것이 바람직하다.

이상의 논의를 다음과 같이 신호발송자(독점기업)와 신호수신자(잠재적 진입자) 간의 의사소통 상황으로 재해석할 수 있다. 독점기업이 다음과 같은 메시지를 잠재적 진입자에게 전달한다고 하자.

♣ "나는 효율적 유형이다. 나는 경쟁가격을 부과할 테니 내 말을 믿고 진입을 포기해라. 그렇게 되면, 나는 더 높은 보수를 얻게 되고 당신에게도 나쁠 게 없다. 비효율적 유형은 나를 흉내낼 유인이 없으므로 이런 메시지를 전달하지 못할 것이다."

위 메시지가 설득력이 있다면 잠재적 진입자는 이를 그대로 믿고 독점기업의 경쟁가격 부과에 대응하여 진입을 포기할 유인이 있다. 그런데 제한가격부과게임의 완전베이즈균형 HH에서 이러한 메시지가 설득력이 있음은 이미 설명한 바와 같다. 즉, 균형 HH는 비균형 경로상에서의 메시지 ♣에 취약하다.

조와 크렙스(Cho and Kreps 1987)의 '직관적 기준'(Intuitive Criterion)은 비균형 경로에서 경기자들이 갖는 신념이 직관적이어야 한다는 제약을 가함으로써 완전베이즈균형을 정제해 내려는 시도이다.

직관적 기준 : 신호발송자가 보내는 메시지 ♣에 취약하다면 그 완전베이즈균형은 직관적 기준을 충족하지 못한다. 반대로, 어떠한 메시지 ♣도 신호수신자에게 설득력이 없다면 그 완전베이즈균형은 직관적이다.

14.8.2 외부대안이 있는 성대결게임

두 경기자(남편과 아내)가 제1장 1.7절 〈그림 1−12〉의 성대결게임을 경기하고자 한다. 본 게임을 하기 직전에 남편은 외부대안을 선택할 기회가 있다고 하자. 남편이 그 대안을 선택할 경우 남편은 4단위의 보수를, 아내는 1단위의 보수를 얻는다. 남편이 외부대안을 포기하고 가정내에서 해결하기로 결정하면, 두 경기자는 성대결게임에 참여한다. '외부대안이 있는 성대결게임'(Battle-of-the-sexes with outside option)이라 불리는 이 게임의 전개형은 〈그림 14−14〉에 나타나 있다.

이 게임에는 두 개의 순수전략 부분게임완전균형이 존재한다.

균형 IB:

- 남편은 가내해결을 선택한다.
- 곧 이은 성대결게임에서 남편과 아내는 각각 야구장을 선택한다.
- 남편은 5단위의 보수를 얻고 아내는 3단위의 보수를 얻는다.

그림 14-14 외부대안이 있는 성대결게임

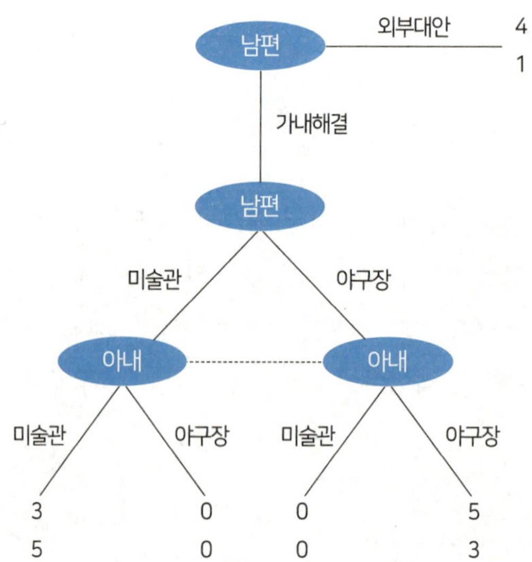

균형 OM:

- 남편은 외부대안을 선택한다.
- 만약 남편이 가내해결을 선택하는 예기치 않은 사태가 발생하는 경우, 남편과 아내는 각각 미술관을 선택한다.
- 남편은 4단위의 보수를 얻고 아내는 1단위의 보수를 얻는다.

먼저 균형 IB가 부분게임완전균형이 되는 이유를 설명하자. 이 게임의 유일한 부분게임인 남편과 아내 간의 2×2 성대결게임에서 (야구장, 야구장)은 내쉬균형이다. 이제 역진귀납법을 적용하자. 부분게임에서 (야구장, 야구장)이 선택된다는 가정하에, 전체게임에서 남편은 가내해결을 선택하는 것이 유리하다(왜냐하면 5>4이므로). 다음으로 균형 OM 역시 부분게임완전균형임을 보이자. 부분게임인 2×2 성대결게임에서 (미술관, 미술관)은 내쉬균형이다. 이제 역진귀납법을 적용하면, 전체게임에서 남편은 외부대안을 선택하는 편이 유리하다(왜냐하면 4>3이므로). 참고로, 순수전략 내쉬균형은 두 개의 부분게임완전균형 외에 부분게임 불완전균형인 ((외부대안, 야구장), 미술관)까지 포함하여 모두 세 개다.

외부대안이 있는 성대결게임에는 불완전정보가 부분게임에만 있기 때문에 두 부분게임완전균형은 모두 완전베이즈균형이기도 하다. 그러나 두 개의 완전베이즈균형 중 IB만이 조-크렙스의 직관적 기준을 만족한다. 이유는 다음과 같다. 남편이 외부대안을 포기하고 가내해결을 선택했다고 하자. 아내는 이를 어떻게 받아들이는 것이 합리적일까? 아내는 다음과 같이 추론할 것이다.

> 남편이 외부기회를 택했다면 그는 4단위의 보수를 얻을 수 있었다. 그런데 왜 굳이 가내해결을 택했을까? (미술관, 미술관)을 바라보고 그렇게 하지는 않았을 거야. 그러면 자기는 3단위의 보수밖에 못 얻게 되는데 그럴 바에는 애초부터 외부대안을 선택했겠지. 남편이 4단위보다 높은 보수를 바라보고 가내해결을 선택했을 터인데 그건 (야구장, 야구장)밖에 없잖아? 결국 가내해결을 선택한 것은 남편이 야구장을 선택하고 5단위의 보수를 얻겠다는 강력한 의지를 표시하는 전략이군. 그렇다면 나도 괜히 미술관을 선택했다가 낭패보지 말고 야구장을 선택해서 3단위의 보수라도 얻자.

아내가 위와 같이 추론하리라는 사실을 남편은 합리적으로 예측할 수 있으며 그 결과 가내해결을 선택한다.

앞에서 설명한 균형의 개념은 콜버그와 메르텡(Kohlberg and Mertens 1986)이 이론화한 전진귀납법(forward induction) 혹은 전략적 안정성(strategic stability)이다. 전진귀납법을 적용하여 구해진 균형은 조-크렙스의 직관적 기준을 적용하여 구해진 균형과 밀접한 관계에 있음이 증명되어 있다.[8] 전진귀납법은—부분게임완전균형을 구하기 위하여 적용되는—역진귀납법보다 더 강력한 개념이다. 역진귀납법은 '내가 만일 상대방의 상황에 처한다면 어떠한 행동을 선택할 것인가'라는 논리와 계산에 근거한다. 반면 전진귀납법은 '내가 이 행동을 선택할 경우 상대방은 그 상황에서 내가 왜 하필 그런 행동을 선택했는지 추론하여 주어진 상황에서 최선의 선택을 하겠지. 그러니까 나는 그 모든 과정을 미리 추론해 보고 나에게 최선인 전략을 지금 택하리라'는 논리와 계산에 근거하기 때문이다.

---

8 뱅크스-소벨(Banks and Sobel 1987)의 간파(看破, divinity)와 보편적 간파(universal divinity) 혹은 그로스만-페리(Grossman and Perry 1986)의 완전순차균형(perfect sequential equilibrium)도 방법론은 다소 차이가 있으나 조·크렙스의 직관적 기준과 궤를 같이 하는 개념들이다.

Game Theory

Chapter 15 | 역선택, 신호와 선별

현실세계에서는 경제인이 객관적 사실을 정확히 모르거나 상대방의 행위를 관찰할 수 없는 경우가 흔하다. 비대칭정보란 경제행위의 양 당사자 중에 한쪽은 객관적 사실을 알고 있거나 상대방의 행위를 관찰할 수 있는 데 반해 다른 한쪽은 이에 대한 정보가 없는 경우를 일컫는다. 비대칭정보는 무엇에 관한 정보가 결여되어 있는가를 기준으로 '감춰진 행동'(hidden actions)과 '감춰진 유형'(hidden types)의 두 종류로 나눌 수 있다. 전자를 불완전정보라 부르고 후자를 미비정보라고 부르기도 한다. 이처럼 불완전정보나 미비정보가 존재할 때 경제주체들이 순차적으로 의사결정을 하는 동태적 게임을 분석하기 위해서 제14장에서 설명한 완전베이즈균형의 개념을 적용해야 한다.

감춰진 행동이란 두 거래당사자들의 보수에 영향을 미치는 거래자의 행동을 오직 그 자신만이 관찰할 수 있는 경우를 일컫는다. 예를 들어 점원이 얼마나 열심히 근무하는가에 따라 점원 자신의 효용과 가게 주인의 이윤이 달라진다. 그럼에도 불구하고, 점원은 자신의 노력 수준을 관찰할 수 있는 반면 가게 주인은 이를 관찰하기 어렵다. 감춰진 행동이 존재하는 상황에서 정보보유자가 정보결여자를 착취하는 현상이 나타나는데, 이를 도덕적 해이(道德的 解弛, moral hazard)라 부른다. 감춰진 유형이란 거래의 양 당사자들의 보수에 영향을 미치지만 한 당사자만이 알고 있는 상품의 특성, 상대방의 유형, 시장 상황 등을 의미한다. 감춰진 유형이 존재하는 상황에서 정보보유자가 정보결여자를 착취하는 현상을 역선택(逆選擇, adverse selection)이라 부른다.

본장에서는 미비정보 게임에서 발생하는 역선택 문제와 그 해결방안을 다룬다. 역선택의 대표적인 해결방안으로는 정보보유자가 정보결여자에게 발송하는 신호(信號, signal)와 정보결여자가 기제를 설계해 정보보유자를 추려내는 선별(選別, screening)이 있다. 뒤이어 제16장에서는 도덕적 해이와 그 해결방안으로서의 유인계약에 대하여 논한다.

15.1 자동차 품질보증과 비싼 광고

15.1.1 미비정보가 시장실패에 미치는 영향

노벨상 수상자 애컬로프(Akerlof 1970)가 제시한 중고차시장 모형은 생산물시장에서 발생할 수 있는 역선택의 고전적인 모형이다. 중고차시장에서 대개 판매자는 자신이 내놓은 차의 품질을 알고 있으나 구매자는 이를 알지 못한다. 그러므로 중고차의 시장가격은 평균 품질 수준으로 결정된다. 중고차 가격이 평균수준에서 결정될 경우 평균보다 나은 양질의 차 주인은 제값을 못 받게 될 것이므로 자신의 차를 시장에 내어 놓을 유인이 없다. 그렇게 되면 중고차시장에는 평균 이하의 저질 차들만이 거래를 기다릴 것이므로 중고차의 가격은 더 낮아져야 한다. 중고차 시장가격이 하락하면 그나마 상대적으로 괜찮은 중고차의 소유자마저도 차를 시장에 내놓지 않을 것이다. 이 같은 악순환이 반복되면 결국 중고차시장에서 겉은 번지르르하지만 속은 형편없는 소위 레몬상품(lemons)만 거래되는 시장실패가 초래된다.[1]

이상에서 묘사된 상황을 분석하기 위하여, 수많은 중고차들과 수많은 구매자들이 있는 완전경쟁적 중고차시장을 상정하자. 중고차의 품질 q는 최저질 $\underline{v}$부터 최우량 $\bar{v}$까지 균등분포를 따른다. 중고차 판매희망자는 자신이 내놓은 중고차의 품질을 정확히 알고 있다. 반면에 중고차 구입희망자는 이를 알지 못하며 다만 품질이 $\underline{v}$부터 $\bar{v}$까지 균등분포를 따른다는 사실만 알고 있다. 즉, 판매희망자와 구

1 레몬상품이란 번지르르한 겉만 보고 오렌지인 줄 알고 샀는데 알고 보니 신맛의 레몬이라는 말에서 유래된 영어 표현이다.

입희망자 간에 중고차 성능에 대한 비대칭정보가 존재한다. 이러한 미비정보 게임에서 유형은 중고차의 성능 q이며 유형집합은 구간 $[\underline{v}, \bar{v}]$이다. 중고차의 품질은 균등분포를 따른다고 가정했으므로 사전확률 밀도함수는 $f(q)=\frac{1}{\bar{v}-\underline{v}}$이다.

품질 q의 중고차 판매희망자가 차를 팔지 않고 계속 보유함으로써 얻는 유보효용은 αq단위(여기서 α는 0과 1 사이의 매개변수)라고 가정하자. 품질 q의 중고차가 가격 P로 거래되었을 경우 판매자가 얻는 효용 u_S와 구매자가 얻는 효용 u_B는 각각 다음과 같다.

$$u_S(P, q)=P-\alpha q \tag{15. 1}$$

$$u_B(P, q)=q-P \tag{15. 2}$$

모든 거래자들이 완비정보를 갖고 있다면, 즉 판매자는 물론 구매자도 거래대상 중고차의 품질을 정확히 알고 있다면, 어떠한 자원배분이 달성될 것인가? 시장에 나온 모든 중고차는 적정한 값에 거래되어 효율적 자원배분이 달성된다. 정확히 말하자면, 품질 q의 중고차는 αq보다는 높고 q보다는 낮은 가격에 거래되며, 판매자와 구매자 모두 교환의 이득을 얻는다.

이제 중고차 품질에 관한 정보가 비대칭적인 상황에서의 자원배분을 살펴보자. 결론부터 말해서, 모든 품질의 중고차가 다 시장에서 거래될 수도 있고 역선택에 의하여 일부 차량만 거래될 수도 있으며 극단적으로는 가장 저질 차량만 남아 시장이 붕괴될 수도 있다.

먼저 모든 품질의 차 $[\underline{v}, \bar{v}]$가 시장에서 거래될 조건이 무엇인지를 구해보자. 구매자는 중고차가 양질인지 저질인지 모르고 다만 매물의 평균 품질이 $E(q|[\underline{v}, \bar{v}])=\frac{\underline{v}+\bar{v}}{2}$라는 사실을 알 뿐이므로 구매자의 기대보수는 $u_B(P, E(q|[\underline{v}, \bar{v}]))=\frac{\underline{v}+\bar{v}}{2}-P\geq 0$가 된다. 다른 한편 모든 품질의 중고차가 다 거래되려면 최고 품질 $\bar{v}$의 판매자도 자신의 차량을 내놓을 유인이 있어야 한다. 즉, $P\geq\alpha\bar{v}$가 성립해야 한다. 결국 시장 효율성을 달성할 조건은 $\alpha\leq\frac{1}{2}\left(1+\frac{\underline{v}}{\bar{v}}\right)$ 혹은 $\frac{\bar{v}}{\underline{v}}\leq\frac{1}{2\alpha-1}$이다. 이는 판매자가 자기 차를 계속 보유함으로써 얻는 효용이 낮거나 혹은 자동차들의 품질 편차가 그다지 크지 않다면, 모든 차량이 거래되는 효율성이 달성된다는 직관적 결과이다. 예를 들어, $\underline{v}=0$, $\bar{v}=1$, $\alpha=0.4$라면 판매자와 구매희망자 간에 비

대칭정보가 있다고 하더라도 모든 중고차가 시장가격 $P=0.5$로 거래되어 효율성이 달성된다.

다른 한편, 판매희망자의 유보효용(매개변수 α로 측정)이 엄청 낮지 않는 한 시장기능은 필연적으로 비효율성을 초래한다. 구체적으로 $\alpha>\frac{1}{2}$라고 가정할 때, 시장가격 $P^*=\frac{\alpha}{2\alpha-1}\underline{v}$에서 품질 $\left[\underline{v}, \frac{\underline{v}}{2\alpha-1}\right]$에 해당하는 중고차만 거래되며 그보다 우수한 품질의 차량을 소유한 사람들은 판매를 포기한 채 자신이 사용한다. 역선택으로 인하여 "악화가 양화를 구축한다"는 그레샴의 법칙(Gresham's law)이 성립하는 것이다.

이는 다음과 같이 보인다. 시장가격이 P라면 개인합리성 조건 $P-\alpha q\geq 0$에 의하여 품질이 $\frac{P}{\alpha}$ 이하인 차량 보유자들만 판매할 유인이 있다. 시장균형에서는 시장가격 P가 식 15.3에 나타난 출시 차량의 평균 품질과 일치해야 한다.

$$E\left(q\,|\left[\underline{v}, \frac{P}{\alpha}\right]\right)=\frac{1}{2}\left(\underline{v}+\frac{P}{\alpha}\right) \tag{15. 3}$$

결국 시장 균형가격은 $P=\frac{\alpha\underline{v}}{2\alpha-1}$이며, 거래 차량 가운데 최고 품질은 $\frac{\underline{v}}{2\alpha-1}$임을 알 수 있다.

Practice 15-1

$\underline{v}=0, \bar{v}=1$일 경우 α값에 따른 시장균형을 구하라.

15.1.2 품질보증, 광고, 브랜드가치

15.1.1항에 따르면 중고차시장이 존재하지 않거나 존재하더라도 고물차만이 거래되는 시장실패가 관찰되어야 마땅하다. 하지만 현실세계에 중고차시장은 존재할 뿐 아니라 레몬상품만 거래되는 것도 아니다. 그 이유는 경제인들이 중고차의 감춰진 특성에 대한 비대칭정보로 인하여 발생하는 역선택을 해결하

는 방안들을 강구하기 때문이다. 구매자가 기울일 수 있는 노력으로 전문대리인을 고용하거나 자동차 기록을 찾아보는 선별 노력을 기울이는 방안이 있다. 판매자 측의 노력으로 품질보증, 값비싼 광고, 브랜드가치 축적이 있다.

• 구매자의 노력

우선 차의 성능을 금방 알아낼 수 있는 전문가에게 매매대상 차를 검사하도록 의뢰하는 방법이다. 이때 전문대리인에게 지불하는 수수료가 좋은 차를 가려냄으로써 얻는 편익보다 작다면 소비자는 대리인을 고용할 유인이 있다.

둘째, 구매자가 좋은 차를 선별하고자 노력하는 방법이 있다. 선별이란 정보가 비비되어 있는 측에서 객관적으로 입증할 수 있는 자료를 이용하여 상품에 관한 정보를 얻고자 하는 노력으로 정의된다. 이때 객관적으로 입증할 수 있는 자료는 거래대상물의 실제 특성과 통계적으로 의미있는 관계를 가져야 한다. 예를 들어 원래 차주의 직업이 무엇이었는가를 알아봄으로써 전주인이 차를 얼마나 험하세 사용했는가를 추론할 수 있다. 차주가 기업 임원이었거나 고위공무원이었다면 차를 세심하게 관리하였을 확률이 높다. 반면 이전에 렌터카였다면 여러 사람이 험하게 사용했을 가능성이 높을 것이다.

• 상품보증

품질보증(品質保證, product warranties and guarantees)은 생산물시장에서 고품질 판매자에 의하여 가장 흔하게 사용되는 신호 방식이다. 선별이 정보결여자에 의한 역선택 방지 노력이라면 신호는 정보보유자의 노력으로 정의된다. 예컨대 중고차 판매자가 자신이 판 중고차가 4년 이내에 문제를 일으킬 경우 모든 수리비와 수리기간 중 렌터카 대여비를 지불한다는 보증을 제시한다고 하자. 저질 중고차는 4년 이내에 고장날 확률이 매우 높고 고장날 경우 판매자가 부담해야 하는 손실은 매우 클 것이다. 따라서 저질 중고차 소유주는 결코 4년 보증과 같은 손해볼 행동을 하지 않을 것이다. 구매자의 입장에서 판매자가 제시하는 상품보증이 믿을 만하다고 생각되면 해당 중고차의 품질이 좋다고 확신할 수 있으므로 구입을 위하여 높은 가격을 지불할 용의가 있을 것이다.

상품보증은 구매자를 납득시킬 만큼 충분히 신빙성을 가져야 한다. 예컨대 1주일간 무상수리보증은 아무도 믿지 않을 헛신호에 불과하다. 정보보유자의 신호 발송 및 정보결여자의 수신 신호 해석에 관한 신념이 결합되어 균형 상태를 이루는 것을 신호균형이라 한다.

상품보증을 예로 들어 설명해 보자. 중고차시장에 양질 v_H와 저질 v_L이 반반씩 존재한다고 하자($0<v_L<v_H$). 양질 차량의 보증기간 내의 고장확률은 ρ_H이며 저질 차량의 고장확률은 ρ_L이고($0\leq\rho_H<\rho_L\leq 1$) 수리비는 C원이다. 소비자잉여를 판매자가 거의 다 가져간다고 가정하자.

이제 양질 판매자는 보증판매를 실시하고 저질 판매자는 무보증판매를 실시하는 흥미로운 분리 신호균형을 살펴보자. 그러한 분리균형에서 구매자는 보증상품은 양질이라 믿고 고가를 지불하며 무보증상품은 저질이라 믿고 저가를 지불해야 베이즈일관성 및 순차합리성이 충족된다. 분리균형이 존재한다면 구매자들은 보증제품에는 $P_{보증}=v_H$를 지불하고 무보증제품에는 $P_{무보증}=v_L$원의 가격을 지불할 것이다. 식 15.4(a)와 (b)는 양질 판매자 입장에서 보증판매가 무보증판매보다 유리할 개인합리성조건 및 유인양립조건이고, 식 15.4(c)와 (d)는 저질 판매자 입장에서 무보증판매가 보증판매보다 유리할 조건들이다.

$$\mathrm{IR_H}:\ v_H-\alpha v_H-\rho_H C\geq 0 \quad (15.\ 4a)$$

$$\mathrm{IC_H}:\ v_H-\alpha v_H-\rho_H C\geq v_L-\alpha v_H \quad (15.\ 4b)$$

$$\mathrm{IR_L}:\ v_L-\alpha v_L\geq 0 \quad (15.\ 4c)$$

$$\mathrm{IC_L}:\ v_L-\alpha v_L\geq v_H-\alpha v_L-\rho_L C \quad (15.\ 4d)$$

식 15.4a~15.4d를 정리하면, 분리균형이 존재할 조건은 다음과 같다.

$$\frac{v_H-v_L}{\rho_L}\leq C\leq\frac{v_H-\max\{\alpha v_H,\ v_L\}}{\rho_H} \quad (15.\ 5)$$

수리비가 너무 높으면 양질 판매자라도 보증을 제공하지 않을 것이다. 수리비가 매우 낮다면 저질 판매자도 보증을 제공할 유인이 있다. 따라서 분리균형이 존재하려면 수리비가 중간 범위에 있어야 한다. 주어진 C에 대하여 식 15.5를 다시 정리하면, 양질의 고장확률 ρ_H와 저질의 고장확률 ρ_L 간의 격차가 충분히 커야 한다는 조건 $\rho_H \le \frac{v_H - \max\{v_L, \alpha v_H\}}{C}$ 및 $\rho_L \ge \frac{v_H - v_L}{C}$으로 바꿔 쓸 수도 있다.

광고(advertisement)

경제학적으로 광고를 어떻게 볼 것인가? 일부 광고는 상품에 대하여 유용한 정보를 소비자들에게 제공한다. 예컨대, 자동차제조업체가 교통사고 발생시 조수석에 앉은 사람의 사망률이 가장 높다는 통계자료를 보여주고 정면뿐 아니라 측면에도 에어백을 설치했다고 광고하는 사례이다. 그러나 대부분의 광고들은 상품에 대한 정보를 거의 담고 있지 않다. 전형적인 음료 광고를 보면 유명 연예인이 등장해 그저 그 음료를 들고 마시면서 매혹적인 표정을 짓는 게 전부다. 도대체 그런 광고가 그 상품에 대하여 소비자에게 얼마나 유용한 정보를 제공하는가? 놀랍게도 광고는 비록 상품 자체에 관한 아무런 정보도 담고 있지 않더라도 상품의 품질에 대해 중요한 정보를 전달하는 기능을 할 수 있다.

음료시장의 두 기업 A와 B가 각자 신상품을 시판하려고 한다. A사는 자기 신상품이 평범한 수준이라는 사실을 알고 있다고 하자. 소비자들이 화려한 광고에 현혹되어 한 번 사먹더라도 계속해서 사먹을 가능성은 낮다. 따라서 A사에게는 신통치 않을 이윤을 얻기 위해 막대한 광고비를 지출할 유인이 없다. 반면 B사는 소비자들이 자사 신상품을 한 번 사먹어 보면 후속 구매가 따르리라는 것을 알고 있다. 따라서 B사는 대대적이고 비싼 광고를 하더라도 이윤은 그보다 훨씬 크리라 기대한다.

소비자의 관점에서 생각해보자. 위 문단에서 우리는 소비자들이 B사의 광고를 보고 B사의 신상품을 사먹어 볼 것이라고 가정하였다. 이는 올바른 가정이다. B사는 자사 신상품이 탁월하기 때문에 광고하였고, A사는 자사 신상품이 신통치 않기 때문에 광고를 포기한 것이다. 고액 광고비를 지출함으로써 B사는 소비자들에게 자사 신상품의 품질에 대한 신호를 보내고 있다. 소비자들은 "B사가 저렇게 많은 돈을 들여 광고하는 걸 보니 신상품이 훌륭하다는 확신을 갖고 있는 모양이군"이라고 유추한다. 이는 합리적 판단이다.

'신호로서의 광고' 가설이 갖는 가장 놀라운 함의는 광고 내용이 전혀 중요하지 않다는 사실이다. B사는 비싼 광고비를 지출할 용의가 있다는 사실만으로 자사 제품의 품질에 대한 정보를 소비자들에게 전달한다. 광고에 어떤 내용이 담겨 있느냐 보다는 소비자들이 이 광고가 비싼 광고라는 사실을 아는 것이 더 중요하다. 반대로 싸구려 광고는 품질정보의 전달 기능을 효과적으로 수행하지 못한다. 우수한 상품과 평범한 상품이 모두 광고되면 소비자들은 어떤 상품이 광고되었다는 사실로부터 품질정보를 유추할 수 없게 된다. 따라서 소비자들은 싸구려 광고를 아예 무시하는 것이 합리적이다.

이상의 분석을 통해 기업들이 상품정보는 하나도 제공하지 못하면서 왜 비싼 유명 연예인들을 광고모델로 쓰는지 이해할 수 있다. 광고 내용이 아니라 단지 광고를 했다는 사실과 그 광고가 비싸다는 사실에 상품 정보가 담겨 있다.

평판 형성과 브랜드가치의 구축

역선택을 해결하려는 판매자의 노력으로서 훌륭한 평판을 쌓고 유지하는 방법이 있다. 많은 소비자들은 양질의 상품만 판매한다는 평판이 있는 판매자— 예컨대 중고차 딜러 A—로부터 구입하려고 한다. 딜러 A가 과거처럼 앞으로도 양질의 차만을 팔 것이라고 소비자들이 맹목적으로 믿기 때문이 아니다. 딜러 A가 고물을 판 적이 있었다는 사실이 알려지면 그의 평판은 무너진다. 따라서 평판을 유지하고 있었더라면 A로부터 차를 살 용의가 있었던 수많은 미래의 고객을 잃게 된다. 딜러 A는 소비자들로부터의 이같은 보복이 두려워서 양질의 차만 엄선해서 판매할 유인을 갖는다. 소비자들 역시 딜러 A가 소비자들의 보복이 두려워서 고물차를 팔지 않을 것이라고 합리적으로 예상할 수 있다. 따라서 소비자들은 다소의 가격 프리미엄을 지불하고라도 평판이 좋은 판매상으로부터 차를 구입할 용의가 있다. 이처럼 좋은 평판이 충분한 기간 쌓인 제품을 브랜드 지명도(brand name)라고 부른다.

브랜드가치는 소비자들이 구입 전에 미리 품질과 가격을 짐작하도록 해주는 정보 전달 기능을 갖는다. 브랜드가치를 보유한 기업들은 엄격한 품질 관리와 평판 유지의 강력한 유인을 갖는다. 피자헛, 버거킹, 스타벅스 등 글로벌 프랜차이즈(franchise) 식음료 회사들은—전 세계에 퍼져있는 수많은 가맹점들에 미치는 파급효과를 인식하여—평판 유지에 총력을 기울인다. 그와 대조적으로 지역별 독립 식당·카페들은 편차가 크므로 지역 맛집 정보가 부족한 위험회피적 소비자들은 프랜차이즈를 선택하는 경향을 보인다.

대부분의 시장에서는 동질적 상품이 두 부류의 상표, 즉 널리 알려진 유명상표와 낯선 무명상표로 거래된다. 약국에서는 유명 제약사가 만든 약(대개는 특허 만료된 오리지널 약)과 무명의 동일 성분 복제약(generic)이 함께 팔리고 있다. 수퍼마켓에서는 코카콜라나 펩시와 함께 무명 콜라들이 다소 저렴한 가격에 판매되고 있다. 대부분의 유명 브랜드 기업들은 거액의 광고비를 지출하면서 자사 제품에 가격 프리미엄을 붙여 받는다.

브랜드가치에 대하여 부정적 견해도 있다. 기업들은 반복적이고 매력적인 광고를 통해 소비자를 현혹함으로써 자사 제품에 대한 수요의 가격탄력성을 낮추고 가격을 높여 받는다는 주장이다. 챔벌린(Edward Chamberlin)은 이런 근거로 브랜드 지명도가 소비자 후생을 저해하며 따라서 정부가 상표권을 보호해서는 안 된다고 주장하였다.[2] 다른 한편, 인터넷의 확산은 브랜드가치 형성에도 영향을 미치며 경쟁촉진과 경쟁제한의 이중적 기능을 하고 있다. 신규 브랜드의 초기 소비자들이 온라인상에 올리는 후기(review)나 평점 등은 해당 제품뿐 아니라 기존 브랜드에 관해서도 직·간접적인 정보를 제공한다. 그러한 비정형(非定型) 빅데이터(big data)를 가공하여 더 촘촘하고 세밀한 정보를 제공하는 인터넷 사이트들도 큰 역할을 한다. 그러나 역설적으로 기존업체의 브랜드 거품을 걷어내자며 공격적 '노브랜드'(no brand) 마케팅을 했던 신규업체들도 평판을 쌓고 브랜드가치를 갖게되면 비싼 광고를 해대며 경쟁제한적 행위를 통해 이윤을 극대화하려고 하기 마련이다.

---

2 심리학이나 행동경제학에서는 소비자의 인지부조화(cognitive dissonance)와 자기합리화(rationalization)로 광고를 설명하기도 한다. 슈퍼마켓에 들러 라면을 구입하려는 소비자가 왜 하필 제품 A를 선택하고 나머지 수십 개의 브랜드를 선택하지 않는지에 대하여 인지부조화가 초래된다. 그가 어디선가 본 제품 A 광고는 그의 선택을 합리화해주는 역할을 한다. 라면 제조업체 입장에서는 소비자들에게 자기합리화의 도구로서 광고를 제공하고 소비자 선택에 간접적으로 영향을 미쳐 이윤을 높이게 된다.

15.2 학력 인플레이션의 순기능

신입사원을 채용할 때 개별 지원자에 대하여 기업이 갖고 있는 정보는 미비하다. 개별 근로자의 생산성을 사전에 알기 어렵다면 기업은 근로자들의 평균생산성을 기준으로 임금을 정한다. 그렇게 되면 생산성이 평균 이상인 근로자는 자신의 생산성에 못 미치는 임금을 받기를 원치 않으므로 이 기업에 취직할 동기가 없다. 반면에 생산성이 평균 이하인 근로자는 이 기업에 몰려올 것이다. 기업은 평균 이하 생산성을 가진 근로자들만을 고용해서는 수지를 맞출 수가 없으므로 임금을 더욱 낮출 수밖에 없다. 임금이 하락하면 그나마 상대적으로 생산성이 높은 근로자들은 이 기업에 취직할 동기가 없어지게 된다. 이러한 악순환의 결과 기업은 최저의 임금을 지불하고 최악의 생산성을 가진 근로자들만을 고용하거나 아예 기업활동을 포기하는 시장실패가 초래된다.

노벨상 수상자 스펜스(Spence 1973)의 노동시장 신호게임을 분석하자. 기업은 유능한 근로자를 채용하기 원하지만 근로자의 생산성이나 능력은 외관상 파악하기 어려운 '감춰진 유형'이다. 기업은 유능한 근로자에게 높은 임금을 지불할 용의가 있으나 근로자 누구나 자신의 생산성이 높다고 주장할 것이므로 이를 가려내기란 쉽지 않다. 이와 같은 상황에서 유능한 근로자는 그 사실을 입증하려고 노력할 것인데, 교육정도, 학위, 출신학교, 공인시험 합격 여부 등이 신호 발송의 대표적 도구이다.

유능한 근로자는 주어진 수준이나 내용의 교육을 받는데 드는 비용이 평범한 근로자보다 적게 든다. 유능한 근로자는 관찰가능한(observable) 신호를 제출함으로써 자신의 생산성을 입증하려고 한다. 물론 학위나 자격증 취득을 위하여 소요되는 수고와 노력이 이러한 것들로 인하여 나중에 받게 될 고소득의 효용보다 작아야 할 것이다. 평범한 근로자는 학위 취득이나 자격증 획득에 지나치게 많은 수고와 노력이 들어가므로 차라리 저학력이나 무자격증에 따른 저소득을 감수한다. 다른 한편 교육의 정도나 내용이 기업에게 보내는 유능한 근로자의 신빙성 있는 신호라면 기업은 고학력 근로자에게 높은 임금을 제시할 동기가 있다.

모 형

노동 공급 측면에는 두 유형의 근로자가 존재한다. 하나는 시간당 15단위의 노동생산성을 가진 유능한 유형이고 다른 하나는 시간당 9단위의 노동생산성을 가진 평범한 유형이다. 개별 근로자는 자신의 생산성을 정확히 알고 있다. 전체 근로자 가운데 유능한 근로자의 비율은 β이고 평범한 근로자의 비율은 $(1-\beta)$라고 하자. 유능한 근로자는 이 직장에 취직하지 않고 개인사업을 하더라도 12단위의 보수를 얻을 수 있으나, 평범한 근로자에게는 9단위 이상을 얻을 수 있는 외부적 기회가 없다고 하자. 노동시장은 완전경쟁적이어서 기업은 노동생산성과 일치하는 임금을 근로자에게 지불한다고 가정하자.

고등학교 졸업 후 대학이나 대학원에서 교육을 받기 위해서는 그에 상당하는 정신적, 심리적, 경제적 노력과 비용이 들어간다. 유능한 사람은 상대적으로 두뇌가 뛰어나고 따라서 교육을 1년 더 받기 위하여 소요되는 노력과 비용이 $\frac{1}{2}$ 단위이고, 평범한 사람이 동일한 교육을 받는 데 드는 노력과 비용은 2단위에 달한다고 하자. 교육 자체는 생산성의 향상에 아무런 영향을 미치지 못한다고 가정한다.[3] 노동생산성을 θ, 임금을 W, 고교 졸업 후 교육연수를 x라 놓으면, 기업과 개별 근로자의 보수함수는 각각 다음과 같다.

기업의 이윤: $v=\theta-W$ (15. 6)

유능한 근로자의 보수: $u_H=W-\frac{1}{2}x$ (15. 7a)

평범한 근로자의 보수: $u_L=W-2x$ (15. 7b)

〈그림 15-1〉은 기업의 무이윤선(無利潤線, zero-profit line)을 나타낸다. 완전경쟁에 의하여 기업의 장기이윤은 0이라고 가정한다.

〈그림 15-2〉(a)와 (b)는 각각 유능한 근로자와 평범한 근로자의 무차별곡선을 나타낸다. 무차별곡선은 동일 수준의 효용을 가져다주는 교육연수-임금의 조합점들이며 좌상(左上)으로 올라갈수록 높은 효용수준에 해당한다. 그림에서 근

3 교육이 생산성 향상에 전혀 도움이 되지 않는다는 가정은 분명히 비현실적이다. 그러나, 교육연수에 따라 생산성이 증가한다고 가정하더라도 모형만 복잡해지는 반면 기본개념이나 결론을 더욱 강화할 뿐이다.

그림 15-1 **기업의 무이윤선**

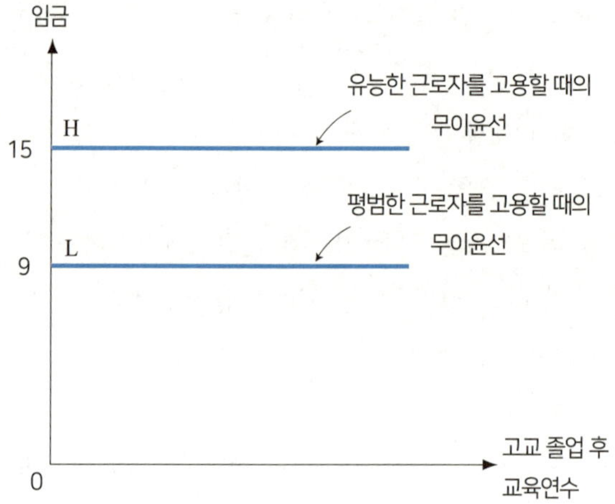

로자의 선호의 방향은 화살표로 나타나 있다.

여기서 핵심 가정은 동일한 수준의 교육을 받는 데 드는 비용이 생산성이 높을수록 더 작다는 것이다. 생산성이 높은 사람일수록 동일한 시간이나 노력을 투입하고도 더 좋은 성적을 낼 수 있으며 장학금을 받을 가능성도 커지기 때문이다. 이 가정은 단일교차조건(單一交叉條件, single crossing condition) 혹은 스펜스-멀리스 조건(Spence-Mirrlees condition)이라 불리며 신호게임에서 핵심 역할을 하는 조건이다. 단일교차조건은 〈그림 15-2〉에서 유능한 근로자의 무차별곡선이 평범한 근로자의 무차별곡선보다 항상 완만한 기울기를 갖는다는 사실로 나타난다. 일정한 수준의 교육을 받으면서도 이전과 같은 수준의 효용을 누리기 위하여 평범한 근로자가 추가로 보전받아야 하는 임금은 유능한 근로자보다 크기 때문이다. 마지막으로, 유능한 근로자는 자영업을 하더라도 12단위의 돈을 벌 수 있으므로 그에게 현 직장에서 일하려는 동기를 부여하려면 최소한 12단위 이상의 임금을 지급해야 한다. 따라서 유능한 근로자는 〈그림 15-2〉(a)의 h_0h_0선의 좌상에 위치하는 무차별곡선들에만 관심을 갖는다. 마찬가지 논리로 평범한 근로자는 〈그림 15-2〉(b)의 l_0l_0선의 좌상에 위치하는 무차별곡선들에만 관심을 갖는다.

그림 15-2 개별 근로자의 무차별곡선도

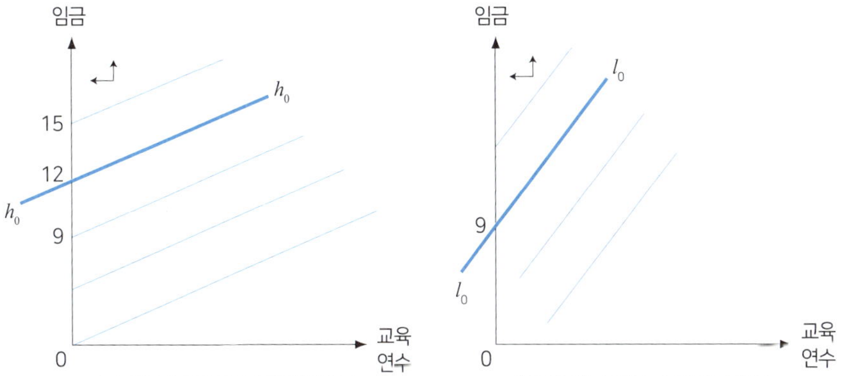

(a) 유능한 근로자의 무차별곡선도 (b) 평범한 근로자의 무차별곡선도

역선택과 시장실패

만약 기업이 개별 근로자의 생산성을 파악할 수만 있다면, 유능한 근로자에게 15단위의 임금을 지급하고(그림에서 점 H) 평범한 근로자에게 9단위의 임금을 지급함으로써(그림에서 점 L) 최적 자원배분이 달성된다. 교육은 생산성 향상에 전혀 도움이 안 된다고 가정했으므로 기업은 근로자가 얼마의 교육을 받았든지 임금에 전혀 반영하지 않는다. 당연히 근로자도 교육을 추가로 받을 유인이 없다.

완비정보하의 근로계약 (15. 8)

- 유능한 근로자: 고졸
- 평범한 근로자: 고졸
- 기업 전략: 유능한 근로자에게는 15단위의 임금을 지불하고,
  평범한 근로자에게는 9단위의 임금을 지불

이제 개별 근로자의 생산성에 관하여 근로자와 기업 간에 비대칭정보가 존재하는 경우를 고려하자. 기업은 개별 근로자의 생산성을 알 수 없고 다만 유능한 근로자의 비율이 β이고 평범한 근로자의 비율이 $(1-\beta)$라는 사실만을 안다.

이 경우 유능한 근로자에게 15단위의 임금을 지불하고 평범한 근로자에게 9단위의 임금을 지불하는 자원배분은 달성될 수 없다. 기업이 평균 노동생산성에 해당하는 $(9+6\beta)$단위의 임금을 지불한다면 어떻게 될 것인가? 만약 $\beta<0.5$라면 유능한 근로자는 이 직장에서 일할 유인이 없다(왜냐하면 $(9+6\beta)<12$이므로). 오직 평범한 유형만이 그 임금을 받고도 이 회사에 취직할 용의가 있다. 그런데, 평범한 근로자들만이 이 기업에서 일한다면 기업은 9단위의 임금밖에는 줄 수가 없다. 요약하면, 평범한 근로자들은 회사에 취직해서 자신의 노동생산성에 해당하는 낮은 임금을 받고, 유능한 근로자들은 회사를 그만두고 개인사업을 한다. 이러한 자원배분은 비효율적이다. 왜냐하면 사회 전체의 평균 생산성은 $(9+3\beta)$단위$(=12\times\beta+9(1-\beta))$로서 완비정보하의 그것 $(9+6\beta)$단위보다 작기 때문이다.

분리균형

근로자의 생산성이 기업에게 감추어진 특성일 경우 유능한 근로자는 자신의 생산성을 드러내기 위하여 교육수준을 신호로 발송한다. 학사학위 이상이라는 신호를 받은 기업은 "아하, 이 근로자는 학사학위 이상의 교육을 받은 것으로 보아서 유능한 근로자이겠구나"라고 해석한다. 이때 유능한 유형이 신호로 발송하는 교육수준은 평범한 유형이 흉내낼 수 없는 수준이어야 한다. 제14장 14.5절에서 설명한 바와 같이, 신호균형(信號均衡, signaling equilibrium)이란 ① 정보보유자의 신호 발송과 ② 정보결여자가 수신한 신호를 어떻게 해석하는가 하는 신념이 결합되어 균형상태를 이루는 것을 의미한다.

〈그림 15-3〉은 하나의 신호균형을 나타낸다. 고교 졸업 후 교육연수가 4년 이상(학사학위 취득)인 신입사원은 유능한 유형인 것으로 간주하여 15단위의 임금을 지불하고 그 이하인 신입사원은 평범한 유형인 것으로 간주하여 9단위의 임금을 지불하는 것이다. 첫째, 평범한 근로자의 최적 전략은 대학교육을 받지 않고 9단위의 임금을 받는 것이다. 평범한 근로자가 4년의 추가적인 교육을 받기 위하여 지불해야 하는 비용은 8단위인데 대학졸업장을 갖고 받을 수 있는 임금은 15단위이다. 그러므로 평범한 근로자가 대학교육을 받음으로써 누리는 최종 효용수준은 7단위$(=15-2\times4)$에 불과한데, 이는 고졸 임금 9단위보다 작다. 둘째, 유능

그림 15-3 **분리균형의 일례**

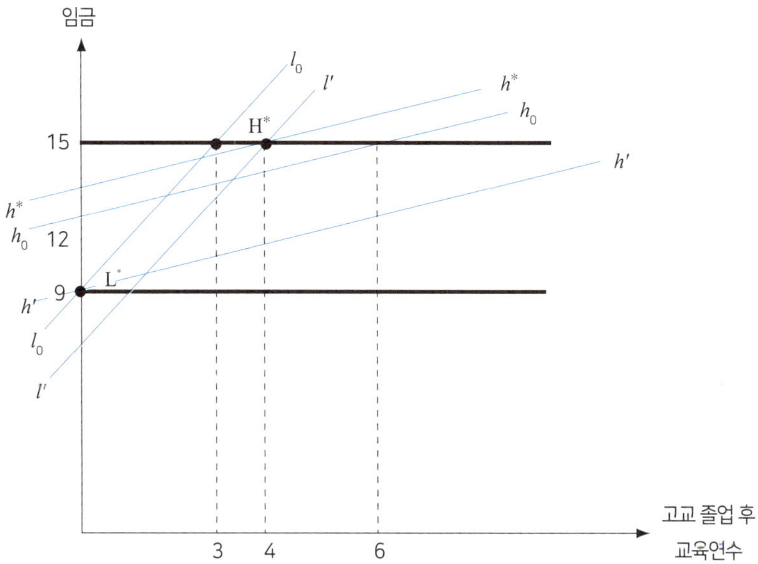

(유능한 근로자는 4년 교육을 받고 15단위의 임금을 받으며,
평범한 근로자는 추가 교육을 받지 않고 9단위의 임금을 받는 신호 균형)

한 근로자에게는 학사학위 취득 유인이 존재한다. 유능한 근로자가 학사학위 취득 후 누리는 최종 효용수준 13단위($=15-\frac{1}{2}\times 4$)는 고졸 임금 9단위나 유보효용 수준 12단위보다 크기 때문이다. 셋째, 기업은 고졸 근로자는 평범하다고 판단하여 9단위를 지불하고, 대졸 근로자는 유능하다고 간주하여 15단위를 지불한다.

이상에서 설명한 신호균형에서는 개별 근로자의 교육수준을 관찰하기만 하면 그 근로자의 생산성이 얼마인지 역으로 유추할 수 있다. 종합하면 다음은 노동시장 신호게임에서 분리균형이다.

- 유능한 근로자: 학사학위 취득
- 평범한 근로자: 고졸
- 기업의 신념: 대졸 이상의 근로자는 유능한 유형으로 간주하고,
  대졸 미만의 근로자는 평범한 유형으로 간주

• 기업의 전략: 대졸 이상의 근로자에게는 높은 임금을 지불하고,
대졸 미만의 근로자에게는 낮은 임금을 지불

위 분리균형은 〈그림 15−3〉에서 (L*, H*)의 쌍으로 나타난다. 첫째, 평범한 근로자는 고교 졸업 후 취업하고 9단위의 낮은 임금을 감수한다. 평범한 근로자가 고졸을 선택함으로써 얻는 효용은 무차별곡선 l_0l_0로 나타나며 대졸을 선택함으로써 얻는 효용은 무차별곡선 $l'l'$으로 나타난다. 그런데 l_0l_0가 $l'l'$보다 높은 효용을 가져다주므로 평범한 근로자는 점 L^*를 선택하는 것이 최선이다. 둘째, 유능한 근로자는 대학 졸업 후 15단위의 높은 임금을 받기 원한다. 유능한 근로자가 대졸을 선택함으로써 얻는 무차별곡선 h^*h^*가 고졸을 선택함으로써 얻는 무차별곡선 $h'h'$이나 자영업을 함으로써 얻는 무차별곡선 h_0h_0보다 위쪽에 있기 때문이다. 셋째, 분리균형에서 모든 유능한 근로자는 점 H*를 택하고 모든 평범한 근로자는 점 L*를 택하므로 기업의 기대이윤은 0으로 무이윤 조건을 충족한다.

쌍 (L*, H*) 이외에도 수많은 분리균형이 존재한다. 예컨대, 〈그림 15−4〉에

그림 15-4 노동시장 신호게임의 분리균형들

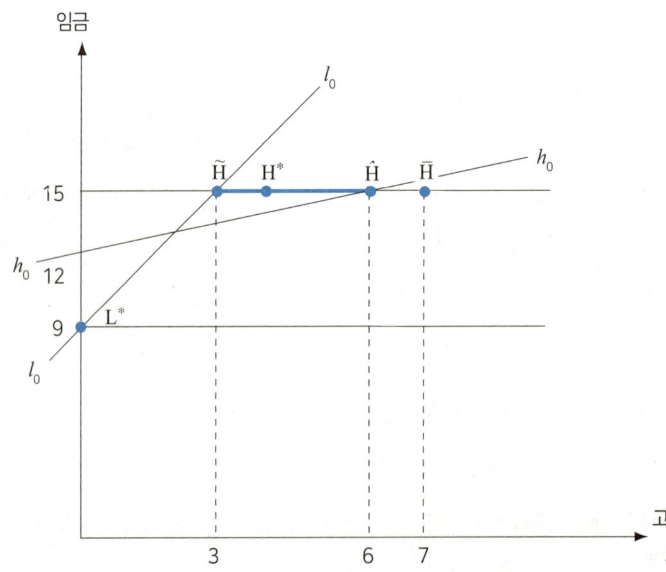

서 (L^*, $\hat{H}$) 역시 분리균형이다. 이 균형에서 기업은 근로자가 고교 졸업 후 6년의 교육(석사학위)을 이수해야만 유능한 유형인 것으로 인정해 준다. 유능한 근로자는 고교 졸업 후 6년의 교육을 추가로 받음으로써 12단위($=15-\frac{1}{2}\times 6$)의 효용을 누리는데 이는 유보효용 12단위와 맞먹으므로 이 직장에 취직할 유인이 있다. 반면 평범한 근로자가 석사학위를 취득함으로써 얻는 효용수준은 3단위($=15-2\times 6$)에 불과하므로 그에게는 6년의 추가 교육을 받을 유인이 없다.(왜냐하면 $3<$고졸 임금 9이므로). 이상과 유사한 논리를 적용하면 식 15.9가 도출된다.

분리균형 (15. 9)

- 유능한 근로자: 고졸 후 x년의 교육 이수 ($3\le x\le 6$)
- 평범한 근로자: 고졸
- 기업의 신념: 고졸 후 x년 이상 교육을 받은 근로자는 유능하다고 인정하고, 그 미만의 교육을 받은 근로자는 평범하다고 간주
- 기업의 전략: 고졸 후 x년 이상 교육을 받은 근로자에게는 높은 임금을 지불하고, 그 미만의 교육을 받은 근로자에게는 낮은 임금을 지불

〈그림 15-4〉에서 평범한 근로자는 점 L^*을 택하고 유능한 근로자는 점 $\tilde{H}$와 $\hat{H}$사이에 있는 한 점을 선택하는 쌍은 모두 분리균형이다. 그렇다면 이것들 이외의 분리균형이 존재하는가? 예컨대, 고졸 후 7년의 교육을 받은 근로자만이 유능한 유형으로 인정되는 분리전략(L^*, $\bar{H}$)가 균형이 될 수 있는가? 유능한 근로자가 7년의 교육을 받음으로써 누리는 효용수준 11.5단위($=15-\frac{1}{2}\times 7$)는 유보효용 12단위에 못 미친다. 평범한 유형은 물론 유능한 유형도 7년의 추가 교육에 노력과 비용을 투자하느니 고졸에 만족하는 편이 낫다. 따라서 점 (L^*, $\bar{H}$)는 분리균형이 될 수 없다.

식 15.8에 묘사된 완비정보하의 근로계약과 식 15.9에 묘사된 미비정보하의 분리균형을 근거로 자원배분의 효율성을 비교해 보자. 본 단순모형에서 교육은

노동생산성을 전혀 향상시키지 못하는 반면 교육 이수를 위한 노력과 비용은 지불해야 하므로 사회적 해악이다. 근로자의 유형에 관한 정보가 완비되어 있을 경우 기업은 근로자의 생산성에 따라서 임금을 지불하며 근로자들은 자신의 유형을 드러내기 위하여 교육을 받을 필요가 없다. 즉, 완비정보하에서의 자원배분은 사회적 낭비가 발생하지 않는 최적 자원배분이다. 반면 기업이 개별 근로자의 능력을 관찰할 수 없는 경우, 유능한 근로자는 자신의 생산성이 높다는 사실을 기업에게 드러내기 위하여 식 15.9에서 x만큼의 교육을 받는다. 요약하면, 사회적으로 무가치한 것에 지나치게 과다한 투자가 이루어진다.[4]

공용균형

이제까지는 생산성 유형이 다른 근로자가 서로 다른 교육수준을 선택하는 상태, 즉 분리전략에 초점을 맞추었다. 그렇다면 유능한 유형이든 평범한 유형이든 모두 똑같은 교육수준을 선택하고 똑같은 임금을 받는 공용균형은 존재할 수 없는가? 우리는 앞에서 유능한 근로자의 비율 β가 50% 이하이면 역선택으로 말미암아 공용균형이 존재할 수 없음을 보였다. 그러나, 유능한 근로자의 비율이 충분히 높다면 공용균형이 존재한다.

공용균형이 존재할 조건은 식 15.10과 같다.

$$\text{평균생산성} = 15\beta + 9(1-\beta) \geq 12 = \text{유능한 근로자의 유보임금} \tag{15.10}$$

식 15.10이 충족되지 않는다면 공용균형은 존재할 수 없다. 왜냐하면 유능한 근로자는 평균생산성에 해당하는 임금을 지급하는 현 직장을 떠나 유보효용을 얻을 수 있는 외부 기회를 선택할 것이기 때문이다.

〈그림 15-5〉 점 P*는 공용균형 가운데 하나이다. 이 공용균형에서 근로자들은 생산성에 상관없이 고교 졸업 후 2년의 교육을 이수(전문대 졸업)한다. 기업은

4 본절의 논의는 유능한 근로자의 유보효용수준이 12단위라는 가정하에 서술되었다. 유능한 근로자의 유보효용수준이 13.5단위보다 큰 경우, 다음 형태의 분리균형이 존재한다. 평범한 근로자는 고졸로 이 회사에 취직하여 9단위의 임금을 받는다. 유능한 근로자 역시 고졸을 선택하지만 이 회사에 취직하지 않고 외부에서 유보효용을 얻는다. 이 분리균형은 조—크렙스의 직관적 기준을 충족한다. 여기서, 교육으로 인한 사회적 손실은 없으나, 유능한 근로자가 15단위의 임금을 받고 이 회사에서 일하는 사회최적 자원배분에 비해서는 열등하므로 그로 인한 사회적 손실은 불가피하다.

그림 15-5 유능한 근로자의 비율이 50% 이상일 경우 공용균형의 일례

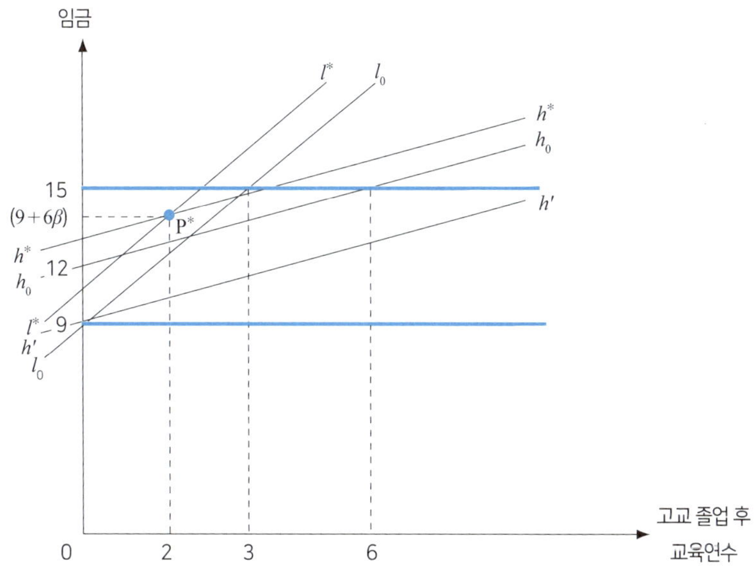

전문대 이상을 졸업한 근로자에게 평균생산성에 해당하는 $(9+6\beta)$단위의 임금을 지급한다. 반면 전문대 미만의 학력을 가진 근로자는 평범한 유형으로 간주하고 9단위의 임금을 지급한다. 유능한 근로자가 점 P^*를 선택함으로써 얻는 무차별곡선 h^*h^*는 전문대 미만의 교육수준을 선택함으로써 얻는 무차별곡선 $h'h'$이나 자영업을 선택함으로써 얻는 무차별곡선 h_0h_0보다 위쪽에 있으므로, 유능한 근로자는 점 P^*를 선택하는 것이 최선이다. 평범한 근로자 역시 전문대를 졸업하고 $(9+6\beta)$의 임금을 받는 전략이 최선이다. 모든 유형의 근로자들이 동일한 수준의 교육을 받아 평균생산성에 해당하는 임금을 받기 때문에 기업의 기대이윤은 0이다.

이상과 같은 논리로 노동시장 신호게임에는 식 15.11에 정리된 것과 같이 수많은 공용균형이 존재함을 알 수 있다. 〈그림 15–6〉에서 굵은 선 위(점 $\widetilde{P}$와 $\hat{P}$사이)에 위치한 어떠한 점도 노동시장 신호게임의 공용균형으로 성립한다.

그림 15-6 노동시장 신호게임의 공용균형들

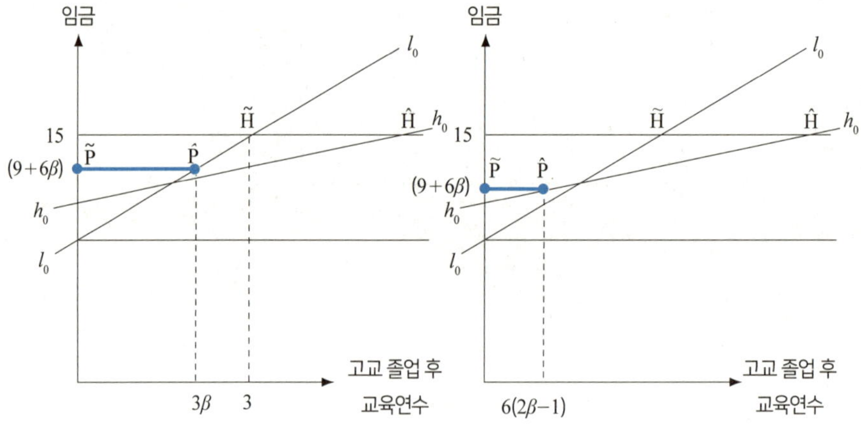

(a) $\beta > \frac{2}{3}$인 경우 (b) $\frac{1}{2} < \beta \le \frac{2}{3}$인 경우

공용균형 (15. 11)

① 유능한 근로자의 비율이 50% 이상일 경우에만 존재한다.

② 아래에서 x는 $0 \le x \le \min\{3\beta,\ 6(2\beta-1)\}$를 만족하는 수

- 유능한 근로자: 교육수준 x를 선택
- 평범한 근로자: 교육수준 x를 선택
- 기업의 신념: x 이상의 교육을 받은 근로자는 평균생산성 보유자라고 믿고, x 미만의 교육을 받은 근로자는 평범하다고 간주
- 기업의 전략: x 이상의 교육을 받은 근로자에게는 평균생산성에 해당하는 임금 지불, 그 미만의 교육을 받은 근로자에게는 낮은 임금(9단위)을 지불

직관적 기준을 만족하는 균형

노동시장 신호게임에는 수많은 분리균형이 존재한다. 아울러— 유능한 근로자가 충분히 많거나 그들의 유보임금이 충분히 낮을 경우— 수많은 공용균형도 존재한다. 사회과학의 중요한 목적이 예측임을 감안할 때 신호게임의 균형이 무수히 많다는 사실은 큰 결점이다.

우리는 제14장 14.8절에서 직관적 기준과 전진귀납법에 대하여 살펴보았다. 이들 개념은 비균형 경로에서 경기자들이 갖는 신념이 직관적이어야 한다는 요건을 부과함으로써 완전베이즈균형을 정제해 낸다는 데 있다. 직관적 기준이나 전진귀납법은 노동시장 신호게임에서 특히 큰 위력을 발휘한다. 결론부터 말해서, 무수히 많은 완전베이스균형 가운데 직관적 기준을 만족하는 균형은 단 하나뿐이다.

이해를 돕기 위하여, 직관적 기준을 만족하지 않는 완전베이즈균형부터 살펴보자. 〈그림 15-4〉에서 분리균형 $(L^*, \hat{H})$은 조-크렙스의 직관적 기준을 만족하지 않는다. 이 분리균형에서 기업은 6년 이상의 교육을 받은 근로자만을 유능하다고 인정하고 6년 미만의 교육을 받은 근로자는 평범한 유형으로 간주한다. 예컨대, 4년의 교육을 받은 근로자가 있다면 기업은 그를 평범한 유형으로 간주한다. 그러나, 기업의 이러한 신념은 직관적이지 못하다. 평범한 근로자는 0년에서 4년으로 전략을 바꿀 유인이 전혀 없는 반면 유능한 근로자는 6년에서 4년으로 교육기간을 줄이고 기업이 이를 인정해 줄 경우 효용이 높아지기 때문이다.

이러한 논리를 다음과 같이 설명할 수 있다. 유능한 근로자가 기업에게 다음과 같은 메시지를 전달한다고 하자.

> "나는 $\hat{H}$보다 작은 교육수준 H^*를 선택하겠다. 그래도 나는 유능한 근로자이다. 만약 당신이 나를 믿고 고임금을 지불한다면, 나는 더 높은 효용을 얻고 기업 당신에게도 나쁠 게 없다. 반면 평범한 근로자는 나를 흉내낼 유인이 없다. 왜냐하면 그가 H^*의 교육수준을 선택함으로써 얻게 되는 효용은 L^*를 선택함으로써 얻는 효용보다 낮을 것이기 때문이다."

위 메시지는 설득력이 있다. 다시 말해서, 분리균형 $(L^*, \hat{H})$는 위와 같은 메시지에 취약하므로 직관적 기준을 충족하지 못한다. 이상과 같은 논리를 적용하여 우리는 유능한 근로자가 3년보다 긴 교육수준을 선택하는 어떠한 분리균형도 직관적 기준을 충족하지 못함을 보일 수 있다.

식 15.11에 묘사된 모든 공용균형은 직관적 기준을 위배한다. 유능한 근로자가 $\tilde{H}$와 $\hat{H}$ 사이의 교육수준을 메시지로 보내면 실로 유능한 근로자는 더 좋아지고 평범한 근로자는 이를 흉내낼 유인이 없으며 기업도 손해보지 않기 때문이다.

〈그림 15-4〉의 분리균형 (L^*, $\tilde{H}$)은 직관적 기준을 만족하는 유일한 완전베이즈균형이다. 이 균형에서 유능한 근로자가 3년 미만의 교육을 받을 경우 평범한 근로자는 반드시 이를 따라갈 유인이 있기 때문에 설득력 있는 메시지를 기업에게 전달할 수 없다. 직관적 기준을 만족하는 균형은 완전베이즈균형 가운데 가장 효율적이다. 유능한 근로자는 가장 최소의 비용(교육연수)으로 자신의 생산성이 높다는 사실을 기업에게 신호할 수 있기 때문이다. 직관적 기준을 만족하는 분리균형 (L^*, $\tilde{H}$)는 최초로 이 개념을 정립한 라일리(Riley 1985)의 이름을 따서 '라일리해'(Riley outcome)라고도 불린다.

Practice 15-2

빅데이터 전문가 진호가 벤처기업에 취업하려고 한다. 진호가 유능하다면 기업에 10단위의 수익을 벌어다주고 기업은 진호에게 7단위를 지불한다. 진호가 평범하다면 기업에 4단위의 수익을 벌어다주고 기업은 그에게 3단위를 지불한다. 진호가 유능할 사전확률은 1/2이다. 다른 한편, 김영세 교수는—빅데이터와 아무 관계없는—문화예술 프로그램을 운영하고 있다. 똑똑한 수강생은 수료증 취득에 1단위의 노력비용이 들고 평범한 수강생은 5단위의 노력비용이 든다. 벤처기업은 진호가 해당 프로그램의 수료증을 받았는지는 검증할 수 있다. (주의: 완전경쟁 모형을 전제하지 않았으므로 벤처기업의 기대이윤이 0이 아니어도 됨)

(1) 분리 완전베이즈균형을 구하라.

(2) 공용 완전베이즈균형을 구하라.

(3) 위 (1) 및 (2)에서 구한 완전베이즈균형 가운데 조와 크렙스의 직관적 기준을 충족하지 못하는 균형이 있다면 그 이유를 설명하라.

Practice 15-3

[교육수준이 생산성에 영향을 미치는 경우] 개별 근로자의 생산성 θ는 θ_H이거나 혹은 θ_L이며, 동 직종 내에 생산성이 높은 근로자의 비율은 $\beta \in [0, 1]$이다. 모든 근로자의 유보임금은 θ_L단위로 똑같다. 기업은 노동시장에서 완전경쟁에 직면한다. 근로자의 교육수준을 x라 할 때, 근로자의 효용함수와 기업의 이윤함수는 각각 다음과 같다.

$$U(w, x|\theta) = w - c(\theta)x$$

$$V(w, x|\theta) = \theta + \alpha x - w$$

위에서 $c(\theta_L) > c(\theta_H) > \alpha$는 항상 성립한다.

(1) 완비정보하의 균형을 구하라.

(2) 니비성보하에서 분리 완전베이즈균형을 구하고, 그림으로 나타내라.

(3) 미비정보하에서 공용 완전베이즈균형을 구하고, 그림으로 나타내라.

(4) 위 (2), (3)에서 구한 완전베이즈균형 가운데 직관적 기준을 만족하는 균형을 구하시오.

15.3 금융시장의 역선택, 신용할당 및 재무구조

기업이 투자나 운영 자금을 외부로부터 조달하는 방법은 크게 두 가지이다. 하나는 주식을 발행하는 증자(equity financing)이고, 다른 하나는 회사채를 발행하거나 금융기관으로부터 대출을 받는 채무조달(debt financing)이다.

기업이 신규사업에 투자를 하기 위하여 금융기관으로부터 대출을 받기 원한다고 하자. 그런데 대출희망기업의 장래성, 신용상태, 대출금 회수가능성 등은 금융기관에게 감춰진 특성이며 이 때문에 대출희망기업과 금융기관 사이에는 비대칭정보가 존재한다. 기대수익률은 비슷하지만 부도위험이 높은 위험기업과 부도위험이 거의 없는 안전기업이 있다고 하자. 안전기업은 대출금리가 너무 높으면 증자나 사내유보금으로 자금을 조달할 유인이 많은 반면, 위험기업은 높은 이자를 지불하고라도 돈을 빌려 쓸 유인이 있다. 금융기관이 개별 기업의 신용도를 알기 어려울 때 평균 신용도를 기준으로 대출금리를 정하면 부도율이 상대적으로 높은 기업만이 대출을 받으려 할 것이다. 이에 따라 대출금의 회수가능성이 낮아지므로 금융기관은 대출금리를 더욱 올려야만 수지타산을 맞출 수 있다. 그런데, 대출금리가 상승하면 이전에 대출 받을 유인이 있던 기업 중에서도 부도위험이 훨씬 더 높은 기업만이 대출을 희망하게 될 것이다. 이 같은 악순환은 결국 최악의 기업들만이 매우 높은 금리로 대출을 희망하게 되는 시장실패를 초래한다.

금융시장에서의 이러한 역선택을 해결하려는 경제주체들의 노력은 다양하다. 첫째, 금융기관들은 차등 금리 적용이나 대출심사 강화 등을 통해 대출희망기업의 유형을 선별하려고 노력한다. 둘째, 대출희망기업이 금융기관에게 대출의 반대급부로 회사지분의 일정비율을 제안하기도 한다. 즉, 정보보유자(대출희망기업)는 정보결여자(금융기관)에게 지분율이라는 신호를 발송한다. 본절에서는 이 두 가지에 대하여 차례로 살펴보고자 한다.

15.3.1 역선택과 신용할당

기업이 금융기관으로부터 B억원의 투자금을 r의 대출금리로 빌리려 한다. 이 기업이 자금을 대출 받아 투자한 결과 총수익금액이 $B(1+r)=M$억원 이상이면 원리금($=M$)을 갚고 남은 금액을 고스란히 갖는다. 총수익금액이 M억원 미만이면 대출금 상환에 전액을 내어놓아야 하므로 기업의 수익은 0이 된다. 금융기관 입장에서는 차입기업의 총수익금이 M억원 이상이면 원리금만 받고 M억원 미만이면 원리금의 일부를 떼이게 된다.

차입기업과 대출금융기관의 보수함수를 그려보면 〈그림 15-7〉과 같다. 그림에서 알 수 있듯이, 차입기업의 보수함수는 볼록한(convex) 모양이고, 금융기관의 보수함수는 오목한(concave) 형태이다. 이는 차입기업은 위험애호적으로 행동하는 반면 금융기관은 위험회피적으로 행동함을 의미한다.

금융시장에 안전기업과 위험기업으로 불리는 두 유형의 자금수요자가 존재한다고 하자. 안전기업에 대출해줄 경우 총수익금액은 누적확률분포 F를 따르고 위험기업에 대출해줄 경우 총수익금액은 누적확률분포 G를 따른다고 하자. 여기

그림 15-7 **차입기업과 대출금융기관의 보수함수**

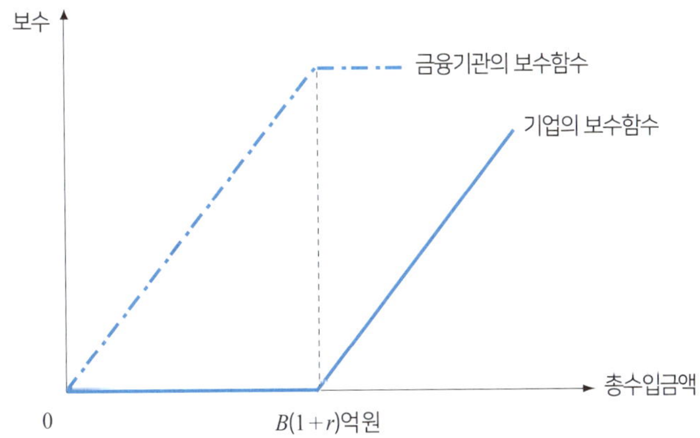

서 F는 G보다 제2차 확률우위에 있다고 가정하며 〈그림 15-8〉은 그러한 확률분포함수의 전형을 보여준다. 즉, 안전기업에 대출해주거나 위험기업에 대출해주거나 평균수익률은 같은데 후자의 경우 위험도가 더 크다.[5]

금융기관은 안전기업에 대출해줄 경우 $\int_0^M xdF(x)+M[1-F(M)]$의 기대보수를 얻고 위험기업에 대출해줄 경우 $\int_0^M xdG(x)+M[1-G(M)]$의 기대보수를 얻는다. 안전기업에 대출해줄 경우 금융기관이 얻는 기대보수를 부분적분을 적용하여 정리하면 $M-\int_0^M F(x)dx$이다.[6] 마찬가지 방법으로 위험기업에 대출해줄 경우 금융기관의 기대보수를 구하면 $M-\int_0^M G(x)dx$이다. 그런데 F가 G보다 제2차확률우위에 있다고 가정하였으므로 확률우위의 정의상 적분값 $\int_0^M G(x)dx$가 $\int_0^M F(x)dx$보다 크다. 따라서, 금융기관은 안전기업에의 대출을 위험기업에의 대출보다 선호한다.

위험기업에 투자하여 성공하더라도 은행은 원리금을 받을 뿐 나머지 이득은 기업이 챙긴다. 위험기업에 투자하였는데 실패할 경우 기업의 순이익은 0이 되고 은행이 투자손실을 고스란히 지게 된다. 다시 말해서, 투자위험을 전부 은행이 지기 때문에 은행은 가급적 위험성이 낮은 기업을 선호한다. 논의를 흥미롭게

5 확률우위(stochastic dominance)의 개념에 대해서는 본서의 부록 A.3을 참조.

6 $\int_0^M xdF(x)+M[1-F(M)]=xF(x)\mid_0^M-\int_0^M F(x)dx+M[1-F(M)]=M-\int_0^M F(x)dx$

그림 15-8 **안전기업과 위험기업의 투자수익 확률밀도함수**

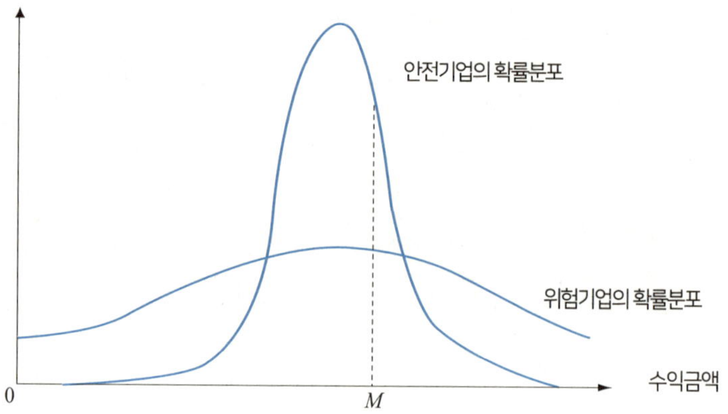

하기 위하여, $\int_0^M G(x)dx$는 M보다 크고 $\int_0^M F(x)dx$는 M보다 작다고 하자. 이 경우 금융기관이 대출희망기업의 유형을 관찰할 수 있다면 안전기업에게만 대출하고 싶을 것이다. 그러나 문제는 은행이 개별 기업의 유형을 알 수 없다는 데 있다.

역선택과 신용경색

대출희망기업의 유형에 대한 정보가 미비하더라도 대출자금이 풍부하고 경제 내에 안전기업의 비율이 충분히 높다면 주어진 대출금리 r하에서 안전기업과 위험기업이 모두 대출을 받을 수 있다.[7] 은행의 입장에서 위험기업 때문에 발생하는 손실을 안전기업으로부터 받는 이자수입으로 상쇄할 수 있으므로 성공시의 수익을 고려한다면 위험기업에게도 대출하는 것이 가능하다. 그러나 안전기업의 비율이 높지 않다면 은행의 기대보수는 음(−)이 되므로 은행은 아예 모든 기업에게 대출을 거부할 것이다.

이제 경제 사정이 어려워져서 안전기업의 비율이 현저히 낮아지거나 기업들의 자금 압박으로 인한 대출 수요가 증가하였다고 하자. 그렇다면 대출자금의 가격이라고 할 수 있는 금리의 상승을 통해 대부자금의 초과수요가 해소되고 대

7 정확히 말해서, 안전기업의 비율 β가 $\dfrac{\int_0^M G(x)dx - M}{\int_0^M G(x)dx - \int_0^M F(x)dx}$ 보다 큰 경우.

출시장은 균형을 회복할 것인가? 이 질문에 대한 답은 부정적이다. 예컨대, 초과 수요를 해소하기 위해 금리가 r에서 r'으로 상승하였다고 하자. 금리 r'이 지나치게 높다면 안전기업이 더 이상 대출을 받을 유인이 없다. 반면 위험기업은 상당히 높은 금리하에서도 여전히 대출할 유인이 있다. 어차피 원리금 이하의 투자수익을 낸다면 은행이 그 위험을 지고, 대박이 터진다면 차입기업 자기의 몫이 되기 때문이다. 은행의 대출금이 전부 위험기업의 투자에 충당되면 은행의 순이익은 음(−)이 되어 은행으로서도 구태여 대출을 해줄 유인이 없다. 역선택으로 인한 악순환은 대부자금이 얼어붙는 소위 신용경색(信用梗塞, credit crunch)을 초래하여 사회적으로 큰 손실이 발생한다.

이상에서 우리는 대출희망기업의 위험성을 감춰진 유형으로 간주하고 이로 인한 역선택을 설명하였다. 그런데 차입기업이 두 투자 기회 중에서 선택할 수 있다고 가정하면 역선택이 아니라 도덕적 해이로 인한 시장실패가 초래된다. 위의 논의에서 '안전기업'을 '안전투자'로 바꾸고 '위험기업'을 '위험투자'로 바꾸자. 또한 은행은 기업이 대출자금으로 인진한 사업에 투자하는지 위험한 사업에 투자하는지 관찰할 수 없다고 하자. 은행과 대출기업 간에 불완전정보가 존재하는 상황에서, 은행은 안전투자를 선호하는 반면 기업은 위험투자를 선호한다. 투자 위험으로 인하여 발생하는 손실은 모두 은행이 지는 반면 투자 성공시 원리금을 갚고 남은 금액은 전부 기업이 갖기 때문이다.[8]

현실 경제에서 부채비율이 높은 기업들은 위험성이 높은 사업에 투자하는 경향이 있고 자기자본비율이 높은 기업들은 위험성이 낮은 사업에 투자하는 경향이 있다. 그 주된 이유는 은행이 차입기업의 유형을 정확히 파악할 수 없기 때문에 나타나는 역선택과 차입기업이 대출금을 어디에 투자할지 대출금융기관이 알기 어렵기 때문에 나타나는 도덕적 해이이다.

---

8 안전 프로젝트 F에 투자할 경우 기업의 기대이윤은 다음과 같다.

$$\int_M^{\infty}(x-M)dF(x)=\int_0^{\infty}(x-M)dF(x)-\int_0^M(x-M)dF(x)$$
$$=[E(X)-M]-\left[(x-M)F(x)\,|_0^M-\int_0^M F(x)dx\right]=[E(X)-M]+\int_0^M F(M)dx$$

반면 위험 프로젝트 G에 투자할 경우 기대이윤은 $[E(X)-M]+\int_0^M G(x)dx$이다. 그런데 F가 G보다 2차 확률우위에 있으므로 기업이윤은 위험 프로젝트에 투자할 경우 더 높다.

Practice 15-4

무위험 수익 10%를 얻을 수 있는 은행이 특정 기업에게 10억원의 투자자금을 금리 $r=20\%$에 무담보로 빌려줄지를 고려하고 있다. 기업은 이 자금을 대출받아 저위험 프로젝트 F에 투자할 수도 있고 고위험 프로젝트 G에 투자할 수도 있다. 저위험 프로젝트는 투자수익은 [10, 20]억원 구간에서 균등분포를 따르고 고위험 프로젝트의 투자수익은 [0, 30]억원 구간에서 균등분포를 따른다. 기업은 3억원 이상의 수익이 날 경우에만 프로젝트에 투자한다. 은행과 대출희망기업 둘 다 위험중립적이다.

(1) 은행이 기업의 투자선택에 대하여 완전정보를 갖고 있다면 대출계약은 어떠한 형태를 갖겠는가? 이 경우 은행과 기업의 기대수익을 구하라.

(2) 은행이 기업의 투자선택에 대하여 불완전정보를 갖고 있다면 어떠한 상황이 발생하겠는가?

(3) 위 (1)과 (2)을 도덕적 해이에 의한 시장실패의 관점에서 설명하라. 또 대출금리를 40%로 올리면 문제를 해결할 수 있는가?

신용할당

금융시장에 역선택이 존재할 때 금융기관은 금리를 올리기보다는 상대적으로 부도위험이 낮은 안전기업을 선별하여 이들에게만 적당한 수준의 이자를 받고 대출해 주는 것을 선호한다. 이 경우 위험성이 높은 기업은 시장금리를 지불할 용의가 있음에도 불구하고 대출을 받지 못하는데 이를 신용할당(信用割當, credit rationing)이라 부른다. 스티글리츠와 와이스(Stiglitz and Weiss 1981)는 이처럼 역선택의 결과로 발생하는 자금의 만성적 초과수요현상을 금융시장에 적용하여 신용할당을 설명하였다.

우리나라에서는 1960년도 이후 경제개발 최우선 정책의 일환으로 저금리 정책을 실시했다. 정부는 금리 상한을 둠으로써 기업들에게 낮은 이자율로 자금이 공급되도록 하였다. 정부의 규제를 받는 제도금융권의 이자율이 시장금리보다 낮았기 때문에 금융시장에는 만성적인 초과수요가 발생했다. 돈은 한정되어 있는데 돈을 쓰고자 하는 기업이 많았으므로, 누구에게 대출을 해 주고 누구에게 대출을 해 주지 않을 것인가를 정부가 결정할 수밖에 없었다. 현재 우리나라의 대기업집단 다수는 당시 특혜금융의 혜택으로 성장하였으며 특혜금융 대상을 지정하는 과정에서 정치인들이나 공무원들에 대한 로비 의혹이 끊이지 않았다. 한편 자금이 필요하지만 제도금융권에서 대출을 받지 못한 기업들은 자금을 얻기 위해 사채시장(私債市場)을 찾는 수밖에 없었는데, 사채이자율은 은행이자율의 서너 배에 달하기도 하였다.

1990년도에 들어서면서 점진적으로 금리의 자율 결정이 확대되었으며 급기야 1997년말 IMF 체제를 계기로 금리 자유화와 자본시장 개방 시대가 열렸다. 그간 명목상으로나마 유지되었던 이자제한법도 폐지되었다.[9] 정부가 금리를 규제하고 대출 대상기업을 선정하던 시대에는 은행 스스로가 선별에 신경을 쓸 필요가 없었다. 하지만 대출금리 결정 자율성이 제한적이나마 금융기관에 주어지고 이에 따라 자금에 대한 만성적인 초과수요도 상당히 해소된 상황에서는 금융기관의 선별이나 대출심사 강화의 필요성이 커지게 되었다.

그럼에도 불구하고 한국의 금융기관들은 대기업에게는 쉽게 대출을 해 주지만 중소기업에게는 매우 까다로운 절차를 거쳐 대출을 해 준다. 금융기관들이 중소기업에게 대출을 해 주는 경우에도 대기업에 비해 더 높은 대출금리를 부과한다. 즉, 대출대상에 따라 금리를 차등화하는 관행이 보편적이다. 금융기관의 이 같은 행태는 선별로 설명할 수 있다. 기업의 규모는 객관적으로 입증이 가능하거나 잘 알려져 있는 사실이다. 금융기관은 '대기업의 낮은 부도율과 중소기업의 높은 부도율'이라는 통계적 관찰에 근거하여 신용할당을 실시한다. 대기업이 경영을 합리적으로 한다든지 재무구조가 건전하기 때문에 부도율이 낮은 것은 아니다. 대기업의 부도는 국가적으로 엄청난 파장을 가져오기 때문에 정부나 금융기관은 특별융자, 구제금융, 공적자금 투입 등을 통하여 대기업이 도산하지 않도록 보호해 왔다. 이유야 어찌되었든 "대마(大馬)는 결코 죽지 않는다"는 말처럼 대기업의 부도율은 낮고 중소기업의 부도율은 높다. 금융기관으로서는 위험성이 높은 중소기업에게 대출을 해 줄 이유가 적으며, 그 결과 중소기업의 재무구조의 악화와 부도가 실제 현실로 나타나는 악순환이 계속되는 것이다.

---

9 이자제한법 폐지 이후 수백 퍼센트에 달하는 고리(高利)의 등장과 조직폭력 조직까지 개입한 불법강제 추심 등이 사회문제로 떠오르면서 2007년 다시 제정되어 오늘에 이르고 있다. 2025년 5월 현재 이자제한법 시행령상 법정최고이자율은 연20%이다.

15.3.2 신호발송으로서의 지분 제안

은행과 대출희망기업 간에 비대칭정보가 존재하면 역선택으로 인하여 대출시장의 실패가 초래된다. 역선택이 발생하는 주된 이유는 투자의 위험성을 대출금융기관이 모두 부담하고 원리금을 뺀 투자의 과실(果實)은 모두 차입기업에게 돌아가기 때문이다. 기업이 수익성 높은 사업에 투자하기 위하여 금융기관으로부터 대출을 받고자 하는 상황을 고려하자. 이 기업은 자신이 투자하려는 사업의 수익성이 높다는 사실을 알고 있으나 은행이 이를 몰라주므로 대출을 받지 못할 수 있다.

본 항에서는 은행이 투자 자금을 대출해 주는 대가로 기업이 일부 지분을 은행에 넘기는 상황을 분석한다. 이때 기업이 은행에게 제시하는 지분율은 신호로서의 역할을 한다. 신호발송자인 기업이 신호수신자인 은행으로 하여금 자신이 건전 기업임을 확신시킬 수만 있다면 지분율을 신호로 보냄으로써 역선택의 문제를 해결할 수 있을 것이다. 하지만 이러한 기대와는 반대로 본 항의 분석결과는 실망스러운 결론으로 끝을 맺을 것이다. 그 이유는 건전한 기업에게 매력적인 투자기회는 부실기업에게 훨씬 더 매력적이기 때문이다. 본 항의 모형에서처럼 신호발송자가 보낼 수 있는 신호의 종류와 형태가 제한되어 있는 경우 우량기업은 부실기업과 구별하여 자신을 드러낼 수 있는 방안이 마땅치 않다.

• 모 형

기업이 금융기관으로부터 1억원을 대출받아 수익성이 R억원인 신규사업에 투자하려고 한다. 은행의 무위험 담보대출 총수익률은 $(1+r)$이라 하자. (당연히, $R>1+r$) 기업의 건전성은 지금 투자하려고 하는 신규사업과는 별도로 평소의 이윤획득 잠재력으로 측정된다. 단순화를 위해서, 우량기업의 이윤은 H억원이고 부실기업의 이윤은 L억원이라 가정하자.

채무지분전환(債務持分轉換, debt-equity swap) 게임이라 불리는 신호게임의 순서는 다음과 같다.

① 기업의 건전성은 본래의 이윤 획득 역량에 달려있다. 구체적으로 β의 확률로 $\pi=L$ (부실)이거나 혹은 $(1-\beta)$의 확률로 $\pi=H$ (우량)이라 하자(여기서, $H>L>0$와 β는 외생변수임).

② 기업은 자신의 건전성을 정확히 알고 있는 상태에서 금융기관에 지분율 s를 제안한다(단, $0\leq s\leq 1$).

③ 금융기관은 기업이 제안하는 지분율 s는 관찰할 수 있으나 기업의 건전성은 관찰할 수 없다. 금융기관은 이와 같은 비대칭적 미비정보의 상황에서 기업의 제안을 수락 혹은 거절한다.

④ 금융기관이 기업의 제안을 거부할 경우 금융기관의 보수는 $(1+r)$이며 기업의 보수는 π이다. 금융기관이 기업의 제안을 수락하면, 금융기관의 보수는 $s(\pi+R)$이며 기업의 보수는 $(1-s)(\pi+R)$이다.

〈그림 15-9〉는 위에 묘사된 신호게임의 전개형을 나타낸다.[10]

채무지분전환게임에서 지분율 s를 제안한 기업이 부실하리라고 금융기관이 믿는 사후확률을 q라 놓자. 식 15.12가 성립하면 금융기관은 기업의 제안을 수락하는 것이 최선이고, 반대의 부등호가 성립하면 거절하는 것이 최선이다.

$$s[(H(1-q)+Lq)+R]\geq 1+r \quad (15.12)$$

기업은 금융기관에 지분율 s를 제공하는 대가로 대출을 받아 투자하는 것이 신규사업을 포기하는 것보다 높은 보수를 가져다 주는 경우에만 신규사업에 투자할 것이다. 즉, 기업 건전성이 π인 기업이 금융기관으로부터 자금을 빌려 신규투자에 투입할 조건은 식 15.13과 같다.

$$(1-s)[\pi+R]\geq\pi \text{ 즉 } s\leq\frac{R}{\pi+R} \quad (15.13)$$

10 본절에서는 채무-지분 전환을 상정하였으나 차입기업이 보유한 타 기업 주식을 담보로 은행이나 증권사로부터 대출 받는 주식담보대출에도 유사한 논리와 합의가 적용된다.

그림 15-9 **채무지분전환게임의 전개형**

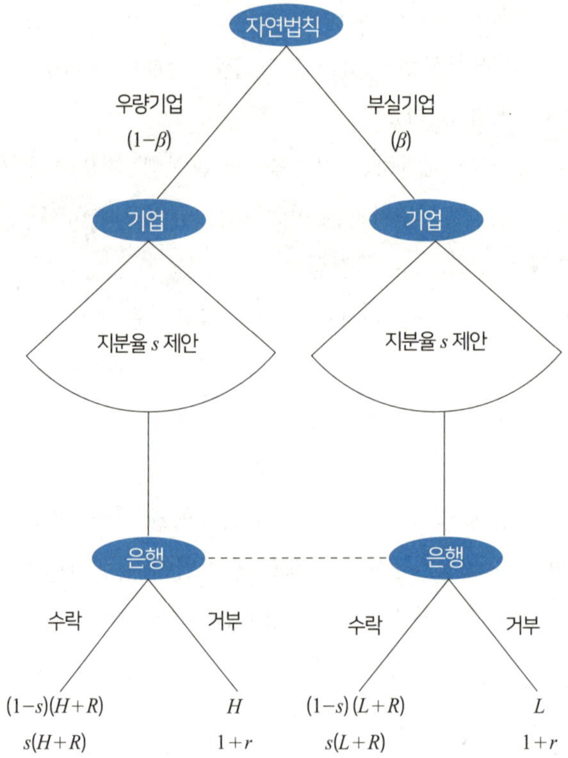

주1. 보수조합의 위는 기업의 보수이고 아래는 은행의 보수
주2. R과 r은 조건 $R>1+r$을 만족하는 외생변수

공용균형

부실기업과 우량기업이 동일한 지분율을 제안하는 공용균형이 존재할 수 있는가를 살펴보자. 기업이 공용전략을 사용한다면 사후확률과 사전확률은 똑같을 것이므로 $q=\beta$이다. 이를 식 15.12에 대입하면 다음 식을 얻는다.

$$s \geq \frac{1+r}{[H(1-\beta)+L\beta]+R} \tag{15. 14}$$

식 15.14와 식 15.13(여기서, $\pi=L, H$)이 동시에 성립해야만 공용전략이 완전 베이즈균형이 된다. 이를 정리하면 식 15.15를 얻는다.

$$\frac{1+r}{[H(1-\beta)+L\beta]+R} \le \frac{R}{H+R} \tag{15. 15}$$

만일 부실기업의 비율 β가 0에 가까우면 식 15.15는 반드시 성립한다. (왜냐하면 $R>1+r$ 가정에 의하여) 반면 부실기업의 비율 β가 1에 가까우면 식 15.16이 성립되는 경우에만 식 15.15가 성립한다.

$$\frac{R-(1+r)}{1+r} > \frac{H-L}{L+R} \tag{15. 16}$$

부실기업의 비율이 작다면($\beta\approx 0$) 모든 기업이 금융기관에게 일정 지분율을 제안하고 그 대가로 대출받아 신규사업에 투자하는 공용균형이 존재한다. 그러나 부실기업의 비율이 크다면($\beta\approx 1$) 신규사업의 수익성 R이 매우 높지 않은 이상 공용균형은 존재할 수 없는데, 이유는 다음과 같다. 공용균형에서 우량기업은 부실기업을 사실상 보조하게 된다. 금융기관이 돈을 빌려 주도록 기업이 유인을 제공하기 위해서는 최소한 식 15.14의 우변에 해당하는 지분율을 은행에 제안해야 한다. 다른 한편, 우량기업은 $\frac{R}{H+R}$이상의 지분율을 은행에 제안할 이유가 없는 반면 부실기업은 $\frac{R}{L+R}$을 넘지 않는다면 $\frac{R}{H+R}$이상의 지분율이라도 제안할 유인이 있다. 우량기업이 제안할 용의가 있는 최대 지분율 $\frac{R}{H+R}$은 식 15.15의 우변과 같음에 주목하라. 우량기업은 자신의 건전성을 알고 있으나 금융기관이 이 사실을 몰라주므로 다소의 정보비용을 지불할 수밖에 없다. 정보비용은 부실기업의 비율 β가 커질수록 커지는데, β가 일정 수준 이상일 경우 결국 우량기업은 감당할 수 없게 된다. 신규사업의 수익성이 매우 좋으면 (식 15.16이 성립하면) 상관없으나 그렇지 못한 경우 우량기업들은 차라리 대출을 받지 않는 편이 낫고 부실기업은 대출을 여전히 원한다. 역선택으로 인한 시장실패가 초래되는 것이다.

• 분리균형

공용균형은 부실기업 비율이 충분히 낮거나 프로젝트 수익성이 충분히 높은 경우에만 존재한다. 하지만 분리균형은 반드시 존재한다. 뿐만 아니라 15.2절

노동시장 신호 모형에서와 마찬가지 논리로 수많은 분리균형이 존재한다. 만약 $\frac{R}{H+R}<\frac{1+r}{L+R}$이라면, 다음 조건을 만족하는 (s_L^*, s_H^*)쌍은 모두 분리균형임을 〈그림 15-10〉(a)를 참고하면서 보일 수 있다.[11]

부실기업은 $s_L^* \in \left[\frac{1+r}{L+R}, \frac{R}{L+R}\right]$의 지분율을 제안한다. (15. 17a)

우량기업은 $s_H^* \in \left[0, \frac{1+r}{H+R}\right]$인 지분율을 제안한다. (15. 17b)

금융기관은 s_L^* 이상을 제안하는 기업에게만 대출해준다. (15. 17c)

만약 $\frac{R}{H+R}>\frac{1+r}{L+R}$이라면, 부실기업의 전략 식 15.17a에서 $\frac{1+r}{L+R}$ 대신 $\frac{R}{H+R}$로 갈음하면 된다. 이는 〈그림 15-10〉(b)를 참고하면 도움이 될 것이다.

분리균형에서 부실기업은 은행으로부터 빚을 얻어 투자를 하고 우량기업은 투자를 포기한다. 신규투자는 수익성이 높음에도 불구하고 $(1-\beta)$에 해당하는 기

그림 15-10 채무지분전환 게임에서의 분리균형

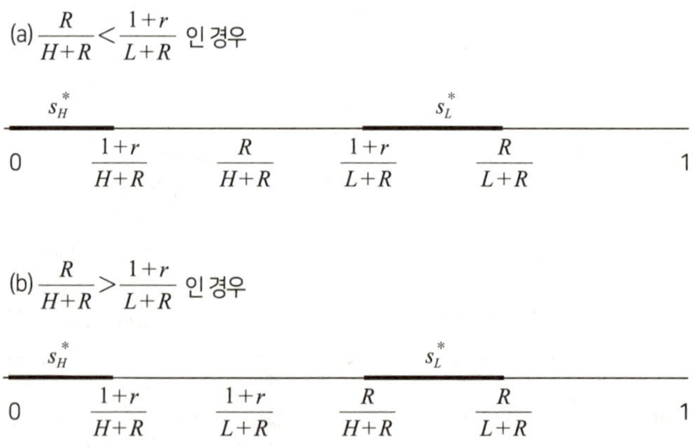

11 독자는 다음 사항을 꼼꼼히 따져보기 바란다. 첫째, 부실기업과 우량기업의 유인양립조건이 성립하여 서로 상대 유형의 전략으로 이탈할 유인이 없다. 둘째, 금융기관의 개인합리성조건이 성립한다. 셋째, 금융기관이 기업 제안 지분율을 관찰한 다음 해당 기업의 유형에 대하여 업데이트한 신념은 베이즈일관성을 충족한다. 넷째, 업데이트된 신념하에 금융기관은 다른 전략으로 바꿀 유인이 없다.

업들이 투자를 포기하므로 사회적으로 바람직하지 못하다. 본절의 모형에서처럼 신호발송자가 보낼 수 있는 신호의 종류와 형태가 제한되어 있는 경우 우량 유형은 부실 유형과 구별하여 자신을 드러낼 수 있는 방법이 없다. 우량기업에게 매력적인 투자기회는 부실기업에게는 훨씬 더 매력적이기 때문이다. 이는 수익성이 높은 우량기업은 은행대출보다는 주식발행이나 사내유보금 등을 사용하여 투자하는 경향이 있고 부실기업은 남의 돈을 빌려 투자하는 경향이 있다는 함의를 갖는다.

일본과 한국의 재벌구조 비교

일본 경제의 중요한 특징은 그룹(Group)이라 불리는 거대 기업집단이다. 일본의 그룹들은 계열회사들의 자금을 지원하는 주요 시중은행과 종합무역상사를 주축으로 조직되어 있다. 기업집단에 소속되어 있는 은행, 증권회사, 보험회사 같은 금융기관들은 금융 지원을 통해서 계열사들의 성장을 용이하게 한다. 일본의 기업집단들이 후지(富士), 산와(三和), DKB그룹(1970년에 다이이치은행과 일본칸교은행의 합병)과 같은 대형 시중은행을 주축으로 조직되었다는 사실은 기업집단에서 금융기관이 갖는 중요성을 말해 준다. 기업집단내의 금융기관들은 다시 일반 생산기업들과 연결되어 있으며 생산기업들 사이에도 상호거래가 이루어진다. 동일 그룹 소속은행과 기업 간의 관계는 주식소유로 공고해지는데 은행이 그룹 소속 기업의 주식을 소유하기 때문에 해당 계열사에 이사를 파견하여 경영에 직접 참여한다.

일본 기업집단의 현재 구조는 제2차 세계대전 직후 맥아더(Dougles MacArthur)가 '자이바츠'(財閥)를 해체한 후 금융기관을 중심으로 거대 기업들이 재조직된 결과였다. 기업집단은 계열회사의 사장들로 구성된 사장단회의를 갖는데, 실제적으로 대주주들의 이사회로서의 역할을 한다. 종종 은행의 임원들이 그룹에 소속된 기업의 최고경영자가 되기도 한다. 또한 그룹에는 계열사들의 중심역할을 하는 종합무역상사가 있다. 미쓰비시상사, 미쓰이물산, 스미토모상사, 이토추상사 등 거대 종합무역상사들은 통상적인 판매기능뿐만 아니라 다른 계열회사들에 대해서 자금 대출이나 주식 매입, 신규투자 계획의 조성, 기업정보의 수집,

타 기업집단과의 의견조정 등 중요한 역할을 해왔다. 계열사들은 차입금의 상당 부분을 그룹내 시중은행과 금융중개기관에 의존한다.

독일에 그룹조직은 없으나 독일의 은행도 기업의 주식을 소유하고 경영권을 행사한다는 점에서는 일본의 은행과 유사하다. 이러한 일본과 독일의 은행-산업 구조는 은행으로 하여금 기업내부 정보의 입수와 기업경영의 감독을 쉽게 해 준다. 주식의 소유로 인하여 장기적인 관계가 형성되기 때문에 역선택으로 인한 시장의 실패는 그만큼 적다. 또한 경영에 직접 관여하기 때문에 중요한 정보를 은행과 기업이 공유하고, 따라서 기업의 도덕적 해이에 의한 위험한 투자가 예방될 수 있다. 다른 한편, 은행은 대체로 보수적이어서 기업들의 과감한 신사업 투자나 해외 진출이 제약을 받고 이에 인해 그룹의 성장 더 나아가 경제 전체의 활력을 떨어뜨리기도 한다. 선진 경쟁국 대비 일본 기업의 극도로 경직된 의사결정 구조가 20세기말 이후 일본 장기 침체의 원인이라는 지적도 있다.

우리나라에서는 경제력 집중을 우려하여 은행이 직접적으로 기업경영에 관여하지 못하도록 되어 있다. 그러나 재벌회사를 규제하려는 목적으로 주거래은행 제도를 운영하였다. 재벌기업의 자금조달과 운용에 대한 주요 의사결정에 대하여 주거래은행의 심사를 받도록 되어 있다. 애당초 이 제도는 비대칭적 정보로 인한 역선택 문제를 해결하기 위해서 고안된 것이 아니고 수출과 성장 촉진을 위한 특혜성 대출이 다른 용도로 사용되지 못하도록 감시하기 위한 제도였다. 그나마 이 제도는 유명무실하여 재벌기업들이 특혜융자금을 비자금으로 빼돌리거나 수익성은 높고 국민경제 기여도는 낮은 부동산 투기로의 전용을 방지하지 못하였다.

1997년 말 IMF 외환위기를 계기로 그동안 누적된 부실채권을 지분으로 전환하여 은행이 갖도록 채무지분전환을 하고 은행이 기업경영에 직·간접적으로 참여하도록 해야 한다는 목소리가 커졌다. 그러나 대부분의 대출은 기업으로부터 부동산 담보를 잡고 빌려준 것이기에 은행이 골치 아프게 부실기업의 경영권을 인수할 유인이 있는지는 회의적이다. 다시 말해서 부실채권이 걸려 있는 담보를 매각해서 대출금의 일부라도 회수하려는 유인이 부실기업의 경영에 참여하려는 유인에 비해 훨씬 크다.

다른 한편으로 우리나라에서는 재벌이 금융권을 장악하지 못하도록 하기 위하여 은행지분 매입을 금지하는 금융산업분리(金融産業分離) 정책을 유지해 왔다. 따라서 국내 은행은 정부가 대주주이거나, 외국인이 대주주이거나, 혹은 일반국민들에게 분산됨으로써 주인이 없는 세 형태 중 하나를 취하고 있다. 정부가 대주주인 은행들은 경제관료들이 경영진 선임이나 은행 운영에 입김을 행사해 왔으며 공직 퇴임 후 보험회사, 투자회사, 협회 등 금융관련 기관들에 영입된다. 이는 정경유착과 관치금융의 중요한 고리로 작용하였다고 알려져 있다. 반면 소위 '주인 없는' 은행은 일부 전문경영인들이 장기 집권하면서 비자금 조성을 포함한 탈·불법 행위 등 대리인 문제가 심각하기도 하였다.

금융산업분리에 대한 반대 논리는 다음과 같다. 첫째, 은행 주인 찾아주기로 관치나 대리인 문제에 따른 비효율성을 줄일 수 있으며, 글로벌 경쟁환경에서 은행 규모 키우기와 경쟁력 제고가 절실하다. 둘째, 외국계 자본은 은행을 소유할 수 있는데 국내 재벌에게 불허하는 것은 역차별이다. 셋째, 제2금융권인 보험, 증권, 투사회사 능은 이미 대기업집단이 거의 장악하다시피 하고 있는데 유독 은행 진입만 막는다고 해서 실효성이 없다.

반면 금산분리를 유지해야 한다는 주장도 만만찮다. 첫째, 은행이 재벌의 '뒷주머니'가 되어버리면 은행의 가장 큰 역할인 기업 경영 및 투자 감시 기능이 와해되어 더 큰 대리인 문제가 발생할 수 있다. 둘째, 여타 금융업종이 수익률과 리스크의 조화를 추구하는 데 비해 은행은 경제의 기반이자 최후의 보루여야 하므로 보수적으로 운영되어야 한다. 셋째, 비(非)금융주력자에게 은행 소유를 금지하는 것은 국내 자본이건 해외 자본이건 동일하게 적용되므로 형평성을 해치지 않는다. 금산분리 문제는 양측의 논리와 우려를 충분히 감안하여 최선책을 찾아야 할 과제로 남아있다.

15.4 다양한 보험상품과 소비자 선택

15.4.1 보험을 통한 위험분산

보험(保險, insurance)은 위험을 분산하는 합리적 행위이다. 자동차 운전, 건물 보유, 운송 등 많은 경제활동에는 위험 또는 불확실성이 상존하므로, 돌발 사고로 인하여 큰 손실을 입게 될 가능성이 있다. 보험이란 일정 보험료를 사전에 지불하고 만일 사고가 일어났을 경우 약정한 보상금을 지불받는 제도이다. 사고 발생 여부에 따른 재산상 차이를 줄이기 위함이다.

경제주체가 위험을 회피하고자 하는 성향이 클수록(위험회피도가 클수록) 보험료가 보상금이나 사고확률에 비해 높더라도 보험에 가입하려는 유인이 강하다. 또한 사고를 낼 확률이 높은 경제주체는 위험회피도가 작더라도 보험 가입 유인이 크다.

보험의 원리를 단순한 예시를 들어 설명하자. 사고가 일어날 확률이 50%이며, 사고가 일어나지 않으면 재산가치가 16억원이고 사고가 일어나면 재산가치가 완전히 상실된다. 누군가가 당신에게 다음과 같은 계약 "사고가 일어나지 않는다면 당신이 8억원을 나에게 주고, 그 대가로 사고 발생시에는 내가 당신에게 8억원을 주겠다"는 제의를 했다고 하자. 당신은 이 제의를 받아들일 것인가? 당신이 위험중립적이라면 이 제안을 받아들일 이유가 없다. 제안을 받아들이지 않을 경우 당신 재산의 기댓값은 8억원으로서 제안을 받아들일 경우의 기댓값과 차이가 없기 때문이다. 반면에 당신이 위험회피적이라면 이 제안을 수락함으로써 기대효용을 더 높일 수 있다. 당신이 효용함수 $u(x)=\sqrt{x}$를 갖는 위험회피자라고 하자. 제안을 거부할 경우 당신의 기대효용은 2단위($=0.5\times\sqrt{16}+0.5\times\sqrt{0}$)인데 반해 제안을 수락할 경우 기대효용은 2.8단위($=0.5\times\sqrt{8}+0.5\times\sqrt{8}$)이다. 따라서, 당신은 위의 제안을 수락할 것이다.

대개 피보험자(被保險者)는 보험회사보다 자신의 건강, 운전 숙련도, 화재발생확률 등에 대해서 더 우월한 정보를 갖고 있다. 따라서 15.1절에서 살펴본 중고차 시장과 유사한 논리에 의하여 건강이 나쁜 사람, 자동차 사고율이 높은 운전자, 화재 발생확률이 높은 건물 등 열등한 유형만이 보험에 가입할 유인이 크고 상대적으로 우월한 유형은 보험에 가입할 유인이 작다. 결국 보험시장에는 열등한 유형의 피보험자만이 잔류하게 되는데, 보험회사 역시 이들 사고뭉치들을 상대로 영업하여도 손해보지 않을 만큼 열악한 보험조건(비싼 보험료 부담과 낮은 보상금 지급)을 제시한다. 열악한 보험조건은 우월한 유형의 피보험자로부터 보험가입의 동기를 박탈해 버리는 결과를 초래하여 시장실패는 자기실현적 현상이 되어 버린다.

15.4.2 모 형

본절에서는 로스차일드와 노벨상 수상자 스티글리츠(Rothschild and Stiglitz 1976)의 모형을 기초로 보험시장에서의 역선택과 그 해결책으로서의 보험상품 다양화를 살펴본다. 효용함수가 $u(\cdot)$인 위험회피적 운전자가 있다. 그가 소유하고 있는 차의 재산가치는 100단위이다. 그가 사고를 낼 확률은 p이며, 사고 발생시 자동차의 가치는 36단위로 하락한다. 자동차보험에 가입하면 사고 발생 여부에 상관없이 C단위의 보험료를 납부하고 사고 발생시에는 보험회사로부터 R단위의 보상금을 지급받는다. 사고 발생시 최종 자산가치를 x_1, 사고 미발생시 가치를 x_2라 할 때, 보험에 가입한 운전자의 기대효용은 다음과 같다.

$$Eu = pu(x_1) + (1-p)u(x_2) \quad (15.18a)$$

$$(\text{여기서, } x_1 = 36 - C + R,\ x_2 = 100 - C) \quad (15.18b)$$

보험 수요 측면에는 두 유형의 운전자가 존재한다. 고(高)위험 운전자가 사고를 낼 확률은 p_H이며, 저(低)위험 운전자가 사고를 낼 확률은 p_L이다. (물론 $p_H > p_L$) 전체 운전자 가운데 비율 β는 고위험이며 나머지 $(1-\beta)$는 저위험이다.

식 15.18a에 나타난 기대효용의 무차별곡선을 그래프로 묘사하자. 먼저 한계대체율(MRS: marginal rate of substitution)의 개념을 설명하고 그 값을 구해 보자. 한계대체율은 무차별곡선의 접선의 기울기로서 그 의미는 '종축으로 표시된 횡

축의 주관적 가치'이다. 즉, 사고 발생시 차의 가치가 보험가입자의 효용에 기여하는 정도를 사고 미발생시의 가치로 표시한 값이다. 식 15.18a로부터 한계대체율을 계산하면 다음과 같다.[12]

$$\mathrm{MRS} \equiv -\frac{dx_2}{dx_1} = \frac{p}{1-p}\,\frac{u'(x_1)}{u'(x_2)} \tag{15. 19}$$

식 15.19에 따르면, 주어진 보험계약하에서 사고확률 p가 높을수록 한계대체율이 커진다. 이는 사고를 낼 확률이 높은 운전자의 무차별곡선이 사고확률이 낮은 운전자의 무차별곡선에 비해 가파름을 뜻한다.

〈그림 15-11〉은 무보험점(無保險點), 무위험선 및 각 유형의 무차별곡선을 나타내고 있다. 그림에서 점 N은 보험에 가입하지 않았을 때의 최종 소비점을 나타낸다. 무차별곡선 $l_N l_N$과 $h_N h_N$은 각각 저위험 유형과 고위험 유형 운전자가 보험에 가입하지 않은 경우 얻는 무차별곡선을 나타낸다. 무보험(無保險)은 $C=R=0$을 뜻하므로 식 15.18a와 15.18b에 의하여 두 무차별곡선이 나타내는 효용수준은 각각 $p_L u(36)+(1-p_L)u(100)$ 및 $p_H u(36)+(1-p_H)u(100)$이다.

원점으로부터 45도 각도로 뻗어 나온 직선은 $x_1=x_2$를 만족하는 점들의 궤적이다. 이는 사고 발생 여부에 무관하게 최종 재산액이 같음을 뜻하므로 무위험선(無危險線)이라 부른다. 무위험선상에서 한계대체율은 $\frac{p}{1-p}$로서 항상 일정하다. 이는 무위험선상에서 무차별곡선에 접하는 선 $l'l'$과 $h'h'$의 기울기(정확하게는 기울기의 절대값)가 각각 $\frac{p_L}{1-p_L}$과 $\frac{p_H}{1-p_H}$임을 의미한다.

보험회사는 가입자로부터 보험료 C를 받고 사고 발생시 R의 보상금을 지급한다. 그러므로 사고확률이 p인 운전자가 보험에 가입할 경우 보험회사의 기대이윤은 다음과 같다.

$$C-pR=[36p+100(1-p)]-px_1-(1-p)x_2 \tag{15. 20}$$

---

12 한계대체율은 주어진 무차별곡선의 접선의 기울기의 절대값이다.
$Eu=pu(x_1)+(1-p)u(x_2)=$상수
윗 식의 양변을 전미분(全微分, total differentiation)하면 다음과 같다.
$pu'(x_1)dx_1+(1-p)u'(x_2)dx_2=0$
한계대체율의 정의에 따라 위의 식을 정리하면 본문의 식 15.19가 도출된다.

그림 15-11 **무보험 상태**

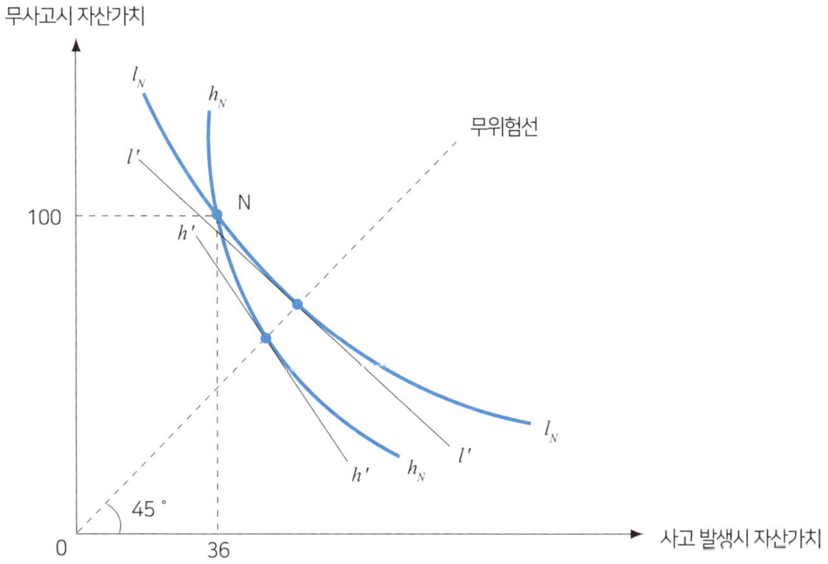

N: 무보험점
$l_N l_N$: 저위험 유형의 무차별곡선
$h_N h_N$: 고위험 유형의 무차별곡선

식 15.20은 식 15.18b를 이용하여 C와 R을 소거함으로써 얻었다. 자동차보험 시장이 완전경쟁적이라면, 장기 무이윤 조건에 의하여 식 15.21이 성립한다.

$$px_1 + (1-p)x_2 = 36p + 100(1-p) \tag{15. 21}$$

식 15.21은 무보험점 N을 지나면서 $\frac{p}{1-p}$의 기울기를 갖는 직선이다. 〈그림 15-12〉에서 AA와 BB는 각각 저위험 유형과 고위험 유형을 대상으로 영업할 때 보험회사의 이윤을 0으로 해주는 궤적이다.[13]

13 〈그림 15-12〉와 〈그림 15-14〉에 쓰인 숫자들(36, 69, 80, 90, 95, 100)은 설명의 편의상 임의로 '설정된' 것이며 모형으로부터 계산되거나 도출된 값이 아님에 유의하라.

그림 15-12 **완비정보하의 자원배분**

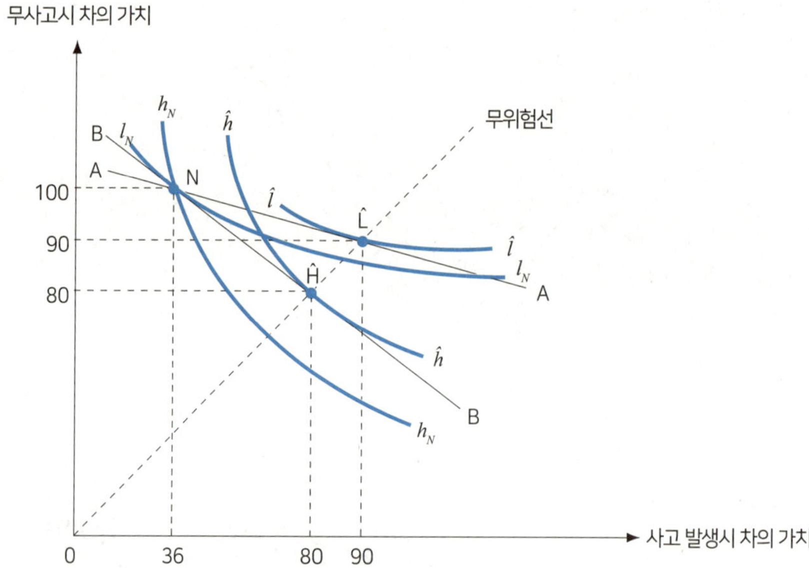

15.4.3 역선택과 시장실패

완비정보하의 보험계약

보험회사가 개별 운전자의 사고확률을 정확히 알고 있다면 보험계약은 어떠한 형태를 갖겠는가? 보험회사는 〈그림 15−12〉에서 다음 형태 "고위험 운전자에게 보험점 Ĥ을 판매, 저위험 운전자에게 보험점 L̂을 판매"의 계약을 제시하고 운전자는 이를 수락한다.

점 Ĥ에서 고위험 운전자는 사고가 발생하든 발생하지 않든 최종적으로 80단위의 가치를 얻는다. 고위험 운전자가 지불하는 보험료와 보상금은 식 15.18b에 의하여 $\hat{C}_H=20$, $\hat{R}_H=64$로 계산된다. 즉, 고위험 보험가입자는 20단위의 보험료를 보험회사에 지불하고 사고 발생시 64단위의 보상금을 받는다. 이때 고위험 운전자의 효용을 나타내는 무차별곡선 $\hat{h}\hat{h}$이 무보험점을 지나는 무차별곡선 $h_N h_N$보다 위에 있으므로 보험에 가입할 유인이 있다.

저위험 운전자에게 제시되는 보험계약은 $\hat{L}$으로서 보험가입자는 사고가 발생하든 발생하지 않든 차의 최종 가치는 90단위이다. 저위험 운전자가 지불하는 보험료와 보상금을 계산하면 $\hat{C}_L=10$, $\hat{R}_L=64$이다. 저위험 운전자의 효용을 나타내는 무차별곡선 $\hat{l}\hat{l}$이 무보험점을 지나는 무차별곡선 l_Nl_N보다 위에 있으므로 보험에 가입할 유인이 있다.

완비정보하의 유형별 소비점 $\hat{H}$과 $\hat{L}$에서는 사고 발생 여부에 상관없이 차의 최종가치가 동일한 소위 전액보상(full coverage)보험의 형태를 갖는다. 이는 사고 발생에 따르는 위험을 보험회사가 완전히 제거해 주는 최적 자원배분이다.

미비정보하의 보험계약과 역선택

보험회사는 개별 운전자의 사고확률을 관찰할 수 없고 다만 고위험 운전자의 비율이 β임을 알고 있다. 보험회사의 기대이윤은 식 15.22와 같다.

$$\begin{aligned} Ev &= \beta\Pi(p_H)+(1-\beta)\Pi(p_L) \\ &= [36\bar{p}+100(1-\bar{p})]-\bar{p}x_1-(1-\bar{p})x_2 \end{aligned} \quad (15.\ 22)$$

(여기서, $\bar{p}\equiv\beta p_H+(1-\beta)p_L$는 평균사고확률)

식 15.22의 둘째 줄은 식 15.20을 대입함으로써 얻었다. 보험회사의 장기 무이윤 조건에 의하여 식 15.22를 0으로 놓으면 다음이 성립한다.

$$\bar{p}x_1+(1-\bar{p})x_2=36\bar{p}+100(1-\bar{p}) \quad (15.\ 23)$$

식 15.23은 무보험점 N을 지나면서 $\frac{\bar{p}}{1-\bar{p}}$의 기울기를 갖는 직선이다. 〈그림 15-13〉에서 PP는 무이윤선을 나타내는데 AA와 BB를 가중평균한 직선이다. 무이윤선 PP는 고위험 유형의 비율 β가 높을수록 BB에 근접하고 저위험 유형 비율 $(1-\beta)$가 높을수록 AA에 근접한다.

보험회사가 평균적인 사고위험에 준하여 보험료와 보상금을 결정한다면 피보험자의 소비점은 무보험점 N과 점 F 사이의 PP선상에 있게 된다. 저위험 운전자는 이러한 조건을 만족하는 보험에 가입하지 않는다. 왜냐하면 보험에 가입하지 않을 때의 무차별곡선 l_Nl_N이 보험에 가입할 경우의 무차별곡선보다 위에 있기

그림 15-13 **미비정보하의 역선택**

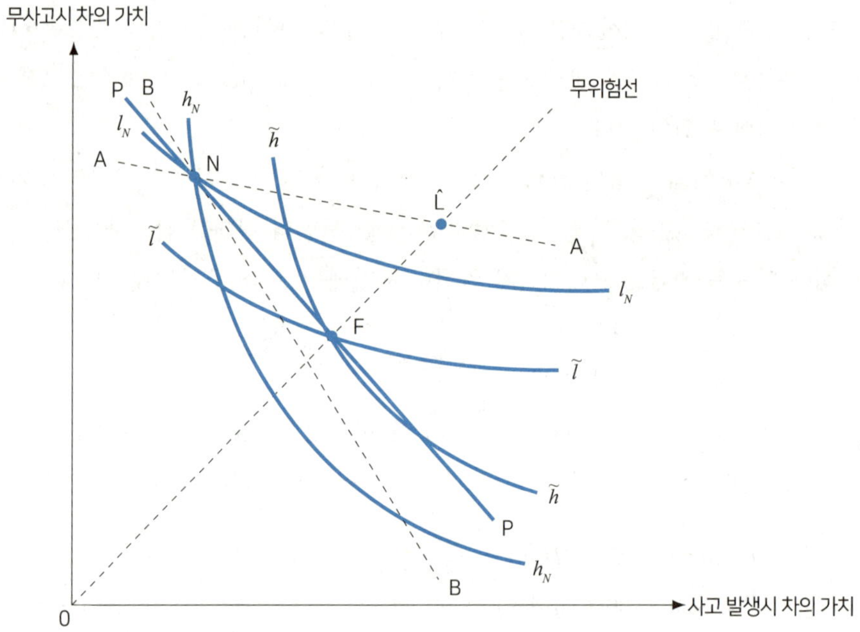

때문이다. 반면 고위험 운전자는 이 보험에 가입한다. 왜냐하면 보험에 가입할 경우의 무차별곡선이 무보험으로부터 얻는 효용 h_Nh_N보다 위에 있기 때문이다.

그런데 고위험 운전자만 보험에 가입한다면 보험회사는 PP선상에 있는 보험계약이 아니라 BB선상에 있는 보험계약을 제공해야 한다. 고위험 운전자만을 대상으로 영업할 경우 해당되는 보험회사의 무이윤선은 BB이기 때문이다. 보험회사가 BB선상에 있는 보험계약을 제공한다면 저위험 운전자는 당연히 보험에 가입하지 않는 편이 낫다. 요약하면, 고위험 운전자의 비율이 상당히 크다는 가정하에 보험회사는 상당히 열악한 보험상품을 판매하고 고위험 운전자들만이 가입한다. 운전자 개개인의 유형에 대한 정보가 미비되어 있기 때문에 우월한 유형은 시장으로부터 축출되고 상대적으로 열등한 유형만이 남게 되는 역선택이 발생한다. 완비정보하에서는 효율적 자원배분이 달성되던 것이 비대칭적 미비정보하에서는 비효율적 자원배분(시장실패)이 발생하는 것이다.

Practice 15-5

피보험자의 효용함수는 $u(x)=\sqrt{x}$이라 하자. 또한 사고 발생시(상태1) 재산가치를 $\overline{Z}$, 무사고시(상태2) 재산가치를 $\overline{W}$라 하자(당연히 $\overline{W}>\overline{Z}$). 완전경쟁적 보험시장에는 사고발생확률이 p인 여러 유형의 피보험자들이 있다($0<p<1$).

(1) 무보험 상태에서 개인이 얻는 기대효용 수준을 구하라.

(2) 완비정보하에서 보험의 형태와 피보험자의 유형별 기대효용 수준을 구하라.

(3) 위 (1)과 (2)에서 구한 기대효용 수준의 크기를 비교하시오.

15.4.4 보험상품의 다양화

분리균형과 자기선택

보험시장에서 역선택의 문제는 보험료와 보상조건이 다른 여러 종류의 보험상품을 판매함으로써 해결할 수 있다. 즉, 정보결여자인 보험회사가 다양한 보험상품을 제시하고 피보험자가 자신의 유형에 맞는 상품을 구입하도록 유도하는 것이다. 보험회사가 부분보상보험과 전액보상보험의 두 가지 보험상품을 판매한다고 하자. 부분보상보험이란 보험료가 싼 대신 사고 발생시 손실액의 일부만 보상해 주는 보험상품을 의미하며 전액보상보험이란 보험료가 비싼 대신 사고 발생시 손실액을 완전히 보상해 주는 상품을 의미한다. 보험회사가 두 상품의 보험료와 보상조건을 적절히 조화하여 제시함으로써 사고발생확률이 높은 운전자는 전액보상보험에 가입하고 사고발생확률이 낮은 운전자는 부분보상보험에 가입하도록 유도한다. 사고발생확률이 높은 운전자는 비싼 보험료를 지불하더라도 보상조건이 좋은 전액보상보험을 선호할 것이며 사고발생확률이 낮은 운전자는 부분보상보험을 선호할 것이기 때문이다.

〈그림 15-14〉를 이용하여 보험회사의 상품설계를 설명하자. 보험회사는 두 종류의 보험상품 S_L과 S_H를 제시하면 피보험자는 자신의 유형에 따라 하나를 선택한다. 여기서 부분보상보험 S_L은 저위험 운전자를 겨냥한 보험상품이고, 전액

그림 15-14 미비정보하의 상품설계

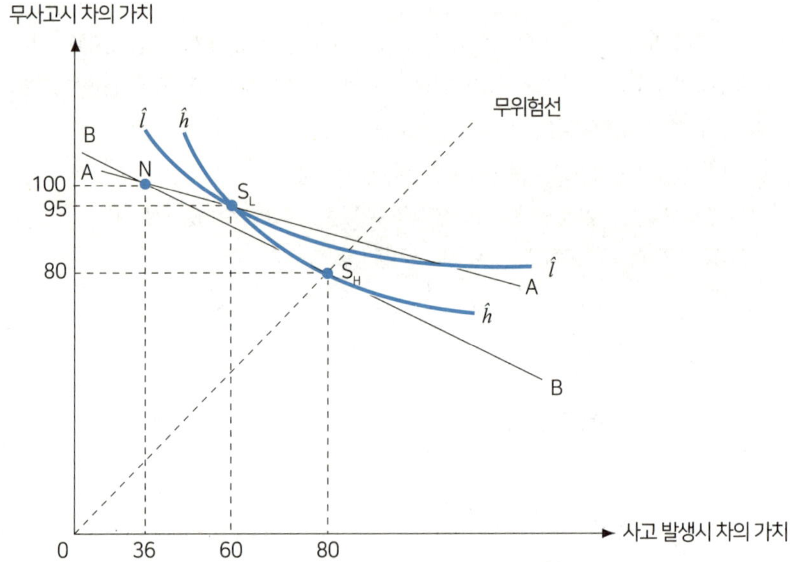

보상보험 S_H는 고위험 운전자를 겨냥한 보험상품이다. 보험상품 S_H를 구입하는 피보험자는 사고가 발생하든 발생하지 않든 최종적으로 80단위의 가치를 얻는다. 반면 보험상품 S_L을 구입하는 피보험자는 무사고시 95단위의 가치를 얻지만 사고 발생시 60단위의 가치를 얻는다.

고위험 운전자는 S_H를 선택한다. 그가 지불하는 보험료와 보상금은 식 15.18에 의하여 $C_H^*=20$, $R_H^*=64$이다. 이때 고위험 운전자의 효용을 나타내는 무차별곡선 $\hat{h}\hat{h}$이 무보험점을 지나는 무차별곡선 $h_N h_N$보다 위에 있으므로 보험에 가입할 유인이 있다. 또 S_H를 구입하든 S_L을 구입하든 무차별하므로(혹은 S_H이 미세하게 유리하도록 설계한다면) S_H를 선택한다. 위의 보험계약은 완비정보하에서 고위험 운전자에게 제시되었던 보험계약 $(\hat{C}_H, \hat{R}_H)$과 같음을 기억하자. 이는 고위험 가입자는 완비정보하에서건 미비정보하에서건 동일한 효용수준을 누림을 뜻한다.

저위험 운전자는 S_L을 선택한다. 저위험 운전자가 S_L을 선택할 때 얻는 효용이 무보험점 N이나 고위험 운전자를 겨냥한 상품 S_H를 선택함으로써 얻는 효용보다 높기 때문이다. 저위험 운전자가 지불하는 보험료와 보상금은 $C_L^* = 5$, $R_L^* = 29$로 계산된다. 저위험 운전자의 효용을 나타내는 무차별곡선 $\hat{l}\hat{l}$이 무보험점을 지나는 무차별곡선 $l_N l_N$보다 위에 있으므로 보험에 가입할 유인이 있다. 완비정보하에서 저위험자의 소비점 $\hat{L}$은 보험사가 모든 위험을 지는 전액보상의 형태였음을 기억하라. 미비정보하의 선별 분리균형에서 저위험자의 소비점 S_L은 보험사와 피보험자가 위험을 분담하는 부분보상의 형태이다.

이상에서 우리는 서로 다른 유형의 운전자들이 자발적으로 자신에게 맞는 보험상품을 선택하도록 유도하는 분리균형이 존재함을 보였다. 보험회사가 합리적으로 상품군을 설계함으로써 각 유형의 운전자들이 자신에게 맞는 상품을 선택하는 현상을 자기선택(自己選擇, self-selection)이라 부른다. 역선택과 상대되는 의미이다.

Practice 15-6

연습문제 15-5와 같은 상황에서 $\bar{Z}=2$, $\overline{W}=6$, $p_H=\frac{1}{2}$, $p_L=\frac{1}{3}$이며 고위험자의 비율 β는 상당히 크다고 하자.

(1) 연습문제 15-5의 결과를 대입하여 완비정보하의 경쟁균형 및 피보험자의 기대효용 수준을 구하라.

(2) 미비정보하의 분리균형(〈그림 15-14〉의 s_H와 s_L) 및 피보험자의 기대효용 수준을 구하라.

(3) 위 (1) 및 (2) 결과를 비교하라.

공용균형은 존재하지 않는다

모든 피보험자에게 똑같은 보험상품을 판매하는 공용균형은 존재하는가? 결론부터 말하자면, 공용균형은 부존재한다. 〈그림 15-15〉의 점 F를 고려하자. 보험회사가 비차별적 상품 F를 판매할 경우 두 유형의 운전자들은 모두 F에 가입할 동기가 있고 보험사의 이윤은 0이 된다. 그러나 점 F는 균형이 아니다. 보험회사가 F와 차별화된 새로운 상품 G를 개발하여 출시하면 어떻게 되겠는가? 이때 고위험 운전자는 F를 구입하고 저위험 운전자는 G를 구입한다. 즉, 보험회사는

그림 15-15 **공용균형의 부존재**

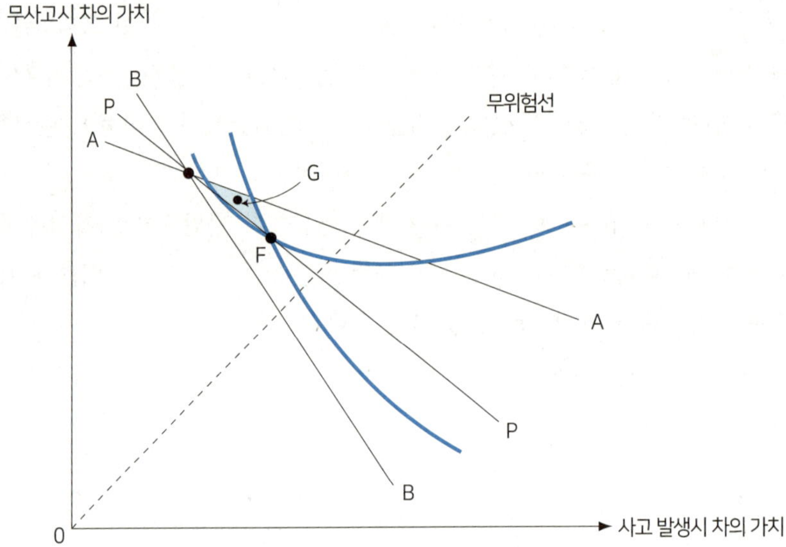

새로운 상품 G를 개발함으로써 저위험 운전자만을 끌어낼 수 있다.

그렇다면 보험회사는 두 상품 F와 G를 시장에 내놓고 고위험 운전자는 F를 구입하며 저위험 운전자는 G를 구입하는 상태가 균형일 것인가? 아니다. 왜냐하면 상품 F는 고위험 운전자들만이 가입할 터인데 이는 고위험 운전자를 대상으로 할 경우의 무이윤선 BB보다 위에 있으므로 보험회사는 더 이상 상품 F를 판매할 유인이 없어진다. 이처럼 보험회사가 원래의 전략에서 이탈할 유인을 갖게 되므로 결국 원래의 상태 F는 균형일 수가 없다.

고위험 운전자 비율이 매우 낮으면 균형이 존재하지 않는다

앞에서 분리균형 (S_H, S_L)이 존재한다는 사실은 고위험 운전자의 비율 β가 충분히 크다는 가정하에 도출된 것이다. 만약 β가 매우 작다면 경쟁 균형이 아예 존재하지 않는다. 〈그림 15-16〉에서 보듯이, 고위험 운전자의 비율이 작다는 것은 PP선이 AA선에 매우 가깝다는 것을 의미한다. 이 경우 두 보험상품 (S_H, S_L)

그림 15-16 고위험 운전자의 비율 β가 매우 낮을 경우 균형의 부존재

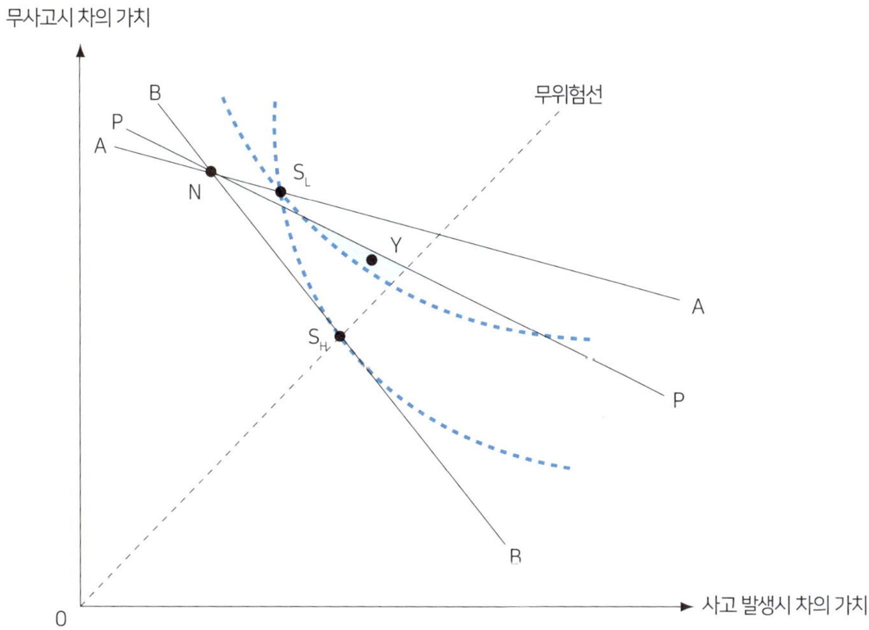

을 판매하는 전략은 더 이상 균형이 아니다. 예컨대, 보험회사가 두 유형의 운전자를 차별하지 않고 색칠된 영역에 속해 있는 보험상품(예컨대 점 Y)을 판매함으로써 양(+)의 이윤을 얻을 수 있다. 또 저위험 운전자와 고위험 운전자 모두 보험에 가입하지 않는 것보다 높은 효용을 얻으므로 보험 Y에 가입할 유인이 있다. 직관적으로 볼 때, 대부분의 운전자가 사고위험이 낮은 상황에서 몇 명 되지도 않는 고위험 운전자를 가려내기 위해 차별화 전략을 사용할 유인이 보험회사에게는 없다. 그렇다면 보험회사가 비차별적 보험상품 Y를 모든 운전자에게 판매하는 것이 균형인가? 아니다. 왜냐하면 위에서 이미 설명하였듯이 공용균형은 존재하지 않기 때문이다.

Game Theory

Chapter 16 | 대리인 문제와 유인계약

제16장에서는 도덕적 해이와 그로 인하여 발생하는 시장실패를 다룬다. 또한 도덕적 해이가 발생할 가능성이 있는 상황에서 당사자들끼리의 유인계약을 통하여 비효율성을 줄일 수 있음을 보인다.

16.1 감춰진 행동과 도덕적 해이

주인-대리인(主人-代理人, principal-agent) 문제에서 발생하는 도덕적 해이는 세 가지 특징을 갖춘 현상으로 정의된다.

- 대리인의 행동이 대리인 자신의 효용은 물론 주인의 효용에도 영향을 미친다.
- 주인은 대리인의 행동을 관찰할 수 없고 대리인이 취한 행동의 결과 실현된 성과만을 관찰할 수 있다.
- 대리인이 이기적 동기에 따라 취하고자 하는 행동은 사회적 관점에서 비효율적이다.

주인이 대리인의 행동을 관찰할 수 없는 상황에서 주인은 대리인이 효율적인 행동을 선택하도록 강제할 수 없다. 그러나, 주인은 관찰가능한 성과에 근거하여 실시되는 상벌체계를 설계함으로써 대리인의 행동 선택에 영향을 미칠 수 있다.

도덕적 해이의 사례는 무한하다. 사실 도덕적 해이의 위험으로부터 완전히 자유로운 경제적 관계는 상상하기 힘들다. 대표적 사례로서 보험시장과 기업조직에서 발생할 수 있는 도덕적 해이를 들어보자.

보험산업에서의 도덕적 해이

1994년 한국의 보험시장이 해외에 개방되면서 시그나(Signa)계열의 A자동차 보험사가 영업을 개시하였다. 이 회사는 한국시장을 공략하기 위하여 본인부담금, 입원비 지급조건, 입원허용기간, 근로수입 보상 등에 있어서 파격적 조건을 제시하였다. 하지만 A사는 얼마 되지 않아 수백억 원의 손실을 보고 한국시장에서 철수했다. 그 이유는 다름 아닌 도덕적 해이 때문이었다. 택시 기사들은 삼삼오오 A보험사에 가입한 후 자기들끼리 고의로 가벼운 접촉사고를 낸 다음 진단서를 발부받아 수 주일간 입원해 있으면서 매일 현재가치로 10만원씩 꼬박꼬박 보상금을 지급받았다. 택시 기사가 하루종일 열심히 일해도 휘발유 값을 제하고 나면 10만원을 벌기가 쉽지 않았는데, 입원실에서 놀고 먹으면서 10만원을 벌 기회를 놓칠 리 없었던 것이다. 병원은 병원대로 가짜 진단서를 발급해 주는 대가로 입원환자를 확보하고 과다계상된 입원비를 전부 A보험사에 청구했다.

실제로 A보험에 가입된 차와 국내업체인 B보험에 가입된 차가 교통사고를 냈다고 하자. 전국적인 조직망을 갖춘 B사는 재빨리 사고현장과 경찰서에 직원을 파견해 사태를 유리하게 수습한다. 반면에 지점 숫자와 인원이 상대적으로 부족한 A사는 경찰보고서나 사고당사자들의 증언 등 서류내용을 토대로 보험처리를 하는 수밖에 없었다. 그런데, A보험에 가입된 차가 개입된 교통사고는 거의 모두 가해자가 A보험 가입자인 것으로 처리되었다. 더구나 A보험의 보상조건이 상당히 좋고 본인부담금도 매우 적었기 때문에 A보험 가입자도 교통사고가 불공평하게 처리되었다고 항의한 적이 별로 없었다. 이상에서 살펴본 사례에서 주인은 A보험사이며 대리인은 A보험가입자, 병원, 교통경찰 등이다. 대리인의 행동은 주인과 대리인 모두의 효용에 영향을 미치지만, 주인이 대리인의 행동을 관찰할 수 없는 불완전정보가 존재한다. 그 결과 각종 도덕적 해이가 발생하였던 것이다.

물론 도덕적 해이를 줄일 방안이 있다. 보험회사가 사고이력에 따라 보험료를 차등책정한다면 고의로 접촉사고를 내고 몇 주씩 입원해 있는 등의 행위를 방지할 수 있다. 이처럼 사회적으로 바람직한 자원배분이 이루어지도록 설계되어진 계약을 유인계약(誘引契約, incentive contract)이라 한다. 그렇다면 왜 A보험사는 사고 경력이나 장기입원 경력이 많은 운전자에게 높은 보험료를 받지 않았는가? 한국의 보험시장은 정부 규제를 받기 때문에 보험회사 마음대로 보험료율을 책정할 수 없다. 더구나 A보험사가 영업하던 1990년대에는 거의 일률적인 보험료를 받도록 규제받고 있었다.[1] 사고건수, 입원경력, 교통사고처리특례법상의 특례대상 여부 등 사고의 심각성과 무관하게 보험료가 동일하게 책정된다면 수혜조건이 좋은 보험에 가입되어 있는 운전자가 도덕적 해이를 보이는 것은 당연하다.

"공짜면 양잿물도 마신다"는 우리 속담도 있듯이, 무상(無償)이 초래하는 도덕적 해이는 동서고금을 통해 비일비재하다. 영국은 1942년 출간된 베버리지(William Beveridge) 보고서에 기초하여 제2차 세계대전의 와중에도 사회복지를 꾸준히 확대하였다. 1945년 종전과 거의 동시에 집권한 노동당 정부는 1946년 「국민보험법(National Insurance Act)」과 「국가건강서비스법(National Health Service Act)」, 이어서 1948년에는 「국가부조법(National Assistance Act)」을 제정하고 전국민 무상 의료를 시행함으로써 '요람에서 무덤까지'의 복지국가를 완성하였다. 하지만 공짜의 대가는 비쌌다. 단기간에 국민 의료비가 눈덩이처럼 불어나 재정이 파탄 날 지경에 이르렀던 것이다. 이에 고육지책으로 영국 정부가 병의원 내원객에게 극히 상징적인 소액을 부담케 하자 기적이 일어났다. 갑자기 내원객이 절반 이하로 줄었고 재정적자 문제도 일거에 해결되었던 것이다.

기업조직 내에서의 도덕적 해이

도덕적 해이는 기업 내부에서도 빈번하게 발생한다. 사용자는 근로자 개개인의 근무태도나 노력투입 정도를 직접 관찰하기가 매우 힘들며 다만 근로자가 투입한 노력의 결과로서 실현된 생산량만을 관찰할 수 있다. 근로자가 투입한 노력과 실제 생산량 간에 정비례관계가 성립한다면 도덕적 해이가 발생할 여지가

1 우리나라에서 차등 자동차보험제도는 1998년에 비로소 도입되었다.

없다. 사용자는 개별 근로자의 성과로부터 근로자가 투입했던 노력을 역으로 정확히 유추해 낼 수 있기 때문이다. 그러나, 근로자의 노력수준과 더불어 근로자로서는 불가항력적인 환경적 요인이 실제 생산량에 영향을 미친다면, 근로자의 성과가 나쁘다고 해서 반드시 노력이 부족했다고 볼 수는 없다. 반대로 근로자의 성과가 좋다고 해서 그가 열심히 일했다는 보장도 없다. 사용자가 개별 근로자의 노력투입량을 관찰할 수 없는 상황에서 근로자의 최선전략이 태업임은 말할 나위가 없다. 태업을 했음에도 불구하고 운좋게 좋은 성과가 나오면 마치 자기가 열심히 일해서 얻는 결과인 척 한다. 만일 나쁜 성과가 나오면 자기가 열심히 일했음에도 불구하고 운이 나쁜 결과라고 주장한다. 즉, 정보보유자인 근로자가 정보결여자인 사용자를 착취하려는 도덕적 해이의 유인을 갖는다.

소유와 경영이 분리된 기업에서 주주들은 주인이며 전문경영인은 대리인이다. 고용사장이 열심히 일하지 않고 회사 자금만 축내려고 한다면 고용사장 자신의 효용은 높아지는 대신 주주들의 이익은 감소할 것이다. 하지만 주주는 회사내부의 사정이나 경영에 대한 전문 지식이 부족하기 때문에 고용사장의 이러한 도덕적 해이를 관찰하기 어렵다. 주인-대리인 관계는 고객과 변호사, 환자와 의사, 국민과 공무원와 같이 전문화된 현대사회에서 매우 자주 관찰되는 관계이다.

16.2절부터 16.4절까지는 한 명의 주인과 한 명의 대리인 간에 발생하는 주인-대리인 관계를 분석한다. 16.2절과 16.3절에서는 단순 모형에서 도덕적 해이와 그 해결방안으로서 유인계약을 다룬다. 16.4절은 일반 모형을 분석하고 그 시사점을 설명한다. 16.5절과 16.6절에서는 다수의 대리인들에 의해 저질러지는 도덕적 해이 및 그 해결 방안을 논의한다. 16.5절은 토너먼트식 유인 계약을 통하여 효율성을 제고할 수 있음을 설명한다. 16.6절은 공동생산 체제가 대리인들만으로 운영될 경우 발생하는 도덕적 해이와 그 해결책으로서 주인의 존재 필요성을 논한다. 마지막으로 16.7절에서는 기업 소유지배구조와 국가의 징세제도를 주인-대리인 관점에서 논의한다.

16.2 단순 모형

가게 주인이 지배인을 고용하였다. 주인은 위험중립적이다. 주인이 y만원의 수입을 얻고 w만원의 임금을 지배인에게 지불함으로써 얻는 보수는 식 16.1과 같다.

$$V(y, w) = y - w \tag{16.1}$$

지배인은 성실하게 근무(노력수준 $x=3$)할 수도 있고 태만(노력수준 $x=0$)할 수도 있다. 지배인이 열심히 일할 경우 점포가 고수입(200만원)을 얻을 확률이 80%이고 저수입(40만원)을 얻을 확률이 나머지 20%이다. 지배인이 태만할 경우 점포가 고수입을 얻을 확률은 20%에 불과하고 저수입을 얻을 확률이 80%이다.

위험회피적인 지배인이 x의 노력을 투입하고 w만원의 임금을 지불받는 경우 누리는 효용은 식 16.2와 같다고 하자.

$$U(w, x) = \sqrt{w} - x \tag{16.2}$$

지배인은 다른 직장에 취직하더라도 9단위의 효용을 보장받을 수 있다고 가정하자. 지배인은 현재 직장에서 최소한 9단위 이상의 기대효용을 보장해 주어야만 다른 직장으로 옮기려 하지 않을 것이라는 의미로 이를 유보효용(reservation utility)이라고 부른다. 대리인은 최소한 유보효용을 보장해야 이 직장에서만 일할 텐데, 이것이 개인합리성 혹은 참여조건이다. 단순화를 위해서, 이 가게에서 정확히 9단위의 기대효용을 보장해 준다면 지배인은 현직장에서 계속 일한다고 가정하자.

16.2.1 불완전정보와 도덕적 해이

• 완전정보하의 자원배분

지배인이 성실한지 혹은 태만한지 주인이 확실히 알 수 있다면 어떠한 자원배분이 달성되겠는가? 주인은 식 16.3과 같은 임금체계를 지배인에게 제시함으로써 효율적 자원배분을 달성할 수 있다.

> "당신이 성실하게 일하면 생산량에 상관없이 144만원을 지급하고,
> 태만하면 생산량에 상관없이 81만원 미만을 지급한다." (16. 3)

식 16.3에 주어진 임금체계하에서 지배인은 열심히 일하는 것이 최선의 전략이다. 열심히 일할 경우 지배인은 3단위의 수고비용을 감수해야 하지만 144만원의 임금을 받게 된다. 이때 지배인은 9단위($=\sqrt{144}-3$)의 효용수준을 누리므로 현직장에서 일하려 한다. 반면 근무태만시 수고비용은 발생하지 않으나 81만원 미만의 임금을 받으므로 지배인의 효용수준은 9단위 미만이 된다. 결국 식 16.3에 명시된 임금계약하에서 지배인은 이 가게에서 열심히 일하고자 한다.

대리인이 열심히 일할 때 가게의 수입은 80%의 확률로 200만원이고 20%의 확률로 40만원이다. 그런데, 주인은 대리인에게 열심히 일한 대가로 144만원의 임금을 지불해야 한다. 따라서 주인의 기대이윤은 24단위($=(0.8\times200+0.2\times40)-144$)이다. 다른 한편 주인이 대리인에게 81만원의 임금을 지불하고 태만을 묵과할 경우 주인의 기대이윤은 -9만원($=(0.2\times200+0.8\times40)-81$)에 불과하다. 결국 임금계약 식 16.3을 제시함으로써 대리인의 성실근무를 유도하는 것이 주인의 기대보수 극대화 전략이다.

완전정보하에서 주인은 대리인의 행동에 의존하는 임금체계를 설계함으로써 대리인이 열심히 일할 유인을 준다. 또한 대리인이 열심히 일함으로써 사회적으로 바람직한 생산이 이루어지며, 주인이 얻는 기대이윤은 극대화된다. 한 마디로, 완전정보하에서 달성되는 자원배분은 사회적 최적이다.

고정급하에서의 도덕적 해이

이제 불완전정보하에서 자원배분을 분석하자. 주인은 성과에 상관없이 고정급(固定給) F단위를 지급한다고 하자. 대리인은 금액 F에 상관없이 태업할 것이다. 열심히 일할 경우 대리인이 누리는 효용수준 ($\sqrt{F}-3$)이 태만하게 일할 경우 그가 누리는 효용수준 $\sqrt{F}$보다 작기 때문이다. 즉, 근무태도를 관찰할 수 없고 임금이 성과와 무관하게 고정적으로 지급된다면 대리인에게 태업이 강우월전

략이다. 대리인이 태만하게 일할 경우 주인의 수입은 80%의 확률로 40만원이고 20%의 확률로 200만원이다. 또한 주인은 대리인이 다른 업체로 떠나지 않도록 하기 위해서 최소한 81만원의 임금(유보효용수준 9단위에 해당)을 지불해야 한다. 이 경우 주인에게는 기대손실 9만원(=0.2×(200−81)+0.8×(40−81))이 발생하므로, 차라리 지배인을 고용하지 않고 가게를 닫는 편이 낫다. 이는 완전정보하의 자원배분인 대리인의 노력수준 $x=3$ 및 주인의 기대이윤 24만원에 비해 사회적으로 훨씬 열등하므로 시장실패가 초래된다.

불완전정보하에서는 주인이 대리인의 노력수준 내지 행위를 관찰하지 못한다는 점을 이용하여 대리인이 사회적으로 비효율적인 태업을 할 동기를 갖게 된다. 이처럼 감춰진 행위가 존재할 경우 정보보유자가 정보상의 우위를 이용하여 정보결여자를 착취하려고 하는 행동을 도덕적 해이라 부른다.

16.2.2 유인계약

도덕적 해이를 해결하는 대표적 방법은 유인계약의 설계다. 관찰불가능한 정보보유자의 행동과 관찰가능한 성과 간에 정(+)의 관계가 존재하는 경우 성과에 근거한 보상체계를 설정함으로써 정보보유자의 노력을 유도할 수 있다. 성과가 좋으면 높은 보수를 지급하고 성과가 나쁘면 낮은 보수를 지불하는 것이다. 물론 낮은 업무성과가 반드시 노동자의 태만으로 인한 것은 아니다. 하지만 근로자가 태만했을 때 업무성과도 나쁠 확률이 크다면 성과급체제를 적절히 조정함으로써 근로자들이 열심히 일하도록 유도할 수 있다. 이 같은 유인 고안은 변호사 수임료 결정, 공동생산, 보험계약 등 도덕적 해이가 발생할 수 있는 거의 모든 상황에서 관찰가능 변수에 근거한 보상체계의 고안으로 가능하다.

고수익이 실현되었을 경우 주인이 대리인에게 w_H원의 임금을 지급하고, 저수익이 실현되었을 경우 w_L원의 임금을 지급하는 계약을 체결한다고 하자. 이와 같은 상황은 〈그림 16−1〉의 전개형게임으로 묘사된다. 첫 단계에서 주인은 성과급계약 (w_H, w_L)을 제안한다. 둘째 단계에서 대리인은 주인이 제안한 임금계약을 거부하든지 또는 수락한다. 여기서 대리인은 자신의 유보효용수준보다 높은 기대보수를 보장하는 임금계약만을 수락할 것이다. 셋째 단계에서 대리인은 근면노동($x=3$) 혹은 태업($x=0$) 중에 하나를 선택한다. 대리인의 노동투입량과 확률적 우연 요인에 의하여 최종 생산량이 결정된다. 주어진 임금계약하에서 대리인이 열심히 일함으로써 얻는 기대보수가 태만함으로써 얻는 기대보수보다 커야만 대리인의 근면노동을 유발할 수 있는데, 이를 유인양립조건이라 부른다. 제13장

그림 16-1 **주인-대리인 전개형게임**

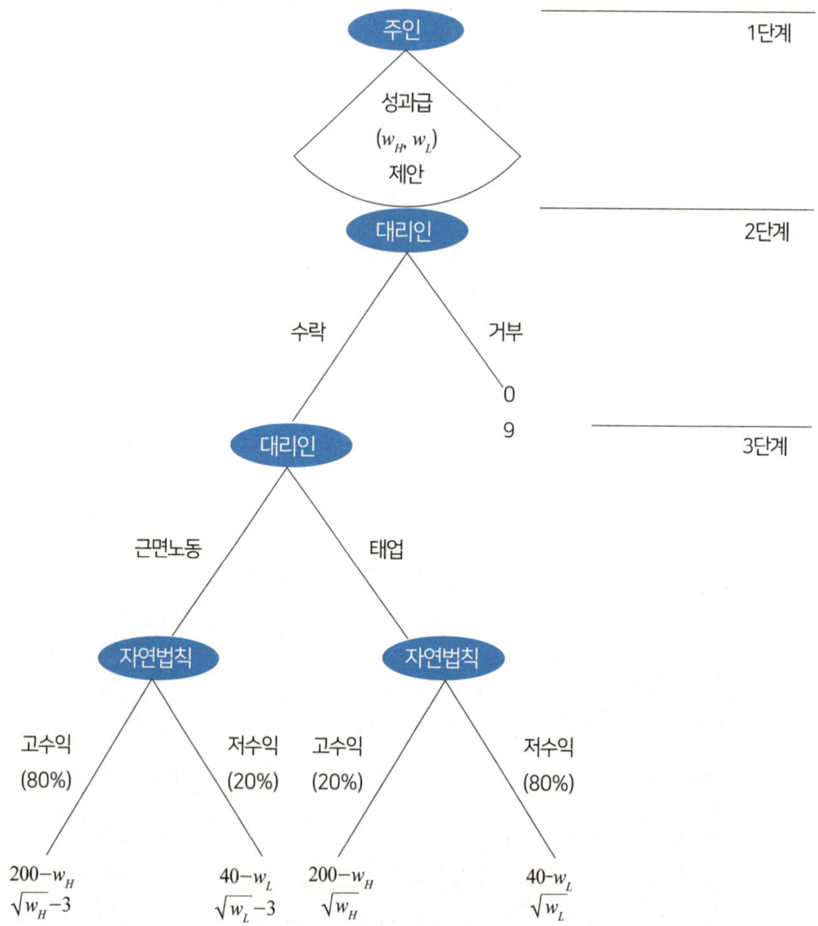

13.6절에서 설명한 현시원리에 의하면 유인 메커니즘 설계는 대리인의 유인양립조건 및 개인합리성조건이 동시에 충족된다는 조건하에 주인이 자신의 기대이윤을 극대화하는 문제에 다름 아니다.

먼저 유인양립조건은 식 16.4와 같다.

$$0.8\sqrt{w_H}+0.2\sqrt{w_L}-3\geq 0.2\sqrt{w_H}+0.8\sqrt{w_L}-0 \tag{16. 4}$$

식 16.4의 좌변은 대리인이 열심히 일할 경우 기대효용이고 우변은 태만하게 일할 경우의 기대효용이다. 식 16.4를 정리하면 식 16.5가 도출된다.

$$\text{유인양립(IC)조건:}\quad \sqrt{w_H}-\sqrt{w_L}\geq 5 \tag{16. 5}$$

두 번째 제약조건인 개인합리성은 식 16.6과 같다.

$$0.8\sqrt{w_H}+0.2\sqrt{w_L}-3\geq 9 \tag{16. 6}$$

식 16.6의 좌변은 대리인이 이 회사에서 열심히 일함으로써 얻는 기대효용수준이고 우변은 타직장으로 옮길 경우 얻을 수 있는 유보효용수준이다. 식 16.6을 정리하면 식 16.7이 도출된다.

$$\text{개인합리성(IR)조건:}\quad 4\sqrt{w_H}+\sqrt{w_L}\geq 60 \tag{16. 7}$$

역진귀납법에 의하여 게임의 첫 단계로 거슬러 올라가자. 주인의 목표는 식 16.5와 식 16.7에 나타난 두 제약조건을 충족시킨다는 가정하에 자신의 기대이윤을 극대화하는 것이다. 주인이 자신의 기대이윤을 극대화하기 위해서는 위의 두 제약조건을 충족시키는 범위 내에서 가능한 한 낮은 임금을 대리인에게 지불해야 한다. 식 16.5와 16.7을 등호로 놓고 연립방정식을 풀면, $w_H^*=169$, $w_L^*=64$가 구해진다. 결론적으로 불완전정보하에서 성과급 계약은 다음과 같다.

"고수익(200만원)이 실현될 때에는 대리인에게 169만원을 지불하고,
저수익(40만원)이 실현될 때에는 대리인에게 64만원을 지불한다."

(16. 8)

표 16-1 정보 조건 및 유인 설계에 따른 자원배분의 비교

	노동자의 효용극대화 노력수준	기업의 기대이윤	자원배분의 성격
완전정보	$x=3$(근면)	24만원	파레토최적
불완전정보 (성과급)	$x=3$(근면)	20만원	차선해
불완전정보 (고정급)	$x=0$(태업)	−9만원	시장실패

임금계약 식 16.8은 대리인의 개인합리성 및 유인양립조건을 만족시키므로 대리인은 성과급계약을 수락한 다음 열심히 일할 유인을 갖는다. 또 주인의 기대이윤은 20만원(=0.8×(200−169)+0.2×(40−64))이므로, 주인은 대리인을 고용하여 기업활동을 할 유인을 갖는다. 결국 쌍무적인 성과급계약이 체결되는 것이다.

이상의 논의는 〈표 16−1〉에 요약되어 있다. 완전정보하에서 근로자는 열심히 일하고 기업의 이윤은 극대화되는 효율적인 자원배분이 달성된다. 이러한 의미로 완전정보하에서의 자원배분을 최선해(最善解, the first−best solution)이라고 부른다. 정보가 불완전할 경우, 고정급 계약을 체결한다면 대리인의 도덕적 해이로 인하여 기업 이윤은 −9만원이 되어 생산활동을 포기하는 편이 낫다. 대리인과 주인 모두가 최악의 사태를 맞게 된다. 유인설계의 핵심은 비록 정보가 불완전하더라도 성과에 의존하는 급여체계를 적절히 구성함으로써 근로자는 열심히 일하고 기업도 상당한 정도의 이윤을 기대할 수 있다는 것이다. 이 경우 자원배분은 시장실패보다는 우월하지만 최선책보다는 열등하다는 의미로 차선해(the second−best solution)이라고 할 수 있다. 차선해에서 기업의 기대이윤 20만원은 최선해에서 기대이윤 24만원보다 작으며, 이 차액 4만원은 정보의 불완전성으로 인하여 발생하는 정보비용 혹은 정보지대이다.

16.2.3 고정급이 성과급보다 우월한 경우

고정급이 성과급보다 우월한 경우

이제 모형을 조금만 바꿔 보자. 즉, 지배인이 태만할 경우 점포가 고수입(200만원)을 얻을 확률이 40%이고 저수입(40만원)을 얻을 확률이 60%라 가정하자. 앞에서는 지배인이 태만할 경우 고수입을 얻을 확률이 20%라고 가정했으므로, 본 항에서 지배인이 태만하더라도 고수입이 실현되는 '행운'을 누릴 가능성이 더 높아졌음에 유의하라.

주인이 지배인의 근무태도를 관찰할 수 있는 완전정보의 상황에서 자원배분을 살펴보자. 16.2.1항으로부터 우리는 지배인이 열심히 일하도록 유도하려면 최소한 144만원을 지급해야 하며, 지배인이 태만하더라도 다른 직장으로 떠나가지 않도록 하려면 최소한 81만원은 지불해야 함을 알고 있다. 만약 주인이 지배인에게 144만원을 지급하고 그 대가로 지배인이 열심히 일하는 경우 주인의 기대수익은 24만원($=0.8\times200+0.2\times40-144$)이다. 반대로 만약 주인이 지배인에게 81만원을 지급하고 그 대가로 지배인은 이 점포에서 일하기는 하되 태만할 경우 주인이 얻는 기대수익은 23만원($=0.4\times200+0.6\times40-81$)이 될 것이다. 결국 주인 입장에서 144만원을 지급하더라도 지배인이 열심히 일해 주는 편이 나으므로 최적계약은 식 16.3과 똑같은 형태를 갖게 된다.

이제 주인이 지배인의 근무태도를 관찰할 수 없는 불완전정보의 상황에서 유인계약을 설계해보자. 유인양립조건과 개인합리성조건을 16.2.2항의 분석방법을 적용하여 구하면 다음과 같다.

$$\text{유인양립(IC)조건:}\quad \sqrt{w_H}-\sqrt{w_L}\geq\frac{15}{2}$$

$$\text{개인합리성(IR)조건:}\quad 4\sqrt{w_H}+\sqrt{w_L}\geq60$$

주인의 입장에서 기대이윤을 극대화하기 위해서는 두 제약조건을 충족시키는 범위 내에서 가능한 한 낮은 보수를 대리인에게 지불해야 한다. 두 제약조건을 등호로 놓고 연립방정식을 풀면, $w_H^*=182.25$, $w_L^*=36$임을 알 수 있다. 그런데 이러한 유인계약하에서 주인의 기대이윤은 15만원($=0.8\times(200-182.25)+0.2\times$

(40−36))에 불과하게 된다. 이는 주인이 대리인에게 고정급 81만원을 지급할 경우 주인이 얻는 기대이윤 23만원보다 작다. 주인의 입장에서 성과급 유인계약까지 제공하면서 대리인을 열심히 일하도록 유도하려면 지나치게 많은 비용이 들므로 차라리 고정급 81만원을 지급하고 지배인이 태만하도록 놔두는 편이 낫다. 다시 말해서, 지배인이 태만하더라도 점포에서 고수익이 실현될 확률이 40%는 되기 때문에 주인의 입장에서 그 확률을 80%로 높이기 위하여 굳이 엄청난 성과급을 지급하는 것이 이득이 되지 않는다.

종합하면, 불완전정보하에서 차선 계약은 "생산량이 높거나(200만원) 낮거나(40만원) 상관없이 무조건 고정급 81만원을 지급한다."이다.

심지어 완전정보하에서도 고정급이 우월한 경우

이제 지배인이 태만할 경우 점포가 고수입(200만원)을 얻을 확률이 60%이고 저수입(40만원)을 얻을 확률이 40%라 가정하자. 이는 지배인이 열심히 일하든 태만하든 고수입 실현 확률에 큰 차이가 없음을 의미한다.

완전정보의 상황에서 주인은 지배인이 열심히 일하도록 유도하려면 최소한 144만원을 지급해야 하며, 지배인이 태만하더라도 다른 직장으로 떠나가지 않도록 하려면 최소한 81만원은 지불해야 한다. 만약 주인이 지배인에게 144만원을 지급하고 그 대가로 지배인이 열심히 일하는 경우 주인의 기대수익은 앞서 살펴본 바와 같이 24만원이 된다. 반대로 주인이 지배인에게 81만원을 지급하고 그 대가로 지배인은 이 점포에서 일하기는 하되 태만할 경우 주인이 얻는 기대수익은 55만원(=0.6×200+0.4×40−81)이 된다.

이는 심지어 주인이 대리인의 근무태도를 관찰할 수 있는 경우라도 81만원의 고정급여만 지불하고 태만하도록 놔두는 편이 나음을 의미한다. 이러한 결과는 직관적으로도 타당하다. 대리인이 열심히 일하든 태업하든 고수익을 거둘 확률에 별 차이가 없는데 굳이 엄청난 금액(144만원)을 줘가면서 근면노동을 유도할 필요가 없는 것이다. 정보가 완전한 상황에서 최적계약이 그럴진대 불완전정보의 상황에서는 말할 필요도 없이 고정급 81만원을 지급하고 태업하도록 놔두는 편이 낫다. 요약하면, 대리인의 근무태도에 관계없이 최적계약은 "생산량이 높거나 낮거나 상관없이 무조건 고정급 81만원을 지급한다."이다.

본절에서 알 수 있는 시사점은 다음과 같다. 대리인이 열심히 일하느냐 태만하게 근무하느냐가 회사의 수익이나 생산량에 큰 영향을 미치는 경우(16.2.2항에서 분석한 상황)에는 업무성과에 보수를 연동시키는 유인계약을 설계하여 대리인의 근면 노동을 유도해야 한다. 반면 대리인의 근무태도나 역량이 회사의 수익이나 생산량에 별 영향을 미치지 못하는 경우(16.2.3항에서 분석한 상황)에는 성과급 제도가 고정급 제도보다 열등할 수 있다. 현실에서 벤처기업처럼 핵심 임직원의 역량이나 노력 정도가 회사의 사활에 중요한 영향을 미치는 경우에는 스톡옵션(stock option)을 포함한 성과급 유인계약을 과감히 도입하는 경향이 있다. 반면 개개인의 역량이나 노력 정도가 회사나 팀의 성과에 큰 영향을 끼치지 못하는 전통적인 산업에서는 연공서열에 기반을 둔 고정급이 자주 관찰된다.

Practice 16-1

위험중립적인 가게주인이 효용함수 $U(w, x)=\sqrt{w}-x$ 및 유보효용수준 1단위를 갖는 점원을 고용하려고 한다. 점원은 성실근무($x=1$) 혹은 태만($x=0$) 중 하나를 선택한다. 매출은 $H=100$ 혹은 $L=20$ 중 하나로 실현된다. 매출 H가 실현될 확률은 점원이 성실하게 일할 경우 $\frac{6}{10}$이고 태만할 경우 $\frac{4}{10}$이다.

(1) 완전정보하의 최적 계약을 구하시오.

(2) 불완전정보하에서 유인계약을 구하시오.

Practice 16-2

위험중립적인 가게주인이 효용함수 $U(w, x)=w^{1/\gamma}-x$ (여기서 $\gamma>1$) 및 유보효용수준 1단위를 갖는 점원을 고용하려고 한다. 점원이 성실근무($x=1$) 혹은 태만($x=0$) 중 하나를 선택한다. 매출은 $H=100$ 혹은 $L=20$ 중 하나로 실현된다. 매출 H가 실현될 확률은 점원이 성실하게 일할 경우 $\frac{3}{4}$이고 태만할 경우 $\frac{1}{4}$이다.

(1) 완전정보하에서 주인이 대리인의 성실근무를 유도할 조건을 구하시오.

(2) 불완전정보하에서 유인계약을 구하시오

(3) 위 (2)에서 구한 결과를 대리인의 위험회피도와 연결하여 설명하시오.

Practice 16-3

가게주인이 점원을 고용하였다. 점원이 태만하면 수고비용이 들지 않으나 성실하게 일할 경우 1단위의 수고비용이 든다. 가게주인은 위험중립적이고 점원의 효용함수는 $U(w, x)=\sqrt{w}-c$ (여기서, w는 급여, c는 수고비용)이다. 점원의 유보효용은 2단위이다. 매출은 $L=10$, $M=30$, $H=50$ 중 하나로 실현된다. 점원이 태만할 경우 매출의 확률분포는 (0.6, 0.3, 0.1)이고 성실할 경우 매출의 확률분포는 (0.1, 0.3, 0.6)이라고 하자.

(1) 가게주인이 점원의 노력수준을 관찰할 수 있는 경우, 최적 계약을 구하라.

이제 가게주인이 점원의 노력수준을 관찰할 수 없다고 가정하자.

(2) 점원의 유인양립조건과 개인합리성조건을 구하라.

(3) 주인의 기대보수 극대화를 위한 성과급 체계를 구하라.

Practice 16-4

위험중립적인 벤처기업이 인공지능 전문가를 고용하려고 한다. 전문가가 태만하면 수고비용이 들지 않으나 성실하게 일할 경우 500단위의 수고비용이 든다. 전문가의 효용함수는 $U(w, x)=\sqrt{w}-x$ (여기서, w는 급여, x는 수고비용)이고 유보효용수준은 500단위이다. 매출은 $L=1$백만, $M=4$백만, $H=9$백만 달러 중 하나로 실현된다. 전문가가 태만할 경우 매출의 확률분포는 $\left(\frac{1}{2}, \frac{1}{4}, \frac{1}{4}\right)$이고 성실할 경우 매출의 확률분포는 $\left(\frac{1}{4}, \frac{1}{4}, \frac{1}{2}\right)$이라고 하자.

(1) 기업이 전문가의 노력수준을 관찰할 수 있는 경우 최적계약을 구하라.

(2) 기업이 전문가의 노력수준을 관찰할 수 없는 경우 성과급 체계 (w_L, w_M, w_H)를 구하라.

16.3 최적 계약: 위험분담과 유인제공

16.2절에서는 위험중립적 주인(식 16.1)과 위험회피적 대리인(식 16.2)을 상정하였다. 대리인의 행동이 주인에게 감춰진 불완전정보하에서 대리인이 위험회피적이라면 사회최적은 달성될 수 없다. 이유는 다음과 같다. 대리인이 위험

을 피하려는 성향을 지니고 있다면 대리인의 보수가 실현 수익에 지나치게 민감하게 의존하도록 설계되어서는 안 된다. 위험회피의 개념상 대리인은—기댓값이 동일하다면—위험이 낮은 계약을 선호할 터인데, 실현 수익과 연계하여 들쭉날쭉한 급여를 준다면 이를 상쇄할 만큼 후하게 줘야 근로계약을 수락할 것이다. 그러한 위험프리미엄의 지불은 당연히 주인의 이윤을 감소시킨다. 이를 위험분담(risk sharing)이라 부른다. 다른 한편, 대리인의 보수가 실현 수익과 무관하게 일정하다면 대리인은 열심히 일할 이유가 없다. 따라서 대리인의 근면을 유도하려면 급여를 실현 수익과 연계해야 한다. 이를 유인제공(incentive provision)이라 부른다. 위험회피적 대리인에 의한 도덕적 해이를 최소화하려면 위험분담과 유인제공 간의 상충을 고려하여 계약이 설계되어야 한다. 이 과정에서 다소의 사회적 비용 즉 비효율의 발생은 불가피하다.

만약 주인뿐 아니라 대리인도 위험중립적이라면 사회최적이 달성될 수 있다. 대리인이 노력수준 x단위를 투입하고 급여 w단위를 받을 경우 보수함수가—식 16.2가 아니라—식 16.9라고 하자.

$$U(w, x)=w-x \tag{16. 9}$$

주인의 보수함수인 식 16.1과 대리인의 보수함수인 식 16.9에 기댓값을 취한 다음 더하면 사회후생함수가 다음과 같이 도출된다.

$$EV+EU=E(y|x)-x \tag{16. 10}$$

식 16.10의 우변은 급여 w의 영향을 받지 않는 외생변수이다. 주인과 대리인이 급여를 서로 주고받아 사회적으로는 상쇄되기 때문이다. 대리인이 이 직장에 취직하여 $x=0$의 노력을 투입하도록 만들려면 유보효용수준 9단위에 해당하는 급여를 지불해야 한다. 따라서 $x=0$하에서 식 16.10의 우변은 63단위($=0.2\times 200+0.8\times 40-9$)이다. 다른 한편, 대리인이 $x=3$의 노력을 투입하도록 유도하려면 12단위(유보효용수준 9단위와 노동비용 3단위를 합친 값)의 급여를 지불해야 하는데, 이 경우 식 16.10의 우변은 156단위($=0.8\times 200+0.2\times 40-12$)이다. 후자가 전자보다 크므로 사회최적 자원배분은 대리인이 $x=3$의 노력을 투입하는 것이다.

사회최적 노력투입 $x=3$은 어떠한 사적 계약에 의해 달성가능한가? 고수익이 나건 저수익이 나건 주인에게 항상 일정한 보수 즉 지대(rent) ρ단위를 지불하는 계약이 바로 그것이다. 대리인도 위험중립적이라면 위험분담효과는 무시하고 유인제공효과만 고려하면 되므로 모든 위험을 대리인이 지도록 하면 된다. 그러한 지대계약하에서 대리인의 기대보수함수 $EU(x)=E(y|x)-x-\rho$ 극대화 문제는 사회후생함수인 식 16.10의 극대화 문제와 사실상 일치한다. 즉, 사회후생 극대화 문제의 해가 $x=3$일진대, 지대계약하에서 대리인의 기대보수를 극대화하는 노력투입량 역시 $x=3$이다.

최적계약하에서 주인이 받는 지대 ρ를 구해보자. 위험중립적 대리인의 기대보수는 다음 개인합리성조건 및 유인양립조건을 충족해야 한다.

$$[IR]\ 0.8(200-\rho)+0.2(40-\rho)-3\geq 9 \quad (16.11a)$$

$$[IC]\ 0.8(200-\rho)+0.2(40-\rho)-3\geq 0.2(200-\rho)+0.8(40-\rho)-0 \quad (16.11b)$$

식 16.11b는 항상 성립하며 식 16.11a로부터 $\rho^{*}=156$단위가 구해진다. 즉, 고수익이 나건 저수익이 나건 주인은 항상 156단위를 가져가며 모든 위험을 대리인이 부담하는 지대계약을 체결함으로써 사회최적 자원배분이 달성된다.

16.2절과 본절의 논의를 요약하면 다음과 같다. 첫째, 주인이 대리인의 노력수준을 관찰할 수 있는 완전정보하에서는 대리인의 위험성향과 무관하게 '일한만큼 보상함으로써' 사회최적을 달성할 수 있다. 둘째, 불완전정보하에서 주인은 위험중립적인 반면 대리인은 위험회피적인 경우, 위험분담과 유인제공의 상충으로 인하여 사회후생 손실이 발생한다. 셋째, 불완전정보하에서라도 주인과 대리인이 둘 다 위험중립적이라면, 지대계약을 체결함으로써 사회최적이 달성된다.

이제 다시 본론으로 돌아가서, 주인이 대리인의 노력수준을 관찰할 수 없는 불완전정보하에서 주인은 위험중립적인데 대리인은 위험회피적인 상황을 상정하자. 관찰가능한 성과가 관찰불가능한 노력수준과 확률적으로 유의미한 관계를 갖는다면, 주인은 실현된 성과에 연계하여 차등 지급하는 성과급 계약을 설계함으로써 도덕적 해이를 줄이고 효율성을 높일 수 있다. (16.2절 16.2.2항) 반면 대리인의 노력이 성과에 미치는 확률적 영향이 그다지 크지 않은 경우, 대리인의 열심을 유도하기 위해서 제공해야 하는 인센티브가 과도하여 차라리 고정급을 주는 편이 나을 수도 있다. (16.2.3항) 어떤 경우건 위험분담과 유인제공 간의 상충으로 인하여 다소의 사회적 비효율성은 불가피하다. 이를 차선해 혹은 제한최적(the constrained optimum)이라 부르며, 사회최적과 차선해의 괴리로 인해 주인이 부담하는 암묵적 비용을 정보비용(information cost)이라 부른다.

16.4 일반화된 대리인 모형[2]

대리인은 노력 $x=e_H$나 e_L 중 하나를 선택한다(여기서 $e_H>e_L$). 수익 y는 구간 $[\underline{y}, \overline{y}]$ 사이의 값을 취하는 연속적 확률변수이다. 대리인이 x단위의 노력을 투입했다고 할 때 수익은 확률밀도함수 $f(y|x)$를 따라 실현된다. 여기서 우리는 $f(y|e_H)$가 $f(y|e_L)$보다 제1차 확률우위에 있다고 가정한다. 이것은 대리인이 e_H의 노력을 투입할 경우 일정 수준 이상의 수익을 얻을 확률이 e_L의 노력을 투입할 경우 동일 액수 이상의 수익을 얻을 확률보다 높다는 설득력 있는 가정이다.[3]

대리인과 주인의 효용함수는 각각 다음과 같다고 하자.

$$U(w, x)=u(w)-x \quad (16.12)$$

$$V(y, w)=y-w \quad (16.13)$$

여기서 w는 임금수준이며 x는 노력수준을 나타낸다. 대리인이 외부에서 보장받을 수 있는 유보효용수준을 $\underline{U}$라고 하자. 식 16.13은 주인이 위험중립적임을 뜻한다.

본절에서는 대리인이 근면(e_H)하게 일하는 것이 사회최적인 상황을 분석대상으로 한다. 만일 사회최적 노력수준이 태만(e_L)이라면 대리인이 열심히 일하도록 유도할 필요가 없으므로 분석대상으로서의 흥미를 상실한다.

---

2 본절은 16.2절과 16.3절을 일반화한 모형을 다루지만 개념과 원리는 동일하므로 엄밀한 분석에 관심이 적은 독자는 건너뛰어도 무방하다.

3 확률우위의 개념에 대해서는 부록 A.3을 참조.

16.4.1 완전정보하의 자원배분

대리인의 노력투입량이 e_H인지 e_L인지 주인이 확실히 관찰할 수 있다면 어떠한 자원배분이 달성되겠는가? 이 경우 주인은 다음과 같은 임금체계를 대리인에게 제시함으로써 근면을 유도할 수 있다.

"대리인이 e_H의 노력을 투입하면 생산량에 상관없이 $u^{-1}(\underline{U}+e_H)$를 지급하고, e_L의 노력을 투입하면 생산량에 상관없이 $u^{-1}(\underline{U}+e_L)$ 미만을 지급한다."

위 임금계약하에서 대리인은 열심히 일하는 것이 최선이다. 열심히 일하는 대리인은 e_H단위의 비효용을 감수해야 하지만 $u^{-1}(\underline{U}+e_H)$원의 임금을 받는다. 이때 대리인은 $\underline{U}$단위$(=u[u^{-1}(\underline{U}+e_H)]-e_H)$의 효용을 얻을 것이므로 현직장에서 일할 유인을 갖는다. 반면 태업하는 대리인은 e_L단위의 수고비용을 감수하지만 $u^{-1}(\underline{U}+e_L)$ 미만의 임금을 받으므로 결국 $\underline{U}$ 미만의 효용을 얻게 된다. 결국 대리인에게는 현직장에서 열심히 일하는 것이 타직장으로 옮기거나 현직장에서 태업하는 것보다 낫다.

대리인이 열심히 일한다는 가정하에 수익은 확률분포 $f(y|e_H)$에 따라 결정된다. 주인의 기대이윤은 다음과 같다.

$$EV(y,\, u^{-1}(\underline{U}+e_H)\,|\,e_H)=\int_{\underline{y}}^{\bar{y}}[y-u^{-1}(\underline{U}+e_H)]f(y|e_H)dy$$
$$=E(y|e_H)-u^{-1}(\underline{U}+e_H) \qquad (16.\ 14)$$

여기서 $E(y|e_H)\equiv\int_{\underline{y}}^{\bar{y}}yf(y|e_H)dy$는 대리인이 e_H의 노력을 투입한다는 가정하에 생산되는 총수익의 기댓값이다. 완전정보하에서 주인은 대리인의 행동에 의존하는 임금체계를 설계함으로써 대리인이 열심히 일하도록 유도할 수 있다. 주인이 얻는 기대이윤은 대리인이 열심히 일함으로써 산출되는 평균수입에서 대리인에게 지불하는 보수를 뺀 액수이다. 요약하면, 완전정보하에서는 최적 자원배분이 달성된다.

16.4.2 불완전정보하의 유인설계

불완전정보하에서 주인은 대리인의 노력수준 x를 관찰할 수 없고 다만 실현된 최종수익 y만을 관찰할 수 있다. 그런데, 관찰가능한 수익금액은 관찰불가능한 대리인의 노력수준과 확률적으로 밀접한 관계를 가지므로 주인은 실현된 수익금액에 따라 임금을 차등지급하는 성과급을 적용함으로써 효율성을 높일 수 있다.

그림 16-2 일반화된 주인-대리인 모형의 전개형게임

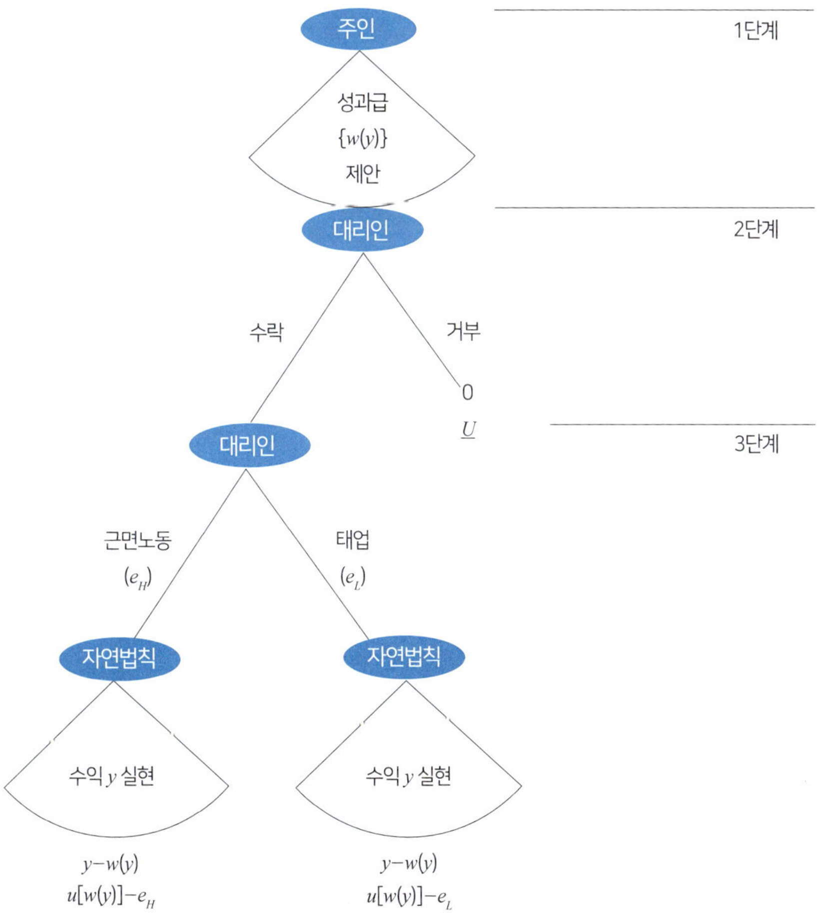

이와 같은 상황은 〈그림 16-2〉의 전개형게임으로 묘사된다. 첫 단계에서 주인은 성과 y에 의존하는 임금계약 $w(y)$를 제시한다. 둘째 단계에서 대리인은 주인이 제안한 임금계약을 거부하든지 수락한다. 여기서 대리인은 자신의 유보효용 $\underline{U}$보다 높은 기대보수를 가져다 주는 계약만을 수락할 것이다(개인합리성조건). 셋째 단계에서 대리인은 근면(e_H) 혹은 태업(e_L)을 선택한다. 최종수익액은 대리인의 노동투입량과 확률적 우연요인에 의하여 복합적으로 결정된다. 대리인의 근면노동을 유도하기 위해서는 대리인이 열심히 일함으로써 얻게 될 기대보수가 태만함으로써 얻게 될 기대보수보다 커야 한다(유인양립조건). 결국 주인-대리인 문제는 대리인의 유인양립조건 및 개인합리성조건을 동시에 충족시킨다는 제약하에 주인이 자신의 기대이윤을 극대화하는 문제이다.

먼저 유인양립조건을 수식으로 표현하면 식 16.15와 같다.

$$\begin{aligned} EU(w(y),\ e_H) &= \int_{\underline{y}}^{\bar{y}} u[w(y)]f(y \mid e_H)dy - e_H \\ &\geq \int_{\underline{y}}^{\bar{y}} u[w(y)]f(y \mid e_L)dy - e_L = EU(w(y),\ e_L) \end{aligned} \qquad (16.\ 15)$$

식 16.15의 윗 줄은 열심히 일할 경우 대리인의 기대효용수준이고 아랫 줄은 태만하게 일할 경우 대리인의 기대효용수준이다.

개인합리성 조건은 다음과 같다.

$$EU(w(y),\ e_H) = \int_{\underline{y}}^{\bar{y}} u[w(y)]f(y \mid e_H)dy - e_H \geq \underline{U} \qquad (16.\ 16)$$

식 16.16에서 부등호의 좌변은 대리인이 이 회사에서 열심히 일할 경우 얻게 될 기대효용수준이고 우변은 대리인이 현직장을 떠나더라도 얻을 수 있는 유보효용수준이다.

이제 역진귀납법에 의하여 게임의 첫 단계로 거슬러 올라가자. 현시원리에 의하여 주인의 목표는 식 16.15와 식 16.16 두 제약조건을 충족시킨다는 가정하에 자신의 기대이윤을 극대화하는 것이다.

$$\underset{\{w(y)\}}{\text{극대화}} : EV(w(y),\ e_H) = \int_{\underline{y}}^{\bar{y}} [y - w(y)]f(y \mid e_H)dy \qquad (16.\ 17a)$$

제약조건 :

$$[\text{IR}]\ \int_{\underline{y}}^{\bar{y}} u[w(y)]f(y \mid e_H)dy - e_H \geq \underline{U} \qquad (16.\ 17\text{b})$$

$$[\text{IC}]\ \int_{\underline{y}}^{\bar{y}} u[w(y)]f(y \mid e_H)dy - e_H \geq \int_{\underline{y}}^{\bar{y}} u[w(y)]f(y \mid e_L)dy - e_L \qquad (16.\ 17\text{c})$$

주인은 기대이윤을 극대화하기 위해서 두 제약조건을 충족시키는 범위 내에서 가능한 한 낮은 임금을 대리인에게 지불하므로 식 16.17b와 식 16.17c 모두 등호로 성립한다.[4]

대리인이 위험중립적인 경우

주인과 대리인이 모두 위험중립적이라면 불완전정보하에서도 사회최적 자원배분을 달성할 수 있다. 주인은 실현 수익 y에 상관없이 항상 일정한 지대(rent) ρ원을 갖고 나머지 $(y-\rho)$를 전부 대리인이 갖는 지대계약(地代契約, rent contract)을 체결함으로써 최적 노력수준을 유도할 수 있다.

대리인이 위험중립적이라는 것은 대리인의 효용함수가 $U(w,\ x)=w-x$의 형태를 갖는다는 것을 뜻하므로, 대리인의 기대효용은 식 16.18로 표현된다.

$$EU(w(y),\ e_H)=\int_{\underline{y}}^{\bar{y}} w(y)f(y \mid e_H)dy - e_H \qquad (16.\ 18)$$

식 16.17a의 EV는 대리인이 e_H의 노력을 투입한다는 가정하에 주인이 얻는 기대이윤을 나타낸 것이었다. 식 16.18의 EU는 위험중립적인 대리인이 e_H의 노력을 투입한다는 가정하에 대리인이 얻는 기대보수이다. 두 함수 $EV(\cdot)$와 $EU(\cdot)$를 합하면 다음 식을 얻는다.

$$EV(\cdot)+EU(\cdot)=E(y \mid x)-x \qquad (16.\ 19)$$

주어진 노력수준 x하에서 식 16.19의 우변은 외생변수이므로, 주인과 대리인의 기대보수의 합은 일정하다. 주인에게 생산량에 상관없이 항상 일정한 지대

4 연습문제 16-1이나 16-4에서처럼 코너해(corner solution)을 갖는 경우 IR이나 IC 중에 하나가 부등호로 성립할 수 있다. 본절에서는 분석의 편의상 최적화 문제 16.17a~c가 항상 내부해(interior solution)를 갖는다고 가정하고 논의를 진행한다.

ρ를 지불한다면, 사회 전체의 후생 극대화 문제와 대리인 개인의 효용 극대화 문제는 정확히 일치한다. 다시 말해서, 사회최적 노력수준인 e_H가 곧 대리인의 효용 극대화 문제의 답이 되는 것이다.

그렇다면 주인과 대리인이 모두 위험중립적일 때 최적 자원배분을 달성케 해 주는 지대 ρ의 크기는 얼마인가? 개인합리성조건 IR이 등호로 성립해야 하므로 식 16.20과 같다.

$$\int_{\underline{y}}^{\bar{y}} (y-\rho)f(y\,|\,e_H)dy - e_H = \underline{U}$$
$$\rho^* = E(y\,|\,e_H) - e_H - \underline{U} \tag{16. 20}$$

주인과 대리인이 모두 위험중립적인 경우, 주인에게 생산량 y와 무관하게 식 16.20에 나타난 ρ^*단위의 지대를 지불하고 나머지 $(y-\rho^*)$를 모두 대리인이 갖는 것이 최적이다. 즉, 위험중립적인 대리인이 모든 위험을 지고 주인은 위험에 전혀 노출되지 않도록 지대계약을 맺음으로써 사회최적 자원배분인 대리인의 근면노동을 유도할 수 있다. 현실 예시로 주인이 일정한 값을 받고 대리인에게 사업권이나 프로젝트를 완전히 매각하는 턴키(turn-key) 방식을 들 수 있다.

: 대리인이 위험회피적인 경우

주인과 대리인 간에 비대칭적 불완전정보가 존재하는 상황에서 위험회피적 대리인의 도덕적 해이를 방지하는 계약은 위험분담과 유인제공 간에 존재하는 상충을 최소화하는 계약이다. 이 설계 과정에서 다소의 사회적 비용이 발생하게 된다.

식 16.17a~c의 극대화 문제에서 주인의 목표는 개인합리성 및 유인양립 조건이 충족되는 범위 내에서 자신의 기대이윤 EV를 극대화해 주는 성과급 보수체계 $\{w(y)\}_{\underline{y}\le y\le \bar{y}}$를 선택하는 것이다. 극대화 문제를 풀기 위하여 라그랑지 함수를 구성하면 식 16.21과 같다.

$$\begin{aligned}\mathcal{L} &= \int (y-w(y))f(y\,|\,e_H)dy \\ &\quad + \lambda\left[\int u(w(y))f(y\,|\,e_H)dy - e_H - \underline{U}\right] \\ &\quad + \mu\left[\int u(w(y))f(y\,|\,e_H)dy - e_H - \int u(w(y))f(y\,|\,e_L)dy + e_L\right]\end{aligned} \tag{16. 21}$$

여기서 λ와 μ는 라그랑지 승수(Lagrangian multipliers)이다. 극대화의 일계조건은 라그랑지 함수 $\mathcal{L}$을 선택변수인 $w(y)$에 대하여 미분한 값이 0이어야 한다는 것이다. 즉, 어떠한 y에 대해서도(point-wise) 식 16.22가 성립해야 한다.

$$\frac{d\mathcal{L}}{dw(y)}=-f(y|e_H)+\lambda u'(w(y))f(y|e_H)$$
$$+\mu[u'(w(y))f(y|e_H)-u'(w(y))f(y|e_L)]=0$$

혹은

$$\frac{1}{u'(w(y))}=\lambda+\mu\left[1-\frac{f(y|e_L)}{f(y|e_H)}\right] \tag{16. 22}$$

식 16.22는 유인설계에서 중요한 의미를 갖는다. 앞에서 직관적으로 설명한 바와 같이 두 제약조건 IR과 IC는 모두 등호로 성립해야 한다. 이는 수학적으로 라그랑지 승수 λ와 μ가 모두 양(+)이어야 함을 의미한다.

정리 16-1

승수 λ와 μ는 모두 양(+)의 값을 갖는다.

증명 라그랑지 승수는 음(−)수가 될 수 없음을 유의하라. 따라서 두 승수 중에 하나라도 0이라면 모순이 발생함을 보이고자 한다.

승수 $\lambda=0$이라고 하자. 우리는 대리인이 e_H의 노력을 투입할 때 일정량 이상의 생산량이 생산될 확률이 e_L의 노력을 투입할 때의 그것보다 높다고 가정하였다. 즉, $f(y|e_H)$는 $f(y|e_L)$보다 1차확률우위에 있다고 가정하였다. 이는 $f(y|e_L)>f(y|e_H)$가 성립하는 y의 영역이 반드시 존재함을 의미한다. 그러나, 이 경우 식 16.22의 우변이 음(−)수가 되므로 한계효용이 양(+)이어야 한다는 효용함수의 기본 가정에 모순된다. 그러므로, 승수 λ는 0일 수 없고 양(+)이어야 한다.

만일 승수 $\mu=0$이라고 하자. 이 경우 식 16.22의 우변이 상수가 되므로 좌변도 역시 상수여야 한다. 이는 임금체계 $w(y)$가 생산량 y에 무관하게 일정해야 함을 뜻한다. 임금이 생산량에 상관없이 항상 일정하게 고정급으로 주어진다면, 대리인에게는 열심히 일할 이유가 없다. 이는 식 16.22가 대리인의 근면노동을 유발하는 주인의 최적화 문제로부터 도출되었다는 사실과 모순된다. ■

식 $\frac{1}{u'(\hat{w})}=\lambda$를 만족하는 임금수준을 $\hat{w}$라 놓자. 우리는 식 16.22로부터 성과급 체계가 다음의 성질을 갖추어야 함을 알 수 있다.

"조건 $f(y|e_H)>f(y|e_L)$을 만족하는 y의 영역에서 $w(y)>\hat{w}$이며,
조건 $f(y|e_H)<f(y|e_L)$을 만족하는 y의 영역에서 $w(y)<\hat{w}$이다."

균형상태에서 확률분포와 성과급체계 간에 존재하는 위의 관계는 직관적이다. 실제 생산량이 대리인의 근면노동의 결과로 실현되었을 가능성보다 태만의 결과로 실현되었을 가능성이 높다면 $\hat{w}$ 보다 낮은 임금을 지급한다. 반대로, 실제 생산량이 대리인의 태만의 결과로 실현되었을 가능성보다 근면노동의 결과로 실현되었을 가능성이 높다면 $\hat{w}$ 보다 높은 임금을 지급한다. 주인은 실제성과로부터 어떠한 통계적 추론도 하지 않는다. 주인은 균형상태에서 대리인이 일을 열심히 하리라는 사실을 이미 알고 있다. 그럼에도 불구하고 성과에 따라 차등임금을 지급하는 것은 유인 제공을 위한 불가피한 수단이다.

식 16.22에 제시된 성과급 체계하에서 대리인이 얻는 기대효용은 유보효용수준 $\underline{U}$와 일치한다. 이는 대리인이 받는 임금의 평균치가 완전정보하에서 대리인이 받는 임금 $u^{-1}(\underline{U}+e_H)$보다 큼을 의미한다. 대리인이 열심히 일했음에도 불구하고 낮은 생산량이 실현되어 낮은 임금이 지급될 가능성이 있다. 이는 위험회피자인 대리인의 입장에서 볼 때 완전정보하에서라면 감수하지 않아도 될 위험을 져야 함을 뜻한다. 그런데 주인은 대리인에게 $\underline{U}$의 기대효용을 보장해 주어야 하므로 완전정보하에서보다 평균임금을 더 지불하는 수밖에는 다른 방도가 없다. 이상의 논의를 종합하면 정리 16-2로 요약된다.

정리 16-2

주인은 위험중립적이고 대리인은 위험회피적인 불완전정보하의 주인-대리인문제를 고려하자. 대리인의 근면(e_H)을 유발하는 계약은 식 16.22를 만족하는 성과급 체계이다. 이 계약하에서 대리인은 유보효용수준 $\underline{U}$만큼의 기대효용을 얻는다. 주인과 대리인은 위험을 분담하며, 정보의 불완전성으로 인한 사회후생의 손실이 초래된다.

식 16.22에 나타난 성과급 체계의 특이한 점은 대리인에게 지불하는 임금이 성과 y에 따라 단조증가(單調增加, monotonically increasing)하지 않을 수도 있다는 것이다. 예컨대, 실제 성과가 100일 때 대리인에게 50의 임금을 지불하고 실제 성과가 150일 때 35의 임금을 지불하는 유인계약이 존재할 수도 있다. 직관적으로 받아들이기 힘든 이러한 비단조성(非單調性)을 배제하기 위해서는 확률분포에 대한 추가적인 가정이 도입되어야 한다. 노벨상 수상자 밀그롬(Milgrom 1981)이 제시한 단조 우도비율 조건(單調 尤度比率 條件, monotone likelihood ratio condition, MLRC)이 바로 그것이다.

MLRC : 우도비율 $\dfrac{f(y|e_L)}{f(y|e_H)}$이 생산량 y에 대하여 감소한다.

이는 대리인이 열심히 일했을 경우 y만큼 생산되었을 확률이 대리인이 태업했을 경우 y만큼 생산되었을 확률에 비하여 생산량 y가 커질수록 상대적으로 더 큰 비율로 증가한다는 가정이다.

Practice 16-5

연습문제 16-3에서 점원의 노력에 따른 매출 확률분포가 단조우도비율 조건을 충족하는지 점검하고 항목 (3)에서 구한 성과급 체계와 연결하여 설명하라.

16.5절부터는 한 명의 주인과 여러 명의 대리인 간의 관계를 분석한다. 먼저 16.5절에서는 두 명 이상의 대리인이 존재하는 상황에서 그들 간에 승진 토너먼트를 시행함으로써 도덕적 해이를 해결할 수 있음을 살펴보고자 한다. 16.6절에서는 공동생산체제에서 개인의 노력투입량이 관찰될 수 없기 때문에 발생하는 도덕적 해이를 분석한다.

16.5 토너먼트 경쟁

본절에서는 토너먼트(tournament) 방식의 승진 혹은 성과급제도가 어떻게 도덕적 해이를 줄이고 기업 효율성을 높일 수 있는지 살펴본다. 연공서열이 비슷하고 위험중립적인 두 명의 사원이 근무하고 있다. 게임의 첫 단계에서 고용주는 토너먼트식 급여제도 (w_H, w_L)의 시행을 공표한다. 두 사원 중에 높은 성과를 낸 사람에게 w_H를 지불하고 낮은 성과를 낸 사람에게 w_L을 지불하는 제도이다. 이 제도가 두 사원에게 알려진 상태에서 각자는 노력을 투입한다. 사원i가 x_i의 노력수준을 투입할 때 드는 노동비용은 $c_i(x_i)=\frac{1}{2}(x_i)^2$단위라 하자. 또 이 회사 사원이 타직장에서도 얻을 수 있는 유보효용을 $\underline{u}$라 놓자(여기서, $\underline{u}<\frac{1}{2}$). 사원$i$의 성과 y_i는 그가 투입한 노력수준 x_i와 불가항력적인 우연적 요인에 의하여 식 16.23과 같이 결정된다고 하자.

$$y_i=x_i+\varepsilon_i \tag{16. 23}$$

우연적 요인을 나타내는 확률변수 ε_i는 평균이 0인 확률밀도함수 $f(\varepsilon_i)$, 누적확률분포함수 $F(\varepsilon_i)$를 따른다고 가정하자. 따라서 사원i가 x_i의 노력수준을 투입할 때 생산되는 생산물가치의 기댓값은 x_i단위이다.

16.5.1 완전정보하의 자원배분

회사가 두 사원의 노력투입량을 정확히 관찰할 수 있는 상황을 고려하자. 회사의 목표는 사원들이 타직장으로 떠나지 않으면서 회사의 기대이윤을 극대화해주는 노력을 투입하도록 하는 것이다. 사원이 현직장에서 x단위의 근무노력을 투입하도록 만들기 위해서 지불되어야 하는 최소한의 급여수준은 $\underline{u}+\frac{1}{2}x^2$이다. 한 명의 사원이 x단위의 노력을 투입할 때 생산되는 수익의 기댓값은 x임을 기억하라. 회사의 목표는 다음과 같다.

$$\text{극대화} \quad EV=2(x-w) \tag{16. 24a}$$

$$\text{제약조건:}\quad w \geq \underline{u} + \frac{1}{2}x^2 \qquad (16.\ 24b)$$

식 16.24b를 식 16.24a에 대입하면 회사의 기대이윤 EV를 노력수준 x만의 함수로 표현할 수 있다. 일계조건으로부터 회사의 기대이윤을 극대화해 주는 값을 구하면 $\hat{x}=1$단위이다. 개별 사원이 1단위의 노력을 투입하도록 만들기 위하여 지불해야 하는 급여수준은 식 16.24b에 의하여 $\left(\underline{u}+\frac{1}{2}\right)$단위이다.

완전정보하에서 회사는 식 16.25와 같은 급여계약을 제시함으로써 자신의 이윤을 극대화할 수 있다.

"노력 1단위 이상을 투입한 사원에게는 $\left(\underline{u}+\frac{1}{2}\right)$의 급여를 지불하고,
1단위 미만의 노력을 투입한 사원에게는 0의 급여를 지불한다."

(16. 25)

현직장에서 1단위의 노력을 투입할 경우 개별사원은 $\left(\underline{u}+\frac{1}{2}\right)$의 급여를 받고 $\frac{1}{2}$단위의 노동비용을 감수해야 하므로 최종적으로 $\underline{u}$의 효용을 얻는다. 이는 유보효용수준과 일치하므로 사원은 타직장으로 옮길 이유가 없다. 식 16.25의 계약하에서 회사가 얻는 기대이윤은 $(1-2\underline{u})$이다. 우리는 앞에서 $\underline{u}<\frac{1}{2}$라고 가정하였으므로, 회사의 기대이윤은 양(+)이고 사원들을 고용할 유인이 있다.

완전정보하의 급여계약과 개별 사원의 노력투입량 $\hat{x}=1$은 사회적 효율성을 극대화해주는 파레토최적 자원배분이다. 사원 개인이 x단위의 노력을 투입하고 있는 상황에서 한 단위의 노력을 추가로 투입한다면 평균 생산물가치는 한 단위만큼 추가로 증가한다. 즉, 노력 한 단위의 사회적 한계편익(social marginal benefit)은 1단위이다. 반면에 사원이 한 단위의 노력을 추가로 투입할 경우 추가로 들여야 하는 노동비용은 $\frac{1}{2}x^2$의 미분값인 x단위이다. 즉, 노력 한 단위의 사회적 한계비용은 x단위이다. 사회적으로 가장 바람직한 자원배분은 한계편익과 한계비용이 일치하는 수준에서 결정되는 노력투입량 $\hat{x}=1$이다. 요약하면, 완전정보하에서는 사회적 최적 노력수준이 투입되어 어떠한 후생손실도 발생하지 않는다.

16.5.2 불완전정보하의 유인계약

회사는 사원들의 노력수준 (x_1, x_2)를 관찰할 수 없고 성과 (y_1, y_2)만 관찰가능한 상황을 고려하자. 이 게임은 크게 두 단계로 구성되므로 역진귀납법을 적용하여 부분게임완전균형을 구한다. 먼저 주어진 급여제도하에서 사원들이 자신의 노력수준을 결정하는 두 번째 단계의 부분게임을 고려하자.

유인양립 조건

만일 사원1의 성과 y_1이 경쟁자인 사원2의 성과 y_2보다 높을 경우 사원1은 w_H의 급여를 받고, 반대의 경우에는 w_L의 급여를 받는다. 그런데, 사원1의 성과가 사원2의 성과보다 높을 확률과 낮을 확률은 각각 $\Pr(y_1 > y_2)$ 및 $\Pr(y_1 < y_2)$이다. 사원1의 기대효용을 구하기 위해서는 급여수준에서 사원1이 노력수준 x_1을 투입함으로써 드는 노동비용 $\frac{1}{2}(x_1)^2$을 빼야 한다. 결국 사원1의 목표는 식 16.26에 나타난 기대효용을 극대화하는 것이다.

$$\begin{aligned} EU_1(x_1) &= w_H \Pr(y_1 > y_2) + w_L \Pr(y_1 < y_2) - \frac{1}{2}(x_1)^2 \\ &= w_L + (w_H - w_L)\Pr(y_1 > y_2) - \frac{1}{2}(x_1)^2 \end{aligned} \tag{16. 26}$$

사원1의 기대효용을 극대화하는 노력수준 x_1^*는 식 16.26를 선택변수인 x_1에 대하여 미분한 값을 0으로 놓음으로써 구해진다.

$$\frac{dEU_1}{dx_1} = (w_H - w_L)\frac{d\Pr(y_1 > y_2)}{dx_1} - x_1^* = 0 \tag{16. 27}$$

식 16.27의 우변에 있는 $\frac{d\Pr(y_1 > y_2)}{dx_1}$가 무엇인지를 구해 보자. 식 16.23을 대입하여 확률 $\Pr(y_1 > y_2)$을 계산하면 다음과 같다.

$$\begin{aligned} \Pr(y_1 > y_2) &= \Pr\{x_1 + \varepsilon_1 > x_2 + \varepsilon_2\} \\ &= \Pr\{\varepsilon_1 > x_2 - x_1 + \varepsilon_2\} \end{aligned}$$

$$= \int_{\varepsilon_2} \Pr\{\varepsilon_1 > x_2 - x_1 + \varepsilon_2 \mid \varepsilon_2\} f(\varepsilon_2) d\varepsilon_2$$

$$= \int_{\varepsilon_2} [1 - F(x_2 - x_1 + \varepsilon_2)] f(\varepsilon_2) d\varepsilon_2 \qquad (16.\ 28)$$

여기서, 가정에 의하여 $f(\cdot)$와 $F(\cdot)$는 평균이 0인 분포의 확률밀도함수 및 누적확률분포이다. 식 16.28의 둘째 행에서 셋째 행으로 넘어가는 과정은 베이즈법칙을 적용한 것이다. 식 16.28을 x_1에 대하여 미분하면 식 16.29를 얻는다.

$$\frac{d\Pr(y_1 > y_2)}{dx_1} = \int_{\varepsilon_2} f(x_2 - x_1 + \varepsilon_2) f(\varepsilon_2) d\varepsilon_2 \qquad (16.\ 29)$$

식 16.29를 식 16.27에 내입한 다음 균형의 대칭성 $x_1^* = x_2^* = x^*$를 대입하면 식 16.30이 도출된다.

$$(w_H - w_L) \int_{\varepsilon_2} \{f(\varepsilon_2)\}^2 d\varepsilon_2 = x^* \qquad (16.\ 30)$$

식 16.30은 주어진 급여제도 (w_H, w_L)하에서 개별 대리인(사원)이 기대효용을 극대화하기 위하여 충족시켜야 하는 유인양립(IC)조건이다.

개인합리성 조건

사원 개인은 균형상태에서 얻는 기대효용이 유보효용수준 $\underline{u}$를 초과해야만 현직장에서 일할 동기를 갖는다. 그런데, 대칭적 균형 상태에서 두 사원은 똑같은 노력수준 x^*를 투입할 것이고 개인의 성과를 결정하는 확률적 요인도 동일한 분포를 따르므로, 사원1의 성과가 사원2의 성과를 능가할 확률은 정확히 반반이다. 그러므로 개인합리성 조건은 식 16.31을 의미한다.

$$\frac{1}{2} w_H + \frac{1}{2} w_L - \frac{1}{2}(x^*)^2 \geq \underline{u} \qquad (16.\ 31)$$

토너먼트 설계

이제 역진귀납법과 현시원리에 의하여 첫 단계로 거슬러 올라가자. 회사는 급여체계 (w_H, w_L)하에서 두 사원이 각기 유인양립조건(식 16.30)과 개인합리성조건(식 16.31)을 만족하는 노력수준을 선택할 것임을 예측할 수 있다. 따라서 회사의 목표는 두 제약조건하에서 자신의 기대이윤을 극대화하는 것이다. 그런데, 기대이윤은 두 사원에 의하여 생산된 총수익에서 두 사원에게 지불하는 급여를 차감한 액수의 기댓값이다.

$$\begin{aligned} EV(w_H, w_L) &= E[y_1 + y_2 - (w_H + w_L)] \\ &= x_1 + x_2 - (w_H + w_L) \\ &= 2x^* - (w_H + w_L) \end{aligned} \tag{16. 32}$$

식 16.32의 첫째 줄에서 둘째 줄로 넘어가는 과정은 식 16.23의 양변에 기대치를 취함으로써 구해진다. 둘째 줄에서 셋째 줄로 넘어가는 과정에서는 균형의 대칭성 $x_1 = x_2 = x^*$를 가정하였다.

결국 회사의 기대이윤 극대화 문제는 다음과 같다.

극 대 화: $EV(w_H, w_L) = 2x^* - (w_H + w_L)$

제약조건: [IC] $x^* = (w_H - w_L)\lambda$ (여기서, $\lambda = \int_\varepsilon [f(\varepsilon)]^2 d\varepsilon$)

[IR] $\frac{1}{2} w_H + \frac{1}{2} w_L - \frac{1}{2}(x^*)^2 \geq \underline{u}$

개인합리성(IR) 조건을 등호로 놓고 목적함수 EV에 대입하면, 회사의 기대이윤함수 $EV(x^*) = 2x^* - (x^*)^2 - 2\underline{u}$가 사원의 노력투입량 x^*의 함수로 표현된다. 회사의 기대이윤함수를 미분하여 0으로 놓으면, 제약조건하에서 회사의 기대이윤을 극대화해 주는 사원의 노력투입량 $x^* = 1$이 구해진다. 이것을 다시 두 제약조건 IC와 IR에 대입하고 연립방정식을 세운 다음 해를 구하면 다음을 얻는다.

$$w_H^* = \left(\underline{u} + \frac{1}{2}\right) + \frac{1}{2\lambda} \tag{16. 33a}$$

$$w_L^* = \left(\underline{u} + \frac{1}{2}\right) - \frac{1}{2\lambda} \tag{16. 33b}$$

완전정보하에서 개별 대리인이 받는 급여수준이 $\left(\underline{u} + \frac{1}{2}\right)$단위임을 상기하자. 두 사원 중 낮은 성과를 낸 사원으로부터 $\frac{1}{2\lambda}$단위를 빼앗아 높은 성과를 낸 사원에게 그만큼을 건네주는 토너먼트식 계약을 체결함으로써 사회최적 노력수준인 $x=1$을 달성할 수 있다. 뿐만 아니라, 불완전정보하에서 회사가 얻는 기대이윤 $(1-2\underline{u})$도 완전정보하에서의 그것과 정확히 일치한다. 이는 회사가 비록 대리인들의 노력수준을 관찰할 수 없다고 하더라도 토너먼트식 급여계약 혹은 승진 토너먼트를 적절히 고안함으로써 정보 비대칭성으로 인한 손실(정보비용)을 없앨 수 있음을 의미한다.

Practice 16-6

우연적 요인 ε가 각각 다음의 확률분포를 따른다고 할 때, 토너먼트식 유인계약을 구하시오.

(1) 구간 $[-B, B]$에서 균등분포

(2) 평균 0, 분산 σ^2인 정규분포

조직 구성원들 간에 토너먼트식 성과 경쟁을 붙임으로써 효율성을 높일 수 있다는 본절의 결론에는 생산함수의 성질이 결정적 역할을 한다. 식 16.23이 나타내듯이 개인의 성과는 순전히 그 자신의 노력 및 통제 불가능한 확률적 요인에 의해서만 결정되며 조직 내 동료들의 노력과는 무관하다. 그러나 일반적으로 많은 생산조직에서는 근로자들 간의 협업이 중요하며 사내 경쟁이 오히려 성과에 악영향을 미칠 수 있다. 이는 비단 개별 조직이나 회사에만 영향을 미칠 뿐 아니라 경제 전체의 산업구조를 왜곡시키기도 한다.

스탈린(Joseph Stalin, 1878~1953)은 소련의 실권을 쥔 1920년대 중반부터 전체주의적 공산국가를 확립하고자 지주, 도시 중산층, 농촌 소작인, 광공업 노동자 등 집단화된 계급을 하나하나씩 타도하였다. 스타하노프 제도는 노동자 계급을 제거하기 위한 방책으로 1930년대 초 도입된 토너먼트식 능률보상제도였다. 이 법은 광공업 현장에서의 잔인한 경쟁을 통하여 또한 스타하노프 귀족의 일시적인 결속을 통해 노동자들 사이의 유대와 계급의식을 와해시켰다. 뿐만 아니라 협업이 중요한 산업의 발전을 저해함으로써 저개발국이었던 소련의 신흥산업 구

조에 심각한 불균형을 만들어 내었다.[5]

16.6 공동생산 체제와 주인의 역할

공동생산(共同生産, team production) 체제란 여러 명의 대리인들이 공동으로 노력을 투입하여 전체의 성과가 실현되는데 대리인 개개인의 노력수준은 관찰할 수 없는 상황을 일컫는다. 공동생산 체제에서 개별 대리인의 노력 정도가 드러나지 않으므로 적당히 놀다가 나중에 최종생산물의 분배에만 참여하려는 무임승차 동기가 존재한다. 그런데, 모든 대리인이 무임승차 동기를 가질 것이므로 결국 아무도 일하지 않는 시장실패가 발생한다. 본절에서는 노벨상 수상자 홈스트롬(Holmstrom 1982)의 모형을 중심으로 공동생산 체제에서의 도덕적 해이와 그 해결책을 설명하고자 한다.

두 명의 근로자가 공동생산에 참여한다. 근로자 $i(=1,2)$가 x_i의 노력을 투입하고 w_i의 급여를 받을 경우 그가 누리는 효용수준은 다음과 같다.

$$U_i(w_i,\ x_i)=w_i-c_i(x_i) \tag{16. 34}$$

식 16.34에서 $c_i(x_i)$는 근로자i가 x_i단위의 노력을 투입함으로써 들이는 수고비용이다. 구체적 예시를 위하여 당분간 $c_i(x_i)=\frac{1}{2}(x_i)^2$이라고 가정한다. 개별 근로자가 타직장 혹은 실업급여로부터 얻을 수 있는 유보효용 수준은 $\underline{u}$단위(여기서, $\underline{u}<\frac{1}{2}$)라고 하자.

근로자1이 x_1단위의 노력을 투입하고 근로자2가 x_2단위의 노력을 투입한다고 할 때 최종 생산물 가치는 다음과 같이 결정된다고 하자.

$$y(x_1,\ x_2)=x_1+x_2 \tag{16. 35}$$

두 근로자의 노동의 결과로 y원의 가치가 생산될 경우 근로자i는 $s_i(y)$씩을 갖는다. 즉, $(s_1(y),\ s_2(y))$는 생산된 가치 y를 두 근로자가 어떻게 나눌 것인가를 규정

5 Arendt [1951](1973), chapter 10.1.

하는 분배규칙(sharing rule)이다.

사회적 최적

사회적으로 가장 효율적인 노력투입량과 생산량이 얼마인지 구해 보자. 사회후생은 두 근로자가 투입한 노동의 결과로서 생산되는 산출물에서 두 근로자의 노동비용을 뺀 값으로 측정된다. 즉,

$$W(x_1,\ x_2)=y(x_1,\ x_2)-[c_1(x_1)+c_2(x_2)]$$
$$=x_1+x_2-[\frac{1}{2}(x_1)^2+\frac{1}{2}(x_2)^2] \qquad (16.36)$$

사회후생을 극대화해 주는 근로자의 노력투입량은 식 16.36의 사회후생함수를 x_1과 x_2에 대하여 미분하고, 그 각각을 0으로 놓음으로써 구해진다. 이렇게 계산한 사회적 최적 노력투입량은 $\hat{x}_1=\hat{x}_2=1$ 산출량은 $\hat{y}=2$ 다음과 같다. 생산된 2단위의 가치를 두 근로자가 각각 1단위씩 나누어 가질 경우, 각자는 $\frac{1}{2}$단위씩의 효용을 누린다.

불완전정보하의 내쉬균형 유인계약

이제 개인의 노력투입량을 관찰할 수 없고 최종적으로 생산된 가치 y만을 관찰할 수 있는 상황에서 내쉬균형이 무엇인지를 살펴보자. 주어진 분배규칙하에서 근로자1의 목표는 식 16.37에 나타난 효용을 극대화하는 것이다.

$$U_1(x_1)=s_1(y)-\frac{1}{2}x_1^2 \qquad (16.37)$$

(여기서, $y=x_1+x_2$)

근로자1의 효용극대화 일계조건은 $\frac{dU_1(x_1)}{dx_1}=s_1'(y)-x_1=0$, 즉 $s_1'(y)=x_1$이다. 동일한 방법을 근로자2에게 적용하여 효용 극대화 조건을 구하면 $s_2'(y)=x_2$이다. 내쉬균형에서 두 근로자의 노동투입량이 사회적 최적수준 $\hat{x}_1=\hat{x}_2=1$과 일치하기 위해서는 식 16.38이 충족되어야 한다.

$$s_1'(y) = s_2'(y) = 1 \qquad (16.38)$$

다른 한편, 최종생산물을 두 근로자가 낭비 없이 나누어 갖는다고 하자. 이는 다음의 균형예산조건(均衡豫算條件, budget balancing condition)이 성립함을 의미한다.[6]

$$s_1(y) + s_2(y) = y \qquad (16.39)$$

식 16.39의 좌변은 두 동업자들이 나누어 갖는 총액이고 우변은 생산된 가치 총액이다. 식 16.39를 y에 대하여 미분하면 식 16.40이 도출된다.

$$s_1'(y) + s_2'(y) = 1 \qquad (16.40)$$

그런데, 균형예산조건으로부터 도출된 식 16.40은 내쉬균형하의 자원배분이 사회최적과 일치하기 위하여 요구되는 조건인 식 16.38과 모순된다. 공동생산체제에서 개인이 이기적 동기에 따라 노력수준을 정할 경우 사회최적 노력수준에 훨씬 못미치는 비효율이 발생하는 것이다. 이상의 논의를 요약하면 다음과 같다.

정리 16-3

균형예산조건을 만족하는 어떠한 분배규칙하에서도 내쉬균형은 사회적 최적을 달성할 수 없다.

정리 16-3으로부터 우리는 균형 자원배분과 사회최적 간에 괴리가 생기도록 만드는 원인이 균형예산조건임을 추론할 수 있다. 그렇다면, 균형예산조건이 항상 성립하지는 않아도 된다는 조건하에서는 사회최적 자원배분을 달성할 수 있는가? 이에 대한 답은 긍정적이다. 분배규칙을 다음과 같이 정하자.

$$\text{만일} \begin{Bmatrix} y \geq 2 \\ y < 2 \end{Bmatrix} \text{이면, } s_i(y) = \begin{Bmatrix} b_i \\ 0 \end{Bmatrix} \text{을 갖는다.} \qquad (16.41a)$$

---

6 균형예산조건이란 적자도 흑자도 아닌 상태를 의미한다. 여기서의 '균형'은 'equilibrium'과는 전혀 다른 개념으로 수입과 지출을 일치시키는 것을 의미한다.

여기서, $b_1+b_2=y$ (16. 41b)

$$b_1 \geq \underline{u}+\frac{1}{2} \quad (16.\ 41c)$$

$$b_2 \geq \underline{u}+\frac{1}{2} \quad (16.\ 41d)$$

식 16.41a~16.41d의 분배규칙을 평이한 말로 설명하자. 첫째, 사회최적 수준 이상의 최종생산물이 생산되는 경우 두 근로자들은 최종생산물을 남김없이 나누어 갖는다. 이때 각자는 개인합리성 조건에 의하여 최소한 $(\underline{u}+\frac{1}{2})$단위 이상의 급여를 받아야 한다. 왜냐하면 사회적 최적 노력수준 $\hat{x}=1$을 투입하도록 하기 위하여 감수해야 하는 노동비용 $\frac{1}{2}$단위$(=\frac{1}{2}\times 1^2)$와 유보효용수준 $\underline{u}$를 합한 값 이상은 받아야 하기 때문이다. 둘째, 만일 최종생산물의 가치가 사회최적에 못 미칠 경우 생산물을 모두 폐기한다. 이때 개별 근로자는 0단위의 급여를 받는다.

생산물가치가 식 16.41에 따라 분배된다는 가정하에, 두 근로자는 각자 $x_1^*=1$ 및 $x_2^*=1$의 노력을 투입하는 것이 최선이다. 식 16.41의 분배법칙하에서 유일한 내쉬균형은 각자가 사회최적 노력수준을 투입하는 것이다. 상대방이 정확히 1단위의 노동을 투입한다는 가정하에 내가 x단위의 노동을 투입함으로써 얻는 보수는 다음과 같다.

$$\text{만일 } \begin{Bmatrix} x \geq 1 \\ \\ x < 1 \end{Bmatrix} \text{을 투입하면, 나의 보수는 } \begin{Bmatrix} \frac{1+x}{2}-\frac{1}{2}x^2 \\ -\frac{1}{2}x^2 \end{Bmatrix} \text{이다.}$$

분석의 단순화를 위하여 두 근로자는 생산된 수입을 공평하게 나눈다고 가정하였다. 이 상황에서 나의 보수를 극대화해 주는 노력수준은 $x^*=1$이다. 상대방이 1단위의 노력을 투입한다는 가정하에 나도 1단위의 노동을 투입하는 것이 최선이다. 또 대칭성에 의하여 상대방에게도 동일한 논리가 적용된다. 이상의 논의를 종합하면 다음과 같다.

정리 16-4

연화된 예산조건 $s_1(y)+s_2(y) \leq y$하에서는, 내쉬균형이 사회최적과 일치하도록 만들어 주는 분배규칙이 존재한다.

생산물의 일부 혹은 전부를 폐기처리하는 가능성을 허용하고 공동생산에 참여한 모든 근로자가 자신의 유보효용수준 이상은 얻도록 분배규칙을 정했다고 하자. 정리 16-4는 개별 근로자가 사회적으로 가장 바람직한 수준의 노력을 투입하는 내쉬균형이 존재함을 의미한다.

부분게임완전균형

분배규칙(식 16.41a~d)하에서 사회최적 노력투입량($x=1$)은 내쉬균형임을 보였다. 하지만 이는 부분게임완전균형은 아니다. 이유는 다음과 같다. 두 근로자가 참여한 공동생산의 결과로서 1.8단위의 최종생산물이 생산되었다고 하자. 생산량 1.8은 사회최적 생산량인 2단위에 못 미치므로 식 16.41a에 의하여 모두 폐기되어야 한다. 그러나, 1.8단위 밖에 생산되지 못한 것이 기정사실인 상황에서, 두 근로자는 0.9씩 나누어 갖는 것을 폐기하는 것보다 더 선호한다. 다시 말해서, $y=1.8$로부터 시작되는 부분게임에서 생산물을 폐기하는 것은 내쉬균형이 아니다. 부분게임완전균형은 주어진 전략조합이 모든 부분게임에서 내쉬균형인 상태로 정의된다. 그러므로, 폐기는 부분게임완전균형일 수가 없다. 사실 공동생산게임의 유일한 부분게임완전균형은 모든 근로자가 타직장으로 떠나 유보효용 $\underline{u}$를 얻는 비효율적 자원배분이다.

사회최적 노력투입량이 부분게임완전균형이 되도록 만들어 줄 방법이 존재한다. 그것은 '주인'이라 불리는 제삼자를 공동생산 체제에 도입하는 것이다. 여기서 주인은 생산활동에 아무런 도움을 주지 못하며, 그의 유일한 역할은 두 대리인이 나누어 갖고 남은 생산물을 갖는 것이다. 두 명의 대리인과 한 명의 주인이 존재하는 공동생산게임에서 식 16.41a~d에 규정된 분배규칙은 부분게임완전균형이다. 예컨대, 1.8단위의 최종생산물이 생산된 경우 주인이 1.8단위를 몽땅 갖고 두 대리인이 각각 0단위씩을 받는다. 주인은 식 16.41a~d의 이행을 강제함으로써 대리인들이 분배규칙을 신빙성 있는 위협으로 받아들이도록 만드는 역할을 한다. 이러한 의미에서 주인은 기업조직에서 잔여청구자(殘餘請求者, residual claimant)라 불린다. 회전의자만 돌리고 생산활동에 아무런 도움을 주지 못하는 사장의 존재도 사회적 관점에서 중요하다. 근로자들만으로 구성된 공동생산체계에서는 불가능했던 신빙성 있는 상벌체계의 이행을 강제함으로써 효율적인 자원 배분을 달성할 수 있도록 해 주기 때문이다.

정리 16-5

비생산적이지만 잔여청구자로서의 역할을 하는 경제인(주인)이 있다고 가정하자. 연화된 예산조건 $s_1(y)+s_2(y)\leq y$하에서, 부분게임완전균형 자원배분이 사회최적과 일치하도록 만들어 주는 분배규칙 식 16.41a~d가 존재한다.

일반모형

이제까지는 모형의 난순화를 위하여 식 16.34의 효용함수, 식 16.35의 생산함수, 그리고 두 명의 근로자가 참여하는 공동생산체제를 상정하였다. 본절의 모든 논의는 효용함수와 생산함수가 미분가능한 이상 일반 모형에서도 성립한다. 이는 독자들의 연습문제로 남겨 두기로 하고, 여기서는 결과만 간단하게 언급한다. 근로자 n명이 참여하는 공동생산체제를 고려하자. 근로자i가 x_i단위의 노동을 투입할 때 드는 노동비용함수를 $c_i(x_i)$라 하자. 여기서, $c_i'(x_i)>0$, $c_i''(x_i)>0$, $\forall x_i$라 가정한다. 공동생산함수 $y(x_1, x_2, \cdots, x_n)$는 노동투입량 벡터$(x_1, x_2, \cdots, x_n)$에 대해 오목(concave)하다고 가정하자.[7]

일반모형에서 사회적 최적 노력투입량은 식 16.44를 만족하는 노력투입량 $(\hat{x}_1, \hat{x}_2, \cdots, \hat{x}_n)$이며 가장 효율적인 생산량은 $y(\hat{x}_1, \hat{x}_2, \cdots, \hat{x}_n)$단위이다.

$$\frac{\partial y(x_1, x_2, \cdots, x_n)}{\partial x_i}=c_i'(x_i) \quad (\text{여기서, } i=1, 2, \cdots, n) \tag{16. 42}$$

반면 개별 근로자의 효용 극대화로부터 도출된 내쉬균형은 식 16.43을 충족하는 노력투입량 $(x_1^*, x_2^*, \cdots, x_n^*)$이며, 이때 균형 생산량은 $y(x_1^*, x_2^*, \cdots, x_n^*)$단위이다.

$$s_i'(y)\frac{\partial y(x_1, x_2, \cdots, x_n)}{\partial x_i}=c_i'(x_i) \quad (\text{여기서, } i=1, 2, \cdots, n) \tag{16. 43}$$

7 함수가 오목하다는 것은 해당 함수의 2차 편미분 함수로 구성된 헤시안 행렬(Hessian matrix)이 음정치(negative definite)임을 의미한다.

균형예산조건을 y에 대하여 미분하면 $\sum_{i=1}^{n} s_i'(y)=1$을 얻는다. 균형예산조건하에서는 사회최적 자원배분 조건인 식 16.42와 내쉬균형 조건인 식 16.43이 모순된다. 그러나, 우리는 예산이 반드시 균형을 이루지 않아도 좋도록 식 16.41a~d와 비슷한 보수체계를 설계함으로써 내쉬균형과 사회최적 자원배분이 일치하도록 만들 수 있다. 더 나아가, 잔여청구자로서의 주인을 조직에 도입함으로써 부분게임완전균형과 사회최적이 일치하도록 만들 수 있다.

기업이란 주주(shareholder)가 자본금을 출자하여 만들어지지만 일단 생긴 다음에는 경영자, 근로자, 조달업체, 하청업체, 고객 등 수많은 이해관계자(stakeholder)들이 때로는 협력하고 때로는 경쟁하면서 진화하게 된다. 그럼에도 불구하고 전통 경제이론이 이해관계자들 전체의 이익을 중시하는 이해관계자주의(stakeholderism)보다 주주이익의 극대화를 기업목표로 보는 영미식 주주주의(shareholderism)에 보다 부합하는 이유가 바로 잔여청구자로서의 주주 논리에 있다. 주주 이외의 다른 모든 이해관계자들은 기업활동 과정에서 적절한 몫을 가져간다. 예컨대, 전문경영인과 근로자는 급여를 받고, 조달업체는 원자재를 제공하는 대가로 공급가액을 지급받으며, 고객은 가격을 지불하는 대가로 재화나 서비스를 제공받는다. 반면 주주는 기업 활동으로 인한 이러한 모든 청구·지급 관계가 완료된 후 최종적으로 남는 부분을 가져가는 잔여청구자이다. 이는 또한 기업 활동의 불확실성으로 인하여 발생하는 위험을 모두 주주가 담당함을 뜻한다.

16.7 유인설계와 경제제도

16.7.1 경영자 보수와 기업 소유지배구조

경영진 보수의 실제

우리는 경영자 보수를 실적에 연동시키는 유인계약을 설계함으로써 전문경영체제에서 발생할 수 있는 대리인 문제를 해결할 수 있음을 보았다. 자본주의 기업에서 전문경영인 보상 체계는 단기 보상과 장기 보상으로 나뉜다. 급여

(salary), 상여금(bonus), 이익분배(profit sharing) 등이 단기보상에 해당하고 스톡옵션(stock option)이 대표적 장기보상이다. 급여는 매월 혹은 사전에 약정된 기간 동안 성과에 상관없이 일정하게 지불되는 금전적 보수를 일컫는다. 상여금은 3개월, 6개월, 혹은 1년에 한 차례씩 총액일시불로 지불되는 금전적 보수이다. 상여금은 대개 성과에 상관없이 지불되지만 성과에 연동될 경우에도 전년도 순이익이나 매출증가율 등 단기실적에 의하여 결정된다.

스톡옵션은 경영자에게 사전에 정해진 기간 내에 회사지분을 매입할 수 있는 권리를 주는 제도이다. 경영자의 지불 가격은 옵션 제공 당시의 시세와 비슷하거나 그보다 약간 높은 가격에 결정되는 것이 일반적이며, 매입허용 기간은 보통 수년이다. 경영자가 회사경영을 잘 해서 주가가 상승할 경우 경영자는 스톡옵션을 이용해 주식을 매입함으로써 현재주가와 자신이 지불하는 가격의 차액을 얻을 수 있다. 반면 주가가 하락할 경우 스톡옵션을 행사하지 않으면 그뿐이다. 요약하면, 스톡옵션은 성공적인 경영에 대해서는 회사지분으로 보상하고 실패에 대해서는 비용이 들지 않도록 하는 보수제도이다. 스톡옵션은 전문경영인에게 회사의 일부를 소유하도록 함으로써 대리인 문제를 줄이고 경영실적을 올리도록 유인을 제공하려는 목적을 갖는다.

1980년대 이후 주요 자본주의 국가에서 기업의 최고경영자 보수는 급상승해 왔는데 특히 미국이 압권이다. 국내 KOSPI200 기업의 최고경영진 가운데 가장 높은 보수의 중위수는 공시 개시년도인 2013년 8.1억원에서 꾸준히 증가하여 2021년에는 17.3억원에 달했다.[8] 2021년 미국 S&P500 기업의 최고경영자 보수 중위수 2021년 1,470만달러(2021년말 매매기준율로 환산하여 1,743억원)에 비하면 매우 낮지만 2013년~2021년 기간 증가율은 한국 113%로 미국의 61% 대비 거의 두 배에 달한다. (남길남 2022) 2021년 일본 최고경영자의 중위수는 1억8000만엔인데 비해 미국은 27억1000만엔으로 15배 더 많았다. 각각 레이건 정부와 대처 수상 이후 신자유주의의 영향을 많이 받았던 미국과 영국을 비교하더라도 2022년 미국 100대 기업의 경영자 보수 평균 2,180만달러는 영국 100대 기업의 평균

8 미국은 최고경영자(CEO)의 보수가 가장 높은데 비해, 한국은 명목상 최고경영자가 아닌 '오너' 임원—심지어 비등기임원—이 가장 높은 보수를 받는 경우가 적지 않아 '최고경영진 가운데 가장 높은 보수'라고 다소 복잡하게 표현하였음.

500만달러에의 4.4배에 달한다. 최고경영자/일반직원 보수배율은 최고경영자 보수를 비교하는 또 다른 주요 지표이다. 2021년 국내 KOSPI200 대상 배율 중위수는 19.2배, 미국 S&P500의 배율 중위수는 324배이다.[9]

한국이나 일본 기업의 최고경영자 보수가 영미에 비해서 상대적으로 낮은 것은 성과급 비중이 낮기 때문으로 보인다. 성과보수제 채택 기업의 비중이 미국 94%, 영국 73%인데 동아시아 기업들은 대개 50% 선이다.

경영자 보수의 급증에는 1980년 후반부터 유행처럼 번진 스톡옵션도 한몫했다. 스톡옵션은 전문경영자로 하여금 도덕적 해이를 저지를 인센티브를 줄이고 주주가치 극대화를 추구하도록 유인을 제공하는 유인일치효과(incentive-alignment effect)를 갖는다. 반면 전문경영자가 상당한 회사 지분을 소유할 경우 그는 '참호처럼 파고' 들어앉아 회사를 사유화하거나 타 주주들의 이익에 반하는 경영의사결정을 하려는 역기능을 가질 수 있는데 이를 참호효과(entrenchment effect)라 부른다. 마지막으로 전문경영자로서라기 보다는 주주로서 수익성이나 장래성이 크더라도 위험이 상당히 따르는 투자나 행동을 피할 우려가 있는데 이를 위험회피효과(risk-aversion effect)라 한다.[10]

경영자 보수체계를 실적에 연동시킬 경우 실제 기업실적이 개선되는지는 유인일치효과, 참호효과, 위험회피효과의 상호 크기에 따라 달라진다. 어바우드(Abowd 1990)는 1981~1986년 기간 미국의 250개 대기업을 대상으로 실증분석한 결과 최고경영자의 급여와 상여금을 기업성과에 민감하게 반응하도록 보수체계를 설계할수록 기업의 성과는 높아진다. 그러나 단기 유인(급여, 상여금)과 단기 실적(주가, 당기순이익) 간의 관계를 분석하였다는 점이 한계인데, 경영자의 보수가 단기 실적에 민감하게 반응하도록 설계되어 있을 경우 경영자는 장기적으로 회사에 해가 되더라도 단기 실적만 올리려는 유인을 가질 수 있기 때문이다.

---

9 전문경영자 보수의 절대 액수는 높지만 기업가치나 순수익 대비 비중은 낮다는 주장도 있다. Jensen and Murphy(1990)에 따르면 미국 대기업의 가치가 1,000달러 상승하는 데 대한 최고경영자의 보수증가분은 3달러에 불과하다. Rosen(1992)에 따르면 회사가치가 10%만큼 증가한데 비하여 최고경영자의 보수는 기껏해야 1% 내에서 증가하였다. 그러나 이들의 결과는 미국 CEO의 보수가 본격적으로 급상승하기 이전의 자료여서 현 상황과는 맞지 않다.

10 전문경영인의 주식 보유에 따른 인센티브 구조와 실적에 미치는 효과에 대한 이론연구로는 Jensen and Meckling(1976), Demsetz(1983), Fama and Jensen(1983) 등이 있다.

이후 경영자 보수와 실적 간의 관계를 연구한 수많은 실증연구들이 있으나 통계 자료나 계량분석방법에 따라 천차만별의 결과를 내놓고 있어 현재로서는 결론을 내리기 어렵다.[11]

최고경영자 보수의 기하급수적 증가와 천문학적 액수에 대한 우려가 커지면서 미국은 2010년 도드-프랭크(Dodd-Frank)법 제정시 경영진 보수에 대한 주주승인투표(say on pay vote)를 시행하고 있다. 주주승인투표는 법적 구속력이 없으나 주주총회 안건 상정 과정에서 경영진 보수 내역이 세부적으로 드러나는데다 찬성률이 낮아지면 경영진에 대한 경고 신호여서 어느 정도 제동장치의 역할을 하고 있다.

기업지배구조와의 관계

한국에서는 1960년대 경제개발시대 이후 대주주가 경영권을 행사하는 재벌 체제가 유지되어 왔다. 일본 메이지유신 이후 근대화과정에서 형성된 자이바츠 체제와 유사하다. 반면 미국, 영국 등 앵글로색슨계 국가에서는 소유와 경영이 분리된 전문경영체제가 자리잡아 왔다. 독일, 프랑스, 이태리 등 유럽대륙 국가는 대개 한일과 영미 시스템의 중간 형태이다. 우리나라에서 산업 구조조정이나 기업 지배구조 개선 문제가 제기될 때마다 재벌체제와 전문경영체제 중에 어느 것이 더 바람직하냐를 놓고 갑론을박이 있어왔다.

소유와 경영을 엄격히 분리하지 않고 대주주(소위 총수)가 경영권을 행사하는 지배구조를 옹호하는 측의 주요 논거는 주인-대리인 관계에서 비롯된 도덕적 해이에 있다. 첫째, 경영자의 단기 실적주의이다. 기업의 장기적 성장이 전문경영인에게 주는 이득은 경영인의 투입 노력에 비해 크지 않다. 따라서 경영자는 위험 부담이 큰 신규 투자, 연구개발 활동, 경영 혁신을 통하여 장기성장을 꾀하기보다 주주나 외부투자자가 쉽게 인지할 수 있는 단기실적을 극대화하려는 유인을 갖기 쉽다. 전문경영인들은 호화 자가용 비행기, 고급 사교모임 회원권 등 비금전적 편익을 과도하게 추구하기도 한다. 둘째, 주주와 경영자간 정보의 비대

11 Morck, Shleifer and Vishny(1988)로부터 Hall and Liebman(1998)을 거쳐 Bulan, Sanyal and Yan(2010)에 이르기까지 많은 실증연구가 있으며 문헌 소개는 Murphy(1999)과 Bulan, Sanyal and Yan(2010) 논문의 제2절을 참조.

칭성은 단기 실적주의를 더욱 부추긴다. 미국 대기업의 경영인들 다수가 재무금융 전문가들이어서 기술개발이나 설비투자보다는 단기 금융수익에 치중하였기 때문에 미국 경제의 효율성이 떨어졌다는 지적이 있다. 셋째, 경영인의 위험회피 유인이 자신과 기업간 이해 상충을 부추긴다. 경영인의 인적자본은 분산투자가 불가능항 비시장성 자산이며—주식처럼—사고팔기도 힘들기 때문에 일반주주들처럼 자본시장을 통해 위험을 분산할 수도 없다. 경영인들은 자신의 개인 위험을 줄이기 위해 기업 투자를 분산하거나 저위험 투자안을 선택하려는 유인을 갖고, 그 결과 기업 성장엔진 저하나 주주 이익 침해가 초래된다. 이러한 유형의 대리인 문제는 비관련 다각화나 과도한 현금 내부유보 형태로 구체화된다.

다른 한편, 시장의 자율기능을 신봉하는 학자들은 경영자들의 이기적이고 자의적인 행위들이 시장기능에 의해 통제된다고 주장한다. 노벨상 수상자 파마(Fama 1980)는 경쟁시장하에서의 경영자서비스의 시장가격은 미래에 있을 경영자의 이기적 행위를 모두 예상하여 반영하는 것으로 보았다. 설령 경영자의 불성실행위가 포착되지 못하고 지나쳐 버렸다 하더라도 이는 사후적 조정(ex post settling-up)을 통하여 경영자 보수에 모두 반영된다는 것이다. 따라서 경영자는 자신의 현재 보수를 극대화하기 위해서 자신의 자의적인 기업행위를 최대한 자제하고, 주주 이익극대화를 위하여 최선을 다할 것이다. 뎀세츠(Demsetz 1983)에 따르면, 경영자서비스에 대한 보상은 직접적이고 공개적인 형태와 음성적인 형태의 두 가지로 분류되며 경쟁시장에서 경영자에 대한 적정보상은 이 두 유형의 보수를 합한 금액을 기준으로 결정된다. 따라서 경영자가 주주이익 극대화 이외에 여타의 이기적 행위를 저지를 여지가 크지 않고 자본시장의 효율성이나 효과적인 감시체계를 통해 경영자의 행태를 적절히 통제할 수 있다.

양측의 주장은 정부의 역할이나 조세제도와 밀접한 연관이 있다. 대부분의 서구 선진국에서 1970년대말까지 소득세 한계세율은 최고 70~90%에 달했다. 예컨대, 연봉 5억원을 받는 기업 임원에게 1억원을 추가로 지급해도 그중 2천만원만 본인 수중에 들어가고 나머지 8천만원은 정부에 세금으로 내야 한다. 그러다 보니 기업이나 임직원 모두 무리를 해가면서 고액의 보수를 주고받을 유인이 거의 없었다. 1980년대초 미국의 레이건(Ronald Reagan) 대통령과 영국의 대처

(Margaret Thatcher) 수상이 집권한 이후 소득세 최고세율을 40% 이하로 대폭 낮추면서 이들 국가의 분위기는 완전히 바뀌었다. 기업 임원이나 금융투자업 종사자들이 과도하게 많은 보수를 경쟁적으로 챙겨가는 현상이 뚜렸해졌다. 이사회 구성을 최고경영자가 좌지우지하면서 '자기 연봉을 자기가 올리는' 소위 셀프인상을 포함하여 각종 도덕적 해이가 만연하였다(Banerjee and Duflo 2019; Turchin 2023). 이는 급기야 2008년 서브프라임 금융위기 및 금융자본가들의 탐욕을 규탄하는 2011년 "월가점령"(Occupy the Wall Street) 시위를 촉발한 한 요인이 되기도 하였다. 파마나 뎀세츠는 1980년 이전의 경영자 행태를 관찰하고 연구하였기에 시장 기능에 의한 경영 통제를 과신한 측면이 있다. 그들이 지금까지 생존하여 대기업 경영진의 천문학적 연봉이나 금융투자업 고위직들의 연봉 및 스톡옵션을 보았다면 아마 생각을 고쳐먹지 않았을까 싶다.

16.7.2 징세청부제와 세무공무원제[12]

현대 사회에서 세금의 징수는 대개 국세청이라 불리는 정부기관과 거기서 급여를 받고 일하는 공무원들이 담당한다. 그러나 인류 역사의 상당 기간 국왕이나 국가는 세금 징수권을 민간에게 팔고 그 권리를 산 사람들이 세금을 거두는 징세청부권(tax farming) 제도가 보편적이었다.

성경에 자주 나오는 것처럼, 로마 시대 이스라엘 민중의 적이었던 소위 '세리'는 대개 징세청부인들이었다. 영국에서 징세청부제는 1680년대 종료되었다. 그러나 18세기 후반 영국 동인도회사는 무굴(Mughal) 황제로부터 징세청부권인 디와니(diwani)를 샀는데, 연간 35만 파운드를 무굴제국에 주고 무굴족의 징세권 일체를 양도받는 조건이었다. 동인도회사는 그야말로 무자비한 착취를 저질렀고 그중 상당액은 영국으로 흘러 들어가 재정과 경제에 크게 기여하였다. 러시아에서는 여러 지역의 폭력조직이 보드카에 대한 징세권을 장악하면서 국가 전체 세수의 3분의 1을 차지할 정도로 커져 1863년까지 지속되었다. 오스만제국(the

12 본절에 나오는 역사적 사례는 대부분 Keen and Slemrod(2021), 제1장 및 제13장에서 인용한 것이다.

Ottoman Empire)에서는 근대 초기까지 징세청부제가 시행되었다. 네덜란드 본국에서는 징세청부제가 시행된 적이 없었으나 식민지 인도네시아 자바섬에서 1925년까지 이를 시행했다.

징세청부제가 세무공무원제에 비해 갖는 장점은 정보 비대칭성을 줄이고 적정 위험분담을 유도하여 효율성을 높인다는 것이다. 이는 주인인 국왕이나 국가와 대리인인 납세자들 사이에 징세청부인을 끼움으로써 가능해진다. 첫째, 납세자 개개인의 수입이나 재산에 대하여 중앙권력보다는 지역별 청부인들이 훨씬 더 정확한 정보를 파악할 수 있다. 정보의 비대칭성을 줄임으로써 진정한 납세능력에 기초한 세금을 거둠으로써 비효율성을 줄일 수 있다. 둘째, 국가는 징세권을 선불로 판매하고 매년 고정적인 수입을 받으므로 세수 확보가 안정적이다. 자연재해나 전쟁 등으로 인하여 세수가 오르거나 내리더라도 그 위험부담은 중앙정부가 아니라 징세청부인들이 진다. 역사적으로 진화한 위험분담 체계는 이른바 지대계약 형태를 띠었던 것이다. 징세청부인들이 정부나 국왕에게 재협상을 요구하여 추가 수수료를 받아낸 경우도 적지 않았지만 말이다. 셋째, 청부인들이 초과로 징수하는 금액은 전부 그들 자신의 소유이므로 강력한 징세 인센티브를 제공한다.

징세청구제의 단점으로는 첫째, 징세청부 계약기간이 제한적이거나 단기적일 경우 그들이 힘들여 징세 기법을 개발할 유인이 작다. 이 문제를 해결하기 위하여 대혁명 이전의 구체제(Ancien Régime) 프랑스나 근대 초기 오스만제국에서는 소수 정예 청부인들에게 장기로 심지어 종신으로 권리를 부여하기도 했다. 둘째, 징세청부인들이 앞뒤 가리지 않고 납세자를 갈취하여 민심 이반을 가져오는 일이 잦았다.

일반적으로 징세청부인들의 권력남용과 부정부패가 공권력을 가진 세무공무원들에 비해 더 심한지는 모호하다. 징세청부인은 고정 상납금을 제외하면 모두 자기 돈이므로 뇌물을 받고 세금을 깎아줄 이유가 없지만 세무공무원과 납세자 간의 불법적 담합은 영원한 과제이다. 다른 한편, 세무공무원에게 고정급을 주면서 부정부패하지 말라고 요구하기는 어렵기 때문에 다양한 성과급 체계가 시행되어왔다. 17세기부터 19세기에 이르는 근대 영국에서는 세무직원, 경찰관,

보안관, 세관원 등에게 성과급을 주었는데 연봉의 절반에 해당하는 사례까지 있었다. 오늘날에도 선진국을 포함한 여러 국가에서 세무공무원의 징세 실적에 대하여 성과급이나 승진가산점 제도를 시행하고 있다.

세무공무원의 임금을 높게 책정해서 부정부패 유인을 줄이는 방법도 있다. 이는 본서의 제10장 10.4절 실효임금 이론으로 잘 설명된다. 대표적 사례는 19세기 프로이센의 국왕 프리드리히 2세가 상이군인들을 세금 징수원으로 채용한 것이었다. 그들은 부정행위가 적발되어 해고되면 먹고살 대안이 거의 없었으므로 악착같이 정직하게 처신하였다.

징세청부제가 세무공무원제에 비해 전근대적이라는 주장은 오해다. 공공의 목적을 위해 사적 인센티브를 활용한다는 아이디어는 다양한 분야에서 다양한 방식으로 도입되고 있다. 현재 다수의 선진국에서는 자원 채굴권이나 무선주파수의 할당, 공공물품 조달, 공기업 민영화, 공공시설의 입장료 징수, 심지어 교도소의 운영 등을 경쟁 입찰로 민간에 넘기고 정부수입을 극대화하려는 정책이 규범으로 자리 잡았다. 징세청부권 역시 기원전 로마, 16세기 프랑스, 18세기 네덜란드 동인도회사 등의 사례에서 보듯이 자주 경쟁 입찰 방식으로 팔렸다. 징세청부제가 전면 부활하지는 않겠지만 그 장점을 활용하고 세무공무원제의 결점을 보완하려는 노력은 여러 국가에서 이미 상당히 진행되고 있다.

G a m e T h e o r y

SECTION 06

협조게임과 사회선택

Chapter 17 협조적 게임이론

Chapter 18 사회선호와 사회선택

Chapter 19 미비정보하의 사회선택

마침 피를 뽑아야 하는 환자와 수염을 깎고 싶다는 사람이 있어서 이발사가 놋대야를 들고 나선 것이었다. 그런데 운명의 장난이었는지, 도중에 비가 내리기 시작했고, 이발사는 새로 샀음에 분명한 모자가 젖지 않도록 놋대야를 머리에 뒤집어썼다. …중략… 돈키호테의 눈에는 황금의 맘브리노 투구로 보였던 것이다. …중략… 이발사는 창을 피하기 위해 스스로 당나귀 아래로 떨어지지 않고는 다른 수가 없었으며 바람보다도 빠르게 들판을 향해 도망쳤다. 돈키호테는 이발사가 땅바닥에 떨어뜨리고 간 놋대야를 보고 만족스러워하며 (세르반테스, 『돈키호테』, 제1권 278~279쪽. 분량이 많아 임의로 축약하여 재구성함.)

이발사가 말했다. "이토록 많은 사람들이 이걸 보고 놋대야가 아니라 투구라고 말하다니 믿을 수 없군요." (전게서 672쪽)

이발사는 싸움 중에 수염과 안장을 못 쓰게 되었기 때문에 싸움을 그만두고 싶어 했다. 산초는 돈키호테의 아주 작은 목소리에도 착한 종자답게 복종했고, 돈 루이스의 네 하인들도 계속해봤자 좋을 것이 없다고 생각해 잠잠해졌다. 오직 주막집 주인만이 매번 주막을 쑥대밭으로 만드는 저 미치광이의 무례함을 벌주어야 한다고 끈질기게 이야기했다. 결국 소동은 잠시 가라앉았고, 마지막 심판의 날까지 돈키호테의 상상대로 안장은 마구가 되고, 놋대야는 투구가, 그리고 주막은 성이 되었다. (전게서 678쪽)

Game Theory

Chapter 17 협조적 게임이론

17.1 협조적 협상

당사자들끼리의 협상이 난관에 부딪쳐 전권을 부여받은 제3자가 중재에 나선 상황을 고려하자. 혹은 협상 원칙을 먼저 정하고 그에 맞는 최종안을 고안하되 추후 변경할 수 없도록 계약을 맺는 상황으로 봐도 좋다. 중재자는 협상의 최종 결과가 갖추어야 마땅한 성질들을 먼저 설정하고 그 성질들을 충족하는 협상해를 찾으려 할 것이다. 이들 성질들이 지나치게 엄격하거나 많으면 그것을 모두 충족하는 협상해가 존재하지 않게 된다. 반대로 협상해가 갖추어야 할 성질들이 지나치게 느슨하거나 적으면 협상가능영역 내에서 여전히 다수의 방안들이 남게 되므로 최종결과를 도출할 수 없게 된다. 따라서 바람직한 협상해가 갖추어야 할—모자라지도 남지도 않을 만큼의—성질을 제시한 다음 그것들을 충족하는 협상해가 무엇인지 그리고 어떠한 형태를 갖는지를 살펴보기로 한다.

협조게임적 협상은 내쉬(Nash 1950a)의 논문을 기초로 한다. 두 명이 1단위 크기의 빵을 나누는 협상 문제를 고려하자. 두 경기자가 공동의 노력으로 얻을 수 있는 소득이나 재산을 둘 간에 어떻게 나누느냐에 따라 각자의 효용수준은 달라진다. 이는 〈그림 17-1〉의 색칠 부분인 효용가능영역 S로 나타난다. 당사자들 간에 합의를 도출하지 못해 협상이 결렬되더라도 경기자1은 d_1단위의 보수를 얻을 수 있고 경기자2는 d_2단위의 보수를 얻을 수 있다고 하자. 그런 의미에서 〈그림 17-1〉의 점 $\mathrm{D}=(d_1, d_2)$는 협상결렬점(disagreement point 혹은 threat point)

그림 17-1 **효용가능영역과 협상결렬점**

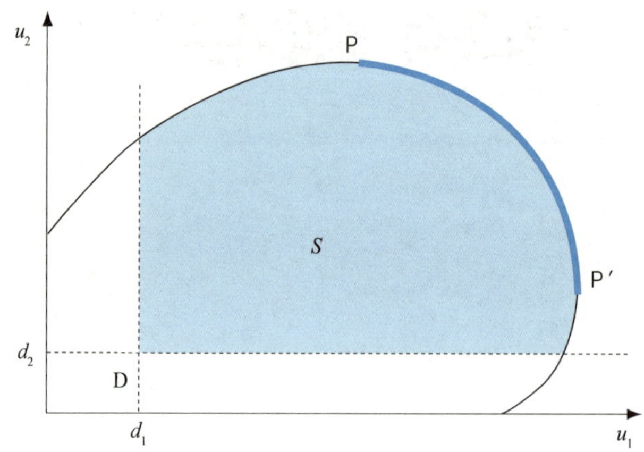

이라고 부른다. 결국 두 경기자에게 의미가 있는 협상문제는 (S, D)로 나타낼 수 있다.

협상해(bargaining solution) $\psi=(\psi_1, \psi_2)$가 충족해야 하는 바람직한 성질을 다음의 네 공리로 나타내자.

대칭성(Symmetry)

대칭적 협상게임 (S, D)란 두 조건 (i) $d_1=d_2$, (ii) $(x_1, x_2)\in S \Leftrightarrow (x_2, x_1)\in S$를 충족하는 게임으로 정의된다. 어떠한 대칭적 협상게임 (S, D)에 대해서도 $\psi_1(S, \text{D})=\psi_2(S, \text{D})$이어야 한다.

대칭적 협상게임에서의 효용가능영역 S는 원점을 지나는 45도선을 중심으로 좌우가 똑같아야 한다. 대칭성 공리에 따르면, 두 협상 당사자의 신분이나 이름이 바뀌더라도 협상해는 이전과 똑같아야 한다. 다시 말해서, 중재자가 둘 중 한 명을 차별하거나 특혜를 줘서는 안 된다. 대칭성 공리는 협상가능영역 및 협상결렬보수가 약간이라도 비대칭적인 경우 협상해에 대해서는 아무런 제약을 두지 않으므로 매우 약한 공리이다.

효율성(Efficiency)

$y_1 > \psi_1(S, \mathrm{D})$이면서 $y_2 > \psi_2(S, \mathrm{D})$인 자원배분 $y=(y_1, y_2)\in S$가 존재하지 않는다.

효율적 자원배분에서 두 경기자 가운데 한 사람이 더 높은 보수를 얻으려면 상대방의 보수는 낮아질 수밖에 없다. 효율성 공리는 협상해가 〈그림 17-1〉에서 S의 경계선 중에서도 굵은 선 PP′ 위에 위치해야 함을 요구한다.

불변성(Scale Invariance)

여하한 협상게임 (S, D)에 대해서도, 여하한 양(+)의 벡터 $\alpha = (\alpha_1, \alpha_2)\in R^2_{++}$, 여하한 실수 벡터 $\beta = (\beta_1, \beta_2)\in R^2$에 대해서도, $\psi(\alpha S+\beta, \alpha \mathrm{D}+\beta) = \alpha\psi(S, \mathrm{D})+\beta$이 성립한다.

협상영역 S를 동족변환(affine transformation)한 협상영역 $(\alpha S+\beta)$은 $\{(\alpha_1 u_1+\beta_1,\ \alpha_2 u_2+\beta_2) \mid (u_1,\ u_2)\in S\}$로 정의된다. 또한 동족변환 후의 협상결렬점 $\alpha \mathrm{D}+\beta$는 $(\alpha_1 d_1+\beta_1,\ \alpha_1 d_1+\beta_1)$를 나타낸다. 불변성 공리는 두 협상 당사자의 보수가 어떠한 단위로 측정되든지(예컨대, 원화건 엔화건 혹은 달러건 센트건) 변함이 없어야 하며, 일정 금액을 더하거나 빼더라도 협상해는 정확히 그만큼만 영향을 받아야 함을 의미한다.

독립성(Independence of irrelevant alternatives)

여하한 협상게임 (T, D)에 대해서도, 어떠한 $S\subseteq T$에 대해서도, 만약 $\psi(T, \mathrm{D})\in S$이라면 반드시 $\psi(S, \mathrm{D}) = \psi(T, \mathrm{D})$이다.

독립성 공리에 따르면, 선택 가능한 대안들이 줄어들더라도 원래의 협상해를 포함하고 있는 이상 새(줄어든) 협상문제의 해는 여전히 기존의 협상해와 똑같아야 한다. 선택지들의 집합이 축소되었다고 해서 협상해가 바뀐다면 선택집합이 더 넓었던 원래 게임의 협상해였을 수가 없었을 것이므로 독립성 공리는 논리적으로 당연해 보인다. 하지만 협상해를 단지 수학적 결과가 아니라 협상당사자들 간의 '밀고 당기기'의 결과라고 해석한다면 선택지가 줄어드는 경우 원래의 협상해와는 다른 현상이 실현될 수도 있다. 이러한 의미에서 대칭성, 효율성, 불변성과 달리 독립성은 논란의 여지가 큰 공리이다.

17.2 협조적 협상해

협조적 협상 문제 (S, D)에 대하여 대표적 협상해로는 다음 세 가지가 있다.

내쉬(Nash 1950a) 협상해 N(S, D)

사각형 면적 $(u_1-d_1)(u_2-d_2)$를 극대화하는 보수벡터 (u_1, u_2)

칼라이-스모로딘스키(Kalai-Smorodinsky 1975) 협상해 KS(S, D)

협상결렬점 D와 이상점 a$=(a_1, a_2)$를 연결한 직선이 효용가능경계와 만나는 자원배분. (여기서, $a_i=\max\{u_i \mid u \in S,\ u \geq d\}$, $i=1, 2$)

칼라이(Kalai 1977) 평등주의적(egalitarian) 협상해 EG(S, D)

조건 $u_1-d_1=u_2-d_2$를 만족하는 효용가능경계상의 자원배분

내쉬 협상해는 17.1절에서 제시한 네 공리를 충족하는 단 하나의 협상해이다.

정리 17-1

협조적 협상게임 (S, D)에서 대칭성, 효율성, 불변성, 독립성의 네 공리를 만족하는 유일한 협상해는 내쉬 협상해 N(S, D)이다.

네 공리는 협상해가 단 하나 존재하기 위한 최소한의 필요조건이다. 다시 말해서, 네 공리 가운데 하나라도 빠지면 내쉬 협상해 이외의 해가 더 존재하게 되어 중재자의 제안을 특정할 수 없게 된다. 예컨대, 협상해 $\psi(S, \mathrm{D})=\mathrm{D}$는 효율성은 위배하지만 대칭성, 공변성, 독립성은 만족한다. 협상해 $\psi(S, \mathrm{D})$를 효용가능곡선상의 자원배분점 가운데 u_1을 극대화하는 해로 설정할 경우, 대칭성은 위배하지만 효율성, 불변성, 독립성은 충족한다. 칼라이-스모로딘스키 협상해 $\mathrm{KS}(S, \mathrm{D})$는 독립성만 위배한다. 평등주의적 협상해 $\mathrm{EG}(S, \mathrm{D})$는 불변성만 위배한다.

Practice 17-1

외생적으로 주어진 A단위를 나누는 협조적 협상게임에서 경기자1과 경기자2의 효용함수는 $u_i(x_i)=x_i$ $(i=1, 2)$이고 협상결렬점은 $\mathrm{D}=(d_1, d_2)$ (여기서, $d_1+d_2<A$)이라고 하자. (1) 내쉬, (2) 칼라이·스모로딘스키, (3) 평등주의적 협상해를 각각 구하라.

연습문제 17-1에서 구한 협조적 협상해는 제7장 7.3절(특히 연습문제 7-11)에서 다룬 무한수명협상 모형의 부분게임완전균형과 일치한다. 전자는 협조적 게임의 해이고 후자는 비협조적 게임의 균형으로서 접근 방법이 전혀 다름에도 불구하고 이처럼 동일한 결과를 얻음은 신기하다.

Practice 17-2

외생적으로 주어진 A단위를 나누는 협조적 협상게임에서 경기자1의 효용함수는 $u_1(x_1)=\sqrt{x_1}$이고 경기자2의 효용함수는 $u_2(x_2)=x_2$라고 하자. 협상결렬점 $\mathrm{D}=(0, 0)$이다.

(1) 협상가능영역과 협상가능경계를 구하라.

(2) 내쉬 협상해를 구하라.

(3) 칼라이-스모로딘스키 협상해를 구하라.

(4) 평등주의적 협상해를 구하라.

Practice 17-3

한 단위의 파이를 나누는 협조적 협상게임에서 경기자1의 효용함수는 $u_1(x_1) = (x_1)^{\alpha}$이고 경기자2의 효용함수는 $u_2(x_2) = (x_2)^{\beta}$라고 하자. (단, $0 < \alpha < \beta < 1$임) 협상결렬점은 $D = (0, 0)$이다.

(1) 효용가능영역 S를 구하고 내쉬협상해를 구하라.

(2) 경기자1과 경기자2의 절대위험회피도(degree of absolute risk aversion) $r^A(x) = -\dfrac{u''(x)}{u'(x)}$를 각각 계산하고 누가 더 위험회피적인지 설명하라.

(3) 위 (1)과 (2)에 비추어 내쉬협상해와 위험회피도 간의 관계를 설명하라.

17.3 연합형 게임

연합(coalition)이란 전체 구성원들의 집합 $N=\{1, 2, \ldots, n\}$의 부분집합이다. 예컨대, $S=\{1, 3, 4\}$는 구성원 1, 3, 4로 구성된 연합이다. 연합 S에 소속된 구성원들이 노력하여 얻을 기대보수의 총합을 $v(S)$라고 쓰고, 연합 S의 가치라 부른다. 특성함수(characteristic function) v는 N의 모든 부분집합들의 집합인 2^N에서 실수 $\Re$로 대응되는 함수이다. 편의상 $v(\phi)=0$이라고 가정한다. 연합 내에 구성원들이 추가될수록 연합의 가치는 커지기 마련이다. 따라서 상가산성(上加算性, superadditivity)이라 불리는 다음 성질 [서로소(disjoint)인 여하한 두 연합 S와 T에 대하여, $v(S \cup T) \geq v(S) + v(T)$]이 성립한다고 전제한다. 당연히, 상가산성은 $v(N) \geq v(S)$, $\forall S \subseteq N$임을 의미한다.

경기자들의 집합 N 및 특성함수 v: $2^N \rightarrow \Re$로 구성된 게임 $\langle N, v \rangle$을 이전가능(transferable utility) 연합형 게임(coalitional form game)이라 부른다. 줄여서 TU게임이라 쓰기도 한다. 여기서, '이전가능'이란 연합 S의 가치를 연합 내의 구성원들이 나눠가지게 된다는 의미이다.[1] 단순게임(simple game)이란 여하한 연합 S에

1 이전불가능(Non-transferable utility) 연합형 게임 혹은 줄여서 NTU게임에서는 연합 내 구성원들 간에 서로 주고받을 수 없다. 따라서 NTU게임에서 특성함수 v: $2^N \rightarrow R^{|s|}$는 주어진 연합 내 개별 구성원들의 몫이 적시된다. 예컨대, 연합 $S=\{1, 3, 4\}$이 형성될 경우 경기자1은 5단위, 경기자3은 2단위, 경기자4는 8단위의 보수를 얻는다면, $v(S) = (5, 2, 8)$ 형태로 나타내낸다.

대하여 $v(S)=0$(패배) 혹은 1(승리)의 값을 갖는 이전가능 연합형 게임의 특별한 형태인데, 공공경제론이나 정치학에서 유용하게 쓰인다. 연합형 게임에서 가치 $v(S)$는 연합 S내의 구성원들이 협력하여 창출할 수 있는 최대 잉여를 나타낸다. 연합 S내의 구성원들 간의 전략적 상호작용은 없다고 가정하며, 연합 S밖의 구성원들이나 타 연합 T와의 갈등, 협력, 경쟁 등 요소는 모두 무시한다. 이러한 특성 때문에 연합형 게임의 적용 범위는 다소 제한적이다.

연합형 게임 $\langle N, v\rangle$의 해는 합리적 경기자들이 각자의 몫을 어떻게 나눠 가질지 예측하거나 제시하는 방안이다. 자원배분 벡터 $\boldsymbol{x}=(x_1, x_2,\cdots, x_n) \in\mathbb{R}^n$이라 표기하고, 다음 두 요건을 고려하자.

[효율성] $\sum_{i=1}^{n} x_i=v(N)$

[개인합리성] $x_i \geq v(\{i\})$

효율성 혹은 사회합리성(social rationality)이란 모든 경기자들이 분배 몫의 총합이 그들 모두가 참여하는 총연합(grand coalition)의 가치와 같아야 한다는 요건이다. 존재하지도 않는 자원을 배분할 수는 없으므로 전자가 후자보다 클 수는 없다. 반대로 전자가 후자보다 작다면 그만큼 사회적 낭비나 비효율이 발생함으로 의미하는데, 협조게임이론의 개념상 효율적 자원배분에만 관심을 갖기 때문에 배제된다. 개인합리성(individual rationality)이란 개인i의 분배 몫이 그가 아무런 연합에도 참여하지 않고 독자적으로 얻을 수 있는 가치 $v(\{i\})$보다 작아서는 안 된다는 극히 당연한 요건이다. 연합형 게임 $\langle N, v\rangle$이 주어졌을 때, 효율성과 개인합리성을 충족하는 분배를 귀속가치(imputation)라 부른다. 귀속가치들의 집합을 $X(N, v)$라 표기하자.

연합형 게임에 적용되는 대표적 해의 개념으로 코어(core)와 섀플리값(Shapley value)이 있다. 17.4절에서는 코어, 17.5절에서는 섀플리값에 관하여 설명한다. 17.6절에서는 연합형 게임의 대표적 정치경제학적 응용 개념인 권력지수에 관하여 살펴본다.

17.4 코어

특정 자원배분이 코어(core)에 속해 있다는 것은 일부 구성원들이 기존 연합을 재편함으로써 보수를 더 높일 방도가 존재할 수 없음을 의미한다. 다시 말해서, 주어진 자원배분을 전복(顚覆, upset)할 수 있는 승리연합이 존재하지 않는다면, 해당 자원배분은 코어의 원소이다. 연합형 게임 $\langle N, v\rangle$하에서, 코어의 정의는 다음과 같다.

정의 17-1

$$\text{Core}(N, v) = \{\boldsymbol{x}=(x_1, x_2, \cdots, x_n)\in X(N, v) \mid \forall S\subseteq N, \sum_{j\in S} x_j \geq v(S)\}$$

간단한 예시로 $N=\{1, 2\}$, $v(\{1\})=v(\{2\})=\alpha$, $v(\{1, 2\})=1$이라고 하자(여기서 $0\leq\alpha\leq 1$). 코어는 다음과 같다.

$0\leq\alpha\leq\frac{1}{2}$일 경우, $\text{Core}=\{(x_1, x_2) \mid x_1 \geq \alpha,\ x_2 \geq \alpha,\ x_1+x_2=1\}$

$\alpha>\frac{1}{2}$일 경우, Core=공집합(∅)

또 다른 예시로 경기자 집합 $N=\{1, 2, 3\}$, 특성함수 $v(\{1\})=v(\{2\})=v(\{3\})=0$, $v(\{1, 2\})=v(\{2, 3\})=1$, $v(\{1, 3\})=2$, $v(\{1, 2, 3\})=3$인 연합형 게임을 고려하자. 정의 17–1에 대입하여 코어를 구하면 다음과 같다.

$$x_1\geq 0,\ x_2\geq 0,\ x_3\geq 0 \tag{17.1a}$$

$$x_1+x_2\geq 1,\ x_2+x_3\geq 1,\ x_1+x_3\geq 2 \tag{17.1b}$$

$$x_1+x_2+x_3=3 \tag{17.1c}$$

식 17.1c를 기하학적으로 묘사하면 3차원 공간에서 세 점 (3, 0, 0), (0, 3, 0), (0, 0, 3)을 잇는 세 선 내부의 평면이다. 식 17.1b의 첫째 부등식 $x_1+x_2\geq 1$에 식

그림 17-2 **코어의 기하학적 표현**

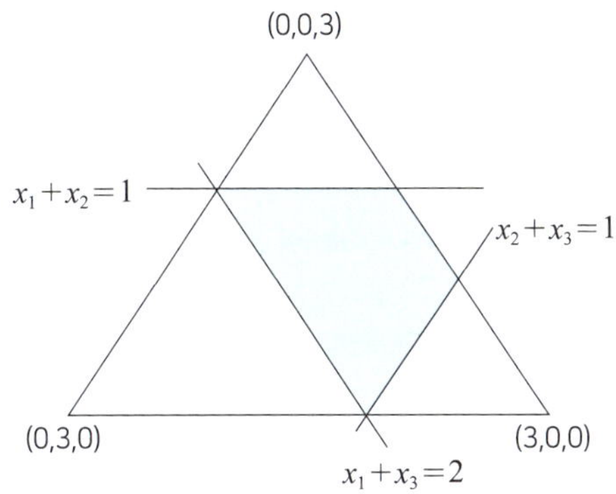

17.1c를 대입하면 $x_3 \leq 2$이다. 이러한 방식으로 나머지 식들도 그래프로 나타내면 코어는 [그림 17-2]의 색칠 부분임을 알 수 있다.

Practice 17-4

경기자 집합이 {1, 2, 3}인 위 본문의 연합형 게임에서 특성함수가 다음과 같이 달라질 경우 코어를 각각 구하시오.

(1) $v(\{1, 3\})=1$

(2) $v(\{1, 3\})=3,\ v(\{2, 3\})=\frac{5}{2}$

이상에서 보여주듯이 코어의 원소는 수없이 많거나 아예 부존재하여 예측력에 한계가 있다. 더타-레이(Dutta and Ray 1989)가 정립한 평등해는 코어의 원소 가운데 가장 평등한 자원배분으로 정의된다. 평등해는 코어의 다중성 문제는 해결하지만 부존재 가능성에는 여전히 무기력하다.

특성함수의 형태가 코어의 성질에 미치는 영향을 알아보기 위해 다음의 연습문제 17-5 및 17-6을 풀어보기 권한다. 참고로 이들은 다음 장에서 설명할 섀플리값의 성질과 비교하고자 하는 목적도 있다.

Practice 17-5

경기자 i를 포함하지 않는 여하한 연합 S에 대하여, $v(S\cup\{i\})=v(S)$가 성립한다면, 경기자 i를 '무능 경기자'(null player)라고 부른다. 다음 각각을 증명하시오.

(1) 경기자 i가 무능하다면, $v(\{i\})=0$ 즉 무가치하다.

(2) 코어가 공집합이 아니라고 가정하자. 코어내의 여하한 귀속가치 x 및 무능 경기자 i에 대하여, 반드시 $x_i=0$이다.

Practice 17-6

경기자 i와 j를 포함하지 않는 여하한 연합 S에 대하여, $v(S\cup\{i\})=v(S\cup\{j\})$가 성립한다면, 경기자 i와 j는 '대칭적 경기자'(symmetric players)라고 부른다. 다음 각각을 증명하시오.

(1) 경기자 i와 j가 대칭적이고, 경기자 j와 k가 대칭적이라면, i와 k는 대칭적이다. 즉, 이행성이 성립한다.

(2) 코어가 공집합이 아니라면, $x_i=x_j$인 귀속가치 $x=(x_1, x_2,\cdots, x_n)$가 코어 내에 반드시 존재한다.

17.5 섀플리값

연합형 게임의 해로 논리성과 예측력 측면에서 가장 탁월한 개념이 섀플리값이다. 노벨상 수상자 섀플리(Lloyd S. Shapley, 1923-2016)는 총보수를 구성원들에게 각자 기여한 분량만큼 공정하게 배분하는 합리적인 기준으로서 '섀플리값'(Shapely value)이라는 개념을 제시하였다. 본절에서는 섀플리값의 개념과 계산공식을 설명하고 17.6절에서는 섀플리값의 대표적 정치명제학적 응용인 권력지수에 대하여 다룬다.

17.5.1 개념과 공식

섀플리에 따르면, 경기자 i가 얻어야 할 몫은 다음과 같다.

$$\phi_i(v)=\sum_{S\subseteq N\setminus\{i\}}\left(\frac{|S|!(n-|S|-1)!}{n!}\right)[v(S\cup\{i\})-v(S)] \qquad (17.\ 2a)$$

$$=\sum_{S\subseteq N}\left(\frac{(|S|-1)!(n-|S|)!}{n!}\right)[v(S)-v(S\setminus\{i\})] \qquad (17.\ 2b)$$

전체 n명의 경기자를 임의로 배열할 때, 연합 S에 속하는 경기자들이 경기자 i 앞에 자리 잡고 나머지 연합 $N\setminus\{S\cup\{i\}\}$에 속하는 경기자들이 경기자 i 뒤에 자리 잡는 상황을 고려하자. 연합 S의 구성원들이 배열되는 경우의 수는 $|S|!$이고 연합 $N\setminus\{S\cup\{i\}\}$의 구성원들끼리 배열되는 경우의 수는 $(n-|S|-1)!$이다. 따라서 연합 S에 속하는 경기자들이 경기자i 앞에 온다는 가정 하에 경기자i를 제외한 $(n-1)$명이 배열되는 경우의 수는 $|S|!(n-|S|-1)!$이다. 이 수를 전체 n명의 경기자를 임의로 배열하는 경우의 수 $n!$로 나눈 것이 식 17.2a의 시그마의 전반부에 해당하는 수식이다.

경기자i가 빠져있는 연합 S에 경기자i가 추가로 참여함으로써 더해진 특성치의 증가분 $(v(S\cup\{i\})-v(S))$는 연합 $S\cup\{i\}$에서 경기자i의 한계기여도(marginal contribution)라 할 수 있다. 결론적으로, 경기자i의 정당한 몫은 그가 각 연합에 참여함으로써 더해진 한계기여도에, 형성가능한 연합의 경우의 수를 감안하여 가중평균을 취한 값이 섀플리값이다.[2]

경기자가 2명뿐이며 $v(1)=v(2)=\alpha$, $v(\{1, 2\})=1$인 경우($0\le\alpha<1$인 상수)를 예로 들어보자. 경기자1의 섀플리값을 구해보면 아래 식에 의하여 0.5이며, 대칭성에 의해 경기자2의 섀플리값도 동일하다.

$$\phi_1=\frac{0!1!}{2!}(v(\{1\})-v(\phi))+\frac{1!0!}{2!}(v(\{1, 2\})-v(\{2\}))$$

---

2 식 17.2a의 계수는 가중치의 개념이므로 이를 모두 더하면 1이다. 경기자i를 제외한 $(n-1)$명에서 $|S|$명을 뽑는 경우의 수 $\binom{n-1}{|S|}$를 해당 계수에 곱하면 $\binom{n-1}{|S|}\times\frac{|S|!(n-|S|-1)!}{n!}=\frac{1}{n}$이고, 이를 총합하면 $\sum_{k=0}^{n-1}\frac{1}{n}=1$이다.

코어 자원배분은 무수히 많거나 부존재하는 경우가 다반사인 데 반해 섀플리값은 유일한 공정분배 몫을 제시한다는 것이 최대 장점이다.

Practice 17-7

$N=\{1,2,3\}$인 조직에서 특성함수가 다음과 같다고 하자. (단, $0<\alpha<1$인 상수)

$$v(S)=\begin{cases}1 \text{ if } S=N \\ \alpha \text{ if } S=\{1, 2\} \text{ or } \{1, 3\} \\ 0 \textit{ otherwise}\end{cases}$$

코어, 평등해, 섀플리값을 각각 구하라.

Practice 17-8

[장갑게임] 경기자 1과 2는 각자 왼손 장갑 하나씩을 갖고 있고, 경기자 3은 오른손 장갑을 하나 갖고 있다. 양손 장갑을 갖출 경우 귀속가치는 1단위이고 그렇지 못할 경우 귀속가치는 0단위라 하자. 이 게임에서 섀플리값을 구하라.

기업조직에의 응용

한 명의 자본가(o)와 M명의 근로자(1, 2, ..., M)가 있는 기업조직의 예를 들어보자. 자본가는 직접적인 생산활동에는 아무런 도움이 되지 않으나 그가 제공하는 필수설비 없이는 어떠한 이윤도 실현되지 않는다. 자본가가 자본을 공급한다는 전제하에, 개별 근로자는 노동공급을 통해 각자 α단위씩의 이윤을 창출한다. 이 게임의 $N=\{o, 1, 2, ..., M\}$이므로 $(M+1)$명의 경기자가 있다. 만약 연합 S가 경기자 o를 포함하지 않는다면 $v(S)=0$이고, 만약 연합 S가 자본가 및 m명의 근로자를 포함한다면 $v(S)=m\alpha$이다. 자본가 o의 섀플리값을 아래 표를 참조하면서 계산해보자.

연합 S	연합 S가 형성될 경우의 수	$v(S)$	$v(S\cup\{o\})$	가중치
ϕ	$\binom{M}{0}$	0	0	$\frac{0!M!}{(M+1)!}$
근로자 1명으로 구성	$\binom{M}{1}$	0	α	$\frac{1!(M-1)!}{(M+1)!}$
근로자 2명으로 구성	$\binom{M}{2}$	0	2α	$\frac{2!(M-2)!}{(M+1)!}$
⋮		⋮	⋮	⋮
근로자 M명으로 구성	$\binom{M}{M}$	0	$M\alpha$	$\frac{M!0!}{(M+1)!}$

$$\phi_o(v)=\sum_{m=0}^{M}\binom{M}{m}\frac{m!(M-m)!}{(M+1)!}(m\alpha-0)=\frac{1}{M+1}\sum_{m=0}^{M}m\alpha=\frac{M}{2}\alpha$$

자본가 o의 섀플리값은 $\frac{M}{2}\alpha$이고, 유사한 방법으로 근로자 각자의 섀플리값을 구하면 $\frac{1}{2}\alpha$이다. 필수설비를 보유하고 있는 자본가의 공정 몫은 근로자의 수가 늘어날수록 증가하는 반면 근로자 개인의 공정 몫은 항상 일정하다. 근로자 M명 전체의 몫을 합하면 자본가의 섀플리값과 같아지는데 모든 근로자가 단결하여 노동조합을 구성하면 권력 관계가 동등해진다는 함의를 갖는다.

대체 공식

섀플리값을 구하는데 있어서 때로는 다음 공식을 활용하면 유용하다.

$$\phi_0(v)=\frac{1}{n!}\sum_{R}\left[v(P_i^R\cup\{i\})-v(P_i^R)\right] \tag{17.3}$$

식 17.3에서 R은 경기자들의 순서쌍을 나타내며, P_i^R은 순서쌍 R에서 경기자i에 앞서 나타난 경기자들의 집합을 나타낸다.

Practice 17-9

연습문제 17-7에 식 17.3을 적용하여 경기자1의 섀플리값을 계산해보자.

Practice 17-10

한 명의 자본가와 M명의 근로자들이 있는 기업조직 예시에 식 17.3을 적용하여 자본가의 섀플리값을 구해보라.

17.5.2 섀플리값의 성질

장갑게임(연습문제 17−8)에서 세 경기자의 섀플리값을 모두 합하면 전체의 귀속가치인 1단위와 똑같다. 기업조직의 예(17.5.1항 후반부)에서 자본가 1명과 노동자 M명의 섀플리값을 모두 합하면 $M\alpha$로서 기업 전체의 총이윤과 동일하다. 이는 우연이 아니며 섀플리값이 일반적으로 갖는 효율성이라는 성질이다.

섀플리(Shepley 1953)가 제시한 공정분배의 바람직한 네 성질은 효율성을 포함하여 대칭성, 선형성, 무가치성이다.

효율성(Efficiency)

$$\sum_{i \in N} \phi_i(v) = v(N)$$

대칭성(Symmetry)

경기자 i와 j가 포함되어 있지 않은 어떠한 연합 S에 대해서도 $v(S \cup \{i\}) = v(S \cup \{j\})$이 성립한다면, $\phi_i(v) = \phi_j(v)$이다.

선형성(Linearity)

별개의 두 특성함수 v와 w에 대하여, 또한 모든 경기자 $i \in N$에 대하여, $\phi_i(v+w) = \phi_i(v) + \phi_i(w)$이며 $\phi_i(av) = a\phi_i(v)$ (여기서 a는 임의의 양수)이다.

무가치성(Null Player)

만약 어떠한 연합 S에 대해서도 $v(S \cup \{i\}) = v(S)$인 경기자 i가 존재한다면, $\phi_i(v) = 0$이다.

효율성이란 모든 구성원들의 섀플리값을 합하면 공동체 전체의 귀속가치와 동일하여 사회적 낭비나 비효율이 없음을 의미한다. 대칭성이란 어떠한 연합에 추가되더라도 기여도가 똑같은 두 경기자가 존재한다면 그 둘의 섀플리값은 똑같아야 함을 의미한다. 무가치성이란 어떠한 연합에도 기여하지 못하는 경기자가 존재한다면 그의 섀플리값은 영(0)이어야 함을 의미한다. 섀플리는 네 공리를 설정하고 그것들을 충족하는 유일한 분배 규칙이 섀플리값임을 증명하였다.[3]

섀플리값을 구하는 데 있어 식 17.2나 식 17.3을 활용하여 일일이 구하는 것보다 기본 공리를 활용함으로써 쉽게 해결하는 방법도 있다. 예컨대, 경기자가 두 명이고 $v(1) = v(2) = 0$, $v(\{1, 2\}) = 1$인 문제에서 효율성 공리와 대칭성 공리를 적용하면 섀플리값이 곧바로 $\phi_1 = \phi_2 = \frac{1}{2}$로 구해진다. 왜냐하면 효율성 공리에 의하여 $\phi_1 + \phi_2 = 1 = v(N)$이어야 하고 대칭성 공리에 의하여 $\phi_1 = \phi_2$이어야 하기 때문이다.

기업조직의 예시에서도 자본가의 섀플리값 $\frac{M}{2}\alpha$를 구한 다음 개별 노동자의 섀플리값은 $\frac{1}{2}\alpha$은 매우 쉽게 계산된다. 효율성 공리에 의하여 자본가 1명과 노동자 M명의 섀플리값을 모두 합하면 전체 조직의 특성치인 $M\alpha$이어야 하며, 대칭성 공리에 의하여 모든 노동자의 섀플리값은 똑같아야 하기 때문이다.

17.6 권력지수

17.6.1 섀플리-슈빅 권력지수

섀플리와 슈빅(Shapley and Shubik 1954)은 섀플리값 개념을 투표게임에 적용하여 개별 구성원이나 연합의 힘을 측정하는 이론을 제시하였다. 입법부, 위원

3 섀플리값의 이론과 경제학적 응용에 대하여는 Winter(2002)를 참조하라.

회, 이사회, 주주총회 등에서 법안 통과나 후보 선출을 위해서는 법정 득표율을 얻어야 하며 이를 위하여 구성원들은 승리 연합을 구성하고자 할 것이다. 섀플리와 슈빅은 연합의 규모나 연합을 구성하는 구성원들의 표의 단순합계가 연합의 힘을 의미하지는 않는다고 결론지었다.

연합 S가 승리연합이면 1단위의 귀속가치를 갖고 패배연합이면 0단위의 귀속가치를 갖는 연합형 게임을 단순게임이라 부른다. 섀플리-슈빅 권력지수는 단순게임에서의 섀플리값으로 정의된다. 달리 표현하면, 섀플리-슈빅 권력지수는 실현가능한 모든 투표 순열 가운데 해당 경기자나 연합이 투표 결과를 최초로 결정짓는(pivotal) 역할을 하는 순열들의 비율로도 정의된다. 권력지수가 0인 연합은 투표게임의 결과에 아무런 영향을 미치지 못하며, 권력지수가 1인 연합은 여타 구성원들이나 연합의 도움 없이 오직 자신의 힘만으로 투표 결과를 좌우할 수 있음을 의미한다.

특정 위원회에서 다수결 투표로 위원장을 선출하는 게임을 고려하자. 위원회는 네 계파 A, B, C, D에서 각각 3, 2, 1, 1명을 파견하여 구성되었다고 하자. 실현가능한 투표 순열은 24가지(=4!)이며 [표 17-1]에 나타나 있다. 각 투표 순열에서 과반수(4표)를 넘기는데 결정적 역할을 하는 계파는 밑줄로 표시하였다.

계파 A는 24개의 실현가능한 투표 순열 가운데 12개에서 결정적 역할을 하므로 A의 섀플리-슈빅 권력지수는 $\frac{1}{2}$이다. 마찬가지 방법으로 계파 B, C, D의 권력지수를 계산하면 각각 $\frac{1}{6}$로 똑같다. 계파 A는 절반에 못 미치는 표를 갖고 있으나 권력지수는 그보다 높은 $\frac{1}{2}$이다. 더욱 재미있는 사실은 계파 B의 경우 C나 D보다 두 배나 많은 표를 갖고 있음에도 불구하고 권력지수는 차이가 없다는 것이다.

표 17-1 섀플리-슈빅 권력지수 계산의 예

ABCD	ABDC	ACBD	ACDB	ADBC	ADCB
BACD	BADC	BCAD	BCDA	BDAC	BDCA
CABD	CADB	CBAD	CBDA	CDAB	CDBA
DABC	DACB	DBAC	DBCA	DCAB	DCBA

Practice 17-11

회사는 $(2n+1)$ 주식이 발행되어 있으며 주주총회에서 다수결로 의사결정을 내린다. 한 명은 k주를 보유하고 있고 나머지 $(2n+1-k)$명은 각자 1주씩을 보유하고 있다.

(1) 대주주의 섀플리-슈빅 권력지수를 구하라.

(2) 대주주의 보유 주식 k가 커지면 섀플리-슈빅 권력지수가 어떻게 변하는지를 살펴보고, 정치경제적 함의를 설명하라.

Practice 17-12

국제연합(The United Nations)의 안전보장이사회(Security Council)는 15개의 이사국으로 구성되는데 그중 5국은 상임이사국(집합 P로 표기)이고 나머지 10국은 비상임이사국(집합 NP로 표기)이다. 안전보장이사회의 안건 통과를 위해서는 9국 이상이 찬성해야 하며 상임이사국은 거부권을 갖는다. 이를 단순게임(simple game)으로 표현하면 다음과 같다.

$$v(S)=\begin{cases}1, \text{ if } S\supset P \text{ and } |S|\geq 9\\ 0, \text{ 그 외의 경우}\end{cases}$$

(1) 비상임이사국의 섀플리-슈빅 권력지수를 구하라.

(2) 섀플리값의 효율성 공리를 활용하여 상임이사국의 권력지수를 구하라.

(3) 개별 비상임이사국과 개별 상임이사국 간의 권력지수의 비율을 구하라.

(4) 1965년 이전 안전보장이사회는 상임이사국 5개와 비상임이사국 6개로 구성되어 있었으며 의결요건은 상임이사국 포함 7개국이었다. 당시 권력지수를 구하고 위 (3)과 비교하라.

17.6.2 반자프-콜먼 권력지수

반자프(Banzhaf 1965)는 투표권이 비대칭적으로 나누어져 있는 투표게임에도 일반적으로 적용할 수 있는 확률론적 개념의 권력지수를 개발하였다.[4]

4 펜로즈(Penrose 1946)가 이미 오래전에 고안했으나 잊혀져 있었던 아이디어를 반자프가 정교화

반자프-콜먼 지수를 계산하는 방식은 다음과 같다. 첫째, 모든 승리연합을 열거한다. 둘째, 각 승리연합에서 임계투표자(critical voter) 혹은 전향투표자(swing voter)를 찾아낸다. 임계투표자란 다른 경기자들의 전략이 주어져 있다는 가정하에 자신이 빠져나오면 승리연합이 패배연합이 되어 버리는 결정적 역할을 하는 투표자로 정의된다. 셋째, 개별 경기자가 모든 승리연합에서 임계투표자로 기능하는 비율을 구한다.

네 계파 A, B, C, D가 각각 4, 3, 2, 1표를 갖고 있는 회의에서 다수결로 의사결정을 한다고 하자. 승리연합은 다음과 같이 7개가 있으며 각 승리연합에 있어서 임계투표자는 밑줄로 표시하였다.

<u>AB</u>, <u>AC</u>, <u>A</u>BC, <u>AB</u>D, <u>AC</u>D, <u>BCD</u>, ABCD

위에서 밑줄이 그어진 12개의 임계투표자 가운데 A는 5번 출현하므로 A의 반자프-콜먼 권력지수는 $\frac{5}{12}$이다. 유사한 방법으로 B, C, D의 권력지수를 구하면 $\frac{3}{12}$, $\frac{3}{12}$, $\frac{1}{12}$이다.

Practice 17-13

총장선출위원회는 5개의 이해집단으로부터 파견된 17명의 위원들로 구성된다. 교수(A) 7명, 직원(B) 4명, 동문(C) 3명, 사회유지(D) 2명, 학부모(E) 1명이다. 각 그룹의 반자프—콜먼 권력지수를 구하고 소위 '들러리'를 판별하라.

섀플리-슈빅이나 반자프-콜먼 권력지수를 우리나라 국회에서 각 정당들의 힘을 측정하고 의석수와의 관계를 설명한 실증연구들도 많다. 이에 대한 기존문헌들은 김재한 외(2012)의 제13장에 소개되어 있다.

하였으며 이후 콜먼(Coleman 1971)이 더욱 계승발전시켰다. 그러한 이유로 반자프-콜먼 권력지수 혹은 펜로즈-반자프 권력지수로 불리기도 한다.

Game Theory

Chapter 18 | 사회선호와 사회선택[1]

18.1 사회적 선호

여러 개인들로 구성된 사회나 집단(조직, 선거구, 위원회, 교수회의 등)이 여러 선택지에 대하여 순위를 매겨야 하는 상황을 고려하자. 구성원 각자는 선택지들에 대하여 개인선호를 갖고 있을진대 이를 종합하여 단일한 사회적 선호로 나타낸다면 매우 유용할 것이다. 두 경기자1과 경기자2 앞에 세 선택지 a, b, c가 놓여있다고 하자. 경기자1은 a를 가장 선호하고 b를 그 다음으로 선호하며 c를 가장 싫어한다고 하자. 즉 $a \succ_1 b \succ_1 c$라고 하자. 경기자2의 선호체계는 $b \succ_2 c \succ_2 a$라고 하자. 두 사람의 선호를 종합한 사회적 선호 $\succ$가 존재할까? 만약 존재한다면 사회적으로 a, b, c 간에 어떠한 순서로 선호한다고 말할 수 있을까? 사회선호가 $c \succ b \succ a$는 분명 아닐 것이다. 경기자1이 b를 c보다 선호하고 경기자2도 b를 c보다 선호하는데 그 둘로 구성된 사회가 c를 b보다 선호한다는 것은 비논리적이기 때문이다. 그렇다면 $a \succ b \succ c$ 혹은 $b \succ c \succ a$는 받아들일 수 있는가? 이에 대한 답은 개인들의 선호를 사회적으로 종합하는 방식과 개념에 달려있을 것이다.

n명의 경기자 $i \in N = \{1, 2, \cdots, n\}$과 K개의 선택지들로 구성된 선택지집합 X를 상정하자. 집합 X내의 선택지들에 대하여, 경기자i의 강선호(strict preference) $\succ_i$는 완비성, 이행성, 비재귀성(non-reflexivity)을 충족하는 이항관계(binary relation)이다. 경기자i가 선택지집합 X 위에 가질 수 있는 강선호 $\succ_i$ 관계는 $K!$개가 있으

1 본절은 졸저 『공공경제론』(2019)의 제4장을 활용하여 업데이트하고 재구성한 내용임.

며 이들 모두를 원소로 포함하는 집합을 $P(X)$로 나타내자. 모든 n명의 구성원들이 가질 수 있는 강선호들로 구성된 강선호체계 집합은 데카르트 곱(the Cartesian product)인 $(P(X))^n$이다. 예컨대, $n=2$, $K=3$인 경우 $P(X)$는 6개의 선호들로 구성된 집합이고 $(P(X))^2$는 36개의 강선호체계들로 구성된 집합이다. 약선호(weak preference) $\succsim_i$는 완비성, 이행성, 재귀성(reflexivity)을 충족하는 이항관계이며, 약선호들의 집합은 $R(X)$로 표기한다. 집합 $R(X)$의 원소의 수는 $\sum_{k=0}^{K-1}\binom{K-1}{k}\frac{1}{(K-k)!}$이다. 예컨대, $n=2$, $K=3$인 경우 $R(X)$는 13개$(=(3!)[1+\binom{2}{1}\cdot\frac{1}{2}]+1)$의 약선호들로 구성된 집합이고 $(R(X))^2$는 169개의 약선호체계들로 구성된 집합이다.

사회선호함수는 개인선호체계 각각에 대하여 단 하나의 사회적 선호를 명시해야 한다. 사회선호함수 $W: (R(X))^n \to R(X)$는 구성원들의 선호체계에 대하여 유일한 사회적 선호를 대응시켜주는 함수이다. 모든 경기자들이 강선호를 갖더라도 사회적으로는 약선호를 가질 수 있음에 유의하라. 예컨대, $n=10$, $X=\{a, b\}$인 사회에서 선택지 a를 더 선호하는 사람들과 선택지 b를 더 선호하는 사람들의 수가 정확히 5명씩인 경우, 사회적으로는 무차별하므로 $a \sim b$로 보는 것이 타당하다.

18.2 애로우의 불가능성 정리

사회선호함수가 만족하여야 할 성질로는 어떠한 것들이 있을까? 이러한 성질들을 모두 만족하는 사회선호함수는 존재하는가? 노벨상 수상자 애로우(Kenneth Arrow, 1921~2017)는 사회선호함수가 갖추어야 할 바람직한 다섯 공리(公理)를 제시하였다. 애로우는 이 다섯 공리를 모두 충족시키는 사회선호함수란 존재할 수 없음을 증명하였는데, 이를 불가능성 정리(不可能性 定理, Impossibility Theorem)라고 부른다.

18.2.1 애로우의 공리

선택지집합 X위에 형성된 개인 n명의 선호체계 $\boldsymbol{\rho} \equiv (\succsim_1, \succsim_2, \cdots, \succsim_n)$가 주어

져 있다고 하자. 이들 n명으로 구성된 공동체의 사회선호 $\succsim$가 충족해야 할 바람직한 성질로서 애로우가 제시한 다섯 공리를 열거하고 설명하자.

정합성(coherence)

(i) [완비성] 여하한 두 선택지 a와 b에 대하여, $a \succsim b$ 혹은 $b \succsim a$여야 한다.

(ii) [이행성] 여하한 세 선택지 a, b, c에 대하여, 만약 $a \succsim b$이고 $b \succsim c$이면 $a \succsim c$여야 한다.

정합성 공리는 개인선호의 합리성(완비성 및 이행성)이 사회적 차원에서도 성립해야 함을 뜻한다. 만약 사회적 선호체계가 비이행적이라면 다수의 의지나 정치적 대표성이라는 개념이 모호해져 버린다. 사회적으로 a를 b보다 선호하고 b를 c보다 선호하는데 c를 a보다 선호한다면 그 공동체의 선호가 도대체 무엇인지 말할 수 없게 된다.

보편성(universality) 사회선호함수 W의 정의역은 $(R(X))^n$ 전체 집합이다.

보편성 공리는 개별 구성원의 선호에 관하여 아무런 사전적(事前的) 제약이 없음을 의미한다. 즉, 구성원들의 선호체계가 어떻게 구성되더라도 이를 대표하는 사회적 선호를 명시할 수 있어야 한다. 예컨대, $n=2$, $K=3$인 경우, 구성가능한 169개($=13^2$)의 모든 개인선호체계 각각에 대하여 사회선호가 명시되어야 한다.

만장일치성(unanimity) 조건 $[a \succsim_i b,\ \forall i]$를 충족하는 여하한 a, b 쌍에 대하여, 반드시 $a \succsim b$여야 한다.

만장일치성은 모든 구성원들이 자원배분 a를 b보다 더 선호한다면 사회적으로도 a를 b보다 더 선호해야 한다는 직관적이고 자명한 요건이다. 예컨대, $n=2$, $X=\{a, b, c\}$인 투표 문제에서 $W((a >_1 b >_1 c), (b >_2 c >_2 a))$가 $(c \succsim b \succsim a)$이거나 $(c \succsim a \succsim b)$이거나 $(a \succsim c \succsim b)$여서는 안 된다. 만장일치성이 사회선호를 가하는 제약은 매우 약하다. 예컨대, 구성원 1천명 가운데 999명이 a를 b보다 선호하고 단 1명만 b를 a보다 선호하더라도 a와 b 간의 사회선호에 제약을 두지 않는다.

독립성(independence of irrelevant alternatives) 서로 다른 두 개인선호체계 $\boldsymbol{\rho}=(\succsim_1, \succsim_2, \cdots, \succsim_n)$와 $\boldsymbol{\rho}'=(\succsim_1', \succsim_2', \cdots, \succsim_n')$를 고려하자. 조건 $[a \succsim_i b \Leftrightarrow a \succsim_i' b, \forall i]$를 충족하는 모든 $a, b \in X$에 대하여, 그 두 선택지에 대한 사회선호는 $\boldsymbol{\rho}$와 $\boldsymbol{\rho}'$에서 동일해야 한다. 즉, $a \succsim b \Leftrightarrow a \succsim' b$여야 한다.

독립성 공리에 따르면, 두 선택지 a와 b를 비교할 때 그 둘과 무관한 대안 c가 a와 b 간의 사회적 선호 서열에 영향을 주지 않아야 한다. 쉽게 말해서, 두 선택지에 대한 사회선호의 서열이 그 두 선택지에 대한 구성원들의 선호에만 의존해야 하며 제삼의 대안에 대한 구성원들의 선호에 의해 영향을 받아서는 안 된다. 예컨대, $n=2$인 사회에서 $a \succ_1 b$이고 $b \succ_2 a$일 경우 사회선호가 $a \succsim b$라고 하자. 여하한 제삼의 대안 c에 대하여, (i) $a \succ_1 b \succ_1 c$이며 $c \succ_2 b \succ_2 a$이건 (ii) $c \succ_1 a \succ_1 b$이며 $b \succ_2 c \succ_2 a$이건 사회선호는 $a \succsim b$여야지 만약 (i)의 경우 $a \succsim b$인데 (ii)의 경우에는 $b \succsim a$라면 독립성을 위배하는 것이다.

비독재성(non-dictatorship) 여하한 a, b에 대해서도 $a \succsim_i b \Rightarrow a \succsim b$가 성립하는 개인 i는 존재하지 않는다.

일부 구성원들의 선호를 그대로 따라—다른 구성원들의 선호는 반영되지 않고—사회선호가 결정되는 경우 그러한 구성원들의 집합을 '결정적 연합'(decisive coalition)이라 부른다. 결정적 연합이 단 한 명으로 구성되는 경우 그를 독재자(dictator)라 부른다. 비독재성이란 독재자가 존재해서는 안 된다는 요건이다. 비독재성도 만장일치성처럼 매우 약한 제약조건이다. 예컨대, 100개의 선택지 가운데 단 한 쌍 a와 b에 대한 사회선호만 경기자1의 개인선호와 다르고 나머지 모든 선택지들에 대한 사회선호는 경기자1의 개인선호와 일치하더라도 경기자1은 독재자가 아니다.

18.2.2 불가능성 정리

18.2.1항에 적시된 다섯 공리를 모두 충족하는 사회선호함수가 존재하는가?

애로우는 부정적 답변을 제시한다.

> 애로우의 불가능성 정리 선택지의 수 $K \geq 3$인 사회에서 다섯 공리(정합성, 보편성, 만장일치성, 독립성, 비독재성)를 모두 충족하는 사회선호함수는 존재할 수 없다.[2]

정합성, 보편성, 독립성 공리는 사회선호 자체의 일관성 및 개인선호체계와 사회선호 간의 일관성을 요구하는 조건이다. 만장일치성과 비독재성은 사회선호의 공정성(fairness)과 밀접하게 연관되어 있다. 모든 구성원들이 자원배분 a를 b보다 더 선호하는데 사회적으로는 b를 a보다 더 선호한다면, 즉 만장일치성 공리가 위배된다면, 이는 불공정한 것이다. 다른 구성원들의 선호는 무시된 채 특정인의 입맛에만 맞게 집단 전체의 자원배분이 결정된다면, 즉 비독재성이 위배된다면, 이 역시 불공정한 것이다. 불가능성 정리를 요약하면, 일관성과 공정성을 모두 충족하는 사회선호가 부존재하는 상황이 반드시 있다.

> 따름정리 선택지의 수 $K \geq 3$인 사회에서 정합성, 보편성, 만장일치성, 독립성 공리를 모두 충족시키는 사회후생함수는 반드시 비독재성을 위배한다.

네 공리를 충족하는 사회후생함수는 민주적일 수 없으며 반드시 독재자가 존재해야만 성립한다. 독재자에게 권력이 집중된 조직이나 공동체에서는 독재자의 입맛대로 사회적 자원배분의 순위를 정하면 되므로 사회선호는 일관성을 갖게 된다. 반면 모든 구성원들의 선호를 존중하면서 민주적으로 자원배분이 결정되다 보면 사회선호의 일관성이 깨질 수밖에 없는 상황이 존재한다. 이처럼 따름정리는 사회선호의 합리성과 권력집중 간에 상충관계가 필히 있음을 보여준다.

애로우의 불가능성 정리에서는 구성원들이 각자의 선호를 밝히면 가상의 사회설계자(the social planner)가 이를 종합하여 사회선호를 결정하는 구조로 봐도 된다. 이때 핵심 전제는 구성원들이 각자의 선호를 진실하게 밝힌다는 것이다. 그러나 이는 지나치게 강한 가정이다. 구성원(들)이 사회설계자의 의도를 합리적으

---

2 애로우 불가능성 정리의 증명은 Maschler, Solan and Zamir(2020) 22.1절을 참조하시오. 김영세(2019)의 제4장 4.2.3항에서는 $n=2$, $K=3$의 단순 상황을 상정하고 직관적인 증명을 제시한다.

로 역산하여 자신의 개인선호를 전략적으로 거짓 제출할 유인이 존재하기 때문이다. 물론 사회설계자도 구성원들의 이 같은 허위보고 유인을 미리 고려하여 사회선호함수를 설계해야 할 것이다. 기버드(Gibbard 1973)와 새터스웨이트(Satterthwaite 1975)는 애로우의 불가능성 정리를 이처럼 구성원들이 전략적으로 조작할 수도 있는 경우로 확장하였다. 다른 한편, 기버드−새터스웨이트는 사회선호함수보다는 협의의 개념인 사회선택함수를 대상으로 하는데, 18.3절과 19.1절에서 깊이 있게 다루기로 한다.

Practice 18-1

국제행사 장소를 a, b, c 세 도시 가운데 한 곳을 선정하기 위하여 15명으로 구성된 위원회를 만들었다. 개별 위원은 세 도시를 선호 순서대로 동시에 제출한다. 사회선호함수는 다음과 같다. 만약 a를 최적 위치로 지목한 위원이 5명 이상이면 위원회 전체 의견으로 a가 최상위를 차지한다. 만약 5명 미만이 a를 최적 위치로 지목하고 5명 이상이 b를 최적 위치로 지목하면 위원회 전체 의견으로 b가 최상위를 차지한다. 만약 a와 b를 최적 위치로 지목한 위원이 각각 5명 미만이면 c가 최상위를 차지한다. 이렇게 위원회 전체 의견으로 최상위가 정해지면 나머지 두 곳은 다수결에 따라 2위, 3위를 차지한다. 이 사회선호함수는

(1) 독재적인가?

(2) 만장일치성을 충족하는가?

(3) 독립성을 충족하는가?

(4) 전략적으로 조작가능한가?

애로우의 불가능성 정리에 의하면 구성원 모두의 선호체계를 반영하는 합리적이고 민주적인 사회선호함수는 존재하지 않는다. 그러나 다섯 공리 가운데 하나를 완화할 경우 사회선호함수를 도출할 수 있다. 특히 독립성 공리는 실제 경제주체들의 의사결정에서 자주 위배되므로 현실성에 의문이 있는 공리이다. 사회후생함수(social welfare function)란 구성원들의 효용수준을 종합하여 사회후생 수준을 단일한 숫자로 나타내는 함수이다. 개인i의 효용수준을 u_i라 놓을 때, 사회후생함수는 $W=W(u_1,\ u_{2,\dots,}\ u_n)$로 정의된다. 구성원 개개인들의 효용수준을

사회적으로 얼마나 중요하게 평가하느냐에 따라 사회후생함수의 형태는 달라진다. 개별 경제인의 무차별곡선을 개인 효용함수로부터 도출한 것과 똑같은 논리로 사회무차별곡선(社會無差別曲線, social indifference curve)을 사회후생함수로부터 도출할 수 있다. 즉, 동일한 사회무차별곡선에 위치한 점들은 사회 전체의 관점에서 동일하게 바람직하다.[3]

18.3 사회적 선택

18.3.1 사회선택함수

여러 개인들로 구성된 사회에서 셋 이상의 대안들 가운데 택일해야 하는 상황을 고려하자. 애로우의 불가능성 정리에 따르면 모든 구성원들의 선호를 민주적으로 반영함과 동시에 어떠한 상황에서도 항상 일관성을 갖춘 사회선호함수는 존재할 수 없다. 그러나 현실세계에서 모든 선택지들에 대하여 사회적 순위를 매기는 경우는 매우 드물고, 최선책 한두개를 선택하는 경우가 대부분이다. 대통령이나 국회의원의 선출, 주요 안건에 대한 투표, 금융통화위원회의 기준금리 책정, 가족 구성원들의 합의에 의한 TV채널 선택 등이 대표 사례이다.

사회선택함수(social choice function)란 개인들의 선호체계에 대응하여 그들로 구성된 사회가 가장 바람직하다고 평가하는 선택지 하나를 제시하는 함수이다. 선택지들의 집합을 X라 할 때 이들 선택지들에 대한 개인의 약선호들의 집합을 $R(X)$라 하자. 구성원이 n명이면 모든 사람들의 약선호들의 집합 즉 약선호체계 집합은 $(R(X))^n$일 것이다. 사회선택함수 $f: (R(X))^n \rightarrow X$는 사회적으로 가장 바람직한 선택

3 사회후생함수의 형태는 정치경제적 철학에 따라 달라진다. 공리주의적(utilitarian) 사회후생함수는 목적론적 철학에 기초하며 우하향하는 직선 형태의 사회무차별곡선을 갖는다. 롤스(Rawls)의 『정의론』은 칸트(Immanuel Kant)의 의무론에 기초하고 있으며 원초상태와 무지의 장막 개념을 중심으로 최소극대(maxmin) 사회후생함수를 제시한다. 공리주의 철학과 롤스식 최소극대는 상호 대척점에 서있다. 이 둘을 절충한 평등주의적(egalitarian) 사회후생함수는 원점에 대해 볼록한 전형적인 무차별곡선의 형태를 갖는다. 이외에도 칼도어(Kaldor)와 힉스(Hicks)의 총부 극대화(wealth maximization), 밀(John Stuart Mill)로부터 시작된 자유주의(libertarian) 등 정치철학에 따라 바람직한 자원배분의 기준과 방식이 달라진다. 상세한 논의에 대해서는 졸저『공공경제론』의 제4장 4.3절부터 4.7절까지를 읽어보기 바란다.

지를 제시하는 함수이다. 이는 모든 선택지들을 사회적 우열에 따라 일렬로 나열하도록 요구하는 사회선호함수 $W: (R(X))^n \to R(X)$에 비해 부담이 훨씬 작다.

투표 제도는 가장 깊이 있게 연구된 대표적 사회선택함수이다. 다수결 제도(majority rule)에서는 과반(過半) 지지를 얻는 후보가 선택되며, 초다수결제(super-majority rule)에서는 $\frac{2}{3}$ 이상의 찬성을 요한다. 최다득표제(plurality rule)는 여러 후보 가운데 가장 많은 표를 얻는 후보가 선택된다. 결선투표제(run-off voting)란 첫 단계에서 가장 많은 표를 얻은 두 후보만을 놓고 최종 다수결 투표로 결정하는 방식이다. 이상에서 제시한 방식들은 승자독식의 택일 제도인 데 반해 비례대표제(proportional representation)에서는 득표율에 따라 권력이나 자원을 배분한다.

다수결 제도는 다수가 소수를 규율하는 민주주의의 기본철학으로서 계몽주의까지 거슬러 올라간다. 루소(Jean-Jacques Rousseau, 1712~1778)는 다수의 의견이 공동체의 일반의지(general will)를 의미하므로 소수자들은 자신들의 의견이 — 일반의지와 거리가 먼 — 오류임을 받아들이고 순순히 다수에 따르는 것이 마땅하다. 콩도르세는 아무도 객관적 진실은 알 수 없으나 다수 의견이 소수 의견에 비해 옳을 확률이 대수의 법칙에 비추어 볼 때 더 높다고 주장하였다. 배심원 정리(Jury Theorem)라 불리는 콩도르세의 논리는 오늘날에도 많은 연구대상이 되고 있다.

합리적 개인들로 이루어진 사회에서의 공공선택 문제를 고려하자. 선택지가 2개인 경우 메이(May 1952)는 사회선택의 바람직한 성질들을 갖춘 유일한 제도가 다수결임을 증명하였다. 메이가 제시한 바람직한 성질들은 다음과 같다. 첫째, 모든 개인들이 동등하게 취급받아야 한다는 익명성(anonymity)이다. 애로우의 불가능성 정리에서 요구하는 비독재성은 특정인의 선호에 따라 사회선택이 좌우되지 않아야 한다는 요건이므로 매우 느슨한 의미의 민주주의 개념이다. 반면 익명성은 독재자가 없어야 함은 물론 모든 구성원들이 똑같이 대접받아야 한다는 요건이므로 가장 강력한 민주주의 개념이다. 둘째, 모든 선택지들은 똑같이 취급되어야 한다는 중립성(neutrality)이다. 다시 말해서, 특정 선택지가 다른 대안들보다 사전적으로 더 지지를 받아서는 안 된다. 셋째, 선택지들 가운데 사회적으로 가장 바람직한 승자를 반드시 골라내야 한다는 확정성(decisiveness)이다. 사회선택함수의 확정성은 애로우 사회선호함수의 보편성 공리와 궤를 같이한다. 넷째,

특정 선택지를 호의적으로 생각하는 투표자가 많아질수록 그 선택지가 투표의 승자가 될 가능성이 커져야 한다는 단조성(monotonicity) 혹은 양성감응성(陽性感應性, positive responsiveness)이다. 이는 언뜻 보면 당연하지만 선택지가 셋 이상일 경우 양성감응성을 위배하는 사회선택함수는 드물지 않음을 보게될 것이다.

메이의 정리는 다음과 같다. 선택지가 두 개($K=2$)인 경우 익명성, 중립성, 확정성, 양성감응성을 모두 충족하는 사회선택함수는 유일하다. 다수결 제도가 바로 그것이다. 선택지가 두 개뿐이고 다수결 제도를 선택하는 대표적 사례는 양당제 국가에서 치러지는 선거이다. 개헌이나 수도이전과 같은 국가적 사안에 대해 찬반을 묻는 국민투표 혹은 특정 후보를 놓고 가부(可否)를 묻는 인사위원회의 채용투표도 좋은 예이다.

18.3.2 콩도르세의 역설

메이의 정리와는 달리 선택지가 셋 이상인 경우 사회선택 문제는 간단치 않다. 예를 들어보자. 세 선택지 a, b, c와 세 투표자 1, 2, 3이 있으며, 선택지들에 대한 투표자의 선호가 식 18.1과 같다고 하자.

$$\begin{aligned} &\text{투표자 1: } a > b > c \\ &\text{투표자 2: } b > c > a \\ &\text{투표자 3: } c > a > b \end{aligned} \tag{18.1}$$

후보를 둘씩 짝지어 다수결로 승자를 결정한다고 하자. 후보 a와 b가 경쟁하는 선거에서 a는 두 표(투표자 1과 3)를 얻고 b는 한 표(투표자 2)를 얻어 a가 승리한다. 후보 b와 c의 경쟁에서는 b가 이기고, 후보 a와 c의 경쟁에서는 c가 이긴다. 그림 18-1(a)에 묘사된 바와 같이, $a>b>c>a$라는 순환논리로 인해 사회적으로 가장 선호하는 선택지를 골라낼 수가 없다. 이 예는 모든 개인들의 선호체계가 합리적일지라도 다수결을 사회선택 기준으로 삼는다면 사회선호는 합리성(특히 이행성)을 위배할 수 있음을 보여준다. 이러한 현상은 발상자인 콩도르세(Marquis de Condorcet,

1743~1794)의 이름을 따서 '콩도르세 역설'(Condorcet paradox)이라 불린다.

선택지들을 둘씩 짝 지워 다수결 투표를 부친다고 할 때 다른 모든 대안들을 물리치는 선택지가 존재한다면 그것을 '콩도르세 승자'(Condorcet winner)라고 부른다. 반대로 선택지들을 둘씩 짝 지워 다수결 투표를 부칠 때 다른 모든 대안들에게 패배하는 선택지가 존재한다면 이를 '콩도르세 패자'(Condorcet loser)라 부른다.

콩도르세 승자가 존재하는 예시를 들어보자.

$$\begin{aligned} &\text{투표자 1: } a>b>c \\ &\text{투표자 2: } b>a>c \\ &\text{투표자 3: } c>b>a \end{aligned} \tag{18. 2}$$

식 18.2의 선호체계에서 대안 a와 b의 승자는 b, 대안 a와 c의 승자는 a, 대안 b와 c의 승자는 b이다. 그림 18.1(b)가 보여주듯 b는 콩도르세 승자이며 c는 콩도르세 패자이다.[4]

콩도르세 승자 s란 여하한 대안 s'와 다수결로 맞붙어도 승리하는 선택지로 정의된다. 다시 말해서, 대안 s'이 콩도르세 승자 s를 누르고 이기기 위해 다른 구성원들을 규합하여 승리연합(winning coalition)을 구성하는 것은 불가능하다. 예컨대, 식 18.2에서 투표자 3이 b 대신 c를 선택하자고 제안해도 투표자 1과 2 어느

그림 18-1 식 18.1과 18.2의 선호체계하에서 다수결 투표 결과

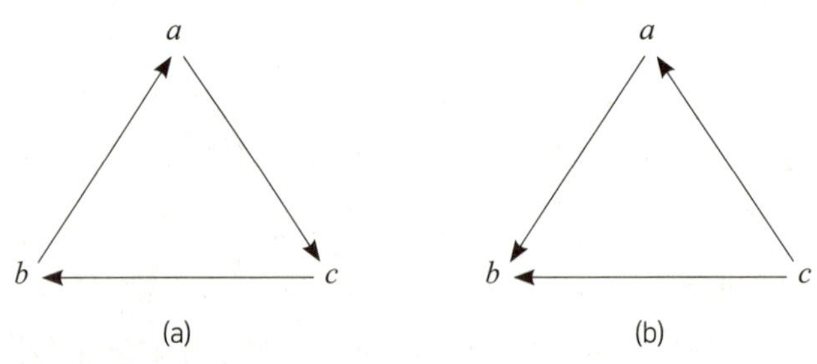

4 선택지가 셋일 경우 만약 콩도르세 승자가 존재한다면 콩도르세 패자도 반드시 존재한다. 하지만 선택지가 넷 이상일 경우 이 명제는 성립하지 않는다. 즉, 콩도르세 승자가 존재한다고 해서 반드시 콩도르세 패자가 존재할 필요는 없다.

누구도 응하지 않을 것이므로 승리연합을 만들어낼 수 없다. 또한 투표자 1이 b 대신 a를 채택하자고 제안해도 나머지 두 명이 반대할 것이므로 b를 뒤엎는 연합은 성립할 수 없다. 이를 제17장 17.4에서 설명한 코어 개념과 연결하면, 다음 명제로 요약된다.

정리 18-1

콩도르세 승자는 반드시 코어에 속한다.

그렇다면 어떤 상황에서 다수결 투표에 따른 콩도르세 승자가 존재하고 어떤 상황에서는 존재하지 않을까? 선택지가 3개 존재할 때 개인이 가질 수 있는 강선호집합 $P(X)$의 원소의 수는 6개(=3!)이므로 3명으로 구성된 사회가 가질 수 있는 강선호체계의 경우의 수는 216개(=6^3)이다. 식 18.1이나 식 18.2는 실현가능한 216가지의 상황 가운데 두 가지이다. 라이커(Riker 1982)의 분석에 따르면 이들 216가지 가운데 204개 상황에서는 식 18.2에서처럼 콩도르세 승자가 존재하고 나머지 12개 상황에서는 식 18.1에서처럼 콩도르세 역설이 발생한다. 실현가능한 전체 경우의 수 대비 콩도르세 승자가 존재하는 경우의 수 간에 비율을 구하면 94.4%(=204/216)로 상당히 높다.

선택지의 수 K 혹은 구성원의 수 n이 커지면 어떻게 될까? 보다 구체적으로, 강선호체계의 경우의 수 $(K!)^n$개 중에 콩도르세 승자가 존재하는 경우의 수는 얼마나 될까? 라이커는 다음 계산결과를 제시한다. 첫째, K가 고정되어 있을 때 n이 커지면 콩도르세 승자가 존재할 확률도 점점 낮아진다. 예컨대, $K=6$일 때 $n=3$이면 콩도르세 승자가 존재할 확률은 79.8%이지만 $n \to \infty$이면 68.5%로 낮아진다. 둘째, 구성원의 수 n에 관계없이 선택지가 많아지면($K \to \infty$) 콩도르세 승자가 존재할 확률이 0에 가까워진다. 요약하면, 선택지의 수와 구성원의 수가 많아질수록 콩도르세 역설이 발생할 확률은 높아지며 심지어 100%에 근접하기도 한다.[5]

5 이 계산에는 중요한 전제가 깔려 있다. 개인선호가 똑같은 확률로 실현가능하며 개인 간의 선호체계도 완전히 독립적으로 분포한다는 가정이 그것이다. 즉, $(K!)^n$개의 사회적 선호체계가 똑같

18.4 투표 제도

18.4.1 최다득표제

최다득표제(最多得票制, plurality voting)에서 투표자는 각자 가장 선호하는 선택지를 딱 하나씩 고르고 그 가운데 가장 많은 표를 얻은 선택지가 사회선택된다. 개별 투표자 입장에서 각자 가장 선호하는 선택지 이외에 나머지 선택지들은 사회선택에 아예 반영되지 않는다. 요약하면, 최다득표제는 가장 많은 투표자들이 가장 선호하는 선택지를 승자로 고르는 방식이다.

최다득표제의 최대 장점은 — 메이의 정리가 보여주듯이 — 선택대안의 수가 둘일 경우 합리적 사회선택을 보장하는 유일한 방식이라는 것이다. 그러나 선택대안의 수가 셋 이상일 경우 최다득표제는 여러 단점이 있다.

첫째, 콩도르세 승자가 존재하더라도 그것이 최다득표제하에서의 사회선택과 다를 수 있다. 구체적으로 살펴보기 위해, 아홉 명의 유권자가 있으며 이들의 선호체계가 식 18.3인 사회를 상정하자.

$$
\begin{aligned}
&\text{Abc유형(2명)}: a > b > c \\
&\text{Bac유형(3명)}: b > a > c \\
&\text{Cab유형(4명)}: c > a > b
\end{aligned}
\tag{18. 3}
$$

선택지를 둘씩 짝지어 다수결 투표에 부친다고 할 때 사회선호는 a>b>c로서 a가 콩도르세 승자이다. 그러나 최다득표제에서는 사회선호의 순서가 c>b>a가 되어 c가 승리한다. 이러한 괴리는 개별 투표자가 최고로 선호하는 선택지만 반영될 뿐 나머지 대안들에 대한 선호 정보는 깡그리 무시되기 때문에 발생한다.

라이트와 라이커(Wright and Riker 1989)에 따르면, 투표 방식이 주어진 후보

은 확률 $\frac{1}{(K!)^n}$로 실현된다고 가정한다. 그러나 현실세계에서 동일한 사회의 구성원들은 인종적, 역사적, 문화적으로 형성된 유사한 선호를 갖고 있을 개연성이 높다. 개인들 간의 선호에 상관관계가 있다고 가정하면 콩도르세 승자가 존재할 확률은 본문에서 계산한 값보다는 높을 것이다. 그럼에도 불구하고 이는 정도 차이일 뿐 구성원의 수 n과 대안의 수 K가 매우 클 경우 콩도르세 승자가 존재할 가능성이 매우 낮다는 결론이 근본적으로 달라지지는 않는다.

군 가운데 당선자를 결정하는데 미치는 영향뿐 아니라 후보들의 입후보 과정에 미치는 영향까지 내생적으로 고려한다면 최다득표제와 콩도르세 방식 간의 충돌은 그리 크지 않다. 최다득표제하에서는 대개 3위 이하의 지지를 얻는 대안들은 아예 입후보하지 않거나 중도에 포기할 유인이 크며 따라서 최상위 두 명만이 후보로 나설 가능성이 높다. 그런데 후보가 둘인 경우 최다득표제는 콩도르세 승자와 일치하므로 두 방식 간의 상충은 크지 않다.

최다득표제의 두 번째 단점은 투표자들의 전략적 행위에 취약하다는 것이다. 여태껏 우리는 투표자들이 진실하게 투표한다고(sincere voting) 전제하였다. 예컨대, 식 18.3에서 Abc유형 2명, Bac유형 3명, Cab유형 4명은 각각 자신들이 가장 선호하는 대안 a, b, c를 정직하게 보고한다고 가정하였다. 그러나 투표자들은 결과를 미리 합리적으로 예상할 수 있으므로 자신의 선호에 거슬러 거짓 투표함으로 궁극적으로 자신이 더 선호하는 사회선택을 이끌어낼 수 있다면 전략투표(strategic voting)의 유인을 갖게 된다. 예컨대, Abc유형 가운데 1명이 a 대신 b를 가장 선호한다고 허위보고한다면 b와 c가 채택될 확률이 반반이므로 진실투표의 결과인 c보다는 나을 것이다. 요약하면, 식 18.3의 선호체계와 최다득표제하에서 개인의 진실투표 행위는 내쉬균형 전략일 수가 없다.

식 18.3의 상황에서, 최다득표 투표 게임에는 내쉬균형이 다수 존재한다. 예컨대, 모든 투표자들이 예외 없이 a를 선택하는 것은 내쉬균형이다. Abc유형은 물론 Bac나 Cab유형의 투표자도 자신을 제외하고 나머지 8명이 a를 선택한다는 가정하에 자신의 선택을 a에서 b 혹은 c로 바꿔봤자 결과에 영향을 미치지 못하고 따라서 이탈 유인이 없기 때문이다. 마찬가지 논리로 모든 투표자들이 b를 선택하는 상태도 내쉬균형이다. 또 다른 예시로, Bac유형 가운데 1명만 b를 선택하고 나머지 8명 모두 c를 선택하는 상태도 내쉬균형이다.

다수의 내쉬균형 가운데 설득력이 떨어지는 것들을 솎아낼 수는 없을까? 이를 위해 다음과 같은 가정을 추가해보자. 개인의 선택이 어차피 투표결과에 영향을 미치지 않으며 따라서 무차별한 선택지들이 여럿인 경우 자신이 가장 선호하는 대안이 나머지 대안들보다 미세하게 더 높은 보수($\varepsilon>0$)를 준다고 가정하자. 이 가정하에서는 예컨대 9명 모두 a를 선택하는 내쉬균형은 배제된다. 개별 Cab

유형 입장에서 a나 c가 모두 무차별하지만 후자가 ε만큼 높은 보수를 가져오기 때문이다. 추가적 조건하에서 구한 내쉬균형은 다음 두 개밖에 없다.

(i) Abc유형과 Bac유형 모두 a에 투표하고 Cab유형은 모두 c에 투표하여 a가 사회선택

(ii) Abc유형과 Bac유형 모두 b에 투표하고 Cab유형은 모두 c에 투표하여 b가 사회선택

위의 (i)이 강내쉬균형임을 보이고, (ii)는 독자에게 맡기기로 한다. 첫째, Abc유형 입장에서는 자신이 가장 선호하는 a가 사회선택될 터이니 b나 c로 바꿀 유인이 없다. 둘째, Bac유형도 a에서 b나 c로 이탈할 유인이 없다. 만약 b로 이탈하면 선거결과가 a에서 $\frac{1}{2}a+\frac{1}{2}c$로 바뀌어 더 불행해지고, 만약 c로 이탈하면 선거결과가 a에서 c로 바뀌어 더 불행해지기 때문이다.[6] 셋째, Cab유형도 c에서 a나 b로 이탈할 유인이 없다. 어느 이탈이건 선거 결과(a)를 바꾸지도 못하면서 자신이 선호하는 c를 버리고 비선호하는 a나 b를 선택하는 꼴이므로 위에 도입한 조건을 위배하기 때문이다.

참고로 내쉬균형 (i)에서의 사회선택은 콩도르세 승자와 일치하고, 내쉬균형 (ii)에서의 사회선택은 후보군이 내생적으로 결정될 경우(최다득표제하에 최하위 득표가 예상되는 a가 포기해버림) b와 c 간의 다수결 투표 결과와 일치한다.

18.4.2 점수투표제

최다득표제하에서는 개인이 가장 선호하는 선택지 이외의 나머지는 깡그리 무시되므로 선택지 간의 선호 강도가 사회적 선택에 전혀 반영되지 않는다. 예컨대, 구성원의 정확히 절반은 a를 b보다 매우 많이 선호하고 나머지 절반은 b를 a보다 약간 더 선호한다고 하자. 최다득표제를 사회선택함수로 채택한다면 a와 b

6 전략형 게임에서 내쉬균형은 개별 경기자의 입장에서 전략을 바꿀 유인이 있느냐 없느냐를 따지는 것이다. 그러므로 Bac유형 1명이 a로부터 이탈할 유인이 있느냐를 따져야지 Bac유형 3명이 한꺼번에 집단적으로 이탈할 유인을 따지는 것이 아님에 유의하라.

는 사회적으로 무차별하다. 그러나 선호의 강도를 고려하면 a가 b보다 사회적으로 우월하다고 보는 것이 타당하다. 점수투표제는 이처럼 개인선호의 강도를 고려한 사회선택함수의 일례이다.

점수투표제에서는 개인이 선호 순서에 따라 점수를 부여한다. 구체적으로, K개의 선택지가 있을 때 투표자는 자신이 가장 선호하는 선택지에 K점, 그 다음으로 선호하는 선택지에 $(K-1)$점, 그리고 가장 덜 선호하는 선택지에 1점을 부여하는 방식이다. 투표자들이 제출한 점수를 합산하여 최고점을 얻은 선택지가 사회선택된다. 최초 제안자인 프랑스 수학자의 이름(Jean-Charles de Borda, 1733~1799)을 따서 '보르다 승자'(Borda winner)라고 부른다. 보르다 방식에서는 유권자별로 각자 모든 선택지에 대한 선호의 순서를 온전히 표출하게 하고 이것을 공공선택에 반영한다. 유권자별로 가장 선호하는 선택지만 반영하는 최다득표제에 비해 모든 유권자들의 모든 선택지들에 대한 선호 정보를 최대한 반영한다는 장점이 있다. 반면 선호 순서에 따른 가중치를 어떻게 두느냐, 예컨대 K, $(K-1)$, ⋯, 1 혹은 1, $\frac{1}{2}$, $\frac{1}{3}$, ⋯, $\frac{1}{K}$ 혹은 K^2, $(K-1)^2$, ⋯, 2^2, 1인지에 따라 공공선택 결과가 달라지므로 가중치 설정 단계에서부터 투표자들의 갈등이 격화될 수 있다는 단점이 있다.

점수투표제는 항상 — 심지어 콩도르세 승자가 존재하지 않는 상황에서조차 — 사회선호의 제시나 사회선택의 승자를 골라낼 수 있다. 이는 애로우의 불가능성 정리가 점수투표제에 적용되지 않음을 의미한다. 따라서 자연스러운 질문은 점수투표제가 애로우의 다섯 공리 가운데 어느 것을 위배하는지에 있다. 일곱 명의 투표자와 세 개의 선택지(a, b, c)가 있는 상황에서 개인선호체계가 식 18.4와 같다고 하자.

$$\begin{aligned}&\text{Abc유형(3명)}:\ a > b > c\\&\text{Bca유형(2명)}:\ b > c > a\\&\text{Cab유형(2명)}:\ c > a > b\end{aligned} \tag{18. 4}$$

두 선택지씩 짝지어 쌍쌍(pairwise) 투표에 부칠 경우 a > b > c > a이므로 콩도르세 승자가 부존재한다. 반면 점수투표제하에서는 대안 a는 15점(=3명×3점+

2명×1점+2명×2점)을 받음으로써 총점이 각각 14점과 13점인 b와 c를 물리치고 채택된다. 즉, 점수투표제하에서 사회선호는 a>b>c이다.

이제 새로운 선택지 d를 추가하자. 모든 투표자들이 선택지 d를 a보다 미세하게 더 좋아한다고 가정하면 선호체계는 식 18.5와 같을 것이다.

Dabc유형(3명): d>a>b>c
Bcda유형(2명): b>c>d>a (18. 5)
Cdab유형(2명): c>d>a>b

점수투표제를 적용하면 새로운 선택지 d가 총점 22점(=3명×4점+2명×2점+2명×3점)을 얻어 대안 c(17점), b(16점), a(15점)를 누르고 보르다 승자가 된다. 주목할 점은 a>b>c였던 사회선호가 새로운 독립적 선택지 d를 도입하였더니 c>b>a로 바뀌었다는 것이다. 요약하면, 점수투표제는 애로우의 공리 가운데 독립성을 위배한다.

점수투표제도 최다득표제와 마찬가지로 투표자들의 전략적 조작에 취약하다. 진실하게 선호를 밝힐 경우 자신이 싫어하는 후보가 당선되리라 예상된다고 하자. 그러면 자신이 가장 선호하지는 않지만 그나마 당선가능성이 있는 후보에 높은 점수를 줌과 동시에 당선가능성이 높으나 자신이 비선호하는 후보에 최하 점수를 줌으로써 결과를 뒤집으려는 유인이 있다.

Practice 18-2

학과에 다섯 개의 전공분야 a, b, c, d, e가 있으며 각 분야마다 한 명씩의 교수가 재직하고 있다. 이 학과에서 신임교수 채용을 위한 회의를 개최한다. 교수 개개인의 분야별 선호는 다음과 같다.

교수 A: a>d>e>c>b
교수 B: b>e>c>d>a
교수 C: c>b>e>d>a (18. 6)

교수 D: d>a>b>e>c

교수 E: e>c>b>a>d

(1) 콩도르세 승자가 존재하는지 분석하라.

(2) 점수투표제 하에서 교수들이 진실하게 투표한다고 가정할 때 보르다 승자를 구하시오.

(3) 점수투표제 하에서 개별 교수가 거짓보고 즉 전략적 조작을 할 유인이 있음을 예시를 들어 설명하시오.

18.4.3 승인투표제

최다득표제나 점수투표제의 최대 단점은 투표자(들)이 거짓으로 자신의 선호를 밝히는 전략적 조작의 유인이 있다는 것이다. 브램스와 피시번(Brams and Fishburn 1978)은 일부 투표지에 의한 진략적 조작을 배제하기 위하여 승인투표제(承認投票制, approval voting) 방식을 제시하였다. 이 방식에서 개별 투표자는 자신이 원하는 만큼 모든 대안을 승인할 수 있다. 점수투표제에서 개별 투표자는 선호의 강약에 따라 차등화된 점수를 부여하지만 승인투표제에서는 개인이 승인한 모든 대안들이 똑같이 취급된다.

최다득표제나 점수투표제하에서 투표자가 정직하게 투표할 경우 최악의 결과가 예상된다면 자신이 덜 선호하는 선택지에 투표하거나 더 높은 점수를 부여함으로써 그나마 덜 비선호하는 결과를 얻으려는 유인이 있다. 그런데 승인투표제에서는 누구든 자신이 원하는 만큼의 선택지를 승인할 수 있으므로 허위 투표의 유인이 현저하게 줄어든다. 예컨대, 식 18.3의 상황에서 승인투표제를 실시할 때 모든 투표자들이 상위 두 대안씩(Abc유형은 a와 b, Bac유형은 b와 a, 그리고 Cab유형은 c와 a)을 승인하는 것은 내쉬균형이다. 이 균형에서 a는 9점, b는 5점, c는 4점을 얻어 a가 승자가 되는데 이는 콩도르세 승자와 일치한다. 어떠한 투표자도 자신이 승인하는 대안의 수를 두 개에서 하나로 줄이거나 세 개로 늘릴 유인이 없다. 또 승인 선택지들의 구성을 왜곡할 유인도 없다.

Practice 18-3

식 18.3의 상황에서 Abc유형 2명과 Bac유형 3명은 2개씩 승인하고 Cab유형 4명은 c 하나만 승인하는 것은 내쉬균형이 아님을 보이시오.

승인투표제에도 단점이 있다. 콩도르세 승자가 존재함에도 불구하고 승인투표는 다른 결과를 낼 수도 있다는 것이다. 식 18.7에 나타난 선호체계를 고려하자.

Abc유형(7명): a>b>c
Bac유형(2명): b>a>c (18. 7)
Cba유형(2명): c>b>a

쌍쌍 다수결 투표에 부칠 경우 사회선호는 a>b>c로서 후보 a가 콩도르세 승자이다. 이는 유권자들이 진실하게 투표하건 전략적으로 투표하건 마찬가지이다. 최다득표제나 점수투표제하의 사회선택도 콩도르세 승자와 동일하다. 승인투표제하에서 유권자들이 각자 선호하는 상위 두 개씩을 승인하는 것은 내쉬균형이다. 이 경우 사회선호는 b>a>c가 되어 b를 채택하게 되는데 이는 콩도르세 승자 a와 다르다. 이처럼 예외는 있지만 일반적으로 콩도르세 승자가 존재하는 경우 승인투표제는 최다득표제나 점수투표제에 비해 콩도르세 승자를 채택할 확률이 높다(Brams and Fishburn 1978). 식 18.7의 상황에서 모든 투표자들이 자신이 가장 선호하는 후보 하나씩만 승인하는 것도 내쉬균형인데 이 경우 콩도르세 승자인 a가 사회선택된다. 승인투표제하에서 사회선택 결과가 콩도르세 승자와 일치하는 내쉬균형이 존재하는 것이다.

18.4.4 결선투표제

결선투표제(決選投票制, run-off voting)란 매 단계 가장 적은 표를 얻은 후보를 탈락시켜가면서 과반을 얻는 후보가 남을 때까지 투표하는 다단계 방식이다. 결선투표제의 대표적 형태인 '최다득표 결선투표제'(plurality run-off voting)에서는 두 단계에 걸쳐 승자가 결정된다. 첫 단계에서 특정 후보가 사전에 정해진 수준 이상(과반 혹은 2/3) 득표하면 그가 승자로 결정된다. 만약 첫 단계 투표에서 일정 수준 이상의 득표자가 없다면 두 번째 단계로 들어가되 첫 단계에서의 최다득표자 2명만이 후보로 남는다. 결선투표 방식은 프랑스를 위시한 여러 국가의 공직선거와 카톨릭 교회의 교황 선출에 적용된다.

결선투표제에는 단점이 있다. 첫째, 콩도르세 승자가 존재하는 상황에서 결선투표 방식을 통해 선택되는 대안이 콩도르세 승자와 다를 수가 있다. 식 18.3에 결선투표제를 적용하면 첫 회에서 2표를 얻은 a가 탈락되고 둘째 회에서 4표를 얻은 c를 누르고 5표를 얻은 b가 승리한다. 이는 콩도르세 승자 a와 다르다.

둘째, 민주적 의사결정의 핵심 요건인 단조성 혹은 양성감응성을 위배할 수 있다. 단조성이란 특정 선택지를 선호하는 투표자들이 많아질수록 그 선택지가 투표의 승자가 될 가능성이 커져야 한다는 지극히 직관적인 성질이다. 식 18.8의 상황을 고려하자.

$$\begin{aligned}&\text{Abc유형(6명)}: a > b > c\\&\text{Cab유형(5명)}: c > a > b\\&\text{Bca유형(4명)}: b > c > a\\&\text{Bac유형(2명)}: b > a > c\end{aligned} \qquad (18.8)$$

결선투표의 첫 회에서 5표를 얻는 c는 각 6표를 얻은 a와 b에 밀려 탈락된다. 두 번째 회에서 Cab유형 5명이 후보 a로 몰려가므로 b가 탈락하고 a가 사회선택 된다. 이제 식 18.8의 마지막 줄 Bac유형 2명을 없애고 Abc유형 2명으로 대체해 보자. 즉, a를 더 선호하는 유권자가 더 많아졌다. 결선투표제의 첫 회에서 4표를 얻은 b가 탈락한다. 후보 a와 c 중 과반수 득표자가 없으므로 두 번째 결선투표를 실시하면 후보 a가 탈락하고 c가 당선된다. 첫 회에 탈락한 후보 b의 지지자들이 c로 몰려가기 때문이다. 식 18.8에 나타난 원래 상황에서 결선투표제는 a를 선발하는 데 반해 a를 선호하는 유권자가 더 많아진 새로운 상황에서 c를 사회선택하는 이변이 발생한다.

18.5 형사재판 제도와 피의자의 운명

형사 재판 제도를 어떻게 설계하느냐는 중요하다. 경미한 범죄는 한 명의 판사가 판결을 내리는 단독 재판부에서 다룬다. 반면 중대 범죄이거나 논란의 여지가 많은 재판일수록 복수의 판사로 구성된 합의부에서 재판을 맡는다. 본절에서는 합의부 재판에서 3명 판사들이 전략적으로 행동할 경우 피고인의 운명이 죽음과 삶, 유죄와 무죄를 어떻게 오갈 수 있는지를 살펴보자.[7]

세 판사 A, D, J는 피고의 범죄에 대하여 아래와 같은 선호를 갖고 있다고 하자. 예컨대, 판사 J는 피고를 징역형에 처하는 것이 마땅하다고 판단한다. 하지만 사형 평결에 대한 좋지 않은 기억 때문에 피고를 사형시키느니 차라리 무죄로 풀어주는 편이 낫다고 생각한다. 여기서 알파벳 'a'는 무죄방면(acquittal), 'd'는 사형(death penalty), 'j'는 징역형(jail)을 나타낸다.

$$\begin{aligned} &\text{판사 A}: a > d > j \\ &\text{판사 D}: d > j > a \\ &\text{판사 J}: j > a > d \end{aligned} \tag{18.9}$$

본절의 예시는 형법과 관련하여 설명되지만 동일한 논리는 정치나 경제에도 적용할 수 있다. 예컨대 판사 A, D, J를 각각 진보좌파, 보수우파, 자유주의 성향을 갖는 것으로 보고, 판결 a, d, j를 각각 평등, 공익, 사유재산권이라고 보면, 합의제의 유형에 따라 결론이 얼마나 달라지는지를 설명할 수 있다.

식 18.9의 상황에서 사형(d) > 징역형(j) > 무죄방면(a) > 사형(d)의 순환고리에 빠지는 콩도르세 역설이 발생한다. 이제 합의부의 세 판사들이 다수결 투표에 의해 형량을 결정한다고 하자. 재판 결과는 제도에 따라 달라진다. 여기서는 현대 미국의 제도, 강제양형 제도, 고대 로마의 제도에 대하여 차례로 살펴보자.

미국의 사법제도

미국의 전형적인 사법제도에서는 유죄(guilty) 혹은 무죄(not guilty) 여부를 먼

---

7 Arrow(1970)의 논문, Dixit and Nalebuff(2009) 제12장, 김영세(2019) 제6장 6.4절을 참조함.

저 결정하고 유죄로 판결이 날 경우 그에 맞는 적절한 형벌을 정한다. 판사들이 자신의 선호를 정직하게 밝히는 진실투표를 한다고 가정하자. 유·무죄 판결에서 판사 D와 J가 유죄를 선택하고 판사 A가 무죄를 선택할 것이므로 먼저 유죄가 선택된다. 일단 유죄가 확정된 상태에서 사형과 징역형 중에 사형이 선택된다.

판사들이 전략적으로 투표한다면 결과가 어떻게 될 것인가? 위 문단으로부터 판사 J는 진실하게 자신의 선호를 밝힐 경우 자신이 최악이라고 생각하는 사형이 선고될 것임을 미리 예상한다. 따라서 판사 J는 유·무죄를 판단하는 최초 평결에서 무죄 의견을 밝히게 되고 그 결과 피고는 풀려난다. 물론 판사 A나 D는 판사 J의 그러한 부정직한 의사 표현을 합리적으로 예측할 수 있지만 자신들의 전략을 바꿀 유인이 없다.

강제양형제도

강제양형제도(强制量刑, mandatory sentencing)에서는 형벌 수위를 먼저 정해둔 다음 피고가 유죄판결을 받아야 하는지 결정한다. 즉, 재판 과정이 미국식 제도와는 반대로 구성된다.

판사들이 진실하게 투표한다면 피고는 징역형을 살게 된다. 형벌을 사형으로 정해놓았다면 판사 A와 J가 무죄를 선택할 것이기에 무죄방면이 선택될 것이다. 형벌을 징역형으로 정해놓았다면 D와 J가 유죄를 선고할 것이므로 징역형이 선택될 것이다. 따라서 어떤 형벌을 선택할 것인가는 무죄방면과 징역형의 양자택일 문제로 좁혀진다. 그런데 판사 D와 J는 징역형을 선호하고 판사 A만이 무죄방면을 선호하므로 결국 징역형으로 확정된다.

판사들이 전략적으로 투표한다면 다음과 같은 논리에 의하여 피고는 무죄방면 된다. 우선 판사 A는 진실투표의 결과인 징역형에 대하여 매우 불만일 것이므로 맨 처음 사형 여부를 물을 때 무죄방면보다는 사형을 선호한다고 거짓말한다. 그러면 형벌을 사형으로 정해놓을 경우 무죄방면이 아니라 사형이 선택된다. 반면 형벌을 징역형으로 정해놓았다면 여전히 D와 J는 유죄를 선고하고 A는 무죄방면을 선택할 것이므로 징역형이 선택된다. 최종판결은 사형과 징역형 가운데 내려지게 되는데 A와 D는 사형을 지지하고 J만 징역형을 지지할 것이므로 결국 사형으로 확정된다. 판사 A는 진실하게 대답하였을 경우 최종판결인 징역형보다 허위보고의 결과로 채택될 사형을 더 선호하므로 그렇게 할 유인이 있다.

그러나 이러한 결과에 대해서 판사 J가 매우 불만족할 것이므로 이번에는 J가 거짓말할 유인이 있다. 판사 J는 형벌을 징역형으로 정해놓았을 때 무죄방면을 더 선호한다고 거짓보고 한다고 하자. 형벌을 사형으로 정해놓았을 때 판사 A(허위보고)와 D(진실보고)에 의하여 사형이 선택됨은 위 문단과 같다. 결국 최종 판결은 무죄방면으로 확정된다. 이 상태에서는 더 이상 아무도 추가로 허위보고할 유인이 없다.

고대 로마의 재판 제도

고대 로마의 사법제도에 따르면 재판부는 증거를 청취한 다음 가장 가혹한 형벌로부터 시작해서 점점 약한 처벌로 내려간다. 사형을 선고할지 결정하고 사형이 타당하지 않다면 그 다음 종신형의 적절성 여부를 판단한다. 이런 식으로 내려가다가 모든 형벌이 다 타당하지 않다고 판단되면 무죄로 풀려난다.[8]

진실투표를 가정하자. 먼저 사형 판단 여부를 놓고 판사 D만 타당하다고 주장하게 되어 사형은 제외된다. 그 다음 징역형의 타당성 여부에 대해서는 판사 D와 J가 찬성하게 되어 결국 징역형이 내려진다.

전략투표를 가정하자. 판사 A는 자신의 선호를 진실하게 밝힌다면 최악인 징역형이 선고될 것임을 예상할 수 있다. 따라서 A는 맨 처음 사형집행의 타당성 여부를 놓고 의견을 물을 때 진심과는 달리 사형을 주장할 유인이 있다. 결국 고대 로마의 합의재판부에서 전략투표를 한다면 피고는 사형을 당하게 된다.

요약하면, 판사들이 진실하게 투표한다고 가정할 경우 현대 미국에서는 사형을 당하고, 강제양형제도나 고대 로마에서는 징역형을 살게 된다. 판사들이 전략적으로 투표한다고 가정할 경우 똑같은 죄를 지은 피고가 현대 미국 및 강제양형제도 하에서는 무죄로 풀려나고, 고대 로마였다면 사형에 처해진다. 재판절차에 따라 선고결과가 달라짐은 물론 그에 따른 범죄 방지 효과도 달라진다. 따라서 사회적으로 가장 바람직한 사법제도는 재판과정에서 검사, 변호사, 판사의 권한이나 의무뿐 아니라 판사들의 전략적 조작 가능성도 고려하여 설계되어야 한다.

8 기원후 100년경 로마의 트리야누스(Trajan) 황제의 변호사 플리니우스 2세(Pliny the Younger)가 직면했던 딜레마를 Arrow(1970)가 재구성한 실화이다.

Game Theory

Chapter 19 미비정보하의 사회선택

본장은 크게 세 부분으로 구성된다. 19.1절은 제18장 사회선택 이론 특히 애로우의 불가능성 정리를 미비정보의 상황에 적용하여 일반화한 기버드-새터스웨이트 불가능성 정리를 설명한다. 19.2절에서는 제13장에서 다룬 메커니즘 설계를 통하여 미비정보하에서도 사회적으로 바람직한 선택을 구현(implemention)할 수 있는지의 문제를 다룬다. 19.3절 이후는 쌍방매칭(two-sided matching) 문제에서 안정적 매칭의 구조 및 성격에 관하여 다룬다. 쌍방매칭 문제에서도 경기자는 자기자신의 선호만 알 뿐 다른 사람들의 선호는 알지 못하는 미비정보하에서 특정 매칭이 안정적인지 혹은 효율적인지를 분석한다.

19.1 기버드-새터스웨이트 불가능성 정리

사회선택함수란 개인들의 선호체계에 대응하여 사회적으로 바람직하다고 평가하는 방안(정책, 후보, 정당 등)을 지정하는 함수이다. 구성원들의 집합을 N, 선택지들의 집합을 X, 개인선호들의 집합은 $R(X)$라 표기하면 사회선택함수는 $f: R(X)^N \rightarrow X$로 정의된다.[1] 사회선택함수의 대표적 예시로 파레토 규칙, 다수결 투

1 사회선택함수는 엄밀한 의미에서 함수보다 넓은 개념의 상응(correspondence)이다. 예컨대, 10명의 구성원들이 a, b 두 선택지를 놓고 다수결로 사회적 선택을 하는 상황을 고려하자. 5명은 a를 b보다 선호하고 나머지 5명은 b보다 a를 선호하는 개인선호체계에 대응하는 사회선택은 {a, b}이다. 주어진 개인선호체계에 대응하는 사회선택이 둘 이상 존재하는 그러한 상황까지 포괄

표, 보르다의 점수투표제, 발라(Léon Warlas)의 완전경쟁 자원배분 등이 있다.

메커니즘 설계의 관점에서 보면 사회선택함수란 개인이 — 다른 사람들의 선호에 대한 정보가 미비하다는 가정하에 — 자신이 가장 선호하는 선택지를 제도 설계자에게 직접 밝히는 직접보고 메커니즘으로 볼 수 있다. 물론 개인은 자신의 선호를 거짓으로 밝힘으로써 이득을 볼 수 있다면 얼마든지 그렇게 한다.

정의 19-1

조건 $[f(Q_i, R_{-i}) >_i f(R_i, R_{-i})]$을 충족하는 선호체계 $\boldsymbol{\rho} \equiv (R_i, R_{-i})$, 개인 i, 그리고 개인 i의 선호 $Q_i \neq R_i$가 존재한다면 사회선택함수 f는 조작가능(manipulable)하다고 부른다.

다른 사람들이 각자의 선호를 진실하게 밝힌다는 가정하에 개인 i가 자신의 선호를 R_i라고 진실하게 밝히지 않고 Q_i라고 거짓말함으로써 사회선택을 자신에게 더 유리하도록 유도할 수 있다면 그러한 사회선택함수는 개인i의 전략적 조작에 취약하다. 제18장 18.4절에서 보았듯이 최다득표제나 점수투표제는 조작가능한 사회선택함수이다. 사람들의 선호체계가 어떻게 구성되어 있든지 어떠한 구성원도 자신의 선호를 거짓으로 밝힘으로써 자기에게 유리한 방향으로 사회선택을 바꿀 방법이 없다고 하면, 그러한 사회선택함수는 조작불가능(non-manipulable)하다고 한다.

애로우의 불가능성 정리에 따르면, 모든 구성원들이 자신의 선호체계를 진실하게 밝힌다는 전제하에 다섯 공리(합리성, 보편성, 만장일치성, 독립성, 비독재성)를 충족하는 사회선호함수는 존재하지 않는다. 달리 표현하면, 앞의 네 공리를 충족하는 사회선호함수는 독재적일 수밖에 없다. 기버드-새터스웨이트는 구성원들이 선호를 거짓으로 밝힐 수 있다고 가정할 경우 애로우의 불가능성 정리가 어떻게 달라지는지 연구하였다. 다만, 기버드-새터스웨이트는 애로우가 분석 대상으로 한 사회선호함수보다 제한적이지만 다루기는 쉬운 사회선택함수를 대

해야 하므로 상응 개념이다. 그러나 복수의 사회선택이 존재할 경우 그중 선정 규칙까지 포함함으로써 함수화하면 되므로, 본서에서는 독자들이 익숙치 않은 상응이라는 용어 대신 함수로 지칭하기로 한다.

상으로 한다.[2] 기버드-새터스웨이트 정리의 핵심 공리들을 먼저 설명하자.

만장일치성(unanimity) 여하한 개인선호체계 $\boldsymbol{\rho} \equiv (R_i, R_{-i})$에 대해서, 만약 $a \succsim_i b$, $\forall i$, $\forall b \neq a$인 선택지 $a \in X$가 존재한다면 반드시 $f(\boldsymbol{\rho}) = a$이다.

비독재성(non-dictatorship) 여하한 개인선호체계 $\boldsymbol{\rho}$에 대해서도 사회선택 $f(\boldsymbol{\rho})$이 특정 구성원 i^*가 가장 선호하는 선택지와 항상 똑같다면 그러한 사회선택함수 f를 독재적(dictatorial)이라 정의한다. 이때 구성원 i^*를 독재자(dictator)라 부른다.

다수결 투표 제도에서는 어느 누구건 소수 그룹에 속하는 순간 자신이 선호하는 선택지가 사회선택(다수결 투표의 결과)과 달라진다. 따라서 다수결 투표제는 비독재적 사회선택함수이다. 사회선택함수가 독재적이라면 당연히 조작불가능하다. 즉, 어느 누구도 자신의 선호를 전략적으로 허위보고할 유인이 없다. 독재자는 자신이 가장 선호한다고 밝힌 내안이 선택될 것이므로 허위보고를 할 이유가 없다. 독재자를 제외한 나머지 구성원들 입장에서도 자신의 선호를 뭐라고 말하건 사회선택에 반영되지 않을 것이므로 굳이 허위보고를 할 필요가 없다.

사회선택함수가 조작불가능하다면 독재적일 수밖에 없다는 역(逆)명제를 증명하는 것은 쉽지 않고 본서의 범위를 벗어나므로 생략한다. 기버드(Gibbard 1973)와 새터스웨이트(Satterthwaite 1975)는 다음 불가능성 정리를 제시하였다.

---

2 기버드-새터스웨이트는 애로우에 비해 개인선호의 보편성에도 약간 더 제약을 둔다. 애로우의 보편성 공리에 따르면, 개인선호가 완비성과 이행성을 충족하기만 하면 어떠한 선호체계도 배제할 수 없으며, 구성원들의 존재가능한 모든 선호체계에 대응하는 사회선호 순위를 특정할 수 있어야 한다. 기버드-새터스웨이트는 완비성과 이행성은 물론 반대칭성(反對稱性, anti-symmetry)도 추가로 충족하는 개인 선호체계에 한정한다. 선호관계 $\succsim$가 반대칭적이라는 것은 "임의의 x, y∈X에 대하여, $x \succsim y$ and $y \succsim x \Leftrightarrow x = y$"로 정의된다. 예컨대, 실수 공간에서 부호 $\geq$는 반대칭성을 충족한다. 두 숫자 a와 b 간에 $a \geq b$이고 동시에 $b \geq a$이면 반드시 $a = b$일 수밖에 없기 때문이다. 완비성, 이행성, 반대칭성을 충족하는 선호관계를 선형체계(linear ordering)라 부른다. 요약하면, 애로우는 완비성과 이행성를 만족하는 개인선호는 뭐든지 다 허용했지만 기버드-새터스웨이트는 그보다 협의의 선호체계를 가정하였다. 하지만 이 차이는 기술적이고 미묘해서 본문에서는 '개인선호의 보편성'으로 통칭한다.

기버드–새터스웨이트 불가능성 정리 선택지의 수 $K \geq 3$인 사회선택 문제에서 사회선택함수 f가 개인선호의 보편성, 만장일치성, 전략조작불가성을 충족한다면 반드시 독재적일 수밖에 없다.

개인에게 전략조작의 유인이 없다는 것은 — 다른 사람들의 선호가 무엇이건 알지도 못하거니와 알 필요도 없이 — 그가 자신의 선호를 정직하게 밝히는 것이 약우월전략임을 의미한다. 이를 '우월전략해 유인양립'(Dominant Solvable Incentive Compatibility: DSIC) 혹은 '전략행위방지'(strategy–proofness) 조건이라고 부른다. 기버드–새터스웨이트 정리는 또한 다음을 의미한다.[3]

따름정리 $K \geq 3$인 사회선택 문제에서, 조건 DSIC를 충족하는 사회선택함수는 독재적이다. 역으로, 독재적 사회선택함수는 DSIC를 충족한다.

선택지의 수가 2개밖에 없는 경우 보편성, 만장일치성, 조작불가능성, 비독재성을 모두 충족하는 사회선택함수가 존재한다. 두 후보를 놓고 구성원들이 한 표씩 던져 더 많은 표를 얻은 후보를 뽑는(만약 득표율이 동일할 경우 사전에 정해진 임의의 규정대로 선발) 다수결 투표제도는 대표적 사회선택함수이다. 하지만 선택지가 셋 이상인 경우 기버드·새터스웨이트에 의하면 네 공리를 모두 충족하는 사회선택함수를 찾기는 불가능하다.

Practice 19-1

국제행사 장소를 a, b, c 세 도시 가운데 한 곳을 선정하기 위하여 9명으로 구성된 위원회를 만들었다. 개별 위원은 세 도시 간의 선호 순서를 동시에 제출한다. 사회선택함수는 다음과 같다. 만약 1명이라도 a를 최적 위치로 지목하면 위원회는 a를 선정한다. 아무도 a를 최적 위치로 지목하지 않는 경우 단 1명이라도 b를 최적 위치로 지목하면 위원회는 b를 선정한다. 어느 누구도 a나 b를 최적지로 지목하지 않는 경우 위원회는 c를 선정한다. 이 사회선택함수는

3 기버드–새터스웨이트 정리의 증명에 관심 있는 독자는 Austen-Smith and Banks(2005) 제2장이나 김영세(2019) 제16장 16.5절을 참조하기 바란다. 따름정리를 포함하여 좀 더 엄밀한 증명에 관해 알기 원하는 독자는 Börgers(2015) 제8장을 참조하기 바란다.

(1) 독재적인가?
(2) 만장일치성이 성립하는가?
(3) 전략적으로 조작가능한가?

Practice 19-2

아빠와 엄마는 갓 태어난 딸의 이름을 a, b, c, d 중 하나로 짓기로 합의했다. 다음 각 사회선택함수의 비독재성, 만장일치성, 조작가능성을 판별하시오.

(1) 아빠가 가장 선호한다고 제시한 이름이 엄마의 그것과 동일하다면 그것을 채택한다. 그렇지 않을 경우, 아빠가 선호하는 상위 2개와 엄마가 선호하는 상위 2개를 제시하고 그중에 일치하는 이름이 있다면 그것을 채택한다. 나머지 모든 경우 그냥 a를 선택한다.
(2) 아빠가 가장 선호한다고 제시한 이름이 엄마의 그것과 동일하다면 그것을 채택한다. 그렇지 않을 경우, 아빠가 선호하는 상위 2개와 엄마가 선호하는 상위 2개를 제시하고 그중에 일치하는 이름이 있다면 그것을 채택한다. 나머지 모든 경우 동전을 던져서 앞면이 나오면 b, 뒷면의 나오면 c라고 짓는다.
(3) 아빠가 가장 선호한다고 밝힌 이름이 c라면 c를 채택한다. 그렇지 않은 경우, 엄마가 가장 선호하는 이름을 선택한다.
(4) 아빠와 엄마 각자 가장 비선호하는 이름을 하나씩 제시하고 그것(들)을 제외한다. 그러면 각자에게 2개 혹은 3개의 이름이 남게 된다. 아빠와 엄마 각자 그중 가장 비선호하는 이름을 하나씩 제시하고 그것(들)을 제외한다. 그러면 명단에 남아있는 이름의 수가 2개, 1개, 0개일 것이다. 명단에 남아있는 이름이 2개인 경우 아빠와 엄마는 각자 그중에서 비선호하는 이름을 밝히고 그것(들)을 제외한다. 이러한 절차를 거쳐 마지막까지 남는 이름이 1개라면 그것을 채택하고 0개라면 그냥 d를 선택한다.

준선형 보수함수와 비독재성

기버드-새터스웨이트 정리에 따르면 임의의 선호를 가진 개인들로 구성된 어떠한 집단에서도(다시 말해서, 다른 사람들의 선호를 알지 못하는 상황에서도) 누군가에 의해 전략적으로 조작되지 않고 모두가 진실하게 행동하는 사회선택함수란 존재할 수 없다. 그런데 제13장에서 살펴본 그로브스-레드야드 메커니즘에서 개인은—다른 사람들의 전략과 무관하게—공공재로부터 자신이 얻게 될 혜택을 정직하게 밝히는 것이 약우월전략이었다. 즉, 그로브스-레드야드 메커니즘이라는 사회선택함수하에서는 구성원들의 선호체계가 어떻게 생겼건 무관하게 개인 입장에서 전략적 조작을 할 유인이 전혀 없다. 이는 기버드-새터스웨이트 정리와 모순이 아닌가? 그렇지는 않다. 그로브스-레드야드 메커니즘에서는 보수함수가 특수한 형태를 갖기 때문인데, 그 경우 비독재적 사회후생함수를 설계하는 것이 가능하다.

준선형(quasi-linear) 보수함수는 자원배분에 따라 얻게 되는 효용과 경제주체들 간에 주고받는 화폐금액이 가산분리(additively separable) 형태를 갖는다. 간단한 예시로, G단위의 공공재 건설로부터 개인 i가 얻게 될 혜택을 $v_i(G)$, 공공재 건설시 그가 납부해야 할 금액을 T_i라 하면, 개인 i의 보수함수는 $u_i(G, T_i) = v_i(G) - T_i$로 쓸 수 있다. 또 다른 예시로, 전형적인 경매(영국식, 네덜란드식, 최고가, 차가 등)에서는 구매희망자 i가 물품획득으로부터 얻을 효용수준과 그가 판매자에게 지불할 대금을 각각 분리해서 고려할 수 있다. 그로브스-레드야드 메커니즘이나 전형적인 경매 메커니즘은 대개 준선형 보수구조를 갖고 있다. 준선형 보수구조가 갖는 함의는 메커니즘 설계자와 구성원들 간에 주고받는 화폐금액이 서로 상쇄되기 때문에 사회 전체에 미치는 영향이 없다는 것이다. 즉, 사회후생에 미치는 효과가 중립적인데, 이는 이전가능효용(移轉可能效用, transferable utility) 모형의 대표적 사례이다.

일반적으로 개인 i가 개인 j에게 일정 금액을 주었다고 하더라도 그러한 거래에 따른 개인 i의 효용 감소분과 개인 j의 효용 상승분은 다르다. 두 사람이 화폐(소득이나 부)로부터 얻는 효용함수가 서로 다르기 때문이다. 이처럼 금전 이전의 효과가 거래주체, 그들의 현재소득, 거래금액에 따라 다르고 따라서 화폐금액뿐 아니라 구성원들 간의 화폐소득 분포도 중요한 상황을 이전불가능 효용(移轉不可能 效用, non-transferable utility) 모형이라 부른다. 기버드-새터스웨이트 정리는 준선형이라는 특수한 형태의 효용함수를 가정하지 않고 임의의 선호체계를 보편적으로[4] 허용하기 때문에 이전불가능 효용 모형이다.

4 각주 2에서 논의한 바와 같이, '완비성, 이행성, 반대칭성을 충족하는 선호체계이기만 하면' 무엇이건 허용한다는 의미이다.

19.2 메커니즘 설계를 통한 사회선택의 구현

우리는 제13장에서 케이크 공평분배, 경매 방식, 고객차별화 전략, 그로브스-레드야드 공공재 건설 등 다양한 메커니즘을 다뤘다. 특히 메커니즘 설계자가 갖고 있는 정보가 미비함에도 불구하고 사회적 목표를 상당한 정도 달성할 수 있음을 살펴보았다. 그런데 이들 메커니즘이 도대체 어디서 어떻게 구해져 나왔는지 의문이 들 수 있다. 특정한 경제사회 문제에 있어서 메커니즘 설계를 통해 사회적 목표가 언제나 구현가능한지 혹은 경우에 따라서는 구현불가능할 수도 있는지, 만약 구현가능하다면 그런 메커니즘을 어떻게 도출할 수 있는지가 핵심 질문이다.

매커니즘은 경기자집합 $N=\{1, 2,\cdots, n\}$, 경기자i의 전략집합 S_i, 선택지 혹은 결과의 집합을 X라 놓을 때 전략형게임 $G: S_1\times S_2\times\cdots\times S_n \rightarrow X$로 재구성할 수 있다. 본절에서는 특정 사회선택함수 $f: (R(X))^n \rightarrow X$가 적절한 메커니즘의 설계를 통해 구현될 수 있는지에 관하여 설명하자.

메커니즘 G가 사회선택함수 f를 우월전략해로 구현한다(the mechanism G implements the social choice rule f in dominance)는 것은 다음 조건 [$\forall R\in(R(X))^n$, $\forall a\in f(R)$, $\exists s=(s_1, s_2,\cdots,s_n) \ni: G(s)=a$이며 s는 게임 G의 약우월전략조합]이 충족됨을 의미한다. 메커니즘 G가 사회선택함수 f를 내쉬균형으로 구현한다(the mechanism G implements the social choice rule f in Nash equilibrium)는 것은 다음 조건[$\forall R\in R(X)$, $\forall a\in f(R)$, $\exists s=(s_1, s_2,\cdots,s_n) \ni: G(s)=a$이며 s는 게임 G의 내쉬균형]이 충족됨을 의미한다. 전자를 우월전략 구현(dominance implementation), 후자를 내쉬균형 구현(Nash implementation)이라고 부른다.[5]

구현 혹은 구현가능성(implementability)에 관한 일반론은 본서의 범위를 벗어나므로 여기서는 제12장에서 나룬 경매이론의 예시를 들어 이해를 높는 선에서 그치고자 한다. 본절에서는 세 종류의 경매 메커니즘을 제시하고 각각이 진실현시 사회선택을 구현하는지 그렇지 못한지를 판별하고자 한다.

판매자가 단일 품목을 구매희망자 두 명($i=1,2$)중 한 사람에게 팔고자 한다.

5 내쉬균형 구현에 관한 논문으로 노벨상 수상자인 매스킨(Maskin 1999)을 참조하시오. 또한 Maskin(2019)은 비전공자를 위한 입문 수준의 논문이다.

구매희망자i는 자신의 평가가치 v_i를 정확히 알고 있다. 반면 판매자나 경쟁 구매희망자는 v_i가 구간 [0,1]에서 균등분포한다는 사실만 알 뿐이다. 즉, 구매희망자의 평가가치는 사적정보이다.

판매자는 구매희망자들에게 각자의 평가가치를 제출하라고 요청한다. 구매희망자는 평가가치를 정직하게 밝힐 수도 있고 거짓말할 수도 있다. 즉 구매희망자i의 보고가치 x_i는 실제가치 v_i와 다를 수 있다. 판매자(메커니즘 설계자)는 구매희망자(대리인)들로부터 유형(평가가치)이 무엇인지 대놓고 물어보므로 이는 직접보고 메커니즘이다. 판매자는 $x_1 > x_2$면 구매자1에게 판매하고, $x_1 < x_2$면 구매자2에게 판매하며, $x_1 = x_2$면 구매자를 무작위로 선정한다. 낙찰자가 판매자에게 지불하는 금액의 성격에 따라 달라지는 세 경매 방식을 차례로 살펴보자.

메커니즘 F

낙찰자는 자신이 써낸 가격을 판매자에게 지불해야 한다고 하자. 평가가치가 v_i인 구매자i는 기대보수를 극대화해주는 x_i를 제출한다고 가정하자. 구매자1의 기대보수 함수는 다음과 같다.

$$\begin{aligned} u_1(x_1 \mid v_1) &= \Pr(x_1 > x_2)(v_1 - x_1) \\ &= \Pr(x_1 > v_2)(v_1 - x_1) \\ &= x_1(v_1 - x_1) \end{aligned} \tag{19. 1}$$

식 19.1의 첫 줄에서 둘째 줄로 넘어가는 과정에서 경쟁자(구매자2)가 자신의 평가가치를 진실로 밝힌다고($x_2 = v_2$) 가정하였다. 둘째 줄에서 셋째 줄로 넘어가는 과정에서는 구매자1의 입장에서 v_2가 구간 [0,1]에서 균등분포 확률변수이므로 $\Pr(x_1 > v_2) = x_1$이라는 사실을 이용하였다.

구매자1의 기대보수를 극대화해주는 $\hat{x}_1 = \frac{1}{2}v_1$이다. 대칭적인 논리에 의하여 구매자2의 최적 보고가치도 $\hat{x}_2 = \frac{1}{2}v_2$이다. 그런데 이는 식 19.1에서 $x_2 = v_2$라고 가정하고 구한 값들이므로 균형 요건인 일관성이 성립하기 위해서는 $x_2 = \frac{1}{2}v_2$를 식 19.1에 다시 대입하여 구해야 한다. 구매자1의 기대보수 $u(x_1 \mid v_1) = 2x_1(v_1 - x_1)$을 극대화 값은 여전히 $\hat{x}_1 = \frac{1}{2}v_1$임을 확인할 수 있다.

최종 선정된 구매자가 자신의 평가가치라고 밝혔던 금액을 판매자에게 지불하도록 설계된 최고가 경매 메커니즘에서 구매자에게는 평가가치를 거짓으로 말할 유인이 있다. 요약하면, 최고가 경매 메커니즘 F는 사회선택함수가 진실현시하도록 구현불가능(not implementable)하다.

메커니즘 S

두 구매희망자 중 높은 금액을 써낸 사람이 물품을 갖되 둘 중 낮은 금액을 지불하도록 하는 사회선택함수 S를 고려하자.[6] 구매자2의 제출가가 x_2라는 가정하에 구매자1의 최적 전략 선택을 분석하자.

먼저 $v_1 < x_2$인 경우 [그림 19−1](a)를 참고하면서 살펴보자. 구매자1의 제시가격 x_1이 구매자2의 제시가격 x_2보다 크다면 구매자1이 낙찰자로 선정되며 금액 x_2원을 지불하므로 (v_1-x_2)단위(<0)의 보수를 얻게 된다. 반면 x_1이 x_2보다 작다면 구매자1은 탈락하므로 0단위의 보수를 얻는다.

다음으로 $v_1 > x_2$인 경우 [그림 19−1](b)를 참고하면서 살펴보자. 입찰가격 x_1이 x_2보다 크다면 구매자1이 낙찰자로 선정되며 최종적으로 (v_1-x_2)단위(>0)의 보수를 얻게 된다. 반면 x_1이 x_2보다 작다면 구매자1은 탈락하므로 0단위의 보수를 얻는다.

구매자1이 진실 $x_1 = v_1$을 제출하면 [그림 19−1](a)의 경우 0단위의 보수를 얻게 되며 [그림 19−1](b)의 경우 (v_1-x_2) (>0)단위의 보수를 얻게 된다. 구매자1은 경쟁자인 구매자2가 어떠한 값 x_2를 제출할지는 알 수 없다. 하지만 x_2 값이 얼마이건 상관없이([그림 19−1]의 (a)와 (b) 중에 어떤 상황이 발생하건 상관없이) 자신의 진짜 유형인 v_1에 해당하는 가격을 제출하는 것이 $x_1 \neq v_1$를 제출하는 것보다 더 높거나 적어도 동일한 보수를 가져다준다. 다시 말해서, 구매자1에게 $x_1 = v_1$은 약우월전략이다.

요약하면, 메커니즘 S는 진실현시 사회선택함수를 구현할 수 있다. 구매자들은 진실하게 행동하는 전략 즉 자신의 진짜 유형에 해당하는 가격을 써내는 전

6 상대방이 써낸 금액은 두 번째로 높은 가격 혹은 탈락한 가격 가운데 가장 높은 가격과 동일하므로 사회선택함수 S는 차가 경매 즉 비크리 경매에 해당한다.

그림 19-1 메커니즘 S하에서 $x_1 = v_1$은 약우월전략

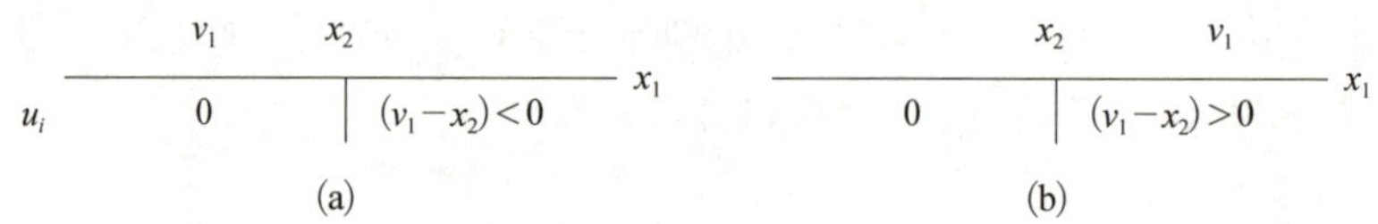

략이 — 다른 구매자들이 정직하게 행동하건 그렇지 않건 상관없이 — 유리하기 때문이다. 개별 구매자에게 진실현시가 약우월전략이라는 의미에서 사회선택함수 S는 '우월전략 메커니즘'이다.

메커니즘 H

낙찰자가 판매자에게 자신이 제시한 금액의 절반을 지불해야 한다고 하자. 구매자1의 기대보수함수는 다음과 같다.

$$
\begin{aligned}
u_1(x_1 \mid v_1) &= \Pr(x_1 > x_2)\left(v_1 - \frac{x_1}{2}\right) \\
&= \Pr(x_1 > v_2)\left(v_1 - \frac{x_1}{2}\right) \\
&= x_1\left(v_1 - \frac{x_1}{2}\right)
\end{aligned} \tag{19. 2}
$$

식 19.2의 첫 줄에서 둘째 줄로 넘어가는 과정에서 경쟁자인 구매자2가 자신의 평가가치를 진실로 밝힌다고($x_2 = v_2$) 가정하였다. 둘째 줄에서 셋째 줄로 넘어가는 과정에서는 구매자1의 입장에서 v_2가 구간 [0,1]에서 균등분포 확률변수이므로 $\Pr(x_1 > v_2) = x_1$이라는 사실을 이용하였다.

구매자1의 기대보수를 극대화해주는 $\hat{x}_1 = v_1$이다. 대칭 논리에 의하여 구매자2의 최적 보고가치도 $\hat{x}_2 = v_2$이다. 사회선택함수 H에서 구매자는 진실을 말할 유인을 가지므로 진실구현가능하다. 여기서 개별 구매자는 경쟁자도 정직하다는 가정 하에서만 정직하게 행동할 유인이 있다. 이러한 의미에서 사회선택함수 H는 경쟁자의 선택과 무관하게 항상 진실현시가 약우월전략이었던 사회선택함

수 S와는 차이가 있다. 다시 말해서, 사회선택함수 H 하에서 구매자들의 진실현시는 내쉬균형이지만 우월전략해는 아니다. 이러한 의미에서 사회선택함수 H는 '내쉬구현 메커니즘'(Nash implementation)이라고 부른다.

기대수익동등정리의 성립

위에서 살펴본 세 메커니즘은 구매자의 진실현시를 유도하느냐 그렇지 않으냐에 따라 구현 여부가 달라진다. 사회선택함수 S는 우월전략실행 메커니즘이고 H는 내쉬구현 메커니즘인 반면 사회선택함수 F는 진실 구현불가능하다. 하지만 판매자의 기대수익은 똑같다. 구매자들이 위험중립적이며 사적가치를 갖고 담합이 존재하지 않으므로 제12장 12.3절에서 살펴본 수익동등정리가 성립하는 것이다.

메커니즘 F에서 개별 구매자의 평가가치는 구간 [0,1]에서 균등분포하고 입찰가는 $\hat{x}_1=\frac{1}{2}v_1$ $(i=1,2)$이므로, 판매자의 관점에서 개별 입찰가는 구간 $\left[0, \frac{1}{2}\right]$에서 누적확률분포 $G(X)=2x$에 따른다. 판매자는 두 입찰가 가운데 높은 가격 $y=\max\{x_1,x_2\}$을 받게 되는데, 확률변수 y의 누적확률분포는 $[G(y)]^2=4y^2$임이 알려져 있다. 따라서 판매자의 기대수입은 $\frac{1}{3}$단위$\left(=\int_0^{\frac{1}{2}}yd(4y^2)=\int_0^{\frac{1}{2}}8y^2dy\right)$이다.

메커니즘 H에서 판매자의 기대수입도 메커니즘 F에서의 그것과 정확히 똑같다. 구매희망자가 자신의 평가가치를 진실하게 밝히고 그것의 절반을 지불하건 자신의 평가가치의 절반만 입찰가로 적어내고 낙찰될 경우 그 금액을 그대로 내건 마찬가지이기 때문이다.

메커니즘 S에서 구매희망자는 자신의 평가가치를 진실하게 써내지만 판매자 입장에서는 두 입찰가 가운데 낮은 금액을 받는 것이나 다름없다. 확률변수 $y=\min\{x_1,x_2\}$의 누적확률분포는 구간 [0,1]에서 $[1-(1-y)^2]$를 따른다.[7] 따라서 기대수입은 $\frac{1}{3}$단위$\left(=\int_0^1 yd[1-(1-y)^2]=\int_0^1 2y(1-y)dy\right)$이다.

---

7 확률변수 $X_1, X_2, \cdots, X_K$가 각각 누적확률분포 F를 따르며 상호독립이라고 하자. 확률변수 $Z=\min\{X_1, X_2, \cdots, X_K\}$는 누적확률분포 $[1-(1-F)^K]$를 따른다. 누적확률분포의 정의상

$$\begin{aligned}
&\Pr(Z=\min\{X_1, X_2, \cdots, X_K\}\le z)\\
&=1-\Pr(Z=\min\{X_1, X_2, \cdots, X_K\}\ge z)\\
&=1-\Pr(X_1\ge z\ , X_2\ge z, \cdots,\ X_K\ge z)\\
&=1-\Pr(X_1\ge z)\Pr(X_2\ge z)\cdots\Pr(X_K\ge z) \qquad \because X_1, X_2, \cdots, X_K\text{가 상호독립이므로}\\
&=1-[1-\Pr(X_1\le z)][1-\Pr(X_2\le z)]\cdots[1-\Pr(X_K\ge z)]\\
&=1-[1-F(z)]^K
\end{aligned}$$

세 메커니즘 F, S, H 하에서 더 높은 평가가치를 가진 구매자가 낙찰되므로 효율성이 성립한다. 따라서 경매인의 기대수익도 동일함은 수익동등정리의 당연한 귀결이다.

19.3 안정적 매칭[8]

19.3.1 매칭에 의한 자원배분

쌍방매칭(two-sided matching)은 수많은 공공 의사결정에서 중요한 문제이다. 공립학교 배정, 대학입시, 결혼 중매, 장기 기증, 로스쿨 졸업생의 법무법인(law firm) 취직, 신참 의사들의 병원 취업 등 다양하다. 이러한 쌍방매칭 문제들의 특징은 일종의 물물교환 시장이라는 것이다. 전통적 경제이론에서는 화폐가 존재하고 희소자원의 상대적 가치를 가격이 조정하면서 자원배분의 효율성을 달성할 수 있는지의 문제에 집중한다. 그러나 가격을 매길 수 없거나 '돈으로 사고파는' 거래가 아예 금지된 물물교환 시장에서도 효율적이고 안정적인 자원배분을 달성할 수 있을지는 특히 공공경제학에서 매우 중요한 쟁점이다.

학교 배정 문제를 예로 들어보자. 학군내에 150명의 학생들이 세 학교 X, Y, Z에 진학하기를 원하며 그들의 선호는 다음과 같다.

유형A (75명)의 선호: 학교 X>Y>Z
유형B (75명)의 선호: 학교 Y>X>Z

학교별 입학정원은 각각 50명이다. 개별 학교는 성적이 우수한 학생을 더 선호하므로 지원자가 정원을 초과할 경우 성적순으로 자른다고 하자.

유형A에 속하지만 성적이 중위권인 갑돌이가 자신의 선호를 진실로 밝힌다고 하자. 갑돌이는 학교 X에 배정받지 못한다면 최악인 Z로 가야 할 수 있다. 유형A 학생 가운데 중위권 학생들과 유형B 가운데 중상위권 및 상위권 학생들이

8 19.2절 이하는 Maschler, Solan and Zamir (2020), Ch.23을 많이 참조하였음.

Y를 1순위에 올려놓는다면 Y에도 배정받지 못하기 때문이다. 따라서 갑돌이는 자신의 선호를 Y>X>Z라고 거짓말하는 편이 나을 수 있다. 즉, 자신의 선호를 진실하게 밝히지 못하고 전략적으로 거짓말할 유인이 있다. 이러한 전략적 행위를 방지(strategy-proof)하여 진실한 선호를 기반으로 학교배정이 이루어지도록 하려면 어떻게 해야 하는가?

쌍방매칭 문제는 게일과 섀플리(Gale and Shapley 1962)가 이론적 기초를 닦은 후 로스(Alvin E. Roth)와 그의 공동 연구자들이 발전시켜왔다. 섀플리와 로스는 매칭 자원배분을 연구하고 실제 정책에 기여한 업적으로 2012년 노벨경제학상을 공동수상하였다(Roth 2015).

의과대학 졸업생들이 종합병원의 인턴으로 취직하기를 원하고 종합병원들도 우수한 의사 초년생들을 채용하기 원하는 매칭 문제를 구체적으로 살펴보자. 극소수 A급 병원들은 최우수 의사지망생들만을 대상으로 면접을 실시하고 취업오퍼를 내도 문제없다. 그러나 그 바로 다음의 B급 병원들의 경우 최우수 신참의사들만을 고려하여 직장 오퍼를 제시하려면 상당한 위험에 직면하게 된다. 그들이 취업제안을 준 a급 의사들을 A급 병원들로 가버리고 b급 의사들이라도 붙잡으려고 하면 이미 때가 늦다. C급 병원들이 이미 b급 의사들에게 취업 제안을 하고 초단시간 내 회신을 강요한다면(exploding offer), b급 의사들로서는 A급이나 B급 병원들로부터의 제안을 마냥 기다릴 수만은 없으므로 이미 C급 병원으로 가기로 통보해버렸을 것이기 때문이다. B급 병원들도 이러한 상황을 미리 예측할 수 있으므로 아예 처음부터 A급 의사들을 포기하고 B급 의사들에게 취업제안을 하면서 초단기 회신을 강요하게 된다.

이러한 과정이 매년 반복되면 병원들이 취업 오퍼를 주는 시기는 점점 앞당겨지게 되고 결국 병의원들이나 로펌이 의학전문대학원이나 법학전문대학원(law school)에 입학한 지 얼마 되지도 않는 학생들에게 경쟁적으로 취업 제의를 하고 사전고용계약을 맺는 웃지 못할 사태가 벌어진다. 이는 학생들에게나 고용주들에게 모두 불행한 일이다. 의대생이 의학 과정을 얼마나 성공적으로 이수하고 훌륭한 의사로 성장할지에 대한 충분한 정보도 없는 상태에서 그와 고용계약을 맺는 것은 병원 입장에서 엄청난 비효율이다. 반대로 의대생 입장에서도 취업제안을 해 온 병원이 자신의 적성이나 수준에 얼마나 맞을지에 대한 정보가 미비한 상태에서 고용계약을 맺게 되므로 비효율적이며 상당한 리스크를 부담하게 된다.

19.3.2 안정적 매칭

남녀 동수가 참석한 파티에서 짝을 짓는 예시를 들어 설명하자. 남성 개개인은 여성 n명에 대하여 강선호(>)를 갖고 있으며, 여성 개개인은 남성 n명에 대하여 강선호를 갖고 있다. 예컨대, 남성 A가 여성 ㉠, ㉡, ㉢ 순서로 선호한다면, ㉠>㉡>㉢으로 표기한다. 매칭(matching)이란 남녀가 1대1로 짝을 이룬 상태로 정의된다. 형성가능한 매칭의 수는 $n!$개이며, 이들의 집합을 $\mathcal{M}$으로 나타내자.

매칭 $M \in \mathcal{M}$하에서 A군과 ㉡양, C군과 ㉠양이 짝지어진다고 하자. 그런데 A군은 ㉡양보다 ㉠양을 더 선호하고 동시에 ㉠양은 C군보다 A군을 더 선호한다면, A군과 ㉠양은 매칭 M에 반대할 것이다. 따라서 매칭 M은 불안정하다. 반면, 매칭 M에 반대하는 남녀 쌍이 하나도 존재하지 않는다면, 매칭 M을 안정적 매칭(stable matching)이라 정의한다. 안정적 매칭에서는 다음 명제가 항상 성립한다. 즉, 한 여성(㉠양)이 자신에게 배정된 C군보다 다른 남성(예컨대 A군)을 더 선호한다면, A군은 현재 배정된 ㉡양을 ㉠양보다 더 선호한다.

남녀 4명씩으로 구성된 공동체를 상정하자. 남성의 이름은 A, B, C, D이고 여성의 이름은 ㉠, ㉡, ㉢, ㉣이다. 각자 선호에 따라 이성 네 명에게 1, 2, 3, 4를 부여하자.(순위이므로 숫자가 작을수록 더 선호함을 의미) [표 19–1]은 선호체계 중 하나이다. 예컨대, ㉡양의 선호는 C>A>D>B이며, D군의 선호는 ㉠>㉣>㉢>㉡이다.

기호 ♠로 표시된 매칭은 불안정적이다. A군과 ㉡양이 현재 배정된 짝(각각 ㉠양과 B군)에 비해 서로를 더 선호하므로 매칭 ♠에 반대할 것이기 때문이다.[9] 기호 ♣로 표시된 매칭은 안정적이다. 현재 배정된 짝을 버리고 서로를 선택할 유인이 있는 남녀 쌍이 존재하지 않기 때문이다. (독자들이 직접 체크해보라.)

9 매칭 ♠에 반대할 다른 쌍(예컨대 C군과 ㉡양)이 더 존재한다. 그러나 주어진 매칭의 불안정성을 증명하기 위해서는 반대하는 쌍 하나만 찾으면 충분하다.

표 19-1 남녀 각 4명으로 구성된 사회에서 안정적 매칭과 불안정적 매칭의 예시

남성 \ 여성	㉠	㉡	㉢	㉣
A	2 4 ♠	2 3	2 2 ♣	4 1
B	1 2 ♣	4 1 ♠	4 3	3 4
C	3 4	1 1 ♣	3 3 ♠	2 2
D	4 1	3 4	1 3	1 2 ♠♣

Practice 19-3

남녀 네 명씩 있는 모임에서 선호체계가 다음과 같다고 하자.

남성 \ 순위	1	2	3	4
A	㉠	㉡	㉢	㉣
B	㉢	㉣	㉠	㉡
C	㉡	㉣	㉠	㉢
D	㉣	㉢	㉡	㉠

여성 \ 순위	1	2	3	4
㉠	D	C	B	A
㉡	B	A	C	D
㉢	A	C	D	B
㉣	A	D	B	C

(1) 매칭 (A-㉡, B-㉣, C-㉠, D-㉢)은 안정적인가?

(2) 매칭 (A-㉡, B-㉢, C-㉠, D-㉣)은 안정적인가?

19.4 게일-섀플리 알고리즘

게일과 섀플리는 모든 쌍방매칭 문제에 안정적 매칭이 반드시 존재함을 증명하였다. 또한 안정적 매칭을 찾기 위한 '수락지연 일괄배정'(deferred acceptance)이라 불리는 알고리즘을 다음과 같이 제시하였다. 여성 n명이 일렬횡대로 의자에 앉아있고 남성들이 데이트 상대 여성을 고르는 상황 즉 남성구애 규칙을 먼저 살펴보자.

1(1)단계: 남성들이 각자 가장 선호하는 여성 앞에 줄을 선다.

1(2)단계: 여성들은 자기 앞에 줄 선 남성(들) 한 명 한 명에게 기다리라고 하든지 혹은 꺼지라고 한다. 자기 앞에 단 한 남성만 서 있는 경우에는 일단 기다리라고 한다.

2(1)단계: 제1단계에서 퇴출당한 남성은 자신을 퇴출시킨 여성을 제외하고 가장 선호하는 여성 앞에 선다.

2(2)단계: 제1(2)단계와 동일

…

k(1)단계: 직전 단계에 퇴출당한 남성은 제1단계~(k-1)단계에 자신을 퇴출시킨 바 없는 여성 앞에 줄 선다.

k(2)단계: 제1(2)단계와 동일

알고리즘은 여성 1명당 남성 1명씩이 짝을 이루면 종료된다.

[표 19-1]에 남성구애 규칙하에 게일-섀플리 알고리즘을 적용하여 안정적 매칭을 구해보자. 이는 [표 19-1]에서 ♣에 해당하는 안정적 매칭이다.

	㉠	㉡	㉢	㉣
1(1)단계:	D	B, C		A
1(2)단계:	D	C		A
2(1)단계:	D, B	C		A
2(2)단계:	B	C		A

3(1)단계:	B	C		A, D
3(2)단계:	B	C		D
4(1)단계:	B	C	A	D

이제 남성이 의자에 일렬횡대로 앉아있고 여성들이 남성을 고르는 여성구애 규칙하에 게일-섀플리 알고리즘을 적용하여 안정적 매칭을 구해보자.

	A	B	C	D
1(1)단계:		㉠	㉡	㉢, ㉣
1(2)단계:		㉠	㉡	㉣
2(1)단계:	㉢	㉠	㉡	㉣

이 역시 [표 19-1]에서 ♣에 해당하는 안정적 매칭이다. 이는 남성구애 규칙하에 게일-섀플리 알고리즘을 적용해 구한 매칭과 동일하다. 하지만 이는 우연의 일치이며 일반적으로 남성구애 규칙하에 구한 안정적 매칭과 여성구애 규칙하에 구한 안정적 매칭이 일치할 이유가 없다.[10]

[표 19-2]는 남녀 각 3명으로 구성된 모임에서 남성구애 규칙하에 구한 안정적 매칭, 여성구애 규칙하에 구한 안정적 매칭, 그 둘과는 다른 제삼의 안정적 매칭이 존재하는 예시를 보여준다. 형성가능한 매칭의 수가 6가지(=3!)인데 그 중 3개가 안정적 매칭이다. 안정적 매칭이 다수 존재할 수 있다는 다중성은 예측가능성 측면에서 매칭 모형의 큰 단점이다. 거스필드와 어빙(Gusfield and Irving 1989)은 남녀 각 8명이 존재하는 모임에 안정적 매칭이 268개 존재하며, 남녀 각 16명인 모임에 안정적 매칭이 195,472개나 되는 선호체계가 존재함을 수치로 제시한 바 있다.

10 남성구애 규칙하에 구한 안정적 매칭과 여성구애 규칙하에 구한 안정적 매칭이 일치한다면, 해당 매칭이 유일한 안정적 매칭임은 증명되어 있다. 본장의 연습문제 19-6(3)을 참조하시오.

표 19-2 남녀 각 3명으로 구성된 모임에서 세 개의 안정적 매칭이 존재하는 예시

	㉠	㉡	㉢
A	3 1 ♠	2 2 ♡	1 3 ♣
B	1 3 ♣	3 1 ♠	2 2 ♡
D	2 2 ♡	1 3 ♣	3 1 ♠

Practice 19-4

[표 19–2]에 나타난 선호체계에서 다음 각각을 증명하라.

(1) 매칭 ♠는 남성구애 규칙하에 게일–섀플리 알고리즘으로 구한 안정적 매칭이다.

(2) 매칭 ♣는 여성구애 규칙하에 게일–섀플리 알고리즘으로 구한 안정적 매칭이다.

(3) 매칭 ♡는 안정적이다.

Practice 19-5

게일–섀플리 알고리즘을 적용하여 안정적 매칭을 구하시오.

(1)

인턴 \ 순위	1	2	3	4
Anne	피부과	내과	소아과	정형외과
Bill	내과	소아과	정형외과	피부과
Claire	피부과	정형외과	내과	소아과
Dan	정형외과	피부과	내과	소아과

전공 \ 순위	1	2	3	4
내과	Dan	Anne	Bill	Claire
소아과	Dan	Anne	Bill	Claire
정형외과	Anne	Bill	Dan	Claire
피부과	Bill	Dan	Anne	Claire

(2)

변호사 \ 순위	1	2	3	4
Alex	㉠	㉡	㉢	㉣
Betty	㉠	㉣	㉡	㉡
Carol	㉡	㉠	㉢	㉣
David	㉣	㉡	㉢	㉠

로펌 \ 순위	1	2	3	4
㉠	David	Carol	Alex	Betty
㉡	Betty	David	Alex	Carol
㉢	David	Alex	Betty	Carol
㉣	Carol	Betty	Alex	David

Practice 19-6

(1) 철수는 영희가 가장 선호하는 남성이고, 영희는 철수가 가장 선호하는 여성이라고 하자. 여하한 안정적 매칭에서도 철수와 영희는 짝을 이룸을 증명하시오.

(2) 철수는 영희가 가장 싫어하는 남성이고, 영희는 철수가 가장 싫어하는 여성이라고 하자. 그림에도 불구하고 칠수와 영희가 짝을 이루는 안정적 매칭이 존재하는지 설명하시오.

(3) 로미오와 줄리엣은 남성구애 규칙하에서도 짝을 이루고 여성구애 규칙하에서도 짝을 이룬다고 하자. 여하한 안정적 매칭에서도 로미오와 줄리엣은 항상 짝이 됨을 증명하시오.

19.5 매칭 간의 비교 및 전략적 조작

19.5.1 매칭 간의 비교

남성구애 규칙에서 남성들은 자기가 선호하는 여성을 능동적으로 골라서 그 앞에 서는 반면 여성들은 의자에 앉아서 단지 자기 앞에 줄 선 남자(들)에게 대기하라고 하든지 쫓아내든지를 수동적으로 결정한다. 여성구애 규칙에서는 반대로 남성들이 수동적 역할을 한다. 그러므로 남성들의 보수 수준은 여성구애 규칙에서보다 남성구애 규칙에서 더 크거나 적어도 같다. [표 19-2]와 〈연습문제 19-4〉에서 구한 안정적 매칭에서 여섯 명의 보수 수준을 정리해보자. (숫자는 순위이므로 작을수록 더 선호함을 나타냄)

매칭♠: 남성구애 규칙

A	B	C	㉠	㉡	㉢
1	1	1	3	3	3

매칭♣: 여성구애 규칙

A	B	C	㉠	㉡	㉢
3	3	3	1	1	1

이상의 결과는 일반적으로도 성립한다. 서로 다른 두 안정적 매칭 ♠와 ♣에 대하여, 만약 모든 남성들이 매칭♠을 매칭♣보다 선호하거나 적어도 무차별하다면, 모든 여성들은 매칭♣을 매칭♠보다 선호하거나 무차별하다고 느낀다. 물론 그 역도 성립한다.

19.5.2 전략적 조작

게일-섀플리 알고리즘에는 경기자들이 자신의 진실한 선호에 따라 선택한다는 전제가 깔려 있다. 이 가정을 완화하여 경기자가 중간 단계에서 자신의 진실

표 19-3 전략적 조작의 유인이 있는 선호체계

	1	2	3
A	X	Y	Z
B	X	Z	Y
C	Y	X	Z

	1	2	3
X	C	A	B
Y	A	C	B
Z	B	A	C

한 선호와는 다르게 선택할 수 있다면 어떻게 될 것인가? 다시 말해서, 전략적 조작을 통하여 궁극적으로 더 선호하는 대안과 매칭될 가능성이 있는지 살펴보자.

남녀 세 명씩으로 구성된 모임에서 선호체계가 [표 19-3]과 같다고 하자.

남성구애 룰하에서 게일-섀플리 알고리즘을 적용하여 안정적 매칭을 구해보자. 아래 계산식에 의하면, 여성 X는 자신의 2순위 남성인 A와 매칭된다.

	X	Y	Z	쫓겨난 남성
1(1)단계	A, B	C		
1(2)단계	A	C		B
2(1)단계	A	C	B	

이제 여성 X가 자신의 진실한 선호가 아니라 마치 C>B>A인 것처럼 전략적으로 선택한다고 하자. 다음 계산식에 의해 여성 X는 궁극적으로 1순위 남성인 C와 매칭된다.

	X	Y	Z	쫓겨난 남성
1(1)단계	A, B	C		
1(2)단계	B	C		A
2(1)단계	B	C, A		
2(2)단계	B	A		C
3(1)단계	B, C	A		
3(2)단계	C	A		B
4(1)단계	C	A	B	

여성 X가 거짓 선호에 따라 전략적으로 행동함으로써 얻게 된 안정적 매칭(C−X, A−Y, Z−B)은 모든 사람들이 진실 선호에 따라 행동한다고 가정하고 얻은 안정적 매칭 중의 하나이다. (독자들이 직접 검토해 보라.) 이는 우연의 일치가 아니며, 일반적으로 성립하는 명제이다. 다시 말해서, 진실 선호를 가정하고 구한 안정적 매칭들의 집합과 전략적 조작을 허용하고 구한 안정적 매칭들의 집합은 일치한다. 다만, 동일한 안정적 매칭이라고 하더라도 진실 현시를 가정하고 구할 때 적용한 알고리즘 순서와 전략 조작을 허용하고 구할 때 적용한 알고리즘은 다를 수 있다. 그 증명은 본서의 범위를 벗어나므로 다루지 않는다.

찾아보기

[ㄱ]

가격선도(價格先導, price leadership) 318
가격차별 421
가격 카르텔 305
가위바위보(Rock-Scissors-Paper) 게임 099
가지(branch) 018, 155
간파(看破, divinity) 496
감춰진 유형(hidden type) 345, 497
감춰진 행동(hidden action) 345, 497, 547
강단계소거(strict iterative dominance) 029, 087, 116
강선호(strict preference) 613
강열등전략(强劣等戰略, strictly dominated strategy) 025, 026
강열등전략의 단계적 소거(强劣等戰略의 段階的 消去, Iterated deletion of strictly dominated strategies) 028, 364
강우월전략(强優越戰略, strictly dominant strategy) 025
강탈(hold-up) 200, 224
개인합리성(個人合理性, individual rationality) 287, 289, 427, 436, 447, 450, 452, 555, 562, 566, 575, 601
게일-섀플리(Gale-Shapley) 알고리즘 650
게임(game) 001, 011
게임값(value of game) 288
게임나무(game tree) 018, 156
게임이론(game theory) 003

격하품(格下品, damaged goods) 430, 433
결과(outcome) 017
결선투표제(決選投票制, run-off voting) 630
경기자(player) 001, 011
경매(競賣, auction) 381, 421
고객차별화 424, 430, 449
공개구두경매(公開口頭競賣, open auction) 382
공개내림경매(open descending auction) 382
공개성(openness) 180
공개오름경매(open ascending auction) 382, 388
공공재(公共財, public goods) 361, 423, 440, 450
공공재 건설게임 362
공동생산(共同生産, team production) 578
공용균형(共用均衡, pooling equilibrium) 355, 479, 489, 514, 543
공용전략(pooling strategy) 350, 479
공유지의 비극(Tragedy of commons) 063
공조게임(共助게임, Coordination game) 033, 075, 080, 136
공적임의배정(公的任意配定, public randomization) 286
공통가치(共通價値, common value) 385, 403
과다입찰불가 정리 386
과실책임(negligence rule) 085
과점(寡占, oligopoly) 041
광고(advertisement) 503
교대제안(交代提案, alternating offer) 231
교수형의 역설(Hanging paradox) 170
구현가능성(implementability) 641
권력지수(power index) 609
귀속가치(imputation) 601
균형 경로(均衡 經路, on-the-equilibrium path) 163
균형예산조건(均衡豫算條件, budget balancing condition) 580
그로브스-레드야드(Groves-Ledyard) 메커니즘 440, 450, 452
근사주지사실(almost common knowledge) 369
글로벌게임(global game) 135
금융산업분리(金融産業分離) 정책 533
금융투자 신탁게임(Trust game) 196

기(期, period) 250
기대효용가설(期待效用假說, expected utility hypothesis) 017
기버드-새터스웨이트(Gibbard-Satterthewaite) 불가능성 정리 399, 638
기여과실책임(liability with the defense of contributory negligence) 085
기회주의(opportunism) 200
깜짝시험의 역설(Surprise exam paradox) 170
깡패(nasty)전략 270
끌림영역(basin of attraction) 144

[ㄴ]
남성구애 규칙 650
내구재 독점(durable-goods monopoly) 171
내쉬균형(내쉬均衡, Nash equilibrium) 032, 116, 255
내쉬균형 구현(Nash implementation) 641
내쉬 협상해(Nash bargaining solution) 136, 236, 598
네덜란드식 경매(Dutch auction) 382, 398, 410
네트워크효과(network externality) 072

[ㄷ]
다수결 투표제도 620
다중성(多重性, multiplicity) 131
단계게임(stage game) 250
단봉선호(單峰選好, single-peaked preference) 조건 061
단순게임(simple game) 600, 610
단일교차(單一交叉, single crossing) 조건 508
단일 정책사안(one-dimensional policy space) 063
단조 우도비율 조건(單調 尤度比率 條件, Monotone Likelihood Ratio Condition: MLRC) 571
단회이탈원리(one-deviation principle) 277
담합(collusion) 308
대리인(agent) 419, 449
대칭성(symmetry) 596, 608
대칭적 경기자(symmetric players) 604
더타-레이(Dutta and Ray) 평등해 603
도덕적 해이(道德的 解弛, moral hazard) 497, 547, 548

독립성(independence of irrelevant alternatives) 597, 616, 628
독재자게임(Dictator game) 226
동등전략형게임(同等戰略型게임, equivalent strategic-form game) 157
동승효과(bandwagon effect) 076
동시게임(同時게임, simultaneous move game) 013
동시다회공개(SMR: Simultaneous Multiple Round) 경매 407
동족변환(同族變換, affine transformation) 024, 597
동태적 미비정보 게임 459, 469
동태적 불완전정보 게임 460
동태적 비일관성(dynamic inconsistency) 336
드비어스(DeBeers) 316

[ㄹ]
라일리해(Riley outcome) 518
레몬상품(lemons) 498
리니언시(leniency) 323

[ㅁ]
마그리비(Maghribi) 무역상 333
마디(node) 018, 155
만장일치성(unanimity) 615, 637
매-비둘기 게임(Hawk-Dove game) 036
매칭(matching) 648
메이의 정리(May's Theorem) 621
메커니즘 641
메커니즘 설계(mechanism design) 419, 447, 449
명료화(clarification) 가격선도 320
무능(null) 경기자 604, 609
무임승차(無賃乘車, free-riding) 362
무자비전략(無慈悲戰略, grim strategy) 270
무작위전략(無作爲戰略, randomized strategy) 087
무한반복게임(無限反復게임, infinitely repeated game) 250
무한반복게임 내쉬균형 290
무한반복게임 부분게임완전균형 291
무한수명(無限壽命, infinite horizon) 협상 231

미비정보(未備情報, incomplete information) 015, 345, 419
밀봉입찰경매(密封入札競賣, sealed-bid auction) 382

[ㅂ]
반(反)공유지의 비극(Tragedy of anti-commons) 069
반복게임(反復게임, repeated game) 249
반복게임 전략 251
반응곡선(reaction curve) 045, 054, 092
반자프-콜먼-펜로즈(Banzhaf-Coleman-Penrose) 권력지수 611
방(房, cell) 021
방아쇠 전략(trigger strategy) 337
배수진 178
배심원 정리(Jury Theorem) 620
배타적 유통(exclusive dealing) 446
뱅크런(bank runs) 191
베르트랑(Bertrand) 과점 혹은 복점 051
베이즈게임(Bayes game) 349, 449
베이즈내쉬균형(Bayesian Nash equilibrium) 351, 416, 452
베이즈법칙 149, 348
베이즈 일관성(Bayesian consistency) 463
벼랑끝 전술(brinkmanship) 184
보르다(Borda) 투표제 626. 627
보복국면(報復局面, punishment phase) 262, 293
보상국면(報償局面, reward phase) 293
보수(報酬, payoff) 017, 021
보수벡터(payoff vector) 017
보수우위(報酬優位, payoff dominance) 134
보편성(universality) 615
보험(保險, insurance) 534, 548
볼록자루집합(convex hull) 149
봉투교환 게임(Envelope exchange game) 373
부분게임(部分게임, subgame) 164
부분게임불완전균형(subgame imperfect equilibrium) 262
부분게임완전균형(部分게임完全均衡, SPNE: subgame perfect equilibrium) 164, 255
분리균형(分離均衡, separating equilibrium) 355, 479, 488, 510, 541

분리전략(separating strategy) 350, 479
불가역성(不可逆性, irreversibility) 180
불가역적 과잉투자(irreversible over-investment) 174
불변성(scale invariance) 597
불완전정보(不完全情報, imperfect information) 015, 345
불완전회상(不完全回想, imperfect recall) 014
브래스 역설(Braess Paradox) 071
브랜드 지명도(brand name) 504
비균형 경로(非均衡 經路, off-the-equilibrium path) 467
비대칭정보(非對稱情報, asymmetric information) 345
비독재성(non-dictatorship) 616, 637
비크리 경매(Vickrey auction) 383
비협조게임(non-cooperative game) 003
뿌리(root) 018, 155

[ㅅ]
사슴사냥게임(Stag-hunt game) 032, 080, 134, 142, 297
사적가치(私的價値, private value) 384, 387, 415
사적정보(私的情報, private information) 389, 473
사전적 미비정보(ex-ante incomplete information) 349
사회무차별곡선(社會無差別曲線, social indifference curve) 619
사회선택함수(social choice function) 619, 635, 641
사회적 선호(social preference) 613
사회적 실현가능(socially feasible) 286, 289
사회후생함수(social welfare function) 618
사후적(ex-post) 미비정보 349
살라미 전술(salami tactics) 184
상가산성(上加算性, super-additivity) 600
상관균형(相關均衡, correlated equilibrium) 146
상호확증공멸(mutually assured destruction) 180
생산량 카르텔 301
생산용량 확장게임 173
섀플리값(Shapely value) 604
섀플리–슈빅(Shapley–Shubik) 권력지수 609
석유수출국기구(OPEC: Organization of Petroleum Exporting Countries) 312

선별(選別, screening) 473, 498, 501
선형성(linearity) 608
성대결게임(性對決게임, Battle-of-the-sexes game) 037, 147, 296
소모전(消耗戰, war of attrition) 103, 383
소비자예속(消費者隷屬, lock-in) 196
손떨림완전균형(trembling-hand perfect equilibrium) 119
손해배상책임법(liability law) 083
수락지연 일괄배정(deferred acceptance) 650
수익동등정리(Revenue Equivalence Theorem) 399. 401, 406, 645
수직결합(vertical integration) 200
순수공조게임(純粹共助게임, Pure coordination game) 038, 132
순수전략(純粹戰略, pure strategy) 016
순수전략 내쉬균형 033, 034
순수전략조합(pure strategy profile) 020
순수화(purification) 366
순차게임(順次게임, sequential move game) 013
순차균형(sequential equilibrium) 465
순차합리성(順次合理性, sequential rationality) 462
스타켈버그 보수(Stackelberg payoff) 182
스타켈버그 복점 185
스타켈버그 선도자(Stackelberg leader) 182
스타켈버그 전쟁상태(Stackelberg warfare) 189
스펜스-멀리스 조건(Spence-Mirrlees condition) 508
승인투표제(承認投票制, approval voting) 629
승자의 저주(winner's curse) 403, 407
신빙성 없는 위협(incredible threat) 163
신사(nice)전략 270
신용경색(信用梗塞, credit crunch) 523
신용할당(信用割當, credit rationing) 524
신호(signaling) 526
신호게임(信號게임, signaling game) 473, 476
신호발송자(信號發送者, sender) 473
신호수신자(信號受信者, receiver) 473
실효임금(efficiency wage) 이론 325
실효할인인자(實效割引因子, effective discount factor) 231

쌍방매칭(two-sided matching) 646

[ㅇ]
아우만 불가능성 정리(Aumann's Impossiblity Theorem) 377
악독성(spitefulness) 선호 230
안정적 매칭(stable matching) 648
애로우 불가능성 정리(Arrow's Impossibility Theorem) 617, 627
약단계소거(weak iterative dominance) 030
약선호(weak preference) 614
약열등전략(弱劣等戰略, weakly dominated strategy) 027, 386
약열등전략의 단계적 소거 030, 118
약우월전략(弱優越戰略, weakly dominant strategy) 027, 443
양성감응성(陽性感應性, positive responsiveness) 621, 631
엄격책임(strict liability) 084
여성구애 규칙 651
여행자의 딜레마(Travellers' dilemma) 게임 128
역경매(reverse auction) 382
역사(歷史, history) 251
역선택(逆選擇, adverse selection) 497, 498, 509, 522, 538
역진귀납법(逆進歸納法, backward induction) 165
연쇄점의 역설(Chain-store paradox) 486
연합(coalition) 600
연합형 게임(coalitional game) 600
영국식 경매(English auction) 382, 388, 405, 409, 412
예금동결(預金凍結, suspension of convertibility) 194
예금보험제도(預金保險制度, deposit insurance) 195
오토마타(automata) 270
완비정보(完備情報, complete information) 015
완전균형(perfect equilibrium) 165
완전베이즈균형(perfect Bayesian equilibrium) 461, 465
완전정보(完全情報, perfect information) 015
완전차원(完全次元, full dimensionality) 가정 294
완전회상(完全回想, perfect recall) 014, 160
외부대안이 있는 성대결게임(Battle-of-the-sexes with outside option) 494
우월전략 메커니즘(dominant-strategy mechanism) 442, 452, 644

우월전략해(優越戰略解, dominance solvable) 029, 117
우월전략해 구현(dominance solvable implementation) 641
우월전략해 유인양립 638
위임(delegation) 180
위치선정게임(Location game) 057
위험분담(risk sharing) 561
위험우위(危險優位, risk dominance) 134
유보효용(留保效用, reservation utility) 450
유인계약 553
유인양립(incentive compatibility) 427, 436, 447, 452, 555, 562, 566, 574
유인제공(incentive provision) 561
유통전략(distribution strategy) 321
유한반복게임(有限反復게임, finitely repeated game) 250, 256
유한반복게임 내쉬균형 294
유한수명(有限壽命, finite horizon) 협상 218
유형(類型, type) 015, 348
의사결정마디(decision node) 018
이전가능효용(移轉可能效用, transferable utility: TU) 600, 640
이전불가능효용(移轉不可能效用, non-transferable utility: NTU) 600, 640
익명성(anonymity) 620
일관성(consistency) 465
일반중재(一般仲裁, conventional arbitration) 239
일회게임(一回게임, one-shot game) 250
임계규모(critical mass) 074
임계전환성(臨界轉換性, cutoff property) 364
입찰담합 411
입찰참가비 402

[ㅈ]
자기선택(自己選擇, self-selection) 425, 543
자신신고자 감면(leniency) 323
자신의 손을 묶어 둠(tying one's hand) 178
자연독점성(natural monopoly) 421
자연법칙(Nature) 013, 347

잔여청구자(殘餘請求者, residual claimant) 582
재량(discretion) 338
재산권 063
재판매가격 유지행위(再販賣價格 維持行爲, resale price maintenance) 322
재협상방지균형(再協商防止均衡, renegotiation-proof equilibrium) 265
전개형(展開型, extensive-form) 게임 018, 155
전래정리(傳來定理, folk theorem) 285
전략(戰略, strategy) 001, 016
전략적 무역정책론(strategic trade policy) 202
전략적 상호작용 001, 003
전략적 안정성(strategic stability) 496
전략적 조작(strategic manipulation) 443, 628, 654
전략행위방지(strategic-proof) 444, 638, 647
전략형(戰略型, strategic-form) 게임 020
전원지불경매(全員支拂競賣, all-pay auction) 383
전진귀납법(前進歸納法, forward induction) 496
절삭(切削, shaving) 392
점근안정(漸近安定, asymptotically stable) 146
점수투표제 626
정보결여자(情報缺如者, uninformed player) 419
정보보유자(情報保有者, informed player) 419
정보비용 390, 428, 556, 563
정보지대(情報地代, information rent) 390, 556
정보집합(information set) 156
정상경로 혹은 정상국면(normal phase) 262, 293
정태적 미비정보 게임 348, 349, 350
정합(定合, constant-sum) 게임 095
정합성(coherence) 615
제1차 확률우위(the first-order stochastic dominance) 563
제2차 확률우위(the second-order stochastic dominance) 521
제한최적(constrained optimum) 563
조작가능(manipulable) 636
조작불가능(non-manipulable) 636
종결마디(terminal node) 018, 155
죄수의 딜레마(Prisoners' dilemma) 게임 023

주인(principal) 419, 449
주인-대리인(主人-代理人, principal-agent) 문제 547, 565
주지사실(周知事實, common knowledge) 012, 014, 169, 369, 372
주파수 경매(spectrum auction) 407
준공용균형(semi-pooling equilibrium) 355
준선형(quasi-linear) 함수 399, 639
준칙(rule) 338
중간적(interim) 미비정보 349
중립성(neutrality) 620
중위투표자정리(中位投票者定理, Median Voter Theorem) 061
중재(仲裁, arbitration) 217, 239
중추투표(pivotal voting) 가설 107
지네게임(centipede game) 167
지대(rent) 102
지대계약(地代契約, rent contract) 567
지대의 부분소실(partial dissipation of rent) 107
지대의 완전소실(complete dissipation of rent) 106
지대추구행위(rent-seeking behavior) 103
지복점(bliss point) 060
직관적 기준(Intuitive Criterion) 493, 517
직접보고 메커니즘(direct mechanism) 452, 636
진실현시(truth revelation) 389, 391, 401, 444
진입저지게임(entry deterrence game) 161
진입제한가격(進入制限價格, limit pricing) 475, 490
진화안정(evolutionarily stable) 균형 139
진화안정 전략 139
징세청부권(tax farming) 589

[ㅊ]

차가 경매(sealed-bid second-price auction) 383, 390, 405
차선변경게임 156
차선해(the second-best solution) 556, 563
참여(participation) 조건 427, 450
채무지분전환(債務持分轉換, debt-equity swap) 게임 526
초점(焦點, focal point) 132

최고가 경매(sealed-bid first-price auction) 383, 392, 405, 409, 412, 415
최다득표제(最多得票制, plurality voting) 624
최대극소(minmax) 122, 123, 125, 287, 288
최선응수(best response) 033
최선해(最善解, the first-best solution) 556
최소극대(maxmin) 121, 123, 125, 288
최저가보증제(最低價保證制, The Lowest Price Guarantee) 318
최적 조세제도(optimal taxation) 422
최종제안중재(最終提案仲裁, final-offer arbitration) 239
최혜고객조항(最惠顧客條項, Most favored customer clause) 319
최후통첩협상(最後通牒協商, ultimatum bargaining) 218, 226
축약동등전략형(reduced equivalent strategic-form) 게임 159
치킨게임(Chicken game) 036, 140
칩톡(cheap talk) 473

[ㅋ]
카르텔 301
칼라이(Kalai) 협상해 598
칼라이-스모로딘스키(Kalai-Smorodinsky) 협상해 598
케이크 공평 분배 문제(Cake-cutting problem) 229
케인즈 경기변동론 080
코어(core) 602, 623
콩도르세 승자(Condorcet winner) 622
콩도르세 역설(Condorcet paradox) 621
콩도르세 패자(Condorcet loser) 622
쿠르노(Cournot) 과점 혹은 복점 042, 044, 049

[ㅌ]
테일러-용커 방정식(Taylor-Jonker equation) 143
토너먼트 경쟁 572
통상게임 202
통화정책게임 336
투기불능정리(No Speculation Theorem) 378
투자-진입게임 346
투표의 역설(paradox of voting) 107

특성(characteristic) 015
특성함수(characteristic function) 600
팃포2탯(Tit-for-two-tat) 271
팃포탯(Tit-for-tat) 전략 270, 278

[ㅍ]
파블로프(Pavlov) 전략 272, 282
평가가치(valuation) 384
평균할인보수(平均割引報酬, discounted average payoff) 254
평판(評判, reputation) 181, 485, 504
평형(steady state) 143
포지티브 피드백(positive feedback) 073
품질보증(品質保證, product warranties and guarantees) 501
필립스곡선(Phillips curve) 335

[ㅎ]
하사아니 원칙(Harsanyi doctrine) 347, 349, 469
합리성(rationality) 012
합리화(rationalizability) 088
합리화전략(rationalizable strategies) 029, 089, 117
합작투자 게임 214
해(解, solution) 023, 115
행동(行動, action) 016
행태전략(行態戰略, behavior strategy) 160
헐값공모(knock-out) 경매 413
현시원리(顯示原理, revelation principle) 452
협상(協商, bargaining) 217
협상결렬점(disagreement point 혹은 threat point) 595
협상해(bargaining solution) 596
협조게임(cooperative game) 003
협조적 협상(cooperative bargaining) 게임 595
혼합전략(混合戰略, mixed strategy) 016, 087, 159
혼합전략 내쉬균형 091
홀짝게임(Matching pennies game) 090, 145
확률과정게임(stochastic game) 300

확률적 복제동학(stochastic replicator dynamics) 144
확정성(decisiveness) 620
확정적 복제동학(deterministic replicator dynamics) 143
효율성(efficiency) 597, 601, 608
후속게임(continuation game) 254, 275
흙투성이 꼬마들(Muddy children puzzle) 370

AM스테레오 190
*K*기간보복 전략 274
QWERTY 079, 138

저자 김영세(Youngse Kim)는 미국 캘리포니아대학(UCLA)에서 경제학박사 학위를 취득하고 영국 케임브리지대학교와 런던대학교에서 교수로 재직한 후 귀국하여 현재 연세대학교 교수로 재직하고 있다. 국내외 저명 학술지에 수십 편의 학술논문 게재는 물론 산업조직, 공정거래, 경영전략, 정치경제와 관련된 정부 정책보고서와 기업 컨설팅보고서를 50여 편 출간하였다. 저서로는『미시경제학』(1998, 세경사, 공저),『전략과 정보』(2판, 2002, 박영사),『게임의 기술』(2007, 웅진지식하우스),『공공경제론』(2019, 청람)이 있다. 연구와 교육 그리고 현실경제에의 공헌을 인정받아 연세학술상(1998), 매경이코노미스트상(2003), 초헌학술상(2005), 기획재정부장관표창(2008), 매경특별표창(2015) 등을 수상하였다.

제 11 판
게임이론 – 전략과 정보의 경제학 –

초판발행 1998년 8월 30일
개정판발행 2000년 8월 20일
제3판발행 2002년 8월 30일
제4판발행 2008년 9월 5일
제5판발행 2011년 2월 25일
제6판발행 2013년 7월 15일
제7판발행 2015년 8월 31일
제8판발행 2018년 3월 2일
제9판발행 2020년 4월 10일
제10판발행 2022년 3월 25일
제11판발행 2025년 8월 28일

지은이 김영세
펴낸이 안종만 · 안상준

편 집 탁종민
기획/마케팅 조성호
표지디자인 이수빈
제 작 고철민 · 김원표

펴낸곳 (주) 박영사
서울특별시 금천구 가산디지털2로 53, 210호(가산동, 한라시그마밸리)
등록 1959. 3. 11. 제300-1959-1호(倫)
전 화 02)733-6771
f a x 02)736-4818
e-mail pys@pybook.co.kr
homepage www.pybook.co.kr
ISBN 979-11-303-2258-2 93320

정 가 35,000 원